2018年第2辑

（总第9辑）

法大研究生

Journal of Postgraduate.CUPL

李曙光／主编

中国政法大学出版社

2019 · 北京

图书在版编目（CIP）数据

法大研究生. 2018年. 第2辑/李曙光主编. —北京：中国政法大学出版社，2019. 1
ISBN 978-7-5620-8819-6

Ⅰ. ①法… Ⅱ. ①李… Ⅲ. ①社会科学－文集 Ⅳ. ①C53

中国版本图书馆CIP数据核字(2019)第017597号

出版者　中国政法大学出版社
地　址　北京市海淀区西土城路 25 号
邮寄地址　北京 100088 信箱 8034 分箱　邮编 100088
网　址　http://www.cuplpress.com (网络实名：中国政法大学出版社)
电　话　010-58908524(编辑部) 58908334(邮购部)
承　印　北京朝阳印刷厂有限责任公司
开　本　720mm×960mm　1/16
印　张　32.75
字　数　550 千字
版　次　2019 年 1 月第 1 版
印　次　2019 年 1 月第 1 次印刷
定　价　89.00 元

解放思想

质量第一

根除剽窃

[illegible]

公正为人类之共
同价值追求；

法治为当代之共
同生活方式。

陈光中

業精於勤
積學待用
張晋藩

法治是法大人的"中国梦"。

李树忠

宝剑锋从磨砺出，
梅花香自苦寒来！

博观而约取，
厚积而薄发！

启权手

主编寄语

“随风潜入夜，润物细无声。”于无声处，《法大研究生》已经走过了五个春秋。五年来栉风沐雨，五年来征途漫漫。在这五年里，我们秉承“开放、交流、思考、进步”的办刊宗旨，兢兢业业，为青年学子和青年学者搭建起了施展才华的舞台，为学术星空贡献了一片属于我们的光辉。

第一，提供交流平台，培育学术新人。青年学子和学者具有敏锐的洞察力、充足的时间和旺盛的精力，是关注新变化、研究新情况、解决新问题的重要力量。《法大研究生》以提供平台、培育新人为努力方向，出版至今，取得了显著的效果。《法大研究生》每年出版两辑，至今已连续出版8辑，共刊发文章234篇。在这些刊发论文的作者中，绝大多数是青年学者、硕士和博士研究生，《法大研究生》已成为青年学子和学者“指点江山，激扬文字”的学术阵地。

第二，贡献学识智慧，繁荣学术发展。五年来，从党的十八届三中全会到十九届三中全会，社会的变革从未止步，快速发展的社会经济和纷繁复杂的社会生活不仅给社会带来了持续更新的动力，同时也给社会制度不断地提出新的挑战，众多新变化和新问题亟待研究和解决。长期以来，《法大研究生》很好地发扬了“关注重大问题，研究前沿理论”的优良传统，前后涌现出大量高质量的研究成果，在这些成果中，有对“一带一路”相关法律问题的有益探讨，有针对《民法典》编纂问题的交流，有对《刑事诉讼法》修改的建议，也有国家知识产权战略的实施等问题。无疑，本刊呈现的这些由作者贡献的学识和智慧，对繁荣学术和解决社会现实问题均大有裨益。

“木欣欣以向荣，泉涓涓而始流。”任何繁盛都不可能由一人造就。《法大研究生》能取得以上成就，得益于广大作者、编辑部和各位读者的奉献。

在此，感谢向我们惠赐稿件的每一位作者，你们的学识和智慧是我们发展的基础；感谢应往届编辑部的所有同学们，你们甘居于“幕后”，默默耕耘，无私奉献，使每辑刊物似如期盛开的繁花，特别美丽；感谢本刊的广大读者，你们的关注是我们不懈努力、精益求精的动力；最后，同样重要的，感谢与《法大研究生》产生联系的每一个人，在广袤的书海里，相遇不易，我们珍惜每一份遇见。

“雄关漫道真如铁，而今迈步从头越。”所有的发展都是面向未来的。作为由中国政法大学主办、研究生院承办的哲学社会科学类系列出版物，《法大研究生》始终以高标准和严要求砥砺自身。在此，为进一步发挥《法大研究生》培育学术新人，推动学术进步的作用，希望青年学者和同学们一如既往，初心不改。

首先，继续以“敬畏科研，崇尚学术”的理念指导自身研究工作。真切的投入和锤炼都是源自内心的认同，科研是需要“静得下，坐得住”的工作，做好科研的开端一定是敬畏和崇尚。近日，基因编辑的消息屡见报端，科研伦理的话题引起热议，这告诉我们，从事科研工作是需要怀有一颗敬畏之心、公义之心的，这样所做的工作才能真正有益于社会的发展和人类的进步。同样，从事社会科学研究工作也是如此，我们的青年学子应抱有敬畏和崇尚之心，彻底摒弃“做论文就是文字的拼拼凑凑”的思想，孜孜以求，研究真问题，提出新思路，保障学术质量，努力使自己的研究成果有助于推动学术进步。此外，编辑部的同学也要严守学术道德底线，在我们初审和外审双重匿名审稿制度和学术打假制度的保障下，严格遵守审稿流程，以学术水平和学术价值为衡量论文的标准，甄别出优秀的作品以供出版，为推动学术发展贡献一己之力。

其次，继续以“扎实基础，开阔视野”的认知引领自身为学治学。“冰冻三尺，非一日之寒。”任何优秀的作品，都历经了不断淬炼的过程；每位名家学识的汇集，都经历了岁月的沉淀。在学术研究的道路上，一定要沉心静气、脚踏实地，广泛阅读文献资料以扎实学术基础，而不能心浮气躁、浅尝辄止，希望通过捷径走上学术的康庄大道；同时，广泛交流，通过各种方式开阔学术视野，既要汇通中西，又要贯通古今，而不是坐井观天、固守一隅，思维狭隘地认识和研究问题。在此希望编辑部的同学们能够以更高的标准要求自己，提高自身学术品鉴能力，甄别出更多的学术精品，助推学术的进步和问题的解决。

最后，继续以“关注热点，研究前沿”的方式贡献自身学识智慧。真问题是一切研究的逻辑起点。我们现今正处于全面深化改革的关键时期，经济社会在取得显著成就的同时也给我们带来一系列的挑战。在科技领域，人工智能、大数据、云计算以及渐趋成熟的区块链技术等，科技的发展不仅需要前沿技术的支撑，还需要伦理和制度的保障，这些都亟待我们社会科学领域学者加以研究。在作为经济核心的金融领域，金融科技的发展，致使监管失灵不断，已经倒逼监管机构不得不面临新问题，改革监管方式。在全国上下关注的国企改革领域，央企和地方国有企业混合所有制改革已经进入深水区，需要进一步探索。党的十九大以来，社会主要矛盾发生深刻的变化，人民日益增长的美好生活需要和不平衡不充分的发展之间矛盾的解决，需要我们全面且深入的研究，为社会问题的解决和国家的进步建言献策，提供智力支持。青年一代作为民族之希望、社会之栋梁，应摒弃固守象牙塔之思维，广泛接触社会，持续关注社会热点和现实问题，将理论与实践结合，深刻分析问题和解决问题，担负起青年学子应尽的社会责任。

春华秋实，又至辞旧迎新季。过去的一年，改革开放在四十周年的盛典中总结回望，祖国的美好蓝图渐次展开。与此同时，我们的学术研究也迎来了大发展、大繁荣。在此，希望青年学子把握正确的政治方向，坚持不懈，奋发有为，为学术的发展和繁荣奉献自己的一份力量；希望编辑部的同学们不忘初心，继续秉承“开放、交流、思考、进步”的办刊宗旨，站在前人的肩膀上，让《法大研究生》在学术的时空里绽放出更加璀璨的光辉。

李曙光博士
中国政法大学研究生院院长
中国政法大学钱端升讲座教授
2018年12月18日

目录

私法纵横

诉讼论丛

政治学研究

交叉学科

法理法史

法律论证的修辞旨趣

何小元 *

摘　要：法律论证之所以是修辞旨趣，主要原因在于其能有效处理多元价值判断难题。在司法实践中，修辞由于具有强大的说服功能可以有效帮助诸多疑难复杂案件的处理、节省大量司法资源而深受法律人的青睐。以佩雷尔曼和图尔敏为代表的修辞理论学家认为除了形式逻辑和经验实证的方法之外，还存在广阔的理性论辩空间有待开拓，人类所有的问题不能通过单纯的科学实验或演绎方法来解决。这否认了法律论证的形式有效性标准。因此，基于实践需求，学者应当重视修辞学理论的研究和运用来丰富法律论证理论的发展。

关键词：法律论证　修辞　司法论证　合理性

引言

在人类历史发展的长河里，自语言发明以降，修辞在语言沟通和交流中就起着巨大的作用，它使人类从野蛮的大自然中挣脱出来，借助修辞人们可以将矛盾纠纷成功地转移到语言交流层面上，从而避免直接的肢体暴力冲突。人们无论是在法庭里激辩，还是在公共领域里演

---

* 何小元，男，中国政法大学法学院法学理论专业 2015 级博士研究生（100088）。

讲，抑或是在私底下的商谈都可以看到修辞的身影贯穿于一场场充满布局的智力较量与角逐。尽管法律和修辞之间在中世纪时出现分离（时间大约发生在与文艺复兴同一时期内）〔1〕，但是这种分离并不妨碍法律与修辞之间的关联。正如维腾贝格尔所言，法学与修辞学联系非常密切，在古代法学就已经被视为修辞学科。〔2〕同样地，法律和修辞可以通过无数的案件纠纷联系在一起，修辞是法律的一部分，就像法律早已成为修辞的部分一样。〔3〕两者"联姻"之后，修辞学关注到法律辩论的场域，将司法过程中的说理作为研究对象，为解决司法裁判的合理性与可接受性问题注入了清源活水。〔4〕

一、"修辞"对"逻辑"和"对话"方法的回应

根据菲特丽丝（Feteris）的看法，法律论证的研究路径可以分为三个主要的理论方法：逻辑、修辞和对话。〔5〕这些区别主要基于每种方法框架内基本概念的普遍法律理由标准存在差异。修辞作为其中的一种方法，代表了对逻辑方法过分强调法律论证形式方面的方式而作出的反应，它强调"论证的内容"和"可接受性依赖于语境的方面"。该方法认为论证理由被视为与受众相关，这意味着理由的可接受性是衡量其对受众的有效性的标准。〔6〕

在 20 世纪中叶，有两位伟大的学者同时用不同的语言著书立作，均致力于对因科学主义切割而渐次萎缩的合理性观点予以新的诠释。他们分别是英国的史蒂芬·图尔敏（Stephen Toulmin）和比利时的佩雷尔曼（Chaim Perel-

〔1〕 Linda Levine and Kurt M. Saunders, "Thinking Like a Rhetor", 43 *Journal of Legal Education*, 108, 122 (March 1993); see aslo Bruce McLeod, *Rules and Rhetoric*, 23 Osgoode Hall L. J. 305, 308 (1985); see also Helene Wieruszowski, The Medieval University 63 – 66 (New York, 1966).

〔2〕 参见［德］托马斯·维腾贝格尔：《法律方法论之晚近发展》，张青波译，载郑永流主编：《法哲学与法社会学论丛（总第 8 期）》，北京大学出版社 2005 年版，第 18 页。

〔3〕 See Jacob B. E. , *Ancient Rhetoric, Modern Legal Thoughts, and Politics: A Review Essay on the Translation of Viehweg's Topics and Law* 1648 (Nw. U. l. rev 1995).

〔4〕 王彬：《法律修辞学的源流与旨趣》，载《北方法学》2013 年第 1 期，第 129 页。

〔5〕 Eveline T. Feteris, *Fundamentals of Legal Argumentation: A Survey of Theories on the Justification of Judicial Decisions*, pp. 15 – 20 [Dordrecht/Boston/London: Kluwer Academic Publishers (Argumentation Library), 1999]. 相比较而言，在逻辑方法中，有必要将法律理由限定为可接受的"理由的基础论证"，是"可重构为逻辑上有效的论证"，并且"根据现行法律标准提出的理由是可接受的"。在对话方法中，"法律论证被视为关于法律观点可接受性的对话的一部分"。除了法律辩护的形式和实质方面外，这种方法还考虑了程序方面的问题。此外，在对话方法中，法律讨论合理性的标准以程序方式定义。

〔6〕 See Eveline T. Feteris, *Fundamentals of Legal Argumentation: A Survey of Theories on the Justification of Judicial Decisions*, pp. 15 – 20 (Dordrecht/Boston/London: Kluwer Academic Publishers, 1999).

man)，虽然他们互不相识，但不约而同地对法学和司法裁判进行研究。他们认为，除了形式逻辑和经验实证的方法外，尚存理性论辩的广阔空间未被开拓。[1]佩雷尔曼在以反思现代逻辑的方法来分析正义的界限问题之后，提出价值的判断无法从形式逻辑的推演得出，亦无法用纯粹的经验性观察及实务的自证性质来分析之问题。于是他改变了思路，从一切人文科学中寻找人类从事价值判断的基本方法。[2]重新审视修辞的独特主题是论证的情境质量和对观众定位的重要性，问题的关键在于如何通过使用语言来调和反对意见，以及如何通过修辞本身来引导实际的观众，从而更接近理想的理性观众的立场。[3]他认为论证是非正式的而不是按照逻辑形式和定理进行的，这使得他的理论特别适合于法律论证的研究。佩雷尔曼和泰特卡（Olbrechts-Tyteca）于1958年出版《新修辞学》（La Nouvelle Rhétorique）是论证理论的一个重要转折点。

佩雷尔曼所倡导的“新修辞学”论证理论（Theory of Argumentation），源于他的哲学使命：为在笛卡尔的理性主义、形式逻辑的准则和现代数学的程序等人类的努力都被证明无效的地方，找到决策的合理基础。[4]基于他的论证理论所依据的是形而上学的基础，他在批评奥古斯特·孔德的实证主义时写道：

“不可否认的是，孔德的分析在科学答案完全取代了神学或哲学概念的某些知识领域是正确的。但这与说人类的所有问题都可以通过只依靠科学的实验方法或演绎方法来解决是完全另一回事。对于研究应该是什么”“什么是具有更高的价值。”“什么是更可取的”“什么应该决定我们的选择和行为”的学问，而非研究“是什么”的学问，我们只有在处理纯粹的技术问题时，才能够完全采取科学的方法来进行。但事实远非如此。不仅对于我们的根本问题的解决无法采用科学和技术的办法，哲学可以被忽略的假设本身就是一个哲学上的假设。”[5]

---

[1] 姚喜明：《西方修辞学简史》，上海大学出版社2009年版，第251-252页。

[2] 廖义铭：《佩雷尔曼之新修辞学》，台北唐山出版社1997年版，第29页。

[3] Frans H. van Eemeren, *Reasonableness and Effectiveness in Argumentative Discourse: Fifty Contributions to the Development of Pragma-Dialectics* 10 (Springer International Publishing 2015).

[4] Gross A. G., *Dearin R. D. Chaim Perelman*, p. 13 (*State University of New York Press* 2003).

[5] Gross A. G., *Dearin R. D. Chaim Perelman*, pp. 13-14 (State University of New York Press 2003). 依据该书观点，佩雷尔曼认为，将逻辑领域缩小到对形式推理的研究，对人类科学、法律、哲学的所有分支都产生灾难性的影响。

正是基于形式逻辑具有缺陷的背景，佩雷尔曼在其《新修辞学》里给修辞学的定义是，“论辩理论乃是研究使吾人能对于某一为争取赞同所提出的命题，引致或增强内心服膺此一命题的技巧，而内心服膺之认定，以程度上之深浅差异为鉴”；或者“新修辞学可解释为辩论学，其研究对象是讨论问题技术，主要目的在于，促进人们在思想上接受向他们提出并争取他们同意的命题，新修辞学也研究得以使论辩开展的方法，展开的背景条件以及论辩的效果”。[1]由此看出，新修辞学的目标是构建“一种论证理论，它将承认在引导我们自己的行为和影响他人的行为中使用理性”。[2]也就是说，要找到行动合理决定的充分理由。

同样地，作为另一个对论证理论起到转折作用的人物，图尔敏则是批判了形式三段论在分析评价法律论证中的局限性，创立了更适用于实际论证分析的“图尔敏模型”。[3]图尔敏在 1958 年出版的《论证的运用》（The Use of Argument）中说：“（我们可以说）逻辑是广义的法学。论争可以比作法律诉讼，我们在非法律文本的背景下的主张和辩论可以比作我们在法庭提出的主张，而我们提出的各种主张的案例可以相互比较。”[4]在书中，他对形式逻辑在实际论辩中的刻板运用发出诘难，并据此提出了一个以满足清楚性、灵活性和合理性著称的实际论辩模式。图尔敏反对哲学关注普遍与永恒的绝对主义的倾向，认为单一普遍的原则无法解决纷繁复杂的人类实务，并且绝对主义所谓的永恒真理不是一经发现便可永远正确对待。他区分了“域从属”和“域恒定”，该区分具有两点重大的意义：首先，“域从属”消解了形式逻辑妄想不顾情境以单一标准来统辖人类实务的幻梦。其次，“域恒定”可以帮助我们建立一种跨越领域的有关实际论辩的结构。他的论辩模式回答了“从起点到目的采取何种路径”的动态过程。[5]图尔敏和佩雷尔曼都把司法论点作

〔1〕 焦宝乾：《论证、法律论证及相关名词辨析》，载《法律方法》2006 年第 00 期，第 344 - 371 页。更多参见邱垂泰：《佩雷尔曼新修辞学理论与应用——以释字第三九一号解释修辞为例》，http://202.116.73.224/bbs/cgi-bin/topic. cgi? forum = 10&topic = 69&show = 0. 访问日期：2018 年 4 月 10 日。

〔2〕 Perelman C., Olbrechts-Tyteca L., *The New Rhetoric*: *A Treatise on Argumentation* 3 (John Wilkinson and Purcell Weaver., Notre Dame. University Press 1969).

〔3〕 Toulmin, Stephen Edelston, *The Use of Argument*, p. 6 (Cambridge University Press 1958).

〔4〕 Toulmin, Stephen Edelston, *The Use of Argument*, p. 7 (Cambridge University Press 1958). 尽管图尔敏没有对正义进行任何形式的分析，也没有把他的工作与古典修辞学和辩证法联系起来，但是他寻求适用于人类决策的“工作逻辑”与佩雷尔曼的研究步骤是相似的。

〔5〕 参见姚喜明：《西方修辞学简史》，上海大学出版社 2009 年版，第 253 - 254 页。

为一般论证的模式，把注意力集中在两个相反的论者角色之间的交换上。这些具有里程碑意义的作品是把论证作为语言学习的第一步。

综上所述，修辞方法有两个基本的理论优势。一方面，这种方法在围绕特定的争议点的情况下，能高效地处理纠纷；另一方面，这种方法，法律修辞的实践旨在建立信仰，或形成进一步的认识和反思，而不是创造知识。它为在论证现象的分析中把考察理由的可接受性作为衡量的标准开辟了许多可能性。

二、法律论证中的修辞

（一）法律论证的起源和发展

从词源的角度来看，通常我们所讲的“法律论证”一词，是个舶来品，它所对应的英译文为通常为“Legal Argumentation”和“Legal Argument”。在舒国滢教授翻译的《法律论证理论》里，Argumentation 大多数情况下译为“论证”，极个别地方译作“论辩”；Argument 大体上译作“论述”，有时译作“论证”、“论点”或“论据”。相应地，德语里 Argumenttruktur 就被译为“论述结构”。另外值得注意的是，在此译本中，中文被译为“法律论证”，在德文版本与英文版本中未必都是 Argumentation。[1]与此同时，焦宝乾在其博士学位论文里，从词源、语义和各学科等方面对法律论证及相关概念已作了全面而系统的考察，他的观点与舒国滢教授的观点基本一致。由于理论背景和思想传统不同，法学界在使用“法律论证”这个用语时，其含义尚未确定，基本上可以归为三大类：逻辑证明的理论、理性言说的理论和类观点—修辞学的构想。[2]虽然对法律论证的界定，目前学界并没有取得统一的意见，但

---

〔1〕 焦宝乾：《法律论证理论研究》，山东大学 2005 年博士学位论文，第 24 页。更多参见［德］罗伯特·阿列克西：《法律论证理论——作为法律证立理论的理性论辩理论》，舒国滢译，中国法制出版社 2002 年版，译者后记，第 470 页。中山大学逻辑与认知研究所的熊明辉教授主张应当把 legal argumentation 和 legal argument 分别译为“法律论辩”和“法律论证”，因为 argumentation 是“论辩”的意思，而 argument 是论证的意思。而我国台湾地区的法律论证学者颜厥安教授则将 argument 译为“论述”，argumentation 译为“论辩”，begrungung 译为“论证、证立、立论”，diskurs 译为“言说”，recrhtfertigen = justification 译为“证立、证成”。英文、法文、德文中，均有 argument 与 argumentation，拼写方式一样，意思也比较接近。Argument 在德语中的意思是“论据、论证、理由”，在法文的意思是“论据、理由；方法、手段”。在拉丁文中的对应词是 argumentumt，意思是支持某一立场的理由（reason in support a position）。参见熊明辉：《法律论证及其评价》，载《逻辑与认知学术研讨会会议论文集》，2004 年。

〔2〕 参见焦宝乾：《分析学还是解释学——法律论证之知识属性辨析》，载《法制与社会发展》2005 年第 3 期，第 104 页。

还是可以从最低限度的共识层面去认识，认为法律论证主要是对于某种立法意见、法律表述、法律学说等的确定性与正当性提出理由、意见或根据来予以证明。归结起来，就是对于法律命题证立的过程（Justification）。[1]

关于法律论证理论产生背景的学说纷繁复杂，简单归结起来有以下两点：一是问题背景，二是知识背景。[2]在哲学基础方面，表现为三个面向：实践哲学的复兴（代表人物有 Rawls，Riedel）；考虑历史和社会面向的科学哲学的探讨（Kuhn，Hansson）；分析诠释学的兴起（Wright，McCormick，Hacker）；考虑历史和社会面向的科学哲学的探讨（Kuhn，Hansson，Lakatos）；分析哲学和批判哲学的贯通（Habermas，Eriksson，Rottleuthner）。[3]包含但不限于以上因素构成法律论证理论产生的背景。

在 1970 年以前，法律论证主要是在法理学和法哲学领域里进行研究，法律论证被视为法律逻辑的一部分，即作为法律方法论或法律决策的理论，而不是法律论证本身的理论。直到 1970 年以后，法律论证才成为一个独立的研

---

〔1〕 参见徐梦醒：《法律论证与裁判智慧》，载《政法论丛》2013 年第 4 期，第 89 – 95 页。有关（Justification）更多内容请参见冯威的区分：在英语学界中，通常用“Justification”对译德语的“Rechtfertigung”（证成），当无疑议。但是用哪个英语词汇对译“Begründung”（证立），则无定论。理由大致有二：一方面，在德语学界的法律论证理论乃至一般的论证问题——研究中，“Rechtfertigun”与“Begründung”通常是被作为同义词使用的，通行的中文译法分别为“证成”与“证立”，亦为同义词。从词根上讲，“Grund”有“理由”（reason）的意思，因而将“Begründung”直接理解为“推理”（reasoning）亦无不妥；不过，由于“Grund”兼有“基础”（ground，basic，foundation）的意思，仅仅理解为“推理”就会丢失掉“建立”（Begründung）的意蕴。实际上，“Begründung”与“Argumentation”（论证）和“Argument”（论据）的涵义也很接近。譬如：阿列克西的专著名为《法律论证理论》（*Theorieder juristischen Argumentation*）其副标题则为“作为法律证立理论（Theorie der juristischen Begründung）的理性论辩理论”；又如科赫与吕斯曼（Hans-Joachim Koch & Helmut Rüßmann）的合著名为《法律证立学说》（*Juristische Begründungslehre*）。对于这些词汇在用法上的细致区分，应结合具体语境进行判断，不同作者的使用习惯亦有差异。另一方面，在英语中缺乏与“Justification”意义相近，同时又能与德文“Begründung”意义相同或相近的词汇；目前折中的做法是，统一用“Justification”，同时对译德文的“Rechtfertigung”与“Begründung”，即中文的“证立”，这样一来，从英文版中不再能察觉到这两个德文词汇的细微差异。参见［芬兰］奥利斯·阿尔尼奥、［德］罗伯特·阿列克西、［瑞典］亚历山大·佩彻尼克：《法律论证的基础》，冯威译，载《法学方法论论丛》2014 年第 00 期，第 8 页。

〔2〕 舒国滢：《法律论证中的若干问题》，http://www.iolaw.org.cn/showNews.asp?id=6831. 中国法学创新网，访问日期：2018 年 6 月 10 日。

〔3〕 Aulis Aarnio, Neil Maccormick, *Legal reasoning*, p. 234 (New York University Press 1992).

究领域。[1]

20 世纪 70 年代，在分析哲学、语言哲学、修辞学、论证理论和话语理论发展的影响下，法律理论家、法律哲学家和论证理论家对法律论证的兴趣与日俱增。法律论证不再仅仅被视为法律方法论和更广泛的研究领域当中的一部分，而是作为一项研究对象本身逐渐发展起来。[2]

从 20 世纪 70 年代开始，国际法律和社会哲学学会（IVR）以法律论证为中心主题组织举行了各种会议。[3] 自 1971 年国际法哲学—社会哲学协会第五届世界大会将"法律论证"作为大会的议题以来，法律论证便成为各种国际和国内法哲学学术会议的主题，这些国际性的会议包括国际论证研究学会（ISSA）、言语沟通学会（SCA）和安大略省论证研究学会（OSSA）的会议以及 JURIX 人工智能和法律国际会议等。在荷兰的鹿特丹，于 1993 年、1996 年、1999 年、2003 年、2007 年、2011 年和 2015 年，分别举办了法律论证会议。同时，2016 年在鹿特丹第一次举办了法律论证和法治国际会议。[4]

由此可见，法律论证自产生以来至今日，经过 48 年的发展历程，对其研究已揭示出各种各样的主题、方法和观点。这些研究是来自不同专业的诸多学者，从法学理论（Legal Theory）、法哲学（Legal Philosophy）、法理学（Jurisprudence）、逻辑学（Logic）、辩论理论（Argumentation Theory）、修辞学（Rhetoric）和人工智能（Artificial Intelligence）等各学科的角度研究法律论证。他们在各种背景下研究法律论证，例如立法程序、法律程序和法官的法

---

〔1〕 Feteris E. T., *Fundamentals of Legal Argumentation: A Survey of Theories on the Justification of Legal Decisions*, p. 257 (2d ed., Springer International Publishing 2017). See also, for instance Levi (1949) in the United States, Horovitz (1972) in Israel, Jensen (1957) in Natal, and Stone (1947) in Australia. 实际上，"'法律理论'一词，早已有之，译者刘幸义在翻译时将该词用于表示法学的一个特别学科应不超过40年。"参见［德］亚图·考夫曼：《法律哲学》，刘幸义等译，五南图书出版公司 2001 年版，第 13 页。

〔2〕 Feteris E. T., *Fundamentals of Legal Argumentation: A Survey of Theories on the Justification of Legal Decisions*, p. 257 (2d ed., Springer International Publishing 2017).

〔3〕 Feteris E. T., *Fundamentals of Legal Argumentation: A Survey of Theories on the Justification of Legal Decisions*, p. 258 (2d ed., Springer International Publishing 2017). See also Die Juristische Argumentation (1972), Hassemer et al. (eds) (1980), Krawietz et al. (1979), Aarnio et al. (1981a), Krawietz and Alexy (1983), Soeteman (2004), Dahlman and Krawietz (2005), Aguiló-Regla (2007), Feteris et al. (2009), Dahlman and Feteris (2013), Bustamante and Dahlman (2015).

〔4〕 Feteris E. T., *Fundamentals of Legal Argumentation: A Survey of Theories on the Justification of Legal Decisions*, pp. 257–258 (2d ed., Springer International Publishing 2017).

律决策过程。[1]这些研究在很大程度上丰富了法律论证的研究领域。关于法律论证的研究，德国的阿列克西（Robert Alexy）、诺伊曼（Neumann）、考夫曼（Arthur Kaufmann）、哈贝马斯（Jürgen Habermas），英国的曼考密克，日本的鬼本洋和平井宜雄[2]，以及我国台湾地区的颜厥安和张珏光等学者对法律论证进行了论述。上述的学者中，比较具有代表性的是德国基尔大学公法学与法哲学教授罗伯特·阿列克西（Robert Alexy），他的理论代表了对法学的分析方法，发表在 *Theorie Der Juristischen Argumentation*（1978）一书中（英文翻译为 *A Theory of Legal Argumentation*，1989，即（《法律论证理论》）。毫无疑问，这本书是法律论证方面的奠基之作。阿列克西的理论是来自不同理论方法和背景（如语言哲学、逻辑、修辞、论证理论、哈贝马斯的话语理论和法律方法论等），并整合到理性话语理论中形成的。

阿列克西对法理学的分析方法和法律论证的研究在德国和其他国家的法律论证研究中具有重要影响，尤其是基尔大学，已经成为研究法律论证和分析法哲学的研究中心。[3]与此同时，其他学者也对阿列克西教授的理论进行了深入的发展与应用。这些学者包括："Afonso da Silva（2011）将理论应用于理性决策程序背景下的宪法原则平衡分析。Borowski（1998年，2011年，2013年，2015年）和 Sieckman（2007年，2010年，2013年）进一步发展了阿列克西关于原则、衡量和平衡的观点。Klatt 和 Meister（2012）在平衡人权方面应用和扩展了阿列克西关于比例性的观点，Klatt 和 Schmidt（2012）对阿列克西关于认知自由裁量权平衡理论的延伸性谈论。Pavlakos（2012）讨论了阿列克西关于正确性主张的观点，而且 Pavlakos（2014）讨论了阿列克西对比例性规范性的看法。Wang（2016）讨论了阿列克西关于包容性论点的观点。"[4]

在我国，阿列克西的著作《法律论证理论》经由舒国滢教授（2002）译

---

〔1〕 Feteris E. T., *Fundamentals of Legal Argumentation*: *A Survey of Theories on the Justification of Legal Decisions*, p. 257 (2d ed., Springer International Publishing 2017).

〔2〕 在日本，法律论证理论被翻译成法律议论理论。

〔3〕 Feteris E. T., *Fundamentals of Legal Argumentation*: *A Survey of Theories on the Justification of Legal Decisions*, p. 264 (2d ed., Springer International Publishing 2017). For an overview of contributions to volumes on Alexy's work see for example Clérico & Sieckmann (2009), Klatt (2012, 2013), de Oliveira et al. (2015), Pavlakos (2007) and Sardo and Canale (2016).

〔4〕 Feteris E. T., *Fundamentals of Legal Argumentation*: *A Survey of Theories on the Justification of Legal Decisions*, p. 264 (2d ed., Springer International Publishing 2017).

介为中文后，迅速被奉为国内论证研究之圭臬。[1]在我国关于法律论证在法律方法体系中的地位，后来的学者焦宝乾做过细致梳理，他注意到法律解释、法律推理、漏洞填补、价值衡量等方法的交织与重合，也指出法律解释的过程往往是法律论证的过程，并最终认定“无论是法律解释还是法律推理，均是在整个法律论证框架（包括内部证立和外部证立）中进行的”。但恰如杨贝教授所指出的那样：这一分析正确地指出了法律论证与其他法律方法之间的相关性，遗憾的是没能深入剖析法律论证与其他法律方法的根本差异。[2]

总的来说，在西方法学的知识谱系中，法律论证理论一般是作为克服法哲学中自然法与法律实证主义之传统争议的第三条道路的一种。法律论证在欧陆国家的研究主要是以理论为主，在整个法学学科中占有十分重要的地位。[3]

（二）法律论证研究什么

通常人们所说的法律论证，存在两种说法，分别是广义上和狭义上的法律论证。所谓广义上的法律论证包括立法论证和司法论证；而狭义的法律论证概念是指在司法过程中的诉讼主体援用一定的根据和理由来确定案件事实得出结论的思维过程。[4]按照阿列克西的说法，法律论证可分为多种：法学的（教义学的）论证、司法论证、立法论证以及媒体和公众就有关法律问题进行的带有法律论证性质的探讨等。[5]这样区分的必要性在哪里呢？其实早在2008年，雷磊就撰写专文《法律论证何以可能？——与桑本谦先生商榷法律论

〔1〕 雷磊：《法律论证何以可能?》，载《政法论坛》2008年第4期，第138页。

〔2〕 杨贝：《法律论证的能与不能》，载《华东政法大学学报》2017年第2期，第86页。

〔3〕 参见焦宝乾：《法律论证的几个基本理论问题》，载《比较法研究》2005年第6期。德国法学家诺伊曼（Neumann）区分了法律论证理论的逻辑分析方法、论题学—修辞学方法以及涉及对话（商谈）理论的方法。与之类似的弗特瑞斯，也将法律论证的研究方法分为三种：逻辑学方法、修辞学方法和对话的方法（the dialogical approach）。而诺伊曼的三分法提醒我们的恰恰是，无论是逻辑、修辞、理性言说，都是我们论证时采用的方法或显现出来的形式。从古希腊晚期到中世纪的知识传统里，一向有所谓三科四目之说，合称七艺，通过这七艺之学，就会成为自由、有教养的人，其中“三科”就是文法（Grammatik）、修辞（Rhetorik）和论辩（Dialektik），这文法有些像我们所说的逻辑。亚里士多德的著述有很多就是对应这种分类而来，比如《分析篇》《后分析篇》《修辞学》《论题学》等大概就是当时学生们修七艺之学的指定教科书。而这些技艺之学最终都通向一个古希腊以来的本体概念——逻各斯（logos）。亦参见焦宝乾：《法律论证导论》，山东人民出版社2006年版。

〔4〕 郭志强：《论法律论证（摘要）》，载《全国法律逻辑学术讨论会论文集》，2006年，第55页。

〔5〕 ［德］罗伯特·阿列克西：《法律论证理论——作为法律证立理论的理性论辩理论》，舒国滢译，中国法制出版社2002年版，第262页。

证理论的基本问题》来谈论这个问题。在文中，他明确地指出这种区分的重要性，针对桑本谦副教授在《法律论证：一个关于司法过程的理论神话》[1]文中混淆了对判决的公开讨论与法庭上的司法论证这两种不同的法律论证形式，将法律论证与司法论证等同起来使用，误导了读者，难以凸显法律论证理论的原貌。事实上，不同的法律论证形式之间具有很大的区别。比如，司法论证是制度化的论证，要从特定的前提（实在法规则）出发，按照规定的论辩步骤，在规定的时间内进行，其结果为产生有约束力的决定。立法论证并不需要从特定的规范前提出发，但却需要按照规定的步骤和时间完成，其结果为产生有普遍效力的实在法。对判决的公开讨论则所受的约束更小，随时可以从法律论证过渡到普遍实践论辩。[2]

从法律论证的概念上分析得知，它所研究的重点在于它是否充分而完整地进行对法学判断之证立（Justification）上，而非在裁判事实上是通过何种过程发现的方面。即法律论证理论所要求的，并不仅在于指明司法裁决的实际情形，而且在于为现实利益提供充分的道德上可正当化的依据。[3]但是也需要注意到，法律论证的根本目的在于证立司法裁判。而司法裁判要成为能够被人们所接受的结果，就必须具备真实性、正当性和合法性。[4]舒国滢指出，法律论证“讨论的核心问题就是通过程序性的技术（论证的规则和形式）来为正确性要求提供某种理性的（可普遍化、可靠的或可以普遍接受的）基础”。[5]

由此可知，就程度方面而言，法律论证可以增强法律结论的说服力和可接受性。也就是说，一个司法判决、法律陈述的正确与正当必须是建立在合乎逻辑的证明过程基础上，必须有足够的理由，才能使司法决定、法律陈述才是合理的，也才能够说服人。而从另外一个方面，即也就是关联的角度来看，法律论证是一种可证立性的过程。所谓可证立性（Justifability）是指，在社会规范领域，无论是一般的法律规则还是个别的法律规则，它们都必须有合理的根

---

〔1〕 桑本谦：《法律论证：一个关于司法过程的理论神话》，载《中国法学》2007 年第 3 期，第 100 页。

〔2〕 雷磊：《法律论证何以可能?》，载《政法论坛》2008 年第 4 期，第 144 页。

〔3〕 雷磊：《法律论证何以可能?》，载《政法论坛》2008 年第 4 期，第 142 页。《布莱克法律大辞典》（p. 870）对 Justification 的释义是：为某人的行为或疏忽出具合法的或充分的理由。Justification 一般译作“证成、证立、正当化（理由）、确证”。

〔4〕 王晓：《法律论证客观性的寻求》，载《国家检察官学院学报》2011 年第 19 卷第 1 期，第 61 页。

〔5〕 ［德］罗伯特·阿列克西：《法律论证理论——作为法律证立理论的理性论辩理论》，舒国滢译，中国法制出版社 2002 年版，“代译序”，第 7 页。

据来加以证成（Justification）。[1]佩雷尔曼认为，“证立”（Justification）可以处理合法性、道德性、规则性（在这个词的最广泛的意义上说）、有用性或者权宜性的价值判断。[2]

阿列克西在《法律论证理论》中指出：“理论法律论证概念的说明是通过对一系列规则和形式加以阐述来进行的，论证必须遵循这些规则并且必须采用这些形式，以使其所提出的要求得到满足。当某个论证（论辩）符合这些规则和形式时，由它所达到的结果才可以被称为是‘正确的’。由是，法律论辩的规则和形式就构成了司法判决之正确性的一个标准。”[3]他进而又对法律论证作出这样的概述：“所涉及的是规范性命题之特殊情形即法律判断的证成”，具体说来，又可以分为“两个层面的证成：内部证成（Internal Justification）和外部证成（External Justification）。内部证成处理的问题是：判断是否从为了证立而引述的前提中逻辑地推导出来；外部证成的对象是这个前提的正确性问题”。[4]

（三）修辞及其相关概念的考察

相比较法律论证而言，修辞学的诞生显得要久远得多，它是西方世界上最古老的学科之一。从古希腊到现代，修辞学作为一门学科，其中劝说的艺术已被使用、讨论和争论了二千三百多年。修辞学起源于前苏格拉底派，亚里士多德、西塞罗和昆体良的古典世界。[5]直到公元前466年左右，以雅典

---

〔1〕周祯祥：《理性、规范和面向司法实践的法律论证》，载《政法论丛》2015年第2期，第137页。需要说明的是，鉴于阿列克西的《法律论证理论》于2002年经舒国滢教授的翻译出版，目前在我国已产生深远影响，这种观点已然成为主流。有兴趣的读者请参见葛洪义教授：“法律论证的目标首先就是确立优先规则（或者称为法律论证的元规则），其旨趣是提出一个富有价值内涵的优先规则，然后根据优先规则证明某种主张的正确性。”葛洪义：《试论法律论证的源流与旨趣》，载《法律科学》2004年第5期，第30页。同样国外学者也存在类似的见解，认为证立构成了支持某一裁决的论证，必须关注法律裁决的合理证立的某些规范。See Feteris E. T. , *Fundamentals of Legal Argumentation: A Survey of Theories on the Justification of Legal Decisions*, p. 7 (Kluwer Academic Publishers 1999).

〔2〕Perelman C. , *Value Judgments, Justifications and Argumentation*, p. 46 (Philosophy Today. Press 1962).

〔3〕这里的司法判决之正确性的一个标准可以理解为，一种具有可接受性或最具可接受性的法律结论，并非唯一正确结论的理解。

〔4〕［德］罗伯特·阿列克西：《法律论证理论——作为法律证立理论的理性论辩理论》，舒国滢译，中国法制出版社2002年版，第256页。

〔5〕基于手段所定义的修辞，约翰·德雷泽克（John Dryzek）认为：“修辞学包括各种形式的说服。对于亚里士多德来说，这些形式分别是本质（ethos）、同情心（pathos）、理性（logos）。修辞还可以包括生动的比喻，对证据的创造性解释，捕捉言语风格，讽刺，幽默，夸张，手势，表演和戏剧，但是这些并非全部符合亚里士多德对修辞定义的范畴。”Dryzek J. S. , *Rhetoric in Democracy: A Systemic Appreciatio*, p. 338 (Political Theory 2010).

早期的模式为基础的基本民主制度建立起来，修辞学才正式成为一种独立的艺术。当时暴君被推翻，公民必须找到一种方法妥善公正地重新分配前领导人非法没收的财产。他们新颖的解决办法是让公民在法庭上辩护他们的案件。因为这些法院要求普通公民以自己的名义发言，所以论证技巧成为一种可销售的商品。因此，第一本付费的修辞手册是在那个时候制作的。[1]最初，修辞学是一门基于观察的实证科学。经验表明，有些演说家能够成功地发挥预期的影响，有些就不能，于是修辞学就成为成功人士所运用的有系统方法和技巧的程序。而希腊人对定义、分类和系统化的偏好对修辞学发生了作用，使这门基于经验的学科得以理论化、体系化。[2]

如果将法律作为修辞学的一个分支，那么可以说法律是一种最有用的修辞手段。在怀特（James Boyd White）看来，亚里士多德对修辞的界定是以应用为旨趣，他认为法律是一套“说服手段”的修辞艺术。[3]特奥多尔·菲韦格（Theodor Viehweg）在《论题学与法学》中同样指出，亚里士多德著《论题篇》的目的在于将他所发现的逻辑学运用于古老的论辩术（Disputier kunst）当中以期获得更强的逻辑论证效果。[4]在西塞罗看来，哲学辩证法力求获得对事物的真实知识，但是知识的获得本身不具有最终价值，分为实践知识（政治实践）和纯理论知识。西塞罗更进一步发展了另一个修辞学的创见，他认为修辞学技艺的本质目的在于说服，而说服主要是通过语言表达而获致的。为了强调这种修辞实践的色彩，他使用“雄辩”（eloquence）一词来凸显这种效果。[5]

修辞在法官论证中的作用十分重要。在具体论证中，法官往往充分利用唤起情感的修辞技巧，并且在判决书中修辞对论证具有构成性意义。此外，无论是修辞论证所重视的共识还是论证本身所反映的实践合理性，其合理性基础均是语用学规则。[6]关于修辞论证（rhetorical argumentation）的定义，克

---

〔1〕 Kennedy G. A. , *On rhetoric*: *A Theory of Civic Discourse*, p. 299 (2nd ed. Oxford U. Press 2007).

〔2〕 ［英］F. I. 芬利主编：《希腊的遗产》，张强等译，上海人民出版社 2004 年版，第 215 页。复兴后的修辞学很快就成为论证理论研究者汲取营养的重要源泉，并为法律论证理论的发展铺就了道路。参见颜厥安：《法与实践理性》，中国政法大学出版社 2003 年版，第 87 页。

〔3〕 Mann S. , “The Universe and the Library: A Critique of James Boyd White as Writer and Reader”, p. 959 (*Stanford Law Review* 1989).

〔4〕 舒国滢：《论题学：从亚里士多德到西塞罗》，载《研究生法学》2011 年第 6 期，第 2 页。

〔5〕 余友辉：《修辞学、哲学与古典政治》，中国社会科学出版社 2010 年版，第 10 页。

〔6〕 蔡琳：《修辞论证的方法——以两份判决书为例》，载《政法论坛》2006 年第 5 期，第 48 页。

里斯蒂安·科克（Christian Kock）专门在《哲学和修辞》杂志上撰写了一篇题为《定义修辞论证》的文章，文中系统介绍了修辞论证的范畴。[1]克里斯蒂安·科克拒绝了基于目的和手段的定义，他主张基于其主题的修辞论证的定义。通过主题可以理解论证中所争议的问题，即论证是“关于的（about）”。相比之下，“断言（claim）”或“论题（thcsis）”是被用于指明争论的对象。科克之所以不采纳其中任何一个术语，是因为它们倾向于想当然地认为争论的内容必然是一个命题的真理。或者，在言语行为理论家中认为的它涉及一种果断的非言语行为。此外，由于某些原因人们认为修辞论证是合法的，实际上是必要的。这种观点更自然地产生于以主题为基础的定义，而不是以目标为基础或以手段为基础的定义。这两种定义都倾向于对修辞产生怀疑。重要的是，他要强调，论证有时不只是一个命题、断言、要求，或论文。在某些情况下，论证还是关于一个做某事的建议，例如去打仗。由此可知，“主题”一词是包含了在论证中可能存在的两类问题：命题和建议。他认为“修辞”和“修辞论证”是两个不同的术语，“修辞”是包含“修辞论证”的。[2]修辞传统中的主要思想家同意将修辞论证（甚至修辞本身）视为关于采取何种行动的论证，即认为修辞论证的定义属性为：在这些推论中，从某种意义上说，它缺乏对真理的关注；它是以一种战略目的为目标的，即以说服或获胜为目的。一个讨论，它采用了各种各样的手段、策略和“操纵”，以实现这一目标。[3]

此外，需要注意的是逻辑与修辞两者之间的关系。亚里士多德的处理高明之处在于，他在著作（指《修辞学》）的开头就声明要把修辞学放在逻辑学的范围内并通过逻辑学将修辞学放在整个哲学的范围内，即“修辞学是辩证法的对应物”。[4]他认为“两者都是在论辩中运用逻辑论证以形成正确的认识，两者都不从属于某一特殊学科，不限于研究某种确定的对象，而有普适性和实用价值”。[5]由此可知，修辞学是一门关于论证的学问。亚里士多德区分

---

〔1〕 本文所谈论的修辞论证的概念或多或少与古代修辞（和辩证法）相同。这些学科由亚里士多德（修辞学，论题学）概述，并由西塞罗、昆蒂安以及其他学者发展而来。没有必要通过发展一种理想的、反事实的修辞概念来证明修辞的合理性。

〔2〕 Kock C.,“Defining Rhetorical Argumentation”, p. 440 (*Philosophy & Rhetoric*, 2013).

〔3〕 Kock C.,“Defining Rhetorical Argumentation”, p. 459 (*Philosophy & Rhetoric*, 2013).

〔4〕 ［法］保罗·利科：《活的隐喻》，汪堂家译，上海译文出版社2004年版，第35页。

〔5〕 汪子嵩等：《希腊哲学史（第3卷）》，人民出版社2003年版，第318页。

了修辞论辩的三个要素：本质（ethos）、同情心（pathos）、理性（logos）。[1]关于论证方面的叙述，在他的《工具论》里除了建立了三段论演绎推理系统的贡献之外，另一个主要贡献是给出了基于话语的论证理论。在《工具论》六篇中，有三篇都是用来讨论论证的。《分析篇》中讨论证明的论证，《论题篇》中讨论辩证的论证[2]，足见亚里士多德将修辞学放在逻辑学下讨论的用意，不难看出其倾向：把修辞作为一种论证的工具或手段来看。

由此，我们可以清晰地看到修辞学、修辞与修辞论证三者的区别和联系。修辞学是从学科的角度出发，对与修辞相关的活动和知识建立理论化、体系化的一种学科活动。后两者虽有细微的区别，但是在为目的服务过程中充当一种实践工具或手段，两者没有什么差异。

三、司法判决中的修辞

司法判决的过程是一个经由合议庭多数意见决定组成的有趣的分析现象，即使是在判决同一案件中，不同法官之间也存在着分歧，只有少数意见将被附录在案，保密封存。这充分体现了司法判决过程中司法理由呈现的多样性，法官以特别明确的方式论证有关法律问题的深度，以及为争议双方提供令人信服的论证的可能性，而这些过程与修辞方法的运用息息相关。

西方修辞学于古希腊时期在政治与法律实践中孕育形成，在此后的发展中修辞学历经兴盛、分化、衰落和复兴的曲折发展，但其中优良的人文传统从未完全失落。正是深厚的人文主义修辞学底蕴推动了法律理论、法律方法以及法律教育的产生与发展。由此，从修辞学与法学“貌离神合”的演进过程可以看到，修辞学与法学“惺惺相惜”“荣辱与共”。若失去修辞学参与，人们或许很难将法律与人文主义真正地结合起来。反之，如果退出法律实践，那么修辞学也必将失去源头活水。[3]这也充分说明法律实践与修辞学是息息相关的。实际上我们从法学这门学科性质出发也不难发现，法学并非仅以追求纯知识为旨趣，它主要涉及价值判断问题，追求的更多是一种实践智慧知

---

〔1〕［英］安迪·布恩：《法律论辩之道》，姜翼凤、于丽英译，法律出版社 2006 年版，第 1 页。简而言之，ethos 是以德势服人，pathos 是以情服人，Logos 是以理服人。参见焦宝乾：《法律中的修辞论证方法》，载《浙江社会科学》2009 年第 1 期，第 46 页。

〔2〕参见周祯祥：《理性、规范和面向司法实践的法律论证》，载《政法论丛》2015 年第 2 期，第 136 页。

〔3〕刘兵：《作为修辞的法律——法律的修辞性质与方法研究》，中国政法大学 2011 年博士学位论文，第 39 页。

识。这种学科属性就决定着这门学科在处理纷繁复杂的人类纠纷事务的过程中，需对各种价值性事实进行推理，对判决的事实问题和法律问题进行合法性及合理性说明。换言之，它具有可证立性，即在社会规范领域，无论是一般的法律规则还是个别的法律规则，它们都必须有合理的根据来加以证成（Justification）。[1]另外，揭示一种为多数人认可的结论的合理性这一目的，使法律论证总体的发展趋势主要扮演方法论的角色，与此同时，这一方法论又以开放的态度将更多可能依循可接受性原则的理论框架纳入其讨论范围之中。所以，法律论证是一种以提供正当化理由为特征的非形式论证。在结构上，法律论证是法律语境中一个结论和若干个支持结论的前提组成的陈述句序列。这一定义展现了法律论证的形式特征：一个法律论证只有一个结论；一个法律论证可以有一个或多个前提。法律论证中基本的语句只能是陈述句，前提必须在证据上支持结论。[2]如果不能提供确凿的证据，就应该提出论证，并且要求以合理的理由接受某个立场的理由。特别是在评估或说明性观点存在争议的情况下，如果一个描述性的主张被讨论并且它的真相可以很容易地建立起来，那么仅仅就其可接受性进行论证通常是不够的，还需要明确的证明。一般而言，需要通过论证来证明的命题是评价性和规定性的，而不是纯粹的描述性命题。[3]

（一）作为修辞艺术的司法裁判

众所周知，法庭审判环节是司法审判的重要环节，也是法律语言实践运用中展现得最为丰富的过程之一，在该环节中修辞学提供了最充分的说服来源。那些关于“法官不需要修辞”以及“法官运用修辞是在掩盖其内在的虚弱和不足”的认识显然是片面的、肤浅的。修辞不仅仅是一种“修饰”，运用修辞不是“为了掩盖内在的虚弱”而不得已为之。在这里，可以肯定地说，修辞更重要的是一种“说服”，增强修辞者主张的可接受性，说服受众接受自己的主张。那么，在说服受众的过程中，对自己主张不利的诉求、证据等，修辞者可能会选择沉默或者避而不谈，甚至运用一定的技巧以掩盖之。其实，这就是很多人认为“修辞即修饰”的原因；另外，更重要的原因还在于修辞

---

〔1〕 周祯祥：《理性、规范和面向司法实践的法律论证》，载《政法论丛》2015 年第 2 期，第 137 页。

〔2〕 徐梦醒：《法律论证与裁判智慧》，载《政法论丛》2013 年第 4 期，第 89 页。

〔3〕 F. H. van Eemeren, “In What Sense Do Modern Argumentation Theories Relate to Aristotle? The Case of Pragma-Dialectics”, *Argumentation*, p. 31 (Springer International Publishing 2015).

本身的“自我韬晦”态势。作为“说服的艺术”，修辞能否成功在很大程度上取决于其说服意图是否被有效地掩盖起来。亚里士多德在讨论文风时指出，修辞体裁能否做到听起来“天然无雕饰”关系到以说服为目标的修辞活动的成败。这就是修辞本身在运用过程中的一种“自我韬晦”的态势，也是造成很多人认为运用修辞是在掩盖修辞者内在的某种虚弱和不足的原因。此外，从修辞心理的角度来看待这一现象，修辞者的自我贬抑（self-deprecating）必然有助于提高修辞的效力，因为“人们对那些（处于下风）却尽力克服困难的人有一种自然而然的偏爱”，“装出被自己的对手的雄辩和影响震慑得战战兢兢将会使裁决者对他（即对手）产生一种不信任感”。同时，当我们对词语过分雕饰（too much care for our words）之时将易冲淡修辞给人的情真意切的印象（weakens the impression of emotional sincerity）。[1]正如麦考密克所言，“法庭上使用的修辞是这样一种说服，它并不灌输关于正义和非正义的知识，而产生对正义和非正义的信念”。[2]基于此，司法审判过程中法官对庭审过程的良好管理和有效控制是减少和平息纠纷与冲突、实现法律正义的必不可少的途径。因此，在庭审中，法官欲实现对法庭的良好管理和有效控制，必须要运用好语言。在这个过程中，通过语言来改变态度并诱发行动，只要人运用语言就不可避免地进入修辞环境。[3]

与此同时，我们也注意到了庭审环节的另一个重心问题，那就是法律决策问题。诚如舒国滢教授所强调的那样，法官裁决是决策的一部分，立法也是如此，决定必须经过证成，原因分为四个。首先，法律决策有别于一般决定，它涉及利益，并且一般是涉他的利益，必须对利益及其分配方式提出足够理由并给予说明，这要求进行论证。其次，法律决策的论证不是直线的证明过程（直线证明是独白式的，演绎的、涵摄的过程）。在疑难案件中，直线的证明是不够的，必须进行论证，这是在众多交谈者之间论辩达成共识的过程；需要两个以上的交谈者对话式论证，而非独自思辨式论证。再次，决策论证追求的目标并非是真的问题，而是其是否有效、正确（正当），这些问题很容易进入价值评价的领域。面对价值评价领域直线式证明是无能为力的，

---

〔1〕 刘亚猛：《追求象征的力量》，生活·读书·新知三联书店2004年版，第24页。

〔2〕 参见［美］理查德·A. 波斯纳：《超越法律》，苏力译，中国政法大学出版社2001年版，第591页。

〔3〕 张云秀：《论法官的修辞》，载《法律方法》2011年第1期，第55页。

会出现明希豪森的“困境”[1]。最后，决策不是简单的形式逻辑推理，需要借助其他手段（辩证推理和实质推理）。[2]因为法律论证的目的，正如其他所有论证形式一般，其目标在于获致或强化听众内心对于某一命题的接受认同。[3]由此可见，修辞是可以从循环性和无限倒退的明希豪森困境中解救出来。在修辞分析中，论证被视为具体的交际和相互作用的环境。通过提出修辞见解，辩证规则的应用就是与具体的出发点相联系的，从而达到论证可以完成的地步，避免讨论不能结束的危险。

（二）司法论证中的合理性

在20世纪50年代，当佩雷尔曼与奥尔布雷希特－泰特卡（Albrechts-Tyteca）合作追求逻辑的价值判断时，他就开始认识到，审判逻辑与庭外的价值判断的过程相似。佩雷尔曼认为：“价值的逻辑推理更像是一个法律上的论证，而不是数学上的推论。”[4]司法论证是狭义法律论证中的一种，审判中语言和实践的有意识结构混合起着修辞主题的作用，可以用来“展示”或开道德和政治来源，而不是以演绎的方式将特定的事实情况与法律前提联系起来。[5]换言之，在不同的说服力研究中观察到的效果受到主张观点所描绘结果的可取性的影响：这些后果越大，论证的说服力就越强。[6]

因此，当代审判修辞学实现了不同层次的规范性判断，这是现代审判的

---

〔1〕所谓“明希豪森三难困境”，简而言之，是指在合理的立场下，要么是陷入循环，要么是无限的理由倒退（无穷地递归），要么必须在任意点上武断终止论证。更多论述参见［德］罗伯特·阿列克西：《法律论证理论——作为法律证立理论的理性论辩理论》，舒国滢译，中国法制出版社2002年版，代译序。“明希豪森困境”是20世纪批判理性主义者所提出的一个概念。以德国的汉斯·阿尔伯特为代表的批判理性主义者认为以莱布尼兹的充足理由律为基础的证明将会导致“明希豪森三难困境”，由此阿尔伯特提出放弃充足理由律而崇尚一种批判的方法。而当代德国哲学家阿佩尔则认为批判主义原则不能代替证明的原则。相关论述参见李红：《当代西方分析哲学与诠释学的融合》，中国社会科学出版社2002年版，第146页以下；以及焦宝乾：《法律论证导论》，山东人民出版社2006年版，第9页。

〔2〕舒国滢：《法律论证中的若干问题》，http://www.iolaw.org.cn/showNews.asp?id=6831. 中国法学创新网，访问日期：2018年6月29日。

〔3〕廖义铭：《佩雷尔曼之新修辞学》，台北唐山出版社1997年版，第318页。

〔4〕Perelman C.,“How Do We Apply Reason to Values?”, p. 797 (*Journal of Philosophy* 1955).

〔5〕Burns R. P., *Rhetoric in the Law: A Companion to Rhetoric and Rhetorical Critics*, pp. 442－456 (Blackwell Publishing Ltd 2007).

〔6〕See also O'Keefe D. J., *Proceedings of the Seventh Conference of the International Society for the Study of Argumentation*, p. 1384 (F. H. van Eemeren, B. Garssen, D. Godden, & G. Mitchell, 2012, Amsterdam U. Rozenberg Sic Sat 2012).

独特之处，既涉及公正也涉及权宜之计。如果这里的公正被看作是旁观者的公正，那么这样的公正似乎不会受到欢迎，其完全脱离参与讨论的拷问，只是超越争端的一种姿态。但是如果公正是在一个事件中某一行为者的公正性，那么参与者最大限度地关注了争议的利益，此时的公正就代表了参与者之间的力量平衡。

司法论证处于裁判者与当事人之间的互动过程中，这与修辞学的言说者和听众的关系类似。前文已经提及，可接受性是法律论证的修辞方法所关注的重点，对于新修辞学而言，可接受性强调听众本位，这就明显地与以演说者为核心的旧修辞学区分开来。当然，新旧修辞学都为司法论证提供了重要的作用，只不过新修辞学更考虑从听众接受的角度采取策略和方法，“在这个过程中，法官和当事人实际上是互为听众的：当事人力图使得法官接受自己的观点，否则法官的裁决有可能不利于自身；而法官作出的最终裁判也需要尽量获得当事人的接受和认可，否则，当事人完全可以通过其诉讼权利的行使来质疑甚至推翻原来的裁判结果”。〔1〕司法论证的核心问题是证立，而证立又是为了能够实现可接受性而服务的。因此，以修辞学为旨趣的法律论证具有合理接受的目的意蕴。几乎所有辩证方法的一个总体特征是：论证性的可接受性被认为是依赖于论证性中对合理性进行转换，从而论证性话语的合理性始终处于关注的中心。选择一个辩证的视角意味着出发点是规范性的，并且要求在议论性话语中提出的议论性举措应当符合从批判性讨论的哲学理想所得出的健全性标准。尽管如此，值得反思的是修辞是一把双刃剑，通过修辞能强化判决正当性的同时，我们也需要担忧修辞所带来的一些负面影响。修辞作为语言的技巧和方法，是一种技术中立的工具，本身并不关注法律的正当性，好的论证技巧可以有服务于好的或坏的论证动机。在错误的动机支配下，修辞有可能成为司法场域中权力争夺的策略性选择，成为权力话语合法化的法律技术。所以说，福里特约夫·哈夫特的“法律修辞学”〔2〕是达致判决合理性的论证手段，同时，通过对不当修辞的研究，法律修辞学也可以作为检验司法判决合理与否的工具。〔3〕

---

〔1〕 孙光宁：《可接受性：法律方法的一个分析视角》，北京大学出版社 2012 年版，第 31 页。

〔2〕 福里特约夫·哈夫特的“法律修辞学”既处于论题学和新近修辞学的传统中，又在法律诠释学之中。它当然更多地处理法律论证的实践——技术方面，而不是其法理论上重要的结构。参见［德］乌尔弗里德·诺伊曼：《法律论证学》，张青波译，法律出版社 2014 年版，第 73 页。

〔3〕 王彬：《法律修辞学的源流与旨趣》，载《北方法学》2013 年第 1 期，第 130 页。

（三）司法论证中的可接受性

从目的的角度来看，法律论证与修辞学都是企图说服人，而说服的功能主要在于指出“好的正当理由”（good justifying reasons），至少在表面是“好的正当理由”。[1]无论是原先提出的主张、被告的辩护或是法官的判决，他们都是为了提出“好的正当理由”。[2]因此，值得研究的是提出正当理由以正常化的论证过程。如果说法律在形式上以逻辑为中心，追求的是逻辑形式体系的完整与协调，那么在内容上法律则是以价值判断为中心，关注法律价值与实体内容的正当与合理。逻辑方法所强调的是法律论证的形式，而修辞方法注重的是法律论证的内容及其可接受性（acceptability）方面。需要注意的是，说服力与有效性两个概念是存在区别的。前者强调的是说服的力度，而后者强调符合论证与推理的规则，但并不保证内容的正确性。在法律论证领域，为了令人信服地证立某一法律判决，就必须符合一定的正当性标准。首先，论证除了在形式上正确之外，必须从证立所依据的各种理由中得出判决；其次更重要的是，论证在实质方面必须是令人接受的，事实必须是众所周知或已获证明的。从实用的角度来看，可接受性应取决于其有效性。由于法律规则制定的初衷是为了解决争端，因此这就意味着接受规则作为常规有效的理论基础在哲学上是务实的。从这个意义来讲，修辞学与追求正义之学的法律是相契合的。

总结

在司法实践中，法律论证与修辞之间的关系通过一件件生动的案件结合起来。这种关联是通过合理的论证和听众关于法律陈述、法律意见、法律决定的接受程度对法律人的价值判断所起的作用来进行归整和整合的，使价值判断限定在合理的范围内，即它可以有效引导法律对正义、公平等价值的守

---

〔1〕 廖义铭：《佩雷尔曼之新修辞学》，台北唐山出版社1997年版，第314页。需要说明的是，存在“劝说”（to persuade）和“信服”（to convince）之间对立的说法。自柏拉图的激烈批评以来，论证的形式受到修辞手法的启发和塑造，经常被指责为理性、健全、科学论证的“邪恶”对应物。认为修辞学不使用中立/公正/客观的语言；修辞并不总能达到各自的结论。通过有效的/合理的推理方案，修辞学不能提供客观的/可证明的真理标准。带着几百年来困扰修辞理论的信念——劝说二分法，佩雷尔曼认为这种二元论可以追溯到亚里士多德，亚里士多德把他的专题用于对论文的理论讨论和他的修辞对观众的特殊性。不论其起源如何，劝服和信服之间的分歧是基于错误的心理前提。人类并不是由各自独立的学科组成的，“当人们离开严格的理性主义的界限，考察获得思想坚持的不同手段时，光凭信念反对是不够的”。

〔2〕 Neil MacCormick, *Legal Reasoning and Legal Theory*, pp. 13–15 (Oxford Clarendon Press 1978).

护与追求，以及限制法官的自由裁量权，又不至于损害我们对法治的理想和追求，破坏法律自身的权威性和相对独立性。可见事实修辞中的论辩、意见之整合以及观点之可接受性，在一定程度上都是充满价值判断的。[1]诚如麦考密克所言："法庭上使用的修辞是这样一种说服：它并不灌输关于正义和非正义的知识，而产生对正义和非正义的信念。"[2]修辞可以通过包括语言在内的象征传递给他人以影响他人的决策与行为。在某种程度上语言的确可以创造现实，这点会提醒法学方法论研究者在研究法学的时候，要关注其主要研究对象是法律事实本身，还是经语言创造出来的法律事实，两者之间存在何种区别与联系。

由于社会的不断发展，部门法法典化工作正在得到有效的推进，法教义学也在我国这片土壤上成长且壮大起来，其更加需要借助修辞资源来加强对于实在法的解释和研究。修辞作为一种技术中立的工具，人们可以借助修辞之力，既有助于更规范地解释法律规范，又能增进司法判决的稳定性和可预测性。况且，通过修辞作为研究线索，我们可以洞察到世界一流民族法律的发展历史，最典型的是德国和欧洲其他地区法学方法论的历史根基，并把握其发展演变的基本脉络，从中获得一个崭新的视角来审视和洞察我国的法学"大脑"是如何发育起来，学会处理变革与传统、理性与历史、本土与外来政治与科学之间的关系，领悟在一个国族法学的成长期，如何肩负起作为学者的担当。通过振兴法律修辞学，思考如何"生产出"法的生产方法，如何使法学走上"科学"之路。[3]这些是值得我们重视的问题。

自从柏拉图的《高尔吉亚》（*Gorgias*）诞生之日起，修辞学就不得不努力去挽救那个早已失败的公众形象。亚里士多德力图修正柏拉图的观点，在他看来："说服公正所带来的好处是优于敌对状态，并且误用的风险可以通过修辞所带来的好处得到补偿。"尽管修辞本身可以被善良或堕落的人使用，可以被用于好的或坏的目的，可以造成巨大的好处或者巨大的危害。但是修辞作为一种技术中立工具存在，它本身被认为是一种道德无涉的工具，善恶取

---

〔1〕 彭中礼：《司法判决说服性的修辞学审视——围绕听众的初步分析》，载《法制与社会发展》2011 年第 1 期，第 101 页。

〔2〕［美］理查德·A. 波斯纳：《超越法律》，苏力译，中国政法大学出版社 2001 年版，第 590 页。

〔3〕［德］萨维尼：《萨维尼法学方法论讲义与格林笔记》，杨代雄译，法律出版社 2008 年版，第 7 页。

决于说服者的动机，它可以是出于善意的也可以是出于恶意的。修辞理论的创新不可避免地与不断变化的价值观关联。佩雷尔曼在谈及法律与修辞学的关系时曾说，“在较少权威而有更多民主色彩的法律观念中，修辞学的地位会越来越不可或缺。”[1]职是之故，法学应当重视修辞学理论的研究，并充分吸收修辞学的优点来推动法学事业的兴盛和发展。

（初审人：邓经超）

---

〔1〕 See Perelman, C., Berman, H. J., *Law and Rhetoric. Justice, Law, and Argument*, p. 121 (Springer Netherlands 1980). 转引自杨贝：《法律论证的修辞学传统》，载《法律方法与法律思维》2007 年第 4 辑，第 75 页。

论不存在做错事的权利

吴　然*

摘　要：做错事的权利看上去极具实践吸引力和概念重要性。当我们将这项权利定义为主张权，它在概念上是自我融贯的。然而，这项以自主作为基础利益的权利无法获得证成。的确，在某些情况下，他人确实有理由甚至有义务不干涉某位行动者做错事，但由于自主无法独立向他人施加这项义务，行动者并没有做错事的权利。

关键词：主张权　错事　自主　干涉

引言

做错事的权利极富吸引力。[1]从实践层面看，它似乎可以给予我们违反某些义务的自由，因而似乎能更充分地保护和促进我们的自主；它似乎还可以帮助我们搁置争议，使对一个行动道德判断不同的人们彼此宽容。从

---

* 吴然，女，中国政法大学法学院法学理论专业2015级博士研究生（100088）。

〔1〕 本文中的“错事”都指道德错事，不指智识上的错事，也不一定违反法律义务。智识上的错事与道德无关，可能是因为不利于实现某个目标而为错事。比如，以身体健康为目标，熬夜是智识上的错事。“是否与道德有关”则涉及我们如何理解道德。但本文不讨论它，而诉诸我们的道德直觉或共识。这些直觉或共识也许不够可靠，但幸运的是，具体答案并不影响本文的核心论证。

概念层面看，做错事的权利似乎还可以帮助我们回应权利冗余论，因为它使得权利可以超越道德对错的评价，对行动施加保护。更何况，我们事实上也可能的确拥有做道德错事的法律权利。只要法律没有将某项道德义务规定为法律义务，或者法律规定人们有义务避免干涉某人做道德错事，这项法律权利在概念上就是成立的。[1]

然而，如果我们无法证成做错事的道德权利，上述吸引力只是我们的空想，做错事的法律权利也将缺少可靠的道德基础。本文讨论做错事的道德权利，并且将阐明我们无法证成这项道德权利的原因。第一部分将首先界定做错事的权利的概念，说明为使该项道德权利在概念上自我融贯，它必须是一项主张权。其内涵是排除他人在“权利人”做错事过程中的事中干涉[2]；而不是反对他人的事前劝诫或事后谴责。[3]同时第一部分还会基于概念界定阐明可能证成做错事的权利的基础利益为何是自主，以及成功证成做错事的权利需要满足什么条件。本文第二部分则主要阐明自主如何给出反对他人干涉做错事的理由。第三部分将比照第一部分确定的证成思路检讨基于自主的证成路径，论证基于自主的反干涉理由无法独立胜过支持干涉的理由而构成一项义务，因此自主无法证成做错事的权利。当然，在否定了做错事的权利之后，人们可能会留有一些担忧和误解。本文结尾部分会澄清一些重要的误解并说明做错事的权利要么不是消除这些担忧所必需的，要么根本无法消除这些担忧。

一、概念界定

在讨论是否能够证成做错事的权利之前，我们首先需要澄清这项待证权利的性质和结构。这一方面是因为不同性质的权利会影响这项权利的内涵，也进一步影响人们能够如何使用这项权利和能对他人或法律提出什么要求。如果它可以获得证成且是一项自由权，它将直接否认现有的道德义务。相应

---

〔1〕 比如，越来越多的人认为驯养并将动物用于商业表演是道德错误的，但是持有相关法律许可证的马戏团有法律权利驯养动物并在符合法律规定的场所进行动物表演。面对动物保护者的谴责，马戏团即使不得不承认这些行为的道德错误性，也可以直接用做错事的法律权利为动物表演辩护。

〔2〕 如果这项道德主张权能获得证成，人们可以此反对法律赋予某人或某机构事中干涉的权力。

〔3〕 因此该道德主张权无法给我们道德理由反对法律做出禁止性规定和事后施加惩罚。即使人们还有其他理由反对法律做出禁止性规定，这些理由与做错事的权利无关。

地，法律禁止人们做错事的规定将有侵犯道德权利的风险。[1]如果做错事的道德权利存在且是一项主张权，它会为他人设定一项义务，立法者因此拥有一项道德理由确认相应的法律主张权，尤其是在他人违反义务时给予事后救济。另一方面不同结构的权利对证成有不同的要求，决定了可能证成这项权利的基本思路和成功证成需要满足的条件。

（一）主张权而非自由权

事实上，做错事的道德权利只有是主张权，才能保持概念上的可能性。主张权是与他人某项义务对应的权利。[2]当我们说 P 有一项主张权，不是在说 P 本人有义务或无义务做什么，而是在说 P 可以要求他人做或不做什么，而且这些主张是他人的义务。与主张权不同，自由权[3]是对权利人本人义务的否定，[4]以此告诉权利人可以做或不做什么。权利人有自由权采取的行动是权利人没有义务不采取的行动，而权利人有自由权不采取的行动正是权利人没有义务采取的行动。

P 有做错事 A 的权利，从形式上看很像"P 有做 X 的自由权"（P has a right to do X）。[5]但此项权利若是自由权，P 就没有不做 A 的义务。这与 A 的道德错误性——P 有义务不做 A——矛盾。因此从概念上看，做错事的权利只能是一项主张权，其内涵是且只是在 P 做 A 时排除他人的干涉。相应地，在 P 做错事 A 时，他人有义务不干涉 P。[6]它不改变 P 有不做 A 的义务，也

---

〔1〕 这是非常有吸引力的理解方式。很多人说"即使这件事是道德错事，我也有权利去做"时，多半是在"自由权"的意义上说的，以此拒绝事前禁止、事中干涉和事后谴责。然而若做错事的权利在这个意义上成立，我国现有《民法总则》第 8 条、第 10 条、第 143 条和第 153 条中关于"公序良俗原则"的规定，就在道德上岌岌可危。

〔2〕 See Wesley Newcomb Hohfeld, "Some Fundamental Legal Conceptions as Applied in Judicial Reasoning", 23 *The Yale Law Journal* 16, pp. 31 – 32 (1913).

〔3〕 自由权的英文可以是 liberty 或 privilege。霍菲尔德更喜欢用 privilege。一是因为 liberty 更多用来表达个人自身的自由，不涉及人与人之间的关系；二是因为 liberty 常被用在政治语境下，而他在民事语境下讨论权利；三是语言便利，privilege 可以更好地体现出权利人的行为受权利保护（privileged）。See Wesley Newcomb Hohfeld, "Some Fundamental Legal Conceptions as Applied in Judicial Reasoning", 23 *The Yale Law Journal* 16, p. 43 (1913).

〔4〕 See Wesley Newcomb Hohfeld, "Some Fundamental Legal Conceptions as Applied in Judicial Reasoning", 23 *The Yale Law Journal* 16, pp. 38 – 39 (1913).

〔5〕 主张权的一般表达式为：P 有权主张或要求他人 Q 做 X 或不做 X（P has a right that Q shall do or not do X）。

〔6〕 See Jeremy Waldron, "A Right to Do Wrong", 92 *Ethics* 21, p. 29 (1981); and see Ori J. Herstein, "Defending a Right to Do Wrong", 31 *Law and Philosophy* 343, pp. 346 – 347 (2012).

不提供 P 做 A 的理由。[1]另一位支持者奥里·J. 赫斯坦因（Ori J. Herstein）直接将它称为“不包含自由权的主张权”（a claim-right without a privilege）。[2]我们还可以更精确地表达为“P 在做道德错事 A 时排除他人干涉的主张权”。

（二）具体主张权而非一般主张权

如果 P 做错事 A 的主张权确实存在，它不会是独立存在的，而是同时存在一项更一般的道德主张权：P 有权在 A 所属的行为领域中自主选择而不受干涉。两者概念上的必然关联也意味着做错事的权利不是一般主张权，而是具体主张权。[3]

直观上看，一般主张权和具体主张权的日常表达方式不同。我们通常这么提及一般主张权：“P 有（主张）权利 I”或者“P 有（主张）权要求他人保护或促进 P 的利益 I”，但是不说明他人应该采取或避免什么具体行动。比如，P 有人身安全权或者 P 有权要求他人保护 P 的人身安全。而我们在提及具体主张权时会直接说明他人应该采取或避免的具体行动。比如，P 有权主张他人不袭击 P 的身体，或者 P 有权主张政府提供 24 小时的贴身保镖。

一般主张权和具体主张权更为重要的差异在于二者之间的证成关系。具体主张权的证成依赖一般主张权，一般主张权的证成优先于具体主张权的证成。即使有些时候首先进入讨论的是具体主张权，我们在证成这一具体主张权时也要诉诸关于一般主张权的讨论。[4]这种关系也被称为“道德权利的一般性”（the generality of moral rights）。[5]

问题是，具体主张权的证成如何依赖于一般主张权？本文认为，这种证成关系上的依赖首先表现在具体主张权与一般主张权共享基础利益。运用到做错事的权利上：由于“P 在 A 所属的行为领域中自主选择而不受干涉”的一般主张权以自主为基础利益，P 做错事 A 的权利也就不可避免地以自主作为基础利益。这也决定了证成做错事的权利时，我们不可避免地必须关注自主能否证成做错事的权利。

一个更具体的问题是：与一般主张权共享了基础利益之后，具体主张权

---

〔1〕 See Jeremy Waldron, “A Right to Do Wrong”, 92 *Ethics* 21, p. 27 (1981); and see Ori J. Herstein, “Defending a Right to Do Wrong”, 31 *Law and Philosophy* 343, pp. 345 – 346 (2012).

〔2〕 See Ori J. Herstein, “Defending a Right to Do Wrong”, 31 *Law and Philosophy* 343, 346 (2012).

〔3〕 See Jeremy Waldron, “A Right to Do Wrong”, 92 *Ethics* 21, 31 and 35 (1981).

〔4〕 See Jeremy Waldron, “A Right to Do Wrong”, 92 *Ethics* 21, 32 (1981).

〔5〕 See Jeremy Waldron, “A Right to Do Wrong”, 92 *Ethics* 21, 31 – 32 and 34 (1981).

如何从一般主张权中衍生而来？沃尔德伦似乎认为，当一般主张权得以证成，只要一项具体行动是一般主张权所涵盖的类型化行动中的例子，无论它是否为道德允许，具体主张权都自然得到证成。运用到做错事的权利上：一旦我们可以证成P在某个行为领域内自主选择而不受干涉的一般主张权，属于这个行为领域的选项A就自然得到这项一般主张权的保护，P做错事A的具体主张权也就得到证成。[1]

然而，这一观点忽视了主张权证成的复杂性。根据拉兹提出的权利概念："当且仅当X可以拥有权利，而且，其他条件都相同的情况下，X福祉的一个方面（他的利益）是使他人负有一项义务的充分理由，X拥有一项权利"，我们要证成一项主张权，就必须论证某项基础利益可以向他人施加义务。[2]

而且，从基础利益到义务的证成还分具体层次。P的某项利益I可以向他人提供理由采取多种具体行动或避免某些具体行动。对于其中一些行动，I提供的是义务性理由；而对于另一些行动，I提供的只是充分理由。只要至少对于一个具体行动，I可以提供义务性理由，P关于这项利益的一般主张权就得以证成。[3]但是，当且仅当I能够给出他人采取或避免某个具体行动的义务性理由时，P要求他人采取或避免该具体行动的具体主张权才能得到证成。如果对于他人采取某个特定具体行动，I给出的只是充分理由，P就没有要求他人采取该行动来保护I的具体主张权。[4]

由此观之，具体主张权的证成的确依赖一般主张权，依赖一般主张权的基础利益参与具体主张权的证成。但是一般主张权只是待证具体主张权的"初确基础"（prima facie ground）。[5]一般主张权得到证成后，还需要其基础利益能够给他人义务性理由采取或避免某个具体行动，P要求他人采取或避免该行动的具体主张权才得到证成。换言之，具体主张权的证成要求由一般

---

〔1〕 See Jeremy Waldron, "A Right to Do Wrong", 92 *Ethics* 21, 31 – 32 and 34 (1981).

〔2〕 Joseph Raz, *The Morality of Freedom*, 166 (Oxford University Press, 1986). 这一概念对于主张权更为适用。

〔3〕 See Joseph Raz, *The Morality of Freedom*, 181 – 182 and 184 (Oxford University Press, 1986).

〔4〕 See Joseph Raz, *The Morality of Freedom*, 184 (Oxford University Press, 1986). 例如，年轻人接受高等教育的利益能给出理由让政府提供助学贷款，也可以给出理由让政府提供免费高等教育。前者很可能是一项义务性理由，后者则可能只是充分理由，被其他反对政府提供免费高等教育的理由胜过。因此，年轻人有接受高等教育的一般主张权和要求政府提供助学贷款的具体主张权，但没有要求政府提供免费高等教育的具体主张权。

〔5〕 See Joseph Raz, *The Morality of Freedom*, 184 (Oxford University Press, 1986).

主张权的基础利益给出的行动理由能够胜过所有支持相反行动的理由。[1]运用到P做道德错事A的情形：当P在A所属的行动领域内有自主选择而要求他人不得干涉的一般主张权获得证成之后，欲证成P做A的权利还需要满足一个条件：一般主张权的基础利益——P在该领域内的自主——在P做A时给出的反干涉理由是义务性理由，即可以胜过所有支持干涉的理由。

为论证方便，我们不妨将P在该领域内的自主给出的反对干涉的理由简称为“基于自主的反干涉理由”（the autonomy-based reason against interference）。需要注意的是，除了这项反干涉的理由之外，还可能存在其他反对干涉的理由。它们不是P在该领域内的自主给出的理由，但可能胜过支持他人干涉的诸多理由，使得他人负有避免干涉的义务。但是他人有义务在P做错事A时避免干涉，不一定意味着P有对应的主张权。即使P此时拥有排除他人干涉的主张权，也不是P在该领域自主证成的，而是P的其他利益证成了这项内涵与“做错事之权利”内容相同的主张权，P仍没有做错事的权利。[2]

至此，我们可以从做错事的权利的概念结构中得出证成该项权利的基本思路和条件：当且仅当P在某一领域内的自主能够独立向他人施加不干涉P做错事A的义务时，P拥有做错事的权利。[3]换言之，当且仅当基于自主的反干涉理由能够独立胜过诸多支持干涉的理由时，做错事的权利获得证成。

（三）能够排除的干涉

后文将沿用上述思路展开讨论。不过，在这之前，我们还需要澄清两个概念问题，对它们的回答将有助于我们更好地理解基于自主的反干涉理由：做错事的权利（如果存在）能够排除什么阶段的干涉？什么样的行为构成干涉？

---

〔1〕 See Joseph Raz, *The Morality of Freedom*, 183 – 184 (Oxford University Press, 1986).

〔2〕 比如，P拒绝借钱给有急用的朋友（我们暂时假设这是道德错事）的情形。一种可能：Q由于事先向P的母亲承诺不干涉P如何对待朋友而有义务不干涉P。由于这不是对P负有的义务，P对Q没有主张权。另一种可能：Q事先向P承诺不评价P如何对待朋友而有义务不干涉P。此时P对Q有不得干涉的主张权，但该主张权不以P在财产领域的自主为基础，不是“做错事的权利”。

〔3〕 值得注意的是，我们还有两种证成权利的路径。依据这两种路径，P自己的利益虽不能独立施加义务，但与他人利益或共有性利益共同给出义务性理由而证成P的权利，他人利益或共有性利益甚至发挥更为重要的作用。比如，父母监护权的证成很大程度上依赖孩子的利益；记者保密新闻材料的权利主要由公众的知悉利益和信息流通的共有性利益证成。但这两种路径有严格的适用条件，前提之一是P的利益对于促进他人利益或共有性利益有重要的工具价值。See Joseph Raz, *Ethics in the Public Domain*, 50 – 55 (Clarendon Press, 1994). 我们很难说P在特定领域的自主对他人利益或共有性利益有不可或缺的工具价值。所以本文不处理这两种路径，而只讨论P自己的某种利益单独证成某种权利的路径。

第一，做错事的权利如果存在，只是在P做错事的过程中排除他人的干涉。这是因为P做A的道德错误性不因做错事的权利改变，做错事的权利甚至都不能给出支持P做A的任何理由。[1]事前的禁止性规定不是做错事的权利可以排除的。做错事的权利也不能阻止受害人在P做A之后要求P承担责任（如赔礼道歉和赔偿），因为事后责任本来就内在于义务。[2]如果旁观者在P做A之后谴责P，P也不能援用做错事的权利拒绝谴责。总之，错事的权利能够排除的干涉局限在P做A的过程中，而不包括事前和事后阶段。

第二，该项权利可以排除的干涉，在沃尔德伦看来是指试图阻止P做A的行为（try to stop P from doing A）。[3]试图阻止P做A的行为一定包含某些积极行动，这些积极行动会产生使P停止做A之外的后果。[4]比如上台推搡发表仇恨演讲的P会侵害其人身自由和身体健康。再如，在某些情形中告诉P做A是道德错误的会让P感觉到一种强力（force）。这种额外后果使得告诫也构成干涉。但并不是所有的告诫都属于干涉，不会让P感到强力的纯粹告诫（mere prescription）就不属于干涉，也不该为“做错事的权利”排除。这些非干涉性的告诫是通过让P意识道德判断的内在规范性而停止做A，而会产生额外后果的告诫是借用强力迫使P停止做A。[5]推而广之，会造成额外后果而无需使P意识道德判断的内在规范性就可以阻止P做A的行为是“做错事的权利”要排除的干涉。[6]

沿此思路，依据干涉行为造成的额外后果不同，“做错事的权利”似乎至少可以排除三种干涉。第一种干涉的额外后果是让P感受到心理强力，比如亲人频繁的唠叨和朋友的皱眉；第二种干涉的额外后果是增加P做A的难度、降低P做A的预期效果或转移P的注意力，比如在P做仇恨演讲时离席；第三种干涉的额外后果是伤害P的其他利益或影响他人，比如推搡P离开讲台。

此外，做错事的权利似乎还可以排除两种干涉——欺骗和威胁。欺骗是

---

〔1〕 See Jeremy Waldron, “A Right to Do Wrong”, 92 *Ethics* 21, 27－28 (1981).

〔2〕 See Stephen Darwall, *The Second-Person Standpoint*, 91－118 (Harvard University Press, 2006).

〔3〕 See Jeremy Waldron, “A Right to Do Wrong”, 92 *Ethics* 21, 29 (1981). “试图阻止”意味着一个行为不必事实上阻止了P做A才是“干涉”。

〔4〕 See Jeremy Waldron, “A Right to Do Wrong”, 92 *Ethics* 21, 30 (1981).

〔5〕 See Jeremy Waldron, “A Right to Do Wrong”, 92 *Ethics* 21, 30 (1981). 不过，沃尔德伦也承认我们很难明确区分告诫或其他行动究竟是干涉还是纯粹告诫。但这不妨碍我们承认存在这样的区分。

〔6〕 这些行为在具体情形中也可能是让P意识到道德判断的内在规范性而停止做错事。但不同于纯粹劝诫，这些行为可以由它们造成的额外后果形成强力而发挥阻止作用。

引导P形成某种错误认知并出于这种错误认知停止做 A。[1]威胁是指干涉者向 P 明示若其做错事，他会主动施加某种负面后果，意图让 P 惮于威胁者将主动施加的后果而停止做 A。与第一种干涉一样，威胁也会给 P 造成心理强力。但不同的是，威胁造成的心理强力是对威胁者意图施加的后果的恐惧，而第一种干涉造成的心理强力是他人唠叨带来的不适、未获得他人支持的失落或担心做 A 会影响到自己与干涉者的关系等。当然，P 也可能惮于第一种干涉者提示的事后责任停止做错事。不过，第一种干涉者是希望借事后责任让 P 意识到做 A 的道德错误性，内在于事后责任的负面后果是否发生也不取决于干涉者的意图，而威胁者扬言施加的负面后果是否发生完全取决于威胁者。

二、基于自主的反干涉理由

根据前文，我们需要在基于自主的反干涉理由与支持干涉的理由之间比较权衡，以确定基于自主的反干涉理由是否是义务性理由。本文第三部分会区分多种情形说明支持干涉的理由总是不会被基于自主的反干涉理由击败。在这之前，我们需要先检讨自主是否能够以及如何能够给出反对他人干涉做错事的理由，这需要我们考察自主提出了哪些要求，以及这些要求是否与他人干涉矛盾。

（一）可供选择的选项

自主要求 P 自主选择如何行动。为使选择可能且重要，首先需要有充分选项供 P 选择并且不同种类选项的组合须能确保选择有重要性。每一个行为领域都可能包括诸多具体的行动选项。一些选项是道德要求的义务性选项，另一些是与道德无关的，它们都为道德允许。此外，还会有道德错误的选项，它们为道德禁止。如果我们将错误选项排除出可供选择的选项，行动者将只能在上述两种道德允许的选项中做出选择。又由于义务性选项在道德上优于与道德无关的选项，行动者最终只能选择义务性选项。行动者因此丧失选择空间。简言之，有必要保留道德错误选项，以确保重要选择是可能的。[2]

不过，也许有人会说即使没有错误选项，只要同时将义务性选项排除，行动者仍可以在诸多与道德无关的选项中做选择。然而，这样留给行动者的

---

〔1〕 比如沃尔德伦明确说，做错事的权利可以排除欺骗。See Jeremy Waldron, “Galston on Rights,” 93 *Ethics* 325, 327 (1983).

〔2〕 See Jeremy Waldron, “A Right to Do Wrong”, 92 *Ethics* 21, 35 –36 (1981).

选择都是细碎琐事，它们没有道德重要性。[1] 还可能有人提议说，我们首先使用权利而不是道德来判断如何行动，这样既可以保证受权利保护的选择在道德上重要又可以用权利排除错误选项。可惜，这有违道德在我们生活中的作用。[2] 因此，只有保留道德错误选项，重要的道德选择才是可能的，进而满足自主的要求。由此可见，P 的自主可以给出反对他人干涉其做错事的理由。

然而，这一思路遭到了包括威廉·高尔斯顿（William A. Galston）和罗伯特·乔治（Robert George）在内的反对者批评。他们指出，排除了道德错误选项，做出重要的道德选择仍然是可能的。因为在为道德允许的领域中，除了道德要求的选项和与道德无关的选项，还有很多彼此竞争但不可比较（incomparable）的重要选项。这些选项互相竞争，但是没有终局性的道德理由要求人们选择其中一个。比如在职业选择领域，排除道德错误选项之后，剩下的选项不仅道德重要且相互不可比较。[3]

也有学者提出“道德争议”，这可以进一步丰富为道德允许的领域。受到道德争议的选项不同于彼此不可比较的选项。对于后者，没有终局性的道德理由支持其中任何一个选项，也没有道德理由反对其中任何一个选项。但是对于受道德争议的选项，人们有道德上的反对意见，只是没有决定其为道德禁止的终局性理由。[4] 因此，排除错误选项之后，行动者仍可以做出重要的道德选择，不仅可以选择上述相互不可比较的选项，还可以选择虽然受到道德反对但没被道德绝对禁止的受争议选项。总之，我们不需要道德错误选项

〔1〕 See Jeremy Waldron, “A Right to Do Wrong”, 92 *Ethics* 21, 36 (1981).

〔2〕 See Jeremy Waldron, “A Right to Do Wrong”, 92 *Ethics* 21, 36 -37 (1981).

〔3〕 See William A. Galston, “On the Alleged Right to Do Wrong: A Response to Waldron”, 93 *Ethics* 320, 321 -323 (1983); and see Robert P. George, *Making Men Moral*, 126 -128 (Oxford University Press, 1993).

〔4〕 参见陈景辉：《存在做错事的权利吗?》，载《法律科学（西北政法大学学报）》2018 年第 2 期，第 11 -14 页。陈景辉指出道德争议的本意是在否定做错事权利的同时，找到只有权利可以施加保护的领域而回应权利冗余论。为此他区分了“道德争议”和狭义的“道德允许”，指出尽管在“道德要求”和“道德允许”领域，权利和道德同样可以给予保护，但是“道德争议”领域只有权利在发挥作用。但是本文认为该观点在辩护权利必要性上是失败的。事实上，道德也可以在“道德争议”领域给予保护。正因为道德没有给出反对受争议选项的终局性理由，道德没有将该选项排除出去，是在以一种消极的方式保护它们。因此从广义上说，受“道德争议”的选项也是为道德允许的，即不为道德禁止。所以，与其说是找到了只有权利可以发挥保护功能的领域，不如说是进一步丰富了“道德允许”的范畴。

来确保重要道德选择是可能的。从自主对于选项的要求来说，自主无法给出保留错误选项的理由，也就无法给出反对他人干涉 P 做错事 A 的理由。

（二）自由选择的心理

自主不仅对可供选择的选项有所要求，而且对 P 的选择过程有要求。赫斯坦因指出，自主要求 P 在选择过程中有自由选择的心理状态，即 P 在做错事时相信自己是自主的而不用担心他人会干涉自己。[1]如果自主确实提出这项要求，他人干涉就是与该项要求矛盾的，而且要化解这一矛盾只能由赋予 P 做错事的权利来满足。虽然没有做错事之权利的情况下，他人也可能选择不干涉 P 或没注意到 P 做错事或基于 P 自主之外的理由有义务不干涉 P，但是这些偶然的现实机会不能提供给 P 无需担心干涉的心理自由，只有向他人施加不干涉义务和给予 P 做错事的权利才可以确保这种心理自由。[2]

然而，本文对此表示怀疑。惮于 P 做 A 的道德错误性和可能的事后责任，P 不可能有完全的心理自由做错事。如果自主的确要求第一种意义上的心理自由，P 不做 A 的义务和内在于义务的事后责任由于无法提供心理自由也有侵害自主之嫌，这有违我们的常识。因此我们最好放弃自主关于心理自由的这一要求。

（三）弃错从善的理由

虽然自主未必要求 P 在选择过程享有上述心理自由，但是自主要求 P 的选择是自己审慎思考的结果。即使是最终选择弃错从善，也须是在为道德允许的选项与道德错误选项之间审慎思考并从中选出为道德允许的。[3]这意味着 P 必须有甄别选项的机会，而如果他人施加干涉，P 就缺少这些机会。

为什么他人干涉会剥夺 P 审慎思考的机会呢？一种可能解释是，他人干涉会剥夺 P 自行甄别的时间。可惜，这一解释行不通。如果 P 事先知道 A 是错事，就不再需要另外的甄别过程；如果 P 事先不知道 A 是错事，他人干涉反而可能促使他反思 A 的道德对错。另一种可能解释是，如果他人干涉，P 就可能出于这些干涉而非 A 的道德错误性放弃 A。为了确保 P 出于 A 的道德错误性放弃 A，应该禁止他人干涉。

---

〔1〕 See Ori J. Herstein, "Defending a Right to Do Wrong", 31 *Law and Philosophy* 343, 360 (2012).

〔2〕 See Ori J. Herstein, "Defending a Right to Do Wrong", 31 *Law and Philosophy* 343, 359 – 360 (2012).

〔3〕 See Ori J. Herstein, "Defending a Right to Do Wrong", 31 *Law and Philosophy* 343, 362 (2012).

后一种解释意味着自主对 P 弃错从善基于的理由有所要求。我们至少有五类放弃道德错误选项的理由：①P 做 A 的道德错误性；②可能承担的事后责任；③做这件错事可能造成的其他后果[1]；④出于自身原因做 A 有难度（缺乏能力、资金、时间和场地等）；⑤做 A 的过程中受他人干涉、欺骗或威胁。自主允许 P 基于前四类理由放弃错误选项。比如，P 由于认识到仇恨演讲的道德错误性或自己没钱租用演讲厅或仇恨演讲会影响朋友对自己的评价而放弃仇恨演讲，这都是自主决定。自主也允许 P 基于第二类理由放弃道德错误选项，因为事后责任内在于不做 A 的义务。

至于第五种理由，我们需要区分他人干涉的类型展开讨论。可能有人认为，第一种干涉和第二种干涉是行动者之外的因素在起作用而挫败 P，它们构成对自主的侵犯。然而，很多事后责任（比如他人谴责）在挫败 P 时也是借由行动者之外的因素发挥作用，我们却不认为这些事后责任侵犯自主。如果我们无法合理说明他人事中干涉与他人事后谴责对于自主的影响不同在何处，我们就很难说自主不允许行动者基于第一种干涉和第二种干涉弃错从善。事实上，第一种干涉和第二种干涉不会剥夺 P 经过审慎思考做出自主选择的机会。比如，在他人唠叨或提高 P 做错事难度的情况下，P 没有失去坚持错误选择的机会。因此，第一种干涉和第二种干涉不违背自主的要求，自主无法给出反对这两种干涉的理由。

不过，按照我们的通常理解，自主确实反对 P 基于威胁或欺骗而放弃错误选项。此外，自主还可能反对 P 基于第三种干涉弃错从善。第三种干涉会对 P 或其他人造成的负面后果，不是 P 意图发生的，也不是 P 做 A 本会造成的后果。P 出于担忧这些他本不想也不会造成的后果而放弃错误选项，类似于受到威胁而放弃错误选项。他人实际采取的第三种干涉甚至可能直接导致 P 不再能够继续做错事（比如殴打 P 至昏厥），这也就直接剥夺了 P 审慎思考和出于适当理由做出选择的可能，违背自主的要求。由此观之，第三种干涉、威胁或欺骗与自主对 P 弃错从善的理由方面的要求矛盾，自主因此能给出反对第三种干涉、威胁或欺骗的理由。

三、基于自主的证成路径为何失败？

从自主对于自主选择背后理由的要求来看，自主确实能够给出理由反对

---

〔1〕 这些后果的例子包括影响自己与他人的关系、降低他人对自己的评价等。它们与 P 做 A 的道德错误性无关，对于判断 P 做 A 是否道德错误没有影响，也不属于 P 做 A 之后要承担的事后责任。

某些干涉。依据本文第一部分阐明的证成思路，如果基于自主的反干涉理由是义务性理由，也即如果基于自主的反干涉理由可以独立胜过支持他人以某种方式干涉的理由，做错事的权利可以获得证成。

支持他人以某种方式干涉的理由之一是“保护 P 所做错事会不当减损的利益”。这些利益可能是受害人的权利，也可能是虽然重要但未构成受害人权利的利益，还可能不是特定个人的利益。[1]为论证方便，我们不妨将这项支持干涉的理由称为“基于利益的干涉理由”（the interests-based reason for interference）。

事实上，基于自主的反干涉理由不可能独立胜过基于利益的干涉理由，也就不可能是义务性理由。下文将区分四种情形阐明这一点。如果同时还存在其他支持旁观者干涉的理由，比如 P 事先同意旁观者阻止自己做错事，基于自主的反干涉理由就更无法独立胜过诸多支持干涉的理由。在下文的讨论中，我们不可避免地涉及一个问题：做错事的权利（如果存在）排除谁的干涉？沃尔德伦认为它排除任何人的干涉[2]，而赫斯坦因只一般地指“其他人”。[3]本文认为该权利最多排除旁观者的干涉。旁观者可能是利益无关者、利益相关者或直接的受害人，但一定不是有权要求 P 不做 A 的权利人。

（一）侵犯他人权利的情形

在本文首先要讨论的两种情形中，P 做 A 会侵犯他人的权利。第一类情形指 P 的行为 A 对特定个人 Q 构成犯错且 Q 有要求 P 不做 A 的主张权。作为主张权人，Q 完全可以要求 P 停止侵害，而且 Q 的干涉受到主张权的保护。如果 P 有做错事的权利，此时最多能排除旁观者的干涉。在这类情形中，旁观者同时拥有基于 P 之自主的反干涉理由和基于 Q 之利益的干涉理由。比如，

---

〔1〕 P 的行动可能直接或间接地减损很多利益。但这不意味着 P 的行动一定是道德错误的。比如 P 提升自己面包店的竞争力会使 Q 的面包店盈利减少，但这不是道德错事。只有 P 对 Q 之利益的减损无法得到证成时，P 的行动才是道德错误的。也不是对任何一种利益的不当减损都可以决定该行动是道德错事。比如 P 向 Q 承诺照顾 Q 的母亲但 P 没有履行承诺。这减损了 Q 对 P 的信任，也可能导致 Q 的母亲受伤。但决定 P 违背承诺是道德错事的是 Q 的信任利益，而非 Q 母亲的健康利益。本文只关注“P 做 A 会不当减损的利益”中能决定 P 做 A 道德错误的那些利益，它们能给出支持他人干涉的理由，后文所讨论的四种情形也都是指向这些利益。至于如何判断哪些被不当减损的利益能决定 P 做 A 的道德错误性，是一个更为复杂的问题，需要其他文章另行处理。

〔2〕 See Jeremy Waldron, “A Right to Do Wrong”, 92 *Ethics* 21, 29 (1981).

〔3〕 See Ori J. Herstein, “Defending a Right to Do Wrong”, 31 *Law and Philosophy* 343, 343 - 365 (2012).

P 在产品质量上欺瞒 Q。一个知道真相的旁观者一方面有理由保护 P 的自主而避免干涉，另一方面有理由保护 Q 免于受骗而适当干涉。

哪一项理由分量更重？事实上，我们很难说基于 P 之自主的反干涉理由必然胜出。这里 Q 所涉利益是其主张权的基础利益，它重要到足以使 P 对 Q 负有不得做 A 的义务，重要到否定 P 可以自主选择做 A，即要求 P 的自主做出妥协。考虑到 P 的自主已对 Q 所涉利益做出妥协的事实，我们很难说基于 Q 之利益的干涉理由可以胜过基于 P 之自主的反干涉理由。因此在第一种情形中，P 的自主无法独立给出反对干涉的义务性理由。[1]

第二类情形指 P 的行为 A 对整个道德共同体构成犯错。比如捕杀野生动物、损害历史古迹等。P 的此类错误行为会侵害某种共有性主张权（collective claim-right）。没有特定个人可以说自己拥有这项主张权，但是整个社会共同体拥有该主张权。从根本上说，该项主张权由整个社会共同体的共有性利益证成，即由共有性利益向 P 施加义务。由于任何个人的利益都不足以单独施加这项义务，任何特定个人都不是权利人。[2]不过，每个个人由于可以从这项权利中非排他地受益，所以成为利益相关的旁观者。第一种情形的相关讨论可以适用于这类情形来说明每个共同体成员都可以适当方式阻止 P 做这类错事以及 P 的自主无法施加不干涉的义务。

（二）未侵犯他人权利的情形

另外两种情形中，P 做 A 虽然是道德错误的，但是没有侵犯他人的权利。在第三类情形中，P 做 A 对特定个人或其所在集体 Q 构成犯错，但是 Q 没有相应的一般或具体主张权。换言之，P 违反其不向 Q 做 A 的义务，但是 Q 事先不能要求 P 履行义务，事后也不能要求 P 承担责任。[3]比如，P 不捐助穷人和普通人 P 拒绝救助处在危险中的 Q。此类情形中，在不能以权利人的身份要求 P 停止做错事的意义上说，利益未受到保护的 Q 与其他人一样是“旁观

---

〔1〕 沿此思路，Q 很可能没有要求该旁观者阻止 P 的具体主张权。但这不影响我们得出结论：旁观者没有不干涉 P 的义务和 P 没有做错事的权利。

〔2〕 共有性利益（collective goods/interests）是公共利益（public/common goods/interests）的一种。关于共有性利益和共有性权利的更多讨论，see Joseph Raz, *The Morality of Freedom*, 198 – 199 and 206 – 209 (Oxford University Press, 1986); and see Joseph Raz, *Ethics in the Public Domain*, 52 (Clarendon Press, 1994).

〔3〕 为讨论方便，本文暂时假设存在此类义务。事实上，是否存在此类义务充满争议。首先，P 对 Q 负有义务而 Q 对 P 却没有相应的主张权，在概念层面难以成立。其次，如果存在这类道德义务，道德对我们的要求可以说非常严苛，可能给人们带来很多负担。

者”。

做错事之权利的支持者们可能会说，Q 没有相应主张权，意味着 Q 需被保护的利益并不重要，不能与 P 的自主抗衡。然而，当我们将 P 做 A 看作道德错事，即 P 有义务不做 A，这也就意味着 Q 的利益已经重要到可以向 P 施加义务和限缩 P 自主选择的范围。虽然 Q 在此情形下没有相应的主张权，Q 之利益的重要性并不因此消减。我们仍然很难说，基于 P 之自主的干涉理由胜过 Q 之利益的干涉理由。

第四类情形指 P 的行为 A 对 P 本人构成犯错。比如赌博和伤害自己的身体。他人在此类情形中都是旁观者。如果我们确实认为这些行为是道德错误，即 P 有义务性理由不对自己采取这些行动，那我们就要承认此项义务想要保护的 P 的利益在份量上胜过了 P 的自主。因此基于这些利益的干涉理由并非必然弱于基于 P 之自主的反干涉理由。在自我伤害非常严重时，甚至可以采用符合比例的强制手段，如强制戒毒。

（三）第三种干涉、威胁与欺骗

对上述四种情形的分析表明，需被保护的利益与 P 的自主不相上下，基于自主的反干涉理由不足以独立胜过基于利益的干涉理由。值得注意的是，在这四种情形的讨论中，我们没有区分干涉方式。这意味着，“基于自主的反干涉理由不是义务性理由”这一结论适用于所有类型的干涉。本文第二部分的讨论已经告诉我们自主无法给出反对第一种和第二种干涉的理由，而第三部分则说明即使在自主可以给出反对理由的其他三类干涉的情形中，基于自主的反干涉理由也不是义务性理由。但这一结论似乎违反一个通常判断：一般情况下，他人负有不以第三种方式、威胁或欺骗来阻止 P 做道德错事的义务。本文认为上述结论与该常识判断并不矛盾，因为这项义务不是 P 的自主独立施加的。我们可以通过检讨人们能够以第三种方式、威胁或欺骗来阻止 P 做道德错事的例外情形来进一步澄清这一点。

事实上，以第三种方式阻止 P 做道德错事并不总是道德错误的，他人并不总有不以第三种方式干涉 P 做错事的义务。比如当 P 在偷 Q 的手机，旁观者拍打 P 的手臂来阻止他是道德正当的。此时为保护 Q 的财产利益，旁观者对 P 身体健康和自主造成的限制程度是适当的。但如果旁观者殴打 P 致其骨裂来阻止 P，就很可能无法得到证成而道德错误。这两个具体情形中的第三种干涉对 P 的自主的侵害程度相同，即都导致 P 无法继续偷手机。但我们对它们的道德判断不同，这一差异是基于他人干涉所造成的额外负面后果——P

身体所受伤害——严重程度不同，尤其是后者对P身体健康的伤害超过了保护Q财产的必要范围。我们可以将无法得到证成的第三种干涉称为“恶性第三种干涉”。不难发现，它的道德错误性和避免这种干涉的义务不是由“它侵害P的自主”这一事实单独决定的。

欺骗和威胁的道德错误性也不是由“它们侵害自主”这一事实单独决定的。很多时候，道德允许善意欺骗，比如家属为了病人保持好心情说谎。这意味着在谎言想要实现善良目标且不造成额外负面后果时，自主可以被妥协。如果他人欺骗P停止做错事且没有造成任何额外负面后果，属于善意欺骗。沃尔德伦可能坚持说，受骗从善没有什么特殊价值。〔1〕但这只是说我们没有多余的道德理由支持以善意欺骗的方式阻止P做错事，而不是说没有什么不可击败的道德理由反对他人这么做。不过，当欺骗P停止做错事会造成额外负面后果且超出必要范围，欺骗就很可能无法得到证成。我们可以将其称为“恶性欺骗”。〔2〕他人有义务避免以恶性欺骗阻止P做错事，但这不是由“它侵害P的自主”这一事实单独决定的，恶性欺骗造成的额外负面后果似乎发挥着更大的作用。

通过威胁来制止P做道德错事也只在会造成其他负面后果的情形中才可能无法得到证成。威胁者扬言采取的行动常常是减损P或他人的某种利益，但减损利益未必总是道德错事。比如父母以减少零花钱作为威胁要求孩子不要浪费食物，减少孩子的零花钱并不是道德错事。如果施加此类威胁是为了让P停止做道德错事且不会造成侵犯自主之外的额外负面后果，我们就更难说它道德错误。比如父母的上述做法并不为道德禁止。甚至，会产生额外负面后果的威胁也可能得到证成。比如，在必要范围内，通过威胁犯罪者来中止犯罪行为是为道德允许的。因此，以威胁阻止P做错事，也只是在会造成超出必要范围的额外负面后果时才是道德错误的。我们可以将这类威胁称为“恶性威胁”，它的道德错误性和避免恶性威胁的义务不是P的自主独立决定的。

总之，恶性欺骗、恶性威胁和恶性第三种干涉的道德错误性不是由P的自主单独决定的，基于自主反对这三类干涉的理由并不是义务性理由。他人

---

〔1〕 See Jeremy Waldron, “Galston on Rights”, 93 *Ethics* 325, 326 (1983).

〔2〕 善意欺骗的构成要件可能更为复杂。但只要造成其他负面后果是恶性欺骗的必然要求，我们就可以说恶性欺骗的道德错误性不是由“它违反自主”这一事实单独决定的。

的确有义务不以这些方式干涉 P 做错事，但是 P 并不相应地拥有一项基于自主的做错事的权利。因此，即使是对第三种干涉、威胁和欺骗，基于自主的反干涉理由也不是义务性理由。基于自主证成做错事之权利的路径因此失败了。

结论

本文的基本观点是不存在做错事的权利。由于 P 在某一领域内的自主无法向他人施加不干涉自己做错事的义务，P 没有做错事的权利。我们不能任意地将任何一种重要的利益称为权利。自主也不例外。每一项利益都要经过严格的论证才能成为一项权利。一般主张权的证成相对宽泛。但具体主张权的证成要求这项利益能给他人施加采取某具体行动的义务，而且除了某些特殊情形之外，它要求这项利益能独立施加具体义务。自主虽然重要，但在 P 做道德错事时无法独立向他人施加不干涉的义务。

否定了做错事的权利之后，权利只保护道德允许的行动，人们可能担心权利因此无法独立于道德而变得冗余。但是，本文认为回应权利冗余论并不必然要求我们承认做错事的权利。即使权利施加保护的行动同时受到道德的保护，权利仍可能是必要的。这一必要性可能在于权利使权利人可以提出要求，[1]也可能在于道德价值实践对于权利的依赖。[2]本文没有足够的空间来回应权利冗余论，但是前文已经阐明做错事的权利无法获得证成，这决定了我们无法用做错事的权利来支持权利的必要性或回应权利冗余论。

人们还担心否定做错事的权利之后，面对道德争议时，我们不再需要容忍他人不同于自己的道德判断，而很可能否认异己之见有道德可允许性(moral permissibility)[3]，进而导致单一道德判断垄断。但是本文认为，即使承认做错事的权利，P 只是可以在做某事的过程中避开他人干涉，他人仍可在事后谴责 P 和要求 P 承担责任，P 仍可能被迫修正自己的道德判断并避免再次做 A。因此做错事的权利并不能确保宽容，而且也可能导致单一道德判断的垄断。为了避免单一道德判断垄断，真正有意义的做法是直接质疑干涉者的道德判断，坚持自己有做 A 的自由权，而不是坚持自己有做错事的主

〔1〕 See Joel Feinberg, "The Nature and Value of Rights", 4 *The Journal of Value Inquiry* 243, 252 (1970).

〔2〕 See Aloe Harel, *Why Law Matters*, 13 – 48 (Oxford University Press, 2014).

〔3〕 See Jeremy Waldron, "Galston on Rights", 93 *Ethics* 325, 327 (1983).

张权。

本文反对做道德错事的权利，目的之一是避免权利话语的过度使用。道德判断多元的社会成员的确应该互相宽容，但赋予某人被宽容对待的权利和向持有异议的他人施加宽容义务，是另外一回事。这项义务是需要证成的，这要求潜在的权利人必须能论证他人干涉是在对他做道德错事，而不是说他人最好不干涉。当行动者在做道德错事，而干涉没有造成减损其自主以外的额外负面后果，行动者难以证成他人干涉是道德错误的；当干涉因为造成超出必要范围的其他负面后果而道德错误，干涉已经违背了某些义务，行动者难以证成向他人额外施加一项不干涉义务。

反对做道德错事的权利，也是想避免错误对抗既有道德或法律规则的情形。如果有人认为某项行动不是道德错事，自我融贯的做法是直接讨论它的道德对错。使用“做错事的权利”来反对他人阻止其做错事，一方面是接受既有规则的事后规范意义，另一方面是反对既有规则的事中规范意义。但由于既有规则的事中和事后规范意义拥有相同的规范性来源，我们无法承认一方而否认另一方。此外，使用“做错事的权利”是在反对既有道德规则的同时缺少充分依据地设立约束他人的新道德规则，违背其尊重道德判断多元的本意。

最后，本文要澄清几点可能的误解。P 没有做错事的权利，并不意味着 P 没有在某一领域内自主选择而不受他人干涉的一般主张权，不意味着自主总是不能给出反对他人干涉的理由，也不意味着他人可以任何方式阻止 P 做错事。无论 P 的行动是否为道德允许，他人都有义务避免以会造成超出必要范围的负面后果的方式干涉 P，这些干涉的道德错误性并不因为 P 在做道德错事而有所减损。此外，本文认为自主不能独立胜过 P 做错事会不当减损的利益，不是说只要有需被保护的利益我们就可以牺牲 P 的自主。本文的讨论前提是 P 减损这些利益的行为本身是道德错事。本文不挑战我们的基本道德共识，只是想说明这些共识并不意味着存在做错事的权利。在关于权利的实质主张方面，我们必须慎之又慎。

（初审人：邓经超）

宋初庙学发展的利益机制探讨 *

卓　进　蔡　春**

摘　要：唐代庙学到中晚唐、五代时期，已经仅有孔庙独存。宋真宗朝开始依托孔庙建置官学，开启了宋初儒学复兴的制度性基础。但在庙学恢复和发展的过程中，儒家士人深感学庙荒废、儒风单薄的现象，进行了初步的思考。庙学建设发展的利益局限性主要表现为独立性的缺失以及强烈的官方依赖性，这种状况源于庙学的等级体制和理念、信众受限、传播者的利益机制不足等因素。从宋代开始，正是从学校教育扩大受众、儒家学说强化普适理念、儒学传播者利益捆绑等方面，完善了庙学发展的机制，才促成了儒学的复兴运动。

关键词：儒学复兴　庙学　孔庙　宋代教育

引言

唐代开始形成了在官学中设置孔庙的体制，后来官学衰微，但是孔庙建置独立保留了下来，并在唐中后期、

---

* 项目基金：本文系内江师范学院校级重点科研项目“宋代教育政策研究”（项目编号：17JC47）成果之一。

** 卓进，男，湖南人，内江师范学院副教授，首都师范大学2014级博士生（641100）；蔡春，男，湖南洪江人，首都师范大学教育学院教授、博士生导师（100048）。

五代、宋初始终得以不断重建。在宋真宗朝的政策鼓励下，依托孔庙建置学校的发展模式得以显著发展，孔庙与学校再次合二为一。孔庙作为家庙，长期局限于曲阜故里。后来依托朝廷崇尚儒学的政策，才开始伴随官学扩散到各地。但考察唐中后期至宋初的孔庙发展情况可以发现，虽然宋初庙学已经有所发展，但孔庙相对于同期佛道庙宇的建设情况，仍然显得势单力薄，只能依托于官方的政策性支持。宋初士人在关心推动庙学发展的同时，已经关注到此种特点，并从利益机制上初步反思庙学发展的不力状况。

一、学庙荒废儒风单薄的哀叹

自宋太宗太平兴国二年大规模扩大科举取士名额后，通过科举考试选拔人才就成为太宗、真宗朝始终坚持的主要选官政策。由于科举取士，主体士人还是以信奉儒家学说为主。同时，主政者又基于自身的信仰推动庙学建设，进而推动了整个社会儒风的增强。因此，仁宗朝如火如荼的儒学复兴运动实际是基于太宗、真宗时期的取士政策转变。在地方官员和士人推动建设庙学的过程中，逐渐形成了与佛道文化相对的儒家文化自觉意识，并在修建庙学过程中，深刻反思学校荒凉、儒风单薄的缘由。

最典型的代表有柳开。在《重修孔子庙垣疏》中，他首先痛陈，“儒宫荒凉久矣”[1]的原因就是整个社会上上下下争奉佛教，以图自利。他指出：“大者欲塞其责，小者将贪其利。塞责者，以其剥害黎元，黩乱道德，见释氏有他惑之事，图在屋壁，惧身死之后罹其毒烈，故损家财黩其过矣。贪利者，以其命将夭而能寿，疾不豫而得疗，居位则见迁，鬻货而获倍，谓其祇信，福在其中。以此而言，得其诚矣。王公大人尚若是也，矧其愚不肖蠢蠢者乎?”在这种整个社会痴迷佛教的情况下，看到破乱的孔庙，柳开非常痛心地说：“视其垣墉圮毁，阶庑狼藉，痛心释氏之门壮如王室，吾先师之宫也反如是哉!”他要求按照图纸，速修孔庙，但“庶先达与后进辈出金帛，用资其费，况不迨释氏之取万分之一也”。[2]从柳开的论述中可见当时儒风之衰微，佛教之势大，因而急需振兴庙学，其代表了相当部分信奉儒学官员和士人的观点。

---

〔1〕 曾枣庄、刘琳主编：《全宋文（第六册）》，上海辞书出版社、安徽教育出版社2006年版，第426页。

〔2〕 曾枣庄、刘琳主编：《全宋文（第六册）》，上海辞书出版社、安徽教育出版社2006年版，第427页。

表达过类似观点的士人还有很多。如王汉在见到孔庙“像貌圮剥，墙宇不完”〔1〕，以至于连每年的祭祀都无法进行时，就曾召集邑中的进士、明经士人而感叹：“岂有服儒服为弟子，而奉其师反不若服缁黄之弟子有观寺之崇、享献之丰洁邪?”〔2〕孙昱在《重修文宣王庙碑》中感叹“何以日用其教，而日损其祠？于我先师孔子何薄与!”〔3〕他又说：“今则背孔子而奉释、道，何其反也!”由于社会绝大多数人都被佛道二教所吸引，所以孙昱赞叹：“郭知微，异人也，不畏空门之祸，不祇道门之福，费家而修孔子庙。”〔4〕

正是基于上述儒家文化的自觉意识，相当部分官员和士人才克服困难，营造庙学。咸平二年（999），进士方仪“以旧庙卑毁，不若诸浮屠、伯阳之祠，实将新而大之，率乡之人始构正殿，塑绘先圣先师”。但方仪只是士人身份，这次营造孔庙经费中途用竭。幸好方仪“贡艺京师，因亟伏阙下表其事，请以公钱以周是庙，以示文教于远人。上嘉之，以三十万俞之，命库帑出之，军之官其主之。于是材必市奇，工必募良。乃峻斯堂，乃延斯廊，乃崇斯门”。在官方财力的支持下，此次营造“凡系礼器，若巨与细，皇皇粲粲，罔有遗孓”。〔5〕这是一个地方士人积极组织孔庙建设，同时又得到了朝廷直接拨款，最后官方一起参与的典型案例，由此可见，当时庙学建设得到了基层士人和朝廷官方的支持。又如咸平二年，王禹偁在《黄州重修文宣王庙壁记》中记载，“世之有人以儒为戏者，谓文宣王庙慎不可修，修之必起讼。复有郡县长吏，奸赃自污，畏懦不治而获罪者，适以修庙时契。由是中人以下谓信然也，故庙貌益毁”。〔6〕据此记载，当时黄州修孔庙时，恰好长官陷入诉讼，故遭传言，但最终还是克服传言修成了孔庙。又如咸平二年的进士李堪，其

---

〔1〕 曾枣庄、刘琳主编：《全宋文（第九册）》，上海辞书出版社、安徽教育出版社 2006 年版，第 274 页。

〔2〕 曾枣庄、刘琳主编：《全宋文（第九册）》，上海辞书出版社、安徽教育出版社 2006 年版，第 275 页。

〔3〕 曾枣庄、刘琳主编：《全宋文（第一〇册）》，上海辞书出版社、安徽教育出版社 2006 年版，第 180 页。

〔4〕 曾枣庄、刘琳主编：《全宋文（第一〇册）》，上海辞书出版社、安徽教育出版社 2006 年版，第 181 页。

〔5〕 曾枣庄、刘琳主编：《全宋文（第九册）》，上海辞书出版社、安徽教育出版社 2006 年版，第 412 页。

〔6〕 曾枣庄、刘琳主编：《全宋文（第八册）》，上海辞书出版社、安徽教育出版社 2006 年版，第 77 页。

在景德年间为古田县令时，曾“辟沃衍五千五百四十三亩。薙佛宫、灰淫祠为之学，凡蹑履赢粮，游艺就馆者，有通达经旨、分明章句，每释典日，讲《尚书》《毛诗》及《左传》《国语》”。[1]空闲之时，他就与诸生讨论政理。可见，正是基于儒家文化的自觉，才出现了毁淫祠、建学校的情况。

二、庙学建设发展的利益局限性

尽管如此，庙学的建设还只能借助个别地方官员和士人的热情。整体而言，即使在获得官方政策支持以后，庙学在民间的群众基础仍然远比不上佛道。某种意义上而言，庙学具有严重的官方依赖性。卢国龙曾提出过一个有趣的疑问：“庙学作为一种源远流长的教化系统，为什么不能脱离对于行政资源的依赖，像佛教道教那样获得相对的社会独立性?”这个问题道出了庙学的真实处境。在相当长的历史中，庙学都带有官方属性，依赖于行政资源的财政支持。而佛道两教则镶嵌在整个社会的肌体之中，即使没有官方的支持，也能独自维持信仰系统的运行。

庙学发展独立性的缺失，根本原因在于与大众信仰的隔离。造成这种隔离的首要因素就在于官学本身的等级体制。唐代官学教育具有强烈的等级性，不同身份等级的子弟进入与其相应等级的官学。即使是地方官学，局限于教育资源本身的稀缺性，也只是对特定的官绅子弟开放。这种官学教育的等级性特征一直到了五代、宋初依然存在。“庙学的教化对象，被设定为不同等级的官绅子弟，违背了孔子‘有教无类’的精神，将信仰主体限定在特殊的社会阶层之内，经济也就只能依靠单一的政府资源。”[2]庙学为社会少数士人开放的定位，必然会导致儒家文化和信仰的传播障碍，使得儒家文化和信仰无法深入社会底层民众，从而造成儒家文化和信仰的自我隔离性。此外，值得注意的是，儒家本身强调上下等级尊卑的社会秩序，此种特性本身与官学的等级性办学理念实相契合。这种做法在维系了少数人特权的同时，必然遗弃社会大部分人。可以说，在与强调终生平等的佛教信仰体系的竞争中，以等级制为理念的庙学只能依靠同样强调等级观念的官方力量来支持，才能勉力维持。

以上分析是从文化受众层面的众寡来解析庙学的官方依赖性，指出了儒

〔1〕 曾枣庄、刘琳主编：《全宋文（第一〇册）》，上海辞书出版社、安徽教育出版社 2006 年版，第 226 页。

〔2〕 卢国龙：《唐代庙学与文化共相》，载《世界宗教研究》2013 年第 3 期，第 16 页。

家信众的精英化取向，与佛道信众的大众化取向相异趣。与此不同，宋人孙昱从传播者的角度，有趣地分析了利益驱动力的差异，值得玩味。他说："昱知释氏者，梵国圣人也，所说皆虚无寂灭之论。而后来缁衣者粒帛其中，故诡以登天陷地之说，俾愚者惑而信者多矣。老氏，亦圣人也，所说者皆清静无为之道，而后来褐裳者复衣食其中，饰长生羽化之说，故钦崇者又众矣。惟余吾徒不市孔子到为衣食，故弗克少存祸福。诚能有是，又乌知孔子庙不日盛一日耶?"[1]在孙昱看来，佛道两教的传播者，因为"粒帛其中""衣食其中"的实际经济利益驱动，使得教士阶层千方百计地利用群众的恐惧贪婪心理，在传播佛道的同时，为自身获取实际利益。其中，佛教的天堂地狱轮回之说，道教的长生羽化之说，都利用了人性的恐惧和贪婪。唯独儒家的信奉者无法从传播儒家学说中获得额外的利益。所以，这种利益失衡，导致在自然的情况下儒家学说完全被佛道二教所掩盖。

三、庙学复兴的利益机制探讨

因此，要打破这种情况，实际上要使传播儒家学说者得到相应的利益好处，才可能使得儒学复兴。由于儒家学说本是宣扬人的道德属性和社会秩序，因此，传播者无法从自然状态中获得精神性利益以外的好处。只有通过自上而下的利益转移支付，才得以维持儒家学说的传播。从太宗朝开始的扩大科举取士，使信奉儒家学说者有更多机会入仕为官，这可以算作对信奉儒家学说者的一种利益支付。此种类型的利益捆绑机制的优势是，信奉儒学者有机会担任官职、管理社会，进而推动儒家学说的传播；劣势是只有极少部分人能够通过这套体制获得实际利益，进而严重约束了儒家学说的追随受众的发展。此一点，在官僚贵族等级制官学教育盛行、科第为士族所占据的唐代表现更甚。而宋初以后的转机在于，随着扩大科举取士，一方面增强了信奉儒家学说的利益捆绑机制，另一方面学校招生上的等级制在大幅度下降。这种细微差异，可以部分解释唐代虽然官学教育体系庞大，但最终整个社会依然陷入佛教之中不能自拔，而宋代社会却逐步走向了轰轰烈烈的儒学复兴运动，佛教独大之势不再，从上至下呈现出一种三教融合的文化信仰发展态势。

事实上，宋代以后儒学振兴的核心变革有三点。一是学校教育层面扩大了受众。教育形态从唐代的官僚贵族等级体制，转变为宋代的平民普及特性，

---

〔1〕 曾枣庄、刘琳主编：《全宋文（第一〇册）》，上海辞书出版社、安徽教育出版社2006年版，第181页。

特别是在官方的庙学系统之外，民间书院的兴起，大幅扩大了庙学教育形态的传播力量。二是在儒家学说的理念上，打破了儒家传统价值的等级狭隘性，强化其具有普适价值的理念。这一时期特别强调“通”的理念，并借由挖掘早期儒学中的亲民理念，宣扬“仁者与万物同体”的儒家理念。这种趋势越发展，就越强调有教无类，人人皆可为尧舜。特别是明代王阳明及其心学成为儒学主流以后，更是将此种普适类的价值理念宣扬到极致。三是在儒学传播者层面，给予传播者更多的利益捆绑机制。明清以后的乡绅体系，可以视为此种利益捆绑的体系。但总体来说，越是依赖物质利益刺激的世俗信仰体系，维系的成本越高，要求信仰体系能够有充足的生产效率和财政支持；越是依赖精神利益刺激的神学信仰体系，维系的成本则越低，但往往容易陷入生产力落后，财政严重匮乏的状态，反过来又越依赖纯精神利益的刺激来维持社会秩序。故此，在古代社会生产力落后的情况下，要维持纯世俗信仰体系的难度是非常之高的。历史最后选择的路径是多层面信仰体系融合。这也是统治者最终选择三教融合、互为补充的信仰体系的历史条件。

（初审人：宋鸽）

公法论坛

营利性民办学校中受教育权保障的问题与对策

刘永秋 *

摘　要：民办学校具有公益性和营利性双重属性。《民办教育促进法》正式确立了营利性民办学校的法律地位。根据规定，营利性民办学校由民间资本举办，在法人登记、收益及剩余财产分配等方面按照《公司法》等执行。学校面临受教育权保障与自身发展的双重责任，举办者具有获取利润的动机，导致公益性与营利性之间容易产生紧张关系。学校与受教育者之间可能存在宪法、行政与民事法律关系。在受教育权保障方面存在贫困公民教育机会平等权受损、教学活动参与权限缩、不公正评价风险增加，升学与就业平等权难以保障以及救济渠道狭窄等问题。故而，未来国家应当从优化外部教育环境，完善学校组织与运行制度和权利救济途径等方面作出努力。

关键词：营利性民办学校　受教育权　民办教育促进法

引言

17 世纪捷克著名的教育理论家夸美纽斯在《大教学

---

* 刘永秋，女，中国政法大学法学院宪法学与行政法学专业 2017 级博士研究生（100088）。

论》中提出："假如要形成一个人，就必须由教育去形成。实际上，只有受过一种合适的教育之后，人才能成为人。"[1]教育使人格完善，助力个人自我价值实现，同时也是国家和社会进步的源泉。在生产力发展不发达的时期，接受教育是少数人的"福利"，随着经济发展和社会进步，人在满足基本生存的基础上，对自我认识有了更高要求。近代以来，受教育权作为宪法上的一项基本权利，随着人权运动的兴起在各国得以确立。

长期以来，我国教育资源总量不充分、分布不均衡等问题制约着受教育权的发展。自 20 世纪 80 年代开始，国家开始探索社会力量办学。1987 年 7 月 8 日国家教育委员会颁布《关于社会力量办学的若干暂行规定》，当时的社会力量办学具有了民办学校的性质。[2]1993 年中共中央、国务院发布的《中国教育改革和发展纲要》提出，国家对社会团体和公民个人依法办学采取"积极鼓励、大力支持、正确引导、加强管理"的方针。2002 年 12 月 28 日《民办教育促进法》（以下简称"《民促法》"）颁布，标志着民办教育发展进入了新阶段。为化解《民促法》在实施中的矛盾，完善民办学校的管理，2016 年 11 月 7 日，全国人大常委会通过了关于修改《民促法》的决定，确立了营利性民办学校的法律地位。

当今学校教育是公民接受教育的主要途径，学校是具体履行受教育权保障的义务主体。民办学校设立之初，因教育事业不得营利与修正前《民促法》中"合理回报"的规定引发了营利性与公益性关系的讨论，二者在理论上经历了从排斥到共存的转变。分类管理后，营利性民办学校一方面需要通过营利保障自我发展，且举办者有获取利润的动机，另一方面则是要促进受教育权保障。因此如何平衡营利性民办学校的公益性与营利性？学校与受教育者之间的法律关系如何？对受教育权的影响有哪些等是受教育权保障中必须考虑的问题。

一、营利性民办学校以受教育权保障为首要目的

民办学校分类管理后，营利性民办学校面临受教育权保障和自我发展的双重任务。学校能否长久发展的最终标准是能否真正保障公民受教育权。《民促法》等相关规定通过强调营利性民办教育的公益性及建立相应保障制度，确保营利性民办学校将受教育权保障放在首要位置。

---

〔1〕［捷］夸美纽斯：《大教学论》，傅任敢译，教育科学出版社 1999 年版，第 24 页。

〔2〕曾向东主编：《民办教育论》，南京出版社 2001 年版，第 2 页。

（一）公民受教育权的实现路径

受教育权是指公民享有平等接受教育的权利和要求国家提供受教育机会的权利〔1〕，包括受教育机会平等权、学习权、获得公平评价权、救济权等。受教育权的权利主体是按照法律规定，有权请求国家提供教育机会的公民，一方面该主体范围具有普遍性，凡是具备一定能力的公民都有权平等地接受教育，国家不能排除或者限制公民行使受教育权；另一方面公民受教育权行使的程度与自身条件，如年龄、身体状况等密切相关。受教育权的义务主体是依法为公民受教育权利的充分实现提供诸多条件的义务一方，主要有国家、学校及其他教育机构、家庭、社会（包括企业、事业等社会组织和公民个人）。〔2〕

现行宪法从多个方面规范受教育权保障。〔3〕公民接受教育的途径主要有学校教育、家庭教育、社会教育等，其中学校教育是当前受教育权实现的最普遍途径，国家对教育事业的建设也主要体现在促进学校教育方面。在我国，基本权利的保障主要是通过立法予以具体化规定，国家通过法律法规的实施进一步保障。具体到受教育权，国家主要从以下途径加强保障：①制定相关

---

〔1〕 参见：①广义的受教育权是指每个人按照其能力平等接受教育的权利和要求提供教育机会的权利，狭义上的受教育权仅指教育的平等权。［焦洪昌主编：《宪法学》（第五版），北京大学出版社2013年版，第412页。］②受教育权是指以保障公民学习自由为直接目的的一系列法律权利的总称，是由核心权利和诸多相关权利构成的权利体系。（高家伟主编：《教育行政法》，北京大学出版社2007年版，第19页。）③狭义的受教育权是指接受教育的权利，广义上说还包括教育的权利和选择教育的自由。（申素平：《受教育权的理论内涵与现实边界》，载《中国高教研究》2008年第4期，第13页。）④受教育权是指公民有权获得接受文化教育的机会和使之实现的物质帮助的权利。（许军珂、李红勃主编：《文化权利的法律保障机制研究》，世界知识出版社2015年版，第73页。）⑤受教育权是公民接受文化知识、科学技能等方案教育培训的权利。（薛小建主编：《外国宪法》，北京大学出版社2007年版，第131页。）

〔2〕 李晓燕、刘欣主编：《教育法律政策的理论与实践》，华中师范大学出版社2012年版，第96页。

〔3〕 《宪法》第19条第1-4款以宪法基本国策条款的形式集中规定了国家发展教育事业的任务，确立了教育的类型，并鼓励社会力量举办教育事业。在“公民的基本权利和义务”一章中，第46条规定受教育权是公民的权利和义务，体现了受教育权的权利和义务的复合性特征。第45条第3款规定国家对因身体原因接受教育有困难的特殊群体提供帮助。第47条规定国家对从事教育事业，并作出突出成绩的公民予以鼓励和帮助。在“国家机构”一章中，第70条第1款、第89条、第107条第1款分别规定了全国人大设立教育科学文化卫生委员会、国务院、地方各级政府管的受教育权保障义务。除此之外，《宪法》还有关于家庭教育、思想教育等方面的规定，这些条款构成了促进教育事业发展，保障公民受教育权的根本法规范体系。

法律法规，如分别颁布了《教育法》《高等教育法》《义务教育法》《职业教育法》《民促法》等，针对特定类型的教育作进一步细化规定，使受教育权的保障更具针对性和可操作性。②加大对教育事业的财政和法律、政策支持。教育是一种公共产品，具有公益性，教育所提供的产品是由人们共同享有的，而不限于某个单一社会成员。教育所带来的利益惠及个人、社会、国家乃至全人类〔1〕，教育的公益性意味着国家需要通过积极行为增加教育产品供给，创造有利于受教育权实现的条件和环境。根据举办主体及经费来源的差异，学校教育分为公办教育和民办教育，前者是政府以国家财政性经费举办的教育，后者是根据法律、政策等支持，由国家机构以外的组织或者个人，以民间资本举办的教育。国家以公办和民办教育共同发展的方式，增加教育产品的供给，丰富受教育者的选择权。③建立对受教育权侵害的救济制度，受教育者可以通过申诉或者诉讼的方式救济权利，前者包括校内申诉和向有关部门申诉，后者包括行政诉讼和民事诉讼。

（二）营利性民办学校公益性与营利性的平衡

1. 民办学校的营利性与公益性从排斥到共存

民办学校属于社会资本办学，人们对民办教育的公益性一直存有质疑，尤其体现在公益性与营利性关系的争议上。传统观点认为教育属于公益性事业，教育产品属于公共产品，不同于普通商品般通过市场交易换取，而是由政府提供，社会成员不需要缴纳或者缴纳很少的费用就能获取，学校不能营利。随着人们对公共产品需求的增加，现实中由政府提供所有公共产品已不现实，社会力量开始参与公共产品的供给成为普遍现象。在20世纪80年代中期的教育体制改革中，国家开始调动社会力量参与办学探索，2002年颁布的《民促法》正式确立了民办学校的法律地位。在《民促法》制定的过程中，第51条“出资人可以从办学结余中取得合理回报”的规定引发广泛讨论，即“允许有合理回报”与营利性是什么关系？是否与“公益性”冲突？当时即便是赞成可以有合理回报的一方，也是从“合理回报”与“营利”二者的区别进行阐释，认为如果不以营利为目的，可以有合理回报。〔2〕时任全

〔1〕 邢永富：《教育公益性原则略论》，载《北京师范大学学报（人文社会科学版）》2001年第2期，第50页。

〔2〕 叶齐炼：《重生与抉择——中国民办教育法制建设》，江苏科学技术出版社2012年版，第160页。

国人大常委会法制工作委员会副主任张春生主编的《民办教育促进法释义》中提出，教育属于公益性事业，既可以由公益性组织举办，也可以由营利性组织举办，但必须坚持公益性原则，不能以营利为目的。“合理回报”不是分红，而是学校在支付相应成本或者费用后，可以进行有限的分配，是对投资办学取得收益的肯定。[1]因此在早期，普遍认为《民促法》中的合理回报不等于营利，公益性排斥营利性。

随着民办教育的蓬勃发展，学者从教育的外部性或者客观性等角度阐释教育的公益性，即关注教育所带来的结果，而不是教育产品的提供方式[2]，如劳凯声学者提出的“市场化公益行为”观点颇有代表性，学校的举办者通过市场化的方式获得社会的教育资源，以一种与政府相平行的方式向社会提供教育服务，受教育者交纳一定的学费，举办者获得一定的经济回报。市场的有限介入实现了一部分人的私益，同时又满足了社会对教育的多元化需求，实现了公益。[3]还有学者认为公益性是因人接受教育而对社会所带来的益处，营利性与否指的是教育产品和服务的提供方式，它解决的是教育资源由谁提供和怎么提供的问题，二者并不矛盾。[4]公益性和营利性是不同层面的问题，前者是价值取向，后者指向行为的结果。[5]公益与营利是不同的社会领域，公益属于社会伦理范畴，指教育的价值取向，针对的是非特定的人；营利属于社会经济范畴，指教育活动的成果，针对的是社会生产力。[6]

《民促法》实施的十几年里，“合理回报”的模糊规定使得有些学校以“非营利”为借口，在享受政府优惠政策的同时获取高额利润，投资办学的现象非常普遍；有些学校以非营利组织不得获取利润的要求为由，缺乏办学的积极性。2010 年 12 月国务院办公厅印发了《关于开展国家教育体制改革试点的通知》，确立在上海市、浙江省、广东省深圳市三个地区以及吉林华桥外国语

---

〔1〕 张春生主编：《中华人民共和国民办教育促进法释义》，法律出版社 2003 年版，第 4、9、124 页。

〔2〕 杨卫安、邬志辉：《教育公益性概念的争议与统一》，载《教育发展研究》2009 年第 19 期，第 7 - 8 页。

〔3〕 劳凯声：《面临挑战的教育公益性》，载《教育研究》2003 年第 2 期，第 5 页。

〔4〕 邬大光：《从民办教育看教育的公益性与营利性》，载《光明日报》2016 年 12 月 6 日，第 14 版。

〔5〕 孙杰夫主编：《民办教育管理改革》，辽宁民族出版社 2007 年版，第 338 页。

〔6〕 李海洁：《教育的伪命题：公益性与营利性的关系》，载《北华大学学报（社会科学版）》2017 年第 5 期，第 142 页。

学院探索营利性和非营利性民办学校的分类管理改革[1]，2016年《民促法》的修改最终确立了营利性民办学校的法律地位。这期间公益性与营利性相排斥的观点开始转变，营利性民办学校法律地位的确立表明国家层面确认了公益性和营利性的共存关系。对民办学校来说，公益性是营利性的价值指引和前提，营利性为公益性的实现提供物质保障[2]，二者缺一不可，但应妥善处理。

2. 以受教育权保障作为平衡公益性与营利性的准线

营利性民办学校与非营利性民办学校相比，二者都具有营利性特征，区别在于学校设立登记、管理制度以及收益和剩余财产分配等方面。营利性民办学校按照《公司法》等规定登记设立，可以进行收益分配，非营利性民办学校的办学收益只能用于学校教育事业。营利性民办学校公益性与营利性之间的张力体现在如果营利性民办教育的举办者以营利作为办学的唯一或者首要目的，就容易出现为追求资本利润的投机行为，危及公益性。另外，营利性民办学校的营利性需求和动机比其他类型的学校更为迫切。因此需要明确营利性民办学校发展的核心或者标准，来协调平衡营利性和公益性。

国家发展营利性民办学校的目的是更好地促进教育发展，更直接的说是保障宪法中的公民受教育权。受教育权是营利性民办学校存续的最根本的"考核"标准。当前阶段，《民促法》从多个方面强调了营利性民办学校不得舍弃公益性，以及建立相关制度以确保受教育权不受侵犯。

第一，强调营利性民办学校的公益性。根据规定，国家不再给予营利性民办学校财政支持，且税收等方面的优惠小于非营利性民办学校和公办学校。资本具有逐利性，营利是学校持续发展的基础。为保障营利性民办学校的公益性，修正后《民促法》第3条规定民办教育属于公益性事业，是社会主义教育事业的组成部分，这里的公益性事业当然包括营利性民办学校举办的教育。此外《营利性民办学校监督管理实施细则》（以下简称"《监督管理实施细则》"）第3条第2款规定："营利性民办学校应当坚持教育的公益性，始终把培养高素质人才、服务经济社会发展放在首位，实现社会效益与经济效益

---

〔1〕 中央政府门户网站：《国务院办公厅关于开展国家教育体制改革试点的通知》，载 http://www.gov.cn/zwgk/2011-01/12/content_1783332.htm，最后访问日期：2017年11月2日。

〔2〕 李海洁：《教育的伪命题：公益性与营利性的关系》，载《北华大学学报（社会科学版）》2017年第5期，第144页。

相统一。”这要求学校坚持公益性，统一社会效益和经济效益。

第二，建立确保最低限度的受教育权保障实现的制度。为避免营利性民办学校规避或者怠于履行受教育权保障义务，法律法规一方面给予营利性民办学校相应的政策支持，如赋予部分税收或者办学资源使用方面的优惠措施；另一方面规范和监督学校资产的使用，如《民促法实施条例征求意见稿》中对营利性民办学校的最低注册资本、实缴比例，办学结余和剩余财产分配条件，以及学校每年提取一定比例的学费作为教育专项基金、学业奖励金等进行规定，确立满足受教育权实现的最低要求。

第三，限制营利性民办学校举办特定类型的教育。修正后《民促法》规定营利性民办学校不得举办义务教育阶段的教育，通常认为义务教育是政府必须提供的基本公共服务，体现国家意志〔1〕，大多数国家的义务教育具有强制性，同时也是公民必须履行的义务。当前阶段，教育资源分布并不均衡，国家禁止营利性民办学校举办义务教育阶段的教育，可以避免加重义务教育权主体的负担，从消极的层面体现营利性民办学校对公民受教育权的保障。

二、营利性民办学校与受教育者的法律关系

受教育权保障离不开学校与受教育者之间法律关系的界定，学界既往关于营利性民办学校中此类关系的讨论莫衷一是，且很少将其提高到宪法受教育权的层次上。营利性民办学校虽然从主体上脱离了国家财政这种最具代表性的公法人因素，呈现出更多民商事色彩，但从《民促法》为其设定的目标和其实际行使的职权来看，其依然具有某种国家的影子，依然处于基本权利的射程之内。总体来看，在营利性民办学校中两者之间存在宪法法律关系、行政法律关系和民事法律关系三种类型。

（一）学校与受教育者法律关系学说与司法实践

国内外关于学校与受教育者法律关系的理论颇多，典型的如德国的特别权力关系和重要性理论，日本的部分社会说与在学契约说，美国的宪法关系说和契约说等，这些理论的阐释多从本国的教育管理和权利保障理念出发，对认识我国学校与受教育者之间的法律关系有借鉴的意义。国内学者最初关注公办学校与学生之间的法律关系，相关观点非常丰富，例如：特别权力说，如马怀德教授认为学校具有公务法人的性质，学校与利用者之间的关系与大

---

〔1〕 教育部网站：《教育部有关负责人就〈民办教育促进法〉修改情况答记者问》，载 http://www.moe.gov.cn/jyb_xwfb/s271/201611/t20161107_287961.html，最后访问日期：2018 年 6 月 5 日。

陆法系国家公务法人与利用者之间的关系非常类似，理论上属于特别权力关系。[1]民事法律关系说认为，学校不具备行政主体资格，学校与受教育者只能是民事法律关系。[2]行政法律关系说认为，行政法律关系是教育法律关系最基本和最主要的内容，学校遵循行政管理规则。[3]双重关系说，如劳凯声学者提出的纵向型和横向型法律关系[4]，另外还有行政和民事法律关系。[5]多重法律关系说，如徐显明学者认为包括宪法权利义务、行政和民事法律关系,[6]蒋少荣学者认为存在行政、准行政和合同法律关系。[7]教育管理关系说，将不同于行政和民事法律关系定义为教育管理关系。[8]行政契约说，试图将高等院校与学生之间的关系纳入到行政契约领域解决。[9]从现有研究看，主张上述几类观点的人数都不在少数，且各观点内部还有侧重。

理论上的争论体现了学校与受教育者法律关系的特殊性，界定的难点包括：①学校的法律性质，如大陆法系国家区分公法人与私法人，学校与这两者均有区别。②公办（公立）与民办（私立）的划分，如美国公立和私立学校差异很大，政府对二者的监督方式以及双方法律关系完全不同。有些地方，如我国台湾地区，私立学校是由财团法人设立，属于非营利性的教育机构，并且私立学校的设立、组织、招录、课程设置都需经过教育行政部门核定后实施，公立与私立学校只在入学条件上有所差异，而在校关系上并没有差异。[10]③学校对学生实施的“管理”行为，不同于行政机关与相对人，也有别于普通的

---

〔1〕 马怀德：《公务法人问题研究》，载《中国法学》2000年第4期，第45页。

〔2〕 楮宏启：《论学校在行政法律关系中的地位》，载《教育理论与实践》2000年第3期，第29页。

〔3〕 周卫勇：《也谈教育法的地位》，载顾春主编：《学校教育法制基础》，知识出版社1998年版，第75－79页。

〔4〕 劳凯声：《教育体制改革中的高等学校法律地位变迁》，载《北京师范大学学报（社会科学版）》2007年第2期，第11－12页。

〔5〕 谭细龙编著：《教育法学》，武汉理工大学出版社2001年版，第66页。

〔6〕 徐显明：《大学理念与依法治校》，载《中国大学教学》2005年第8期，第8页。

〔7〕 蒋少荣：《公民受教育权及其实现中的法律关系》，载劳凯声：《中国教育法制评论》（第1辑），教育科学出版社2002年版，第392页。

〔8〕 杜文勇：《试论学校与学生的法律关系》，载《内蒙古师大学报（哲学社会科学版）》2001年第5期，第24－25页。

〔9〕 苏林琴：《行政契约：中国高校与学生新型法律关系研究》，教育科学出版社2011年版，摘要部分。

〔10〕 李惠宗：《教育行政法要义》，元照出版社2014年版，第98页。

民事行为。④受教育者权利的多重性，受教育权内含多个权利事项，既有实体权利也有程序权利，既有公法上的权利也有私法上的权利。因此单纯从一个角度对学校与受教育者之间的法律关系进行界定有失偏颇，单一的法律关系很难囊括全部内容。

司法实践中，对学校与受教育者法律关系的关注较早来源于“田某诉北京科技大学颁发学位证书”案。此案难点是学校法律性质的界定问题，法院判决认为，虽然我国某些事业单位、社会团体没有行政机关的资格，但是法律赋予它行使一定的行政管理权，这些机构与相对人之间形成特别行政管理关系。[1]这一观点成为指导后续该类案件的参考依据。

就民办学校与受教者法律关系来说，分类管理之前，民办学校均为非营利性。2001年颁布的《教育类民办非企业单位登记办法（试行）》将民办学校界定为“教育类民办非企业单位”，有别于公办学校“事业单位”的定位，后者按照事业单位管理条例，承担着公共行政管理的职能，被视为“公务法人”。[2]有学者认为私立学校是一种特殊的公务法人，具有与公立学校相同的自治权，具有行政主体之代表组织的性质，私立学校的做法影响到相对人的身份权与基本人权时，相对方诉诸法律的，应作为行政案件受理，私立学校也可成为行政诉讼中的被告。[3]有学者从民办学校的职能范围出发，认为在学历类民办学校中，国家授权学校颁发学业认证书，带有国家强制性。[4]司法中基本遵循了公办学校的处理原则，如“杨宝玺诉天津服装技校不履行法定职责行政一审案”中，原告以被告天津服装技校没有直接向其准予毕业的受教育者发放毕业证书的行为提起行政诉讼，法院认为被告的行为侵犯了原告的受教育权。

可以看出分类管理之前，我国对于学校与受教育者之间的法律关系界定并未对公办和非营利性民办学校与受教育者之间的法律关系作明确划分，基

---

〔1〕 最高人民法院网站：《田永诉北京科技大学拒绝颁发学位证、毕业证行政诉讼案》，载《中华人民共和国最高人民法院公报》1999年第4期，网址：http://gongbao.court.gov.cn/Details/ad13157057ffc2aafabce7be4ee648.html，最后访问日期：2016年11月3日。

〔2〕 卢少华：《良法与善治：高等学校学生管理法治化论纲》，知识产权出版社2016年版，第33页。

〔3〕 林卉：《私立学校公务法人地位问题之初探》，载《行政法学研究》2001年第3期，第97页。

〔4〕 卢威、李虔：《民办学校分类管理标准的反思与重构——“营利性—公共性”融合的视角》，载《教育学术月刊》2014年第4期，第60页。

本坚持行政与民事法律关系的二分处理，即涉及学籍变更与取消、纪律处分、学业证书颁发等事项被认为是国家授予学校实施的行为，司法救济中基本纳入行政诉讼的范围的，视为行政法律关系；涉及学校对受教育者造成人身或者财产损害赔偿的，以民事诉讼解决的，视为民事法律关系。

（二）营利性民办学校与受教育者的宪法、行政与民事法律关系

在营利性民办学校与受教育者的法律关系中，变量是前者身份及其所引起的其他一系列变化。首先学校法律定位发生变化，《民法总则》第三章第二节规定了“营利法人”，第76条规定营利法人是以取得利润并分配给股东等出资人为目的成立的法人，包括有限责任公司、股份有限公司和其他企业法人等。《民促法》第19条第3款规定关于营利性民办学校的办学结余依据《公司法》等规定执行，第59条第2款关于剩余财产的分配依据《公司法》处理。工商总局、教育部《关于营利性民办学校名称登记管理有关工作的通知》（以下简称“《登记通知》”），营利性民办学校登记为有限责任公司或者股份有限公司，且在利润和剩余财产分配以及财务会计制度方面按照《公司法》执行，因此在法律上应属于《民法总则》规定的营利法人。这是其与公办学校、非营利性民办学校的重大区别。与此对应，国家对学校的政策支持、监督管理发生变化。与非营利性民办学校相比，虽然二者都是利用非国家财政性经费，但是非营利性民办学校在建设用地使用、税收优惠方面享受和公办学校一样的待遇，所以非营利性民办学校有来自国家的财政方面的较大支持，并且还承担开展义务教育的责任。营利性民办学校在建设用地和税收方面均无法享受和非营利民办学校一样的待遇，并且不能举办义务教育。对此，有人可能会认为营利性民办学校和受教育者的法律地位完全平等，学校按照《公司法》规定登记设立，且国家放开了管理，它与受教育者之间应当构成民事法律关系。但事实并非如此，它与平等主体间的民商事法律关系存在区别。

第一，从国家角度，根据《宪法》，国家是受教育权法律关系的义务主体。在学校教育中，具体承担该项义务的主体包括国家机关（主要是教育行政机关）和学校，前者是国家公权力机关，后者属于具体履行受教育义务的主体。不同于普通民商事主体，教育作为公益性事业，教育服务属于公共产品，国家掌握教育资源的分配，国家可以决定某些特殊类型的教育，如义务教育不得由营利性民办学校举办。在关系到受教育权的核心事项上，如教育的内容、对受教育者的评价、学籍资格等事项，并非学校与受教育者通过意思自治就可解决，而是需要国家在多个方面予以保障。

第二，从受教育者角度，作为公民，受教育者还享有其他权利，但受教育者的目的是利用学校的设施来实现受教育权，受教育权的实现之于任何受教育者，无论公办学校还是民办学校都是一样的，有学者称学校与受教育者之间形成“利用关系”。[1]营利性民办学校中，受教育者首先是根据《宪法》作为受教育权利主体，并进而享有《教育法》所规定的其他权利，以及基于公民身份所享有的权利。

第三，从学校角度，营利性民办学校代行提供教育产品，国家与受教育者之间的宪法关系约束学校与受教育者。[2]在受教育权利义务关系中，首先，学校是受教育权的义务主体。其次，从外部看，营利性民办学校是营利法人，属于民事主体地位，具有法律所赋予的民事权利义务。最后，在我国营利性民办学校举办的教育包括学历类和非学历类，按照《教育法》第22条和第23条规定，国家实行学业证书和学位制度[3]，营利性民办学校颁发这两类证书的行为是国家授予行使的职权，具有国家意志性。除此之外，在学校根据法律规定对受教育者实施的开除学籍或者惩罚处分等严重影响受教育者权利的行为中，学校与受教育者之间的法律地位并不平等，具有行政性特征。

徐显明学者在《大学理念与依法治校》一文中提到，在高等教育中学校与受教育者之间形成宪法、行政和民事法律关系[4]，此观点突出了宪法法律关系的重要性，更为完整地概括了学校与受教育者的法律关系。在营利性民办学校中，这三种关系仍是理解双方关系的关键，具体概括如下：

宪法法律关系，教育产品提供方式可以有公办、营利性与非营利性之分，但是受教育权是平等的，不应划分类别。宪法规定公民受教育权，并且鼓励社会力量举办各类教育事业。营利性民办学校以保障公民受教育权实现为首要目的，公民与学校存在受教育权宪法关系。宪法法律关系是学校与受教育者之间的根本法律关系，不因学校的性质而发生改变，且是其他法律关系存

---

〔1〕 受教育者权益保护的法律制度及救济途径研究课题组编：《受教育者权益保护法律制度研究》，中国青年出版社2005年版，第61页。

〔2〕 张立刚：《高校受教育者事务管理中的法律问题相关案例研究》，山东大学出版社2015年版，第91页。

〔3〕《教育法》第22条：国家实行学业证书制度。经国家批准设立或者认可的学校及其他教育机构按照国家有关规定，颁发学历证书或者其他学业证书。第23条：国家实行学位制度。学位授予单位依法对达到一定学术水平或者专业技术水平的人员授予相应的学位，颁发学位证书。

〔4〕 徐显明：《大学理念与依法治校》，载《中国大学教学》2005年第8期，第8页。

在的依据。

行政法律关系，《民促法》第 33 条第 2 款规定，民办学校按照国家规定建立学籍管理制度，对受教育者实施奖励或者处分。学校履行国家授予的与受教育权直接相关的职权，最为典型的是涉及公正评价权的学业、学位证书颁发行为，还有则是有关受教育者身份资格的学籍管理（开除）行为以及惩罚处分等。这类事项关系到教育秩序和受教育者的平等权，属于国家授权学校代为行使的职权，学校与受教育者之间的地位并不完全平等，不能由学校和受教育者按照民事契约解决。

民事法律关系，由于学校主体地位的特殊性，意思自治在入学和在校期间发挥了重要作用。在入学方面，学校与受教育者之间根据双方意向选择，遵循自由缔约原则。在校期间，对于不直接涉及受教育权的事项，双方法律地位平等，构成民事法律关系，如学校对某些项目的收费，或者因学校原因对受教育者造成人身权或者财产权等损害的，符合侵权法的规定，按照民事纠纷解决。

学校与受教育者法律关系争议历来较多，宪法将受教育权作为基本权利保障，体现了该权利之于人的重要性。作为受益性较强的权利，需要国家积极主动作为才能实现。在我国教育管理体制下，对于直接关涉受教育权的事项由国家授予学校行使，国家和学校共同作为义务主体。宪法、行政和民事法律关系是我们从公法的视角观察营利性民办学校和受教育者关系的关键。

三、营利性民办学校对受教育权的影响

根据宪法和教育法律法规等规定，从权利构成看，营利性民办学校的确立对公民受教育权的影响主要包括以下五个方面：

（一）损害贫困公民的教育机会平等权

国家提供的教育资源非常有限，营利性民办学校通过竞争机制，打破教育垄断，能进一步促进教育资源的繁荣，提高教育资源使用效率，为受教育者提供更多接受教育和选择不同教育方式的机会，提升了教育公益性。另外，营利性民办学校无法获得如公办学校和非营利性民办学校等同的政府补贴、基金奖励、捐资激励等扶持措施以及相应的税收优惠政策，因此教育资源的分配将跟随资本逐利性的本质通过市场机制进行调整。在这种情况下，营利性民办校学校的资本更倾向于向发达地区流动，相对不发达的地区营利性教育资源的供给偏少。此外，营利性民办学校费用由学校自主定价，学校定价标准根据市场竞争情况决定，波动较大，难免会出现费用过高的情况，这对

受教育者，尤其是对贫困地区或者贫困人口有意向或者被迫选择营利性民办学校的受教育者影响更大。

（二）限缩教育资源使用权与教学活动参与权

学校应当保证受教育者参与教学计划活动，配备相应的设施、设备与图书资料等满足教育之需。一方面，营利性民办学校为提升教育质量的竞争力，希望能提供比其他类型学校更好的教育资源；另一方面，营利性民办学校也更为关注收入与支出关系，在教育投入方面有更大的自主权，对营利性的追求更容易缩减配套设施的支出。实践中教育行政机关对学校的监督往往体现在事后，因为学校相对强势，受教育者在参与教学活动、完成受教育目标时的自主性可能会受到限制。如果出现后一种情形，学校则不能完全履行教育权义务，从而对受教育者造成不利影响。

（三）增加对受教育者的不公正评价风险

在资本逐利的影响下，学校按照成本收益原则制定投入和产出措施，营利性民办学校需要通过降低成本、提高收益来实现可持续发展。受教育者有权获得公正评价权，包括给予受教育者积极评价和消极评价两个方面，营利性民办学校为了追求自身营利的目的，不给予或者不公正给予评价的风险相对更高。

（四）升学与就业平等权难以保障

《民促法》第34条规定[1]，民办学校的受教育者在升学、就业、社会优待以及参加先进评选等方面享有与同级同类公办学校的受教育者同等权利，当前民办学校的招生规模很大程度上依赖于受教育者的学习和就业情况，民办学校整体还面临社会认可度不高的问题，而营利性民办学校的处境更复杂。消解社会对营利性民办学校和受教育者的“歧视”，保障受教育者升学和就业平等权的实现是一个长久问题。

（五）救济渠道狭窄

《教育法》规定，受教育者对学校给予的处分不服可以向有关部门提出申诉，对学校、教师侵犯其人身权、财产权等合法权益，有权提出申诉或者依法提起诉讼。《民促法》第43条[2]规定了受教育者及其亲属对民办学校侵犯

---

〔1〕《民促法》第34条：民办学校的受教育者在升学、就业、社会优待以及参加先进评选等方面享有与同级同类公办学校的受教育者同等权利。

〔2〕《民促法》第43条：民办学校侵犯受教育者的合法权益，受教育者及其亲属有权向教育行政部门和其他有关部门申诉，有关部门应当及时予以处理。

受教育者的合法权益有权向有关部门申诉，但并没有提到诉讼解决方式。权利救济是受教育权的应有内容，诉讼救济是权利的最后一道防线，《民促法》没有采纳与《教育法》相一致的规定，不利于受教育者的权利救济。

四、受教育权保障制度的完善重点

营利性民办学校法律地位的确立对受教育权的影响比较复杂，学校在资本来源、师资力量和教育目标等方面的差异较大。当务之急是在平衡营利性与公益性的基础上，强化有利方面，消减不利因素，从优化外部教育环境、完善学校组织与运行制度以及加强权利救济等方面展开。

（一）营造公平竞争的教育环境，保障受教育平等权

上文提到营利性民办学校在升学、就业以及社会活动等方面的平等权问题依然非常突出，营利性民办学校受到的“制度歧视”是很多学者担心的问题。建立公平竞争的制度环境包括两个方面，一是建立公平竞争的办学制度；二是建立受教育者学习和就业的公平竞争制度，两者从宏观和微观上共同保障受教育权的实现。首先，建立公平竞争的制度环境需要转变民办教育的发展思路，在政策和法律的制定上突出鼓励和促进。对公办教育，国家可以让学校免费或以远低于成本的价格提供教育服务。国家给予非营利性民办学校相应的财政和优惠政策支持，可以降低教育的成本。而社会资本投资的营利性教育将面临来自其他教育类别的激烈竞争，在受教育者有多重选择可能时，营利性民办学校为了获得受教育者交纳的学费，保证学校正常运转，必须提供远远高于公办教育的质量，才能使受教育者愿意就读。公平是市场竞争最基本的条件，让分类管理真正落地，必须为营利性民办学校创造规范有序、公平高效的市场环境。在公办学校备受“宠爱”的大环境下，营利性民办学校作为法律上首次得到认可的新生事物，相伴而生的还有不被社会认可的苦恼。国家鼓励社会力量兴办教育，需要引导人们更多关注营利性民办学校在丰富教育资源供给、增加教育多样性方面的积极意义。[1] 在如何实现公平竞争问题上，有学者提出应给予营利性民办学校在税收优惠方面平等的待遇[2]，这是对营利性民办学校的财政鼓励和支持。其次，在受教育者学习和就业公平竞争制度

---

〔1〕 阙明坤：《把握营利性民办学校的关键》，载《教育》2017 年第 9 期，第 15 页。

〔2〕 有学者认为，教育作为公益性的属性使税收优惠具有合理性，并从民办学校资金利用和美国实践等方面论述营利性民办学校在税收优惠上还存在较大政策空间。（汪习根、吴华、王习：《营利性民办学校应该享受税收优惠》，载《中国教育学刊》2017 年第 3 期，第 14－18 页。）

建设上，最主要的是消除社会对营利性民办学校的“有色眼镜”，保障教育者学习和就业上的平等权，通过学校和企业建立多元化的受教育者素质评价体系，放宽再学习和就业的选拔门槛，让受教育者有机会公平地参与竞争。

（二）完善学校组织与运行制度，保障参与教学活动权的连续性

正常参与学校活动是受教育者选择学校教育的关键，营利性民办学校的稳定性与公益性和营利性关系的处理息息相关，完善的组织结构是保障学校稳定和协调举办者关系的基础。与此同时，学校在遇有变更或者退出情形时，应做好安置工作，保障受教育者在校期间参与教学活动等权利不因学校或者举办者单方任意变更导致中断。

1. 健全法人治理结构

营利性民办学校的举办者更关注学校的利润，如果学校组织结构不完善，容易导致学校因政策朝令夕改而处于不稳定状态，以及举办者为追求营利而放弃公益性。

法人治理属于现代企业组织制度范畴，良好的法人治理结构是企业规范长久发展的前提。法人治理结构由股东会（股东大会）、董事会和监事（会）组成，股东会（股东大会）是权力机构，董事会是执行机构，监事（会）是监督机构，三者互相监督制约，避免权力的过度集中。在修正前《民促法》中，由于规定民办学校是非营利性法人，并以捐资办学进行制度设计，故在法理上不涉及捐资人的权益分配问题。现有规定在营利性民办学校法人治理结构问题上，出现诸多与营利性民办学校法律地位不相融洽之处。

根据《民促法》《监督管理实施细则》《登记通知》等规定，营利性民办学校的办学收益及剩余财产分配、财务会计制度、登记名称等事项均是按照《公司法》等规定执行。在 2018 年 4 月份国务院关于《民促法实施条例征求意见稿》第 20 条中提到营利性民办学校的注册资本及其举办者缴付比例等要求，国务院《关于鼓励社会力量兴办教育促进民办教育健康发展的若干意见》在探索多元合作办学中提到了鼓励营利性民办学校建立股权激励机制。而修正后《民促法》第 20 条[1]和《监督管理实施细则》第 16 条[2]均没有提到股东会（股

[1] 《民促法》第 20 条：民办学校应当设立学校理事会、董事会或者其他形式的决策机构并建立相应的监督机制。

[2] 《监督管理实施细则》第 16 条：营利性民办学校应当建立董事会、监事（会）、行政机构，同时建立党组织、教职工（代表）大会和工会。

东大会)；《登记通知》规定营利性民办学校的名称按照《公司法》，登记为有限公司或者股份有限公司，并未对组织机构进行规定，也没有允许登记成其他形式的企业法人；《关于鼓励社会力量兴办教育促进民办教育健康发展的若干意见》在完善法人治理结构部分，只是提到董事会（理事会）和监事（会）制度。

而在公司法理论上，股东享有的股权包含着利润分配权、剩余财产分配权以及股份转让权等财产性权益，现有的规定只是给予营利性民办学校中的举办者前两种权利，但没有明确举办者出资份额的转让问题。根据《民促法》第 21 条规定，学校的董事会（理事会）由举办者或者其代表、校长、教职工等人员组成，也就是说，举办者被归入到董事会（理事会）中，这意味着学校在不设立股东会（股东大会）的情况下，举办者只能通过董事和监事机构参与治理。另外，《民促法》第 21 条〔1〕又限制了民办学校的董事会（理事会）人员的构成及其比例，这与公司法人对董事会的开放性不同。

由于《民促法》未说明对营利性法人其他制度按照《公司法》执行，所以营利性民办学校的组织架构存在冲突，一方面，相关规定表明营利性民办学校要以公司法人的形式运作；另一方面，《民促法》及配套规定均未有股东会（股东大会）这一组织架构。现有规定未就营利性民办学校与非营利性民办学校不同情况下，举办者身份所存在的本质差异和组织运作的不同进行差别化考量，故而如何界定举办者在营利性民办学校这一公司法人组织下的法律地位，以及现有规定关于学校法人治理结构的运作逻辑，均需要相关规定作进一步说明。

2. 建立营利性民办学校向非营利性民办学校的转换机制

分类管理后，关于民办学校之间是否可以转换的问题各地区间实施意见规定不同，如云南省规定无特殊情况一个周期内不得变更，湖北省和海南省规定非营利性民办学校不得向营利性民办学校转换。不同群体对于是否可以转换的态度不同，总体来看，持可以转换态度的居多。〔2〕营利性和非营利性是民办学校的两种类型，在存续期间认为转换为另一种形式更有利于发展的，应该允许。对营利性民办学校来说，其面临更大的竞争压力，给予可以转换

〔1〕《民促法》第 21 条：学校理事会或者董事会由举办者或者其代表、校长、教职工代表等人员组成。其中三分之一以上的理事或者董事应当具有五年以上教育教学经验。

〔2〕李虔、卢威：《民办学校分类管理十大未决问题探析》，载《中国教育学刊》2018 年第 8 期，第 6 页。

的空间，可以提高举办者的办学积极性。学校在转换过程中为了不损害受教育权，可以设立转换过渡期，比如所有受教育者完成学业后再实施转换。因特殊情况必须在一定期限内完成转换的，应当按照“新人新规则，旧人旧规则”的做法实施管理，除非新规则更有利于受教育者。

3. 完善学校退出的受教育者安置机制

市场化运作加大了营利性民办学校的办学风险，学校由于主客观原因终止办学亦不可避免。《民促法》第57条规定〔1〕只有义务教育民办学校终止，审批机关才有协助安置受教育者的义务，但是对其他民办教育中出现的该类情形并没有规定。营利性民办学校不能举办义务教育阶段的教育事业，那么，营利性民办学校一旦终止，受教育者的安置义务究竟由谁来承担，是学校自身还是其他机构，教育行政部门是否也有协助安置的义务？随着营利性民办学校的发展壮大，从教育的公益性和有利于受教育权保障的角度上看，受教育者在学校退出后另行择校的能力方面明显不足，学校在退出时往往无力解决或者容易推诿，因此在学校终止的安置过程中教育行政机关应负有相应的协助安置义务。

有学者提出要建立民办学校退出预警、政府辅导、“善后”处理与法律保障机制。为了缓解退出对受教育者造成的损害，可以通过立法建立风险保证金等形式缓解学费返还及安置问题，以及推行学校履约责任保险制度等〔2〕，该些机制对于营利性民办学校至关重要，通过预警机制可以提前发现问题，风险保证金或者责任保险等可以对举办者形成一种制约力，同时在一定程度上可以调动社会共担风险。

（三）扩展与畅通权利救济途径

受教育者的权利既包括受教育权，也包括基于普通公民所享有的其他权利。“有权利必有救济”是权利保障的一项法则。受教育权作为基本权利，对营利性民办学校具有约束作用。在国家放开监督管理时，权利救济展现权利保障的同时，对学校也具有重要的监督作用。针对前文提到的《民促法》对受教育者权利救济规定上的不足，应当结合《教育法》的规定建立多元权利

〔1〕《民促法》第57条：民办学校终止时，应当妥善安置在校受教育者。实施义务教育的民办学校终止时，审批机关应当协助学校安排受教育者继续就学。

〔2〕张利国、石猛：《新政背景下民办学校退出机制的反思与重构》，载《中国教育学刊》2018年第8期，第15－17页。

救济途径，包括协商、申诉（校内申诉和行政申诉）以及司法救济。司法救济是以国家为后盾，是权利救济必不可缺的途径，受教育者在任何一种教育类型中均应享有，因此《民促法》及配套规定应当对诉讼救济予以明确。

此外，还应畅通救济方式衔接机制，包括受教育者与学校协商不成可以向学校或者有关部门申诉，对申诉不服可以向法院提起民事或者行政诉讼。未来应当综合公办学校和非营利性民办学校的特征，实现公民受教育权司法救济途径的规范化和统一性，保证救济权平等。

结语

1982年《宪法》规定国家鼓励集体经济组织、国家企业事业组织和其他社会力量举办各种教育事业后，国家开始了社会力量举办学校的探索。三十多年的探索经验表明，民办学校在受教育权保障方面发挥了重要作用，同时也存在诸多难以解决的问题。

著名经济学家成思危先生曾说，中国的教育就像一只鸟，双翼是普通教育与职业教育，双腿是公办教育与民办教育，双翼都健壮才能飞得高，双腿都健壮才跑得快。[1]当前根据分类管理规定，举办者自主选择学校类型，如此可以让营利性民办学校和非营利性民办学校充分发挥自身优势，在自己的“轨道”上跑得更快。营利性民办学校作为法律层面的新生事物，要想实现繁荣和长久发展，必须将保障受教育权作为首要目的。面对营利性与公益性之间的张力，应当将受教育权保障理念贯穿学校组织建设与制度设计的全程，包括探索营利性民办学校定位与受教育者之间的法律关系，以及对受教育权产生的积极影响和消极影响。在制度完善上应当从整体角度出发，国家和社会给予营利性民办学校鼓励和支持，消除对学校性质和受教育者的歧视，通过完善立法健全学校管理制度，确保学校稳定发展，提升受教育者的权利保障意识，加强事后监督与救济。

目前，关于营利性民办学校设立与组织问题的研究逐渐增多，但是对其中的受教育权保障问题关注不多。在此，一方面希望在思考营利性民办学校建设发展的同时，坚持从促进受教育权保障理念出发进行制度设计；另一方面希望学者更多关注公办学校、非营利性民办学校和营利性民办学校在受教育权保障中的异同，建立科学合理的权利保障体系。

（初审人：郭思源）

---

〔1〕 张冉燃：《教育改革：塑造未来竞争力》，载《理论参考》2014年第8期，第8页。

政府法治论视角下对地方“著名商标”认定制度的检讨 *

何洪全 **

摘　要：20 世纪末以来，我国各地相继制定了地方“著名商标”认定制度。然而，从政府法治论角度看，“著名商标”认定作为一种行政许可，在实施上，迫使地方行政机关在政府责任性与高效性之间做出选择，而无论最终选择何者，都将难以满足法治政府之要求；在设定上，则逾越了行政法的形式界限和实质界限。地方“著名商标”认定制度，既阻碍市场发挥资源配置作用，也制约政府发挥调控作用，亟待重新检讨。较好的替代方案是交由市场自决，让地方“著名商标”认定制度彻底地退出历史舞台。

关键词：政府法治论　“著名商标”认定行为　行政许可　法经济学

一、问题的提出

在“一带一路”背景下，随着中国制造走出国门，中

---

* 项目基金：2017 年广西社会科学基金项目“广西公共资源交易监管法治化研究”（17BFX001）。

** 何洪全，广西大学法学院宪法学与行政法学专业 2017 级硕士研究生（530004）。

国商标也面临着新的挑战和机遇。2017 年 6 月，国家工商总局局长张茅发文呼吁地方政府全面暂停“著名商标”认定，[1] 对此地方态度不一。有的事先已暂停认定“著名商标”，[2] 有的公布施行新“著名商标”认定规范，[3] 更有的试图用“名誉商标”“知名品牌”等概念偷天换日。

地方“著名商标”认定制度究竟该何去何从？从诞生伊始，民商法学界就对此争论不休。意见主要分为两类：第一类认为，“著名商标”不同于驰名商标和普通商标，应立法或修法予以特殊保护；[4] 第二类认为，“著名商标”会“架空”驰名商标并造成不良影响，应当予以修改或废止。[5] 前者观点占数量上的优势。[6] 公法对该问题的讨论较少，有学者认为“著名商标”认定本质上属于行政许可，[7] 其问题在于立法不当产生的冲突，主张修法完善。[8] 实践采纳了第一类观点。[9]

笔者以为，难以厘清“著名商标”问题的原因是缺乏政府视角的有效论证。地方“著名商标”认定制度是 20 世纪末在地方政府积极主导下产生的。地方政府一直以来是该制度最大的支持者和实施者。如何从政府角度评价

---

〔1〕 参见张茅：《提高认识澄清误区，积极实施商标品牌战略》，载《人民日报》2017 年 6 月 27 日，第 10 版。

〔2〕 2017 年 5 月 18 日湖南省工商行政管理局发布《关于暂停湖南省著名商标认定的公告》。

〔3〕 《山西省著名商标认定和保护办法》（省政府令第 251 号）。

〔4〕 参见李玉香：《著名商标保护的屏障——商标“反淡化”理论的探索》，载《武汉大学学报（哲学社会科学版）》1999 年第 5 期，第 98－99 页。

〔5〕 参见金多才：《对我国著名商标保护制度研究的反思》，载《河南社会科学》2012 年第 10 期，第 21 页。

〔6〕 以“著名商标”为主题在中国知网上进行检索，在中国学术期刊出版总库内按照“被引用量”由高到低选取 44 篇民商法领域的论文进行调查，以《著名商标保护的屏障——商标“反淡化”理论的探索》《地方商标战略及其制度完善——以〈湖北省著名商标认定与促进条例〉的制定为例》《我国著名商标法律保护的困境和出路》等数篇发表于中文核心或 CSSCI 期刊的高被引量文章为代表的共 40 篇文章，多数主张著名商标应当予以保护并加强，其中仅有 3 篇明确提出应当废止“著名商标”认定制度，包括《对我国著名商标保护制度研究的反思》《关于著名与知名商标行政特殊保护制度的冷思考（下）》《法外施恩当休矣——从“著名商标享受驰名商标同等保护”说开去》。

〔7〕 参见杨爱葵：《地方著名商标认定的法律性质研究》，载《学术探索》2013 年第 12 期，第 71 页。

〔8〕 参见杨爱葵：《地方著名商标认定与保护的立法问题研究》，载《理论与改革》2013 年第 6 期，第 166 页。

〔9〕 由规范性文件建立地方“著名商标”认定制度的有北京、山西、黑龙江、西藏、陕西、宁夏 6 个省份，后来宁夏和山西制定了地方政府规章。至于其他以政府规章或地方性法规设立“著名商标”认定制度的省份，则由下级机关出台了更为具体的规范性文件。

“著名商标”制度，特别是如何打消地方政府对影响经济发展的顾虑，是需要认真对待的问题。尤其是在我国“一带一路”纵深发展的大背景下，散发着政府权力气味的“著名商标”，无助于消解“一带一路”沿线国家的猜疑。〔1〕这将产生压力倒逼地方政府对“著名商标”认定制度进行检讨。

外交是内政的延伸，“一带一路”商标战略顺利开展离不开内部法治政府建设和市场经济改革的及时跟进。“现代市场经济就是法治经济”，〔2〕干预或矫正市场的公法是现代市场经济的必备法治要素之一。公法作为划定政府与市场关系的“围墙”，如果不能恰当地厘定公权力介入市场的界限，那么“墙内”的私法自然难以反映市场规律。〔3〕这正是民商法学界对“著名商标”问题争论不休的深层原因所在。而对于传统行政法理论，以审查行政行为合法性的路径，去检讨“著名商标”许可在规制市场活动上的合理性问题，其结果是不能令人满意的。

下文将结合法经济学理论，从法治政府责任性、高效性和有限性的视角，对“著名商标”认定制度进行检讨，包括以下内容：首先，“著名商标”认定应当界定为行政许可。其次，从责任政府和高效政府的角度看，“著名商标”认定制度使得地方政府实际上处于两难境地。地方政府只能在责任和高效之间择一，并且无论选择何者都无法兼顾法治政府的要求。再次，设定该制度则逾越了法治政府的形式界限和实质界限。最后，提出处置现有“著名商标”认定制度和完善行政许可制度的意见和建议。

二、“著名商标”认定行为的法律性质

“著名商标”认定行为符合行政许可的本质特征和外部特征，应界定为行政许可。

（一）外部特征

“申请—审查—核准”是行政许可的典型外部特征。从各地“著名商标”认定规范来看，获得“著名商标”字样允用，要经过以下程序：首先，应当向工商行政主管部门提出申请，如《山西省著名商标认定和保护办法》第9条规定：“商标所有人申请认定著名商标的，应当向所在地县级工商行政管理

---

〔1〕 参见李晓、李俊久：《“一带一路”与中国地缘政治经济战略的重构》，载《世界经济与政治》2015年第10期，第56页。

〔2〕 文正邦：《论现代市场经济是法治经济》，载《法学研究》1994年第1期，第26页。

〔3〕 参见谢海定：《中国法治经济建设的逻辑》，载《法学研究》2017年第6期，第24-25页。

部门提出申请。”其次，经过审查，如《云南省著名商标认定和保护办法》第7条规定：“地、州、市工商行政管理机关应当在接到申请之日起30日内进行初审，并提出意见报省工商行政管理机关审核。”最后，核准公告并授予证书，如《浙江省著名商标认定和保护条例》第15条规定：“省工商行政管理部门对经浙江省著名商标评审委员会确认具有浙江省著名商标资格的，予以认定并公告。”可见，“著名商标”认定具有行政许可的外部特征。

（二）本质属性

行政许可本质为：对符合条件者的不作为义务的解除。[1]“著名商标”与“先进集体”等荣誉称号不同，“著名商标”持有人将被解除一系列禁止性义务，典型的如《广东省著名商标认定和管理规定》第20条规定，“著名商标所有人、使用人可以在著名商标认定商品及其包装、装潢、说明书、广告等载体上使用‘广东省著名商标’的字样及其标志。未经依法认定或者未经著名商标所有人依法许可，任何单位和个人不得使用‘广东省著名商标’的字样及其标志”，不仅解除了宣传禁止，还允许“著名商标”允用人将之用于包装、容器或者广告宣传、展览以及其他商业活动中。更有甚者，如《江苏省著名商标认定和保护办法》第13条解除了非驰名商标不得跨类保护的禁止，对“著名商标”适用跨类别保护。可见，认定“著名商标”解除了商标持有人的禁止性义务。

（三）法定种类

“著名商标”认定行为属于普通许可，而不属于行政特许。行政特许是指：“行政主体（特许人）代表国家依法授予组织或个人（受特许人）自然资源、公共资源开发使用权或特定行业经营权的行政许可行为。”[2]行政特许与普通许可的主要差异体现在：许可基础、法律效果、适用条件、数量限制、适用程序。[3]

1.“著名商标”许可基础与特许不同

特许的基础是稀缺资源的国家所有权以及公共行业的垄断经营权。特许是国家对其所有权和垄断经营权的处分。“著名商标”的许可基础是使用“著

---

〔1〕 参见江必新：《论行政许可的性质》，载《行政法学研究》2004年第2期，第4页。

〔2〕 王克稳：《论行政特许及其与普通许可的区别》，载《南京社会科学》2011年第9期，第84页。

〔3〕 王克稳：《论行政特许及其与普通许可的区别》，载《南京社会科学》2011年第9期，第85页。

名商标”字样的普遍性禁止义务，是法律禁止的解除以及行为自由的恢复，属于国家管制权范畴。

2. “著名商标”法律效果与特许不同

特许直接给予本不属于被许可人的财产权利。而“著名商标”许可给予的自由，是被许可人本身享有的自由——营业自由只是基于公共秩序的考虑而予以管制。被许可人解禁之后不是因许可直接获得财产利益，而是在解禁的基础上，通过经营行为获得财产利益。

3. “著名商标”许可的适用条件与特许不同

特许的禁止要求无权利不活动，申请人必须取得相关权利，且该权利的取得由行政机关裁量。“著名商标”许可要求无条件不活动，“著名商标”申请人必须满足地方“著名商标”规范中的条件。行政机关的职责是判断是否满足条件，不享有裁量权。

4. “著名商标”许可的数量限制与特许不同

不同于特许分配的是稀缺资源，资源有限性决定了特许数量在客观上的限制。“著名商标”许可一般没有数量限制，即便存在限制也是出于主观上的限制，而非客观不能。

5. “著名商标”许可的适用程序与特许不同

不同于特许一般以招标、拍卖等公平竞争方式实施，“著名商标”许可适用普通行政审查与决定程序。

需要注意的是，部分学者坚持认为：“著名商标”认定行为是行政确认。[1]笔者认为这是站不住脚的。行政确认是指行政主体依法对相对人申请的事项如法律地位、法律关系或法律事实进行甄别的行政处理行为。[2]虽然行政确认在外观上具有“申请—受理—认定/核准”的特征，但是在本质上，行政确认是对现有事实状态的认定，不会产生、变更或消灭法律关系。而行政许可则是对禁止性义务的解除。地方立法中使用“著名商标”字样的禁止性义务因“著名商标”认定而消灭。如果说“著名商标”认定是行政确认，那么意味着相对人原本就可以使用“著名商标”字样，并不需要行政机关对其解禁。而且行政确认是对过去事实的一种具有法律约束力的认可，行政许可则

---

〔1〕 参见吴汉东、周俊强：《地方商标战略及其制度完善——以〈湖北省著名商标认定与促进条例〉的制定为例》，载《江汉论坛》2008年第8期，第131页。

〔2〕 参见姜明安：《行政法》，北京大学出版社2017年版，第387页。

是“允许被许可人今后可以从事某种特定活动，其法律效果具有后及性”〔1〕。显然行政确认跟地方认定“著名商标”的规定不符。

三、责任政府、高效政府与“著名商标”认定

（一）认定行为产生的二重责任

有权力必有责任，“著名商标”认定机关必须承担相应责任。责任包括两层含义：一是承担的责任（responsibility），即需要承担的不利后果；二是需要履行的责任（accountability），即履行义务。〔2〕具体包括以下内容：

第一，承担的责任：对商标持有人的信赖利益保护责任。依照《行政许可法》第8条和第69条之规定，除被许可人以不正当手段获得许可外，撤销“著名商标”许可应当给予被许可人补偿。并且需要注意第69条第1款第3项的规定，不具备许可申请资格或不符合许可法定条件的被许可人，亦可得到补偿。最高人民法院（以下简称“最高法”）在“益民公司诉河南省周口店市政府”一案中对此进行了确认。〔3〕类推之，西安地铁电缆事故中，陕西奥凯公司只是不符合申请条件，〔4〕但是若不存在不正当手段取得“著名商标”字样许可的情况，可向当地认定“著名商标”的行政机关主张信赖利益保护责任。此外，2017年广东省人民政府废止了本省“著名商标”认定规范，〔5〕如何补偿“著名商标”被许可人的信赖利益，恐是一个难以回避的问题。

第二，履行的责任：对行政相关人的信赖保护责任。行政相关人，亦称行政第三人，是指受行政行为间接作用或约束的并具有一定间接利害关系的潜在主体。〔6〕该责任同样产生于信赖基础，可从两方面证实。

一方面，在学理上，存续力是行政行为成立后应当具有的持续存在的效力，具有如同法律规范一般的稳定存在性，行政机关不得随意变更或撤销。〔7〕“存续力制度是法安定性要求在行政领域的贯彻和实现”，〔8〕“所有的行政行为都

---

〔1〕 周佑勇：《行政法原论》，北京大学出版社2018年版，第261页。

〔2〕 参见杨海坤、章志远：《中国特色政府法治论研究》，法律出版社2009年版，第288－289页。

〔3〕 参见最高人民法院编：《最高人民法院公报》2005年第8期，第22－33页。

〔4〕 参见王健：《陕西问题电缆公司“著名商标”称号认定涉违规，省工商局调查》，载澎湃新闻网，http://www.thepaper.cn/newsDetail_forward_1644731，最后访问日期：2017年9月28日。

〔5〕《广东省人民政府关于废止和修改部分省政府规章的决定》（粤府令第242号）。

〔6〕 参见周佑勇主编：《行政法学》，武汉大学出版社2009年版，第10页。

〔7〕 参见周佑勇主编：《行政法学》，武汉大学出版社2009年版，第165页。

〔8〕 赵宏：《法治国下的行政行为存续力》，法律出版社2007年版，第131页。

会产生存续力，并不因内容特质或适用程序而有所差别"。[1]按照效力的作用范围对"著名商标"认定进行划分，至少可分为两方面的存续力：对人的存续力和对世的存续力。

对人的存续力，即对于行政行为直接承受方的确定性。对世的存续力，即行政行为变更或废止的限制性。二者正是信赖利益保护之实质与法理基础。[2]以对世的存续力为逻辑起点，可推导出信赖利益保护职责的两重内涵。一是政务诚信，保证"著名商标"认定信息全面、真实与准确。二是保护相关人对公权力行为的信赖，即撤销或变更"著名商标"时，必须考虑信赖该行政行为的公众的利益。虽然相关人能否基于此信赖保护的要求而主张主观公权利有待进一步商榷，但行政机关负有履行的责任是可以肯定的。

另一方面，在司法实践中，洋浦大源公司案、[3]华侨搪瓷厂案和[4]云龙出租汽车公司案[5]说明，作为信赖基础的行政行为可以直接产生信赖利益保护职责。[6]在洋浦大源公司案中，行政机关通过规范性文件创设行政许可并列明许可范围。洋浦大源公司实施不属于该规范性文件中规定的需要许可的行为，却因此被行政机关以未获得许可为由进行处罚，洋浦大源公司不服提起诉讼，最高法终审判决其胜诉。可见，行政行为内容对社会的明示与公示，就如同国家公开发行的债券一般，由国家信用背书并因此产生信赖的基础。所以行政行为做出后，行政机关有义务维持行政行为的可靠性。换言之，这是对行政行为的一种"兑付"。可见，在权力与责任同一性要求下，地方行政机关运用权力认定"著名商标"时，亦应履行对行政相关人信赖利益保护的责任。

（二）认定行为下责任与效率的紧张关系

一方面，认定"著名商标"导致的信赖利益补偿责任与效率存在矛盾。信赖利益补偿适用的前提是商标持有人利用"著名商标"字样。我们可以将

---

[1] 赵宏：《从存续性到存续力——德国行政行为效力理论的生成逻辑》，载《法商研究》2007年第4期，第111页。

[2] 参见蒋成旭：《存续力理论视野下的信赖利益保护原则》，载《东方法学》2016年第4期，第74-75页。

[3] 最高人民法院（2003）行终字第02号判决书。

[4] 浙江省宁波市中级人民法院（2010）浙甬行终字第81号判决书。

[5] 河南省南阳市中级人民法院（2010）南行终字第120号判决书。

[6] 参见胡若溟：《行政诉讼中"信赖利益保护原则"适用》，载《行政法学研究》2017年第1期，第103页。

其表述成一个博弈问题：①有三个博弈方。同一个行业中相互竞争的三个企业分别为持有不同“著名商标”的甲、乙两家企业和不持有“著名商标”的丙企业。②甲、乙两个博弈方可供选择的策略为是否使用“著名商标”字样，丙无法使用“著名商标”字样。③三方同时选择策略。④在一定时空下市场资源是相对确定的，对于使用“著名商标”带来的竞争优势记 1 得益，对其他企业造成等于竞争优势的负效应记 -1 得益。

三个博弈方的得益如表 1 所示，左侧第一个数表示甲企业的获益，中间的数字表示乙企业的获益，右侧数字表示丙企业获益。对于持有“著名商标”的甲、乙而言，使用“著名商标”其最多能计 1 的得益，最少也能计 0.5 的得益，而不使用“著名商标”最好的情况便是 0 得益，最坏的情况为 -1 得益，可见将其所获得的“著名商标”投入使用是商标持有人的最优策略。

表 1 “著名商标”利用问题的博弈矩阵

		乙企业	
		使用	不使用
甲企业	使用	(0.5，0.5，-1)	(1，-0.5，-0.5)
	不使用	(-0.5，1，-0.5)	(0，0，0)
		丙企业	

诚然，这一假设中简化了大量其他相关问题，比如各企业间“著名商标”的宣传方式和渠道、广告代理商、商标包装、产品质量，等等。但是，控制变量能帮助我们推理出与实践相关的重要认识。“经济学的艺术就是通过假定使问题变得足够简单，以便更好地理解它的某一方面。”〔1〕“一种只想忠实地在其假设中复制经验世界真实性的理论绝不是真正的理论……而只是一种描述。”〔2〕

作为理性的经济人，在博弈分析结果下都会选择使用“著名商标”字样的策略。在商标持有人利用“著名商标”进行的经营活动中，特别是在“一带一路”的宣传与推广中，存在着大量对“著名商标”许可的信赖而产生的

〔1〕［美］A. 米切尔·波林斯基：《法和经济学导论》，郑戈译，法律出版社 2009 年版，第 4 页。

〔2〕［美］理查德·A. 波斯纳：《法律的经济分析》，蒋兆康译，中国大百科全书出版社 1997 年版，第 20 页。

费用。如广东省2016年便认定或延续了共1023件著名商标。[1]若该责任由地方政府承担，既造成政府财政紧张，也浪费纳税人税金。

另一方面，认定“著名商标”产生的对相关人的信赖保护义务与效率存在矛盾。“著名商标”许可其本身就是一种“财产”，特别是在“一带一路”倡议中对从事生产、投资经营的主体有着重要的意义。[2]从“一带一路”沿线国家人民的日常消费、生产经营，再到国际投资，投资者看重的是“著名商标”字样下由中国地方政府确认并向社会明示的商誉、质量、服务和企业实力。要保障国际消费者、生产经营者和国际投资者对“著名商标”商品的信赖，特别是对“一带一路”沿线国家的国际投资者而言，商标的市场认可度是投资的一个重要参考指标。

如若“著名商标”被撤回或认定不实，将给“一带一路”国际投资者带来投资不能收回的风险，一名国际投资者的呆账、滞账，容易在“一带一路”沿线国家中引起蝴蝶效应般的损失扩张。“著名商标”认定的监督与实施者，将因此负担着巨大的信息收集与确证责任。制度实施成本是极其高昂的，信息获取所耗费的判断与分析构成了制度成本昂贵的核心。[3]“著名商标”认定是向整个市场担保特定企业在市场中的商誉，而为了保证此般担保的可靠性所带来的巨量制度成本，是令人难以承受的。因此，实践中各地方亦未切实履行对“著名商标”许可的检查监督。

四、有限政府与“著名商标”认定

（一）“著名商标”认定制度对形式界限的突破

政府权力需要受到法律的控制，“权力的范围由法律规定的范围来界定”。[4]依照2004年7月1日施行的《行政许可法》第15条第1款之规定，省级政府只有权设定为期一年的临时性行政许可，满一年继续实施的，需要提请本级人大及其常委会制定地方性法规。据此，笔者对我国除港澳台以外的4个直辖市、5个自治区、22个省的“著名商标”认定规范进行了分析。

---

〔1〕 2017年7月31日广东省著名商标评审委员会《2016年度广东省“著名商标”认定和延续公告》。

〔2〕 参见［爱尔兰］科林·斯科特：《作为规制与治理工具的行政许可》，石肖雪译，载《法学研究》2014年第2期，第39页。

〔3〕 参见［美］道格拉斯·C. 诺斯：《制度、制度变迁与经济绩效》，刘守英译，上海三联书店1994年版，第37页。

〔4〕 张杰、李和中：《清单式治理视域下的政府、市场与社会关系研究》，载《广西大学学报（哲学社会科学版）》2018年第2期，第97页。

如表2所示：一方面，在《行政许可法》施行前，共有11个省和自治区制定了“著名商标”认定规范，分别是：辽宁、海南、江苏、浙江、河北、湖南、陕西、四川、西藏、新疆、广西。截至2019年1月1日，已有多个省份废止相关规定。部分省、自治区和直辖市的“著名商标”认定规范至今仍在继续施行中，亟待清理。

另一方面，在《行政许可法》施行后，共有7个省和直辖市制定的“著名商标”认定规范，符合《行政许可法》第15条第1款之规定，它们分别是：浙江、甘肃、安徽、湖北、四川、重庆、河北。另外，4个省和直辖市是由省政府的工商行政管理部门制定规范性文件，其余20个省、自治区和直辖市制定的均是地方规章。以地方规章形式设定“著名商标”认定许可已然违反该法第15条第1款之规定。举重以明轻，地方工商行政管理部门规范性文件的合法性缺失更是毋庸赘述。

（二）“著名商标”认定制度对实质界限的突破

在形式界限下，虽有7部地方性法规和施行未满1年的《山西省“著名商标”认定和保护办法》得以“幸存”，但是，从《行政许可法》所体现的“合法、高效、有序、利民”的立法精神可见，在形式合法审查基础之上，对行政机关还有实质界限的控制。〔1〕

《行政许可法》通过限制许可设定的范围表明，行政权力可以在何种范围内介入市场运行中，市场可以在何种范围内排斥行政权力的干预。《行政许可法》第11条、第12条和第13条，对市场与行政权力的边界进行了详细列明。其中既有明确而具体的形式界限，也有需要进行合理性考量以判断行政权力干预市场深度的实质界限。《行政许可法》第13条第2项〔2〕恰蕴含着“著名商标”认定许可干预市场运行的实质界限。然而该规定仍过于抽象，仍需进一步商榷。

虽然有学者以公民正当权益为圆心、理性的公共行政为半径，对行政法疆域进行界定。但是，如何确定公共行政的理性，仍需要通过私人选择失灵的边界来确定。〔3〕问题在于，在“著名商标”认定中，一方面，以理性公共

---

〔1〕 参见杨海坤、章志远：《中国特色政府法治论研究》，法律出版社2009年版，第355页。

〔2〕 《中华人民共和国行政许可法》第13条“本法第12条所列事项，通过下列方式能够予以规范的，可以不设行政许可……（二）市场竞争机制能够有调节的”。

〔3〕 参见罗豪才、宋功德：《行政法的治理逻辑》，载《中国法学》2011年第2期，第7-8页。参见杨海坤、章志远：《中国特色政府法治论研究》，法律出版社2009年版，第366页。

表 2　我国地方“著名商标”认定制度汇总表

序号	规范性质	规范名称	制定机关	施行时间
1	地方性法规	《浙江省“著名商标”认定和保护条例》	浙江省第八届人民代表大会常务委员会	1997 年 4 月 20 日
2		《河北省“著名商标”认定和保护办法》	河北省九届人大常委会	1999 年 7 月 1 日
3		《四川省“著名商标”认定和保护条例》	四川省第九届人民代表大会常务委员会	2002 年 12 月 1 日
4		《甘肃省“著名商标”认定和保护条例》	甘肃省十届人大常委会	2007 年 11 月 1 日
5		《湖北省“著名商标”认定和促进条例》	湖北省第十一届人大常委会	2008 年 6 月 1 日
6		《安徽省“著名商标”认定和保护条例》	安徽省第十一届人民代表大会常务委员会	2009 年 3 月 1 日
7		《重庆市“著名商标”认定和保护条例》	重庆市第三届人民代表大会常务委员会	2011 年 9 月 22 日
8	地方政府规章	《天津市“著名商标”认定和保护办法》	天津市人民政府	2007 年 2 月 1 日
9		《上海市“著名商标”认定和保护办法》	上海市人民政府	2012 年 5 月 1 日
10		《广西壮族自治区“著名商标”认定和保护办法》	广西壮族自治区人民政府	2002 年 3 月 1 日
11		《内蒙古自治区“著名商标”认定和保护办法》	内蒙古自治区人民政府	2004 年 11 月 1 日
12		《宁夏回族自治区“著名商标”认定和保护办法》	宁夏回族自治区人民政府	2009 年 6 月 1 日
13		《新疆维吾尔自治区“著名商标”认定和保护办法》	新疆维吾尔自治区人民政府	2001 年 10 月 1 日
14		《云南省“著名商标”认定和保护办法》	云南省人民政府	2010 年 9 月 1 日
15		《湖南省“著名商标”认定与保护办法》	湖南省人民政府	2001 年 5 月 1 日

续表

序号	规范性质	规范名称	制定机关	施行时间
16	地方政府规章	《山东省“著名商标”认定和保护办法》	山东省人民政府	2006 年 2 月 21 日
17		《山西省“著名商标”认定和保护办法》	山西省人民政府	2017 年 9 月 1 日
18		《河南省“著名商标”认定和保护办法》	河南省人民政府	2010 年 2 月 1 日
19		《江西省“著名商标”认定和保护办法》	江西省人民政府	2007 年 11 月 1 日
20		《福建省“著名商标”认定、管理和保护办法》	福建省人民政府	2007 年 6 月 1 日
21		《广东省“著名商标”认定和管理规定》	广东省人民政府	2009 年 1 月 1 日施行，2017 年 7 月 20 日废止
22		《青海省“著名商标”认定和保护办法》	青海省人民政府	2012 年 3 月 1 日
23		《江苏省“著名商标”认定和保护办法》	江苏省人民政府	1998 年 8 月 10 日
24		《贵州省“著名商标”认定和保护办法》	贵州省人民政府	2012 年 5 月 1 日
25		《海南省“著名商标”认定和管理办法》	海南省人民政府	2002 年 3 月 1 日
26		《辽宁省“著名商标”认定和保护办法》	辽宁省人民政府	2001 年 3 月 1 日
27		《吉林省“著名商标”认定和保护条例》	吉林省人民政府	2007 年 11 月 1 日
28	其他规范性文件	《北京市“著名商标”认定与保护办法》	北京市工商行政管理局	2015 年 8 月 11 日
39		《西藏自治区“著名商标”认定与管理暂行办法》	西藏自治区工商管理局	2000 年 6 月 16 日
30		《陕西省“著名商标”认定与管理暂行规定》	陕西省工商管理局	1999 年
31		《黑龙江省“著名商标”认定和保护暂行办法》	黑龙江省工商局	2015 年 2 月 4 日

行政为衡量话语，难以控制行政权力扩张与膨胀的倾向。特别是第 13 条“可以不”的表述为行政许可设定留下了过于自由的空间，[1] 导致在市场机制能够调节的事项上，并没有排除设定行政许可的可能。这也是地方“著名商标”认定制度自《行政许可法》实施以来能够存在如此之久的原因之一。所以更应强调法律对行政权力规范与控制侧面，而不是行政机关自觉理性行政。[2]

另一方面，合理界定和区分政府职能是实现国家治理现代化的重要条件，[3] 处理好政府与市场的关系则是政府实现依法善治的核心问题之一。[4] 摘下理性公共行政的面纱，在寻找行政法界限的时候，归根到底是在探寻行政权力与市场作用之间的界限。

市场是由个人运用理性通过交易实现效用[5] 最大化的活动而产生的，但是在信息不对称的情况下，有限理性无法实现效用的最大化，多个人的决定将导致混乱和对效用的损害。故有限理性下不可能达成理想的效用最大化，只能达至一种“满意”的状态。[6] 制度规制则可视为以有限理性应对不确定性，而实现满意状态的手段。[7]

如图 1 所示，以公民个人效用最大化为圆心，以有限理性为半径画圆，该半径的长度由公民个人有限理性的限度决定。在有限理性内可以达至或无限接近于个人效用的最大化。所以限度内，行政权力不应当进行干预。限度外，在信息不对称的情况下效用的最大化的状态将由于风险的阻隔而难以达致。此时方有行政权力干预之余地，以实现“满意”的状态。

认定“著名商标”，实质上是对可靠信誉和产品质量的认定，如《湖北省“著名商标”认定和促进条例》第 8 条就对使用商标的产品提出了销售量、产量、市场占有率和质量等要求。而对于某一特定生产者商誉及其产品质量的

---

〔1〕 参见杨海坤、章志远：《中国特色政府法治论研究》，法律出版社 2009 年版，第 366 页。

〔2〕 参见杨建顺：《从哲学、宪政学、法学的视角反思行政法之理论基础》，载罗豪才主编：《现代行政法的平衡理论》，北京大学出版社 1997 年版，第 388 – 391 页。

〔3〕 参见徐继敏：《国家治理体系现代化与行政法的回应》，载《法学论坛》2014 年第 2 期，第 26 页。

〔4〕 参见杨海坤、章志远：《中国特色政府法治论研究》，法律出版社 2009 年版，第 263 页。

〔5〕 效用是指个人从商品和劳务中所得到的满足，一方面取决于商品的物质属性，另一方面依存于个人的主观评价。

〔6〕 Herbert A. Simon, *Models of Bounded Rationality Vol.* 2 245 – 270 (MIT Press, 1982).

〔7〕 参见［德］斯蒂芬·沃依格特：《制度经济学》，史世伟等译，中国社会科学出版社 2016 年版，第 6 页。

评价并没有超出有限理性的可认识范畴。一方面，商誉本身就是在市场中形成的，公民作为购买者进入市场中进行交易，在多次交易后对某一生产者形成了较为稳定的评价，行政机关的认定实际上起到的作用更类似于对市场现状的证明。

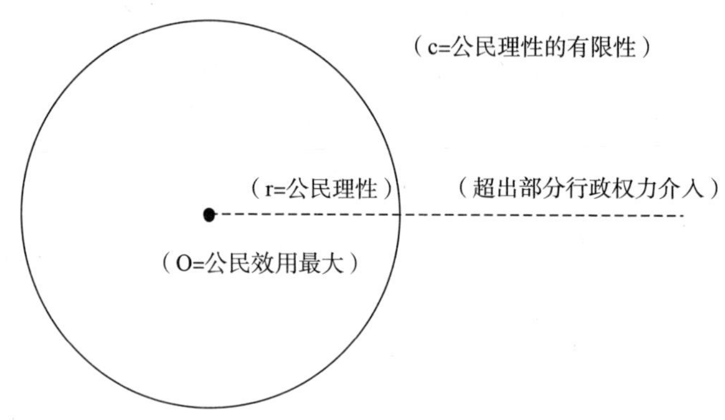

图 1　行政权力实质界限

另一方面，就“著名商标”认定中所包含的产品质量评价而言，其作用与《行政许可法》第 39 条第 2 款列举的检验、检测、检疫等许可的性质相同，只不过是在产品上加盖了名为“著名商标”的检验、检测或检疫的印章。然而，现有专门的检验、检测、检疫许可，足以保证产品质量，不必画蛇添足。

虽然见诸各地“著名商标”认定规范中“促进本省经济发展”的用语似乎承自《行政许可法》第 11 条所愿，但事与愿违。如表 3 所示，假设有甲、乙、丙三家生产电煮锅的厂家，甲生产技术先进，所以内部成本最低，为 x－a 元/台 A 型电煮锅。乙为 x 元/台 A 型电煮锅。丙为 x＋a 元/台 A 型电煮锅。一段时间内的市场均价为 c 元，乙因获得“著名商标”许可而由此稳定增加的售价 b 元，可见当 b 大于 a 的时候，比甲企业生产成本高、效率低的乙企业收益更大。

表 3　电煮锅假设

	甲企业	乙企业	丙企业
生产成本	x－a 元/台 A 型电煮锅	x 元/台 A 型电煮锅	x＋a 元/台 A 型电煮锅
著名商标增加的售价	0	b 元	0

续表

	甲企业	乙企业	丙企业
一段时间内市场均价	c 元	c 元	c 元
收益	c－x＋a 元	c－x＋b 元	c－x－a 元

这将产生负外部性效应。可用于投资的资本总额在一定的时空内是相对稳定的，又因资本的逐利性，在前述假设中资源将向生产成本较高的生产单位流动，降低了资源配置的效率，产生了隐蔽的社会效率成本。资金利用效率的损耗真相与对自然资源低效率利用的小煤矿是相同的，只不过后者对资源效率的损耗可以更直观地发现。“著名商标”的认定为商标持有人带来了销量上的直接收益，但是其所支付的成本却间接地转嫁于外部，造成了资源配置的无效率。这样的成本不体现在商标持有人的经济运行当中，从而使得商品的盈利不能反映其真实的生产成本。

五、地方“著名商标”认定制度向何处去

我国地方“著名商标”认定制度存在诸多问题。在实施层面，认定“著名商标”必然使行政机关不得不选择放弃责任性或高效性之一；在设定层面，各地方设定“著名商标”认定许可与《行政许可法》的规定相悖，行政权力对市场的干预逾越了行政法的界限，有违政府有限性的要求。

当一项制度既效率低下，又不当干预市场的时候，有必要考虑其替代性措施。[1]可行的方案包括，什么都不做（Do-nothing）、采用市场机制进行管理和其他非许可手段监管。[2]一方面，各级地方行政机关应立即暂停“著名商标”认定行为，有权机关依法对现行“著名商标”认定规范进行清理并废止。另一方面，原“著名商标”认定制度之目的，如《湖北省“著名商标”认定和促进条例》第 1 条“保护著名商标所有人、使用人、消费者的合法权益，促进经济发展”，可以通过鼓励自我规制（如对特定商品生产经营行为予以行政指导、补贴等）以及非许可性监管（如商标、商品、生产经营者的信用信息核查登记等）来实现，让地方“著名商标”认定制度最终彻底地退出

---

〔1〕 Rex Deighton Smith, *Regulatory impact analysis*: *Best practices in OECD Countries* , in *Regulatory Impact Analysis*: *Best Practices in OECD Countries Part IV* 221－225 (OECD ed. , OECD Press 1997).

〔2〕 参见［爱尔兰］科林·斯科特：《作为规制与治理工具的行政许可》，石肖雪译，载《法学研究》2014 年第 2 期，第 39 页。

历史舞台。

同时，“著名商标”制度的问题也反映了我国《行政许可法》亟待完善之处。《行政许可法》第13条中“可以不”的表述，为行政机关权力恣意留下了较为宽泛的空间。建议有权机关进行限缩解释，或修改为“非必要时不得”的表述，以压缩地方设定行政许可性质审批的恣意空间。而第13条第2项中“市场竞争机制能够有效调节的”应当通过立法解释或下位法予以明确和细化。这要求行政权力受到精细和有序的法律控制，这也是“把权力关到制度的笼子里”的题中之意。

诚然，本文所用论证方法仍有诸多质疑与局限。只是关于“法学外的法学”的探讨与争论“行政法学者鲜有涉及”。〔1〕“The life of law has not been in logic, but in experience.”〔2〕我们的法律深深地镶嵌在我们的世界之中与社会经济纠缠相生。作为研究法的科学，如果忽视自身周围的环境而仅仅在法学内研究法的话，很可能会错过一个色彩斑斓而又妙趣横生的侧面。本文亦是借机对此作一窥探，以求教于大方之家。

（初审人：冯亦浓）

---

〔1〕 章志远：《基本建成法治政府呼唤行政法学基础理论创新》，载《法学论坛》2017年第2期，第7页。

〔2〕 Oliver Wendell Holmes, *The Common Law*, p. 5 (The Belknap Press of Harv. U. Press 2007).

环境公益诉讼律师费用研究

——以美国环境公民诉讼律师费用转移规则为中心

崔　瑜[*]

摘　要：公民诉讼制度作为美国环境法的创新，在补充行政机关执法、保护环境方面发挥着重要作用。为了激励公民通过诉讼救济环境公共利益，律师费用转移规则成了合乎逻辑的选择。律师费用转移规则确定了“胜诉”和“适当”标准，但立法表述简明，司法实践中催化剂理论的适用、败诉原告转移律师费用、以营利为动机的原告转移律师费用、胜诉被告转移律师费用等问题盘根错节，需要具体分析。我国环境公益诉讼律师费用规则的构建要借助司法实践明确律师费用转移的适用条件，在激励原告起诉与保护被告合法权益间寻求平衡，防止矫枉过正。

关键词：公民诉讼　律师费用转移　胜诉　适当　平衡

一、研究之缘起

在中国特色社会主义进入新时代之际，习近平总书记在十九大报告中为中华民族伟大复兴的中国梦描绘了一

---

* 崔瑜，中国政法大学法学院宪法学与行政法学专业2016级博士研究生（100088）。

幅宏伟蓝图。作为中国梦的重要组成部分，习近平总书记全面阐述了“美丽中国”的生态文明建设目标，并前所未有地提出“实行最严格的生态环境保护制度”等论断，生态文明建设在理论思考及实践举措上均有了重大进展。2017 年 6 月，第十二届全国人大常委会结合理论界的创新性研究及不断丰富的试点实践，将检察公益诉讼制度正式纳入《民事诉讼法》和《行政诉讼法》，适用于生态环境和资源保护等领域，填补了生态环境公益保护的司法救济空白。我国环境公益诉讼的大门早已敞开，但立法者设想的“遍地开花”的效果却没有如期而至，环境公益诉讼叫好不叫座。〔1〕导致该现象的原因很多，既有地方保护和司法行政化等外在因素造成的机关和有关组织不愿起诉；也有激励机制不到位等内在因素导致的机关和有关组织无力起诉。长此以往，不仅不利于环境公益诉讼制度的良性运转，更不利于我国生态文明建设目标的实现。

环境公益诉讼制度的运转始终绕不开诉讼成本，从起诉与否的决定到和解与审判的选择等，诉讼成本影响着诉讼的全过程。律师费用即是诉讼成本中不容忽视的部分。相比于普通诉讼，环境公益诉讼是一项专业性极强的高成本活动，从诉讼程序启动至裁判生效并最终执行，公益诉讼因其涉及的问题具有较高的专业性、复杂性、影响广泛性等特征，非一般公众所能及，律师成为帮助当事人接近法院、实现诉权的引路人。〔2〕目前我国已经形成环境公益诉讼的基本制度框架，如何发挥律师费用的经济导向作用，激励机关和有关组织投入到复杂、漫长、费用高昂的环境公益诉讼过程中，是实现环境公益诉讼制度良性运转亟须解决的问题。作为公益诉讼的发源国，美国联邦环境法律中公民诉讼制度（Citizen Suit）极具特色，该制度与我国公益诉讼制度均是借助公众力量、通过司法程序促进公共利益，在制度设计上具有诸多共性，引起国内学者的普遍关注。作为确保美国公民诉讼制度效果充分发挥的机制之一，律师费用转移规则（Attorney Fee-shifting Rule）的立法规定及司法实践较为成熟。该规则的运作是否符合立法者的最初设想？其实践功能和社会效果如何？是否产生一些问题？这些问题既关乎对美国公民诉讼制度的全面认识，又有助于清晰构建我国公益诉讼激励机制。目前国内已有学者对

〔1〕 夏胜为：《环境公益诉讼缘何“叫好不叫座”》，载《安徽日报》2015 年 8 月 25 日，第 5 版。

〔2〕 张颖：《环境公益诉讼费用规则的思考》，载《法学》2013 年第 7 期，第 137 页。

美国环境公民诉讼律师费用转移规则进行研究,〔1〕但还没有触及这些应当被认真思考的实质性问题。本文试图在前人研究的基础上有所突破,基于对美国环境公民诉讼律师费用转移规则的法律规定和司法实践的介绍,进一步揭示该规则在公民诉讼制度中的作用及面临的现实困境,并指出对我国环境公益诉讼的启示意义。

二、律师费用转移规则的确立

作为推动环境法发展的引擎,美国国会于1970年首次在《清洁空气法》(Clean Air Act, CAA)中对公民诉讼条款作出规定,此举被认为是"典型的美国法律程序的创新"。〔2〕而且,国会在公民诉讼中并没有沿用律师费用负担的传统规则——美国规则(American Rule,即不管胜诉与否,当事人各自负担自己的诉讼费用),而是确立了律师费用转移规则。这一选择并非无意之举,而是国会刻意为之。

(一)律师费用转移规则的立法历史

作为联邦环境法律的常规特征,公民诉讼制度的诞生带有鲜明的时代烙印,环保运动、基本权利保障、管制俘获理论盛行等为其提供了契机。1970年制定的《清洁空气法》公民诉讼条款授权公民以环境违法者为被告、针对环境违法行为提起诉讼和以环境监管者为被告、针对违反非裁量职责的行为提起诉讼,〔3〕该条款成为几乎所有主要的联邦环境法律公民诉讼条款的范本。〔4〕公民诉讼制度确立的初衷是作为环境法律实施的补充和保证,〔5〕在行政机关不能或不愿执法时,允许公民通过诉讼执行环境法律。但是面对资金雄厚的企业或政府,公民原告基于成本效益分析可能放弃提起诉讼。为了防止环境公民诉讼制度落空,国会确定了律师费用转移规则,以解决法庭外经济不平等导致的起诉困境。

---

〔1〕 例如,詹蔚、李雨:《环境公益诉讼的律师费用分配制度》,载《吉首大学学报(社会科学版)》2017年第S2期;高琪:《环境民事公益诉讼的律师费用转移负担规则》,载《中国地质大学学报(社会科学版)》2016年第6期;陈亮、刘强:《纠缠于正诉激励与滥诉预防之间——美国环境公民诉讼中"败诉方负担"规则之考察》,载《法律适用》2007年第8期。

〔2〕 Zygmunt J. B. Plater, *The Three Economies: An Essay in Honor of Joseph Sax*, 25 Ecology L. Q. 411, 425 (1998).

〔3〕 42 U. S. C. § 7604 (1982).

〔4〕 除《联邦杀虫剂、杀真菌剂和杀鼠剂法》外,主要的联邦环境法律均对公民诉讼制度作出规定。

〔5〕 *Natural Resources Defense Council v. Train*, 510 F. 2d 692, 700 (D. C. Cir. 1975).

《清洁空气法》作为首个将公民诉讼制度纳入其中的联邦环境法律，在提交国会立法讨论过程中经历了多个版本，公民诉讼律师费用转移规则数易其稿才得以确定，[1]见证了立法支持者与反对者的冲突及妥协。律师费用转移规则最初版本规定，当公民诉讼符合“公共利益”（Public Interest）时，法院即可将原告公民的律师费用转移给被告负担。该版本在提交参议院审议时引起一些立法者反对，参议员鲁斯卡（Hruska）怀疑对公民广泛授权将引发大量的公民诉讼案件，“行政机关的裁量权可能因此受到干扰，其时间和资源消耗在应对这些诉讼上，而且也使法院不堪重负”。[2]而公民诉讼制度的主要立法支持者——参议员马斯基（Muskie）对此辩称，“对于公民而言，由于不能提请损害赔偿，加上被法院认定为属于‘虚妄的、滋扰性’诉讼而负担对方律师费用的可能性，就足以阻止任何不必要的诉讼”。[3]

这些相互对立的观点促成了最终的律师费用转移规则，作为妥协，立法委员会限缩了律师费用转移规则的适用标准，即由“公共利益”标准转向“适当”标准。当公民提起滋扰性诉讼时，公民原告转移其律师费用是不适当的，而被告可能将其律师费用转移给原告，在实质上起到防止滥诉的安全阀功能。

（二）律师费用转移规则的类型

任何利益的实现都有成本，公益救济也不例外。为了激励公民通过诉讼救济环境公共利益，律师费用转移规则成了合乎逻辑的选择。在《清洁空气法》确定律师费用转移规则之后，几乎所有后续的联邦环境法律均肯定了律师费用转移规则，[4]该规则已成为公民诉讼制度的必备内容之一。然而，联邦环境法律规定的律师费用转移规则的类型并不相同。

具体而言，环境公民诉讼律师费用转移规则主要有如下两种类型。第一类是以《清洁空气法》第304条d款为代表的“适当”（Appropriate）标准，该条款规定：“法院在对依据本条a款所提起的任何诉讼作出终局判决时，可以将诉讼费用（包括合理的律师费用）判决给任何一方当事人，只要法院认

---

〔1〕 A Legislative History of the Clean Air Act Amendment of 1970, at 226.

〔2〕 116 Cong. Rec. 32, 925 –26 (1970) (statement of Sen. Hruska).

〔3〕 116 Cong. Rec. 32, 902 (1970) (statement of Sen. Muskie).

〔4〕 除了《清洁空气法》，还有其他联邦环境法律包含类似的律师费用转移，如《濒危物种法》《资源保护和恢复法》《安全饮用水法》等。

为该判决是合适的即可。"[1]采用此标准的法律主要有《噪声控制法》《公共卫生服务法》《濒危物种法》等。第二类是以《清洁水法》第505条d款为代表的"胜诉"(Prevailing)标准，该条款规定："法院在对依照本条内容的诉讼进行判决的过程中，能将诉讼费用，包括律师费用判给胜诉或实质胜诉的当事人，只要法院认为判决合理就可以。"[2]《固体废物处理法》《环境综合性反应、赔偿和责任法》《资源保护和再生法》等均采用该标准。

环境公民诉讼律师费用转移规则的"适当""胜诉"标准既有适用重合，又有区别，具体体现在司法实践之中。

三、律师费用转移规则的认定

考察立法历史可知，国会在环境公民诉讼制度中确立的律师费用转移规则具有双重目的——激励有价值公民诉讼及抑制滥诉，该双重目的的落实离不开司法实践的具体认定。但是，联邦环境法律中律师费用转移规则的立法表述简明，并未为法院提供具体引导。直接适用法律的法院不得不考量若干因素，如环境法规的目的、公民诉讼的立法历史、民权案件对律师费用转移规则的解释等，[3]来回应和解决认定原被告双方转移负担律师费用中出现的种种疑难问题。

(一)原告律师费用转移的认定

1. 催化剂理论的适用

催化剂理论(Catalyst Theory)在律师费用转移规则的适用方面起着重要作用，它是指如果原告的起诉促使被告自愿纠正违法行为，即诉讼起到催化作用，原告就可以主张被告负担其律师费用。鉴于巡回法院间在催化剂理论能否适用于"胜诉"标准持有不同意见，联邦最高法院于2001年对Buckhannon Bd. & Care Home, Inc. v. W. Va. Dep't of Health & Human Res.[4]案件(以下简称"Buckhannon"案)复审以平息争议。此案焦点在于，虽然原告未

---

[1] 42 U.S.C. § 7604 (d) (1982).

[2] 33 U.S.C. § 1365 (d) (1988).

[3] 值得指出的是，与环境公民诉讼相似，民权领域的诉讼往往也具有"公益"性质，为鼓励此类诉讼的提起，国会在民权法律中也设置了"律师费用转移条款"，联邦法院往往会参考甚至直接援引民权案件中有关律师费用转移规则的案例，适用于环境公民诉讼律师费用转移的案件，例如后文讨论的Buckhannon案件、Christiansburg案件即为民权领域的案件。

[4] *Buckhannon Bd. & Care Home, Inc. v. W. Va. Dep't of Health & Human Res.*, 532 U.S. 598, 623 (2001).

获得最终的司法判决，但起诉“触发”（Trigger）被告自愿纠正违法行为，原告可否作为“胜诉当事人”（Prevailing Party）要求被告负担律师费用，即催化剂理论在此案中能否适用。

联邦最高法院最终以 5 票支持对 4 票反对的微弱多数表决此案不适用催化剂理论。首席大法官伦奎斯特（Chief Justice Rehnquist）撰写了判决书。[1] 他指出，虽然催化剂理论十分含糊，但律师费用转移规则适用的前提是“胜诉方”的要求是清晰的、不能逾越的。依据《布莱克法律词典》，“胜诉方”是指“获得有利判决的人”（[a] party in whose favor a judgment is rendered），被告自愿纠正违法行为虽然也达到了原告要求的诉讼效果，但该效果缺乏必要的“司法认可”（Judicial Imprimatur，包括实质性法院判决或合议判决等形式），因此原告不符合“胜诉方”资格，也自然不能依据催化剂理论转移其律师费用。然而，金斯伯格（Justice Ginsburg）等四位法官拒绝本案多数法官对“胜诉方”的狭窄限定。通过援引立法历史，金斯伯格大法官强调，国会有意通过费用转移规则来鼓励“私人执行”（Private Enforcement），并且“对此目的的忠实，要求在公民提起的诉讼中，无论和解是否获得司法认可，法院都应当将原告律师费用转移，以便使国会保障的权利得到维护”。[2] 鉴于长期以来的先例以及最初促使联邦法规确定律师费用转移规则的立法目的和政策因素，如果在本案件中不适用催化剂理论将动摇国会意图通过私人检察长理论（Private Attorney General）鼓励普通公民执行法律的意图，使得公民诉讼的目标落空。

有学者指出，Buckhannon 案将“胜诉方”范围限定于获得司法认可的当事人，限缩了催化剂理论的适用范围。具体来说，在采用“胜诉或实质胜诉”标准确定律师费用的案件中，被告会采取“战略性投降”（Strategic Capitulation）的诉讼策略，即被告在面临可能的不利判决时，便在法院正式判决前自愿纠正不法行为，从而避免负担原告的律师费用。[3] 因此，被告可能会故意拖延诉讼，以消耗公民诉讼原告的资源，这不可避免地削减了公民提起诉讼

---

〔1〕 *Buckhannon Bd. & Care Home, Inc. v. W. Va. Dep't of Health & Human Res.*, 532 U. S. 598, 603 (2001).

〔2〕 *Buckhannon Bd. & Care Home, Inc. v. W. Va. Dep't of Health & Human Res.*, 532 U. S. 598, 644 (2001).

〔3〕 Catherine R. Albiston & Laura Beth Nielsen, “The Procedural Attack on Civil Rights: the Empirical Reality of Buckhannon for the Private Attorney General”, 54 *UCLA L. Rev.* 1087, 1091 (2007).

的热情。

2. 败诉原告能否转移律师费用

依据“胜诉或实质胜诉”标准，原告必须作为“胜诉方”方可转移律师费用，而在“适当”标准下，“胜诉”是否为原告转移律师费用的必要前提，即败诉原告能否转移律师费用？对于此问题，有的法院认为“适当”标准足够宽泛，并多次在原告败诉的案件中将律师费用转移给被告。例如，哥伦比亚特区巡回法院在 Sierra Club v. Gorsuch[1]案件中指出，原告律师费用转移不在于是否获得诉求上的全部或部分胜利，而在于是否有助于法律目标的实现，只要原告推动了法律目标，败诉原告也可转移律师费用。

然而，联邦最高法院在 Ruckelshaus v. Sierra Club[2]案件中开创性地否决了“适当”标准下败诉原告转移律师费用的宽泛解释。在该案中，原告主张尽管其未获得诉求上的任何胜利，但是诉讼行为有助于污染物排放标准的制定，推动《清洁空气法》目标的实现，因此律师费用转移是“适当的”。联邦最高法院驳回了原告这一主张，指出虽然国会在法规条文中并未对“适当”标准进行界定，但并不意味着国会完全放弃律师费用的传统规则——“美国规则”以及其他法规中的“胜诉或实质胜诉”标准。对律师费用转移规则“适当”标准的过度宽泛解释不仅与立法历史相悖，而且强迫被告负担败诉原告律师费用是不公平的。因此，在“适当”标准下，败诉原告不能转移律师费用。

3. 以营利为动机的原告能否转移律师费用

在以营利为动机的原告能否转移律师费用的问题上，尽管巡回法院之间争论不休，但联邦最高法院拒绝介入此问题。某些巡回法院主张国会并未对以营利为动机的原告设定限制。例如，第五巡回法院在 Fla. Power & Light Co. v. Costle (Florida II)[3]案件中指出，原告以营利为动机并不妨碍其律师费用的转移。在本案中，被告主张当原告“主要动机是经济性的，是大型的、有偿付能力的公司”时，国会从来没有打算将原告的律师费用转移，而且原告诉讼的胜利是使“特定公司”获利，任何公共利益保护都是附带的。第五巡回法院对此指出，根据《清洁空气法》的立法历史，律师费用转移规则的目

〔1〕 *Sierra Club v. Gorsuch*, 672 F. 2d 33, 36 (D. C. Cir. 1982).

〔2〕 *Ruckelshaus v. Sierra Club*, 463 U. S. 680, 683 (1983).

〔3〕 *Fla. Power & Light Co. v. Costle (Florida II)*, 683 F. 2d 941, 943 (5th Cir. 1982).

的不仅是为了劝阻无聊的诉讼，而且还是为了鼓励起诉，以确保《清洁空气法》的适当实施和执行或是促进以其他方式为公众利益服务。在本案中，只要原告的起诉有助于确保《清洁空气法》的“适当实施”，就应当转移其律师费用，不管原告是否具有经济性自利动机。

然而，有些巡回法院对此持有不同意见，主张国会从未打算以公民诉讼条款使那些怀有经济利益动机的原告获利。例如，第九巡回法院在 Western States Petroleum Ass'n v. EPA〔1〕案件中明确表示“拒绝采用第五巡回法院的观点”。在此案中，第九巡回法院援引了马格努森（Magnuson）参议员在《清洁空气法》立法会议上的观点，指出“这些规定（律师费用转移条款）的目的不是为个人或团体提供奖励”，经济利益动机应当是考量律师费用转移的因素，怀有经济利益动机的原告不能转移其律师费用。

对此，有学者指出，尽管原告在提起公民诉讼时可能怀有获得经济利益的动机，但该动机并不能否定环境保护的公共利益——减少污染和确保法律正当解释和实施，如果自动拒绝具有经济利益动机的原告转移律师费用，那么也会忽视被告违法者身份以及原告起诉带来的公共利益。〔2〕而且，原告在诉讼中怀有获得经济利益的动机可以帮助其更好地满足诉讼资格（Standing）。正如联邦最高法院所指出的那样，为了满足公民诉讼的起诉资格，原告的利益需受到“具体的、特殊的、实际的或迫在眉睫的侵犯”。〔3〕具有经济利益动机的原告将比经济地位中立的第三方更容易满足诉讼资格。总之，不限制经济自利性原告的律师费用转移，公民诉讼制度可以更广泛地适用，推动环境法规目标的实现。

（二）被告律师费用转移的认定

环境公民诉讼律师费用转移条款并未将律师费用的转移方局限于原告，而是使用“任何一方”（Any Party）的措词，不区分原告和被告。〔4〕无论从法律条文表述还是司法实践来看，都没有排除被告转移其律师费用的可能性

---

〔1〕 *Western States Petroleum Ass'n v. EPA*, 87 F. 3d 280, 286 (9th Cir. 1996).

〔2〕 Mark Tannahill, “Fee-Shifting Provisions and The Clean Air Act: Should Financially-Motivated Plaintiffs Be Barred from Recovering Fees?”, 49 *Santa Clara L. Rev.* 863, 888 (2009).

〔3〕 *Lujan v. Defenders of Wildlife*, 504 U. S. 555, 555 (1992).

〔4〕 例如《清洁空气法》规定：“法院在对依据本条（a）所提起的任何诉讼作出终局判决时，可以将诉讼费用（包括合理的律师费）判决给任何一方当事人，只要法院认为该判决是合适的即可。” 42 U. S. C. § 7604 (d) (1982).

(也意味着原告负担被告的律师费用)，此举在一定程度上具有抑制滥诉的功能。那么，被告律师费用转移是否和原告一样，适用“胜诉”标准或是“适当”标准？如果被告与原告适用相同标准的话，那么在上文提及的 Ruckelshaus v. Sierra Club 案件中，作为败诉方的塞拉俱乐部（Sierra Club）是否应当负担胜诉方鲁克尔斯豪斯（Ruckelshaus）的律师费用？直观答案是否定的，尽管被告没有做错，但作为原告的塞拉俱乐部也没有做错。相反，原告接受国会邀请，以维护环境利益的受欢迎参与者身份参与环境法律的实施，不应被视为滋扰或麻烦制造者。如果对败诉原告善意的、合法的诉讼行为进行惩罚，即由塞拉俱乐部负担被告律师费用，可能会对潜在的公民诉讼产生“寒蝉效应”（Chilling Effect)，这违背了公民诉讼的基本目的，使国会政策得不到执行。

虽然国会并未在律师费用转移条款中对原告和被告进行区分，但法院在丰富的司法实践中确定了被告律师费用转移的适用标准。在司法实践中，被告律师费用转移的案例目前只有一件，而且法院在该案中没有指出其适用的具体标准。[1]不过，联邦最高法院在 Christiansburg Garment Co. v. Equal Employment Opportunity Commission[2]案件中确立了被告律师费用转移的标准。斯图尔特大法官（Justice Stewart）在该案中指出，只有在原告起诉是“无聊的（Frivolous)、不合理的（Unreasonable）或缺乏根据的（Without Foundation)”情况下，胜诉被告方可转移律师费用。相比之下，法院适用的原告转移律师费用的标准较低，即胜诉原告通常在所有情况下，甚至败诉原告在适当情况下可以转移其律师费用。可见，胜诉被告转移律师费用的标准明显高于原告，联邦最高法院通过该案件确立的被告律师费用转移标准被用于环境公民诉讼案件之中。在环境公民诉讼领域，被告主张转移律师费用的案例首次出现在 Consol. Edison Co. v. Realty Inv. Assoc.[3]案件。在本案中，原告以被告违反《清洁空气法》规定为由起诉作为建筑物所有者的被告，但在原告提起诉讼之后，美国环境保护局确认该建筑物免于适用《清洁空气法》。原告据此迅速撤回起诉，被告主张由原告负担其律师费用。法院援引立法历史指

〔1〕 *Sierra Club v. Shell Oil*, 817 F. 2d 1169, 1176 (5th Cir. 1987).

〔2〕 *Christiansburg Garment Co. v. Equal Employment Opportunity Commission*, 434 U. S. 412, 421 (1978).

〔3〕 *Consol. Edison Co. v. Realty Inv. Assoc.*, 524 F. Supp. 150 (S. D. N. Y. 1981).

出，如果《清洁空气法》允许胜诉被告与胜诉原告适用同样的相对宽松的方式追讨律师费用，那么公民诉讼的制度设计将会大受挫折。原告起诉只有被定性为骚扰性诉讼的情况下，被告方可追讨律师费用，法院据此驳回被告律师费用转移的请求。

上述司法实践表明，被告律师费用转移的标准明显高于原告。究其原因，主要是因为原告和被告转移律师费用的目的不同：原告律师费用转移是为了鼓励公民提起诉讼，公民原告作为为环境利益辩护的受欢迎参与者，不应被视为麻烦制造者，同时原告律师费用转移也是对被告违法行为的惩罚；而被告律师费用转移是为了防止公民提起无聊的或滋扰性诉讼，因为“案件一旦败诉，原告将负担被告的律师费用，由此激励原告提起有正当理由的（Meritorious）案件”。[1]此外，法院应当客观地判断原告起诉是否为无聊的、不合理的或缺乏根据的，避免陷入事后判断的误区，因为诉讼过程和结果往往难以预测，即使原告最终未能胜诉，也并不意味着是滋扰性诉讼。

四、律师费用转移规则的评价及启示

从美国环境公民诉讼律师费用转移规则的立法规定与司法实践来看，国会及法院的态度错综复杂，有的问题经联邦最高法院审理后形成定论，而有的问题尚未发展出通用性规则，正反两种观点仍在较量之中。但这一过程也体现了激励有益公民诉讼与抑制滋扰性公民诉讼的平衡，对我国深化环境公益诉讼具有启发意义。

（一）律师费用转移规则的评价

美国公民诉讼的实质在于私人执行，使私人公民为执法资源和执法能力有限的行政机关执行环境法律提供补充。为了防止公民诉讼制度落空，国会确立了律师费用转移规则，该规则既要为公民提起诉讼清除经济障碍，也要保护被告免受无意义诉讼的滋扰，二者不可偏废。

1. 律师费用转移规则作为激励措施

在2000年召开的“环境政策创新”（Innovations in Environmental Policy）研讨会上，斯坦福大学法学教授布兹·汤普森（Buzz Thompson）宣称现代环境时代最普遍、最突出、最持久的创新是公民参与环境法实施，[2]公民参与

---

〔1〕 *Christiansburg Garment Co. v. Equal Employment Opportunity Commission*, 434 U. S. 412, 420 (1978).

〔2〕 Barton H. Thompson, Jr., “The Continuing Innovation of Citizen Enforcement”, 2000 *U. Ill. L. Rev.* 185 (2000).

被认为是对行政机关存在的政治束缚、制度限制以及执法资源匮乏等问题的回应。[1]作为参与环境法实施的重要途径，公民诉讼制度将执行环境法律的责任直接延伸至公民（也包括环保组织）。虽然环保组织通过会费、捐赠及无偿法律援助等渠道获得了一定的财政支持，但这种资金模式并不能充分满足公民诉讼的需求。有学者调查发现，即使是最富有的环保公益组织（每年预算为7500万美元至8000万美元的全国性环保组织）也面临着严重的财政困难，[2]直接限制其提起旷日持久、费用高昂的公民诉讼的能力。这一问题也引起法官重视，联邦最高法院马歇尔大法官（Justice Thurgood Marshall）指出，只要这个障碍——资金，仍然显而易见，那么公益运动领域就面临着不确定的未来。[3]而且，虽然环境问题对整个社会具有重大意义，但由于环境损害的证明困难程度高，对原告的经济投入要求也高，单独个体往往缺乏足够的个人利益提起诉讼，导致公民诉讼陷入“集体行动困境”。

正是基于以上原因，环境公民诉讼制度运行需要经济激励。除了为公益组织提供免税地位、捐赠资金等直接经济救济外，立法者还确立了间接激励措施——律师费用转移规则。该规则对于因财政资金压力而放弃起诉的普通民众及环保组织来说，极大地缓解了他们经济上的“后顾之忧”。只要公民提起的诉讼有正当理由、有助于实现环境法律目标，公民原告就无需负担自己的律师费用。而且，对于原告律师来说，因有望最终从被告当事人处收回律师费用，律师也愿意投入更多的时间和精力推动公民诉讼。总之，律师费用转移规则作为激励措施之一，促使公民作为维护环境利益的受欢迎参与者提起有益的公民诉讼。

2. 律师费用转移规则作为限制措施

诚然，国会通过多种措施为公民诉讼清除经济障碍，但也认识到不受限制的公民诉讼可能偏离立法初衷。对此，国会对公民诉讼的全过程进行多方面限制，律师费用转移规则便是其中之一。首先，在公民诉讼提起之前，公

---

〔1〕 David R. Hodas, “Enforcement of Environmental Law in a Triangular Federal System: Can Three Not Be a Crowd When Enforcement Authorization Is Shared by the United States, the States, and Their Citizens?”, 54 *Md. L. Rev.* 1552, 1620–1621 (1995).

〔2〕 Deborah L. Rhode, “Public Interest Law: The Movement at Midlife”, 60 *Stan. L. Rev.* 2027, 2042 (2008).

〔3〕 Thurgood Marshall, “Financing Public Interest Law Practice: The Role of the Organized Bar”, 61 *A. B. A. J.* 1487, 1489 (1975).

民应当将违法行为通知行政机关及违法者，[1]给行政机关履行职责的机会，同时也给违法者及时纠错的机会，避免不必要的诉累。公民诉讼不是对行政机关执法活动的复制、干预或冲击，只有在行政机关执法“不勤勉”[2]时才能提起公民诉讼，一旦行政机关孜孜以求，公民诉讼就没有必要。其次，在公民诉讼过程中，公民不能提起损害赔偿，只能寻求禁令（Injunction）救济。虽然法院可以对违法行为者判处高达25 000美元的民事罚款（Civil Penalty），但这些罚款不是支付给公民诉讼原告，而是支付给美国财政部。最后，在公民诉讼之后，为了减少公民提起无理诉讼给法院、被告带来的滋扰，公民诉讼并未将律师费用的转移方局限于原告，而是使用“任何一方”的措词，肯定了被告将律师费用转移给原告的可能性，威慑滋扰性公民诉讼的提起，在实质上起到防止滥诉的安全阀功能。在使用上述措施减少案件数量之后，案件质量会得到改善，同时法官依据裁量权在具体案件中对“适当”“胜诉”标准进行解释。

3. 律师费用转移规则面临挑战

作为一种为保护公益而由私人实施的特殊制度，环境公益诉讼不可避免地兼具公、私不同属性。[3]为了防止公民利用环境公民诉讼制度谋取个人利益，国会明确表示提起公民诉讼的原告“没有经济利益希望”。[4]立法者认为，对于公民而言，由于不能提请损害赔偿，加上被法院认定为属于“虚妄的、滋扰性”诉讼而负担对方律师费用的可能性，就足以阻止任何不必要的诉讼。[5]但实践中，律师费用转移规则可能偏离立法者的设想，隐藏着一定的道德风险。有学者研究表明，20世纪80年代大多数公民诉讼的被告是作为违法者的公司，原告公民可以从被告给付的律师费用中获利是其起诉的重要

---

〔1〕 例如《清洁水法》规定：“①在原告发送指控违法的通知给环保局局长、违法行为所在州和被指控违反标准、限制或命令的违法者60日之前……则不得依据该法公民诉讼条款提起公民诉讼。但任何公民可基于其权利参加在美国法院提起的上述任何诉讼。”33 U.S.C. § 1365（1988）.

〔2〕 例如《清洁水法》规定：“如果环保局局长或州政府在联邦或州的法院已经开始或正在勤勉地进行一项旨在要求违法者遵守有关排污标准、限制或命令的民事或刑事诉讼，……则不得依据该法公民诉讼条款提起公民诉讼。”33 U.S.C. § 1365（1988）.

〔3〕 巩固：《大同小异抑或貌合神离？中美环境公益诉讼比较研究》，载《比较法研究》2017年第2期，第112页。

〔4〕 116 Cong. Rec. 33, 104（1970）（statement of Sen. Hart）.

〔5〕 116 Cong. Rec. 32, 902（1970）（statement of Sen. Muskie）.

原因之一。[1] 以 Student Public Interest Research Group of New Jersey, Inc. v. AT & T Bell Laboratories[2] 案件为例，联邦第三巡回法院认为，《清洁水法》要求按照“市场价格”（Market Rate）标准来计算律师费用，即使原告实际支付的律师费用大大低于市场价格。在本案中，被告负担原告的律师费用是以每小时 85 美元至 185 美元的价格计算，而不是按照原告实际支付给律师的每小时 60 美元至 80 美元的价格计算。这种律师费用转移数额远远超过了原告实际支付的律师费用，对于原告来说是有利可图的。

此外，由于环境公共利益是不特定多数人的普遍利益，具有广泛性和分散性，不可避免地夹杂着大量的利益冲突，公民原告律师的私人利益与公共利益冲突即是其中之一。在一般诉讼中，律师所代表的利益通常是协商确定的。但是，无组织、不确定人群的利益不易识别，导致律师主张的可能是个人利益或少数人的利益，而非应当代表的公共利益。对此，斯图尔特教授（Richard B. Stewart）在分析美国公益诉讼时就曾指出，在通常情况下，没有任何责任机制约束律师，以确保其忠实于自己声称要代表的、分散的利益。[3] 因此，律师费用转移规则存在着被滥用的可能性，如何在诉讼中合理有效地约束原告及律师，同样是该规则必须应对的挑战。

（二）律师费用转移规则的启示

美国公民诉讼律师转移规则的确立是基于特有的法律传统与法律文化，对律师费用转移规则的研究应当是动态的、辩证的，切不可片面集中于立法的宽泛表述而未对司法实践作细致考察就断章取义地置换到中国语境下理解。目前我国已经形成环境公益诉讼的基本制度框架，应当从不同角度构建激励机制，使环境公益诉讼制度从立法走向实践。

1. 明确律师费用转移的适用条件

通过对美国环境公民诉讼律师费用转移规则的立法规定及司法实践研究发现，该规则的法条规定较为简明，具体适用标准是在司法实践中逐渐明晰，这种方式需要大量的司法实践支撑，颇具英美法系传统。从我国情况来看，

---

〔1〕 Michael S. Greve, “The Private Enforcement of Environmental Law”, 65 *Tul. L. Rev.* 339, 356 (1990).

〔2〕 *Student Public Interest Research Group of New Jersey, Inc. v. AT & T Bell Laboratories*, 842 F.2d 1436, 1448 (3d Cir. 1988).

〔3〕 Richard B. Stewart, “The Reformation of American Administrative Law”, 88 *Harv. L. Rev.* 1669, 1765 (1975).

立法机关并未在法律中对环境公益诉讼律师费用进行规定，但随着司法实践的深入，关于环境公益诉讼律师费用的规定开始散见于司法解释中，并将被告负担原告律师费用圈定在“可以”与“合理”的范畴。例如，2015 年最高人民法院在《关于审理环境民事公益诉讼案件适用法律若干问题的解释》中第 22 条规定：“原告请求被告承担检验、鉴定费用，合理的律师费以及为诉讼支出的其他合理费用的，人民法院可以依法予以支持。”司法解释虽然规定了法院可以支持原告转移律师费用的请求，但并未明确其适用标准。

尽管不同案件具体案情不同，立法者基于司法实务考虑而不进行统一立法，但我国司法资源相对有限，不宜采取美国式的宽泛、模糊性规定。过于笼统的形式规定使得法院在处理律师费用问题时享有广泛裁量权，但也可能导致法官在审理案件时无从下手。在环境公益诉讼案件数量尚且有限的情况下，实践中已经因律师费用转移问题引发争议。〔1〕现阶段，最高人民法院可以通过发布司法解释、典型案例等方式，考虑诉讼所涉问题的复杂性、重要性以及原告在诉讼中的工作质量等，明确律师费用转移的适用标准，如“是否促进公共利益”“是否对法律目标的实现有实质性的贡献”等。这不仅有利于对当事人诉讼行为的引导，也有助于司法资源的节约，避免类似案件差别判决所引起的争议和矛盾。

2. 平衡原告起诉权与被告合法权益

即便是最为简单的环境公益诉讼案件，由于技术性强、举证困难等因素限制，也普遍面临诉讼成本高昂的现实困境。当前我国社会公益组织的经济来源主要依靠政府的财政资助拨款和社会慈善捐助，〔2〕其组织活动并不以营业性为目的，公益诉讼的经济负担能力有限。环境公益诉讼的激励机制是多方面的，律师费用转移便是其中之一。司法解释已经肯定了公益诉讼原告转移律师费用的可能性，并且律师费用转移为单向的，即只能从原告转移给被

〔1〕 例如，在全国首例大气污染公益诉讼案件中，法院虽然支持了原告的主要诉讼请求（赔偿环境损失 2198 万元），但对于律师费用 40 万元，法院以原告与律师仅订立委托合同，尚未实际交付为由，拒绝将原告的律师费用转移给被告支付。详见，《全国首例大气污染公益诉讼案宣判，企业被判赔偿 2198 万》，http://www.chinanews.com/sh/2016/07-20/7945677.shtml，最后访问日期：2018 年 6 月 1 日。

〔2〕 例如，截至 2016 年底，全国共有社会组织 70.2 万个，接收各类社会捐赠 786.7 亿元。详见《2016 年社会服务发展统计公报》，http://www.mca.gov.cn/article/sj/tjgb/201708/20170815005382.shtml，最后访问日期：2018 年 6 月 1 日。

告。对此，有学者认为这种安排基本合理，因为我国社会组织发展不足以及《民事诉讼法》对起诉资格的限制，律师费用单向转移不会增加滥诉风险。[1]这种观点表面合理，但环境法规不仅仅是为了消除污染，而且是平衡公共利益和私人利益的选择，律师费用的单向转移可能会打破这种平衡。单向转移的安排忽略环境事务的复杂性和环保组织的多元化，完全没有考虑滥诉问题，从长远来看造成的负面效应也是可以预见的。

此外，原告败诉时是否可以转移律师费用这个问题尚不明确。最高人民法院在《关于审理环境民事公益诉讼案件适用法律若干问题的解释》第33条第2款中规定："败诉或者部分败诉的原告申请减交或者免交诉讼费用的，人民法院应当依照《诉讼费用交纳办法》的规定，视原告的经济状况和案件的审理情况决定是否准许。"这是否意味着，对于完全败诉的原告，被告仍需要负担其律师费用？对此问题的回答需要回归到律师费用转移的目的上来。公益诉讼律师费用转移规则除了鼓励原告起诉外，还应当防范被告免受滋扰，其适用应当限定在特定范围内，遵循有限适用原则，不能矫枉过正。如果不区分败诉理由，原告的律师费用都由被告来负担，这可能导致对环境公益诉讼的不适当激励，一方面使法院不堪重负，另一方面也有违"公平"的法律理念。正是原告出于对败诉后需要负担自身律师费用的担忧，将那些虚妄的、滋扰性诉讼排除在法院大门之外，才能起到防止滥诉的安全阀功能。

3. 构建多元化环境公益保护体系

美国公民诉讼制度中律师费用转移规则的立法初衷是激励公民提起有益的诉讼，但由于缺乏有效约束原告及律师的机制，该规则可能会偏离立法初衷。可见，任何措施都会存在漏洞，即使是美国这样的法律制度发达的国家也不例外。环境公益保护由于其范围广泛、问题复杂等特点，不可能靠一两个机构、一两种渠道就能实现，而必须建立多元化的、整体和谐的保护体系。同时，从全局的角度出发，基于每一种渠道的特定价值（如效率、威慑力等）的区别，职能定位应该有所不同，充分发挥各自保护公益的优势。事实上，由于公共利益的高度不确定性，对其保护不宜简单地套用私益的最佳保护手段——司法保护机制。[2]与美国相比，我国行政主体拥有丰富的执法资源，其

---

〔1〕 高琪：《环境民事公益诉讼的律师费用转移负担规则：美国蓝本与中国借鉴》，载《中国地质大学学报（社会科学版）》2016年第6期，第24页。

〔2〕 章志远：《行政公益诉讼热的冷思考》，载《法学评论》2007年第1期，第21页。

执法能力无疑更为强大和完备，行政机关拥有专业设备、技术人员和检测网络，加之执法的强制性、持续性、主动性等特征，天然地具有判断、维护和促进公共利益的优势，使其能够对公共利益提供常态化的保护。

虽然我国法律赋予检察院公益诉讼起诉人身份，但检察院必须在第一顺位的机关和有关组织不提起诉讼时方可作为后顺位的诉讼主体行使公益诉权。可见，在环境公益诉讼主体顺位上，检察院是候补的。如何促使法律规定的机关和有关组织提起诉讼，使环境公益诉讼制度从理论走向现实，这是实现生态文明建设目标过程中值得深思的问题。对此，除了通过律师费用转移规则提供经济激励外，还应当通过保障公众环境信息知情权、环境决策参与权等途径，促使公民的参与作用得到充分发挥。例如，环境保护部（现为生态环境部）制定的《环境保护公众参与办法》对环境信息的披露和获取、公众参与环境保护公共事务的活动进行了详细规定。社会组织可以通过申请政府信息公开、参与行政程序等途径，促使行政机关履行职责。在行政机关不履行或不充分履行职责时，社会组织有必要自行提起公益诉讼或请求检察机关提起公益诉讼。

结论

公民诉讼制度作为美国环境法律的创新，无疑促进了行政机关积极履行职责，推动环境法规的良好实施。为了激励公民通过诉讼救济环境公共利益，律师费用转移规则成了合乎逻辑的选择，该规则承载着激励有益诉讼与抑制滥诉的重任。纵观美国公民诉讼律师费用转移规则的立法规定及司法实践可以发现，国会和法院的态度错综复杂，具体问题盘根错节。我国环境公益诉讼律师费用规则的构建要借助司法实践明确律师费用转移的适用条件，才能对滥用律师费用规则的现实有清醒认识，在激励原告起诉与保护被告合法权益间取得平衡。同时，环境公益保护不可能靠一两个机构、一两种渠道就能实现，必须建立多元化的公益保护体系。

（初审人：冯亦浓）

反就业年龄歧视法律制度研究

——以德国反就业年龄歧视的法律规制为启示

丁皖婧 *

摘　要：我国就业年龄歧视问题愈发严重，其主要原因在于反就业年龄歧视法律制度的不健全。德国《一般平等待遇法》，一方面实现了对欧盟反就业年龄歧视指令的转化，另一方面在其原有法律体系内构建了反就业年龄歧视的法律制度。该法明确了年龄歧视的构成要件、表现形式、阻却年龄歧视的合理化事由、有利于劳动者一方的证明规则，同时进一步细化了行政机构协助司法机关抵制就业歧视的职责。德国的立法理念、法律规制以及司法经验对于我国具有非常重要的借鉴意义。

关键词：年龄　就业歧视　法律规制

一、问题的提出

国家统计局 2016 年初发布的数据显示，截至 2015 年我国的劳动年龄人口呈下降趋势，我国已经无法逃脱

* 丁皖婧，中国政法大学司法文明协同创新中心 2016 级诉讼法学博士研究生，中国政法大学比较法学硕士，德国科隆大学法学院 LL. M、美国伊利诺伊大学厄巴纳—香槟分校联合培养博士（100088）。

进入老龄化社会的命运。[1]与此同时，我国就业领域的年龄歧视问题越来越严重，无论公务员行业还是非公务员行业，用人单位都在以直接或间接的方式将年龄设定为劳动者求职就业的门槛。有数据显示：在 2006 年至 2015 年期间，我国中央国家机关公务员招考过程中涉嫌存在年龄歧视的岗位占到总招考岗位的约 0.6%，这一数据看似占比较小，但这一数据没有把“制度性歧视”计入其中（35 岁的年龄上限），[2]这意味着除去 35 岁的报考年龄限制外，某些岗位在招考过程中还设置了特定的年龄条件，其造成的影响非常消极。[3]2005 年杨某建曾以中华人民共和国人事部（现更名为：中华人民共和国人力资源和社会保障部，以下简称“人社部”）拒绝 35 岁以上公民报考公务员构成年龄歧视为由将其诉至法院，[4]法院最终以案件不属于行政诉讼受案范围为由裁定不予受理。周伟教授于 2007 年对上海和成都两个城市 1995 年 -2005 年 10 年间 30 万份招聘广告进行调研，按照行业及工作性质对这 30 万份招聘广告中的年龄条件进行了归纳总结，大部分非公务员行业招聘人员时也会仿效公务员招聘条件，在无正当理由的情况下将 35 岁作为招聘的年龄

[1] 参见中华人民共和国国家统计局发布《2015 年国民经济运行稳中有进、稳中有好》，载中华人民共和国国家统计局官网，http://www.stats.gov.cn/tjsj/zxfb/201601/t20160119_1306083.html，最后访问日期：2018 年 10 月 9 日。“截至 2015 年年末，16 周岁以上至 60 周岁以下（不含 60 周岁）的劳动年龄人口 91 096 万人，比上年末减少 487 万人，占总人口的比重为 66.3%，较上一年占比又下降了 0.7 个百分点。”

[2] “所谓制度性歧视，是指国家人社部通过其发布的公务员招考条件中明确要求报考人员的年龄必须在 18 周岁至 35 周岁之间，这一制度性规定中的年龄歧视，称为制度性歧视。”（王理万、韩明生：《中央国家机关公务员招考就业歧视的十年观察》，载《反歧视评论》2016 年第 00 期，第 182 页。）

[3] 王理万、韩明生：《中央国家机关公务员招考就业歧视的十年观察》，载《反歧视评论》2016 年第 00 期，第 182 页。

[4] “案件概述：原告杨某建在 2005 年 10 月 20 日 -2005 年 10 月 25 日期间，按照被告人社部的报名程序，登录公务员报名系统进行报名，但由于其年龄不符合要求而被拒绝报考。原告认为，被告以其年龄不符合报考条件而拒绝其报名的行为属于具体行政行为，该具体行政行为违反了法律规定，侵犯了其平等就业权和劳动权。因此，原告向北京市第二中级人民法院（以下简称“北京市二中院”）提起行政诉讼，请求判决被告该具体行政行为违法。随后法院以诉讼请求不属于行政诉讼受案范围为由，裁定不予受理。杨某建对一审判决不服，遂向北京市高级人民法院（以下简称“北京市高院”）提起上诉，要求撤销一审裁定，依法受理。北京市高院经审查认为，根据《行政诉讼法》第 12 条的规定，国家公务员的招录考试报名条件的设置不属于法院行政诉讼的受案范围，故上诉人的上诉没有法律依据，对其诉讼请求不予支持。根据上述两审法院的做法可以推知，法院认为公务员招录行为不属于具体行政行为。”（周伟：《反歧视法研究立法、理论与案例》，法律出版社 2008 年版，第 325 页。）

上限。[1]上述案例暴露出我国当前年龄歧视的严重问题，而上述案件又无法在当前法律框架下寻求有效的救济，因此，我国迫切需要通过专门的反歧视立法来规制年龄歧视问题。虽然我国从未停止努力构建反就业歧视法律制度，但时至今日我国的反就业歧视法律也只是散见于《宪法》及几部单行法的规定当中，并未形成完整的反就业歧视法律体系。[2]

与我国的经历类似，德国的反就业歧视专门立法进程并不顺遂，经历了一个漫长而又挣扎的过程，经过激烈的争论终于在 2006 年通过《一般平等待遇法》（Allgemeines Gleichbehandlungsgesetz，以下简称“AGG”）。有学者指出，围绕这部法案的论战背后其实是“古典民法观念和现代民法的交锋”，反歧视法律体系的构建打破了传统以民法为核心的私法自治，是国家意志在公法与私法交叉领域干涉的一种具体体现。[3]我国法律体系的形成深受德国法的影响，同样存在劳动法与民法之间的观念冲突问题，这在我国《民法典》编纂的过程中尤为突出。[4]那么，在构建反就业年龄歧视法律体系时应当如何处理传统民法与劳动法之间这种观念冲突的问题？德国在解决这一问题时的做法与经验，对于我国在《民法典》实施过程中构建反就业年龄歧视法律制度有何借鉴意义？

本文首先论述我国当前反就业年龄歧视的法律规范及存在的主要问题。其次从欧盟及德国本国法两个层面，介绍德国以《一般平等待遇》为核心的反就业年龄歧视的法律规制及其救济体系。最后结合德国的经验及我国的问题，论述德国反就业年龄歧视的法律规制对我国的借鉴意义。

二、我国反就业年龄歧视的法律规制及存在的问题

我国自 1997 年起开始签署并加入国际人权公约，在国际层面承担起反对

---

〔1〕 周伟：《我国就业中年龄歧视的实证研究——以 1995 - 2005 年上海和成都两市 30 万份招聘广告为例》，载《政法论丛》2007 年第 3 期，第 19 页。

〔2〕 “2004 年，由来自北大、清华、中国社科院、政法大学等 24 名专家学者组成的‘反就业歧视研究课题组’，对反就业歧视立法进行了专门的研究。2009 年，课题组在网络上公布了由国内三十多名专家联合起草的《中华人民共和国反就业歧视法》（专家建议稿），引起了强烈的社会反响，并将草案提交给全国人大。”（王哲：《反就业歧视的立法思考》，载《天津行政学院学报》2013 年第 3 期，第 100 页。）

〔3〕 刘征峰：《从“反歧视原则”进入民事交易关系观察当代民法理念的革新》，载《法制与社会发展》2017 年第 1 期，第 52 页。

〔4〕 沈建峰：《劳动法作为特别私法——〈民法典〉制定背景下的劳动法定位》，载《中外法学》2017 年第 6 期，第 1507 页。

以及消除歧视的国家责任。[1]1958年国际劳工组织通过的《消除就业歧视和职业歧视公约》对于各国就业歧视的立法和理论研究起到了指引性的作用，我国在2006年1月12日批准了该公约，以专门消除就业领域的各项歧视。[2]

（一）我国反就业年龄歧视的实体法律规范

我国现行反就业歧视的相关法律规范零星散落在《宪法》、《劳动法》及《就业促进法》中。《宪法》第42条从基本权利的角度赋予了公民劳动权利，其中包含公民平等就业的权利。[3]《劳动法》第12条确立了就业平等原则。[4]《就业促进法》延续了《劳动法》的平等就业原则，并在第3条列举了几种就业歧视的原因。[5]除此之外，《就业促进法》第25条及第26条的规定明确了各级政府及用人单位应当承担的消除就业歧视的义务。为了消除性别歧视，除《劳动法》及《就业促进法》之外，还有保护女性的单行法规及行政法规。但是，我国法律中并没有关于禁止年龄歧视的规定，主要表现在：缺乏明确的判定标准、欠缺合理的抗辩事由、缺少针对不同行业中歧视行为的规治。

（二）我国反就业年龄歧视的救济制度

我国在解决就业歧视问题上，基本依靠行政和司法两个手段。行政救济手段方面，《就业促进法》规定各级人民政府应当为公民创造公平的就业环境，并应当制定反就业歧视政策。但是，我国没有类似德国联邦反歧视署的专业机构针对反就业年龄歧视开展宣传、普法、调解等工作。另外，就业年龄歧视行为发生后，没有专业的行政部门进行调解，导致就业年龄歧视争议或被搁置，或直接涌向法院。司法救济方面，按照我国目前《行政诉讼法》

---

〔1〕“我国先后签署生效的反对及消除歧视公约包括：《经济、社会及文化权利国际公约》《消除一切形式种族歧视国际公约》《消除对妇女一切形式歧视公约》《男女公认同工同酬公约》《就业政策公约》。”（王理万、韩明生：《中央国家机关公务员招考就业歧视的十年观察》，载《反歧视评论》2016年第00期，第169－170页。）

〔2〕林燕玲：《批准和实施〈1958年消除就业和职业歧视公约〉对中国社会的影响》，载《中国劳动关系学院学报》2006年第2期，第102页。

〔3〕《宪法》第42条第1款：中华人民共和国公民有劳动的权利和义务。

〔4〕《劳动法》第12条：劳动者就业，不因民族、种族、性别、宗教信仰不同而受歧视。

〔5〕《就业促进法》第3条：劳动者依法享有平等就业和自主择业的权利。劳动者就业，不因民族、种族、性别、宗教信仰等不同而受歧视。第25条：各级人民政府创造公平就业的环境，消除就业歧视，制定政策并采取措施对就业困难人员给予扶持和援助。第26条：用人单位招用人员、职业中介机构从事职业中介活动，应当向劳动者提供平等的就业机会和公平的就业条件，不得实施就业歧视。

的受案范围，公务员行业的就业年龄歧视无法通过诉讼解决。非公务员行业的就业年龄歧视问题也不能直接按照劳动争议案件进行处理，而必须转化为侵权之诉进行受理。但是普通民事争议的证据规则加大了求职者的诉讼难度，不利于当事人通过诉讼来解决争议。

（三）我国反就业年龄歧视法律体系存在的问题

综上所述，我国反就业年龄歧视法律制度存在的主要问题是缺少实体法律依据及配套的救济制度。以杨某建诉人社部年龄歧视案为例，通过对不同诉讼路径的分析可以发现，原告与人社部之间的争议不属于因履行聘任制合同而发生的争议，因而不属于劳动人事争议仲裁委员会的管辖范围。而因为原告还未与被告建立劳动关系，也不属于《就业促进法》所调整的“劳动者”。因此，在实体法层面上，原告不能援引《就业促进法》来进行劳动争议诉讼。就业歧视的外在表现似乎符合侵权行为的构成要件，但是《侵权责任法》调整的是私法领域的侵权行为，而国家人社部属于行政主体，不属于民法所调整的领域。因此，原告也不能援引《侵权责任法》进行诉讼。从本案延伸到整个公务员行业，就业年龄歧视都会出现诉讼困难的问题。

从司法审判的经验来看，非公务员行业的就业年龄歧视可以通过民事争议的方式得到解决。例如，就业性别歧视案通常会按照一般人格权的侵权案件进行受理裁判。法院认定，用人单位侵犯劳动者的平等就业权等同于侵犯了劳动者的一般人格权，从而判定用人单位构成就业歧视，并且按照《侵权责任法》的规定对劳动者进行赔偿。[1]但是，法院并没有对平等就业权与一般人格权之间的异同进行论证。一方面，如若严格按照一般人格权的案件进行裁判，还应当就一般人格权的范围做明确的说明，这会加大法律解释的难度，进而加大裁判的难度，会使法律适用变得混乱。另一方面，民事争议的证明责任要求“谁主张，谁举证”，这增加了求职者的证明难度。因此，不能简单推论，任何就业歧视的案件都可以按照侵犯一般人格权的案件来处理。由此可以推论，除了缺少实体法律规范，就业年龄歧视即使进入诉讼程序，也面临着证明责任分配不适当的困难，无法获得司法救济。

三、德国反就业年龄歧视的法律规制及救济体系

（一）德国反就业年龄歧视的立法概况

德国反就业歧视的法律规制体系的形成，从其社会背景来看经历了一个

---

〔1〕（2015）浙杭民终字第101号。

“自上而下”的进程，这种“自上而下”的进程主要表现在德国的反就业歧视的立法动因并非仅仅来源于其自身的社会问题或法律体系，而是来自于对欧盟指令转化的成员国义务。[1]因此，考察德国反就业年龄歧视的法律规制，应当从欧盟和德国两个层面的立法概况予以考量。

1. 欧盟层面的立法趋势

欧盟内部劳动力的自由流动，使欧盟成员国及第三国的劳动者更容易遇到基于国籍、语言、性别、身份等产生的就业歧视问题。为了消除就业歧视，以《里斯本条约》为核心的欧盟法要求各成员国将消除歧视应用到各国立法及实践中。[2]为了避免成员国在转化过程中规避消除歧视的义务，欧盟于《第 2000/78/EC 号指令》中对歧视的种类进行了详尽的划分，以便更彻底地消除歧视。《第 2000/78/EC 号指令》作为指导性文件，为各成员国做出了指导性的规范，该指令具有四个重要特点。

一是区分就业歧视与正当差别待遇：根据《第 2000/78/EC 号指令》第一编第 6 条的规定，基于年龄的差别待遇具有正当性，成员国可以在其国内法中规定，基于年龄理由的正当差别待遇不构成歧视。但是，这些差别待遇必须要有合法合理的目标，且行为手段必须要合理适当。例如，为保护未成年人的人身安全而设置的入职最低年龄。二是规定最低保护限度：由于各成员国之间的差异，欧盟的立法无法细致规定反就业歧视措施。因此，它只有发出号召以及设定最低限度的义务，并且要求成员国不得低于它所设定的最低义务标准来履行义务。三是强调年龄的正当差别待遇：欧盟格外关注和强调对不同年龄段的劳动者进行保护，包括对未成年与老年劳动者的保护。1994 年 6 月 22 日欧盟理事会通过的《关于年轻工人保护的第 94/33/EC 号指令》（以下简称“《第 94/33/EC 号指令》”），[3]旨在禁止雇佣童工并且保证年轻工人的各项权利。《第 2000/78/EC 号指令》在第 6 条进一步细化了对老年劳动者的正当差别待遇。成员国可基于对劳动者的保护，对不同年龄段的劳动者进行正当的差别待遇，但必须注意合理目的及适当的手段。这一点，在轰动

---

〔1〕 娄宇：《德国法上就业歧视的抗辩事由——兼论对我国的启示》，载《清华法学》2014 年第 4 期，第 60 页。

〔2〕 See *Treaty of Lisbon Amending the Treaty on European Union and the Treaty Establishing the European Community*, signed at Lisbon, 13 December 2007, OJ C306, Dec. 17, 2007.

〔3〕 See *Council Directive 94/33/EC on the Protection of Young People at Work*, OJ L 216, Aug. 20, 1994, pp. 12 – 20.

一时的曼戈德诉黑尔姆固定期限劳动合同违背欧盟禁止年龄歧视原则案中有所体现。[1]本案中，欧盟法院的答复说明，成员国为了实施年龄保护而进行的正当差别待遇必须同时符合目的合理性及手段适当性。该案体现出判定基于年龄做出的差别待遇是判断是否构成就业年龄歧视的关键性要素，不仅要考察其差别待遇是否具有合法目的，还要考察其手段是否合理适度。四是重视司法救济，《第2000/78/EC号指令》第二章第9条特别规定了详尽的司法补救措施以帮助求职者或雇员寻求年龄歧视的司法救济。

2. 德国对欧盟法的转化及其立法

《德意志联邦共和国基本法》（Grundgesetz，以下简称"《基本法》"）第12条赋予了所有德国人自由选择职业的权利。[2]《基本法》赋予了公民自由选择职业的权利，因此，基本法位阶之下的所有法律都应当在基本法精神之下保障公民自由选择职业的权利。依据《基本法》第93条第4a款的规定，[3]若公民在本法第12条项下的基本权利遭受侵害时，其可在穷尽一切其他救济手段之后，向联邦宪法法院提起违宪之诉。2006年8月18日，为了实现对欧盟关于消除就业与职业年龄歧视的《第2000/78/EC号指令》的转化，并且迫于欧洲法院判决的压力，[4]德国颁布实施了《一般平等待遇法》（AGG），并于2013年4月3日做了最新的修改，本法第15条是一切因遭受就业歧视请求损

[1] 在本案中，单从年龄保护的角度看，德国国内法为年老的劳动者设置的最低工作年龄从58岁降低到了52岁。根据德国国内法的相关规定，这个最低年龄事实上是雇主可以与年老劳动者签订固定期限劳动合同的最低年龄。欧盟法院据此认为，德国这一立法规定使得年龄事实上构成了用人单位与劳动者签订固定期限劳动合同的唯一标准。虽然其保护年老劳动者这一目的具有合理性，但是手段不具有适当性。（高仰光、薛蓓蓓：《曼戈德诉黑尔姆固定期限劳动合同违背欧盟禁止年龄歧视原则案》，载《中国审判》2007年第2期，第70页。）

[2] Vgl. Grundgesetz für die Bundesrepublik Deutschland, Deutscher Bundestag, 23. Mai. 1949. GG §12: ① Alle Deutschen haben das Recht, Beruf, Arbeitsplatz und Ausbildungsstätte frei zu wählen. Die Berufsausübung kann durch Gesetz oder auf Grund eines Gesetzes geregelt werden. ②Niemand darf zu einer bestimmten Arbeit gezwungen werden, außer im Rahmen einer herkömmlichen allgemeinen, für alle gleichen öffentlichen Dienstleistungspflicht. ③Zwangsarbeit ist nur bei einer gerichtlich angeordneten Freiheitsentziehung zulässig.

[3] Vgl. GG §93: 4a über Verfassungsbeschwerden, die von jedermann mit der Behauptung erhoben werden können, durch die öffentliche Gewalt in einem seiner Grundrechte oder in einem seiner in Artikel 20 Abs. 4, 33, 38, 101, 103 und 104 enthaltenen Rechte verletzt zu sein.

[4] 刘征峰：《从"反歧视原则"进入民事交易关系观察当代民法理念的革新》，载《法制与社会发展》2017年第1期，第52页。

害赔偿的请求权基础。[1]

（二）德国反就业年龄歧视的具体法律规制

1. 适用 AGG 时的具体问题

（1）求职者是否可以适用 AGG。AGG 第 6 条针对可以适用本法的人员做出了详细的规定，从而避免遗漏需要保护的对象。第 6 条第 2 款指出：本法也适用于希望建立一段雇佣关系的求职者。[2]该规定将求职者纳入了 AGG 的保护范围，避免了因不具备雇员身份而无法适用 AGG 的难题，如此，求职者在遭受就业歧视时可以直接援引本法提起诉讼。

（2）以工作经验为招聘条件的合理性。工作经验是一项极为常见的招聘条件，雇主会在招聘时直接表达关于工作经验的招聘意愿，工作经验与年龄之间的密切联系致使其成为潜在的年龄歧视诱因。对于工作经验的要求往往并不直接表述为对年龄的要求，因此由于工作经验要求而引发的就业年龄歧视通常归属间接歧视。[3]

在德国联邦劳动法院 2009 年 8 月 18 日做出的判决中，[4]雇主希望在其内部按照工资等级划分出的组别内部招聘新的售货员。招聘广告没有直接涉及年龄要求，也没有对工作经验的相关要求。但经法院查明，该雇主内部的雇员工资等级小组的划分依据为工作经验，其招聘广告所列工资等级小组指向的是具有 0 至 2 年工作经验的特定人群，这一招聘条件在没有正当理由的情况下，排除了有两年以上工作经验的员工，构成间接歧视。该案表明，工作经验这类表面中立的言语表述有可能构成间接的年龄歧视。因此，德国法院对招聘广告中类似工作经验的招聘条件均进行实质法律解释以判定其合理性。

---

〔1〕 Vgl. Jobst-Hubertus Bauer/Steffen Krieger, Allgemeines Gleichbehandlungsgesetz, 4. Aufl. 2015, Verlag C. H. Beck München, S. 240. §15: ①Bei einem Verstoß gegen das Benachteiligungsverbot ist der Arbeitgeber verpflichtet, den hierdurch entstandenen Schaden zu ersetzen. Dies gilt nicht, wenn der Arbeitgeber die Pflichtverletzung nicht zu vertreten hat.

〔2〕 Vgl. AGG §6: Als Beschäftigte gelten auch die Bewerberinnen und Bewerber für ein Beschäftigungsverhältnis sowie die Personen, deren Beschäftigungsverhältnis beendet ist.

〔3〕 Vgl. Rudi Müller-Glöge/ Ulrich Preis/ Ingrid Schmidt, Erfurter Kommentar zum Arbeitsrecht, 15. Aufl. 2015, Verlag C. H. Beck München, S. 284.

〔4〕 Vgl. BAG, Beschluss vom 18. August. 2009, Innerbetriebliche Stellenausschreibung mittelbare Benachteiligung wegen des Alters Unterlassungsanspruch des Betriebsrats, NZA 2010, S. 222.

2. 就业年龄歧视的表现形式

根据 AGG 第 3 条第 1 款的规定,[1]直接歧视的构成要件包括：不利的差别待遇行为以及可比性情况，当不具备可比性情况时则不存在歧视。德国联邦劳动法院曾因缺少可比性情况而判定不构成直接歧视,[2]该案中的雇主(被告)在其招聘信息中载明招聘年龄 25 至 35 岁之间的雇员，联邦劳动法院认为，这一招聘信息将所有人分割成为两大群体，一是处于 25 岁至 35 岁之间的人群，二是为上述年龄区间以外的另一群体，雇主的行为构成了对这两个群体的差别待遇，有可能会使被排除人群的平等就业权利遭受不利影响，因此成立差别待遇行为。在同等条件下，如果年龄在 25 岁至 35 岁之间的群体由于年龄符合雇主招聘标准而受到录用，而在此年龄区间之外的人因年龄不满足该条件没有受到录用，那么可以认定这两大群体处于可比性的情境之下。本案中由于雇主最终没有招聘任何人，也就意味着在本案中，没有人因所设置的年龄条件而获利，相对的也就没有人因此而不利，所以上述两大群体不具有可比性，法院由此判定不在招聘年龄区间的群体就业权利没有遭受损害或将要遭到损害。因此，雇主的招聘行为由于缺乏具有可比性情况的构成要件，而不成立直接歧视。

根据 AGG 第 3 条第 2 款的规定,[3]间接歧视的表述载体表现出了中立或客观性，并且造成了可比性情境，与直接歧视不同的是，由于设定了一些中立性的条件，招聘主体需要对这些设定条件进行合法性及合理性的证明，且设定条件与所希望达到的目标之间符合比例性原则。

这里引入科隆地方劳动法院做出的一个判决予以佐证。[4]一家律师事务

---

[1] Vgl. AGG §3: ① Eine unmittelbare Benachteiligung liegt vor, wenn eine Person wegen eines in § 1 genannten Grundes eine weniger günstige Behandlung erfährt, als eine andere Person in einer vergleichbaren Situation erfährt, erfahren hat oder erfahren würde. Eine unmittelbare Benachteiligung wegen des Geschlechts liegt in Bezug auf § 2 Abs. 1 Nr. 1 bis 4 auch im Falle einer ungünstigeren Behandlung einer Frau wegen Schwangerschaft oder Mutterschaft vor.

[2] Vgl. BAG, Urteil vom 23. August. 2012, Bewerber Benachteiligung Alter, NZA 2013, S. 37.

[3] Vgl. AGG §3: ② Eine mittelbare Benachteiligung liegt vor, wenn dem Anschein nach neutrale Vorschriften, Kriterien oder Verfahren Personen wegen eines in §1 genannten Grundes gegenüber anderen Personen in besonderer Weise benachteiligen können, es sei denn, die betreffenden Vorschriften, Kriterien oder Verfahren sind durch ein rechtmäßiges Ziel sachlich gerechtfertigt und die Mittel sind zur Erreichung dieses Ziels angemessen und erforderlich.

[4] Vgl. LG Köln, Urteil vom 20. 11. 2013, Mittelbare Benachteiligung wegen des Alters bei Stellenausschreibung Bestenauslese in der Privatwirtschaft, 5 Sa 317/13 - juris.

所在自己的招聘信息中载明，招聘一位具有 0 至 2 年工作经验的劳动法律师，通过国家司法考试并且分数要超过当地平均分。一位女性求职者参加应聘未予录用。该求职者认为，律所不予录用的行为构成了年龄歧视，遂向法院提起诉讼，要求律所赔偿因年龄歧视对她造成的损害。该律所辩称，之所以不雇用这位求职者的原因并不在于她的年龄不符合要求，而在于她的司法考试成绩没有达到超过当地平均分的要求。法院审理认为，本案的争议焦点在于，律所是否拥有合理化事由，来证明其招聘需求是合法及合理的。法院最终判定本案不成立间接歧视，因为律所不雇用该求职者的原因是该求职者司法考试成绩并未超过当地平均分。根据 AGG 第 8 条第 1 款的规定，当某一差别待遇对于职业要求是关键且具有决定性的时候，那么这项差别待遇是合理的。由于该求职者的司法考试分数过低，不符合该律所的职业要求，因此不能被雇用。本案说明，当雇主能够通过一个法律认可的合法目标来证明其所设置的招聘条件具有合法性，并且这一条件与其所希望达到的目的之间符合比例性原则，那么雇主所设置的招聘条件不构成间接歧视。

3. 就业年龄差别待遇的合理化理由

年龄歧视作为一种构成要件极为复杂且难以判断的歧视类型，其复杂性主要体现在合理化抗辩事由的运用上。所谓合理化事由，是指该差别待遇具有合法的目标并且该差别待遇具有必要性，其手段与目的符合比例原则，合理化事由是判定歧视是否存在的重要构成要件。AGG 第 8 条是合理化事由的一般性规定，第 10 条第 1 款至第 3 款是关于就业年龄歧视的特殊规定。

（1）合理化事由的重要特点。首先，合理化事由应当具有合法的目标。《第 2000/78/EC 号指令》第 6 条并未对合法目标的具体内涵予以界定，而是对合法目标所需要服务的范围做出了规定。因此，合法目标本身并不指向具体的概念，而是一个范围，〔1〕即成员国内部法律中合法的就业政策、劳动力市场和职业培训目标。

其次，差别待遇行为需要通过客观、合理及必要的手段予以实现。根据 AGG 第 10 条第 1 款，基于年龄的差别待遇行为首先应当是为了实现合法的目

〔1〕 Vgl. Christiane Brors, Wann ist eine Altersdiskriminierung nach der Rechtsprechung des EuGH gerechtfertigt? RdA 2012, S. 346.

标，其次是在所能够采取的手段当中属最温和的一种。[1]

最后，合法目标和客观、合理及必要的手段应当具体案件具体分析。在雇主按照工资划分等级进行内部招聘的案件中，[2] 雇主的目的是通过在雇佣条件中设置年龄条件来调节及平衡企业内部的年龄结构并且控制人力花费，这一目标即属于企业的利益。在判定该行为是否客观、合理及必要时，法院认为，即使雇主聘用了该招聘条件以外的雇员，也不会对其企业内部的年龄结构造成影响，且并不会对其人力成本造成过度浪费，即雇主所设置的这一招聘条件并不具有必要性。因此，法院认为雇主设置招聘年龄条件的行为并不合理，该差别待遇因缺乏合理化事由构成间接年龄歧视。与之相反，在律所设定工作经验要求及司法考试成绩招聘劳动法律师的案件中，法院认可律所为节省其人力花费的目标符合 AGG 第 10 条第 1 款所述的合法目标。在认定该行为的合理性及必要性时，法院认为只有当律所为具有多于 2 年工作经验的人支付更多的工资时，方能认可其所设置的年龄条件是合理的。因为在这种情况下，工作经验和工作量具有直接联系，多年的工作经验对应更多的工作任务。[3] 也就是说，如果雇用 0 至 2 年工作经验的员工，那么律所可支付相对较少的劳动报酬，进而达到其节省人力花费的合法目标。法院认为这样的关系是合理的，因此律所实施的年龄差别待遇具有正当性，构成排除就业年龄歧视的合理化事由。

（2）关于年龄的具体合理化事由。AGG 第 10 条规定了 6 项具体的基于年龄实施差别待遇的合理化事由，其中第 1 款至第 3 款与就业招聘阶段的年龄歧视有紧密的关系。

需要注意的是，根据第 10 条第 2 款及第 3 款的规定，招聘主体可以对就业年龄设置最低年龄标准和最高年龄标准。原因在于：其一，在某些特定职业领域，由于其行业本身与求职者的身体及精神能力紧密相关，而身体能力及反应能力等精神要素都受到生理年龄的影响。因此，有必要对其设定一个最低或最高标准，以保护年长者的身体健康。这类行业的代表性职业如警察、

---

〔1〕 Vgl. Klaus Hümmerich/ Winfried Boecken/ Franz Josef Düwell, AnwaltKommentar Arbeitsrecht Band1, 1. Aufl. 2008, Verlag Deutscher Anwaltverlag, S. 78.

〔2〕 Vgl. BAG, Beschluss vom 18. August. 2009, Innerbetriebliche Stellenausschreibung mittelbare Benachteiligung wegen des Alters Unterlassungsanspruch des Betriebsrats, NZA 2010, S. 222.

〔3〕 Vgl. LG Köln, Urteil vom 20. 11. 2013, Mittelbare Benachteiligung wegen des Alters bei Stellenausschreibung Bestenauslese in der Privatwirtschaft, 5 Sa 317/13 - juris, S. 8.

消防员。其二，一些特殊行业由于其关乎对第三人的保护，因此，对其年龄也必须要有特殊的要求，例如飞行员。[1]最高年龄限制是目前德国劳动法所面临的最新问题。[2]法律之所以对于最高年龄界限没有完全否定，也是因为在某些特定的工作领域，其工作内容与身体能力有直接关系，即要求生理及心理上的承受能力。

针对上述三个特殊行业中可能存在的就业年龄歧视现象及其特殊的合理化事由，欧盟法院、联邦劳动法院及联邦行政法院分别对此做出过三个具有代表性的判决。在沃尔夫先生诉法兰克福市年龄歧视一案中，[3]法兰克福市拒绝了沃尔夫先生对中级消防员技术岗位的求职申请，原因是沃尔夫先生超过了该职位所设置的 30 岁的年龄条件。联邦劳动法院于 2012 年判决的警察最高年龄限制案件中，[4]原告出生于 1967 年，被告现需要为其特殊行动小组招聘队员，并规定应聘者年龄不得超过 42 周岁。由于当时原告的年龄已经超出 42 周岁，因此原告没有被录取。这两个案件的共同点在于：雇主在其招聘条件中都设置了招聘的最高年龄，虽然消防员和警察是两个不同的职业，但是，这两个职业的特点是都与求职者的身体能力有紧密的关系。根据 AGG 第 10 条第 3 款的规定，如果设置最高年龄是合理且必要的，那么法律允许雇主基于身体能力的因素设置最高年龄作为招录条件。这两个案例当中雇主实施差别待遇的合法目标是，希望能够确保该职业发挥其保护第三人及公共利益的功能。消防员和警察的职业功能带有紧急性的特点，比如，消防员需要在火灾发生时尽快灭火，警察需要在紧急情况下追捕罪犯等。这些都需要消防员和警察在尽可能短的时间内，迅速做出脑力和体力上的反应。因此，这两个案例的关键点在于，基于对身体能力的考量而设置最高年龄的条件是否是合理且必要的，即年龄在该特殊职业的招聘当中是否具有决定性的影响。欧盟最高法院认为，“首先，只有当对身体能力的要求对该职业具有实质性及决

---

〔1〕 Vgl. Klaus Adomeit/Jochen Mohr, Kommentar zum AGG und zu anderen Diskriminierungsverboten, 2. überarbeitete Aufl. 2011, Verlag Boorberg München, S. 540.

〔2〕 Vgl. Anja Stümper, Aktuelle Fragen der Altersdiskriminierung, öAT 2015, S. 72.

〔3〕 Vgl. EuGH, Urteil vom 12. Januar. 2010, Vorabentscheidungsersuchen zur Auslegung des Art. 4 Abs. 1 EGRL 78/2000 Altersgrenze für Einstellung von Beamten der Feuerwehrlaufbahn, C-229/08, juris.

〔4〕 Vgl. BVerwG, Beschluss vom 20. Februar. 2012, Altersgrenze für Polizeibeamte im Spezialeinsatzkommando Nachweis, dass ein bestimmtes Alter eine wesentliche und entscheidende berufliche Anforderung darstellt, NZA, 2011, S. 75.

定性的影响时，这种对身体能力的要求才是必要的。其次，需要考量年龄和身体能力之间是否有必然的联系。欧盟最高法院援引德国政府曾经出示的一组劳动及运动医学调查的科学数据，该数据显示，人的肺部功能和肌肉的抗压能力都会随着年龄的增长而减弱，在对从事消防工作的公务人员进行的调查中，只有极少数45周岁以上的公务人员具有与从事灭火工作相匹配的身体能力”。[1]由此，年龄限制对于该职业是实质性和决定性的要求。欧盟法院认为，在沃尔夫先生诉法兰克福市年龄歧视一案中，由于符合《第2000/78/EC号指令》第4条第1款规定的情况，对消防员职业所设置的年龄条件是法律所允许的。[2]

4. 就业年龄歧视的证明责任

出于对求职者的法律保护，AGG第22条规定遭受就业歧视的权利主体只需要证明存在发生或可推测发生歧视的事实，而雇主需要就其所实施的行为没有违背禁止歧视的规定承担证明责任。[3]这一证明责任的分配要求雇主承担起对其行为进行正当化解释的义务。

5. 就业年龄歧视的救济机构

德国就业歧视的救济机构分为行政救济机构和司法救济机构。其一，行政救济机构指联邦反歧视局。根据AGG第27条的规定，任何人认为自己遭受由于本法第1条引发的就业歧视时，均可以向反歧视局求助。反歧视局可以尽其所能寻求双方的和解。此外，联邦反歧视局还具有发布通知反歧视的相关法律规定的职责，以帮助雇主和雇员了解反歧视法律。其二，司法救济机构指德国劳动法院。根据《德国劳动法院法》第2条之规定，劳动法院对于与劳动关系相关的非法行为引发的争议具有专属管辖权。[4]《德国劳动法院法》将公务员排除出了雇员这一概念，因此劳动法院对于公务员的就业歧视

---

〔1〕 Vgl. EuGH, Urteil vom 12. Januar. 2010, Vorabentscheidungsersuchen zur Auslegung des Art. 4 Abs. 1 EGRL 78/2000 Altersgrenze für Einstellung von Beamten der Feuerwehrlaufbahn, C－229/08, juris, S. 10.

〔2〕《2000/78/EC号指令》第4条第1款：尽管有第2条第1款和第2款之规定，成员国可规定，倘若目标合理且要求适当，特定职业活动相关性质或其进行职业活动的背景构成真实的、决定性的职业要求，基于与第1条载明之任何原因有关的特征的待遇差别不构成歧视。

〔3〕 Vgl. AGG §22: Wenn im Streitfall die eine Partei Indizien beweist, die eine Benachteiligung wegen eines in § 1 genannten Grundes vermuten lassen, trägt die andere Partei die Beweislast dafür, dass kein Verstoß gegen die Bestimmungen zum Schutz vor Benachteiligung vorgelegen hat.

〔4〕 Vgl. Arbeitsgerichtsgesetz, Deutscher Bundestag, 03. Sep. 1953.

案件不具有管辖权。根据《德国行政法院法》的规定，行政法院就行政机关所做的具体行政行为具有管辖权，行政初审法院审理一切与行政诉讼有关的争议，对于公共行业的求职者可以 AGG 第 15 条作为请求权基础向行政法院提起就业歧视诉讼。[1]此外，如若权利人穷尽一切救济手段认为他/她的权利仍不能得到合法救济，则权利人可依据《德国基本法》第 93 条 4a 款提出违宪之诉。

结论：德国反就业年龄歧视的法律规制对我国的启示

我国的反就业歧视立法一直处在缓慢的进程中，先后有学者就反就业歧视立法提供意见稿，但我国尚未出现一部专门的《反就业歧视法》。[2]通过对我国相关问题的分析以及对德国相关制度的分析，可以发现我国在反就业歧视的立法理念上与德国的立法理念相同，都是为了实现全民平等就业。从立法技术上，我国长久以来深受德国法的影响，法律条文尽量以高度概括性的语言表述。从救济机构上，我国同德国均以行政机构与司法机构共同为当事人提供反就业歧视的救济。由此，德国反就业年龄歧视的法律规制对于我国的借鉴意义主要表现在专门立法及救济制度两个方面。

（一）推进反就业年龄歧视的专门立法

就业年龄问题是就业歧视问题的一个分支，若要彻底解决我国就业年龄歧视的问题，就要从根本上建立起我国的反就业歧视法律制度。针对我国目前缺少就业歧视实体法律规范这一问题，应当通过以下三个方面予以改进。

第一，明确就业歧视概念。德国《一般平等待遇法》列举的歧视原因有：种族、出身、性别、宗教或世界观、残障、年龄及性取向等。我国法律所列举的歧视原因只是最为常见的四大类，不包含年龄。导致基于年龄实施的歧视行为很难依据法律被判定为就业歧视，进而造成就业年龄歧视案件屡增不减。但现有的《反就业歧视法专家建议稿》中对就业歧视的种类进行了较为全面的列举，不仅包括常见的性别、身体健康等歧视原因，也包含我国比较特有的户籍歧视，同时囊括了年龄歧视。[3]这种列举式的立法规定与德国的

---

〔1〕 Vgl. Gesetz über das Bundesverfassungsgericht, Deutscher Bundestag, 12. März. 1951.

〔2〕 关于反就业歧视立法的专家意见参见蔡定剑、刘小楠主编：《反就业歧视法专家建议稿及海外经验》，社会科学文献出版社 2010 年版。周伟：《中华人民共和国反歧视法学术建议稿》，载《河北法学》2007 年第 6 期。

〔3〕 蔡定剑、刘小楠主编：《反就业歧视法专家建议稿及海外经验》，社会科学文献出版社 2010 年版，第 11 页。

立法方式相同，这种立法方式能够使就业歧视的概念更为明确清晰地为大众所知。

第二，明确就业年龄歧视的判定标准。德国就业歧视的判定条件采用侵权行为的判定标准，并加入合理化事由作为判定歧视行为的重要构成要件。与构成要件相对应，德国以 AGG 第 15 条作为就业歧视损害赔偿的请求权基础，这一规定维护了德国法以请求权基础为基石的民法体系。这一点与我国在《民法典》背景下构建反就业歧视法律体系有极大的相通之处，由此我国也应当从以下六个方面明确就业年龄歧视的构成要件。其一，存在基于年龄实施的差别待遇行为；其二，该差别待遇行为由特定主体实施；其三，差别待遇行为使得各就业权权利主体之间具有可比性情形；其四，就业权权利主体由于该差别待遇行为的实施，权益受到或一定会受到损害；其五，就业权权利主体权益受损与差别待遇行为的实施具有直接或间接的因果关系；其六，该差别待遇行为不具有合理化事由，合理化事由应当作为反歧视法律规制的核心部分，年龄歧视产生的原因可能与公共政策等社会因素有关，更应当重视年龄歧视行为中合理化事由的判定。[1]

第三，扩大反就业年龄歧视法律的保护范围。通过前文的分析可知，我国在解决就业歧视引发的争议时，会遇到因当事人行业特性而引发的法院管辖问题，这一问题产生的原因，一方面是由于实体法律的缺失，另一方面也受到民法与行政法严格分工的影响。德国无法依据传统民法及劳动法律来解决公务员求职者的就业歧视争议，AGG 将公务员行业的就业歧视更加明确得划分给行政法院受理。与此同时，AGG 为所有权利人提供了统一的请求权基础，在保证法律分工的同时也确保了就业歧视案件审判依据的统一。这一做法对我国具有重要的启示作用，如前文所述，在我国，公务员与非公务员的就业歧视争议无法简单全部归入民事审判庭或行政审判庭来受理，并且民事诉讼程序与行政诉讼程序也无法依据相同的实体法基础来解决就业歧视争议。我国与德国同样严格划分法院在民事争议与行政争议的管辖权限，为了能够保证民事诉讼与行政诉讼互不干涉，同时又能保证就业歧视争议的统一实体法依据，我国完全可以借鉴德国的经验建立一部单独的反就业歧视法。与

---

〔1〕 娄宇：《德国法上就业歧视的抗辩事由——兼论对我国的启示》，载《清华法学》2014 年第 4 期，第 66 页。

《劳动法》及《劳动合同法》不同，反就业歧视法律所调整的范围应当更宽。[1]从我国现有的法律体系来看，《劳动法》及其相关法律规范重在调整劳动关系，规范用人单位与劳动者之间的法律关系。《行政法》、《公务员法》及相关法律规范重在调整行政法律关系。因此，将两大行业的就业歧视行为放在同一部法律中进行规范具有可行性，同时有利于更加全面地预防就业歧视的发生。

（二）构建反就业年龄歧视的法律救济制度

1. 完善反就业年龄歧视的司法救济制度

建立一套新的就业年龄歧视诉讼程序既无可行性也无必要性，完善就业年龄歧视的诉讼程序，应当通过优化现有的诉讼程序来进行。针对就业年龄歧视案件的诉讼程序，主要有以下两点需要进行完善。

第一，要明确法院对就业年龄歧视案件的管辖权，尤其是公务员行业的年龄歧视案件管辖。我国《行政诉讼法》的受案范围仅指行政机关做出的具体行政行为，德国亦然。二者的差别在于，行政机关在招聘过程中实施的就业歧视行为是否可以被认定为具体行政行为，从德国的司法实践来看，这一答案是肯定的。根据我国的司法实践，法院并不认为行政机关招录公务员过程中的就业年龄歧视行为属于具体行政行为，因而认为属于公务员的内部管理事项。公务员招录阶段，求职者尚不具备公务员的身份，如果直接援引公务员的人事争议处理方式来解决就业歧视争议，就陷入了同非公务员行业一样，强行利用劳动争议方式来处理就业年龄歧视争议的窘境。因此，应当从构建统一的实体法律规范入手，借鉴德国在处理就业年龄歧视争议方面的经验，明确法院对于就业年龄歧视案件的管辖权。公务员行业的就业年龄歧视诉讼由法院的行政庭按照行政诉讼程序审理，非公务员行业的就业年龄歧视诉讼由法院的民事庭按照民事诉讼程序进行审理。这样，既不会破坏我国现有的诉讼制度，也可以解决目前就业年龄歧视诉讼困难的问题。

第二，要建立就业年龄歧视的特殊证明责任。从我国现有的为数不多的几例就业歧视案件来看，应聘者在诉讼中需要提供证据证明招聘者的确实施了歧视行为。例如，在郭晶就业性别歧视案件中，应聘者提供的证据当中包括其与招聘者的电话录音，以直接证明招聘者实施了就业性别歧视行为。[2]

---

〔1〕 林嘉：《论我国就业歧视的法律调控》，载《河南社会科学》2006年第5期，第19页。

〔2〕 （2015）浙杭民终字第101号。

但在实践中，求职者往往很难提供诸如电话录音等优势证据证明歧视行为的存在。从德国立法及司法实践来看，求职者在进行就业年龄歧视诉讼时，仅需要提供间接证据证明招聘者实施了年龄歧视行为，或提供证据可以推知招聘者的行为构成就业年龄歧视即可。

2. 设立反就业年龄歧视的行政救济机构

从德国的经验看，反就业年龄歧视行政机构的建立，是对反就业年龄歧视司法救济的补充。行政机构的介入，不仅可以对就业年龄歧视进行“事前防御”，也可以对就业年龄歧视进行“事后救济”。在劳动法律领域，行政机构一直是劳动争议的主要解决者，这种行政机构主导的劳动法律制度是我国与德国的共通之处。但与德国相比，我国的行政机构在解决就业歧视的问题上，似乎并没有扮演主要角色。因此，我国可以效仿德国，在现有的劳动行政部门内部专门建立反就业年龄歧视机构，或者增加原有促进平等就业行政机构的职能，对反就业年龄歧视法律进行宣传和科普，并且在日常的反歧视法律工作中发挥监督作用。赋予该行政机构解决就业年龄歧视争议的必要权限。这样一来，一方面有利于预防就业年龄歧视案件的发生，另一方面又可以在就业年龄歧视争议出现后由行政机构及时介入解决，防止就业年龄歧视争议案件的诉讼泛滥，促进行政救济机构与司法救济的有机结合。

（初审人：冯亦浓）

我国罪数判断的反思与重构

杨　婷*

摘　要：我国罪数判断存在多元标准混用和理论与实践脱节的问题，解决这些问题必须首先明确罪数论之机能与定位、罪数论的结构关系和罪数判断的范围，并在此基础上构建适应中国刑法特点和司法现状的罪数判断理论。“法规范预留标准”是以规范为核心的罪数判断标准，它将罪数判断转移至规范内容及规范之间的关系上，并借助单一评价对象的复数评价结构中数规范的“结果依存性”和复数评价对象的复数评价结构中数规范的“行为统合性”具体判断法规范的预留内容，为我国罪数判断的重构提供了新思路。

关键词：罪数判断　法律效果　罪数结构　法规范预留标准

一、罪数判断存在的问题

我国罪数论通常位于犯罪论的最后一章，研究内容包括罪数判断标准和罪数体系两部分。罪数判断标准，通说为犯罪构成标准说，罪数体系分为实质的一罪、法定的一罪和处断的一罪，罪数判断标准和罪数体系看似

---

* 杨婷，中国政法大学刑事司法学院刑法学专业 2016 级硕士研究生（100088）。

逻辑清楚，却存在诸多问题。

（一）罪数判断多元标准混用

对于“罪数”的含义，较为经典的表述是：“罪数，是指犯罪的单复或个数，在刑法理论上指一罪与数罪。”〔1〕基于罪数论是判断犯罪个数的理论，我国罪数判断标准通说采用犯罪构成标准说，即行为具备一个犯罪构成的是一罪，行为具备数个犯罪构成的是数罪。依其逻辑，罪数体系应当以犯罪构成标准为基础建立，但我国的罪数体系却存在多种判断标准混用的情况，犯罪构成标准形同虚设。

我国罪数论是在一罪与数罪这一体系下，主要对“一罪”进行类型化研究，通说将“一罪”分为实质的一罪、法定的一罪和处断的一罪三种形态。实质的一罪是指一行为在刑法上规定为一罪或处理时作为一罪的情况，包括继续犯、想象竞合犯和结果加重犯；法定的一罪是指数行为在刑法上规定为一罪的情况，包括惯犯和结合犯；处断的一罪是指数行为在处理时作为一罪的情况，包括连续犯、牵连犯和吸收犯。〔2〕在实质的一罪中，判断犯罪是一罪还是数罪的关键在于“一行为”，即采用的是行为标准，且想象竞合犯的判断是依据自然行为标准，继续犯和结果加重犯是依据构成要件行为标准；在法定的一罪中，判断犯罪是一罪还是数罪的关键在于“刑法规定”，即采用的是构成要件标准；在处断的一罪中，判断犯罪是一罪还是数罪的关键在于“处理上”，然而并不能从中发现区分一罪与数罪的具体标准。因此，我国罪数标准通说虽采犯罪构成标准说，但在研究罪数的类型时并未贯彻犯罪构成标准说，而是自然行为标准、构成要件行为标准、构成要件标准多元混用，在处断一罪的判断上更是没有具体的标准。

我国罪数判断多元标准混用，导致罪数判断方法的背后也隐藏着逻辑问题。吴振兴教授在《罪数形态论》中提出罪数判断“三・三分类法”至今仍非常经典，“三・三分类法”是将罪数判断分为三个步骤进行：第一步（基础步骤），排除容易区分的单纯一罪和并罚数罪；第二步（中间步骤），划分实质的一罪与本来的数罪；第三步（完成步骤），将本来的数罪划分为法定的一罪与处断的一罪。〔3〕这种判断方法看似面面俱到，但却隐藏着问题，即罪数

---

〔1〕 高铭暄、马克昌主编：《刑法学》，北京大学出版社、高等教育出版社 2017 年版，第 180 页。

〔2〕 参见高铭暄：《论我国刑法中的一罪和数罪》，载《北京政法学院学报》1982 年第 2 期，第 28 - 32 页。

〔3〕 参见吴振兴：《罪数形态论》，中国检察出版社 2006 年版，第 46 - 49 页。

论判断犯罪单复数或个数的“罪”究竟是犯罪目录之罪，是评价意义之罪，还是裁判意义上之罪？基础步骤划分单纯一罪和并罚数罪依据的是犯罪目录之罪；中间步骤划分实质一罪与本来数罪依据的是以行为为基础的评价意义之罪；完成步骤划分法定一罪与处断一罪依据的是裁判意义之罪。在此罪数判断方法中，“罪”具有行为、构成要件、宣判罪名三种含义，罪数判断“罪”的含义混杂使用，前后矛盾。事实上，罪数判断多元标准混用，罪数判断方法随意变换“罪”之含义的深层次原因是对罪数论的定位不准确，以至于罪数判断和罪数体系的建立只是在形式上区分一罪与数罪，并未结合罪数论之机能进行有效界定。即使从犯罪目录、评价意义和裁判意义上能够确认罪数，仍须对于可罚性之法律效果加以检讨，因此罪数判断应立足于罪数论的定位及目的，并充分考虑罪数问题产生的原因及前提条件。

（二）罪数判断的实践困境

我国罪数判断标准通说为犯罪构成标准说，事实上却存在自然行为标准、构成要件行为标准和构成要件标准多元混用的情况，然而，以上标准在司法实践中均未得到落实。司法实践基于“不喜数罪”的习惯，将诸多理论上应当数罪并罚的情形按照一罪处理；而在习惯之外需要具体判断一罪与数罪的领域，罪数判断由于理论上的混乱而未能给司法实践提供有效指导。产生此种困境的原因可以从两方面考虑：其一，“不喜数罪”的习惯与我国立法、司法和社会现状紧密相连，这种习惯体现出我国刑法规范不同于其他国家和地区的特征，但我国罪数理论却未重视这些特征，导致罪数理论缺乏对立法特点的具体考量；其二，罪数判断体系的构建未充分考虑罪数论之目的，罪数研究多集中于概念和理念上而缺乏对司法运用的具体考量，导致理论与实践相脱节，罪数判断未能在司法领域发挥实效。

罪数判断理论缺乏对我国立法特点的具体考量，导致在具体运用时可能出现与立法相冲突的情况。产生这一现象的原因是，我国学说中关于罪数的理论主要来自注重一罪与并合罪界分的外国法律体制，这些概念移植到中国的背景中严重“水土不服”，因为缺乏实益以至于迷失了界定和解说的方向。[1]在这样的背景下，司法领域在罪数判断时则不依赖罪数判断理论而直接依照法律和司法解释进行处理，由于我国刑法具有以下三个特点，司法领域逐渐形成

---

〔1〕 参见阮齐林：《论构建适应中国刑法特点的罪数论体系》，载《河南师范大学学报（哲学社会科学版）》2006 年第 3 期，第 65 页。

不喜好数罪并罚的习惯：其一，刑法分则广泛规定“多次”犯同一罪按一罪处理的情形，如《刑法》第153条“对多次走私未经处理的”，《刑法》第263条“多次抢劫”，《刑法》第292条“多次聚众斗殴”，此种场合行为人即使多次实施独立犯罪，由于立法规定以一罪处理而无需区分一罪与数罪；其二，刑法分则广泛存在“数额犯”，司法解释进一步规定了多次犯罪“数额累计计算”，如《最高人民法院、最高人民检察院关于办理组织、利用邪教组织破坏法律实施等刑事案件适用法律若干问题的解释》第6条中规定“多次制作、传播邪教宣传品或者利用通讯信息网络宣扬邪教，未经处理的，数量或数额累计计算”，立法与司法解释的规定导致数额犯往往累计金额按照一罪处理而无须区分一罪与数罪；其三，刑法普遍规定情节加重犯和结果加重犯的情形，很多罪名的最高刑可以到无期徒刑甚至死刑，这使得司法领域喜好通过加重法定刑的方式而非数罪并罚的方式处理某些罪数问题，罪数判断被司法习惯挤占了适用空间。尽管“不喜数罪”的习惯具有一定合理性，但是此种处理方式缺乏理论基础且过于粗放，因此，罪数理论若要在司法领域发挥其作用，必须充分考虑我国的立法特点。

除立法和司法解释规定以一罪处理的情形外，在司法领域中需要具体判断一罪和数罪的场合，罪数判断理论同样未发挥实效。一方面，通说犯罪构成标准说并不能解决本来是数罪但却以一罪处理的情形，如“处断的一罪”均符合多个犯罪构成，按照犯罪构成标准说则应当数罪并罚，但这显然是不合理的。犯罪构成标准说最大的问题是将罪数判断标准等同于犯罪标准，导致罪数判断标准被架空，这也是犯罪构成标准在实践中无法得以运用的根本原因。另一方面，由于通说无法发挥效用，司法领域必须借助理论上的其他观点进行判断，但是理论上的观点颇多，这在学术讨论上属于正常现象，而在司法领域却可能导致同案不同判的情况，如在“两高”颁布《关于办理渎职刑事案件适用法律若干问题的解释（一）》之前，对于除《刑法》第399条规定之外的渎职并收受贿赂的情形，有的以牵连犯“从一重处”，有的主张数罪并罚，处理各不相同。[1]虽然司法解释的出台让这一争论告一段落，但同案不同判的现象也给我们发出警示，即罪数判断的研究必须充分考虑司法运用，并为司法实践提供有效指导。因此，为解决罪数判断的实践困境，罪

---

〔1〕 参见李翔：《渎职犯罪罪数相关问题探析——兼评〈关于办理渎职刑事案件适用法律若干问题的解释（一）〉》，载《法学杂志》2013年第12期，第83页。

数判断理论必须立足于我国立法和司法现状进行重构。

二、罪数判断前提之反思与建构

我国罪数判断存在多元标准混用和理论与实践脱节的问题，这些问题表面上看是罪数判断理论上的混乱，但其深层次原因是罪数判断前提内容界定不明确。罪数判断的前提内容包括罪数论之机能与定位、罪数论的结构关系和罪数判断的范围，这三部分内容决定了罪数判断的目的和方法。因此，在思考我国罪数判断的解决路径之前，应当先行对罪数判断的前提问题进行确认。

（一）罪数论之机能与定位

我国刑法分则的条文大都奉行“构成要件 + 刑罚”的结构，这意味着，凡符合所规定的构成要件的行为，均须按规定的刑罚加以处罚。如此，符合一个犯罪构成则按一罪处罚，符合数个犯罪构成则数罪并罚，似乎正合逻辑。但是，变化万千的犯罪事实与结构化的法律规范之间难以在任何时候都呈现出一一对应的关系，在某些场合可能出现以下两种情况：其一，行为人实施一个犯罪行为，但一规范无法充足对应所有犯罪事实，其溢出的犯罪事实须通过另一规范加以评价才能充足对应；其二，法律规范的形成以基本事实情状为依据，基本事实情状是类型化的行为因而具有单元性，犯罪事实是整体事实情状因而具有整体性和行为可拆分性，故一个完整的犯罪事实可能被评价为数个行为且触犯数个规范，若直接依数规范之法定刑处理则忽视了犯罪事实的整体性。〔1〕正因如此，行为人实施一行为不必然以一罪论处，行为触犯多个罪名同样并非一律数罪并罚，其涉及的问题则是罪数论的研究对象。因此，罪数论的机能就是判断竞合之数罪名应择一罪处断还是数罪并罚。

罪数论的机能决定着罪数论的定位，罪数论的定位是罪数判断的基础。从我国罪数论的发展历史看，直到 20 世纪 80 年代后期，我国刑法学教科书才在犯罪论中设专章讨论罪数问题，并且认为应当把问题放在犯罪论里加以研究更为合适。〔2〕自此，罪数论定位于犯罪论并位于犯罪论的最后一章似乎成为我国学界的默认。事实上，在我国台湾地区和日本、德国等国家，对罪数论的定位一直有犯罪行为论、法律效果论、刑罚裁量论等学说之争。犯罪行为论系确认行为的可罚性，即从构成要件该当性、违法性和有责性判断行为是否属于犯罪行为论处理的范围。犯罪行为论所探讨的核心问题是确认行

---

〔1〕 参见林山田：《刑法通论（上册）》，北京大学出版社 2012 年版，第 24－25 页。

〔2〕 参见陈兴良：《刑法竞合论》，载《法商研究》2006 年第 2 期，第 102 页。

为是否构成“一罪”，罪数论与此种结构相契合，因而许多学者主张将罪数论定位于犯罪行为论，其目的是区分犯罪的个数。法律效果论系对可罚性进行确认，即犯罪行为论先行确认行为的可罚性，进而由法律效果论对可罚性进行确认，当犯罪行为仅实现单一犯罪构成时，法律效果直接从触犯规范的法定刑中得出，当犯罪行为实现复数犯罪构成时，法律效果则须依赖罪数论处理。法律效果论与罪数论机能相契合，因而被越来越多的学者所主张。刑罚裁量论系确定刑罚的种类和执行的刑度，将犯罪的单复与刑罚权的个数直接相连，是行为可罚性判断的终点站。持此种观点的学者并不多，因为对所有行为以一整体法律效果论之无法确立刑罚裁量所依据的裁量空间，即难以在复数构成要件实现的情况下先行确认一个明确的刑度范围。

将罪数论定位于犯罪行为论，其最大的问题是没有考虑到罪数论的机能和罪数判断的目的。罪数论判断的目的是解决行为该当一罪之刑罚还是该当数罪之刑罚的问题，如果将罪数论定位于犯罪行为论，则是从形式上计量犯罪的数量，无法实现罪数判断的目的。[1]况且，我国罪数论将成立犯罪的标准等同于计量犯罪数量的标准，犯罪论研究行为是否构成犯罪依据的是犯罪构成，如果在计量犯罪时仍采用这一标准则意味着罪数判断没有标准。事实上，判断犯罪的标准无疑应当只有犯罪构成，罪数论要解决的正是在犯罪论根据犯罪构成得出数罪结论，而依其他标准得出一罪结论的情况下，如何解决两者矛盾冲突、整体考察法律效果、决定宣判罪名的问题。[2]简言之，犯罪论解决的是行为可罚性问题，将罪数论定位于犯罪论即使能将罪数明确加以区分从而解决行为可罚性问题，仍然会遗留下可罚性确认的问题，即罪数的法律效果无法从犯罪行为论中得到确认。

罪数论定位于犯罪行为论会遗漏可罚性确认问题，定位于刑罚裁量论会无法确认刑罚裁量空间，如果将罪数论定位于法律效果论，介于犯罪论与刑罚论之间而独立存在，即可解决可罚性确认和刑罚裁量空间的问题。“竞合论（罪数论）所涉及者，并非关注复数构成要件‘是否（Ob）’具体存在问题，而是以复数构成要件确实存在为前提条件，进一步检讨应‘如何（Wie）’处理该复数构成要件所存在的可罚性关系。”[3]在刑法的体系流程中，法律效果

〔1〕 参见庄劲：《罪数的理论与实务》，中国人民公安大学出版社2012年版，第57页。

〔2〕 参见陈兴良主编：《刑法总论精释（下）》，人民法院出版社2016年版，第601页。

〔3〕 柯耀程：《刑法竞合论》，中国人民大学出版社2008年版，第24页。

论的处理范围必然以犯罪行为论为前提条件，当行为符合数个犯罪构成时，究竟以一罪论处还是以数罪论处则是罪数论需要解决的问题，而最终确认的法律效果即为法官裁量时的依据。

表1 罪数论的定位

定位	犯罪行为论	法律效果论	刑罚裁量论
涉及范围	行为可罚性之认定	刑罚法律效果种类、范围界定	刑罚法律效果种类及范围之确定
地位	罪数论之前提	罪数论之本质（可罚之前提）	可罚性判断终点站

（二）罪数论结构关系之厘清

刑法问题的结构关系，不外乎系一行为的单一评价关系，即以一犯罪构成实现的关系为出发点，进而判断一行为之复数犯罪构成实现的评价关系，再次推展至数行为之复数犯罪构成的认定。[1]因此，刑法问题可以概括为三种结构关系：单一评价对象的单一评价结构，单一评价对象的复数评价结构，复数评价对象的复数评价结构。那么，复数评价对象的单一评价结构是否存在？答案是否定的，因为倘若一规范能够充足评价数个评价对象，则数评价对象于法规范而言仍属于单一评价对象，本质上是单一评价对象的单一评价结构；在同种数罪的场合，虽然外观看似数评价对象触犯一规范，但准确来说是数评价对象数次触犯一规范，本质上是复数评价对象的复数评价结构。因此，刑法问题的结构关系仅有三种，其对应关系可通过下图清晰表明。

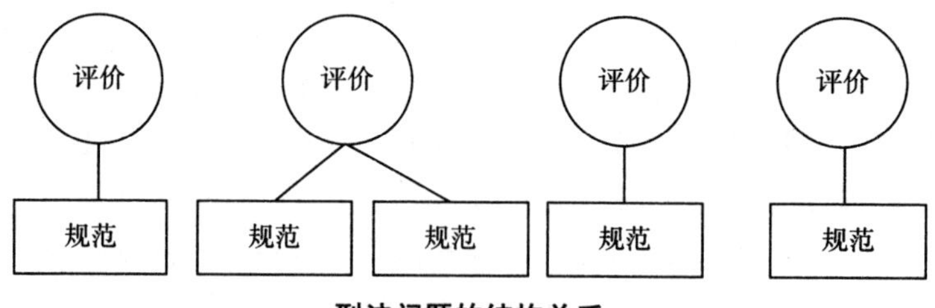

刑法问题的结构关系

以上三种关系，第一种属于单一评价对象的单一评价关系，法律效果可

〔1〕 参见柯耀程：《刑法竞合论》，中国人民大学出版社2008年版，第39页。

以从规范明文规定之法定刑中取得。第二种属于单一评价对象的复数评价结构关系，法律效果无法直接从任何规范的法定刑中取得，由于事实与规范之间的对应关系发生竞合，法律效果亦无法从数规范的法定刑中合并取得。第三种属于复数评价对象的复数评价结构，其法律效果的认定存在两种情况：其一，如果各评价对象独立地触犯数规范，数个对应关系之间不存在粘连，其法律效果的确认可从数规范之法定刑中合并取得；其二，如果各评价对象可以作为一个犯罪整体而存在，数个对应关系之间存在粘连，其法律效果的认定则需要具体考量。在单一评价对象触犯数规范和复数评价对象（具有关联性）触犯数规范的场合，其法律效果的决定，显然无法从任何规范的法定刑中求得，必须另外设立一个决定法律效果的法则，此乃罪数论存在之根源。因此，罪数论的结构关系有单一评价对象的复数评价结构和复数评价对象的复数评价结构两种，而这两种结构关系均是以复数规范的实现为前提。

从刑法体系的流程看，评价对象先由犯罪行为论进行评价，通过在事实与规范之间的来回穿梭，进而确认评价对象与规范之间的对应构造关系，当评价对象与规范之间呈现出单一构造关系时，直接通过规范之法定刑确认法律效果；当评价对象与规范之间呈现出复数对应关系时，则通过罪数论进行法律效果的确认。罪数论以复数规范的实现为前提，并在此前提条件下，通过建立合理有效的判断方法解决单一评价对象的复数评价结构和复数评价对象的复数评价结构下不同罪数形态该当一罪处罚还是该当数罪处罚的问题。

（三）罪数判断范围之界定

我国传统的罪数判断范围是实质一罪、法定一罪和处断一罪下的罪数形态，但是该罪数判断范围存在两方面问题：首先，通过对罪数论结构关系的分析，可以得知单一评价对象的单一评价结构的法律效果可从该规范之法定刑中直接取得，罪数判断的前提是复数规范的实现，因此原有罪数判断范围中的单一结构罪数形态并不属于罪数判断的内容；其次，罪数论定位于法律效果论，那么凡是存在法律效果难以确定的罪数形态，无论是在德日刑法中出现的还是中国刑法所特有的，均应当属于罪数判断的内容。罪数理论应当是一个开放的体系，如果某种罪数形态确在司法实务中存在，其罪数认定存在特殊之处或疑难之处，具有一定的代表性，就都可被包括到罪数理论中。[1]

---

〔1〕 参见方鹏：《德国刑法竞合理论与日本罪数理论之内容比较与体系解构——兼及中国罪数理论的走向选择和体系重构》，载《比较法研究》2011年第3期，第91页。

我国罪数论体系的构建忽视了罪数论之复数规范实现的前提，且将某些犯罪的行为特征与罪数行为混为一谈，导致实质一罪、法定一罪和处断一罪的分类法在实现罪数判断之目的上失去实际效用。实质一罪中的继续犯和结果加重犯，法定一罪中的结合犯和集合犯，实际上都是单一评价对象的单一评价结构，法律效果可以直接从规范之法定刑中求得，因而没有必要在罪数论中确认法律效果。司法实践对于继续犯、结果加重犯、结合犯和集合犯的处理也是直接适用法律规范，并不存在罪数上的疑虑。传统理论之所以将这些单一结构的罪数形态视为罪数判断的范围，是因为忽视了犯罪行为与罪数行为的区别。罪数论定位于法律效果论，连接着犯罪行为论和刑罚裁量论，因此从刑法流程上看，犯罪事实先进入犯罪行为论进行评价，进而到罪数论判定法律效果，最后再到刑罚裁量论作出裁量，那么罪数论中的行为必然是已经经过犯罪行为论评价过的规范的行为。换言之，犯罪行为论对犯罪事实的评价是一个在事实与规范之间来回对应的过程，经过犯罪行为论评价的行为是符合构成要件的规范行为，因此罪数论中的行为是经过犯罪行为论评价过后的符合规范的行为，若在罪数论中继续讨论犯罪行为的特征，如继续犯的行为具有持续性、结果加重犯的行为造成加重后果、集合犯之行为具有反复性则是对行为进行重复讨论。因此，原有罪数形态中的想象竞合犯、牵连犯、吸收犯、连续犯和法条竞合犯属于罪数判断的范围；[1]继续犯、结果加重犯、结合犯和集合犯不能被纳入罪数判断的范围，但由于其犯罪行为特征确实具有特殊性，故可以在犯罪行为论中作为不同的犯罪行为形态进行讨论。

表 2　罪数论的形态

分类	实质的一罪			法定一罪		处断的一罪			其他
形态	继续犯	结果加重犯	想象竞合犯	结合犯	集合犯	牵连犯	吸收犯	连续犯	法条竞合犯
行为特征	自然持续行为	行为出现加重结果	自然一行为	多行为结合	反复行为	行为关联性	行为关联性	行为关联性	法条内部关系

〔1〕 法条竞合犯虽然符合单一评价对象的复数评价结构外观，但本质上是单一评价对象的单一评价结构，属于“假性竞合”，其法律效果的疑难之处不在于判断行为该当一罪之刑罚还是该当数罪之刑罚，而在于行为该当何罪之处罚。法条竞合犯触犯的规范属于“择一规范”，虽然一个规范可以充足对应所有犯罪事实，但在适用规范时却存在选择关系，究竟选择哪一规范则是依据数规范明文规定的内容进行判断的。因此，法条竞合犯这种“假性竞合”虽然属于罪数判断的范围，但不必要通过罪数判断理论确认法律效果。

续表

分类	实质的一罪			法定一罪		处断的一罪			其他
罪数行为	一行为	一行为	一行为	一行为	一行为	数行为	数行为	数行为	一行为
触犯规范	一规范	一规范	数规范	一规范	一规范	数规范	数规范	数次一规范	择一规范
对应关系	单一对应	单一对应	复数对应	单一对应	单一对应	复数对应	复数对应	复数对应	择一对应
判断范围	否	否	是	否	否	是	是	是	（假性）是

罪数理论是一个开放的体系，只要在法律效果的认定上出现疑难之处，都可被包括到罪数理论中来。除了上文提到的想象竞合犯、牵连犯、吸收犯、连续犯和法条竞合犯之外，还有一些形态在法律效果的认定上存在困难，如不可罚的事前行为、不可罚的事后行为和同种数罪，笔者主张将它们列入罪数判断的范围。〔1〕就不可罚的事前行为和不可罚的事后行为而言，其“不可罚”可以概括为两个原因：其一，行为人基于一个犯罪故意的支配下实施的，且不可罚的前后行为未对主行为侵害的法益予以加深或扩大，未侵害新的法益；其二，法律对主行为的处罚，足以涵摄其不法内涵。〔2〕但是，既然并非所有的事前行为和事后行为均不可罚，那么判断是否可罚的标准又是什么？事实上，不可罚的事前行为和不可罚的事后行为本质上属于复数评价对象的复数评价结构，其法律效果无法从任一规范的法定刑中取得，法律效果的认定存在困难，故应当属于罪数判断的范围。就同种数罪而言，其外观上是复数评价对象的复数评价结构，但如果立法和司法解释有特殊的规定，如某些

〔1〕 有学者主张不可罚的事前行为和不可罚的事后行为属于吸收犯。由于吸收犯的定义和范围至今没有定论，吸收犯的存废之争也是学界讨论的话题，加之本文对罪数判断的新设想建构于具体罪数形态之上位概念——罪数结构上，故本文不对吸收犯与不可罚的前后行为的关系予以讨论。关于吸收犯的讨论，参见曲新久：《论吸收犯》，载《中国法学》1992 年第 2 期；林亚刚：《论吸收犯的若干问题》，载《政治与法律》2004 年第 2 期；阴剑峰：《略论吸收犯》，载《法学家》1998 年第 6 期；吴振兴：《吸收犯存废刍议》，载《法学研究》1994 年第 5 期。

〔2〕 参见游伟、谢锡美：《论不可罚的前后行为》，载《华东政法学院学报》2002 年第 2 期，第 21 页。

罪名可以累计次数和数额，同种数罪也可能变为单一评价对象的单一评价结构。同种数罪本身具有复杂性，但同种数罪符合复数规范实现的前提条件，其法律效果依赖罪数论予以确认，因而同种数罪属于罪数判断的范围。

关于罪数判断的范围，笔者主张借助罪数论的结构关系进行归纳，即罪数判断的范围是单一评价对象的复数评价结构或复数评价对象的复数评价结构下的罪数形态。无论具体的罪数形态是本质上还是仅在外观上符合这两种结构，其法律效果均无法直接从一规范的法定刑中取得，故需要通过罪数论确认法律效果。由于罪数论是一个开放的体系，只要法律效果的认定出现疑难之处均可纳入其判断范围，因而虽然目前单一评价对象的复数评价结构下有想象竞合犯和法条竞合犯，复数评价对象的复数评价结构下有牵连犯、吸收犯、连续犯、不可罚的前后行为和同种数罪，但随着理论和实践的发展具体的罪数形态可能会有增删。但是，无论具体的罪数形态如何变化，它们均属于单一评价对象的复数评价结构或复数评价对象的复数评价结构，因此，这两种结构下的罪数形态即为罪数判断的范围。

三、罪数判断之新展开

罪数判断定位于法律效果论，以判断犯罪行为该当一罪之刑罚还是该当数罪之刑罚为目的，因此罪数判断的构建必须以此目的为导向。通过上文对罪数判断前提的反思和建构，我们发现，罪数论问题的产生以复数规范的实现为前提，依据事实与规范之间对应关系的不同，可以分为单一评价对象的复数对应结构和复数评价对象的复数对应结构两种构造。既然罪数形态统统可以归为两种结构，笔者主张，从具体罪数形态的上位概念，即罪数问题的两种结构着手，对单一评价对象的单一评价结构和复数评价对象的复数评价结构进行分析，以此重新构建适应我国刑法特点和司法现状的罪数判断标准。

（一）现有罪数判断学说评析

罪数判断从大体上看，有客观理论、主观理论及折中理论之别。[1]由于对犯罪本质的理解不同，客观理论可分为行为标准说和法益标准说。行为标准说认为犯罪的本质是人的行为，有行为即有犯罪，无行为即无犯罪，因而犯罪之单复应依行为的个数决定，即一个行为为一罪，数个行为为数罪。但是，对于“行为”的理解存在自然意义标准说、社会意义标准说和法律意义

---

〔1〕 参见甘添贵：《罪数理论之研究》，中国人民大学出版社2008年版，第17页。

标准说，因而行为数量的区分是一个很大的难题。[1]法益标准说认为犯罪之本质是法益之侵害，故应以其行为结果所侵害法益之个数为决定犯罪单复之标准。但是，一个犯罪的保护法益完全可能是复数的，将其定为数罪显然不合适。主观理论在罪数判断上采犯意标准说，认为犯罪的本质在于行为人的主观恶性，犯罪行为不过是表明行为人恶性的手段，犯罪结果不过是证明行为人恶性的条件而已，故犯罪单复应当依据犯罪意思的个数判断。但是，行为人在一个犯意之下实施一连串犯罪行为，仅以一罪处罚恐罪责刑不相适应。折中理论分为构成要件标准说和综合标准说，构成要件标准说认为罪数应依构成要件评价之次数而决定，某事实符合一个构成要件而为一次之评价时，即为一罪；如有数次评价之必要时，则为数罪。但是，构成要件标准说最大的问题在于“什么都说了，但什么都没有说”，即看似全面评价但却没有实际标准。[2]综合标准说认为前述学说均存在不足之处，因而主张在面对具体犯罪事实的罪数判断问题时，应根据不同的案件种类采用不同的判断标准，而且不同的判断标准既可以单独适用，也可以综合运用。

罪数论之目的在于判断犯罪该当一罪之刑罚还是该当数罪之刑罚，行为标准说、法益标准说、犯意标准说和构成要件标准说均是从犯罪构成之要素进行考量，其回答的仍是犯罪个数之问题，即解决的是可罚性之问题，并未解决可罚性反应之法律效果。因而，学者们提出了不同的罪数判断标准。庄劲教授提出法益重合性罪数标准，主张考察多个犯罪构成是否是在对同一客体的同一次侵犯过程中实现的，如果多个犯罪构成是在对同一法益的同一次侵犯过程中实现的，则多个犯罪构成具有客体的重合性，最终仅能有一个犯罪构成得以适用，属于一罪，反之为数罪。[3]莫晓宇教授主张双层系统标准，认为应当形成两大判断系统，犯罪构成理论是第一判断系统，特殊罪数形态

---

〔1〕 受德国刑法的影响，学界对于罪数论向竞合论转变的呼声越来越高，并主张以“行为”的个数作为罪数判断的标准，此处的“行为”不同于犯罪体系中行为概念（作为一个符合行为构成的、违法的、有罪责行为的构成行为），具体可参见［德］克劳斯·罗克辛：《德国刑法学总论（第2卷）》，王世洲主译，法律出版社2013年版，第603－615页。但是，对于竞合论中行为个数的界定却存在多种标准。笔者认为，罪数论（竞合论）定位于法律效果论，连接犯罪行为论和刑罚裁量论，它解决的是行为已经触犯数规范的情况下，如何确认法律效果的问题，既然在犯罪行为论部分已经就犯罪行为和规范及其对应关系作出结论，那么在法律效果论中就没有必要再倒回去重新界定行为。因此，本文涉及的罪数判断的行为，均属于经过犯罪行为论认定后的行为。

〔2〕 参见张明楷：《刑法学》，法律出版社2016年版，第497页。

〔3〕 参见庄劲：《罪数的理论与实务》，中国人民公安大学出版社2012年版，第68页。

则是第二判断系统，它是专门为解决不能或不宜用犯罪构成理论确定单复的特殊犯罪样态而设计的，并且以罪责刑相适应原则和司法效率原则作为该系统的设计依据。[1]张明楷教授认为需要以实质标准来决定犯罪构成符合性的评价次数，分为两个步骤：首先，应当根据行为所侵犯的法益数量评价其符合几个犯罪构成或者构成几个犯罪；其次，行为侵犯了数个犯罪的保护法益，并不意味着必然并罚，若仅适用一个重法定刑就可以全面清算（评价）数罪的不法与责任时，就不必实行并罚。[2]

庄劲教授提出的是复合性罪数判断标准，莫晓宇教授提出的是分层级的罪数判断标准，张明楷教授提出的是动态实质标准，三位学者的思路十分值得借鉴，但也存在一些问题，如“法益重合性标准”是在罪数标准中考虑法益和客体的两个“同一”，事实上该理论仍是以法益标准为基础，也就意味着该理论无法摆脱一个犯罪的保护法益可能是复数的问题；“双层系统标准”强调以罪责刑相适应原则和司法效率原则作为设计依据，但原则是抽象的，该标准并未给出具体的罪数判断方式；“实质标准”是在双层系统标准之上，提出了具体的罪数判断方式，即以法定刑是否能够全面评价为依据，但问题在于，犯罪行为应当先由犯罪行为论和法律效果论进行评价，再进入刑罚裁量阶段，但法定刑全面清算实际上是先考虑刑罚裁量问题再考虑法律效果问题，二者存在逻辑顺序上的颠倒。

（二）罪数判断之新路径

我国学者对罪数判断的研究趋于实质化和动态化，并逐渐重视犯罪事实的动态性和规范的静态性，这是有利于解决罪数判断问题的。事实是判断的对象，规范是判断的标准，二者均是法学判断中不可或缺的内容。[3]但是，虽然在司法判断中事实与规范联系紧密且并存于一个案件，但是对二者的思考却不可混同，因为事实与规范分属于实然思考和价值思考两个不同的范畴。关于实然与应然的关系，新康德主义海德堡学派代表人物 G. 拉德布鲁赫曾作出过如下论述：“我们不可能从‘什么是’中得出什么是富有价值的，什么是正确的，什么是应该的（怎样的）。也从未有什么东西因为‘它是’或者

---

〔1〕 参见莫晓宇：《罪数理论的体系性思考》，载《中国刑事法杂志》2002 年第 2 期，第 43 – 44 页。

〔2〕 参见张明楷：《刑法学》，法律出版社 2016 年版，第 457 – 458 页。

〔3〕 参见周啸天：《动态评价下“双层次”罪数判断标准的构建》，载《西部法学评论》2014 年第 5 期，第 24 页。

‘它曾经是’中——或者即使‘它将要是’，就能说明‘它是正确的’。”〔1〕也就是说，实然与应然并不是引起与被引起的关系，我们并不能从实然中导出应然。事实上，实然与应然之间是一种逻辑关系，即实然事实是价值判断的对象，但是价值判断的标准并不能从实然事实这一对象中得以证明，价值判断的应然原理只能通过其他的应然原理来创立和证明。举例言之，在犯罪事实中数行为具有手段与目的关系，但这种关系是否是刑法评价意义上的牵连关系则需要借助罪数判断的应然原理进行证明，而不能直接从事实中得出结论。因此，从“事实”与“规范”二元结构出发可知，犯罪事实是已然发生的不可改变的客观存在（“存在”），规范是应然层面对犯罪事实的具体判断（“当为”），“存在”与“当为”建立在“被评价的客体”与“对客体的评价”的关系上，对于“存在”的规范适用问题必然仅发生在“当为”层面。例如，行为人盗窃后销赃，存在层面永远都是“盗窃”和“销赃”两个行为，但这两个行为究竟该当一罪之处罚还是该当数罪之处罚则属于“当为”层面的内容。〔2〕罪数问题的核心在于多数规范之间在评价行为之际所产生的矛盾，这一矛盾无法从事实层面解决，因此，罪数判断必须从规范层面思考。

罪数判断应当以规范为中心，最直观的体现是规范的改变会影响罪数的结构关系。在单一评价对象的复数评价结构下，行为人实施单一犯罪行为触犯数规范，如果法规范的内容发生变化，复数对应结构与单一结构之间则会发生转变。举例言之，在《刑法修正案（九）》出台以前，行为人帮助民事诉讼当事人伪造证据，捏造事实进行民事诉讼侵害他人合法权益，仅成立帮助伪造证据罪；〔3〕但《刑法修正案（九）》新增“虚假诉讼罪”，行为人实施该行为则同时构成帮助伪造证据罪和虚假诉讼罪的帮助犯，其刑法结构由单

---

〔1〕［德］G. 拉德布鲁赫：《法哲学》，王朴译，法律出版社2005年版，第10页。

〔2〕刑法理论称此种现象为“事后不可罚行为”，通常不在罪数论部分予以讨论。但是，本文将罪数论定位于法律效果论，且分为单一评价对象的复数评价结构和复数评价对象的复数评价结构两大类进行阐述，“事后不可罚行为”本质上是复数评价对象的复数评价结构，事后行为是否具有可罚性并不能直接从某一规范中直接取得，还需要依赖数规范之间的关系进行判断，因此其法律效果的认定属于罪数论的研究范围。

〔3〕《刑法》第307条：以暴力、威胁、贿买等方法阻止证人作证或者指使他人作伪证的，处3年以下有期徒刑或者拘役；情节严重的，处3年以上7年以下有期徒刑。帮助当事人毁灭、伪造证据，情节严重的，处3年以下有期徒刑或者拘役。司法工作人员犯前两款罪的，从重处罚。

一评价对象的单一评价结构转变为单一评价对象的复数评价结构。[1]在复数评价对象的复数评价结构下，同样会出现此种情况，例如在《刑法修正案（八）》出台以前，行为人入户盗窃触犯非法侵入住宅罪和盗窃罪两个规范，但《刑法修正案（八）》出台以后，盗窃罪明确规定入户盗窃的情形，行为人入户盗窃在存在层面上仍是非法侵入住宅和盗窃两个行为，但是盗窃罪规范能够全面评价犯罪事实，因而适用盗窃罪一罪即可，此时复数评价对象的复数结构由于规范的修改而转变为单一评价对象的单一评价结构。[2]规范的变化直接影响着罪数论之法律效果的认定，因此罪数判断应当以规范为中心。

从规范内部看，规范的内容因受罪刑法定原则的制约而相对闭合，但其可以囊括的内容却不仅仅限于字面意思。从规范与规范之间的关系看，各个规范之间并非独立存在，相反，规范与规范之间呈现出错综复杂的关系，许多规范的内容具有关联性。以故意杀人罪为例，我国《刑法》第232条对故意杀人罪的罪状描述只有“故意杀人的”五个字，但这五个字所能包括的内容却十分丰富，如杀人的方式、实施过程、产生的结果等；同时，该规范不是独立存在的，犯罪过程中出现的不同情况可能触犯其他规范，如采用射杀的方式可能触犯枪支相关的犯罪、杀人过程中造成财物受损的可能构成故意毁坏财物罪等，此时规范与规范之间则产生关联。行为人触犯数规范，但数规范的违反如果是单一犯罪行为或一个整体犯罪过程所致，则不能一概数罪并罚，其界定的标准则是罪数判断需要考虑的内容。从规范内部与规范之间的关系看，如果触犯的数规范的内容并未超出其中一个规范所能包含的最大内容，则可以将其作为一罪处理，例如《刑法修正案（八）》出台前盗窃罪

---

〔1〕《刑法》第307条之一第1款：以捏造的事实提起民事诉讼，妨害司法秩序或者严重侵害他人合法权益的，处3年以下有期徒刑、拘役或者管制，并处或者单处罚金；情节严重的，处3年以上7年以下有期徒刑，并处罚金。

〔2〕《刑法修正案（八）》之前第264条：盗窃公私财物，数额较大或者多次盗窃的，处3年以下有期徒刑、拘役或者管制，并处或者单处罚金；数额巨大或者有其他严重情节的，处3年以上10年以下有期徒刑，并处罚金；数额特别巨大或者有其他特别严重情节的，处10年以上有期徒刑或者无期徒刑，并处罚金或者没收财产；有下列情形之一的，处无期徒刑或者死刑，并处没收财产：①盗窃金融机构，数额特别巨大的；②盗窃珍贵文物，情节严重的。《刑法修正案（八）》之后第264条：盗窃公私财物，数额较大的，或者多次盗窃、入户盗窃、携带凶器盗窃、扒窃的，处3年以下有期徒刑、拘役或者管制，并处或者单处罚金；数额巨大或者有其他严重情节的，处3年以上10年以下有期徒刑，并处罚金；数额特别巨大或者有其他特别严重情节的，处10年以上有期徒刑或者无期徒刑，并处罚金或者没收财产。

未明文规定“入户”的形式，但入户盗窃通常被视为盗窃罪常发的形态而以一罪处理，既然“入户”只是作为盗窃的一种方式且一直在深化旧的损害而未引起新的损害，那么非法侵入住宅的行为以手段方式被纳入盗窃罪之中，而不另外成立非法侵害住宅罪则是合乎情理的。因此，笔者在罪数判断问题上提出“法规范预留标准”，即行为人触犯了数规范，只要任一规范的内容能够包容其他规范的内容，则认为所有犯罪事实符合一个法规范及其预留内容，应以一罪论处；如果数规范之中没有任一规范可以包容所有犯罪事实，则认为其不符合法规范及预留内容，只能通过数罪并罚充足对应所有犯罪事实。

“法规范预留标准”，是将罪数判断放到整个犯罪过程中，动态化还原静态规范可能发生的犯罪事实情状，如果某些要素的出现具有依存性或统合性，那么这些要素可以被视一个犯罪构成的部分内容而不单独成立一罪，这些要素则属于该规范的预留内容；如果出现了无法纳入到一个犯罪构成中的要素，则认为这些要素触及的规范是独立的，并不属于该规范的预留内容。“法规范预留标准”并非是对法律规范进行无限扩张，它是在法律规范明文规定的基础上，通过分析各种情况与该规范之构成要件内容的关系，进一步判断不同犯罪要素是否能够统合于一个规范的犯罪构成中的罪数判断标准。“法规范预留标准”从规范层面思考罪数判断的标准，其主要的判断依据是法规范所能包含的最大内容，由于预留内容的判定是基于规范内部表达的意思而非明文规定，因此预留内容的判断需要限定条件，下文将就单一评价对象的复数评价结构和复数评价对象的复数评价结构两种情况具体说明“法规范预留标准”之预留内容的判断和具体运用。

（三）“法规范预留标准”的具体判断

“法规范预留标准”是罪数判断总的判断标准，由于罪数判断范围分为单一评价对象的复数评价结构和复数评价对象的复数评价结构，两种结构特征不同，因此“法规范预留标准”的预留内容的判断需要具体分析。

1. 单一评价对象的复数评价结构

单一评价对象的复数评价结构的特点是“同时性”，即单一评价对象同时实现数个犯罪构成。由于“同时性”主要体现在单一评价对象造成数规范的结果同时发生，因此“法规范预留标准”的预留内容的判断应当从同时触犯的数规范之间的结果关联性上具体考量。如果数结果具备“结果依存性”，则认为单一评价对象产生的数结果可以被一规范容纳。“结果依存性”强调的是附随结果依存于行为主体特征、施害对象特征或犯罪过程中产生合乎情理的事实，而非共用一个实行行为产生数结果。因此，单一评价对象的复数评价结构下“法规范预留标准”之预留内容的判定条件则是“结果依存性”。

①该当一罪之刑罚的情形，如下：

例 1：明知自己患有严重性病的行为人强奸某妇女。

例 2：行为人殴打正在依法执行公务的官员，致执法官员重伤。

例 3：行为人在砍杀乙的过程中，不仅将乙砍死，还将乙身上价值 1 万元的西装扎破。

例 1 中行为人的行为同时构成强奸罪和传播性病罪，但传播性病的结果依存于强奸罪行为主体的特征，故符合“结果依存性”条件，以一罪论处即可。《刑法》第 236 条对强奸罪的描述是“以暴力、胁迫或者其他手段强奸妇女的”，法条中并没有规定行为人的特点，即强奸罪的行为主体既可以是正常人也可以是严重性病患者。不同特征的行为主体可能造成不同的行为后果，普通行为人强奸妇女可能构成强奸罪，但严重性病患者强奸妇女则可能同时构成强奸罪和传播性病罪。在严重性病患者强奸妇女的情况下，传播性病的结果是否属于强奸罪的预留内容？笔者认为，既然强奸罪对行为主体没有限制，那么患有严重性病的行为人强奸妇女造成的传播性病的结果并不能改变强奸罪犯罪构成的同一性；当严重性病患者决定实施强奸行为时，就已经决定了强奸行为极可能伴随发生传播性病的结果，传播性病的结果始终依附行为主体特征之上，二者无法剥离因而具有依存性，因此，对于严重性病患者强奸妇女所带来的强奸结果之外的附随结果则应当属于法规范预留的内容。单一行为虽然触犯数规范，但数规范结果的产生是由于主体的特殊性造成的，由于该规范对行为主体没有限制，数规范结果的发生并不能改变该规范犯罪构成的同一性，因此，符合“法规范预留标准”，可以统合于一个犯罪构成中并以一罪处理。

例 2 中行为人的行为同时构成故意伤害罪和妨害公务罪，但妨害公务的结果依存于故意伤害罪被害人的特征，故符合“结果依存性”条件，以一罪论处即可。《刑法》第 234 条对故意伤害罪的描述是“故意伤害他人身体的”，法条中并没有规定被害人的特点，即故意伤害罪的被害人可以是普通人也可以是具有某些特殊身份的人。那么，由于侵害对象的不同，行为人的伤害行为可能产生不一样的结果，如伤害依法执行公务的官员可能同时触犯妨害公务罪，伤害司法工作人员可能同时触犯扰乱法庭秩序罪，伤害证人可能同时触犯打击报复证人罪，但是就行为人而言，无论他伤害的是什么人，本质上都是要伤害“这个人”，当行为人决定伤害“这个人”时，就同时决定了伤害行为极可能伴随发生妨害公务等结果，但是除身体伤害之外的附随结果依赖的是被害人的身份特征，因此附随结果的发生并不能改变故意伤害罪犯罪构成的同一性，行为人故意伤害他人所带来的故意伤害之外的附随结果则应当属于法规范预留的内容。

例 3 中行为人的行为同时构成故意杀人罪和故意毁坏财物罪，但故意毁坏财物的结果属于杀人过程中合乎常理的损害，故可以认为其符合“结果依存性”条件，以一罪论处即可。《刑法》第 232 条对故意杀人罪的描述是“故意杀人的”，法条中并没有规定杀人的方式和过程，那么如果动态化还原故意杀人的犯罪过程，会发现在故意杀人过程中产生的被害人衣物毁损的结果，或是因打斗造成的周边财物受损的结果均属于合理现象，案例中价值 1 万元的西装毁损依附于杀人这一过程，附随结果的出现是合乎常理的，应当认为财物的毁损属于故意杀人罪的预留内容。与例 1 和例 2 有所不同，例 1 中强奸罪没有限制主体特征，患有严重性病的行为人强奸妇女极可能带来传播性病的结果，例 2 中故意伤害罪没有限制被害人特征，伤害不同身份的被害人极可能带来其他的后果，而例 3 中虽然故意杀人罪没有限制杀人的方式和过程，但由于杀人的过程是动态的，其带来的附随结果并不是显而易见的，因此必须通过还原犯罪过程去判断附随结果的发生是否属于合乎情理的现象，如果发生了不符合罪数理论或不能被社会观念所接受的结果（如例 4），则不能认为结果具有依存性。

②该当数罪之刑罚的情形，如下：

例 4：行为人抛石块欲砸死甲，却造成甲死亡和乙重伤。

例 5：行为人驾驶船只运输偷渡者和文物出境。

例 4 中行为人的行为同时构成故意杀人罪和故意伤害罪，与例 3 中财物受损的结果不同，抛石块杀人造成第三人重伤的结果不能被认为符合“结果依存性”，原因有二：其一，从故意杀人罪的法律条文看，其罪状和法定刑的设置均是按照“一人”的标准进行配置的，超出原本对象则属于超出规范的内容；其二，案例中行为主体和行为对象均不存在特殊身份，需要讨论故意杀人罪预留内容的是用石块砸人的过程，如果还原犯罪过程，会发现在故意杀人过程中用石块把第三人砸成重伤的情况属于异常结果，这种异常结果的发生借助了“砸”这个行为，而非依附于杀人的过程。因此，案例中第三人重伤的结果未依存于杀人的过程，异常结果的发生超出了规范所能容纳的最大损害结果，改变了故意杀人罪犯罪构成的同一性而不能统合于故意杀人罪中，行为人该当数罪之刑罚。

例 5 中行为人的行为同时构成运送他人偷越国境罪和走私文物罪，运送他人偷越国境和走私文物在外观上都属于运输行为，所不同的是，《刑法》第 321 条运送他人偷越国（边）境罪规定的运送对象是“人”，《刑法》第 151 条走私文物罪规定的运输对象是“文物”，既然法条明文规定了运输的对象，当另一结果与该法条规定的对象相悖时，另一结果的发生则改变了该规范犯罪构成的同一性，那么在同一运输行为下发生的运送其他内容物的结果则不属于该规范的预留内容。行为人虽然只实施一个运输行为，却产生了运送他人偷越国境和走私文物两种结果，可谓“一石二鸟”“一箭双雕”“一举两得”。但是在罪数判断上必须明确，两结果只是借助了同一个运输行为，它们之间可以相互剥离因而不具有依存性，故不符合“法规范预留标准”，应当数罪并罚。

综上，在单一评价对象的复数评价结构中，罪数判断产生困难的原因在于单一评价对象同时产生数个结果，因此在此结构下罪数判断标准的具体内容应当以结果为导向。通过上述分析，我们可以将“法规范预留标准”之预留内容的判断归纳为“结果依存性”，即如果数结果的产生是因为行为主体的不同特征、施害对象的不同特征或者行为过程中产生合乎情理的附随结果，且附随结果并不违背该规范之明文规定的内容时，则认为附随结果的发生并未改变该规范犯罪构成的同一性，二者具有依存性而不可剥离，因而可以统合于该规范的内容之中，符合“法规范预留标准”，以一罪论处即可；如果数结果之间由于法律的明文规定而相互排斥，或行为过程中产生了不符合情理的异常结果时，则认为另一结果的发生改变了该规范犯罪构成的同一性，数结果之间只是借助了同一个实行行为，因而可以相互剥离且不具有依存性，数规范的内容不属于任一规范的预留内容，应当以数罪论处。

2. 复数评价对象的复数评价结构

复数评价对象的复数评价结构有两种具体形态，一种是典型的数罪，即各个犯罪事实之间相互独立，法律效果可以从数规范的法定刑中取得，犯罪事实该当数罪之刑罚；另一种是非典型的数罪，即犯罪行为之间具有关联性，如果数罪并罚则会忽视犯罪事实的整体性，故应当以一罪论处。[1]那么，判

---

〔1〕 此处典型数罪属于各评价对象独立地触犯数规范，数个对应关系之间不存在粘连关系，其法律效果的确认可从数规范之法定刑中取得的情形；不典型数罪属于各评价对象可以作为一个犯罪整体而存在，数个对应关系之间可能存在粘连关系，其法律效果的认定需要具体考量的情形。

断行为该当一罪之刑罚还是该当数罪之刑罚的关键在于判断行为之间的关联性，即数犯罪行为之间的“关联性”达到何种程度时可以认定为一罪，这也是区分典型的数罪和非典型的数罪关键。既然有些行为不单独作为一罪处理，说明关联行为可以被主要的犯罪事实所包容，因此“法规范预留标准”的预留内容的判断依据可以是“行为统合性”，即判断数行为是否可以统合于一个犯罪构成中。如果动态化还原犯罪过程，会发现行为人在实施主要犯罪行为前后可能会采取一些辅助行为，这些辅助行为如果要被统合到一个犯罪构成中，通常应当同时具备三个特征：其一，数行为以一定方式结合在一起；其二，针对同一犯罪对象；[1]其三，未引起新的损害（而总是在深化旧的损害）。

“行为统合性”的外观特征是数行为以一定方式结合在一起，这是典型数罪与非典型数罪最明显的区分方式。如果行为人第一天杀了一个人，第二天强奸了一名妇女，二者之间没有以任何方式结合在一起，彼此相互独立，则不可能统合到一个犯罪构成中。数行为统合于一个犯罪构成中，必然要求数行为是一个完整犯罪下的拆分行为，具体表现形式可以是实施犯罪之前的辅助行为，如为盗窃车中财物而故意毁坏车窗玻璃，也可以是实施犯罪之后的辅助行为，如盗窃电动车后销赃获取钱财。当数行为以一定方式结合在一个完整犯罪过程中时，行为之间具备了最基础的关联性，但是这种关联性的建立仅意味着符合“行为统合性”的外观特征，是否能够统合还需要进行更具体的实质判断。

当数行为以一定方式结合在一起时，“行为统合性”还要求数行为针对同一犯罪对象且未引起新的损害，这两个条件是为了限定关联行为本身及其影响不超出一规范之内容。刑法条文大都不会规定犯罪的准备行为、实施犯罪的过程、事后的处理等内容，当关联行为属于规范虽未明文规定但却符合其意思的内容时，关联行为则可以被该规范容纳，这也是数行为触犯数规范有一罪处理空间的原因，故关联行为的任一方面都不能超出该规范的内容。举例言之，行为人伪造国家机关公文实施诈骗行为，由于《刑法》第266条对

---

〔1〕 犯罪对象不同于行为对象，行为对象是指行为所指向的具体的人或物，而犯罪对象是能够表明犯罪客体的存在形式而为构成犯罪所必备的客观存在，犯罪对象不仅包括具体的人或物，还可以是人的活动或某种状态。因此，某些犯罪即使没有行为对象，也可以存在犯罪对象，如脱逃罪没有行为对象，但脱逃罪的犯罪对象是行为人的脱逃活动和位置状态的改变。有关犯罪对象和行为对象的区分，参见徐光华：《犯罪对象问题研究》，载《刑事法评论》2007年第1期，第387－389页；薛瑞麟：《关于犯罪对象的几个问题》，载《中国法学》2007年第5期，第121－128页。

诈骗罪的描述是“诈骗公私财物”，法条中没有规定诈骗的方式和过程，那么动态化还原诈骗犯罪过程，会发现行为人为实施诈骗可能会做一些准备工作，伪造国家机关公文获取他人信任属于合乎情理的关联行为；由于伪造国家机关公文行为和诈骗行为均针对同一被害人及其财物，且除被害人财物遭受损失外并没有产生新的损害结果，因此伪造国家机关公文和诈骗两个行为从始至终都没有超出诈骗罪的内容；虽然单独看伪造国家机关公文罪可能侵犯了国家机关公文的公共信用，但是在此案例中行为人伪造国家机关公文所指向的是被害人的财物，其侵害的方向未曾偏离，故可以认为伪造国家机关公文的行为只是诈骗罪的手段行为，两行为可以统合于诈骗罪一个犯罪构成中。与之相反，行为人盗窃国家机关公文并实施诈骗行为，盗窃国家机关公文的行为可以视作诈骗罪的手段行为，但是盗窃国家机关公文的行为除了作用于被害人外，还对国家机关的工作产生影响，其侵害的方向具有多向性，即在不同的犯罪对象上产生了新的损害，因此盗窃国家机关公文的行为不能统合于诈骗罪的犯罪构成中，其不属于诈骗罪规范的预留内容。

综上，在复数评价对象的复数评价结构中，数行为触犯数规范本应当数罪并罚，但是由于一个完整的犯罪具有整体性和行为可拆分性，而规范又是结构化的犯罪单元，因此出于对犯罪的整体性考虑，某些关联行为可以不单独予以处罚。复数评价对象的复数评价结构产生罪数判断困难的原因在于数行为之间的关联性，因此罪数判断应当立足于行为的关联性上。通过上述分析，我们可以将“法规范预留标准”之预留内容的判断归纳为“行为统合性”，即如果数行为以一定方式结合在一起，针对同一犯罪对象且未引起新的损害（而总是在深化旧的损害），则认为数行为可以统合于一个犯罪构成中，符合“法规范预留标准”，以一罪论处即可；如果数行为相互独立而无法结合在一个犯罪事实中，或者行为本身、引发的损害发生偏离时，则认为数行为无法统合于一个犯罪构成中，不符合“法规范预留标准”，应当以数罪论处。

结论

罪数判断定位于法律效果论，以判断犯罪行为该当一罪之刑罚还是该当数罪之刑罚为目的。在单一评价对象的单一评价结构中，法律效果可以直接从规范之法定刑中求得，无需通过罪数论确认法律效果，故罪数论的判断范围包括单一评价对象的复数评价结构和复数评价对象的复数评价结构下的罪数形态。从康德主义法哲学“事实—规范”二元结构可知，犯罪事实是已然发生的不可改变的客观存在，规范是应然层面对犯罪事实的具体判断，罪数问题的核心在于多数规范之间在评价行为之际所产生的矛盾，因此解决矛盾的关键在于规范的内容。“法规范预留标准”是以规范为核心的罪数判断标准，它将判断标准转移至规范内容及规范之间的关系上，当一规范的内容能够包容其他规范的内容时，则认为所有犯罪事实符合一个法规范及其预留内容，以一罪论处即可，反之则数罪并罚。关于法规范预留内容的判断，具体分为两种情况：在单一评价对象的复数评价结构中，预留内容的判断依据是“结果依存性”，即附随结果必须依存于行为主体特征、行为对象特征或合乎情理的行为过程；在复数评价对象的复数评价结构中，预留内容的判断依据是“行为统合性”，即数行为必须满足以一定方式结合在一起、针对同一犯罪对象和未引起新的损害三个条件。当单一评价对象的复数评价结构中数规范具有“结果依存性”，复数评价对象的复数评价结构中数规范具有“行为统合性”时，则可认定触犯数规范的犯罪事实符合一规范及其预留内容。

表 3 罪数的判断

<table>
<tr><td colspan="3">罪数判断</td></tr>
<tr><td>机能</td><td colspan="2">判断竞合之数罪名应择一罪处断还是数罪并罚</td></tr>
<tr><td>定位</td><td colspan="2">法律效果论</td></tr>
<tr><td>前提</td><td colspan="2">复数规范的实现</td></tr>
<tr><td>标准</td><td colspan="2">法规范预留标准</td></tr>
<tr><td rowspan="2">具体判断</td><td>单一评价对象的复数评价结构</td><td>复数评价对象的复数评价结构</td></tr>
<tr><td>结果依存性</td><td>行为统合性</td></tr>
</table>

（初审人：赵亚宁）

私法纵横

论网购快递中实质验收的法律问题

赵宇哲　吕　湛*

摘　要：网络购物是最受消费者欢迎的交易方式之一，但其中的实质验收制度不能适应快递业的发展，已为新兴交易习惯所代替。法律与现实的差异使消费者在未进行验收时遭受了不当的损失，主要体现为出现种类或质量瑕疵时无法举证。因此可以以司法解释的方式废除实质验收制度，建立新的制度来调整网络购物法律关系，保障消费者权益。

关键词：实质验收　消费者保护　网络购物　快递规范

引言

网络购物现已成为最常见的购物方式之一，消费者一般需要通过签收程序进行收货。根据相关法律法规的规定，消费者在签收时应当对货物进行一定程度的实质验收。但在日常生活中，消费者通常在包裹的贴签上签字，在快递员撕去贴签后直接拿走包裹，进行实质验收的

* 赵宇哲，北京工业大学文法学部法律系讲师（100124）；吕湛，北京工业大学文法学部法律系2015级本科生（100124）。

情况反而相当罕见。[1]法律规定与现实情况之间的差异使未进行实质验收的消费者在商品瑕疵纠纷中处于不利位置，难以获得应有的赔偿。笔者认为法律与实践的差异是由法律规范不合理所引起的，这些规范的问题远大于其预期效益，应重新理解并设计有关验收的法律规范。

一、实质验收的法律性质

一般情况下，验收指的是部门规章直接规定的外观验收，即消费者对包裹表面进行查验的行为。[2]而实质验收则无规范性文件直接规定，一般是指消费者打开包裹对内件进行验收的行为。其源于部门规章中的授权性规定，交通运输部颁布的《快递市场管理办法》（以下简称"《管理办法》"）第17条第2款规定，对于网络购物、代收货款以及与用户有特殊约定的其他快件（邮件），企业应当与寄件人在合同中明确投递验收的权利义务，并提供符合约定的验收服务，验收无异议后，由收件人签字确认。国家邮政局颁布的《快递业务操作指导规范》（以下简称"《操作规范》"）第30条第2款也进行了类似的规定，对于网络购物、代收货款以及与客户有特殊约定的其他快件，快递企业应当按照国家有关规定，与寄件人（商家）签订合同，寄件人（商家）应当告知收件人验收程序，快递企业在投递时也可予以提示。[3]因此实质验收是一项快递企业与寄件人（以下称"网络卖家"）根据《管理办法》第17条约定的服务，而该约定通常应当与网络卖家和消费者之间对于实质验收的约定一致。

网络卖家与消费者之间关于实质验收的约定，可从淘宝与京东两大电商的交易规则中得知，[4]《淘宝争议规则》规定，收件人应当在承运人交付商品时，就商品表面是否一致进行当场检视。买卖双方另行约定检视期限或检视

---

〔1〕 以菜鸟驿站为代表的快递代收点作为一种新兴的收货方式，只签收而不实质验收的情形更为普遍，但因其法律关系与一般的快递签收相比更加复杂，在此不宜同时论述。

〔2〕《管理办法》第17条第1款："经营快递业务的企业投递快件（邮件），应当告知收件人当面验收。快件（邮件）外包装完好的，由收件人签字确认。投递的快件（邮件）注明为易碎品及外包装出现明显破损的，企业应当告知收件人先验收内件再签收。企业与寄件人另有约定的除外。"可见快递业务（非网购）除特殊情况外，一般不需验收内件。关于外观验收法律性质的确定，应当认为是消费者既对第三利益合同中快递服务的认可。

〔3〕《操作规范》第30条第2款。

〔4〕 根据进入淘宝与京东时消费者与卖家同意的平台服务协议，其平台的交易规则为网络卖家与消费者之间合同约定，存在判例予以认可，例如韩邢志刚与西安网盈电器有限公司网络购物合同纠纷案，判决认为，《淘宝规则》系网络购物合同的组成部分，对当事人双方均有约束力，应当予以采信。[湖南省怀化市中级人民法院民事判决书（2016）湘12民终734号]。

方式的，从其约定。同时也对实质验收的性质进行了解释，即买家在签收商品时，对商品表面是否一致进行当场查验既是买家（收件人）的权力亦是买家应当履行的谨慎义务。[1]京东网对于商品验收在《发货与签收规范》中规定，收货人签收商品时，应当对商品进行验收。涉及商品表面一致的事项，收货人应当在签收商品时进行验收。“表面一致”，是指凭肉眼即可判断所收到的商品表面状况良好且与网上描述相符，其判断范围包括但不限于商品的形状、大小、数量、重量等。[2]

因此在网络购物中，实质验收具体指消费者对网络卖家提供的商品是否表面一致进行的检视、查验的行为，是经部门规章特别授权而形成的特别规定。其内在逻辑关系是，《合同法》等上位法在检验方面任买卖双方自行约定，对特别情形的约定进行调整；网络购物法律关系中，买卖双方之间的约定即淘宝等电商平台的规定，其检验程序中包含了实质验收；上述规章中规定，快递企业应当与网络卖家明确权利义务，向消费者提供符合网络卖家与消费者约定的验收服务，即电商平台所规定的验收服务。那么尽管《合同法》等上位法对特别情形的约定有所规定，但规章在快递企业的执行方面已经承认了电商平台的规定，形成了间接授权，实质验收便是间接授权的产物。

二、实质验收产生的问题

实质验收制度是经规章规定而形成的特别立法，但在实践中却在消费者保护方面产生了问题。从上文所引的《淘宝争议规则》和京东的《发货与签收规范》可知，电商平台将实质验收规定为消费者的义务，因此消费者若未实质验收便签收快递，其后发现货物出现瑕疵，则应当承担对货物瑕疵的举证责任，甚至包括几乎无法举证的种类瑕疵和数量瑕疵。实践中的判例表明，确可能有消费者因无法举证，而遭受损失。

案例一：消费者朱某于 2016 年 12 月 31 日在闲鱼平台向王某（网络卖家）购买手表。朱某在收到涉案快递时，本人未当场进行验货，也未委托他人对该贵重物品进行验货。因朱某向法院提供的证据不能证明其拆开的快递

---

〔1〕《淘宝争议规则》第 56 条及其解释。淘宝网规则，https://rule. taobao. com/detail - 191. htm，访问日期：2018 年 5 月 10 日。

〔2〕《发货与签收规范》第 2 条第 3 款。京东网规则，https://help. jd. com/user/issue/312 - 968. html，访问日期：2018 年 5 月 13 日。

中的手表不是其向王某购买的手表，无法证明收到的手表与其在闲鱼网上购买的手表不一致，即种类瑕疵，法院认为应由其承担不利的后果。〔1〕

案例二：消费者陈某在京东平台上向集藏公司购买2013年版熊猫金币5枚套装，因未清楚地告诉其父亲代收的物品性质，其父亲便在未完成实质验收的情形下签收货物。法院认为，陈某主张未收到5枚熊猫金币，即数量瑕疵，但未能提供相关证据予以证实，故驳回其诉讼请求。〔2〕

案例三：消费者王某、辅某与罗某（网络卖家）之间通过淘宝网达成了买卖迷你小冰柜一台的交易。王某、辅某收货时未拆箱检验即签收，因其有验货的义务，但未对货物进行及时验收而收取货物，因此无法查明该货物损坏的原因，故其应当承担证明商品质量瑕疵是因罗某（网络卖家）所致的举证责任。因其未能提供相应证据，故法院判令驳回其诉讼请求。〔3〕

案例四：消费者简某在2016年9月18日，通过淘宝网络平台从张某（网络卖家）经营的淘宝店铺购买联想台式电脑主机原装品牌机I7。简某未经验货便先行签收货物，法院认为，简某主张张某寄来的电脑外形及型号与图片不一致、质量存在问题也构成欺诈，应当提供证据证明其所提交的照片中的电脑即为张某所出售的商品，即商品种类瑕疵，因其未能提供相应证据，故驳回其诉讼请求。〔4〕

上述判决认为，消费者未进行实质验收便签收货物，若因商品种类、数量、质量等瑕疵产生纠纷，消费者应当承担对于其主张瑕疵的举证责任。此处的举证责任内容不仅包括证明商品瑕疵于收货之前的客观存在，还包括该存在瑕疵的货物为网络卖家所寄。换言之，在证明瑕疵之外，为排除消费者恶意诉讼的可能，消费者还应当证明其涉案物品与收到的商品一致。此等举证难度远超一般消费者的举证能力，这使得此类纠纷中，消费者通常都会败诉。〔5〕

---

〔1〕 江西省抚州市（地区）中级人民法院民事判决书，（2017）赣10民终1145号。

〔2〕 上海市第二中级人民法院民事判决书，（2014）沪二中民一（民）终字第779号。

〔3〕 河北省石家庄市中级人民法院民事判决书，（2016）冀01民终3575号。

〔4〕 福建省厦门市中级人民法院民事判决书，（2017）闽02民终2599号。

〔5〕 在步镇江与佰德盛电子科技发展有限公司网络购物合同纠纷案中，法院判决认为，即使认可消费者提供的，证明退货时胶带与纸箱无撕拆痕迹，但消费者在网购商品时应熟知相关流程，作为买受人在自行收货或委托他人代签收货时，应对商品及时进行查验，若未当场打开包装验收货物，视为其放弃验收商品的权利，因此货物在交付并经签收后，不论是否实质验收，风险即转移至消费者。[四川省成都市成华区人民法院民事判决书，（2015）成华民初字第4083号]。

三、问题产生的原因及其法律属性

（一）问题反映了消费者和快递企业的经济理性

如果日常实践完全与法律规定相悖，那么呼吁人们放弃现有做法显然是一厢情愿的。需要改变的，则应当是法律规定。就网购而言，不难发现快递派件员和消费者略过实质验收这一环节，是完全符合经济理性的行为。

以顺丰快递为例，顺丰的收派员共 20.3 万人，年完成订单 30.52 亿票，[1]由此可知，平均每个收派员每天可达 39 票业务，而每次运送按照规定不宜超过 10 票，[2]因此收派员派送每一单的时间非常有限，若消费者均认真进行实质验收，或将大幅降低收派员的计件工作量，或大幅增加其工作强度。因此领取计件工资的派收员倾向于进行外观验收后，不进行实质验收便签收快递，以便节省时间运送下一票业务。即使收派员不催促消费者尽快签收，很多消费者也会体谅他们的苦衷，选择不拆包进行实质验收。

日常生活中，取快递的地方主要有三类区域，一是写字楼或校园，二是普通居民区，三是一般的工作单位。在写字楼或校区，快递企业会派遣一名派件员在区域的出口位置摆摊，以应对此区域内众多的收件人。在这样的区域，收件人取快递一般会排很长的队。拆开快递包裹查验会花费较长的时间，而排队的人又很多，加之快递出现问题的概率也不高，因此很少有人要求进行实质验收。在普通的居民区和一般的工作单位，收件人一般选择让物业或单位代收，或者委托他人进行签收，或者自己签收。就算是在家中，收件人也有可能因为手头有事而无心进行实质验收。因为网购和快递行业发展迅猛，尽管出现瑕疵的商品数量很多，但由于基数较大，每个消费者遭遇种类和数量瑕疵的概率较低，相较于花时间拆包装，这种风险可以接受，因此多数收件人只进行外观验收便签收快递。

综上所述，实质验收环节在实践中为派件员和消费者所忽略，完全是二者经济理性的反映，他们发展出了新型交易习惯，适应经济发展和实际需要。较之实质验收，这种习惯大幅缩短了派件时间，降低了交易成本，而且可以

---

〔1〕《顺丰控股股份有限公司 2017 年年度报告》第 23 页：截至报告期末，公司拥有各种用工模式收派员约 21.3 万人，其中自有员工 5.28 万人，劳务派遣 0.04 万人，其他用工 15.99 万人等；第 31 页：营业收入方面，2017 年实现快递件量 30.52 亿票，同比增长 18.29%。

〔2〕《操作规范》第 29 条：收派员应当根据自己的服务区域，按照最佳投递路线将快件按序整理装车，每次投递快件不宜超过 10 件。用摩托车或单车进行投递的，用捆绑带将快件固定，小件装入背包内。

确定的是，交易成本降低所产生的益处从社会整体功利的角度来看要大于遭遇种类和数量瑕疵而举证无门所带来的损失。因此，我们不能将这种情况的出现归咎于消费者与快递员违规行事，如此削足适履显然不利于解决问题。由于忽略实质验收的新型交易规范整体上提升了社会功利，所以该制度应得到法律认可，而由其引发的问题——遭遇种类和数量瑕疵的消费者举证和求偿困难——则应当重点分析。解决此问题要求我们对实质验收的性质需有着更为深刻的认识。

（二）网络购物中设置实质验收的初衷和效果

1. 合同内容的交叉无法提高效率

网络购物合同既包含了类似买卖合同法律关系中买卖商品的条款，也包含有内容类似于货运合同的快递合同条款。因买卖法律关系中有买方检验这一行为，而货运合同中也存在查验承运人的服务质量的检验行为，这两个检验行为目的不同，但行为相似，因此在网络购物法律关系中将两个目的不同但表征相似的行为合并成一个行为，令买方履行收货义务时完成两种检验，规则制定者可能认为此举一箭双雕，可以节约合同双方的时间，提高交易效率。

但根据现有的消费者与快递企业之间的交易习惯，实践中只有小部分消费者进行了实质验收，大多数消费者仅进行了外观验收便签收，使得规章和约定仅存在于纸面状态。需要注意的是，该交易习惯反映了快递员和消费者的经济理性，并非不合理现象。对消费者而言，网购快递出现问题的概率较低，因此选择直接签收以节省时间。在快递方面，由于快递员的业务非常多，为节省时间运送剩余快递，也愿意选择直接签收。这显示出上述两个规章已经不能适应快递业的迅猛发展，其规定已与现实大幅脱节，造成了许多不必要的法律风险。

2. 实质验收的义务性致使其无法保护消费者

检验或类似行为的目的是为了维护交易安全，令收货方能够确定对方是否依照约定履行义务，以免受到欺诈。因此其保护对象是收货方，即网络购物法律关系中的消费者。

为达成保护消费者，维护交易安全的目的，实质验收应当是消费者的权利而非义务，从而才不会使消费者承担未实质验收货物而产生的不利法律后果。规章的规定仅是赋予快递企业按约定提供验收服务，并未说明实质验收的具体含义，淘宝和京东等电商平台则利用规章的授权性规定将实质验收规定为义务，实践中的判例也认可这一点，即消费者若按上文所述交易习惯进行签收，除个别情况外，应当承担对货物一切瑕疵的举证责任，甚至包括几乎无法举证的种类瑕疵和数量瑕疵，故在此类纠纷中消费者往往承担了不应承受的损失。

因此，实质验收的义务性规定或约定令其不仅不能保护消费者、维护交易安全，反而增大了消费者的举证难度，使本已处于弱势的状况雪上加霜。

3. 合同相对性使实质验收无法保护消费者

因为签收程序产生两个法律效力，除对网络卖家之外，还对快递企业的快递服务表示认可，以中止第三人利益合同关系。因此，即使消费者进行了实质验收并发现货物质量有瑕疵，但因为快递企业的服务并无瑕疵，消费者不知道应当按什么流程处理才能达成认可快递服务同时不认可商品的目的，往往误认为签字只完成签收程序中对快递服务认可的部分，实际不承认但形式上承认了货物的质量，从而承担了不利的法律后果。〔1〕所以，因签收程序出现交叉性漏洞，即使消费者已进行实质验收，亦需承担不利的法律后果。

而快递企业只与网络卖家有着直接的合同法律关系，其与消费者之间并无直接法律关系，所以快递企业只会着眼于消费者对其快递服务的认可，并不关心也不清楚与其无关的网络购物法律关系中的权利义务。在消费者发现货物存在瑕疵之后，快递企业的收派员往往催促消费者签收以完成对快递服务的认可。消费者本就不清楚如何处理，一般在催促之下选择签字，从而承担了不利法律后果。

签收程序法律效果的交叉性、合同的相对性也令其中的实质验收无法完全达成其原定效果，即使消费者发现货物的瑕疵后也无所适从，反而让进行了实质验收的消费者承担未验收的不利法律后果，使其维护交易安全的功能更加弱化。

4. 低效的法律规定应由高效的实践所取代

综上所述，如果现有法律规定得到认真执行，费时费力的实质验收将会使快递成本大幅提升，网购便捷度也会大打折扣，网购相关各方利益都会受

---

〔1〕 例如，在苏相溥诉被告北京京东叁佰陆拾度电子商务有限公司、上海圆迈贸易有限公司产品销售者责任纠纷案中，法院判决认为，消费者发现验收商品的瑕疵时既可当场拒绝收货，也可在收货后 7 日内申请无理由退货，但若发现商品外观瑕疵仍然予以接收，该行为可视为对该瑕疵的认可与接受，不能成为解除合同的理由。[江苏省南京市六合区人民法院民事判决书，(2017) 苏 0116 民初 279 号]。

损。与此相较，忽略实质验收的交易习惯有效降低了交易成本，是一种更为可取的做法，立法应在加以承认的同时，解决因授权约定实质验收而造成的法律风险，即种类和数量瑕疵举证问题。[1]这个问题实际上是为总体社会利益提升所付出的代价，现有规章将这种代价完全加在了消费者头上，由卖家和快递公司坐享其成，显然有失公平，应当增加其相应义务。

四、关于实质验收的立法改进

实质验收制度的设立有着良好的初衷，但实际难以保障消费者的合法权益。同时，新的交易习惯已经产生，废除实质验收制度，增加网络卖家和快递企业相应的义务，才能发挥市场之手的作用。

（一）在规章等规范性文件中废除关于实质验收的授权性规定

1. 顺应市场，保护消费者

尽管规范性文件有提高交易效率，保证消费者权益的良好初衷，但根据上文所述，由实际情况催生出的新兴交易习惯已不可避免地替代了规章中的实质验收，继续授权允许网络卖家/平台与消费者之间的约定无法确保交易安全。废除实质验收的授权性规定，让交易习惯主导市场行为，才能顺应经济形势，对经济发展起到促进作用。

此外，应使签收程序局限于评价快递服务本身，使其只产生终止第三人利益合同法律关系的法律效果，令消费者只对快递服务进行检验并签收。以此可保护未实质验收便签收的消费者，免除其在常人难以举证的商品基本属性（如种类、数量等）上承担的举证责任，以及进行了实质验收但是却要承担的不利法律后果。

2. 不应将外观验收与实质验收合并

利用网络购物合同和快递服务合同之间的交叉性，类比买卖合同和货运合同，将对快递服务的外观验收和对商品的实质验收合并，然而此举无法提高交易效率。其之所以被新兴的交易习惯替代，一方面因为其不适应当前快递业发展，上文已说明原因，不再赘述；另一方面则因其内部存在逻辑漏洞。

货运合同中通过对货物检验从而判断货运服务是否违约是合理的，这源于货运合同的规定适用范围是大宗商品运输的商事货运法律关系。而快递服务法律关系中，虽然形式上也是将货物运输至约定地点，但其规定的适用范

---

〔1〕 参见冯玉军：《法经济学范式的知识基础研究》，载《中国人民大学学报》2005年第4期，第135页。

围是件小量少的民事货运法律关系，因此在快递业中，根据《管理办法》第17条第1款的规定，对快递服务的检验并非通过对商品进行检验，而是对快递包裹的外观进行检验，若包裹外观存在瑕疵，才对内件进行检验。在大宗商事买卖中，将对货运服务和对货物的检验合并在一个程序中，能起到节约时间、提高交易效率的效果。但是在网购法律关系中，对快递服务的检验通常不需要检查内件，而消费者对商品的实质验收需要检查内件，因此网络购物法律关系与快递服务法律关系仅存在形式上的交叉，而不存在实际意义上的交叉，从而将二者合并在签收程序中是存在逻辑谬误的。

3. 废除实质验收不影响法律体系

与实质验收直接相关的规范性文件，只有交通运输部的《管理办法》、国家邮政局的《操作规范》两个部门规章。在上位法中，《邮政法》未对快递业务中的验收进行规定；《快递暂行条例》第25条其中所说验收应当指收件人或代收人对快递服务的当面验收，而非实质验收。《电子商务法》第52条第2款中提到当面查验，并未明确提到实质验收，仍应当理解为对快递服务的查验。[1]除此之外，并无其他法律法规对此作出过不同规定。[2]因此在《管理办法》和《操作规范》中废除关于实质验收的规定，并不影响我国法律法规及规章的体系架构，相反还更加契合了上位文件中的《快递暂行条例》。

国家邮政局和交通运输部的部门规章分别是2011年和2013年颁布的，它们反映了当时快递业的情况，但无法适应目前快递业的发展状况，因此进行修改也是合理的。两个部门规章中除了对实质验收的行为做了规定外，并未规定与之相关的其他法律行为、法律责任等，因而废除该规定对这两个部门规章并无结构性影响。

4. 废除授权性规定不影响其他法律关系

签收程序中的实质验收本质上就是消费者对商品进行检验，《合同法》对检验

---

〔1〕《电子商务法》第52条第2款：快递物流服务提供者为电子商务提供快递物流服务，应当遵守法律、行政法规，并应当符合承诺的服务规范和时限。快递物流服务提供者在交付商品时，应当提示收货人当面查验；交由他人代收的，应当经收货人同意。

〔2〕一些地方法规作出了相关规定，但《广东省快递市场管理办法》第16条和第17条、《市政府关于颁发〈常州市快递市场管理办法〉的通知》第16条中的规定与《快递市场管理办法》相同；《无锡市快递管理办法》第23条和第24条、《镇江市快递管理办法》第22条则仅规定了外观验收制度。

并未作强制性规定，遵从当事人的意思自治，对特殊约定进行特别规定。[1]因此《管理办法》和《操作规范》中对实质验收的规定，并未直接规定实质验收，而是着眼于寄件人与快递企业因网络购物而约定的验收服务，而约定通常与淘宝和京东两大电商平台的规定相一致，所以两部规章起到的作用是在《合同法》的基础上间接授权电商平台制定规则（网络购物双方的约定），并规定快递企业按该约定提供服务。因而废除规章中的实质验收规定，仅对电商平台的规则在快递服务方面的间接授权产生了动摇，并未干涉市场主体的缔约内容自由。

废除实质验收的规定后，网络购物中实质验收应当适用《合同法》、《消费者权益保护法》及相关司法解释。鉴于快递派送员的数量和业务量，其时间不允许消费者进行实质验收，因此在淘宝和京东平台上的规定属于检验期间过短。《最高人民法院关于审理买卖合同纠纷案件适用法律问题的解释》第18条规定了检验期间过短的处理，[2]应当将此检验期间视为对商品外观瑕疵的异议期间。网络购物法律关系中的外观瑕疵应理解为包装瑕疵，而不应理解为商品本身的外观瑕疵。因为网络卖家有“送货上门”的义务，因此应当将商品包装成适宜长途运输的情形，现实情况中这部分义务由网络卖家委托快递企业履行，但该状态下的商品通过一般手段无法检验出传统的外观瑕疵，如种类、数量等，所以外观瑕疵在网络购物法律关系中现应理解为包装瑕疵。[3]由此可以看出，两个部门规章对电商平台的授权，在现如今快递业迅猛发展的情形下，有悖于司法解释。废除该授权性规定后，若电商平台仍然规定实质验收的条款，现有法律、司法解释足以解释实质验收的法律性质。

（二）现行法律不足以调整网络购物法律关系

值得注意的是，网络购物法律关系是商品买卖和货物运输的合同法律关系复合而成的新法律关系，但不宜直接适用《合同法》以及相关司法解释来

---

〔1〕《合同法》第157条、第158条；《最高人民法院关于审理买卖合同纠纷案件适用法律问题的解释》第15条、第16条、第18条。

〔2〕《最高人民法院关于审理买卖合同纠纷案件适用法律问题的解释》第18条：约定的检验期间过短，依照标的物的性质和交易习惯，买受人在检验期间内难以完成全面检验的，人民法院应当认定该期间为买受人对外观瑕疵提出异议的期间，并根据本解释第17条第1款的规定确定买受人对隐蔽瑕疵提出异议的合理期间。

〔3〕参见张素婷：《网络购物拒收外观瑕疵货物的检验标准和义务研究》，载《法制与社会》2015年第4期，第269页。

处理实质验收所产生的问题。

买卖合同法律关系中的检验，是指买受人收到标的物时有约定的则在约定的检验期间内检验；没有约定的，应当及时检验。买受人应在发现或者应当发现标的物的数量或者质量不符合约定的合理期间内通知出卖人。如果在上述之日起两年内未通知出卖人，视为标的物的数量或者质量符合约定。[1]据此，可以推断该检验是指买受人收到货物后，对货物进行检验，若未约定检验期间，则一般两年之内可以对货物的瑕疵提出异议。两年作为提出一般异议的合理期间，与日常中网络购物的普遍情形相较太过漫长。司法解释中对签收送货单等单据的规定，也是对商事买卖合同法律关系进行规定，不宜适用于网络购物法律关系。[2]

在货运合同法律关系中，收货人提货时应当按照约定的期限检验货物。无约定或约定不明的，且依照交易习惯仍不能确定的，应当在合理期限内检验货物。收货人在约定的期限或者合理期限内对货物的数量、毁损等未提出异议的，视为承运人已经按照运输单证的记载交付。[3]因此收货人对货物的检验虽是实质性检验，貌似网络购物中的实质验收，但其目的是证明承运人已按约定将运输单证上货物悉数交付，而网络购物中的实质验收目的则是检查网络卖家是否依约交付合格商品。货运合同法律关系中的检验与快递法律关系中的外观验收目的相似，均是为了确定承运人是否依约定提供服务，不过方式不同，货运合同中是通过检验货物质量进行判断，而外观验收则是通过快递包裹的外观来判断，因此货运合同的相关法律也不宜适用于网络购物法律关系。

所以在现行制度下，实质验收产生的法律效果也不同于买卖合同和货运合同中传统的检验。实质验收结束后产生两个法律效果，意味着消费者分别

---

〔1〕《合同法》第157条、第158条第2款。

〔2〕《最高人民法院关于审理买卖合同纠纷案件适用法律问题的解释》第15条规定，当事人对标的物的检验期间未作约定，买受人签收的送货单、确认单等载明标的物数量、型号、规格的，人民法院应当根据《合同法》第157条的规定，认定买受人已对数量和外观瑕疵进行了检验，但有相反证据足以推翻的除外。若其适用于日常网络购物，未实质验收但签收的消费者则会承受不利的法律后果。实践中法院据此所作的判决，多为商事主体之间的商事纠纷，民事纠纷仅有一例为安装门窗，也不符合网络购物的通常情形。另外，我国《合同法》的制定，与我国加入《联合国国际货物销售合同公约》有直接关联，要与《公约》规定相一致，而《公约》的效力范围为国际大宗货物买卖，因此不适用于一般民事法律关系也顺理成章。

〔3〕《合同法》第310条。

对网络购物的商品和快递服务质量作出了评价。而买卖法律关系中的检验只产生买方对卖方提供的商品作出评价的法律效果，货运法律关系中收货人也只对承运人的运输服务作出评价。

因此，尽管实质验收制度的产生源于部门规章的特别立法，根据上文论述实质验收的不合理性，确应废除实质验收的授权性规定，但废除之后，特别立法失效，亦应通盘考虑网络购物法律关系的相关法律对查验行为的规定。现行法律中对检验的直接规定，仍不足以明确网络购物法律关系中具体的权利义务，需通过司法解释等方式加以明确，才能顺应经济形势，更好地调整这一经济法律关系。

（三）颁布新的司法解释保护消费者，维护交易安全

1. 将消费者的举证责任转移给网络卖家

一般的商品质量瑕疵，即使网络卖家态度恶劣，通常也会对商品的基本属性予以承认，但会和消费者在瑕疵产生原因、是否为商品固有瑕疵、快递运输问题等方面进行纠缠。此时消费者持有存在质量瑕疵的商品，可以通过技术鉴定单位对商品进行鉴定，从而有能力举证。在耐用品的商品和服务方面，6个月内发现瑕疵，消费者则享有举证责任倒置的优待。[1]因此，在一般的商品质量瑕疵纠纷中，无论是否存在实质验收制度，消费者都能得到有效保护。

商品的基本属性，尤其是种类和数量，以消费者掌握的信息和举证能力，实难举证。证明事物之不存在远比证明其存在困难，证明快递货物缺失更是难上加难。上文所引的案例中，王麓森、朱宁买卖合同纠纷案中的消费者，因未实质验收便签收快递，无法举证自己收到的假表不是自己的而是卖家寄给自己的，因而败诉；陈炎与上海圆迈贸易有限公司、上海集藏投资管理有限公司网络购物合同纠纷案中，消费者未能证明自己未收到5枚熊猫金币，因而败诉；简朝国、张海宝网络购物合同纠纷案中，消费者未能举证收到的电脑为网络卖家所寄，因而败诉。此外，在步镇江与佰德盛电子科技发展有限公司网络购物合同纠纷一案中，消费者即使在将商品退货时，出具了快递企业的未拆封证明，亦不能证明自己未收到8个ipad。实质验收的存在，使消费者在现有交易习惯的情况下，需对商品的种类和数量进行举证，仅仅废除实质验收的授权性规定，仍不能解决消费者举证困难的问题。因此，在商

〔1〕《消费者权益保护法》第23条第3款。

品的种类和数量等消费者难以举证的事项上，举证责任应当由网络卖家承担，而非由对交易信息一无所知的消费者。

网络卖家作为寄件人，证明自己已寄出相比于消费者证明自己未收到难度较低。网络卖家作为经营者，在这方面的举证有两方面优势：一是网络卖家在委托快递企业运输商品时，快递企业依法应当对商品进行收寄验视，[1]尽管此处不能实质验视商品的具体属性，但是可以对商品的数量进行验视，网络卖家可通过寄件时签署的文件以及快递企业的回执证明发货的数量；二是网络卖家一般都有着较为稳定的进货渠道，在商品种类的举证上，可以通过上下游进货的进货单、进货合同等证明其进货均为合格商品，证明种类与发货一致，此举的证明效力在实践中也有判例支持。[2]因此，网络卖家对于商品的数量和种类均有较强的举证能力，且较之消费者在该项举证责任上处于强势地位，可以突破“谁主张，谁举证”的原则，由其来承担举证责任更加恰当。

尽管规定了举证责任倒置，此举并不会使恶意买家或职业打假人通过恶意刷单从善意网络卖家获得惩罚性赔偿。首先，因为网络卖家在这两项上有着足够的举证能力，恶意诉讼对其危害有限；其次，司法实践中已经不再认可职业打假人之消费者地位，而网络卖家即使因疏忽错发了商品，也可凭借举证能力证明主观上并非欺诈；[3]最后，针对以拉低评价、提起诉讼等为要挟的恶意买家，电商平台已经有了完善的制度进行规制。[4]

---

〔1〕《快递暂行条例》第22条规定，寄件人交寄快件，应当如实提供寄递物品的名称、性质、数量；《操作规范》第11条规定，快递企业应当建立并执行快件收寄验视制度。对寄件人交寄的信件，必要时快递企业可要求寄件人开拆，进行验视，但不得检查信件内容。寄件人拒绝开拆的，快递企业不予收寄。对信件以外的快件，快递企业收寄时应当场验视内件，检查是否属于国家禁止或限制寄递的物品。寄件人拒绝验视的，不予收寄。

〔2〕例如，何玉欣与沈毅网络购物合同纠纷案中，答辩意见表明，网络卖家可以与上游供货方查证并确认商品存在错发的事实，并且在与消费者沟通的过程中愿意与上游供货方取得联系。因此网络卖家在与消费者庭外交涉的过程中便能完成保存证据的过程，判决对答辩意见予以认可。[辽宁省沈阳市和平区人民法院民事判决书，辽0102民初7044号]。

〔3〕可参见何玉欣与沈毅网络购物合同纠纷案的判决结果及理由。

〔4〕例如，淘宝的《恶意评价的认定和处罚规则与实施细则》第1条第2款、第4条规定，恶意买家利用中评、差评、负面评论等方式，且拒绝与被评价人协商解决问题，对被评价人进行威胁或提出重新邮寄商品或给予赠品、要求降价、不退货退款等不合理的要求为恶意评价；网络卖家单方向淘宝举证阿里旺旺举证号、聊天历史记录截图、手机短信照片、官方明细单等凭证，淘宝平台受理后即可删除差评。针对恶意买家刷单的行为，《淘宝网评价规则》第6条规定，每个月相同买、卖家之间交易，卖家店铺评分仅计取前3次，能为网络卖家及时止损。

对于职业打假人，网络购物相关的立法理论[1]、司法实践中不认可其为《消费者权益保护法》之保护对象，且《最高人民法院办公厅对十二届全国人大五次会议第5990号建议的答复意见》中已对职业打假人作出说明：因食药安全问题的特殊性及现有司法解释和司法实践的具体情况，可以考虑在除购买食品、药品之外的情形，逐步限制职业打假人的牟利性打假行为。[2]适时借助司法解释、指导性案例等形式，可逐步遏制职业打假人的牟利性打假行为。而且法院可以通过查阅原告在本院、他院的案例数量，或者通过原告起诉的涉案商品数量来对原告的主体资格进行认定，[3]以此保护卖家，维护交易秩序。

网络卖家与消费者相比，具有较强的风险承受能力。具体表现为：其一，网络卖家作为经营者经济力量较强，一笔或若干笔订单的赔偿不会显著伤害其经济利益，它能通过其较大的体量吸收赔偿所造成的经济损失；其二，网络卖家作为经济实力较强的一方，对于风险的规避是有预期、有方案的，其已经为该类风险设置了资金和人力，如企业内部的法律部门、聘请的法律顾问、对交易风险的预算等；其三，对于发生纠纷的消费者而言，其每个个体发生纠纷的数量远低于网络卖家。故每发生一件纠纷，消费者对应的纠纷基数是消费者的网购次数，而网络卖家对应的纠纷基数则是网络卖家的出售次数，相较之下，网络卖家发生纠纷的频率远小于消费者。因此不宜让消费者承担较大的解决纠纷的成本。而网络卖家在日常发生的商品质量瑕疵纠纷中，已经积累了充足的处理经验，处理一个纠纷所付出金钱与时间远低于消费者，

---

[1] 《中华人民共和国消费者权益保护法实施条例（送审稿）》第2条：消费者为生活消费需要而购买、使用商品或者接受服务，其权益受本条例保护。但自然人、法人或其他组织以牟利为目的购买、使用商品或接受服务的，不适用本条例。

[2] 详见《最高人民法院办公厅对十二届全国人大五次会议第5990号建议的答复意见》。

[3] 例如，在刘哲峰与中山市六度灯饰有限公司产品责任纠纷案中，判决认为，原告在2个月间，分二次购买了共计180个LED筒灯，从上述短时期内原告的购物情况来看，即使用于灯具更换，需要如此数量巨大的灯具亦与常理不符。因此，不应认定原告系因生活消费需要而购买上述商品，虽然原告在本案中主张适用消法，但其在作为消费者的主体资格上，事实依据欠缺。[浙江省海盐县人民法院民事判决书，（2016）浙0424民初3171号]。在江南春与苏州翌湾电子商务有限公司网络购物合同纠纷一案中，江南春自2016年3月21日至2016年12月1日，已在本院起诉了21件网络购物合同纠纷案件，涉案标的为六十余万元，在8月、10月、12月起诉的案件中，购买茶叶案件就有9件，共购买茶叶6万余克，标的为39.7万元；所起诉的案件中，仅10月份其购买的食用油有365.4L，涉案标的6万余元。因此江南春不是普通的消费者，一般的错误信息不会使其产生误导，苏州翌湾电子商务有限公司因此不构成欺诈。[江西省安义县人民法院民事判决书，（2016）赣0123民初1342号]。

承担更多的纠纷解决成本较为经济。

此外，消费者在消费时为弱势的一方，[1]最高院在《消费者权益保护法》颁布之后，强调对消费者要着力保护，其中重点便包括，正确运用举证责任分配，加大经营者的违法成本；降低消费者维权成本，减少他们不必要的诉讼负担。[2]

因此，经营者相较于消费者的优势地位，在事实方面得以体现，司法实践中对此也有充分认识。经营者不仅在理论上应当承担较大的举证责任，司法实践中也认为应当为其分配较大的举证责任从而加大其违法成本，降低消费者维权成本，保护消费者。对商品的种类、数量的举证责任倒置，其并不同于耐用品关于瑕疵的举证责任倒置。后者是在瑕疵范围内，举证责任完全倒置，而前者则是对消费者难以举证但网络卖家易于举证的瑕疵种类举证责任倒置，仅在合适范围内突破了“谁主张，谁举证”的原则，并不会打乱原有的举证责任制度，仍然能维持正常交易秩序。

2. 快递企业承担一定的表面检验义务和相应的举证责任

（1）快递企业本有形式检验货物的义务。法律规定快递企业应当依法建立并执行快件收寄验视制度。对信件以外的邮件，快递企业收寄时应当当场验视内件。用户拒绝验视的，邮政企业不予收寄。[3]《快递暂行条例》第22条、《操作规范》第11条规定，快递企业应当对收寄物品予以验视，在物品种类上保证物品不为禁止快递运输的物品，并检查物品的数量。有学者认为，尽管如此，仍应加大验视的范围和程度，并对验视记录进行保存，以保护消费者，应对日后可能发生的瑕疵纠纷。[4]无论如何，此为快递企业的法定义务，因此令其承担相关的举证责任合乎逻辑。

（2）实践中快递企业对货物进行了形式上的验视。日常生活中，消费者在签收包裹时，一般都会发现包裹外侧的贴签上标明有商品名称或种类，如塑料制品、化妆品等，这通常是网络卖家与快递企业签订合同时告知于快递企业的。快递企业在验视的过程中，除遵守法律法规外，也遵守公司内部的

---

[1] 参见应飞虎：《论经济法视野中的弱势群体——以消费者等为对象的考察》，载《南京大学学报（哲学·人文科学·社会科学版）》2007年第3期，第73页。

[2] 详见《最高人民法院关于认真学习贯彻实施消费者权益保护法的通知》。

[3] 《邮政法》第25条、第59条。

[4] 参见苏号朋、唐慧俊：《快递服务合同中的消费者权益保护》，载《东方法学》2012年第6期，第28－29页。

规章制度。以顺丰为例，[1]公司规章规定，对于有商业包装的液体、膏状、粉末，可直接按常规程序运输；对于没有商业包装的上述物体，寄件人应当出具鉴定报告证书。因此，对于运输货物，快递公司内部也对货物的种类有着形式上的验视标准，可保证货物在形式上符合要求，表明快递企业确有能力，并且已经对货物进行了形式上的验视。

（3）因快递企业的法定验视义务，其可承担连带责任。快递企业承担商品瑕疵连带责任的前提，是网络卖家与快递企业在网络购物合同法律关系中均负有义务。网络卖家应当提供符合约定的商品，因而应当保证其提供的商品不存在瑕疵。尽管快递企业并非缔结合同的主体，但快递企业在商品的基本属性上应当承担法定的验视义务，其验视内容亦是网络卖家对消费者的保证。其义务既为法定，又与网络卖家的义务有重合，以法律规定其承担连带债务并无不妥，符合连带之债的法律特征。[2]因此若快递企业未履行法定验视义务而引起网络购物法律关系中无法辨明原因的损失时，其应当为此承担法律责任，所以承担对消费者的连带赔偿责任是合适的，亦符合连带之债的存在目的。

（四）上述改进之优势

1. 有利于实现消费者保护的实体正义

法律的存在，本在于通过对权利、义务和责任的合理分配，从而达成实质公平正义的终极目的。上述立法改进在确保交易安全的基础上，削减了不符合行业现状的权利义务安排，让网络购物市场能够以更小的交易成本，进行更有效率的交易；合理分配了举证责任，在未明显增加网络卖家负担的前提下，解决了消费者因实质验收而承担不应承担的不利法律后果的问题，同时也未留出供恶意买家和职业打假人对网络卖家进行非法迫害的法律漏洞，具体可见下表：

表1 现有制度

网络卖家 / 消费者	提供合格商品	在种类、数量等基本属性方面有缺陷	仅在质量方面有缺陷
普通消费者		消费者难以举证，承担不应承担的损失	一般有举证能力，适用“谁主张谁举证”

〔1〕 顺丰官网：收寄标准查询。http://www.sf-express.com/cn/sc/dynamic_function/accept/，访问日期：2018年5月13日。

〔2〕 参见杨立新：《债法总论》，法律出版社2011年版，第67－68页。

续表

消费者＼网络卖家	提供合格商品	在种类、数量等基本属性方面有缺陷	仅在质量方面有缺陷
恶意买家或职业打假人	通过电商平台的解决机制，恶意买家难以得逞；法院通过对案件中商品的数量、原告的其他起诉案件进行审查，能够保护提供合格商品的网络卖家；因疏忽等原因而产生瑕疵的，亦不需承担惩罚性赔偿责任		

表 2 立法改进后

消费者＼网络卖家	提供合格商品	在种类、数量等基本属性方面有缺陷	仅在质量方面有缺陷
普通消费者		由有能力的网络卖家承担举证责任，有利于实体正义的实现	一般有举证能力，适用“谁主张，谁举证”
恶意买家或职业打假人	立法改进尽管增加了网络卖家和快递企业的举证责任，但是并未对涉及网络卖家保护的规定进行修改。对网络卖家的保护通过以下方式进行：一是通过电商平台制定相应规则，二是对原告主体资格、案件中商品数量进行审查。是否增加网络卖家的举证责任，对网络卖家的保护并无影响。		

2. 减少为解决争端而付出的交易成本

若网络购物的流程确如现行制度的规定，为了日后解决争端进行举证，由消费者拆开包裹对内件进行验收，其发生在每次交易中，必将延长快递派送员的派送时间，从而令快递企业雇用更多的派送员，提高快递价格，最终导致此交易成本分摊至消费者。这不仅降低了交易效率，同时产生了不必要的交易成本，形成了由消费者和快递企业共同负担的不经济。而笔者所提出的立法改进措施，去除了实质验收，将争端解决的成本通过司法解释展现，实质上在不损及公平正义的情况下，将争端成本由每次交易进行的实质验收后移至每次纠纷发生时的诉讼，大大减少了为解决争端而付出的交易成本，解决了不经济的现象，提升了交易效率，让网络购物市场能够更有效率地运转。

结论

实质验收的授权性规定意图利用实质验收与外观验收的合一来提高交易效率，保护消费者。但若严格遵守该规定，则会严重降低交易效率，提升交易成本。因为产生了与之相悖的交易习惯，致使这种规定不仅不能保护消费者，反而加重其举证负担，令其承担不必要的损失。因此应当顺应市场形势，承认新的交易习惯，废除规章中的授权性规定并设计新的制度保护消费者，维护交易安全。根据着重点不同，有两个方面的立法改进可供思考。着重于保护消费者，减轻其负担，可将商品瑕疵中的种类瑕疵、数量瑕疵的举证责任分配予网络卖家；着重于维护交易安全，确保商品质量，可将对商品的数量，基本种类的证明责任分配予快递企业。

实质验收所产生的法律问题，也让我们对法的效用进行思考，当法律规定不能适应当前经济形势时，会产生新的社会规范代替法律发挥效用。因此产生的社会规范与法律规范的冲突，则会让一定的经济主体受到不当损害。为避免这种不正义情况的发生，立法机关应及时更新立法，承认新的社会规范，颁布新的法律调整新型法律关系。

（初审人：裴轶）

论商标合理使用规则的完善 *

傅　蕾 **

摘　要：描述性合理使用和指示性合理使用是商标合理使用的两种典型形式，但是我国《商标法》中只有描述性合理使用的相关规定，立法的缺失导致法律适用的不统一。通过对比分析国内外立法和司法实践经验，建议在《商标法》中增加有关指示性合理使用的规定，扩大描述性合理使用的适用范围，并明确商标合理使用的构成要件，以此明确司法实践的裁判理据，统一法律适用标准。

关键词：商标合理使用　描述性合理使用　指示性合理使用

引言

通说认为，商标合理使用，是指在生产经营活动中，经营者以描述性、指示性等方式善意使用与注册商标相同

---

* 本文系 2017 年度国家社会科学基金重大项目“创新驱动发展战略下知识产权公共领域问题研究”（项目编号：17ZDA139）研究成果。

** 傅蕾，中国政法大学民商经济法学院知识产权法专业 2016 级博士研究生、最高人民法院知识产权庭法官（100088）。

或者近似的标志，而不构成侵犯商标权的行为。[1]描述性合理使用和指示性合理使用是商标合理使用常见的两种类型。[2]描述性合理使用，是指在生产经营活动中，经营者为客观描述自己的商品或服务的基本信息，善意使用姓名、地名、时间、商品通用名称、图形，以及在第一含义上使用缺乏显著特征的其他描述性词汇或标志。[3]指示性合理使用，是指在商业活动中，经营者为客观说明自己的商品或者服务源于他人，或者指示自己的商品用途、服务对象及其他特性与他人有关，而善意使用他人的注册商标。[4]

尽管目前，我国学术界对于商标合理使用规则的合理性仍存争议，[5]但最高人民法院却于 2015 年以发布指导性案例的方式明确了实践中商品通用名称合理使用的裁判规则。[6]作为指导案例，案件所明确的合理使用规则对于司法实

---

〔1〕 参见武敏：《商标合理使用制度初探》，载《中华商标》2002 年第 7 期；王艳丽：《论商标权的限制》，载《当代法学》2002 年第 2 期；冯晓青：《商标权的限制研究》，载《学海》2006 年第 4 期；邱进前：《美国商标合理使用原则的最新发展：The Beach Boys 一案评析》，载《电子知识产权》2005 年第 5 期；王莲峰：《我国商标权限制制度的构建——兼谈〈商标法〉的第三次修订》，载《法学》2006 年第 11 期等文章的内容。

〔2〕 我国学者对商标合理使用的分类虽有不同的翻译方式，但基本指向的内容是一致的。例如有学者将商标合理使用分为传统合理使用和指明商标权人的商标合理使用（杜颖：《指明商标权人的商标合理使用制度——以美国法为中心的比较分析》，载《法学论坛》2008 年第 5 期，第 43 页），也有学者将其分为说明性合理使用和被提及的合理使用（胡滨斌：《论中国商标合理使用制度的建构》，载《北京交通大学学报（社会科学版）》2009 年第 2 期，第 81 页）。

〔3〕 王莲峰：《商标合理使用规则的确立和完善——兼评〈商标法（修改稿）第六十四条〉》，载《政治与法律》2011 年第 7 期，第 74 页。

〔4〕 王莲峰：《商标合理使用规则的确立和完善——兼评〈商标法（修改稿）第六十四条〉》，载《政治与法律》2011 年第 7 期，第 74 页。

〔5〕 支持商标合理使用规则的观点多从作用和意义出发，认为商标合理使用是为维系公共利益而对商标权施加的合理限制，构筑了商标制度的重要内容（冯晓青：《商标权的限制研究》，载《学海》2006 年第 4 期，第 138 页；刘启正：《商标权利限制理论及构建》，载《贵州社会科学》2009 年第 3 期，第 95 页）。否定的观点则多从概念及内涵出发，认为商标合理使用是一个伪概念，既然这种使用属于非商标意义上的使用，不是作为商标使用，又何来商标合理使用一说（熊文聪：《商标合理使用：一个概念的检讨与澄清——以美国法的变迁为线索》，载《法学家》2013 年第 5 期，第 148 页；庄智博：《商标合理使用：对商标权限制的误读》，载《集美大学学报（哲社版）》2014 年第 3 期，第 98 页；凌洪斌：《叙述性商标合理使用之证伪——兼评我国新〈商标法〉第 59 条第 1 款》，载《西安电子科技大学学报（社会科学版）》2015 年第 1 期，第 57 页）。

〔6〕 参见最高人民法院指导案例第 46 号"山东鲁锦实业有限公司诉鄄城县鲁锦工艺品有限责任公司、济宁礼之邦家纺有限公司侵害商标权及不正当竞争纠纷案"。山东省济南市中级人民法院（2007）济民五初字第 6 号民事判决书，山东省高级人民法院（2009）鲁民三终字第 34 号民事判决书。

践具有重要的指导和参考作用。在新一轮《商标法》修改启动之际，[1]进一步深入研究商标合理使用规则，系统梳理总结司法实践的积极探索和实践经验，具有重要的学术价值和实践指导意义。本文在分析商标合理使用的正当性基础上，对现有商标合理使用的法律规范及司法适用情况进行分析和总结，指出当前我国商标合理使用法律规定中存在的问题。本文运用比较法研究的方法，尝试探讨我国商标法语境下商标合理使用的完善建议，以期对商标法律制度有所裨益。

一、理论之概述：商标合理使用的正当性基础

探讨商标合理使用问题，不可避免要从商标合理使用的正当性出发，而这种正当性可以从权利不得滥用之内涵、公平正义价值之要求、平衡各方利益之所需等理论学说中找到答案。

（一）权利不得滥用之内涵

洛克的劳动所有权理论认为，世界本属于全人类共有，任何人都不享有对一切自然物品排斥其他人的私人所有权，"惟有通过劳动，使任何东西脱离自然所提供的和那个东西所处的状态，在这上面掺加他自己所有的某些东西，因而使它成为他的财产"。[2]这一理论亦可以用来解释商标的取得。商标原本仅是一个天然符号，正是通过经营者长期、持续地在相关商品或者服务上使用，使得该符号产生了识别相关商品或者服务背后经营者的功能。此时，消费者看到这个符号，不再仅是看到一个天然符号，而是商品、服务、经营者以及企业信息的载体。商标权人通过洛克所说的"用心经营、培育知名品牌"等劳动，使一个个天然符号脱离原始状态，成为满载"商誉"的商标。因此，有学者认为，"商标权的本质就在于保护'创造商誉的劳动投入'。通过'使用'劳动，取得商标权才是最符合商标的功能和商业道德，也才是最公平的"。[3]也正因为如此，"一个人只能占有他为之付出劳动的物品"，[4]"商标

---

〔1〕 国家工商行政管理总局商标局于2018年4月2日在其官方网站发布《商标局关于征求商标法修改意见的公告》，公开向社会公众征求意见。参见中国商标网，sbj. saic. gov. cn/tzgg/201804/t20180402_273481. html，最后访问日期：2018年6月17日。

〔2〕 ［英］洛克：《政府论》（下篇），叶启芳、瞿菊农译，商务印书馆1964年版，第18－19页。

〔3〕 黄汇：《商标权正当性自然法维度的解读——兼对中国〈商标法〉传统理论的澄清与反思》，载《政法论坛》2014年第5期，第138页。

〔4〕 ［澳］彼得·德霍斯：《知识财产法哲学》，周林译，商务印书馆2008年版，第58页。

只是在保护其商誉的范围内才具有禁止他人使用的权利”。[1]超出这个范围，则属于人类共同享有的资源，任何人不具有禁止他人使用的权利。

权利不得滥用是民法的一项基本原则。《民法总则》第132条就明确规定民事主体不得滥用民事权利损害国家利益、社会公共利益或者他人合法权益。禁止权利滥用，本质上是法律对私权行驶的一种限制，体现了法律追求“矫正正义”和“分配正义”的目标。[2]禁止权利滥用也是知识产权法必须遵守的法律原则。根据这一原则，商标权人在行使权利时不得超出商标权设定的正当范围行使或者主张权利，凌驾于公共利益之上。基于长时间、大范围的使用，公共领域中的天然符号可以产生脱离于其“自然含义”的“第二含义”。因为“第二含义”的产生，法律上逐渐认可了这种后天取得的商标显著性和识别性。但是如果任由商标权人行使权利，则因其与生俱来的逐利性，必然会损害公共利益，从而违背建立知识产权制度的初衷。因此，行使商标权应限于其识别范围，当超过此范围而损害公共利益和公共领域之时，则构成对商标权的滥用，为法律所禁止。相应地，如果公众基于自身合理需要使用公共领域中的天然符号，或者基于指示自己商品来源或者服务对象而使用他人注册商标，则构成商标合理使用，不应为法律所禁止。

（二）公平正义价值之要求

洛克认为，如果劳动者在劳动中利用的是公共资源或者公共土地，则其只应就获得的劳动成果或者种植物享有财产权，而其利用的公共资源不应被划归私有。[3]简言之，“一个人不能从共有物中取走超出其能够充分利用的那部分”。[4]对于商标制度而言，《商标法》只保护商标权人通过“使用”劳动获得的“企业商誉”（“第二含义”），而作为天然符号的“自然含义”（“第一含义”），应当保留在公共领域内为人们自由使用。[5]如果仅因为商标获得注册受到法律保护，就将对该标志“第一含义”的使用纳入商标权人的专属领域，这不仅误读了商标权，也非法律公平正义之立法本意。所以，有学者指出：“商标既是私人的又是公共的，《商标法》鼓励人们‘垄断商誉’，但

---

〔1〕 Prestonettes, Inc. v. Coty264 U. S. 359 (1924).

〔2〕 钱玉林：《禁止权利滥用的法理分析》，载《现代法学》2002年第1期，第55页。

〔3〕 胡朝阳：《知识产权的正当性分析：法理和人权的视角》，人民出版社2007年版，第169页。

〔4〕 ［澳］彼得·德霍斯：《知识财产法哲学》，周林译，商务印书馆1964年版，第54页。

〔5〕 黄汇：《商标权正当性自然法维度的解读——兼对中国〈商标法〉传统理论的澄清与反思》，载《政法论坛》2014年第5期，第138页。

永远不鼓励人们‘霸占语言’。”[1]

先满足最重要的和需要优先考虑的利益，然后使其他的利益牺牲最少，一直是法律所追求的平衡目标。[2]商标法通过创设商标合理使用规则，一方面将属于公共资源的地名、姓名、通用名称、商品特点等描述性词汇保留在公共领域，保证公众可以在“第一含义”上自由使用它，另一方面通过对商品来源或者服务对象的有效披露，保障消费者和社会公众的知情权，有效实现商标权人与其他利益主体的公正分配。可以说，知识产权法通过确定知识产权人和社会公众的权利义务实现社会分配的公平正义，有效建立知识产品的创造、流转和使用的秩序，并最终实现法律的公平正义。[3]商标合理使用，不仅是公平、合理分享社会资源，实现商标法正义价值的手段，更是实现商标法公共利益目标，构建商标公共领域的基石。

（三）平衡各方利益之所需

根据洛克的劳动所有权理论，描述性词汇即使被注册为商标，其受保护的范围也仅限于在“第二含义”的商标意义上使用。如果只是作为“第一含义”上使用，则不应受到商标权的限制。然而实践中，很多商标权人基于利润最大化的诱惑或者市场竞争的考虑，不仅主张对商标的“第二含义”——商标商誉享有独占权，还企图垄断商标的“第一含义”——原本属于人类共同享有的符号语言，导致商标权人利益与社会公众需求的矛盾不断激化，利益失衡的现象不断加剧。

商标合理使用规则的构建是平衡商标权人利益与公共利益，保护商标权与竞争秩序的现实需要。首先，它通过赋予经营者善意、正当使用商标的“第一含义”，防止商标权人滥用权利而长期处于垄断地位，保证了公共领域的存在和发展。其次，它通过保障消费者的知情权，使消费者清楚了解商品或者服务的真实信息，如商品或者服务的生产者、经营者、产地、生产日期、特点等，又比如指示商品来源或者服务对象、服务内容等，使得消费者不致对商品或者服务的来源与信息发生错误，从而化解了商标权人与社会公众的

---

〔1〕 黄汇：《商标权正当性自然法维度的解读——兼对中国〈商标法〉传统理论的澄清与反思》，载《政法论坛》2014年第5期，第139页。

〔2〕 袁咏：《数字著作权》，载郑成思主编：《知识产权文丛》（第2卷），中国政法大学出版社1999年版，第12页。

〔3〕 冯晓青：《知识产权法利益平衡原理论纲》，载《河南省政法管理干部学院学报》2004年第5期，第12页。

利益冲突，实现法律关系中各方主体的微妙平衡，使得法律关系中的各方主体如同行驶在道路上的汽车，各自朝着不同的方向有序前进。正因为如此，商标合理使用成为世界各国商标法中通行的例外规则，成为法官手中衡平利益的有效手段。

二、问题的厘清：立法的缺失与司法的困境

（一）商标合理使用的现有制度评析

一般认为，《商标法》第 59 条第 1 款是商标合理使用的法律规定，即："注册商标中含有本商品的通用名称、图形、型号，或者直接表示商品的质量、主要原料、功能、用途、重量、数量及其他特点，或者含有的地名，注册商标专用权人无权禁止他人正当使用。"[1]该条规定来源于 2002 年《商标法实施条例》第 49 条的规定，体现了《商标法》修改过程中立法者对商标合理使用问题的重视。该条文采用列举式立法模式，列举了描述性合理使用的若干情形。但通过对该条文仔细分析可以发现，至少存在以下两方面问题：

第一，列举式模式无法涵盖描述性合理使用的所有情形。该条文仅规定描述性合理使用中对商品通用名称、图形、型号的正当使用，或者商品的质量、原料、功能、重量、数量等特点的正当使用，又或者是地名的正当使用。众所周知，处于公共领域的天然符号众多，而上述条文列举的描述性词汇似乎仅为其中的一部分，遗漏了一些常见的描述性词汇。而且，列举方式无法涵盖描述性合理使用的所有情形。

第二，未明确商标合理使用的另一种类型——指示性合理使用。前文已述，除了描述性合理使用外，学理通说认为商标合理使用还包括指示性合理使用。在生产经营活动中，经营者借助他人的注册商标来指示自己所提供的商品或者服务的情形较为常见。如在商品零部件、配件的销售中指示商品用途或者服务对象，商业销售中指示商品来源等。立法的缺失导致出现此类案件时，法官难以援引明确的法律规定及时有效地解决纠纷。

虽然北京市高级人民法院在 2006 年发布了《北京市高级人民法院关于审理商标民事纠纷案件若干问题的解答》（以下简称"《解答》"）对商标合理使用作出了较为全面的规定，如其中第 26 条明确商标合理使用的构成要件，第 27 条明确何种行为属于商标合理使用，并引入指示性合理使用的内容。但是

---

〔1〕 由于《商标法》第 59 条第 2 款是针对三维标志注册商标的正当使用这一特殊情形，适用的对象和范围都比较特殊，不具有一般普适性，故不列入本文讨论的范围。

《解答》毕竟属于地方法院制定的审理指南，不属于司法解释，在适用范围上也仅限于北京市。特别是当前侵害商标权民事纠纷案件呈现快速增长的趋势下，[1]《商标法》上的立法漏洞会使法官“巧妇难为无米之炊”，让涉及商标合理使用的司法判定成为实践中的一个难点。目前，相关的司法案例已经出现，司法实践的情况亦印证了上文的分析结论。

（二）商标合理使用的司法实践审视

在纷繁复杂的商标民事侵权纠纷中，在被诉侵权人不享有在先权利的情况下，商标合理使用往往成为其主张不侵权抗辩的主要理由。[2]此时，涉案标识是在商标意义上的使用，还是以描述或者指示为目的进行的合理使用，往往成为法庭争议的焦点。

1. 描述性合理使用的扩张趋势

“商标权人不能将某一描述性的短语作为其独占使用的权利加以限定，从而剥夺他人对其商品进行准确描述的权利”是描述性合理使用的立法本意。[3]但目前的《商标法》仅列举了部分描述性合理使用，司法实践中已出现不少对姓名、企业名称、时间，商品包装、系列或款式名称等描述性词汇的合理使用需求。

（1）对姓名、企业名称合理使用规则的现实需求。在“庆丰”商标侵权及不正当竞争纠纷案中，成立于1982年的北京庆丰包子铺（以下简称“原告”）拥有“慶豐”服务商标和“老庆丰+laoqingfeng”商品商标。山东庆丰餐饮公司（以下简称“被告”）自2009年成立以来迅速在山东地区开设了多家餐厅，并以“庆丰”作为其企业字号在公司网站和餐厅中使用。原告以被告的行为容易造成相关公众的混淆误认，构成商标侵权和不正当竞争，提起本案诉讼。案件审理中，被告抗辩：其法定代表人的姓名为徐庆丰，而且“庆丰”也系其企业字号，因此，被告对“庆丰”的使用，既是对公司法定

---

〔1〕 2017年我国商标注册申请量达574.8万件，较2016年同比增长55.7%。参见中国新闻网，www.chinanews.com/cj/2018/01-18/8427846.shtml，最后访问日期：2018年6月17日。2017年我国各级法院受理的商标民事一审案件达37 946件，较2016年同比上升39.58%。参见中华人民共和国最高人民法院官方网站，www.court.gov.cn/zixun-xiangqing-91462.html，最后访问日期：2018年6月17日。

〔2〕 笔者在“中国裁判文书网”中，限定检索时间为2010年1月1日至2017年12月31日，限定案件类型为民事一审案件，输入检索关键字“商标+合理使用”，显示的案件有767件，输入检索关键字“商标+正当使用”，显示的案件有576件，表明司法审判中，商标合理使用常常成为商标民事案件的抗辩事由。参见中国裁判文书网，wenshu.court.gov.cn/index，最后访问日期：2018年6月17日。

〔3〕 邱进前：《美国商标合理使用原则的最新发展：The Beach Boys一案评析》，载《电子知识产权》2005年第5期，第52页。

代表人姓名的合理使用，也是对该公司字号的合理使用。对此，二审法院与最高人民法院的观点存在不同认识。二审法院认为，被告的企业名称中含有“庆丰”二字，被告在提供服务或者进行宣传时使用“庆丰”二字，属于对企业名称简称或字号的合理使用，不构成商标侵权。最高人民法院再审认为，虽然被告的法定代表人徐庆丰的姓名中含有“庆丰”二字，其可以在经营活动中合理使用自己的姓名，但这种使用不得违反诚实信用原则。本案大量证据证明，原告及其商标在全国具有较高的知名度和影响力，特别是徐庆丰曾经在北京餐饮行业工作，应当知道原告及其商标。因此，被告注册与原告字号相同的企业字号“庆丰”，并在类似服务上突出使用“庆丰”商标，主观上具有攀附原告商标的恶意，其行为不属于对姓名的合理使用。[1]

本案中，尽管二审法院与最高人民法院对于是否构成姓名、企业名称的合理使用存在不同看法，但都认为姓名和企业名称可以成为合理使用的对象。只是在合理使用的裁量中，最高人民法院着重考量了下列因素：①被告的主观使用意图。被告的法定代表人曾经在北京餐饮行业工作，应当知晓原告的知名度，在此情况下注册包含“庆丰”的企业名称，主观上有攀附原告知名度的恶意，有违诚实信用原则。②被告使用行为的正当性。被告在网站、经营场所中使用“庆丰”文字属于突出使用，构成商标性使用。

虽然姓名、企业名称的合理使用需要法官依据个案的情况作出具体判定，但不容置疑的是，此类合理使用及其判断标准的缺失，无疑加剧了上下级法院观点矛盾、裁判结果不一致的司法现状。而且，有研究表明，对企业名称的合理使用在所有商标合理使用中占比较大。[2]此外，对于是否属于合理使用，不仅要看使用的形式，也要进一步考虑使用人的主观恶意以及相关公众的认知。因此，立法有必要回应现实对于姓名、企业名称合理使用的需求。

（2）商品包装、系列、款式名称合理使用规则的欠缺。在“青花”商标民事侵权案中，涉案商标为包含“青花”文字的图文商标，核定使用在第33类酒商品上。原告为涉案商标的独占使用被许可人，被告为江苏省内众多生产、销售白酒商品的企业和超市。原告以被告生产、销售的涉案白酒商品及

---

〔1〕 参见山东省高级人民法院（2014）鲁民三终字第43号民事判决书、最高人民法院（2016）最高法民再238号民事判决书。

〔2〕 根据薛斯佳在其硕士论文《商标合理使用理论问题研究——以50个典型案例判决为研究视角》中的统计，在其广泛挑选的50个商标合理使用典型案例中，有16件涉及企业名称的合理使用，占比达到32%。

外包装上使用“青花窖藏”“青花典藏”等文字侵害“青花”商标权为由，在江苏省内的无锡、泰州、常熟等地提起了多件商标侵权诉讼。在基本相同的案情下，各个法院的裁判理由和裁判结果却截然不同。泰州中院一审认为“青花”为涉案商标的主要识别部分，涉案白酒上使用的“青花典藏”文字与“青花”商标构成近似，属于商标性使用，构成商标侵权。[1]江苏高院则在二审中同时以被告行为构成描述性合理使用和两标志不构成近似为由予以改判。江苏高院指出：一方面，被告在酒瓶及外包装上使用的文字属于描述性使用，指代了白酒的包装、系列；另一方面，涉案商标为文字、拼音加图形的组合商标，图形为其显著识别部分，被告使用的“青花典藏”文字与涉案商标不相同也不近似，不会造成相关公众的混淆与误认。[2]苏州中院则认为“青花”不属于涉案商标的显著识别部分，比对时仍应当以图文商标整体作为比对的基础，认定“青花窖藏”文字与涉案商标不近似，判决驳回原告的诉讼请求。[3]最高人民法院在再审裁定中以被告对“青花”文字的使用是对以青花瓷瓶盛装白酒以及白酒系列或款式名称的一种描述性使用构成正当使用为由，驳回原告的再审申请。[4]

本文无意去探讨上述裁判的对错，但是裁判规则适用与裁判结果的差异充分说明：首先，《商标法》中缺乏对商品包装、系列、款式名称等描述性词汇合理使用的规定，但现实确有对其合理使用的需求。其次，裁判规则的不清晰、不明确导致裁判理由和判决结果的不一致，极大地损害司法权威，立法对描述性合理使用的构成要件亟待明确。

(3) 概括加列举立法模式的客观需要。此外，还有一些描述性词汇也未涵盖在当前的《商标法》规定中。以“珠江啤酒”“珠江钢琴”为例，“珠江”作为符号，原本是指广东省境内的一条河流，之后被经营者借来指代其生产的啤酒、钢琴，但经营者并不能禁止他人合理使用作为第一含义的“珠江”。还如“双十一”虽为阿里巴巴公司的注册商标，但是它并不能限制其他商家将“双十一”作为时间和节日使用。类似的案例还诸如“熊猫”牌香烟，作为中国国宝动物的“熊猫”是该词的“第一含义”，即使当经营者通过广泛、

〔1〕参见江苏省泰州市中级人民法院（2015）泰中知民初字第74号民事判决书。

〔2〕参见江苏省高级人民法院（2016）苏民终305号民事判决书。

〔3〕参见江苏省苏州市中级人民法院（2016）苏05民终674号民事判决书。

〔4〕参见最高人民法院（2017）最高法民申4380号民事裁定书。

持续使用而使该词获得显著性，成为一款香烟品牌后，也不得禁止他人在“第一含义”上自由使用。

可见，描述性词汇范围广且无法穷尽，当前我国《商标法》所采用的列举式规定内容极其有限，应当予以补充并加以概括，以适应不断发展繁荣的生产经营需要。否则，一旦实践中出现《商标法》第59条第1款未曾列举的情形，我国现行商标法律制度将无法应对。可能有人会说，增加列举相关词汇即可解决该问题，然而如果将来又出现立法之外的新情形，势必又会导致法律适用的困难，而必须以法律的修订予以完善，并且频繁地修订法律也会损害法律的权威性。这说明商标合理使用的列举立法模式已难以适应社会实践的不断发展变化。而且，描述性合理使用构成要件的不明确，既影响社会公众对商标公共领域的合理利用，也使得一些超过正当、合理使用限度的行为损害了商标权人利益，不能有效实现商标权人与公共利益的精妙平衡。

2. 指示性合理使用的缺失

一般来说，第三人不得随意使用他人的商标，但是在某些特定情况下，第三人如果不使用他人商标就很难指示特定的商品或服务，此时应当允许其善意合理使用。该种使用不构成对商标权人的侵害。

关于商标指示性合理使用，我国立法层面虽未明确，但是在实践中，特别是在零配件、消耗性产品的生产销售上却出现了不少类似案件。从2006年生产滤清器的公司在滤清器产品中使用“FOR VOLVO”“FOR CATERPILAR”文字构成侵权，到2001年展进贸易公司在淘宝网上为销售油漆使用“Nippon Paint 立邦漆”不构成商标侵权，再到2013年销售“联想”电脑的经销商使用“lenovo 联想”商标认定侵权，法院对于是否构成指示性合理使用给出各自不同的答案。

在“Nippon Paint 立邦漆”商标侵权案中，法院认为，被告的淘宝网店销售了不同品牌的油漆，既包括立邦漆，也包括其他品牌的油漆。因此，被告这种为指示其所销售的商品品牌而使用立邦公司“Nippon Paint 立邦漆”商标的行为，不构成商标侵权。[1]而在“lenovo 联想”商标侵权案中，法院的结论却不尽相同。法院指出，顾清华作为“联想”电脑的经销商，本可以以“本店销售联想电脑”这种合理方式去指示商品品牌和来源，但是其却在经营

〔1〕 参见上海市徐汇区人民法院（2011）徐民三（知）初字第138号民事判决书、上海市第一中级人民法院（2012）沪一中民五（知）终字第64号民事判决书。

场所中大量使用涉案商标，并且突出使用相关标识，容易使消费者误认为顾清华与联想公司存在某种特定商业关系，此行为不构成合理使用。[1]在此案中，法院对指示性合理使用的使用方式和主观意图有了更明确的限制，即使用方式应当限制在必要且合理的限度范围内，达到说明商品来源即可。而且，不能以突出使用方式误导消费者，使消费者误认为使用人与商标权人存在特定关系。

而在“以纯”商标侵权案中，指示性合理使用问题再次成为案件的核心焦点。原告系东莞市以纯集团有限公司，被告是在淘宝网上开设店铺的个人。原告以被告在网店中使用了“以纯正品”“以纯专柜正品”等标识侵犯其商标权为由，在全国各地提起多起侵权诉讼。诉讼中，被告抗辩其销售的衣服均为以纯正品，其在商品名称中使用“以纯”文字是对该商品属性的描述，属于商标合理使用，不构成侵权。在案情类似的情况下，全国各地法院却出现了不同的判决结果。有些法院支持了被告的抗辩，认为被告的行为是为了指示其所销售的商品品牌信息，属于指示性使用，不构成侵权。[2]有些法院则从举证责任的角度，认为被告不能证明其销售的商品系以纯正品或者具有合法来源，构成商标侵权。[3]还有些法院围绕应当由原告举证证明是侵权商品还是由被告举证证明其销售的商品来源于正品作出了不同的举证责任分配，进而得出不同的判决结果。[4]

如前所述，指示性合理使用与描述性合理使用相比，在使用方式、使用内容、法律特征等方面均存在较大差异，应当分别予以规定。当前指示性合理使用规则及其构成要件的立法缺位，已经引发司法实践中法官被迫扩张司法裁量权、类似案件裁判标准和裁判结果不统一等问题，对此有必要予以明确和澄清。

---

〔1〕 参见江苏省高级人民法院（2014）苏知民终字第0142号民事判决书。

〔2〕 参见浙江省杭州市余杭区人民法院（2013）杭余知初字第113号民事判决书、浙江省杭州市中级人民法院（2014）浙杭知终字第80号民事判决书。

〔3〕 参见江苏省如皋市人民法院（2014）皋知民初字第0108号民事判决书、江西省景德镇市中级人民法院（2014）景民三初字第1号民事判决书、河南省信阳市中级人民法院（2014）信中法民初字第13号民事判决书。

〔4〕 参见辽宁省辽阳市中级人民法院（2014）辽阳民三初字第9号民事判决书、辽宁省高级人民法院（2014）辽民三终字第223号民事判决书。

三、国际之共识：商标合理使用的域外经验

"他山之石，可以攻玉。"无论是《TRIPS 协定》，还是美国、欧盟等发达国家的商标法律制度都有商标合理使用的明确法律依据，并且通常也以描述性合理使用和指示性合理使用加以区分和判断。

（一）描述性合理使用

1.《TRIPS 协定》

《TRIPS 协定》第 17 条有关商标权例外的规定是 WTO 各国规定商标合理使用的国际法依据。我国作为成员国，应当遵守上述规定。该条文规定："各成员可对商标所授予的权利规定有限的例外，如合理使用描述性词语，只要此类例外考虑到商标所有权人和第三方的合法利益。"根据该规定，《TRIPS 协定》没有对商标权例外作出详细的列举或者定义，只以"如合理使用描述性词语"这一举例方式对商标权例外作出说明。即《TRIPS 协定》事实上允许 WTO 成员方在国内法中规定商标权例外，并且没有限制商标权例外的内容，给予各成员国一定的自主权，但同时亦指出，这种商标权例外是"有限度"的，必须考虑商标所有权人和第三方的合法利益。可见，该规定兼具原则性与灵活性，而其中的原则也是我国制定商标合理使用规则的重要国际法依据。

2. 美国

商标合理使用规则来源于美国，并在美国的司法实践中不断丰富和发展。美国的描述性合理使用主要通过成文法予以规定。美国《兰汉姆法》第 1115 条 b 款第 4 项采用概括加列举的方式规定，"被指控为侵权的名称、术语或图形的使用，并非是作为商标的使用，而是对当事人自己商业的个人名称的使用，或者对当事人共同利益人的个人名称的使用，或者对具有描述性且公正善意地描述了当事人的商品或服务或其产源的术语或图形的使用"，不应被视为商标侵权。[1]该规定将商品商标和服务商标实践中常见的对姓名、名称、图形的正当使用以列举的方式予以描述，同时又以"具有描述性的术语或图形的使用，不被视为商标侵权"予以概括，清楚、全面地对描述性合理使用作出规定。此后，在 The Beach Boys 案中，美国法院对描述性合理使用的构成要件进一步阐明了观点。该案中，The Beach Boys 组合注册了以其组合名称为内容的商标，并交由 Brother Records，Inc.（以下简称"BRI 公司"）管理。

〔1〕 参见中国人民大学知识产权教学与研究中心、中国人民大学知识产权学院：《十二国商标法》，清华大学出版社 2013 年版，第 499 页。

在 The Beach Boys 组合解散后，作为曾经成员之一的贾丁（Jardine），在未得到 BRI 公司授权的情况下，使用乐队组合的名字进行宣传和演出。案件审理中，贾丁提出商标合理使用抗辩。法院指出，如果被告是在“第一含义”（“经常在海边沙滩上嬉戏的男孩”）上使用“The Beach Boys”，以描述性方式而非商标性使用，而且属于善意、合理的使用，那就符合描述性合理使用的情形。但本案中，贾丁并非在“第一含义”上使用组合名称，因此不构成描述性合理使用。由此，美国法院在该案中明确描述性合理使用的三个构成要件：①为描述自己的商品或者服务而使用；②属于善意、合理的使用；③该使用是描述性的而非商标意义上的使用。[1]该案表明，当商标权人与社会公众发生利益冲突时，美国法院“稍稍倾向于经营者在非商标意义上使用描述性词语的权利”[2]，即公共利益的保护。

3. 欧盟及其成员国

欧盟也有关于描述性合理使用的规定，主要体现在《欧洲共同体商标条例》和各成员国的成文法中。《欧洲共同体商标条例》第 12 条 a 项和 b 项规定，“在符合工商业务诚实惯例的条件下，商标权人无权制止第三方在贸易过程中使用自己的名称或地址，或者有关品质、质量、数量、用途、价值、产地名称等特点的标志”。该条文特别提及商标合理使用必须符合工商业务诚实惯例，这一点虽与《TRIPS 协定》、美国《兰汉姆法》中的具体表述不同，但都属于对使用者主观意图以及具体行为方式作出的要求，其实质内容是一致的。欧洲各国如《德国商标法》第 23 条第 1 项和第 2 项[3]、《法国知识产权法典》第 L713 -6 条 a 项[4]和《英国商标法》第 11 条第 2 款 a 项和 b 项[5]

---

[1] 邱进前：《美国商标合理使用原则的最新发展：The Beach Boys 一案评析》，载《电子知识产权》2005 年第 5 期，第 52 页。

[2] J. Thomas McCarthy, *On Trademarks and Unfair Competition*, 4th ed., 2006.

[3] 《德国商标法》第 23 条规定：“商标或商业标志所有人应无权禁止第三方在商业活动中使用下列标志，只要这种使用不与普遍接受的道德原则相冲突：①其名称或地址；②与该商标或商业标志相同或近似，但与商品或服务的特征或属性，尤其是与其种类、质量、用途、价值、地理来源或商品的生产日期或服务提供日有关的标志。”

[4] 《法国知识产权法典》第 L713 -6 条规定：“商标注册并不妨碍在下列情况下使用与其相同和近似的标记：（a）作为公司名称、厂商名称或牌匾，只要该使用先于商标注册，或者是第三人善意使用其姓氏。但是这种使用行为损害注册人权利的，注册人可要求限制或禁止其使用。”

[5] 《英国商标法》第 11 条第 2 款规定：“下列行为未构成对注册商标的侵权，条件为这种使用是根据工商事务中的诚实原则进行的：（a）一个人使用自己的名字和地址，（b）使用关于种类、质量、数量、用途、价值、地理来源、商品生产或服务提供日期或商品或服务的其他特点的说明。”

均有类似描述性使用不侵犯商标专用权的规定。这些规定也普遍将姓名、企业名称、时间等纳入描述性合理使用的范畴。

（二）指示性合理使用

1.《TRIPS 协定》

《TRIPS 协定》第17条虽未明确将指示性合理使用的内容纳入该条文中，但如前所述，该条文具有一定的灵活性，并未限制各成员国在国内法中创设其他类型的商标权例外。

2. 美国

美国法中许多法律规则是通过判例的形式予以规定和明确，指示性合理使用就是其中之一。指示性合理使用最早是在美国1992年的 New Kids on the Block 案中确立。该案中，美国新闻出版公司和 Gannelt 卫星信息网络公司做了一个调查，问年轻的读者“以下五人你最喜欢哪一个”，其中就包括 New Kids on the Block 组合，并且使用了该组合的名称和照片。New Kids on the Block 组合发现后起诉两公司，认为他们未经许可并且未支付费用使用了组合的商标。在该案中，法院明确了指示性合理使用需要满足三个条件：其一，该商品或者服务必须是不使用该商标就不能容易地被识别；其二，仅在识别该商品或者服务所必需的合理范围内使用该商标；其三，使用者不得暗示其获得商标权人的赞助或者许可。最终，法院判决两公司属于合理使用，不构成侵权。[1]此后，虽然美国法院和学者一度将“使用行为不会造成混淆”增加作为判断指示性合理使用的构成要件，[2]但是经过司法实践的不断检验，美国法院已经修正了该意见。美国最高法院在 KP 案中明确指出“混淆可能”不是使用商标合理使用的障碍。此后，其他法院也纷纷表明和坚持了这一观点。[3]至此，美国法院关于指示性合理使用的裁判标准终于尘埃落定。这一经过司法实践反复研究和考证的裁量标准值得我国立法时参考借鉴。

3. 欧盟及其成员国

欧盟及其成员国对于指示性合理使用的规定也体现在成文法中，并且通

---

〔1〕 New Kids on the Block v. New s America Pub , Inc. 971 F . 2d 302 , 309 (9 th Cir . 1992).

〔2〕 Doellinger Chad J. , “Nominative Fair Use: Jadine and the Demise of a Doctrine”, *Nothwestern Jurnal of Technology and Intellectual Property*, Vol. 1 Issue 1 (Spring 2003), at 67. Brothers Records, Inc. v. Jardine, 318 F. 3d 900 (9th Cir 2003).

〔3〕 Century 21 Real Estate v. Lending tree, Inc, [No. 03 – 4700 (3d Cir Oct. 11, 2005)] . Hensley Mfg. , Inc. v. ProPride, Inc. , 579 F. 3d 603, 2009 FED App. 0324P (6th Cir 2009).

常与描述性合理使用共处于同一条文项下。《欧洲共同体商标条例》第12条c项规定，“在符合工商业务诚实惯例的条件下，共同体商标权人无权制止第三方在贸易过程中使用需要用来表明商品或服务用途的标志，特别是用来表明商品零部件用途的商标。”该条文强调第三方在使用他人商标时必须基于善意且不得误导消费者，这一要求与描述性合理使用的规定是一致的。而且这一观点可以在诸多案件中找到踪影。如在欧洲法院审理的BMW案中，原告为BMW公司及其关联公司，被告是荷兰一家汽配修护厂。原告起诉称，被告在广告中宣传自己销售二手BMW汽车，并修理和保养BMW汽车，侵害了其BMW商标权。荷兰最高法院将该案提交欧洲法院。欧洲法院审理后认为，BMW公司无权阻止被告向消费者客观描述其销售BMW二手车这一真实情况。但是被告不得误导公众，使公众认为被告与原告有商业上的联系，尤其是使公众认为被告系原告销售网络的一部分或者与原告有特殊的商业关系。如果被告的行为导致公众误认，则商标权人可以阻止这种使用行为。〔1〕

德国、法国、英国在其成文法中也规定了指示性合理使用的相关内容，并且与描述性合理使用一样，都强调使用者的行为必须基于善意、符合诚信原则。具体可见《德国商标法》第23条第3项〔2〕、《法国知识产权法典》第L713－6条b项〔3〕及《英国商标法》第11条第2款c项〔4〕的规定。

（三）域外经验之启示

通过对《TRIPS协定》等国际公约以及美国、欧盟等发达国家的商标合理使用规则的仔细分析，可以得出以下两点启示：①从类型上看，通常对描述性合理使用和指示性合理使用两种类型加以区分，分别规定。如美国在成文法中规定描述性合理使用，并通过判例法进一步发展和完善相关法律规则。但对于指示性合理使用，则主要是通过判例法来规定。欧盟则以商标法同一

---

〔1〕 BMW v. Deenik，C－63/97（ECJ，23.02.1999）。

〔2〕《德国商标法》第23条规定：“商标或商业标志所有人应无权禁止第三方在商业活动中使用下列标志，只要这种使用不与普遍接受的道德原则相冲突：3. 必须用该商标或商业标志表示一个产品或服务的用途，尤其是作为附件或配件。”

〔3〕《法国知识产权法典》第L713－6条规定：“商标注册并不妨碍在下列情况下使用与其相同和近似的标记：（b）标注商品或服务尤其是附件或零部件的用途时所必需的参照说明，只要不致导致产源误认。但是这种使用行为损害注册人权利的，注册人可要求限制或禁止其使用。”

〔4〕《英国商标法》第11条第2款规定：“下列行为未构成对注册商标的侵权，条件为这种使用是根据工商事务中的诚实原则进行的：（c）当有必要说明某一产品或服务的用途（尤其是附件和备用件）时。”

条文的不同款项对两种合理使用分别作出规定。作为国际法依据的《TRIPS 协定》仅对商标侵权例外作出原则性规定，并未限制各成员国创设不同类型的商标合理使用。②从构成要件上看，各国在规定商标合理使用时都强调使用者的主观意图应当是善意的，并且符合诚实信用原则和商业惯例。如美国强调“公正善意”；欧盟、英国强调要“符合工商业务诚实惯例”；德国强调要遵守“普遍接受的道德原则”。《TRIPS 协定》第 17 条虽然规定得比较灵活，但也特别明确商标权例外需要考虑“商标权人和第三方的合法利益”。

四、规范与重构：我国商标合理使用规则之完善

作为平衡商标权人与社会公共利益的有效利器，商标合理使用已成为商标法维护公共领域的重要手段。目前，我国《商标法》中仅有描述性合理使用的规定，且现有规定存在不足之处。为实现商标法的公共利益目标，促进商标法上公共领域的健康发展，有必要借鉴美国和欧盟等发达国家的立法经验，对我国商标合理使用规则予以完善。具体来说，本文建议：

第一，对商标合理使用规则采用列举加概括式的立法模式。我国《商标法》对商标合理使用采取列举式的立法模式，其优点在于指示明确，可操作性强，但缺点在于缺乏现实针对性，不能适应千变万化的社会实践需要。法律是社会现实的反映，它作为社会生活的产物，不可能脱离社会现实而存在。但同时，法律也应当保持适度的前瞻性和超前性，为社会现实预留发展空间。实践证明，商标合理使用的列举加概括式的立法模式优于列举式立法模式。为了保障社会公共利益，适应不断发展变化的社会实践，促进商标合理使用规则不断完善，我国可以借鉴台湾地区“商标法”、美国《兰汉姆法》，采用列举加概括并用的立法模式。如美国《兰汉姆法》第 1115 条 b 款第 4 项除列举几种描述性合理使用情形外，还概括规定“具有描述性的术语或图形不被视为商标侵权”。台湾地区“商标法”第 23 条第 1 项则通过“其他有关商品本身之说明不受他人商标专用权之效力所拘束”对商标合理使用予以概括。[1]为维护我国公共领域健康发展，确保为公众留下足够多、同样好的东西，有必要在具体列举商标合理使用情形的同时，增加概括性的表述内容或者兜底条款，以适应社会的不断发展进步，满足社会公众的正当需求。

---

〔1〕 台湾地区的“商标法”第 23 条第 1 项规定：“凡以善意且合理使用之方式，表示自己姓名、名称或其商品之名称、形状、质量、功用、产地或其他有关商品本身之说明，附记于商品之上，非作为商标使用者，不受他人商标专用权之效力所拘束。”

第二，将《商标法》中的正当使用改为合理使用。合理使用制度作为舶来品，英文称之为“fair use”，我国理论界通常称之为合理使用。《TRIPS 协定》和各国商标法的中文版无一例外地将之翻译为“合理使用”。但是我国《商标法》却使用了“正当使用”一词。尽管两词的含义差别不大，但“合理使用”一词更为规范，更符合国际惯例和英文原意。相比之下，“正当使用”一词似乎无法涵盖这一规则的内在要求——商标合理使用除使用行为必须正当外，使用者的主观意图也需基于善意，并且不得违反诚实信用原则。为保持术语的统一性、规范性，建议将《商标法》中这一表述改为“合理使用”一词。

第三，增加指示性合理使用规定。指示性合理使用规定的缺失，一方面，使得商标权人以外的经营者在使用他人商标时缺乏有效指引，往往存在使用不规范的情形，从而损害商标权人的利益；另一方面，也导致商标权人滥诉，不正当地扩大权利保护范围，进而损害公众正当、合理利用他人商标来指示自己商品或者服务的自由。

如前所述，描述性合理使用和指示性合理使用都可以在美国和欧盟等发达国家找到法律依据，并且这两种商标合理使用在使用方式、使用内容、法律特征等方面差异较大，应当分别予以规定。我国《商标法》上指示性合理使用的缺失，使得法官在遇到如前述“以纯”案件时不能得到明确的法律指引，而被迫“造法”，扩大司法裁量权。因此，有必要将指示性合理使用纳入《商标法》规定中。

依据《TRIPS 协定》所确定的原则，借鉴美国“KP 案”、欧盟“BMW 案”的经验，我国的指示性合理使用应当符合以下两方面要求：①使用他人商标的必要性。这一要求相当于美国判例法中指示性合理使用构成要件的第 1 条，即如果不使用他人商标就很难描述清楚自己的商品或服务的完整信息，或者难以用简单的语言向公众传递这一信息。②使用行为应当基于善意且符合诚实信用惯例。这一要求相当于美国指示性合理使用构成要件的后两条。即第三人使用他人商标应当在合理的限度范围内，并且不得误导消费者，使消费者觉得使用人与商标权人之间有特定的赞助、许可等商业关系。

同时，鉴于指示性合理使用使用方式的特殊性，对于指示性合理使用的举证责任分配可以适用“举证转移”的方式。即当原告对被告商品来源于原告予以否认，并指出被告商品与正品的差异，让法官对被告商品的来源产生合理怀疑时，则应由被告就其商品来源于原告进行举证。

第四，完善描述性合理使用的相关规定。如前所述，除目前《商标法》列举的描述性词汇外，公共领域中诸如自然人姓名、企业名称、时间以及其他具有固有“第一含义”的语言符号都应纳入描述性合理使用的范畴，以满足社会公众对此类描述性词汇的合理使用需求，这也是欧美等发达国家商标合理使用立法的通常规定。而且，从现实层面看，概括性规定虽有助于增加知识产权法的社会回应能力。但是，由于概括性规定通常比较原则和抽象，容易导致司法机关法律适用困难或司法裁量权过大等不利因素。因而在明确概括性条款的同时，应当充分列举商标合理使用的典型情形，并且明确具体的适用条件，以增强该制度的可操作性。

我国在构建描述性合理使用规则时，可以借鉴美国在The Beach Boys案中确立的规则，明确描述性合理使用的下列构成要件：①这种使用是为了客观描述或者说明自己的商品或者服务的信息；②使用基于善意，不得违反诚实信用原则；③使用的方式必须正当，只是作为非商标意义上的使用。如果使用中存在突出使用、商标性使用，或者使用超过必要的限度，则难谓之正当。如前述“庆丰”案所揭示的，“若此种使用非基于善意，并且存在突出使用的情形”是为法律所禁止。

结语

无论商标合理使用这一概念是否科学，世界各国商标法已普遍接受这一规则。商标合理使用具有存在与发展的正当性基础。并且不可否认的是，商标合理使用对于特定公共领域保留，实现商标权人利益和社会公众正当需求之间的和谐，化解资源共享和权利独占之间的矛盾发挥了重要作用。随着市场经济不断发展繁荣和商标价值的与日俱增，社会实践已反映出对商标合理使用的广泛迫切需求。但是目前《商标法》的相关规定并不完善，司法实践也没有形成统一的司法尺度，这造成了司法实践的冲突与困惑。有必要在《TRIPS协定》所确立的“考虑商标权人和第三方合法利益”的原则下，借鉴欧美等发达国家的立法经验，并结合我国的国情，对商标合理使用规则予以完善。具体条文建议为：

注册商标专用权人无权禁止他人在商业活动中合理使用下列与注册商标相同或者近似的标识：

（1）善意使用商品的通用名称、图形、型号，或者表示商品或者服务的质量、主要原料、功能、用途、重量、数量、包装、系列等其他特点，或者地名、姓名、企业名称、时间等描述性词汇；

(2) 为指示商品的来源、用途或者服务对象等特性而使用他人的注册商标;

(3) 其他商标合理使用行为。

同时,建议进一步明确,商标合理使用必须符合下列要件:

(1) 为了客观说明或者指示商品、服务的信息;

(2) 基于善意,符合诚实信用原则;

(3) 使用手段正当,不是作为自己商品或者服务的商标使用。

(初审人:施小雪)

论我国声音商标显著性审查规则的修正

宋金玲 *

摘　要：在我国声音商标注册申请的审查实践中，审查机关一般以声音商标的长期使用作为声音商标具有显著性的判断前提，即否认声音商标的固有显著性。这种审查规则既在国际上难寻先例，亦缺乏法律和理论依据，造成了我国实践中声音商标注册率过低之后果，影响了权利人的品牌经营，有悖《商标法》将声音商标纳入保护范围的立法本意。声音商标的固有显著性，不应被"一刀切"式地予以否定，而应遵循传统商标固有显著性的判断原理，从识别性、描述性和通用性的角度予以审查。对缺乏固有显著性的声音商标类型应予以明确，包括缺乏识别性、具有描述性或通用性的声音标志和单纯的人声朗诵标志，以此增强声音商标审查的确定性。

关键词：声音商标　固有显著性　获得显著性

2016年5月13日，中国国际广播电台在第38类和第41类服务上申请注册的第14503615号"开始曲"声

* 宋金玲，中国政法大学民商经济法学院知识产权法专业2014级博士研究生，主要从事知识产权法律制度研究（100088）。

音商标成功获得注册,[1]该商标成为我国获准注册的首例声音商标。2018 年 4 月 27 日，北京知识产权法院就关于第 14502527 号“嘀嘀嘀嘀嘀嘀”声音商标驳回复审行政诉讼案件作出一审判决，认定腾讯科技（深圳）有限公司（以下简称“腾讯公司”）申请注册的“嘀嘀嘀嘀嘀嘀”声音商标具有显著性，判决撤销国家工商行政管理总局商标评审委员会（以下简称“商评委”）作出的原驳回复审决定，并判决商评委重新作出审查决定。[2]历时四年，腾讯公司的声音商标终于迎来了注册的曙光。此案也成为我国首例声音商标行政诉讼案。

作为首例获准注册的声音商标和首例经过行政诉讼的声音商标，上述两案获得了媒体和学界的普遍关注。自 2014 年 5 月 1 日商标局开始受理声音商标注册申请，至 2018 年 10 月 12 日，我国声音商标申请量超过 596 件。[3]其中，已经获得商标局初步审查结果的已经五百有余，而获得注册的，仅有不到三十件，占全部申请量的 4% 左右，其余全部被初步驳回。[4]为何中国国际广播电台的“开始曲”商标得以顺利注册，而包括腾讯公司的“嘀嘀嘀嘀嘀嘀”商标在内的大量声音商标却被商标局初步驳回？腾讯公司的“嘀嘀嘀嘀嘀嘀”商标又为何能够在一审行政诉讼中获得胜利？这其中涉及的核心问题，即声音商标显著性的认定问题。声音商标作为非传统商标，并非国际上公认的商标类型，我国将其纳入立法保护范围的时间尚短，其显著性的认定问题仍存在争论。本文将参考欧美等部分国家和地区的相关经验，结合我国的审查实践，对声音商标显著性的认定问题作出探讨，对我国声音商标显著性的审查规则提出修正意见。

一、我国声音商标显著性的审查实践

声音商标，又称听觉商标、[5]音响商标,[6]顾名思义，就是含有声音元素的商标。学者多将声音商标作为一种非可视性商标而与传统的可视性商标

---

〔1〕《商标公告》，国家工商行政管理总局商标局 2016 年第 1503 期，第 15188 页。

〔2〕参见北京知识产权法院（2016）京 73 行初 3203 号行政判决书。

〔3〕参见国家工商行政管理总局商标局网上商标查询系统，http://sbj.saic.gov.cn/sbcx/，最后访问日期：2018 年 10 月 12 日。

〔4〕参见国家工商行政管理总局商标局网上商标查询系统，http://sbj.saic.gov.cn/sbcx/，最后访问日期：2018 年 10 月 12 日。

〔5〕参见吴汉东：《知识产权法》，北京大学出版社 2012 年版，第 219 - 220 页。

〔6〕参见来小鹏：《知识产权法学》，中国政法大学出版社 2011 年版，第 312 页。

相区分。[1]关于声音商标获得注册的必要条件，《中华人民共和国商标法》（以下简称“《商标法》”）和《中华人民共和国商标法实施条例》（以下简称“《商标法实施条例》”）并没有作出特殊规定。通说认为，“可以获准注册和受到保护的商标必须具有显著性，能够将商标使用者的商品或服务与其他人的商品或服务区别开来”。[2]“不具有显著性的标志不能被称为商标，更不能获得商标注册。”[3]因此，与传统视觉商标一样，显著性应当是声音商标获得注册的必要条件，是声音商标注册实质审查中的核心问题。下文将从我国四年的审查实践中，探求目前我国行政和司法机关对声音商标显著性审查的规则。

（一）我国声音商标显著性的行政审查实践

2016 年 12 月，由我国商标局和商标评审委员会联合修订，经国家工商总局批准的《商标审查及审理标准》（以下简称“《标准》”）正式公布。该《标准》对我国声音商标的审查标准进行了规范，要求商标局、商标评审委员会和商标审查协作中心的全体审查人员在商标审查及商标案件审理时执行。该《标准》作为国家工商总局批准的一般性文件，虽然并不具有强制性法律地位，但却切实指导着商标行政审查的实践，具有重要的现实意义。

该《标准》在第六部分对声音商标的审查规则作出了具体规定。其中，在“声音商标显著特征”这一部分，《标准》将缺乏显著性的声音商标分为两类，即“仅直接表示指定商品或服务内容、消费对象、质量、功能、用途及其他特点的声音”和“其他缺乏显著特征的声音”。此分类与《商标法》第 11 条的规定相一致。但在这两个分类下面，《标准》又规定：“一般情况下，声音商标需经长期使用才能取得显著特征。”这一规定从本质上否认了声音商标的固有显著性，[4]认为一般情况下，声音标志均不具有固有显著性，只有通过长期使用才能获得显著性，从而能够注册为商标。

根据上述规定，商标局审理声音商标时，会“发出审查意见书，要求申请人提交使用证据，并就商标通过使用获得显著特征进行说明”。由于我国是

---

〔1〕 参见冯晓青：《知识产权法》，中国政法大学出版社 2010 年版，第 309 页。

〔2〕 李明德：《美国知识产权法》，法律出版社 2014 年版，第 497 页。

〔3〕 王迁：《知识产权法教程》，中国人民大学出版社 2014 年版，第 388 页。

〔4〕 通说认为，商标的显著性分为固有显著性和获得显著性两类。固有显著性是指标志本身具有的内在显著性。获得显著性是指非标志本身具有的、通过使用而获得的显著性。参见王迁：《知识产权法教程》，中国人民大学出版社 2014 年版，第 388 – 399 页。李明德：《美国知识产权法》，法律出版社 2014 年版，第 497 页。

主要采用商标注册制的国家，商标注册不以商标已经使用为前提，声音商标的申请人在提交注册申请时未必已将商标投入实际使用，因此很多声音商标申请人往往无法提交实际使用的证据。这也正是本文开篇提到的我国大量声音商标被商标局初步驳回的原因。经过检索，已经在我国获得注册的近三十件声音商标均为在相关领域长期广泛使用且较为知名的商标。例如，本文开篇提到的在我国获得注册的首例声音商标，是中国国际广播电台就其长期使用的广播节目开始曲申请的声音商标，随后获得注册的声音商标均为雅虎公司、诺基亚公司、英特尔公司、三星电子株式会社、二十世纪福斯电影公司、宝马股份公司等大型跨国公司长期使用的知名声音商标。其他知名度较低或者没有使用的声音商标申请均遭遇了驳回。

（二）我国声音商标显著性的司法审查实践

在司法审查方面，本文开篇提到的腾讯公司与商评委之间关于第 14 502 527 号“嘀嘀嘀嘀嘀嘀”声音商标驳回复审行政诉讼案件是我国首例，也是目前唯一一例已经判决的声音商标行政诉讼案件。商标局和商评委认定腾讯公司的“嘀嘀嘀嘀嘀嘀”声音标志缺乏显著性，不能作为声音商标注册。北京知识产权法院一审判决推翻了商评委的驳回复审决定，认定该声音商标具有显著性。[1]

在显著性问题上，该案涉及两个层面的问题。一是声音商标的显著性是否必须经过长期使用才能获得，二是经过长期使用的声音标志是否必然获得显著性。

关于第一个层面的问题，商评委对此态度明确，其在答辩中称：“审查声音商标的依据就是显著性，作为非传统商标，声音商标必须通过使用才能取得显著性……”[2]这与《标准》中的规定相一致，印证了目前我国行政机关对声音商标显著性采取的审查规则，即以长期使用作为认定声音商标具有显著性的前提条件，否定声音商标的固有显著性。

由于腾讯公司对“嘀嘀嘀嘀嘀嘀”声音标志在“信息传送”服务项目上进行了长期的使用，因此，声音商标是否必须经过长期使用才具有显著性并非本案的争议焦点，北京知识产权法院并未对此问题进行深入明确的阐述。但其在判决书中提到：“一般情况下，声音商标需经长期使用才能取得显著特

---

〔1〕 参见北京知识产权法院（2016）京 73 行初 3203 号行政判决书。
〔2〕 参见北京知识产权法院（2016）京 73 行初 3203 号行政判决书。

征。”[1]由此可见，北京知识产权法院对《标准》的规定倾向于持肯定态度。

但值得指出的是，北京知识产权法院不仅认可了“嘀嘀嘀嘀嘀嘀”声音商标在其长期使用的“信息传送”服务项目上的显著性，也认可了该商标在其没有使用的“电视播放、新闻社”等服务项目上的显著性。这与“声音商标需经长期使用才能取得显著特征”的观点又产生了矛盾之处。这是否说明某项声音标志因长期使用在一项商品或服务上而获得了显著性，那么在其他商品和服务上也均获得了显著性？这些其他商品和服务的界限和范围又是什么？这是以长期使用作为认定声音商标具有显著性的前提而衍生出的新问题。

关于第二个层面的问题，答案则很明确，即经过长期使用的声音标志并不必然获得显著性。如果声音标志本身识别性太弱，则可能即使经过长期使用，仍然不能被消费者识别而起到区分商品或服务来源的作用，自然不能获得注册。该案中商评委即认为腾讯公司的“嘀嘀嘀嘀嘀嘀”声音标志比较简单，虽然经过长期使用，但仍缺乏商标的显著特征。而北京知识产权法院推翻了商评委的驳回决定，认为“嘀嘀嘀嘀嘀嘀”声音标志“整体在听觉感知上形成比较明快、连续、短促的效果，具有特定的节奏、音效，且并非生活中所常见，因此，其并不属于被诉决定所认定的声音整体较为简单的情形”。[2]

该案作为我国首例和目前唯一一例已经裁决的声音商标行政诉讼案件，是我国声音商标显著性司法审查规则建立的开端。虽然其对声音商标是否必须经过长期使用才能获得显著性的问题并未深入探讨，但其在判决中初步认可了《标准》的规定。同时，其认可了“嘀嘀嘀嘀嘀嘀”声音商标的识别性和显著性，为日后类似商标的申请和审查提供了重要的参考依据。

二、声音商标显著性的域外立法和审查实践

我国对声音商标的保护时间尚短，但声音商标在国际上的受保护历史可追溯到20世纪初期。目前，世界上很多国家和地区，包括美国、欧盟、澳大利亚等发达国家和地区以及我国的港澳台地区，都对声音商标予以承认和保护。在行政和司法审查实践中，我国对声音商标的固有显著性持否定的态度，主张声音商标须经长期使用才能取得显著特征。这一规则是否合理，可以通过对他国相关立法和审查实践的比较研究探寻一二。

---

[1] 参见北京知识产权法院（2016）京73行初3203号行政判决书。

[2] 参见北京知识产权法院（2016）京73行初3203号行政判决书。

（一）美国声音商标显著性认定之立法和审查实践

美国对声音商标的认可始于20世纪初期，是最早对声音商标予以承认的国家。至1978年，世界上共有10个声音商标申请，全部在美国提起。[1]“按照法院的相关判决，《兰汉姆法》所规定的商标的构成要素‘文字、姓氏、象征、设计，以及上述要素之组合’，具有非常广泛的含义，包含了一切可以传达某种意思的东西。”[2]《兰汉姆法》作为美国商标制度的基本法律，除了在广义上将声音要素包含在了商标的构成要素中以承认声音商标的法律地位之外，并没有对声音商标，包括声音商标的显著性问题作出特别规定。《美国商标审查指南》在声音商标的审查部分也没有对声音商标的显著性作特别规定。[3]可见，在美国，声音商标显著性的审查与其他商标一致，都遵循商标制度的基本原则，并没有特殊规定。

美国可谓是声音商标的发源地。截至2018年10月12日，美国商标专利局的商标数据库中，声音商标的申请注册记录共有718条。其中，已经或曾经获得注册的记录有364条，[4]达到了50%以上。可见，美国声音商标获准注册的比例很高。获准注册的声音商标，不仅包括很多世界知名的声音商标，如英特尔公司的计算机操作系统开机音乐和米高梅狮子有限公司在电影等娱乐产品开篇使用的狮子吼声等，还包括很多不知名甚至固有显著性不强的声音商标，例如，简单的和弦音或声音、[5]较长的词曲片段、[6]人声

---

〔1〕 Kevin K. McCormick, *Ding You Are Now Free to Register that Sound*, 96 Trademark Rep. 1101, 1103, (2006).

〔2〕 李明德：《美国知识产权法》，法律出版社2014年版，第475页。

〔3〕 参见［美］美国专利商标局：《美国商标审查指南》，美国专利商标局译，商务印书馆2008年版，第179页。

〔4〕 参见美国专利商标局网上商标查询系统，https://www.uspto.gov/trademarks-application-process/search-trademark-database，最后访问日期：2018年10月12日。

〔5〕 参见美国专利商标局网上商标查询系统，https://www.uspto.gov/trademarks-application-process/search-trademark-database，最后访问日期：2018年10月12日。例如，NBC环球媒体公司注册的第72349496号声音商标注册在第38类的服务上，商标仅由三个音节构成。英特尔公司注册的第75332744号声音商标注册在第9类的计算机软硬件等电子产品上，由5个音节构成。

〔6〕 参见美国专利商标局网上商标查询系统，https://www.uspto.gov/trademarks-application-process/search-trademark-database，最后访问日期：2018年10月12日。例如，美伊娜多公司注册的第76368849号声音商标注册在第35类的服务上，商标由一段长音乐和结尾的唱词“省钱在美伊娜多”构成，时长28秒。庄园地毯有限公司注册的第76260633号声音商标注册在第35类的服务上，商标由一段长音乐和反复吟唱的唱词“绝对是‘庄园’，绝对是该去的地方”构成，时长高达59秒。

朗诵[1]等。

进一步研究美国获准注册的声音商标不难发现，很多声音商标是基于“使用意图”提交的申请。[2]由于美国是采取商标使用取得制的国家，商标注册申请需以“使用”或“使用意图”为前提。基于“使用意图”而提起的商标注册申请，其商标是尚未投入使用的商标。这类商标能够获得注册，证明美国对声音商标的注册申请审查不以商标已经使用为前提，即承认声音商标的固有显著性。

在美国的判例中也不乏确认声音商标具有固有显著性的论述。在著名的通用电气广播公司案中，美国商标审判与上诉委员会指出，声音商标可以分为本身具有显著性的声音和本身不具有显著性的声音两类。本身具有显著性的声音是指那些“独特的、与众不同的或者显著的”声音。这类声音无需证明其显著性即可予以商标注册。[3] 在 Ride the Ducks, L. L. C. v. Duck Boat Tours, Inc. 案中，美国地区法院沿用上述案件的观点，认为声音商标的受保护程度，取决于其是具有固有显著性，还是只是常见的或者无显著性的声音。[4]美国学界通说也认可声音商标的固有显著性。“独特的、与众不同的声音商标无须提供获得显著性的证据即可被准予注册。”[5]

（二）欧盟声音商标显著性认定之立法和审查实践

《欧洲共同体商标条例》第 4 条规定，“欧盟商标是指任何能够将商品或服务与他人的商品或服务区分开来，并能够按照欧盟注册处的要求清楚准确地登记以备他人查询的标志，可以包括文字（含人名）、图形、字母、数字、

---

〔1〕 参见美国专利商标局网上商标查询系统，https://www.uspto.gov/trademarks-application-process/search-trademark-database，最后访问日期：2018 年 10 月 12 日。例如，金斯伯格公司注册的第 74684280 号声音商标注册在第 41 类的服务上，商标由男声朗诵的文字“哦，这太好了”构成。美国在线公司注册的第 75528557 号声音商标注册在第 38 类的服务上，商标由男声朗诵的文字“您有邮件”构成。

〔2〕 参见美国专利商标局网上商标查询系统，https://www.uspto.gov/trademarks-application-process/search-trademark-database，最后访问日期：2018 年 10 月 12 日。例如：第 87085133 号、第 87322569 号、第 87322452 号声音商标等。

〔3〕 In re General Electric Broadcasting Company, Inc., 199 U. S. P. Q. 560, 563 (Tr. Tr. & App. Bd., 1978).

〔4〕 Ride the Ducks, L. L. C. v. Duck Boat Tours, Inc., 75 U. S. P. Q., 1269, 1275 (E. D. Pa., 2005)。

〔5〕 Jerome Gilson and Anne Gilson LaLonde, *Cinnamon Huns, Marching Ducks and Cherry-Scented Racecar Exhaust: Protecting Nontraditional Trademarks*, 95 TMR 773, 774 (2005).

颜色、商品形状或包装以及声音”。[1]第7条第1款第2项规定了商标应具有显著性，但并没有对声音商标的显著性问题作出特别规定。

截至2018年10月12日，欧盟商标网上数据库中，共有305条声音商标的记录，其中已获得注册的声音商标201项，被直接驳回的仅有35项，[2]获准注册比例高达65%以上。这些获准注册的商标均需通过可视性文件展示，主要包括五线谱和声谱图，也可根据申请者的意愿提交声音范本，但并未要求提交使用或经过使用已获得显著性的证明。获准注册的声音商标主要包括较短或较长的音乐、简单的动物音、人声朗诵等。从欧盟声音商标获准注册的情况可见，欧盟并未在实践中否认声音商标的固有显著性。

（三）澳大利亚声音商标显著性认定之立法和审查实践

澳大利亚于1995年对声音商标予以正式承认。[3]《澳大利亚商标法》明确规定包含声音要素的标志可以作为商标注册和保护。跟美国和欧盟一样，其并没有对声音商标，包括声音商标的显著性问题作出特别规定。截至2018年10月12日，澳大利亚知识产权局网站上的声音商标申请记录共有114条，其中有效注册的声音商标有55件。[4]考虑到尚有很多处于待审状态以及曾经获得注册但是已经因未续展等原因而注销的声音商标，澳大利亚至少有约50%的声音商标申请能够获得注册。可见，澳大利亚声音商标的注册成功率亦较高。

对已经获得注册的声音商标进一步研究发现，澳大利亚获准注册的声音商标类型与美国和欧盟基本一致，最常见的就是音乐性质的声音商标，能够通过五线谱来记载。此外，还包括非音乐性质的声音商标，如水滴声、口哨和爆破声、人声朗诵等。同时，《澳大利亚商标法》也认可基于使用或使用意图而申请商标注册。因此，未使用的声音商标也可以申请并获得注册。可见，澳大利亚亦未否认声音商标的固有显著性。

---

〔1〕 参见李明德等：《欧盟知识产权法》，法律出版社2010年版，第460页。

〔2〕 参见欧盟知识产权局网上商标查询系统，https://euipo.europa.eu/eSearch/#advanced/trademarks，最后访问日期：2018年10月12日。

〔3〕 Kevin K. McCormick, *Ding You Are Now Free to Register that Sound*, 96 Trademark Rep. 1101, 1107, (2006).

〔4〕 参见澳大利亚知识产权局商标网上查询系统，https://search.ipaustralia.gov.au/trademarks/search/result?s=75442aee-4fcf-4de1-9a0c-9a2c45916f15&p=0，最后访问日期：2018年10月12日。

（四）我国香港地区声音商标显著性认定之立法和审查实践

根据香港地区《商标条例》第3条的规定，声音商标可以在香港地区申请注册。针对声音商标的审查，香港地区在其《商标注册处工作手册》中，特别制订了“声音标记”一章（以下简称“声音标记工作手册”），对声音商标注册的形式和实质要件进行了具体规定。[1]其中，关于声音商标的显著性问题，声音标记工作手册中写道“在衡量由声音构成的标志的显著性时，采取的准则与适用于其他类别标记的准则并无不同。与文字商标或其他类别的商标一样，声音标记可否注册，视乎该声音能否显示货品或服务源自某一企业，从而与其他企业的货品或服务作出识别”，并进一步列举了几种缺乏显著性的声音商标类别，主要包括简单的声音标记（尤其是使用在本身能够发出声音的商品上时）、广告歌曲或宣传片音乐、完整歌曲或冗长的乐谱、行业内常见声音等。

截至2018年10月12日，在香港地区知识产权署的网站上，关于声音商标的记录有33条，获得注册记录18条。[2]因此，尽管香港地区声音商标的申请量很小，但批准注册的比例仍高于50%。同时，香港地区也认可基于使用意图而提交商标注册申请。因此，无论在立法还是实践中，香港地区均没有将使用作为认定声音商标具有显著性并获准注册的前提。

（五）声音商标显著性认定之域外立法和审查实践评述

在立法方面，上述几个承认声音商标的国家和地区，均未就声音商标的显著性问题作特别规定。声音商标作为商标的一种，仅在识别方式上与传统视觉商标相区分，而在显著性的认定问题上，二者并无本质差别。声音商标是否具有显著性，以声音标识能否区分商品和服务的来源为基本原则而判定。即使是对声音商标的审查规则做出详细工作手册的香港地区，亦没有“一刀切”式地否定声音商标的固有显著性。

在审查实践方面，详查各国声音商标的申请注册记录可知，很多声音商标基于“使用意图”而申请并成功获得注册，这说明各国在声音商标显著性的认定问题上，审查实践与法律规定保持一致，即不以使用为判断显著性并

---

〔1〕 参见香港地区知识产权署官方网站，https://www.ipd.gov.hk/sc/intellectual_property/trademarks/registry.htm，最后访问日期：2018年10月12日。

〔2〕 参见香港地区知识产权署知识产权网上检索系统，http://ipsearch.ipd.gov.hk/trademark/jsp/main_schi.jsp，最后访问日期：2018年10月12日。

注册的前提，不否认声音商标的固有显著性。可见，以声音商标的使用作为认定其具有显著性的前提条件，这在国际上难寻他例。

三、我国声音商标显著性认定规则存在的问题

“一般情况下，声音商标需经长期使用才能取得显著特征。”《标准》中的这一规定，切实指导着我国的行政审查实践，也在司法审查实践中被初步认可。但在理论和实践上，该规定仍存在着四点值得探讨的问题。

（一）《标准》的规定缺乏法律依据

商标的显著性分为固有显著性和获得显著性两类。《标准》规定的本质，是认为一般情况下，声音商标均不具有固有显著性，必须通过长期使用取得获得显著性之后才能成为商标进行注册。虽然《标准》在此规定前增加了“一般情况下”的表述以避免绝对化，但并没有就“非一般情况”作出说明。详查我国声音商标申请注册记录可见，在商标局已经审结的五百余例声音商标中，目前尚没有一例未使用的声音商标通过初步审查。这说明在我国目前的行政审查实践中，“一般情况”具有普适性。而《标准》的这一普适性的规定，缺乏法律依据。

我国《商标法》中关于声音商标的条文有两个，即第 8 条明确将声音要素纳入注册商标的保护范围，第 10 条第 1 款第 1 项规定了同中华人民共和国的国歌、军歌等相同或者近似的标志不得作为商标使用。关于显著性方面的相关条文有三个，即第 9 条要求商标需具有显著特征，便于识别的一般性规定，第 11 条对不具有固有显著性的商标进行了分类列举，第 12 条专门规定了立体商标缺乏固有显著性的情形。《商标法实施条例》仅在第 13 条对声音商标申请注册的形式要件进行了规定，对声音商标审查的实质要件，包括显著性方面的审查规则没有任何规定。

可见，我国《商标法》及《商标法实施条例》均没有规定声音商标需经长期使用才能取得显著特征，更没有否定声音商标的固有显著性。相反，第 12 条对立体商标显著性问题的规定，暗示了立法者对声音商标显著性问题的态度。如果立法者认为声音商标缺乏固有显著性，那么，在将声音商标纳入保护范围之初，就应对其加以明确。立体商标显著性立法条文的明示和声音商标显著性立法条文的缺失，能够说明否认声音商标的固有显著性并不符合立法者的本意，也有违法律文本的解释方法。

此外，《标准》是由商标局和商评委联合修订，由国家工商总局批准的，属于国务院直属行政机构发布的规范性文件。这类文件的法律效力低于法律

和行政法规，[1]也就是低于《商标法》和《商标法实施条例》。《商标法》和《商标法实施条例》都没有法律条文明确规定声音商标需经长期使用才能取得显著性，因而《标准》的规定扩大了商标申请人申请商标所应承担的法定义务，加重了申请人的负担。而行政机关对上位法作出细化规定时，应以不缩减当事人的权利，不增加当事人的义务为根本原则。因此，《标准》的规定超出了行政机关对法律的具体实施作出细化规定的权力范围，属于与法律和行政法规相抵触的规范性文件，缺乏法律依据和合法性。

（二）《标准》的规定缺乏理论依据

商标应有显著性，这是国内外商标理论和实践领域的共识。在显著性的判定问题上，美国的“五分法”理论对各国的理论和实践产生了深远影响，即根据商标显著性的强弱，所有标识可被分为任意性、臆造性、暗示性、描述性和通用性五类。其中，任意性、臆造性和暗示性的标识属于具有固有显著性的标识，描述性和通用性的标识则属于不具有固有显著性的标识。而不具有固有显著性的标识又可以通过使用获得“第二含义”，从而取得获得显著性而被准予注册为商标。[2]

任意性、臆造性和暗示性的标识之所以具有固有显著性，是因为这些标识本身固有的特征便于消费者识别，即具有识别性。识别性是商标发挥其区分商品和服务来源功能的内在要求。只有能够被消费者识别的标志，才能够帮助消费者选择来源不同的商品和服务。描述性和通用性标识不具有固有显著性，是因为商标保护具有独占的特性。对描述商品或服务的特定用语以及通用性产品名称等标识的排他性保护会剥夺他人合理的竞争机会，甚至引发垄断。因此，根据此理论，判断声音商标是否具有固有显著性，需判断声音商标是否具有识别性，同时不具有描述性和通用性。

第一，在识别性方面，一个声音标识附着于商品或服务上，其与视觉性商标的本质区别在于依附的感官不同，也就是消费者识别的方式不同。而识别方式的差异并不等同于标志传递信息的差异。感官的不同并不能作为缺乏识别性的判断依据。视觉和听觉是人类两大并行的感官器官，肯定视觉标志的可识别性而否定听觉标志的可识别性实为不妥。对于很多人而言，听觉的

---

〔1〕 参见《中华人民共和国立法法》第 88 条。

〔2〕 参见［美］谢尔登·W. 哈尔彭、克雷格·艾伦·纳德、肯尼思·L. 波特：《美国知识产权法原理》，宋慧献译，商务印书馆 2013 年版，第 347 页。

敏感度甚至高于视觉。对弱视和盲人群体而言，声音标志的可识别性就更加毋庸置疑了。

对标识可识别性的判断应依据标识本身的特征进行，而并不应因识别感官的不同而区别对待。构成可视性标识的文字、图形等要素，依据其简单和复杂程度而有识别性强弱之分。例如没有设计感的单一汉字、字母、数字等标识即为缺乏识别性的标识，而臆造性词组、创造性图形设计等则为识别性较强的标识。与此类似，声音标识也根据其组成要素的不同而具有不同强度的识别性。例如，一个音符构成的声音标识自然缺乏识别性，但多个音符构成的具有创造性的旋律则识别性较强。此外，声音商标不仅包括纯声音要素构成的标识，还包括声音要素和文字等其他要素构成的组合标识。后者中的其他要素如果具有固有显著性，那么，这类声音标识整体自然也具有固有显著性。因此，一概否认声音商标的可识别性缺乏理论支持。

第二，在描述性方面，对商品和服务特点的描述往往需要通过文字进行，通过声音进行描述的情形非常有限。在不含有其他要素的情况下，声音标识对商品或服务的描述需要借助声音与商品或服务的关联性而为之。而一个声音标识只能与小部分的商品或服务产生关联。因此，并不能认为所有声音标识均具有描述性，从而否定其固有显著性。举例而言，狗叫声可能与宠物食品、狗类玩具、宠物饲养、兽医等商品和服务产生关联，从而因具有描述性而丧失在这些类别的商品或服务上的固有显著性。但在其他不相关的商品和服务类别上，狗叫声完全可以作为商标使用以区分商品或服务的来源，这与狗图形的视觉商标并没有本质的差别。因此，描述性也不是声音商标的共性。

第三，在通用性方面，通用性更不是声音标识的共性。声音标识浩如烟海，不可能全部为行业内的通用声音。此外，一个领域内的通用声音标识，也并非所有领域的通用声音标识。例如，“婚礼进行曲”如果用在“计划和安排婚礼服务”等项目上，具有通用性，缺乏固有显著性，因此不能获得注册。但如果用在其他不相关的商品或服务上，并不具有通用性，将其片段注册为声音商标未尝不可。这与“苹果”标志不能注册在水果类商品上但能够注册在手机商品上道理相同。

因此，否认声音商标的固有显著性在理论上难以自圆其说。“标识的显著性首先取决于标志与其指代的商品或服务之间的关系：一个标志与它所指代的商品或服务之间联系越密切，则显著性越弱；反之，则显著性越强。”[1]“五分法”理论的本质是按照标识与商品或服务之间的联系强弱而判定其显著性的强弱。声音标志根据其具体内容的不同与商品或服务联系的强弱也不同，故声音商标的固有显著性应根据声音商标的内容具体分析，而不应“一刀切”式地否认所有声音商标的固有显著性。

（三）《标准》的实施不利于生产、经营者的品牌经营

《标准》实施的直接后果就是造成了我国声音商标注册率的极端低下，并极大地增加了申请人申请声音商标的成本，从而对商业经营者的品牌经营产生了不利影响。

上文统计数据显示，欧美等国家声音商标的注册成功率均在 50% 以上。我国声音商标虽然保护时间尚短，但申请数量却超过了很多国家数十年的积累。但根据下图的统计数据，我国声音商标的注册成功率可谓远远低于其他国家。[2]

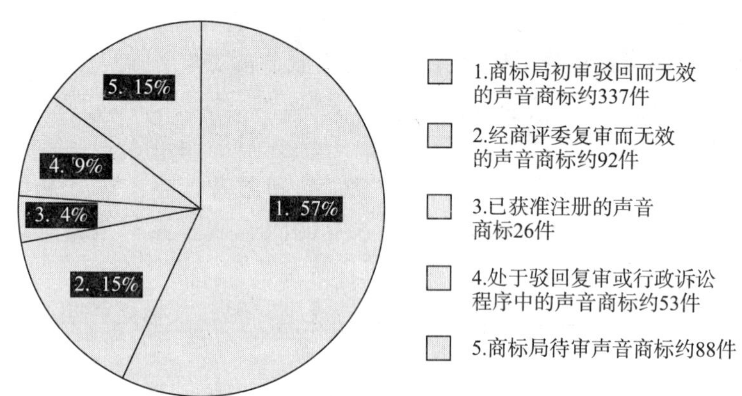

上图 1、2 项区域显示，我国因商标局初审驳回以及经商评委驳回复审裁定维持驳回而无效的声音商标约占声音商标申请总量的 72%，已经获得注册的声音商标仅占 4%。因此，可以推测目前我国声音商标的申请注册成功率在 4% 至 28% 之间，这显然低于欧美等国家的注册成功率。低注册率难免会打击商业经营者申请注册和发展经营声音商标的信心。

---

〔1〕 王迁：《知识产权法教程》，中国人民大学出版社 2014 年版，第 388 页。

〔2〕 参见国家工商行政管理总局商标局网上商标查询系统，http://sbj.saic.gov.cn/sbcx/，最后访问日期：2018 年 10 月 12 日。

同时，一项普通的声音商标，本来只需缴纳三百元的申请费，经过约八个月的审查周期就可以获得注册，从而使申请人能够安心投入使用。[1]而商标申请一旦被驳回，申请人则面临双倍以上的复审费用和长达一年以上的等待。考虑到《标准》由商标局和商评委联合修订，因此，对于没有使用的声音商标，在商评委复审成功的概率也不高，此后则还需面对行政诉讼。并且在任何一个环节，申请人都要就声音商标经长期使用获得了显著特征进行证明，举证责任负担大大增加。如此大费周章，即使最后申请成功，也耗时太久，可能当初的使用意图和商业计划早已被迫放弃。如果最后申请不成功，那么对于真正使用声音商标的申请人来说，则面临着商标权利处于不确定状态的风险，这显然不利于生产、经营者发展自己的品牌，违背了我国《商标法》“促进社会主义市场经济的发展”的立法目的。

(四)《标准》的实施增大审查的主观任意性

商标的显著性判断本身具有主观性。商标是否具有识别性、描述性或通用性本身就需要审查机关花费大量精力、依靠经验和能力去仔细甄别。这是商标本身无可规避的问题。而如果在此基础上，再对声音商标加上使用标准，则进一步加大了商标审查的主观任意性。在对声音商标是否已通过使用获得显著特征进行判断的过程中，声音商标使用时间的长短、范围的宽广、影响力的深浅等方面的认定在很大程度上与具体审查员的个人阅历有关，不同的审查员可能做出完全不同的裁决。即使审查员能够以审查意见书的方式，要求申请人提交使用证据，但证据的证明力对申请人留存、搜集、整理证据的能力均有很高的要求，因而往往不能完全反映商标的真实使用情况。此外，何种范围和程度的使用才能够赋予声音商标显著特征，也很难形成客观的标准。

此外，商标的使用具有类别性，商标的注册也需要指定具体的商品或服务项目。那么，声音商标通过在某项商品上的使用而被认定获得显著性之后，其在其他商品或服务上是否也获得了显著性呢？这是否认声音商标的固有显著性而无法回避的问题。正如上文提到的腾讯公司的行政诉讼案，“嘀嘀嘀嘀嘀嘀”商标在其长期使用的“信息传送”服务项目上和在其没有使用的“电视播放、新闻社”等服务项目上均被准予注册，理由在于法官认为上述服务

---

〔1〕 参见国家工商行政管理总局商标局、商标评审委员会：《中国商标品牌战略年度发展报告(2017)》，中国工商出版社2018年版，第11页。

存在比较紧密的联系。这意味着审查机关在审查声音商标显著性的同时，还要判断未使用的商品和服务项目与已使用的商品和服务项目之间的关联性。这进一步增加了审查的主观任意性。因此，否认声音商标的固有显著性会增加声音商标审查的难度和审查结果不客观公正的风险。

四、我国声音商标显著性认定的建议

（一）肯定声音商标的固有显著性

否认声音商标的固有显著性，不仅缺乏法律依据和理论支持，也会在实践中引发诸多问题。因此，应取消《标准》中“一般情况下，声音商标需经长期使用才能取得显著特征”的规定，将对声音商标的显著性审查回归到与传统视觉商标一致的基础上。声音商标虽然被我国纳入立法保护不久，但其在国内外生产经营过程中并非新生事物。泛观发达国家和主要发展中国家和地区的商标法，一般均将声音要素作为构成商标的各种要素中的普通一员，并没有予以特别规定。声音要素与传统视觉上的文字、图形、字母、数字、三维标志、颜色组合应平等看待，不应因为对声音商标的审查时间短，就过分谨慎授权，加大申请人的负担，这不仅违反了《商标法》的立法本意，也不符合我国当前减轻企业和个人负担，促进实体经济发展的行政服务理念。

（二）明确缺乏固有显著性的声音商标类型

在认可声音标识可以具有固有显著性的前提下，我国可以对缺乏固有显著性的声音商标予以明确，以增加审查的确定性，指导商业经营者的商标申请和使用行为。根据我国《商标法》第11条的规定，以及上文提到的“五分法”理论，缺乏固有显著性的声音标识主要包括以下四类：

1. 缺乏识别性的声音标识

这类声音标识主要包括简单、普通的音调或旋律以及完整或冗长的歌曲或乐曲。太过简单、普通的音调或旋律与太过简单的文字、符号一样，容易被消费者所忽略，识别性较差，从而无法起到区分商品或服务来源的作用。完整或冗长的歌曲或乐曲，则容易被消费者当作背景音乐，与太过复杂的视觉商标缺乏显著性同理，在实际使用中不易被消费者所识别，因此，也不具有固有显著性。

2. 描述性声音标识

描述，是对商品或服务的消费对象、质量、主要原料、功能、用途、重量、数量及其他特点的说明。文字类的描述性标识易于理解，而描述性的声音标识往往使人困惑。事实上，不含有文字、字母或数字要素的声音标识，也能够对商品或服务的某些特点进行描述。例如，儿童的嬉笑声用于玩具类商品上，奶牛的叫声用于牛奶类商品上，乐器的演奏声用于乐器类商品上，读书声用于教育类服务上等。因此，这类声音标识缺乏固有显著性。

对于由声音要素和文字类要素组合而成的声音标识而言，如果文字类要素具有描述性，那么，声音标识整体是否还具有固有显著性呢？答案是否定的。这是因为，在这类组合声音标识中，文字类要素的识别性强于声音要素。消费者很难将两种要素分开识别，故而会在识别文字类要素的同时忽略声音要素，从而使声音标识整体丧失固有显著性。

3. 通用性声音标识

如上文所述，行业内通用的声音标识，因主要功能在于识别产品类别，而非产品来源，对通用标志的独占会限制竞争，甚至引发垄断，因此不具有固有显著性。笔者在此不再赘述。

4. 缺乏显著性声音要素的声音标志

无论在我国，还是在其他国家，很多商标申请人都将以平常语调直接唱呼的广告用语或普通短语作为声音商标申请注册。欧美等国家不乏此类商标获准注册的先例，但我国对此类商标的注册性持否定态度。《标准》明确将此类标识作为“其他缺乏显著特征的声音”的示例之一，商标局也在审查实践中将此类声音商标申请悉数驳回。

此类标识唱呼的广告用语或普通短语本身的文字往往具有显著性，甚至已经被注册为传统视觉商标。用平常语调直接将其唱呼出来，其显著性并未丧失，此类标识的整体仍为具有识别性且不具有描述性和通用性的标识。尽管如此，此类声音标识仍应排除在声音商标的注册范围之外，其根本原因在于申请人选错了商标申请类型。用平常语调直接唱呼的广告用语或普通短语，声音本身并没有赋予文字更多的含义或价值，其与文字商标并没有本质的区别。文字商标的使用原本就可以通过呼叫的方式进行，此类标识通过传统视觉性商标申请就能够获得很好的保护。而将此类标识作为声音商标申请注册，不仅不能够为申请人获得更多的权利，反而会加大商标行政部门的审查难度和审查负担，因为声音商标的检索相对视觉商标而言更为复杂。因此，此类标识即使具有固有显著性，也不属于具有固有显著性的声音商标，故将其排除在声音商标的保护范围之外在实践中具有合理性。

总结

声音商标在我国受保护的时间尚短。我国商标行政审查机关对声音商标的注册授权非常谨慎，这是因为行政授权具有公信力，授权即意味着授予申请人排他性的权利，对申请人、同行业竞争者以及消费者都有着重大影响。鉴于此，在声音商标审查之初对其显著性采取严格的审查规则无可厚非。但泛观国际社会声音商标的立法和审查实践，4%至28%之间的注册成功率实属罕见。一概否定声音商标的固有显著性，不但缺乏法律依据和理论基础，而且在实践中产生了诸多问题。事实上，商标注册只是商标实现其价值的第一步，使用才是赋予商标真正价值的必经之路。我国商标行政审查机关应当认可声音商标的固有显著性，并尽可能对缺乏固有显著性的声音商标类型予以明确，以便提高声音商标的注册成功率，让具有固有显著性的声音商标注册周期得以缩短，注册成本得以降低，让有使用意图的声音商标能够尽快注册和使用，让无使用意图的声音商标通过《商标法》的撤销等规则被淘汰，这才更符合《商标法》将声音商标纳入保护范围的初衷，也更符合《商标法》维护消费者和生产、经营者的利益，促进社会主义市场经济发展的立法目的。

（初审人：施小雪）

欧洲标准与欧盟法律的融合

聂爱轩 *

摘　要：欧盟立法机构运用欧洲标准和欧盟法律在规范上的互补性，实现了欧洲标准与欧盟法律的融合，并建立了多样的融合方式。特别是欧盟立法机构基于和欧洲标准化组织相似甚至共同的目标进行合作，探索出欧盟法律间接引用欧洲标准的新融合方式，并通过"委托书"与合格评定等一系列融合机制有效地促进了欧洲标准和欧盟法律的高效实施，完善了欧洲法治。

关键词：欧洲标准　欧盟法律　融合　新方法　法治

引言

根据 ISO/IEC（国际标准化组织/国际电工委员会）关于标准的定义，标准是指"为了在一定范围内获得最佳秩序，经协商一致制定并由公认机构批准的，规定活动或活动结果的供通用或重复使用的规则、指南或特性"。[1]因此，标准化的目的是为在一定范围内获得最佳秩序提供答案。欧洲标准化的目的则在于发展和巩固欧洲

---

* 聂爱轩，中国政法大学比较法学研究院比较民商法学专业 2016 级博士研究生（100088）。

[1] 《ISO/IEC 指南第二部分：标准化和相关活动——通用词汇》。

单一市场并在欧洲乃至世界其他地区促进跨境贸易。欧洲标准（European Standard）在一般标准定义的基础上有其特殊性：其一，欧洲标准是由公认的欧洲三大标准化组织之一批准的文件，它们分别是欧洲标准委员会（CEN）、欧洲电工标准化委员会（CENELEC）和欧洲电信标准化协会（ETSI）；其二，欧洲标准是由《关于欧洲标准化的 1025/2012 号条例》（以下简称“1025/2012 号条例”）承认的自愿性技术标准化领域的合格标准；其三，欧洲标准应在欧洲标准化组织所有成员国的国家层面上实施并授予其国家标准的地位，同时撤销任何与欧洲标准相冲突的国家标准。

欧盟法分为基础性立法和派生性立法。条约（基础性立法）是所有欧盟行动的基础或基本规则。派生性立法源于条约规定的原则和目标，包括条例（Regulation）、指令（Directive）和决定（Decision）等其他法律文件。《欧盟运行条约》第 288 条（原《欧共体条约》第 249 条）规定：“为了行使联盟权能，联盟机构应通过条例、指令、决定、建议和意见。条例具有普遍适用性，它在整体上具有约束力，应直接适用于所有成员国。就其旨在实现的结果而言，指令对于其所针对的每个成员国均具有约束力，但应由成员国当局选择实施指令的形式和方法。决定整体上具有法律约束力，明确规定了适用对象的决定仅对其针对对象具有约束力。建议和意见不具有约束力。”〔1〕

一方面，欧洲标准不同于欧盟法律〔2〕。从制定主体看，欧洲标准是通过利益相关者之间的协作过程制定的，并由欧洲三大标准化组织批准和发布；欧盟法律则由既具有一般政府间机构特征又具有超国家机构特征的欧盟立法机构（欧盟委员会、欧盟理事会、欧洲议会）制定。从效力上看，对标准的使用是自愿的，而条例、指令和决定是依法强制执行的。

另一方面，欧洲标准和欧盟法律又存在密切联系，在欧洲层面，欧盟立法机构通过引用欧洲标准替其解决法律规范中的技术难题，随着欧盟立法机

〔1〕 张彤等：《欧盟法概论》，中国人民大学出版社 2011 年版，第 92 页。

〔2〕 “欧洲”和“欧盟”属于两个不同的概念，前者是个地理概念，后者是由欧洲共同体发展而来的区域性经济合作的国际组织。本文采用“欧洲标准”（European Standard）这一概念是根据欧盟条例（1025/2012 号条例）所采用的定义；本文采用“欧盟法律”这一概念是根据《欧盟运行条约》所规定的定义（Legal acts of the Union）。也有学者使用“欧洲法”（European law）一词概括欧洲一体化进程中众多法律规范，本文中的“欧盟法律”仅指狭义的欧盟法，即自 1993 年 11 月 1 日《欧盟条约》生效以来由欧盟机构所制定的法律规范，不包括欧盟各成员国的法律，且本文研究欧盟法律的范围主要是指欧盟条例、指令和决定。

构与欧洲标准化组织追求目标相似甚至重合时，欧盟立法机构与欧洲标准化组织建立合作关系进而完善欧盟法律引用欧洲标准的模式，欧洲标准支持欧盟法律的融合方式也呈现出更多样的类型。

国内一些研究成果已经注意到欧洲标准与欧盟法律之间的密切联系。有学者从欧盟技术协调的角度，指出 1985 年《关于技术协调与标准新方法决议》（以下简称"《新方法决议》"）的出台标志着欧盟技术标准化由"旧方法"转入"新方法"阶段，旧方法将技术标准写入欧盟法律，又称"技术立法"，而新方法要求指令仅规定产品必须满足的基本要求，由协调标准为满足指令基本要求的实践提供具体技术支持；[1]有学者分析了欧洲新方法阶段连接欧盟立法和欧洲标准的委托书制度，解释了委托书作为桥梁和纽带的作用；[2]有学者以符合性评定（合格评定）为视角，指出合格评定程序所依据的协调标准与相应指令之间的符合性推定关系；[3]还有学者从欧盟技术性贸易壁垒对我国出口影响的角度出发，阐述了欧盟技术法规层次和技术标准体系以及二者成为欧盟技术性贸易壁垒的主要措施。[4]

然而，上述研究仅是注意到欧洲标准与欧盟法律之间的密切联系，没有对欧洲标准与欧盟法律多样化的融合方式、融合机制和动因进行深入和系统的分析，研究程度粗浅且研究角度多从发展欧洲单一市场、消除欧洲市场中的技术性贸易壁垒等经济、技术协调和标准化工作的角度出发。本文将在法与法治的层面上，探讨欧洲标准与欧盟法律的融合问题及其融合对于欧洲法治建设的意义。

二、欧洲标准与欧盟法律融合方式之一：标准直接写入法律

欧洲标准直接写入欧盟法律的融合方式就是指欧盟法律直接引用欧洲标准的模式。在此除了描述直接引用的融合方式之外，还探讨欧盟立法直接制定技术标准的情形，作为标准与法律融合方式的一种补充，但此时由于法律

---

〔1〕 参见陈淑梅：《技术标准化与欧洲经济一体化》，载《欧洲研究》2004 年第 2 期，第 100 页，以及陈淑梅：《全球化时代欧盟技术标准化的三轨制》，载《世界标准化与质量管理》2004 年第 7 期，第 14 页。

〔2〕 参见刘春青、刘俊华、杨锋：《欧洲立法与欧洲标准联接的桥梁——谈欧洲"新方法"下的"委托书"制度》，载《标准科学》2012 年第 6 期，第 73 – 74 页。

〔3〕 参见李海波、陈茂兰：《欧盟统一大市场中的标准化新政策（五）——〈基于新方法和全球方法指令实施指南〉第五部分：符合性评定程序》，载《信息技术与标准化》2002 年第 5 期，第 48 页。

〔4〕 参见杨英：《我国如何应对欧盟技术性贸易壁垒挑战》，载《中国集体经济》2011 年第 16 期，第 16 页。

中的标准是由欧盟立法机构制定而不是欧洲标准化组织制定，因此不属于欧洲标准的范畴。

（一）法律直接引用标准

欧盟法律直接引用欧洲标准是指在法律文本中直接引用特定的标准，这种直接引用有两种类型：注明日期的直接引用和未注明日期的直接引用。在法律直接引用标准时，标准多数情形下具有强制性。

1. 注明日期的直接引用

如果欧盟法律按照标准的编号和日期引用一项标准，这种引用方式就是注明日期的直接引用。[1]例如，《关于潜在爆炸性危险环境用电气设备使用确定的保护类型的 79/196/EEC 指令》第 3 条规定“76/117/EEC 指令第 4（4）条意义上的协调标准是指本附件 I 所列的标准”，随后，79/196/EEC 指令[2]附件 I 以表格形式列出这些设备必须遵守的 7 项协调标准的编号、名称、版本和日期信息。表 1 摘录了附件 I 表格中的两项欧洲标准。再如，《关于制定适用理事会 1251/1999 号条例详细规则的 2316/1999 号欧委会条例》第 4 条则直接规定了 EN ISO 9167－1：1995 和 EN ISO 5508：1995 两项欧洲标准作为确定双零品种的菜籽和油菜籽种子所适用的测试方法。

表 1　79/196/EEC 指令附件 I 中“协调标准”列表摘录

编号	名称	版本	日期
EN 50014	潜在爆炸性危险环境用电气设备：一般规则	1	1977 年 3 月
EN 50015	潜在爆炸性危险环境用电气设备：油浸“o”	1	1977 年 3 月

2. 未注明日期的直接引用

如果欧盟法律只是引用一项标准的编号而没有引用日期，这种引用方式就是未注明日期的直接引用。[3]例如，《关于用于技术协调指令的不同阶段合格评定程序模式以及加贴和使用 CE 合格标志规则的 93/465/EEC 决定》第 A（m）点指出：“证明其符合协调标准（EN 45000 系列标准）的公告机构被推

---

〔1〕 European Commission, *Methods of Referencing Standards in Legislation with an Emphasis on European Legislation* 4 (European Communities 2009).

〔2〕 为方便行文，对于名称过长的指令，在首次出现后，下文会采用该指令的编号作为简称。

〔3〕 European Commission, *Methods of Referencing Standards in Legislation with an Emphasis on European Legislation* 7 (European Communities 2009).

定为符合指令的要求。" 93/465/EEC 决定仅引用了确定机构的组织、技术能力和业务标准的系列欧洲标准的编号而没有规定标准的日期。又如，《根据 96/59/EC 指令第 10（a）条关于处理多氯联苯和多氯三联苯（PCBs/PCTs）的规定建立测量 PSBs 的两种参考方法的 2001/68/EC 决定》第 1 条规定："应采用 EN 12766－1 和 prEN 12766－2 两项欧洲标准及其之后的更新版本作为测定石油产品和废油中多氯联苯的参考方法。"

（二）法律直接制定标准

欧盟法律直接制定标准是指欧盟立法制定关于产品的详细技术标准，包括产品的设计规格和性能指标等。有学者指出这种标准与法律的融合方式又可称为"技术立法"，因标准被写入法律而成为法律的一部分并具有强制性效力。[1]例如，《关于用于食品生产和食物成分提取溶剂的 2009/32/EC 指令》第 3 条规定："成员国应采取一切必要措施，确保附件 I 中作为提取溶剂列出的物质和材料符合以下一般和具体的纯度标准：……（b）……不得含有超过 1mg/kg 的砷或超过 1mg/kg 的铅。"该指令中直接写入作为提取溶剂的物质和材料的纯度标准，包括具体成分及其含量。还有，《关于化学品注册、评估、授权和限制的 1907/2006 号条例》附件 XVII 列出了生产、销售和使用某些危险化学物质、配置品和物品的限制，其中第 44 点限制"二苯醚，五溴衍生物 $C_{12}H_5Br_5O$"，"不得以高于 0.1% 的浓度投放市场或用作物质或配置品成分"。

在法律直接引用标准的融合方式中，注明日期的直接引用的主要优点在于其法律的确定性，一方面，立法者可以选择其想要采用的技术解决方案；另一方面，公众可以确切地知道为遵守法律应适用哪项技术解决方案。[2]但这种融合方式的缺点在于，每当标准根据最新技术水平进行调整甚至完全被替换时，引用该标准的法律也需相应调整，这将经历复杂又耗时的立法程序，特别是没有欧洲主要立法机构（欧洲议会和欧盟理事会）关于修改法案的授权时。[3]而未注明日期的直接引用在所引用标准进行修订时，不需要法律随之修改也仍然符合最新技术发展水平。但此类融合方式的缺陷也是多方面的，一来立法者无法事先选择其想采用的技术解决方案；二来立法者将其引用标

---

〔1〕 参见陈淑梅：《技术标准化与欧洲经济一体化》，载《欧洲研究》2004 年第 2 期，第 100 页。

〔2〕 European Commission, *Methods of Referencing Standards in Legislation with an Emphasis on European Legislation* 4－5 (European Communities 2009).

〔3〕 European Commission, *Methods of Referencing Standards in Legislation with an Emphasis on European Legislation* 5 (European Communities 2009).

准的权力转移给未在此方面被合法化的标准组织，可能引起宪法问题；三来这种融合方式允许法律采用同一标准之后的所有修订版，如果标准完全被替换，对法律文本的修改也可能是必要的。[1]因此，为了继承法律（注明日期的）直接引用标准在法律确定性方面的优势并克服其需要调整法律的弊端，欧盟探索出法律间接引用标准的融合方式。

三、欧洲标准与欧盟法律融合方式之二：法律间接引用标准

欧盟法律间接引用欧洲标准的情形不同于在立法文本中直接引用标准，而是由立法仅规定详细的基本要求（具有强制性），再由欧委会请求欧洲标准化组织通过制定协调标准（早期或称“欧洲协调标准”）为满足立法中的基本要求提供技术规范。根据《1025/2012 号条例》的定义[2]，“协调标准”（Harmonised Standard）是由欧洲三大标准化组织之一依据欧盟委员会提出的标准化请求（委托书）而制定通过的欧洲标准，作为新方法指令中使用的术语，协调标准是作为欧洲标准而存在的技术规范的法定资格，而非欧洲标准中的一个特定类别。[3]

这种间接引用的融合方式来源于 1985 年《新方法决议》确立的技术协调与标准新方法的四项基本原则：① 欧盟通过立法（指令）规定关于安全和其他公共利益方面的基本要求，在单一市场上销售的产品[4]应满足这些要求；②欧盟委员会向欧洲标准化组织提出标准化请求，由标准化组织负责制备有助于遵守上述基本要求的技术标准（协调标准）和规范；③公共部门必须承认按照协调标准生产和提供的所有产品都被推定为符合欧盟相关立法规定的基本要求；④对欧洲标准的使用是自愿的，没有法律义务适用它们，但任何选择不遵守协调标准的生产者有义务证明其产品符合法律基本要求。

因此，适用协调标准可以证明产品或服务符合相关欧盟法律的基本要求，但协调标准的参照号必须在欧盟官方公报上公布才具有法律效力。这种间接

---

〔1〕 European Commission, *Methods of Referencing Standards in Legislation with an Emphasis on European Legislation* 7 (European Communities 2009).

〔2〕 1025/2012 号条例第 2 条“定义”：“（c）‘协调标准’是指为了适用欧盟统一立法，依据欧盟委员会提出的请求通过的欧洲标准。”

〔3〕 饶治、陈展展、周柏新：《欧盟新方法指令的实施与最新趋势》，中国轻工业出版社 2005 年版，第 44 页。

〔4〕 1025/2012 号条例将立法范围扩大到服务标准领域，而 1985 年《新方法决议》仅对产品进行了规范。

引用的实质在于协调标准为欧盟立法中的基本要求提供具体技术规范（技术支持），特点在于欧盟立法中的基本要求是强制性的，而对协调标准的使用是自愿的。欧盟法律关于基本要求的表述或多或少具有相似性，大体可分为三类要求：基本健康和安全要求、保护财产和环境的要求以及如何指定公告机构的要求。

（一）协调标准支持指令的强制性要求

1. 协调标准支持指令关于健康和安全的要求

大多数指令都会规定基本健康和安全要求。例如，《关于人身保护设备的89/686/EEC指令》（以下简称“《人身保护设备指令》”[1]）在引言中规定：“鉴于本指令仅规定人身保护设备应满足的基本要求，为便于证明符合这些基本要求，欧洲协调标准（harmonized European standards）必不可少，尤其是关于人身保护设备的设计、制造及其适用的规范和试验方法，因为这些产品只要符合这些标准就可以被推定为符合上述指令的基本要求。”《人身保护设备指令》第3条指出“人身保护设备必须满足附件II所规定的基本健康和安全要求”，随后，附件II中规定了适用于所有人身保护设备的关于保护健康和安全方面的要求，包括关于人体工程学、保护级别和类别的设计原则；人身保护设备的无害性；舒适和效率；制造商应提供的信息及一些附加要求。例如，附件II关于人体工程学的设计原则要求：“人身保护设备的设计和制造必须在用户可预见的使用条件下正常进行风险相关活动，同时享受最高水平的适当保护。”

对应《人身保护设备指令》的基本健康和安全要求，《人身保护设备指令实施框架内的通讯》（以下简称“《人身保护设备通讯》”）将相应协调标准的标题和参照号以清单形式公布在欧盟官方公报上，为指令中的基本要求提供具体技术规范。表2摘录了《人身保护设备通讯》清单以作说明，其中，EN 13594:2015欧洲标准适用于摩托车道路使用的防护手套，该标准按照上述指令关于人身保护设备应满足的基本要求，规定了用户的尺寸、人体工程学、无害性、机械性能、冲击保护和信息方面的要求，并描述了适当的测试方法。同时，EN 13594:2015欧洲标准在其附件中指明本标准与《人身保护设备指令》基本要求的关系，即本欧洲标准将提供一种符合《人身保护设备指令》基本要求的方式，并列出本标准与《人身保护设备指令》基本要求的对应关

[1] 为方便行文，下文涉及欧盟指令不太长的名称在首次出现后均采用类似简称方式表述。

系表格。[1]表 3 摘录了该对应关系表格的部分内容。

表 2 根据《人身保护设备指令》发布的协调标准摘录

欧洲标准化组织	标准的参照号和标题	首次发布于官方公报	被替代标准的参照号	被替代标准的合格评定终止日期
CEN	EN 13594：2015 摩托车驾驶员用防护手套－要求和试验方法	这是第一次发布	EN 13594：2002	2016 年 3 月 31 日
CEN	EN 13595－1：2002 职业摩托车手用防护服－夹克、裤子以及单件或分体套装－第 1 部分：一般要求	2003 年 8 月 28 日	——	——

表 3 EN 13594：2015 欧洲标准与《人身保护设备指令》的一致性摘录[2]

《人身保护设备指令》，附件 II		EN 13594：2015 欧洲标准的条款
1. 1. 1	人体工程学	4. 4
1. 1. 2. 2	适用于不同风险等级的保护级别	4. 1
1. 3. 2	轻巧度和设计强度	4. 7，4. 8
1. 4	制造商提供的信息	6. 2，8

2. 协调标准支持指令关于保护财产和环境的要求

《关于游艇和私人船只的 2013/53/EU 指令》[3]第 14 条以“符合性推定”（Presumption of conformity）为标题规定符合协调标准及其部分的产品被推定

---

〔1〕 唐良富、解如风等：《欧盟标准 EN 13594－2015〈摩托车驾驶员用防护手套——要求和试验方法〉的解读》，载《中国个体防护装备》2016 年第 6 期，第 35 页。

〔2〕 唐良富、解如风等：《欧盟标准 EN 13594－2015〈摩托车驾驶员用防护手套——要求和试验方法〉的解读》，载《中国个体防护装备》2016 年第 6 期，第 35 页。

〔3〕 Directive 2013/53/EU of the European Parliament and of the Council of 20 November 2013 on recreational craft and personal watercraft and repealing Directive 94/25/EC － L 354/90.

为符合指令第 4 条第 1 项和附件 I 中的要求。《游艇指令》第 4 条“基本要求”第 1 项规定：“在按照预定的目的正确维护和使用第 2 条第 1 项所述产品时，只有该产品不危害人身健康、安全、财产或者环境且满足附件 I 中适用的基本要求的情况下，才能将该产品投入市场或投入使用。”《游艇指令》将保护财产和环境同样纳入法律的基本要求中，并在附件 I 中规定了较为详细的具体要求，比如，关于保护环境规定了防止排放废物和便利运送废物上岸的设施、喷气发动机废气排放的基本要求和噪音排放的基本要求。对应这些保护环境的基本要求，欧盟官方公报发布了相关协调标准的名称及其参照号，包括“小艇——往复式内燃机尾气排放测量－气体和微粒废气排放的试验台测量”标准（EN ISO 18854：2015）和“小艇——动力游艇发出的空气声音－第 1 部分：通过噪声测试程序”标准（EN ISO 14509－1：2008）等。[1]这些标准为《游艇指令》规范游艇的设计和建造提出的有关废气和噪音排放的特定限制提供了具体技术规范。

3．协调标准支持指令关于指定公告机构的要求

《关于医疗器械的 93/42/EEC 指令》[2]第 16 条以“公告机构”[3]（Notified bodies）为题规定了协调标准与如何指定公告机构的要求之间的符合性推定关系，即“各成员国应适用附件 XI 所列准则（criteria）指定机构。符合将协调标准转换为国家标准所规定的准则的机构应当推定其符合指令中的相关准则”。然后，指令附件 XI“公告机构的指定准则”第 1 条规定：“公告机构及其主管、评估和验证人员不应是他们所检查器械的设计者、制造商、供应商、安装者或使用者，也不得是其中任何人员的授权代表。他们不得直接参与器械的设计、建造、销售或维护，也不能代表参与这些活动的各方。”此外，附件 XI 还对公告机构及其工作人员的专业能力、执行任务能力、职业培训、公正性、投保民事责任保险和保守专业秘密等进行规定。

---

〔1〕 Commission communication in the framework of the implementation of Directive 2013/53/EU of the European Parliament and of the Council on recreational craft and personal watercraft and repealing Directive 94/25/EC － 2016/C 332/04.

〔2〕 COUNCIL DIRECTIVE 93/42/EEC of 14 June 1993 concerning medical devices － No L 169/1.

〔3〕 公告机构的主要任务是按指令规定的要求提供合格评定服务，这是一种涉及公共利益的提供给制造商的服务。在某些新方法指令中，公告机构还有其他称谓，例如检验机构（简单压力容器和建筑产品指令）、测试实验室和认证机构（建筑产品指令）或批准机构（玩具指令）。此处参见饶治、陈展展、周柏新：《欧盟新方法指令的实施与最新趋势》，中国轻工业出版社 2005 年版，第 39、45 页。

对应《医疗器械指令》关于指定公告机构的要求，EN 45000 系列标准是帮助符合指令要求的重要手段。EN 45000 系列标准覆盖不同类型的合格评定机构（认证机构、测试实验室、检验机构、认可机构），它由两部分组成，一部分涉及机构组织结构和管理，另一部分涉及机构运行的技术要求。[1]例如，EN 45001 标准规定了待认可进行测试和/或校准的实验室必须满足的一般要求，EN 45004 标准规定了机构实施检验能力的一般准则。符合 EN 45000 系列标准中有关公告机构的部分是推定符合《医疗器械指令》要求的重要手段，此外还须考虑有关产品和合格评定程序的知识等要素。

又如，《关于玩具安全的 2009/48/EC 指令》[2]第 26 条规定了“与公告机构有关的要求”，其中第 1 段指出“为了根据本指令进行公告，合格评定机构应符合本条第 2 段至第 11 段的要求”，即关于合格评定机构及其工作人员的专业诚信度和技术能力、执行任务能力、职业培训以及合格评定机构、高层管理人员和考核人员的公正性等要求。随后，《玩具安全指令》第 27 条以“符合性推定”为标题规定：“如果合格评定机构证明其符合相关协调标准或其部分，且该标准的参照号已在欧盟官方公报上公布，则应推定其符合第 26 条中适用的协调标准所涵盖的这些要求。”此外，《关于升降机和升降机安全部件的 2014/33/EU 指令》（第 24－25 条）、《关于民用爆炸物的 2014/28/EU 指令》（第 28－29 条）和《关于预定用于潜在爆炸性环境的设备和防护系统的 2014/34/EU 指令》（第 21－22 条）等新方法指令[3]中均规定了公告机构的指定要求及其与 EN 45000 系列标准之间的符合性推定关系，符合 EN 45000 中规定的评估标准的机构被推定符合指令中的相关要求。

“符合性推定”这一标题在欧盟法律中被专门用来说明上述三类法律要求与协调标准之间的符合性推定关系。

（二）协调标准支持条例和决定的强制性要求

协调标准支持欧盟法律的范围在逐渐扩大，由《新方法决议》确立的“协调标准支持指令”扩大到《1025/2012 号条例》确立的“协调标准支持欧盟法律（Union legislation）”。由此出现了协调标准支持指令之外的条例和决

---

〔1〕 饶治、陈展展、周柏新：《欧盟新方法指令的实施与最新趋势》，中国轻工业出版社 2005 年版，第 39－40 页。

〔2〕 DIRECTIVE 2009/48/EC OF THE EUROPEAN PARLIAMENT AND OF THE COUNCIL of 18 June 2009 on the safety of toys － L 170/1.

〔3〕 新方法指令：指依据《新方法决议》制定的指令。

定的情况。

1. 协调标准支持条例的强制性要求

这种融合方式又可根据条例的情况细分为两种类型：一是协调标准支持条例（原本为条例），二是协调标准支持废除指令的条例（由指令转变为条例）。前者如《关于产品销售的认证和市场监督要求的765/2008号条例》第8条规定了对成员国国家认证机构的要求，并在第11条以“对国家认证机构的符合性推定”为标题指出：“符合欧盟官方公报中已公布参照号的相关协调标准的国家认证机构……应被推定符合第8条的要求。”后一种融合方式如《关于人身保护设备和废除89/686/EEC指令的2016/425号条例》（2018年4月21日生效）：首先，《人身保护设备条例》在其引言中表明基于新方法原则的《人身保护设备指令》（89/686/EE指令）在协调标准支持指令基本要求方面的实践运行良好，应得到保持和进一步推动；其次，条例指出废除指令的原因，即“由于所有成员国的范围、基本健康和安全要求及合格评定程序必须相同，那么基于新方法原则将指令转化为国内法几乎没有灵活性可言，因此，89/686/EE指令应由条例所取代，条例是为成员国规定明确细则的适当法律文书，不会给成员国的不同转化留下空间”；最后，条例第14条同样基于新方法原则规定了协调标准与条例附件II的基本健康和安全要求之间的符合性推定关系。

2. 协调标准支持决定的强制性要求

例如，《关于产品销售的共同框架的768/2008/EC号决定》第R18条规定了协调标准与本决定第R17条中关于公告机构的要求之间的符合性推定关系：“如果合格评定机构证明其符合欧盟官方公报中相关协调标准或其部分，则应推定其符合第R17条就适用的协调标准所覆盖的要求。”

实质上，“质量”是欧盟法律中各项基本要求的重要组成部分，投放欧洲市场的产品或服务的质量不能低于这些要求的水平，而符合协调标准的产品或服务就表明其质量满足这些要求，否则根据欧盟法律，不符合要求的低质量产品或服务禁止进入欧洲市场。

四、欧洲标准与欧盟法律融合的机制与动因

首先，通过分析欧洲标准与欧盟法律融合的机制，可以更深入地了解欧盟为提升欧洲标准与欧盟法律融合的效果所采用的辅助机制和工作方法。其次，通过探讨欧洲标准与欧盟法律融合的动因，可以了解二者融合的必要性问题。

（一）欧洲标准与欧盟法律融合的机制

1. 建立欧洲标准支持欧盟法律的法律框架

协调标准支持欧盟立法要求的间接融合方式首先建立于《新方法决议》关于技术协调与标准新方法的四项原则中，由此确立了欧委会与欧洲标准化组织间基于标准化请求的合作关系以及协调标准对指令基本要求的支持关系。理事会决议（Resolution）虽没有法律效力，但它可以根据《欧盟运行条约》第 241 条（原《欧共体条约》第 208 条）的规定邀请欧委会提出适当的提议或采取进一步行动。[1]随后便形成了由三部法律构成的欧洲标准支持欧盟法律的初期法律框架：①《关于制定技术标准和条例领域内信息供应程序的 98/34/EC 号指令》建立了欧委会请求欧洲标准化组织制定欧洲标准的程序；②《关于资助欧洲标准化的 1673/2006/EC 号决定》确立了欧盟对欧洲标准化的资助规则，为欧洲标准支持欧盟法律提供资金保障；③《关于信息技术和电信领域标准化的 87/95/EEC 号决定》规定了在信息技术和电信领域欧委会请求欧洲标准化组织制定欧洲标准的程序。

2012 年，《1025/2012 号条例》根据欧洲标准化的最新发展，对上述法律框架进行了简化和调整，以涵盖标准化新的方面、应对新的挑战。例如，条例将欧洲标准支持欧盟法律的范围从产品领域扩展到服务领域等。

2. “委托书”便于欧洲标准满足欧盟法律要求

委托书制度发展到《1025/2012 号条例》阶段已具备较完备的程序，其实质是欧盟立法机构向欧洲标准化组织提出的标准化请求，以达到欧洲标准支持欧盟法律的目的。因此，委托书一方面为欧洲标准如何满足欧盟法律基本要求提供了途径，另一方面委托书也承担了一部分欧盟立法机构对标准化工作结果事前控制的功能，确保制定出的欧洲标准能有效地为欧盟法律提供可靠的技术支持。

3. “正式反对意见”保障欧洲标准满足欧盟法律要求

根据《1025/2012 号条例》第 11 条，“正式反对意见”（Formal objections）是指当成员国或欧洲议会认为协调标准并不完全满足它致力于覆盖的欧盟相关立法的要求时，应将该情况通报欧委会并附上详细解释，欧委会在与相应

---

〔1〕《欧盟运行条约》第 241 条（原《欧共体条约》第 208 条）：“理事会可要求委员会对理事会认为系实现共同目标所需的任何问题进行研究，并向理事会提交任何适当的提议。如委员会未提交提议，应向理事会说明理由。”

委员会磋商后作出决定。因此，正式反对意见相当于保障欧洲标准支持欧盟法律的事后控制机制，给成员国、欧洲议会和欧委会控制协调标准与立法要求保持一致性的机会。

4. 合格评定增强欧洲标准与欧盟法律的实施效果

欧盟通过《关于认证和测试的全球方法的理事会决议》和93/465/EEC决定建立和完善了合格评定机制。产品投放欧洲市场之前，为了加贴CE标志，制造商必须使其产品通过相应指令规定的合格评定程序。〔1〕经合格评定程序依据欧洲协调标准认证的产品即被证明符合相关指令的基本要求。合格评定程序的目标在于，使公共当局能够确保投放市场的产品符合指令中规定的要求。合格评定政策的指导原则在于，推广使用有关质量保证的欧洲标准（EN ISO 9000）和有关实施质量保证的合格评定机构所应满足要求的欧洲标准（EN 45000）。〔2〕因而，合格评定程序成为将产品、欧洲标准与指令串联的有效途径，为使产品加贴CE标志投入欧洲市场，作为认证依据的欧洲标准在得到有效实施的同时，该欧洲标准所支持的相应指令要求当然得到了满足，进而也确保欧盟法律得到有效实施。

（二）欧洲标准与欧盟法律融合的动因

1. 欧洲标准与欧盟法律融合的内因

有学者指出，标准与法律都具有规范性，但二者的规范性又存在区别，法律规定的权利义务一般较为抽象，标准则以科学和技术成果为基础而制定，这种区别使二者之间具有互补性，正是这种互补性构成了标准与法律融合的内在需求，出现了法律的抽象性在面对具体产品或服务时需要依赖标准的科学性和技术性来弥补其规范性不足。〔3〕

欧盟法律的规范方式主要分为四类，以《玩具安全指令》为例：一是法律条款直接规定具体规则，如《玩具安全指令》第17条“粘贴CE标志的规则和条件”要求“CE标志应明显、清晰、不可磨灭地粘贴在玩具本体、玩具的标签或包装上”，并规定了分别粘贴在这三处的条件，为如何粘贴CE标志

---

〔1〕 参见饶治、陈展展、周柏新：《欧盟新方法指令的实施与最新趋势》，中国轻工业出版社2005年版，第6页。

〔2〕 参见饶治、陈展展、周柏新：《欧盟新方法指令的实施与最新趋势》，中国轻工业出版社2005年版，第6页。

〔3〕 参见柳经纬：《标准与法律的融合》，载《政法论坛》2016年第6期，第24页。

提供明确的指示；二是法律的条款之间互相补充，如《玩具安全指令》第4条第2项规定“制造商应按照第21条制定所需的技术文件”，《玩具安全指令》第21条则以“技术文件”为题规定了技术文件的内容、文字语言和不符合规定的后果等，为第4条第2项的规范内容提供答案；三是法律之间互相补充，如《玩具安全指令》第14条规定“当成员国或欧委会认为协调标准不能完全满足第10条和附件II规定的要求时，欧委会或有关成员国应将此事提交给98/34/EC指令第5条成立的委员会”，98/34/EC指令第5条则规定了该委员会的组成、主席及其议事规则的制定等内容，为实施《玩具安全指令》提供途径；四是通过协调标准为满足法律抽象性的基本要求提供具体技术规范，也就是欧洲标准与欧盟法律融合的表现形式。

在欧盟法律与欧洲标准融合的领域，法律的规范内容多指上文所述三类强制性要求，例如，《玩具安全指令》附件II“基本安全要求”中关于“物理力学性能”要求：“玩具上易触及的绳索的设计和制造必须尽可能减少与其接触所造成的人身伤害的风险。”如何尽可能减少因接触绳索所造成的人身伤害的风险，是一个科学技术问题，为了有效解决诸如此类的技术难题同时避免立法的复杂性，法律必须依赖相关具体标准的科学性和技术性。因此，对应指令的要求，欧盟的做法是由欧盟官方公报所公布的“EN 71－1:2014 玩具的安全性－第1部分：力学与物理性能”协调标准第5.4条e项提供技术规范：“带有自动回收绳的玩具，这种绳子允许缩回最多6毫米。”符合该协调标准的玩具就表明其绳索的质量不低于指令要求的水平，进而满足指令对绳索的基本安全要求。

因此，欧盟法律的某些规范内容离不开协调标准提供具体技术规范的支持。这些法律的规范内容多体现在基本健康和安全要求、保护财产和环境要求以及如何指定公告机构等强制性要求上，而欧洲协调标准通过提供科学性和技术性规范为满足这些抽象性的要求提供具体技术支持，弥补了欧盟法律的规范性不足。

2. 欧洲标准与欧盟法律融合的外因

第一，欧洲层面标准与法律的融合始于欧盟对各成员国之间技术法规和标准的技术协调，目的在于克服欧洲经济一体化进程中技术性贸易壁垒对建立欧洲单一市场的妨碍。这时欧盟法律与标准的融合方式为上文所述“法律直接制定标准”模式，即欧盟通过立法全面制定有关产品的详细性能指标和规格，以实现“最大限度”的协调。[1]例如，《制定与动物源性食品卫生相关的特定卫生规则的853/2004号条例》附件III第9部分规定，食品经营者必须启动程序确保鲜牛奶符合以下标准：“30摄氏度时每毫升细菌总数≤100 000，每毫升体细胞数≤40 0000。”这时标准作为法律的一部分具有强制性，但因为此类标准并非由欧洲三大标准化组织制定通过，因此不属于欧洲标准的范畴。目前这种欧盟法律与标准的融合方式主要出现在自愿性标准面对可能对公共健康和环境产生危险的产品领域无法切实保障公共利益的情况。

第二，关于欧洲标准与欧盟法律融合的外部原因，有学者解释了标准与法律融合的外因在于：标准和法律各自规范的领域出现了扩张和交错的现象，促进了这些领域里标准与法律的融合。[2]这一外因同样可以解释上述“法律直接引用标准”的融合方式。在欧洲层面，欧洲标准与欧盟法律融合的外因则更具有“主动性”，表现为欧盟立法机构和欧洲标准化组织会努力实现相似甚至是共同的目标，即发展单一市场、提高竞争力、促进全球贸易、改善公民福利和保护环境。由此演变出欧盟立法机构与欧洲标准化组织合作并通过委托制定协调标准来支持欧盟立法的现象，并建立了“委托书”（Mandates）制度，该制度产生于《新方法决议》并被《1025/2012号条例》所完善，有学者将该制度称为“连接欧洲立法与欧洲标准的桥梁”[3]。简而言之，欧盟委托书制度就是欧委会和欧洲自由贸易联盟请求欧洲标准化组织制定和通过欧洲标准以支持欧洲立法和政策的机制。例如，《关于向欧洲标准化组织提出有关船用设备的标准化请求以支持船用设备2014/90/EU指令的欧委会实施决定》（委托书）在介绍《关于船用设备的2014/90/EU指令》之后，说明了需要制定“直径大于53毫米的消防栓标准”及“公共广播和一般应急报警系统标准”的原因，以及制定欧洲标准的请求支持指令的意图，并对标准化组织建立和变更工作方案、汇报工作和是否接受委托书等工作程序进行了规定。

目前，所有欧洲标准中约有20%是根据欧委会向欧洲标准化组织提出的标准化请求制定的，它们能帮助企业确保其产品或服务符合欧盟立法中的基本要求。根据《1025/2012号条例》，这种在欧委会提出请求的基础上由欧洲

---

〔1〕 参见陈淑梅：《欧洲经济一体化背景下的技术标准化》，东南大学出版社2005年版，第40－41页。

〔2〕 参见柳经纬：《标准与法律的融合》，载《政法论坛》2016年第6期，第24－26页。

〔3〕 刘春青、刘俊华、杨锋：《欧洲立法与欧洲标准联接的桥梁——谈欧洲“新方法”下的“委托书”制度》，载《标准科学》2012年第6期，第73页。

标准化组织制定和通过的标准就是协调标准，而协调标准支持欧盟立法的融合方式就是上文所述“标准间接支持法律”模式，这种融合方式所涉领域十分广泛，包括化学制品、建筑产品、消费者和工人保护、能源效率、电气和电子工程、医疗工程、机械工程和运输工具、测量技术、合格评定和管理系统、服务以及可持续发展等领域。

五、欧洲标准与欧盟法律融合的法治意义

关于标准与法律融合对于法治的意义，有学者指出，标准与法律融合从实现法治化的视角来看更具有实践意义，“因为标准是法律得以真正实现的规范性支撑，是法治理念得以真正落实的技术手段”。[1]标准、法律与法治这三者之间既各自独立又相互联系。首先，标准相对于法律而言，相当于软法与硬法的关系，如今标准化治理已成为一种社会治理方式，标准化治理模式中内含的合作式社会治理、多元化的规则表现形式[2]、制定主体的多元性、基于共识的制定过程及其治理模式中的社会自治机制、市场机制和协商机制等方面均体现了软法制度及其理念，而软法与硬法之间的共通性和差异性使得二者间存在互相转化、优势互补的联系；[3]其次，标准与法律相对于法治而言，标准与法律融合的成果可以纳入法制化建设中，但这仅是一种静态的制度建设，法治化建设的成果则是动态的，是对法制化的激活；[4]最后，有学者将标准、法律与法治这三者的关系放入“治理现代化”的总框架下探讨，提出治理过程现代化的关键是制度化和法治化，制度是国家治理现代化的平台，法治是国家治理现代化的重要途径。[5]因此，标准与法律融合通过标准为法律的抽象性规范提供具体技术解决方案的方式，一方面，优化了治理现

---

〔1〕 参见李晓林：《法律与标准关系简析》，载《标准科学》2009 年第 11 期，第 52 页。

〔2〕 “多样化的规则表现形式”是指：从软法存在形式的多元性角度出发，标准的表现形式同样多元化，例如，标准可以是国家强制性的技术法规、行业协会制定的技术规范或者是企业制定的技术要求等。此处参见林良亮：《标准与软法的契合——论标准作为软法的表现形式》，载《沈阳大学学报》2010 年第 3 期，第 42 页。

〔3〕 参见林良亮：《标准与软法的契合——论标准作为软法的表现形式》，载《沈阳大学学报》2010 年第 3 期，第 40、42 页，以及参见罗豪才：《公域之治中的软法》，载《中国检察官》2006 年第 2 期，第 56 页。

〔4〕 参见应松年：《加快法治建设促进国家治理体系和治理能力现代化》，载《中国法学》2014 年第 6 期。

〔5〕 参见蔡文成：《改革发展与国家治理体系现代化的建构》，载《行政论坛》2014 年第 4 期，第 14 页。

代化[1]的制度平台建设；另一方面，使得法治理念得到真正落实，因为标准与法律的融合使得治理现代化的法治化途径有了更科学合理的法制依据。本文将在此基础上更深入探讨欧洲标准与欧盟法律融合的法治意义，并从法治落实的技术手段，保有法治的确定性、稳定性和与时俱进，以及法治落实的有效性这三个角度进行论述。

（一）标准成为法律实施的技术手段

有学者认为，标准支持法律实施并不是委托立法，也不意味着立法权的转移或下放，而是法律实施的一种技术手段。[2]同样，有学者指出，通过援引标准，延伸了法律对具有技术性的行为的规范作用。[3]因此，立法者在法律中（直接或间接）引用标准的优势有二：一是立法者不必自己寻找技术难题的解决方案，可以在依靠标准制定者技术专长的同时节省公共资金；二是由于以协商一致为基础、公开透明的标准制定程序和随后被广泛接受的标准，立法者也可以期待其立法被广泛接受。[4]而欧洲标准与欧盟法律融合对于欧洲法治的意义便体现在上述优势中：其一，法治的实施建立在法律上，标准通过为法律提供技术支持，使得法律规范落到实处，有效维护了公共利益和社会秩序；其二，法治的目的在于为人们提供一个寻求公正的平台和框架，而标准能得到广泛接受来源于其制定程序的公开透明并以协商一致为基础，法律援引标准便于公众接受法律中应用的技术方案进而满足法律的要求，同时提升程序公正。

（二）立法始终符合最新技术发展

欧洲标准与欧盟法律的融合方式呈现多样化的原因之一在于，标准反映了最新的技术发展，为了跟上最新技术发展，必须定期修订标准，欧洲立法者在引用标准时会考虑这一因素并进行立法选择，以避免每次修订标准时都要调整法律的情况。[5]在法律直接引用标准的融合方式中，注明日期的直接

---

〔1〕 本文探讨欧洲标准与欧盟法律的融合，因此关于两者融合对于法治的意义并不局限在国家治理现代化的范围内，而是从欧盟的视角出发，探讨标准与法律的融合对于区域（治理现代化）法治的意义。

〔2〕 参见于连超：《标准支撑法律实施：比较分析与政策建议》，载《求是学刊》2017 年第 4 期。

〔3〕 参见柳经纬：《标准与法律的融合》，载《政法论坛》2016 年第 6 期，第 26 页。

〔4〕 European Commission, *Methods of Referencing Standards in Legislation with an Emphasis on European Legislation* 3 (European Communities 2009).

〔5〕 European Commission, *Methods of Referencing Standards in Legislation with an Emphasis on European Legislation* 3 – 4 (European Communities 2009).

引用虽然保持了法律的确定性，但其缺点在于每当调整或替换标准时，引用该标准的立法也需相应调整，重经复杂又耗时的立法程序；相比之下，未注明日期的直接引用更加灵活，也不存在法律需跟随标准一同调整的情况，但随之而来的是一系列不确定性，例如，被引用的标准若被完全替换带来的问题以及立法者面临将法律引用标准的权力转移给标准化组织的宪法问题。〔1〕

针对上述问题，欧盟探索出了法律间接引用标准的融合方式，即协调标准支持欧盟法律的模式，在这种情况下，协调标准的修订和替换不需要法律的相应修改，因此，欧盟法律在保有确定性的同时能够因协调标准的技术支持而始终符合最新技术发展。另外，这种融合方式保留了标准的自愿性，在给予公众选择自由的同时有利于促进科技的持续发展。

（三）多种融合机制合力增强法律的实施效果

欧盟在探索出欧洲标准与欧盟法律融合更适当的方式后又建立了一系列机制，服务于更有效地保证欧洲标准提供的技术支持满足欧盟法律的基本要求，进而合力为有效实施欧盟法律提供保障。首先，欧盟建立起欧洲标准支持欧盟法律的法律框架并适时调整，从标准化体系建设、立法机构与标准化组织合作流程、欧盟与成员国合作方式和财务资助等多方面为欧洲标准有效支持欧盟法律提供支撑；其次，委托书制度作为连接立法机构与标准化组织同时连接欧洲标准与欧盟法律的机制，其一项重要功能在于通过欧委会的标准化请求和委托书列明的要求，对标准化工作结果进行一定事前控制，确保欧洲标准完全满足欧盟法律的基本要求；再次，针对协调标准的正式反对意见则是一种事后控制机制，提出意见方可以是成员国或欧洲议会，同样是为了确保欧洲标准与欧盟法律的一致性；最后，合格评定程序依据欧洲标准评估产品和服务等是否满足相关指令的基本要求，只有符合指令要求才可进入欧洲市场。因此，不论是欧盟内部企业生产的产品还是其他国家的产品，要想在欧盟各国市场上流通，都须经过合格评定程序的确认，其目的在于保证投放欧洲市场的产品和服务不对公共利益造成威胁，因此使得欧洲标准得到高效实施，也意味着欧洲标准所支持的欧盟法律得到有效实施。

结语

欧洲标准与欧盟法律多样化的融合方式有各自的优缺点，发展到如今的

---

〔1〕 European Commission, *Methods of Referencing Standards in Legislation with an Emphasis on European Legislation* 4 –6 (European Communities 2009).

欧洲标准为满足欧盟法律要求提供技术支持的间接融合方式，不但克服了之前直接融合方式的多种弊端，而且配合欧盟建立的一系列辅助机制，有效地促进了欧洲标准和欧盟法律的高效实施，进而完成了欧盟的多重目标，如发展欧洲单一市场、提高欧洲产业的国际竞争力和保护公众健康安全及环境等。

欧洲标准与欧盟法律的融合方式和融合机制对于欧洲发展单一市场和协调各成员国间法律及标准化的经验，值得我国这样一个多省份的大国借鉴，进而促进中国海峡两岸暨香港、澳门统一市场和市场要素的自由流通。同时，欧洲标准支持欧盟法律的标准化与法制建设，不仅为我国的标准化体制改革、法治建设和国家治理现代化建设提供启示，也为我国“一带一路”推行标准一体化建设中可能涉及的法律协调和规则建构提供有价值的指导。

（初审人：彭钰栋）

国际商事仲裁非当地化理论研究

李海涛 *

摘　要：作为对传统仲裁本座理论的突破，非当地化理论自出现以来，一直处于巨大的争论之中。实质上，非当地化理论与仲裁本座理论有着共同的价值追求，即尊重当事人的意思自治。对域外立法和实践的考察表明：其一，非当地化理论主要呈现三种形态，即程序法适用上的非当地化、仲裁裁决撤销上的非当地化以及仲裁裁决承认与执行上的非当地化；其二，非当地化至今尚未形成趋势。相较于完全否定非当地化和支持完全的非当地化，有限度的非当地化更符合商事仲裁的特点和意思自治原则的要求。在完善我国商事仲裁制度的过程中，应重视非当地化理论的作用。

关键词：仲裁本座理论　非当地化　意思自治　实践形态

一、非当地化理论的缘起

（一）非当地化理论的肇始

非当地化理论肇始于 20 世纪 50 年代至 70 年代发生的两起著名国际仲裁案件，即 1955 年的 Saudi Arabia v. Aramco

---

* 李海涛，中国政法大学国际法学院国际私法专业 2014 级博士研究生（100088）。

案[1]和1978年的Texaco v. The Libyan Arab Republic案[2]。上述两个由国家作为当事一方参与的仲裁案件中，在仲裁程序的适用上，仲裁庭认为，不应对一个国家强行适用他国的程序法，进而未采用传统的仲裁本座理论适用仲裁地的法律进行审理，转而采用了国际法。虽然，上述两个案件均非传统意义上的商事仲裁，但仲裁庭在程序法适用上突破仲裁地法的做法，为非当地化理论的发展奠定了基础。随着商事仲裁自由化的发展，当事人意思自治原则在商事仲裁领域急速扩张，非当地化理论逐渐蔓延至国际商事仲裁中来，甚至被前国际商会秘书长艾斯曼恩（F. Eisemann）称为国际商事仲裁的“革命性的变革”[3]。

随着商事交易全球化及商事仲裁自由化的发展，以上述两个案件为契机，越来越多的学者开始批评仲裁本座理论，并主张降低仲裁地在商事仲裁中的作用，减少甚至消除仲裁地对商事仲裁的司法干预。关于这种主张的发端，有学者认为是从1958年开始，[4]也有学者认为，该理论是20世纪80年代发展起来的。[5]该理论受到了诸如菲利普·福查德（Philippe Fouchard）、保尔森（J. Paulsson）、桑德斯（P. Sanders）等一些国际仲裁界权威人士的认可和支持。

上述学者主张，商事仲裁应当是超国家的（supra-national）、非国内化的（a-national）、跨国的（transnational）、非本地化的（delocalized），甚至是无国籍的（expatriate）、浮动的（floating）。[6]这种主张商事仲裁脱离仲裁地控制的理论，被称之为非国内化理论，也称为非当地化理论、浮动仲裁理论。由于下文将会述及文字上与非国内化裁决非常接近的“非内国裁决”，为便于区分，本文拟采用“非当地化”的表述。

---

[1] *International Law Reports*, 27 ILR, 117 (1963).

[2] International Council For Commercial Arbitration, *Yearbook Commercial Arbitration* Vol. IV, 177 (1979).

[3] Alan Redfern and Martin Hunter, *Law and Practice of International Commercial Arbitration* 83 (2nd, ed., Sweet & Maxwell 1991).

[4] Gharavi, Hamid G, *The International Effective of The Annulment of An Arbitral Award* 108 (Kluwer Law International 2002).

[5] 赵秀文:《国际商事仲裁及其适用法律问题研究》，北京大学出版社2002年版，第99页。杜新丽:《国际商事仲裁理论与实践专题研究》，中国政法大学出版社2009年版，第377页。

[6] Nigel Blackaby, Constantine Partasides, Alan Redfern, Martin Hunter, *Redfern and Hunter on International Arbitration* 174 (fifth edition, Oxford University Press 2009).

（二）国际商事仲裁非当地化的内涵

至今为止，仍没有关于非当地化内涵的统一界定。但通常认为，非当地化是仲裁国际化的一个方面，这种理论源于一种理念，即来自不同国家的当事人为了实现中立，试图避免适用对方国家的规则，以期尽可能避免对方法院的干涉。而非当地化理论的代表人物保尔森的观点更为全面和细致，并因此受到更多学者的认同。其主要观点为：国际商事仲裁程序可不受仲裁地国法的限制；仲裁裁决的效力不由仲裁地国的法律赋予；国际商事仲裁裁决在申请强制执行前不受任何国家法院的监督。[1]我国学者赵秀文教授则倾向于从已撤销裁决的承认和执行这一角度来认识非当地化理论。从这一角度出发，非当地化理论的内涵可以理解为：既然不同国家的当事人约定通过仲裁的方式解决他们之间的争议，那么仲裁庭根据当事人之间的协议作出的仲裁裁决就应当得到各法院的承认和执行。退一步讲，即便此裁决被裁决地国或裁决适用法律的国家法院撤销，此裁决也应当得到其他国家法院的承认与执行。[2]

关于非当地化仲裁理论的本质，赵秀文教授认为，非当地化仲裁理论的本质是摆脱国家对国际商事仲裁裁决的监督中所涉及的撤销国际商事仲裁裁决的权利[3]。而杜新丽教授认为，其本质是不承认裁决地法院依其本国法律撤销国际商事仲裁裁决的效力，而是要依据执行地国的法律判断在外国做出的国际商事仲裁裁决的效力。也就是说，裁决地国法院对在其境内作出的国际仲裁裁决的撤销，并不构成其他国家的法院依法执行该国际商事仲裁裁决的障碍，除非裁决地法院是依据全世界所公认的理由来撤销该裁决。[4]实质上，两位教授的观点基本上一致，即从裁决的撤销及承认与执行的角度着手进行考量。

关于非当地化理论的范围则有两种不同的理解，一种观点认为，非当地化包括仲裁程序法与实体法的非当地化。比如，帕克（William W. Park）认为，非当地化包括“其一，仲裁程序的非当地化，即国际商事仲裁程序突破

---

〔1〕 J. Paulsson, “Arbitration Unbound: Award Detached from the Law of its Country of Origin”, *International and Comparative Law Quarterly*, Vol. 30, 358 (1981).

〔2〕 赵秀文：《国际商事仲裁现代化研究》，法律出版社2010年版，第274页。

〔3〕 赵秀文：《论非内国仲裁》，载陈安主编：《国际经济法论丛（第6卷）》，法律出版社2002年版，第546页。

〔4〕 杜新丽：《国际商事仲裁理论与实践专题研究》，中国政法大学出版社2009年版，第379页。

传统的程序适用程序地法律的规则，摆脱仲裁地国法律体制的监管，或者通过当事人的协议或者通过仲裁庭的制定而进行；其二，仲裁实体适用法律的非当地化，即国际商事仲裁不以仲裁地实体法律为裁判依据，可以采用当事人选定的法律或者仲裁庭指定的商人法甚至一般法律原则等来审理案件”。[1]另一种观点则认为，非当地化仅仅是实体适用法的非当地化。而关于仲裁程序的非当地化也有不同的观点：一种观点认为，仲裁程序的非当地化指的是仲裁程序适用他国程序法或者类似于国际规则之类的非国家仲裁法的情形；另一种观点则认为，只有仲裁程序适用他国仲裁法的情况才是仲裁程序的非当地化。

通过对国际商事仲裁非当地化的内涵、本质及范围的考察，笔者认为，非当地化指的是仲裁程序的非当地化[2]（仲裁实体法适用上的非当地化已经在仲裁理论和实务中确立[3]），而仲裁程序的非当地化的实质在于摆脱仲裁地法对商事仲裁的影响。仲裁程序的非当地化的范围包括三类：其一，仲裁程序适用他国仲裁法以及国际规则、约定规则等非仲裁法（由此衍生出非当地化裁决的执行问题）；其二，仲裁裁决撤销上的非当地化——撤销权被完全或者有条件排除；其三，仲裁裁决承认和执行上的非当地化——已经撤销裁决的承认和执行。

二、非当地化理论与仲裁本座理论的价值冲突及弥合

（一）仲裁本座理论

仲裁本座理论（seat theory），也有学者称之为地域（Territory）原则或者管辖权理论（jurisdictional theory），源于国际法上的属地原则，是法则区别说、法律关系本座说在国际商事仲裁中的延伸。与非当地化理论相反，地域原则认为，仲裁应当受仲裁地法律的约束，一国法院对在本辖区内进行的国际商事仲裁具有监督的权利。监督的事项包括依据本国法律撤销在本国领域内作出的仲裁裁决，以及依据本国法律承认与执行或者拒绝承认与执行外国

---

〔1〕 William W. Park, “National Law and Commercial Justice: Safeguarding Procedural Integrity in International Arbitration”, *Tulane Law Review* (63), 647 (1989).

〔2〕 如无特别说明，本文中国际商事仲裁非当地化特指仲裁程序上的非当地化。

〔3〕 仲裁法（仲裁地法或者仲裁所在地法）和适用于争议实体的法律之间的不同，是欧洲大陆司法传统的一部分，但现在已经在国际商事仲裁中牢牢确立。Nigel Blackaby, Constantine Partasides, Alan Redfern, Martin Hunter, *Redfern and Hunter on International Arbitration* 174 (fifth edition, Oxford University Press 2009).

仲裁裁决。其核心是仲裁地国家对境内进行的国际商事仲裁实施有效的监督和控制[1]。仲裁受仲裁进行地，即仲裁所在地（seat）或者审理地（forum）或仲裁地（locus arbitri）法律约束，这一理念已经在国际仲裁的理论和实践中确立。[2]这种理念在1923年《日内瓦议定书》、1927年《日内瓦公约》、1958年的《纽约公约》以及1985年的《联合国国际商事仲裁示范法》[3]中一直延续下来。

（二）非当地化理论与仲裁本座理论的价值冲突及弥合

通说认为，仲裁兼具契约性和司法性的混合性质，[4]但晚近国际仲裁理论和实践均表现出了限制司法属性、提升契约属性的趋势，这种趋势更加提升了当事人意思自治在仲裁中的地位。而非当地化理论的理论依据正是当事人意思自治原则。意思自治原则作为司法领域的一项重要原则，从合同领域逐渐延伸到其他领域，包括商事仲裁领域，并成为商事仲裁领域的一大原则。

非当地化理论似乎是在与仲裁本座理论的斗争中一路走来。学者对非当地化理论的基础构建，一般也都夹杂着对仲裁本座理论缺陷的批判，并基于对非当地化理论合理性的论证而进行的。

从价值取向上看，仲裁本座理论强调仲裁地法对仲裁程序的监督和支持，这种理论更有利于保证仲裁程序的公正价值、推动仲裁程序的进行。从法院对仲裁的监督角度看，如果缺少仲裁地法院的监督，对于双方当事人都有着极大的丧失公正的风险。对于胜诉方来讲，如果胜诉方对仲裁结果不满意，那么他将没有任何途径寻求救济；而对于败诉方来讲，他所能寻求的救济只能是被动地随着申请人在世界各地申请强制执行时提出不予执行的申请。如果胜诉方提出的无须执行性的仲裁请求得到了支持，例如请求解除合同效力，

---

〔1〕 王瀚：《国际商事仲裁的非当地化理论之探析》，载《法律科学（西北政法学院学报）》1998年第1期，第60页。

〔2〕 Nigel Blackaby, Constantine Partasides, Alan Redfern, Martin Hunter, *Redfern and Hunter on International Arbitration* 180 (*fifth edition*, Oxford University Press 2009).

〔3〕 该示范法于2006年7月7日经联合国国际贸易法委员会修订。修订后的示范法第36条第1款（a）（iv）规定："仲裁庭的组成或仲裁程序与当事人的约定不一致；无此种约定时，与仲裁地所在国法律不符。"

〔4〕 关于仲裁的性质，存在司法权轮、契约理论、自治理论、混合理论四种主要理论。混合理论因兼具司法性和契约性的二重属性，更为贴合当前国际商事仲裁司法审查和意思自治并存的形态，成为了当前国际上更为偏重的理论。

对于败诉方来讲，将没有任何救济途径。[1] 事实上，仲裁地国法院的司法监督是不可或缺的，没有人能否认仲裁裁决存在错误的可能性。[2]从法院对仲裁的支持角度看，法院对于仲裁庭的组成、仲裁员的更换、回避、临时措施的发布和执行等事关仲裁程序进行和仲裁裁决执行的问题上均起到了举足轻重的作用。如果缺少了法院的支持，仲裁程序是否能够在日趋复杂的商事环境中顺利进行？桑德斯先生将国际仲裁形象地比喻为小鸟，这只小鸟“飞上了天空，但是它会时不时地回到巢穴”。[3]但是，如果法院的监督携带太多的国内法上的因素，而非国际公认和接受的标准，或者对于仲裁程序的介入过于频繁和深入，必将损害仲裁程序的效益和当事人的意思自治。本座理论在国际商事仲裁实践中得到广泛的应用，但其强调仲裁地法绝对适用于在其境内进行的仲裁活动的观点，不仅忽略了国际商事仲裁本身的复杂性，而且也不符合目前的国际商事仲裁自由化的发展特点。[4]

而非当地化理论则着重仲裁的效益，效益和公正同是商事仲裁的价值取向，甚至有学者认为效益价值具有一定的优先性。因为历史上，商人们之所以发展了仲裁这一自律形式，主要是因为诉讼费时耗钱且程序僵硬，而不是因为仲裁比诉讼更能体现公正。从各国仲裁立法看，也很难断言仲裁制度是公正的守望者，相反，注重效益才是其显著特点。[5]而效益主要体现在对当事人意思自治的尊重，所以也有学者认为，当事人意思自治是仲裁特有的价值目标。[6]

事实上，一味地强调仲裁地程序法的适用，并不符合当事人意思自治。随着经济贸易的全球化发展，当事人选择仲裁地点往往具有较大的偶然性，选择仲裁地并不必然意味着当事人对当地程序法有所青睐。换言之，当事人选择某一地点进行仲裁可能处于偶然、中立或其他因素考虑，如平等、适当

---

〔1〕 四川百事合作经营合同仲裁案是这一情形的最佳注脚。参见邹晓乔：《浅析四川百事合作经营合作合同仲裁案中的几个法律问题》，载《北京仲裁》2005 年第 3 期，第 69 - 76 页。

〔2〕 杜新丽：《论国际商事仲裁的司法审查与立法完善》，载《现代法学》2005 年第 6 期，第 170 页。

〔3〕 Pieter Sanders, *The Making of the Convention*, *Enforcing Arbitration Awards under the New York Convention*: *Experience and Prospect*, in Enforcing Arbitration Awards Under the New York Convention: Experience and Prospect 3, 4 (United Nations Publications 1999).

〔4〕 张美红：《国际商事仲裁程序“非国内化”研究》，上海人民出版社 2014 年版，第 78 页。

〔5〕 宋连斌：《国际商事仲裁管辖权研究》，法律出版社 2000 年版，第 31 页。

〔6〕 史彪：《商事仲裁监督与制约机制研究》，知识产权出版社 2011 年版，第 27 页。

和方便等，而不是因为想要适用仲裁地的仲裁法。[1]伦敦玛丽女王大学国际仲裁学院实施的一项有关“公司对于国际仲裁态度”的研究表明，“中立性、地理位置上的便利性、接近证人及证据是当事人选择仲裁地的主要考虑”。[2]因此，依据一个纯属偶然的仲裁地来确定仲裁程序的适用法是极不合理的。[3]

仲裁本座理论之下，当事人无权主动选择仲裁程序适用的法律，而是仅仅选择了仲裁地，这样的后果是仲裁地法律的强制性适用。当事人通过约定在某国仲裁，就意味着选择了管辖仲裁的程序法。有学者将这种现象做了形象的比喻：认为当事人已经选择了该特定的法律来管辖仲裁，就如同认为开车到法国的英国妇女已经选择法国的交通法律一样，这会要求她靠路右侧行驶，让路给从右侧来的车并遵守其不熟悉的交通法规。但是说这个国内司机已经选择了法国交通法，这很奇怪。她选择去法国，法国法的适用自动随之而来，而不是一种选项。[4]另外，由于仲裁理论普及程度的限制，期待当事人了解仲裁程序法与仲裁地的联系，显然带有主观的成分。因此，关于当事人选定仲裁地就意味着选择了仲裁程序法的推论，严重背离了当事人意思自治原则。

但是，意思自治并非没有限制，意思自治不仅仅受当事人和仲裁庭所采纳（或修改适用）的规则的限制，而且受所适用的仲裁法所管辖。仲裁法的适用完全有可能非常自由，但它确实适用着。[5]法律允许当事人选择适用外国仲裁法，并非意味着该仲裁可以摆脱当地法律且不受当地法律的约束，恰恰相反，正是由于当地法律的允许，当事人才有可能将外国的仲裁规则和程序运用于在当地进行的仲裁之中[6]。一般认为，商事仲裁的契约属性决定了意思自治原则重要地位的同时，也反映出在日益复杂的商事环境中，意思自

---

〔1〕 韩健：《现代国际商事仲裁法的理论与实践》，法律出版社 2000 年版，第 268 页。

〔2〕 School of International Arbitration (Queen Mary university of London), *International Arbitration Study: Corporate Attitudes and Practices* 5 (2006).

〔3〕 聂咏青：《非内国仲裁理论评论》，载《法律适用》2005 年第 9 期，第 24 页。

〔4〕 Nigel Blackaby, Constantine Partasides, Alan Redfern, Martin Hunter, *Redfern and Hunter on International Arbitration* 184 – 185 (fifth edition, Oxford University Press 2009).

〔5〕 Nigel Blackaby, Constantine Partasides, Alan Redfern, Martin Hunter, *Redfern and Hunter on International Arbitration* 184 – 185 (fifth edition, Oxford University Press 2009), 第 180 页。

〔6〕 W. Laurence Craig, “Some Trends and Developments in the Laws and Practice of International Commercial Arbitration”, *Texas international law journal*, 50 (1995).

治原则的弊端。商事仲裁的契约性决定了法院监督和支持的必要性。二者在价值追求上并不冲突，甚至是相辅相成，共同推进商事仲裁的发展。

综上，对于非当地化理论与本座理论的价值冲突，笔者认为，非当地化理论与仲裁本座理论并非非此即彼的关系，实际上二者可以共存。由此，对非当地化应当采取广义的理解，即非当地化是一种动态的状态，凡试图减少、摆脱仲裁地法控制的情形均可视为非当地化。比如，《纽约公约》对《日内瓦公约》采取的双重认可标准的废除就在一定程度上体现了减少仲裁地控制的趋势。非当地化在缓慢进行的同时，仲裁本座理论也在商事仲裁不断的演进中弱化自身的地位。而在追求摆脱仲裁地程序法的绝对控制和排除仲裁地法院对仲裁的过度监督上，非当地化理论和本座理论的目标是一致的。事实上，自《纽约公约》以来，国际商事仲裁所体现出的减少仲裁地控制，增加当事人意思自治的趋向本身就包含着非当地化的含义。人们所争论的不过是对非当地化应当增长、仲裁本座理论应当减损的范围而已。人们所追求的应当是如何在非当地化理论与仲裁本座理论之间维持一个良性的平衡。

同时，与传统仲裁相比，于虚拟网络空间中进行的在线仲裁首次实现了向仲裁非当地化的技术性飞跃。这种更为现代与国际化的仲裁方式代表着后现代仲裁的发展模式，因而不应当对其持怀疑及严格限制的立场。在线仲裁〔1〕的产生，毋庸置疑将使地域原则的非当地化进程推进一大步。〔2〕

三、非当地化理论的三种形态及分析

如上文所述，商事仲裁非当地化的范围主要包含三类：商事仲裁程序法适用上的非当地化、商事仲裁裁决撤销上的非当地化以及仲裁裁决承认和执行中的非当地化。而这三类也正是国际立法和实践中主要呈现的形态。

（一）国际商事仲裁程序法适用的非当地化

商事仲裁程序法适用上的非当地化是非当地化理论的原始形态。与其他两种形态不同，该种形态在国际商事仲裁国际法律文件、国内立法及司法实践中均有体现。

---

〔1〕 2016年7月5日至7月9日，联合国国际贸易法委员会第49届年会在美国纽约召开，会议通过了第三工作组即网上争议解决工作组经过多年的修改和补充而成的《网上争议解决技术指引》。《网上争议解决技术指引》主要是为电子商务小额争议的解决而设计的，该指引作为国际贸易法律体系中的软法，在互联网加的政策下，将对网上仲裁的发展和完善，对国际经济贸易纠纷的解决带来促进作用。

〔2〕 杜新丽：《国际商事仲裁理论与实践专题研究》，中国政法大学出版社2009年版，第383页。

国际/区域性公约方面，《纽约公约》《欧洲国际商事仲裁公约》《关于解决各国和其他国家的国民之间的投资争端的公约》等在国际仲裁领域极为成功的公约，对于仲裁程序的适用法无一例外地采取了非当地化的态度。具体而言，1958年《纽约公约》第5条第4款〔1〕的规定明确地表明：其一，当事人可以约定仲裁程序，且该程序并不限于仲裁地国的程序法，甚至没有排除国际通用的非国家法律性质的仲裁程序原则和规则；其二，当事人约定优先于仲裁地程序法的适用。该条规定被认为促进了国际商事仲裁的非当地化，〔2〕并成为非当地化理论的支持者反驳反对者观点的主要依据。1961年《欧洲国际商事仲裁公约》第4条第1款〔3〕及第4款〔4〕的规定清楚地表明，当事人和仲裁员可以自由决定应该适用的程序；决定仲裁适用程序并不要求必须遵守仲裁地的程序法。该条规定被学者称为“首次包含了目前已被广为接受的确定仲裁程序准据法的现代原则”。〔5〕1965年《关于解决各国和其他国家的国民之间的投资争端的公约》第44条〔6〕的规定与《欧洲国际商事仲裁公约》类似。同时，该《公约》第54条第1款〔7〕的规定，保证了第44条项下可能产生的非当地化裁决的可执行性。该《公约》建立了一套不同于《纽约公约》的独特的、更为简便有效的裁决承认和执行制度，保证了裁决的执行，成为了非当地化仲裁理论在国际商事仲裁实践中最为成功的例子。

---

〔1〕《纽约公约》第5条第4款：仲裁庭的组成或仲裁程序与当事人之间的协议不符；或者当事人间未定此项协议时与仲裁地国的法律不符。

〔2〕PECHOTA, “The Future of the Law Governing International Arbitral Process: Unification and Beyond”, *American Review of International Arbitration* 15, 19 (1992).

〔3〕《欧洲国际商事仲裁公约》第4条第1款：在这种情况下，当事人自行决定，指派仲裁员，或者确定如果发生争议时指派仲裁员的方法；确定仲裁地点；规定仲裁员遵循的程序。

〔4〕《欧洲国际商事仲裁公约》第4条第4款：专门委员会会长接受请求后，如果需要，有以下权力，直接制定或者参考常设仲裁机构的规则和章程制定仲裁员（们）遵循的程序规则，假如当事人之间没有此项协议，而仲裁员也没有制定这项规则的话。

〔5〕郭玉军、陈芝兰：《论国际商事仲裁中的“非内国化”理论》，载《法制与社会发展》2003年第1期，第110页。

〔6〕《关于解决各国和其他国家的国民之间的投资争端的公约》第44条：任何仲裁程序应依照本节规定，以及除双方另有协议外，依照双方同意提交仲裁之日有效的仲裁规则进行。如发生任何本节或仲裁规则或双方同意的任何规则未作规定的程序问题，则该问题应由法庭决定。

〔7〕《关于解决各国和其他国家的国民之间的投资争端的公约》第54条第1款：每一缔约国应承认依照本公约作出的裁决具有约束力，并在其领土内履行该裁决所加的财政义务，如同该裁决是该国法院的最后判决一样。具有联邦宪法的缔约国可以在联邦法院或通过该法院执行该裁决，并可规定联邦法院应视该裁决如同是其组成的一邦的法院作出的最后判决。

国内立法方面，国际商事仲裁较为发达的法域，比如瑞典、德国、比利时等，出于各种原因，纷纷对本国仲裁立法进行了修订，减少、限制了法院对仲裁程序的干预，增加了当事人意思自治的范围。作为非当地化理论“急先锋”[1]的法国则较早地在国内立法中确立了非当地化的思想[2]。另外，瑞士1989年1月1日起施行的《联邦国际私法典》第182条[3]、1998年《比利时司法法典》第1693条也明确确认了仲裁程序的非当地化。英国法院则在著名的Naviera Amazonia Peruvian SA v Compania Internacional de Seguros de Peru案[4]中确认了选择外国程序法的情形在理论上是可能的，虽然法院对在他国依照英国仲裁法进行的仲裁英国是否能够提供监督和支持提出了异议。

与国际商事仲裁程序法适用的非当地化紧密相关的问题就是非当地化裁决[5]的执行问题。仲裁裁决的执行关系到仲裁的命脉，因此，非当地化理论必然需要关注非当地化裁决的执行问题。该问题的核心为，非当地化裁决能否依据《纽约公约》来执行？关于该问题，目前仍然存在较大的争论。有学者认为，国内法对裁决的适用是公约得以适用的前提条件，因此，非当地化裁决是不能依据公约在缔约国得到承认和执行的。[6]支持非当地化理论的学

---

〔1〕 Alan Redfern and Martin Hunter, *Law and Practice of International Commercial Arbitration* 56 (2nd, ed., Sweet & Maxwell 1991).

〔2〕 1981年法国《民事诉讼法》第1494条：“仲裁协议可以直接或通过适用仲裁规则确定案件时所要遵守的程序，也可以确定所要遵守的程序法。如果仲裁协议中没有约定，在需要时，仲裁员可以直接或通过适用法律或者某些仲裁规则确定程序。”法国2011年新《民事诉讼法》第1509条基本上沿用了1981年第1494条的规定。

〔3〕《联邦国际私法典》自施行以来，至今为止，共经历15次修订，现行文本为2010年1月1日文本，但第182条基本没有改变，即①双方当事人可自行或参照仲裁规则确定仲裁程序，亦可使仲裁程序受其所选择的程序法支配。②如果双方当事人未自行确定仲裁程序，在必要时，仲裁程序可由仲裁庭直接或参照法律或仲裁规则予以确定。③不论所选择的程序为何，仲裁庭均须保证双方当事人之间的平等及其在辩论程序中进行陈述的权利。

〔4〕 Naviera Amazonia Peruvian SA v Compania Internacional de Seguros de Peru1 Lloyd's Rep 116 (1988).

〔5〕 关于非当地化裁决的界定，有学者认为，凡按照非当地化程序作出的裁决都是非当地化裁决；有学者认为，非当地化裁决指的是适用外国程序法或者非国家性质的规则而作出的裁决；也有的学者认为，非当地化裁决还包括在仲裁地被撤销，而在执行地被执行的裁决。联合国国际贸易法委员会的意见倾向于认为，非当地化裁决指的是非依任何国家仲裁法而作出的裁决，参见：Uncitral, *Settlement of Commercial Disputes: Uncitral Guide on the Convention on the Recognition and Encorcement of Foreign Arbitral Awards* (New York, 1958), A/CN. 9/814. 本文中，笔者采纳第二种观点。

〔6〕 Albert Jan van den Berg, *The New York Arbitration Convention of* 1958 33 (Kluwer law and Taxation Publishers 1981).

者极力主张，根据1958年《纽约公约》的精神，仲裁裁决要获得执行，国籍并不是必需的，即使没有国籍，裁决一样可以在缔约国得到承认和执行，公约本身就是支持仲裁裁决摆脱国内程序规则的国际手段。[1]

笔者认为，根据公约本身的规定，公约适用的范围是外国裁决及非内国裁决，并没有考虑到裁决所适用的仲裁法。因此，从理论上讲，非当地化裁决是可以被执行的。国际商事仲裁理事会也明确表明“虽然已经有一些关于这类裁决是否适用于纽约公约的讨论，主流观点认为公约的确适用于这类裁决”。[2]这一点，即便是反对非当地化理论的范登伯格教授也不得不承认“《纽约公约》没有要求裁决必须受国内仲裁法的调整”。[3]另外，联合国国际贸易法委员会第47届大会通过的《贸易法委员会秘书处关于〈承认及执行外国仲裁裁决公约〉（1958年，纽约）的指南》指出“《纽约公约》第1条清晰地表明了，依据本条所规定的标准作出的裁决，无论适用于仲裁程序的法律是否是一国的程序法，均在纽约公约的执行范围之内”。[4]

司法实践中，仲裁程序非当地化的案例以及非当地化裁决依据《纽约公约》被承认和执行的案例曾在美国、法国、瑞士、荷兰等国出现过[5]。笔者无法断定这种出现是趋势还是特例，但笔者认为，非当地化是一个缓慢的过程而非静止的状态，笔者相信这种过程虽然缓慢但却一直在进行着。

（二）国际商事仲裁裁决撤销的非当地化——排除仲裁裁决撤销权

国际商事仲裁程序适用法上的非当地化已经受到国际法律文件及部分国内法的认可，与之相比，国际社会及各国内法对仲裁裁决撤销上的非当地化更加谨慎。

各国在尊重商事仲裁裁决终局性的基础上，作为例外，一般都会为当事

---

〔1〕 J. Paulsson, “Arbitration Unbound: Award Detached from the Law of its Country of Origin”, *International and Comparative Law Quarterly*, Vol. 30. 369, 374 (1981).

〔2〕 杨帆译：《商事仲裁国际理事会之1958纽约公约释义指南：法官手册》，法律出版社2014年版，第21页。

〔3〕 LILLICH, RICHARD& BROWER, CHARLES, ed. *International Arbitration in the 21st Century: Towards judicialization and Uniformity* 152 (Transnational Pbulishers Inc. 1994).

〔4〕 UNCITRAL, *Settlement of Commercial Disputes: Uncitral Guide on the Convention on the Recognition and Encorcement of Foreign Arbitral Awards* (New York, 1958), A/CN. 9/814.

〔5〕 典型的案例如：法国法院不予撤销Gotaverken案、瑞士法院承认和执行Bergesen案。参见朱克鹏：《“非国内仲裁裁决”的承认与执行探析》，载《安徽大学学报（哲学社会科学版）》1996年第1期，第14-15页。

人在仲裁地国设置一项监督仲裁裁决的方式，即申请撤销裁决。撤销仲裁裁决与不予承认和执行仲裁裁决组成的双重监督模式已经得到了《联合国国际商事仲裁示范法》的采纳。而《联合国国际商事仲裁示范法》迄今为止已经被75个国家共106个法域全部或者部分采纳，[1]作为其仲裁立法的蓝本。因此，可以说大多数法域仲裁立法都采取了双重的监督模式。

然而，随着非当地化理论的发展，一些国家赋予了当事人非常广泛的意思自治自由，这种自由就包括协议排除裁决地国或者裁决适用法律所属国法院对裁决的撤销权，即撤销权排除协议，简称排除协议。

目前，国际和区域性公约并没有关于排除协议的规定，而2006年《联合国国际商事仲裁示范法》的修订也没有对此问题予以关注。这也说明对于该问题，国际社会仍然持较为审慎的态度。

与国际社会整体上的审慎态度不同，以比利时、瑞典、瑞士、法国为代表的一些欧洲国家已经通过国内立法的方式，允许当事人约定排除撤销权。而在上述国家中，比利时的立法更加大胆，甚至有些极端。1985年比利时修改《司法法典》，弱化仲裁地对仲裁的干预和监督。其中，第1717条第4款[2]主动放弃了对不具有比利时国籍或者居所、成立地、分支机构和营业机构不在比利时的双方当事人之间在比利时作出的裁决的撤销权。这就意味着，即便仲裁庭在仲裁中存在诸如欺诈、损害正当程序等可以被国际社会共同作为撤销裁决或者不予执行裁决的情形时，当事人根本上无法获得撤销裁决的救济。不得不说，比利时的立法大大超出了当时非当地化应有的发展步伐，以至于有学者将之称为“仲裁非当地化的最前沿条款”[3]“最极端的非当地化条款”[4]。而实践中，这一条款并未达到预期的效果。比利时的该条立法高估了当事人寻求意思自治的决心和程度，反而很有可能产生事与愿违的效果[5]。在意识到这一问题之后，

---

〔1〕 参见 http://www.uncitral.org/uncitral/zh/uncitral_texts/arbitration/1985Model_arbitration_status.html，最后访问日期：2017年12月30日。

〔2〕 根据该条规定，如果仲裁裁决的当事人有一方是比利时国籍，或者是在比利时有住所的自然人，或者是在比利时成立的或有分支机构的或营业地的法人，比利时法院可以受理撤销裁决的申请。

〔3〕 Theofrastous T C.，“International Commercial Arbitration in Europe：Subsidiarity and Supremacy in Light of the De-Localization Debate”，*Case Western Reserve Journal of International Law* 440，445（1999）.

〔4〕 郭玉军、陈芝兰：《论国际商事仲裁中的“非内国化”理论》，载《法制与社会发展》2003年第1期，第114页。

〔5〕 于喜富：《国际商事仲裁的司法监督与协助——兼论中国的立法与司法实践》，知识产权出版社2006年版，第89页。

比利时在 1998 年修订《司法法典》时，对该条款进行了更改。修改后的条款，改变了主动强制排除撤销权的做法，默认法院享有撤销权，除非当事人明示排除，将协议排除撤销权的权利赋予当事人。〔1〕1989 年实施的瑞士《联邦国际私法典》第 192 条第 1 款的规定与比利时 1998 年的规定相似，即与瑞士没有联系的仲裁程序中当事人可以协议排除撤销权〔2〕。同时，该法第 192 条第 2 款又规定了，排除撤销权的仲裁裁决可以在瑞士通过《纽约公约》来执行。〔3〕 值得一提的是，在撤销仲裁裁决的非当地化上，一向对非当地化比较友好的法国直到 2011 年修订《民事诉讼法》时才加入允许排除协议的条款。法国就该问题上的立法虽然稍晚，但非当地化的程度却更深入。根据法国 2011 年《民事诉讼法》第 1522 条〔4〕的规定，享有约定排除权的主体不仅包括与本国无联系的人还包括本国人。除此之外，1999 年瑞典《仲裁法》第 51 条〔5〕也有与比利时 1998 年《司法法典》第 1717 条第 4 款和瑞士《联邦国际私法典》第 192 条第 1 款类似的规定。

尽管上述国家分别在国内仲裁立法中赋予了符合条件的当事人约定排除撤销权的权利，但在司法实践中，这样的案例非常少。捷克国家财产基金与某私人买方仲裁案是目前已知的不多的案例之一。该案中，仲裁条款特别约定“裁决是终局的，对双方当事人具有约束力。当事人排除对裁决的任何部分进行申诉的所有权利，排除协议有效订立”。瑞士最高法院在对当事人一方提起的撤销仲裁庭管辖权决定的审理中，认定该案仲裁条款构成有效的排除协议，并拒绝受理该诉讼。〔6〕本案也成为瑞士《联邦国际私法典》第 192 条在司法实践中的最好注脚。另外，联合国国际贸易法委员会第 47 届大会通过

〔1〕 修改后的条款为：如当事人任何一方都不具有比利时国籍，或在比利时没有住所，或未在比利时注册，或未在比利时设立分支机构，当事人可以在仲裁协议明示声明不得申请撤销仲裁裁决。

〔2〕《联邦国际私法典》第 192 条第 1 款：如果任何一方当事人均在瑞士既无住所、惯常居所，又无营业所，则其可通过仲裁协议中的明示声明或事后达成的书面协议，完全排除撤销仲裁裁决的程序；双方当事人亦可仅依照本法第 190 条第 2 款所列的各项撤销理由而排除撤销仲裁裁决的程序。

〔3〕《联邦国际私法典》第 192 条第 2 款：如果双方当事人已经完全排除撤销仲裁裁决的程序，且此种裁决应在瑞士执行时，应类推适用 1958 年 6 月 10 日《纽约公约》。

〔4〕 法国 2011 年《民事诉讼法》第 1522 条：当事人可以在任何时间，以特别约定的方式，明示地放弃对裁决提起撤销的权利。

〔5〕 瑞典《仲裁法》第 51 条：当双方的惯常居所地或营业场所都不位于瑞典，该具有商业合作关系的双方可以通过明确约定的方式，协议排除或者限制撤销仲裁裁决的权利。

〔6〕 Laurent Hirscb, “Contractual Exclusion of Annulment Actions against International Arbitral Awards Made in Switzerland”, *Stockholm International Arbitration Review*, No. 2, 46, 60 (2006).

的《贸易法委员会关于〈承认及执行外国仲裁裁决公约〉（1958 年，纽约）的指南》指出“虽然并没有关于该问题报告的案例，但是解释人员基本上认为，排他性协议并不影响裁决在《纽约公约》项下的执行性”。[1]因此，排除协议下的裁决在理论上是完全可以依据《纽约公约》执行的。

通过对上述各国相关立法和实践的分析，笔者将仲裁裁决撤销上的非当地化特点归纳如下：其一，当前关于仲裁裁决撤销的非当地化仍然进展缓慢，以法国、瑞士、比利时为代表的欧洲国家是该理论的践行者，其中法国和瑞士在该问题上的非当地化程度明显更高；其二，法院享有默示的撤销权，协议放弃撤销权必须明示；其三，除法国允许本国和外国当事人之间的争议可以协议放弃撤销权外，其他国家只允许与本国没有联系的案件当事人协议放弃撤销权；其四，现有的司法实践中，《示范仲裁条款》中的经典表述“仲裁裁决是终局的，对双方当事人具有约束力”并不构成有效的排除协议。为此，瑞士律师协会建议如下示范性表述“仲裁庭的裁决是终局的，当事人放弃依据国际私法典第 192 条申请撤销裁决的权利”。[2]

同时，笔者认为，赋予当事人排除撤销权的权利，符合当事人意思自治，以及仲裁所追求的效益目标；由于排除协议系由当事人自行约定，因此，对于裁决无法撤销的后果，当事人有着充分的预期。这种制度设计既考虑了当事人意思自治原则的扩张以及仲裁自由化的发展趋势，也未主动放弃对仲裁裁决的监督，无疑是值得肯定和借鉴的。

（三）国际商事仲裁裁决承认和执行上的非当地化——已撤销裁决的可执行性问题

关于已经撤销的裁决是否能够执行的争论已经持续了近五十年。近期，随着尤科斯案投资仲裁裁决被海牙地区法院撤销后，关于已被仲裁地法院撤销的裁决能否在其他地方执行的问题，再次引发了更加广泛的关注和更加激烈的争论。

关于该问题，除了对仲裁本座理论这一源头性问题的争论外，主要涉及对《纽约公约》第 5 条第 1 款以及第 7 条第 1 款的解释问题。新加坡最高法

---

〔1〕 UNCITRAL, *Settlement of Commercial Disputes*: *Uncitral Guide on the Convention on the Recognition and Encorcement of Foreign Arbitral Awards* (*New York*, 1958), A/CN. 9/814.

〔2〕 Laurent Hirscb, "Contractual Exclusion of Annulment Actions against International Arbitral Awards Made in Switzerland", *Stockholm International Arbitration Review*, No. 2, 46, 47 (2006).

院首席大法官梅达顺（Sundaresh Menon）先生在一次辩论中主张，已被裁决作出地撤销仲裁裁决的执行问题之所以会引发争论，是因为《纽约公约》第 5 条第 1 款使用了“许可性”而非“义务性”的语言。[1]《纽约公约》第 5 条第 1 款第 e 项规定“被请求承认或执行裁决的管辖当局只有在作为裁决执行对象的当事人提出有关下列情况的证明的时候，才可以（may）根据该当事人的要求，拒绝承认和执行该裁决……（e）裁决对当事人还没有约束力，或者裁决已经由作出裁决的国家或据其法律作出裁决的国家的管辖当局撤销或停止执行”。该条中“可以”（may）是授权性（permissive）的还是强制性（mandatory）的，很大程度上影响着对已撤销仲裁裁决的态度。

赞成授权性观点的学者认为，这些理由存在的作用只是授权《纽约公约》缔约国法院拒绝承认和执行，但并没有强迫他们这么做，是否拒绝是可以由法院自由裁量的。[2]加里·博恩（Gary B. Born）认为，该条的立法意图仅仅是允许不承认已被撤销的裁决，而并没有要求不承认已被撤销的裁决，也没有清楚地设定什么时候不承认此种裁决是恰当的。结合《公约》第 7 条第 1 款，加里·博恩进一步主张，如果内国认定裁决被撤销并不影响裁决在内国的执行，那么《公约》对此并不禁止。[3]持同样观点的学者还包括保尔森（Jan Paulsson）、山姆波利（Gary H. Sampliner）。[4]赞成强制性观点的学者认

---

〔1〕 2015 年，在新加坡举办的纪念英国皇家特许仲裁员协会成立一百周年的一次会议中，新加坡最高法院首席大法官梅达顺先生与新加坡国际仲裁中心主席加里·博恩先生就法院应如何处理已在裁决作出地被撤销仲裁裁决的执行申请这一问题展开了一场别开生面的观点碰撞。参见 http://globalarbitrationreview.com/news/article/34222/clash-singapore-titans/，最后访问日期：2017 年 12 月 3 日。

〔2〕 Roy Goode, *The Role of the Lex Loci Arbitri in International Commercial Arbitration*, *Arbitration International* 17 (1) 19, 22 (2001).

〔3〕 Gary B. Born, *International Arbitration: Law and Practice* 435 (2d ed., Wolters Kluwer 2012).

〔4〕 虽然加里·博恩对《公约》第 5 条第 1 款中“may”的解释倾向于授权性的观点，但加里·博恩似乎并不支持已经撤销裁决应当被承认和执行。加里·博恩认为：撤销裁决和不予承认执行裁决的后果完全不同，由于《纽约公约》第 5 条规定的不予承认和执行理由中授予了内国法院一定的自由裁量权（尤其是公共利益和可仲裁事项），而各国法院制定的内国法律必然反映该国对商事仲裁及其相关制度的认识和理解，同时，各国法院对该条的适用必然在一定程度上受制于该国对仲裁的态度以及法官对条款的理解和对案件的裁量。因此，各执行国对同一裁决持不同态度的情形并不罕见。一国对裁决的不予承认和执行并不否认裁决的效力，而仅仅意味着该裁决在该国不被承认和执行。与之不同的是，如果裁决在仲裁地被撤销，那么该裁决至少在撤销裁决的国家不具有法律上的效力。如果胜诉方在其他地方寻求承认和执行裁决的努力，败诉方通常会主张裁决已经被撤销。在《纽约公约》生效后的一段时间内，被撤销的裁决在其他地方也应当被拒绝执行，这样一种理念仍然是广为接受的。Gary B. Born, *International Commercial Arbitration* 2687 - 2688 (Wolters Kluwer 2009).

为，“may”一词系与“only”并用，表达一种强制性的语气[1]。《纽约公约》的缔造者之一桑德斯先生则认为，《纽约公约》的文本由荷兰代表团提出，“may”实际上指的是“shall”，该条并未授权给当地法院自由裁量权。桑德斯先生甚至从公约的法文文本证实，法文文本所使用的文字是“必须”（seront refuses），之所以出现“may”和“shall”的争议，是由于核对英文文稿时的疏忽所致。

对此，笔者认为，此问题涉及条约解释，根据《维也纳条约法公约》第31条的规定，条约的解释应遵循总的三个原则：其一，按照善意的原则进行解释；其二，应推定条约用语具有通常的意义；其三，条约用语的通常意义应按照用语的上下文并参考条约的目的和宗旨决定。[2]

由于对该问题的争论各有千秋，因此，善意原则在该问题的判断上似乎迷失了方向。因此，对“may”的解释，应当遵循第二种和第三种解释方式，即通常意义解释及目的、宗旨解释。

“may”是一个“授权性”的情态动词，其通常含义为“可以”。而将“may”解释成“shall”已经超越了“may”的通常意义。对于认为“may”与“only”相联系共同表达强制性语气的观点，笔者认为《纽约公约》第5条第1款的“only”是对不予承认与执行外国仲裁裁决的事由的限制，即被申请执行人不得援引该款所列之外的事由进行抗辩，执行地法院不得适用该款所列之外的事由不予承认与执行外国仲裁裁决。

另外，“may”需要结合对《纽约公约》第5条第1款第e项以及第7条进行解释。《纽约公约》第7条第1款规定被称为“更加优惠权利条款”（more favorable right provision），[3]即当执行地的仲裁法关于承认与执行仲裁裁决的条件较《纽约公约》更有利于外国仲裁裁决承认与执行时，该执行地法院不得（shall not）剥夺申请执行裁决的一方当事人援引该更有利法律的权利。由“shall not”的表达可以看出，该条款是强制性的，其目的在于最大程度地承认与执行仲裁裁决。如果该条是强制性的，那么第5条的“may”必须是授权性条款，因为从逻辑上看，如果第5条的规定是强制的，即必须拒绝

---

[1] Georgios Petrochilos, *Procedural Law in International Arbitration* 301 (Oxford University Press 2004).

[2] 王铁崖：《国际法》，法律出版社1995年版，第314-315页。

[3] Stephen T. Ostrowski & Yuval Shany, *Chromalloy: United States Law and International Arbitrator at the Crossroads*, 73 (5) N. Y. U. L. Rev 1650, 1658 (1998).

承认和执行已经撤销的裁决，则使第 7 条的规定失去其作为一个独立条款的意义。保尔森教授也认为，如果将第 5 条第 1 款 e 项解释为强制性条款，将与第 7 条第 1 款在立法目的和宗旨上产生冲突。[1]

《纽约公约》的目的和宗旨在于确保各缔约国在承认与执行外国仲裁裁决上的一致性并促进仲裁裁决的执行（pro-enforcement）。而将“may”解释为授权性条款，显然更符合该目的和宗旨。

因此，第 5 条第 1 款第 e 项应当为授权性条款，即执行地法院享有是否承认与执行已撤销仲裁裁决的自由裁量权。当然，法院在执行已经被撤销的裁决时仍应非常谨慎，因为这种执行趋势有可能导致国际仲裁中出现选择法院（Forum Shopping）情形，并将增加《纽约公约》的不确定性，减损国际仲裁界为协调、统一《纽约公约》在国际范围的适用所做的努力。[2]而本质上，《纽约公约》的起草者所设计的裁决作出地法院与执行地法院的关系，是一种协调的关系，并非某个法院为首要管辖法院而另一法院次之的关系，其基础是对另一国法院的礼让和尊重。[3]

在国际范围内，更优权利条款在国际公约和国内立法中大量存在，前者如《欧洲国际商事仲裁公约》，后者如法国《民事诉讼法》、瑞士《联邦国际司法典》、比利时《司法法典》等。而在实践中，也出现了诸多引用《纽约公约》第 7 条最优权利条款以及第 5 条第 1 款“授权性”条款来承认和执行已经被撤销裁决的案例，[4]比如 Radenska 案（1993）、Radenska 案（1995）、Chromalloy 案（1996）、Norsolor 案（1984）、Hilmarton 案（1994）。

实践中，这些案例大多出现在欧洲，虽然美国也曾出现过引用最优惠权利条款承认已撤销的案例，但却在随后的司法实践中推翻了该观点。从美国的司法实践来看，总体而言，美国不倾向于利用最优惠条款及《纽约公约》第 5 条第 1 款第 e 项去承认已撤销的裁决。美国法院认为仲裁地法院优先管辖权十分重要，但法院仍然会在有充足理由拒绝支持外国法院撤销决定的情况

---

〔1〕 Jan Paulsson, *May or Must Under the New York Convention: An Exercise in Syntax and Linguistics*, 14 (2) Arbitration Intnational 227, 229 (1998).

〔2〕 参见 http://kluwerarbitrationblog.com/2016/08/11/reserved-pemex-decision/，最后访问日期：2017 年 12 月 8 日。

〔3〕 Marike Paulsson, *The 1958 New York Convention in Action* 21 (Kluwer Law International 2016).

〔4〕 需要说明的是，分析承认和执行国在承认和执行该等案件中的理由和思路对于研究非当地化理论有着重大的意义，但这并不在本文的讨论范围内。

下，承认该裁决。对于以公共政策和不可仲裁性理由撤销的裁决，美国法院有可能予以承认和执行。而以《纽约公约》第 5 条第 1 款中的事由撤销裁决的，美国法院通常会倾向于尊重法院的撤销决定，拒绝承认和执行该裁决。但是，2016 年 8 月 2 日，美国第二联邦巡回法院在其审理的 COMISSA v. PEMEX 上诉案[1]中，复活（Resurrect）已经被墨西哥法院撤销的 ICC 裁决的行为，再次表明了美国法院对待该问题的态度存在一定的反复。该案中，纽约南区法院判决执行已经被墨西哥法院撤销的 ICC 裁决的依据是《美洲国际商事仲裁公约（巴拿马公约）》第 5 条中的授权性表述“may”，该《公约》被认为是《纽约公约》的美洲版，而该《公约》第 5 条的规定与《纽约公约》第 5 条的规定基本一致。而纽约南区法院判决的理由则是，墨西哥法院撤销裁决的判决违反了美国的“基本正义理念”以及美国的公共政策。

四、非当地化理论之中国视角

（一）仲裁程序法适用上的非当地化

我国《仲裁法》并未对仲裁是否能够适用其他程序法、国际规则进行规定。但我国仲裁机构的仲裁规则中均规定了当事人可以在遵循仲裁程序适用法的前提下约定适用其他仲裁规则或者更改仲裁规则。以中国国际经济贸易仲裁委员会（以下简称“贸仲”）2015 版《仲裁规则》为例，该《规则》第 4 条第 3 款规定“当事人约定将争议提交仲裁委员会仲裁但对本规则有关内容

---

〔1〕 ICC 根据 COMISSA（Corporación Mexicana De Mantenimiento Integral，S. De R. L. De C. V.）和 PEMEX（Pemex-Exploración Y Production）之间的仲裁协议，于墨西哥城就双方之间的争议作出裁决。2010 年 1 月，COMMISA 在美国纽约南区法院提起诉讼，请求确认仲裁裁决（confirm the arbitral award），纽约南区法院在 2010 年 11 月确认了裁决的效力。之后，PEMEX 向美国联邦第二巡回法庭提起上诉。2013 年 1 月，联邦第二巡回法庭撤销了纽约南区法院的判决将案件发回重审，并要求地区法院考虑，是否墨西哥法院撤销裁决的行为将导致仲裁裁决无法被地区法院执行。经重审，纽约南区法院仍然坚持执行仲裁裁决。纽约南区法院认为，墨西哥法院撤销仲裁裁决的判决违反了“基本的正义理念”。第 5 条关于“可以拒绝（may be refused）”的规定，意味着《公约》仍然允许缔约国执行已经被作出裁决的国家或依据其法律作出裁决的国家的管辖机关撤销或停止执行被撤销或者被停止执行的裁决。区域法院认为，尽管裁决在其作出地被撤销，但如果撤销裁决的判决违反了美国的“基本的正义理念”，裁决仍然可以被美国执行。2016 年 8 月 2 日，上诉法院认定涉案裁决复活（Resurrect）。上诉法院认为，纽约南区法院并未滥用其在执行被撤销仲裁裁决时（如果撤销裁决使得美国的公共政策存在危机）的自由裁量权。第 5 条旨在赋予地区法院执行被仲裁地法院撤销的仲裁裁决时不受约束的裁量权。但是，这种裁量权应当受到国际礼让原则的约束，尽管该原则并未写入美国立法。联邦第二巡回法院进一步认为，纽约南区法院适当地实施了自由裁量权，因为如果认可墨西哥法院撤销仲裁裁决行为的效力，将与美国的公共政策相违背。

进行变更或约定适用其他仲裁规则的，从其约定，但其约定无法实施或与仲裁程序适用法强制性规定相抵触者除外。当事人约定适用其他仲裁规则的，由仲裁委员会履行相应的管理职责”。这里需要特别指出的是，仲裁程序事项并非他国仲裁法，正是由于对意思自治的支持以及对增加程序灵活性的考虑，才赋予当事人约定程序事项的权利。大多数仲裁立法不会对仲裁进程规定过于具体的程序要求，而只是规定一般的正当程序要求。在大多数案件中，国内仲裁立法留给当事人和仲裁员几乎完全的自由，去构建他们认为最适合仲裁的程序和程序规则。[1]程序事项与仲裁规则的地位是一样的，系在仲裁程序法之下对仲裁程序法的细化，但需遵守程序法的强制性规定。贸仲的该规定表明：当事人可以就“程序事项”和仲裁适用的规则进行约定；仲裁地程序法适用于案件；仲裁地程序法中的非强行性规定可以约定排除或者更改，强行性规定必须遵守。由此可见，虽然我国的立法对仲裁程序法适用上的非当地化未作规定，但在实践中已经有了一些突破，虽然这种非当地化的程度非常低。对于何为仲裁地程序法中的强制性规定，无论是仲裁机构还是仲裁法均未做界定，但一般认为，我国《仲裁法》中强制性规定主要包括两个方面：其一，涉及仲裁与法院外部关系的规定，比如，法院发布临时措施的规定；其二，涉及正当程序的条款。[2]

（二）仲裁裁决撤销上的非当地化

我国《仲裁法》及相关立法并未对当事人是否能够排除法院对仲裁裁决的撤销权进行规定。

根据我国现行《仲裁法》及《民事诉讼法》的规定，我国法院对我国仲裁机构作出的裁决具有撤销权，具体撤销事由因涉外仲裁裁决和国内仲裁裁决而有所区别。[3]这就表明我国仲裁立法是以仲裁机构所在地标准来确定仲裁裁决国籍，这种观点在最高院的一系列案件中得到了证实。[4]这种做法明显与《纽约公约》和《联合国国际商事仲裁示范法》的规定不符，在意识到这个问题后，最高院在其后的一系列案件中，通过“复函”的形式对仲裁机

---

〔1〕 Gary B. Born, *International Arbitration: Law and Practice* 161 (2d ed., Wolters Kluwer 2012).

〔2〕 崔起凡：《国际商事仲裁中的证据问题研究》，浙江工商大学出版社 2013 年版，第 177 页。

〔3〕 国内仲裁裁决的撤销见《仲裁法》第 58 条，涉外仲裁裁决的撤销见《仲裁法》第 70 条以及《民事诉讼法》第 274 条。

〔4〕 参见最高人民法院《关于不予执行国际商会仲裁院 1033/AMW/BWD/TE 最终裁决一案的请示的复函》等。

构所在地标准进行了修正，基本上采取了仲裁地这一标准，虽然这并未在《仲裁法》的规定以及2012年《民事诉讼法》的修订中得到体现。

对于仲裁裁决国籍的认定，《纽约公约》采纳了“仲裁地”标准和“裁决依据法律所在国”标准。《纽约公约》第5条第1款第e项，并没有明确地要求撤销裁决只能在裁决地所在国和裁决所依据法律之国进行，但《公约》的措辞、结构以及目的都指向了这样的结论。[1]而《示范法》仅仅采纳了仲裁地作为判断仲裁裁决的标准。“裁决依据法律所在国”标准的产生有其独特的历史背景，随着理论和实践的发展，这一标准也在慢慢地退出历史舞台，而仲裁地将成为判断仲裁裁决国籍的通用标准。我国《仲裁法》应对仲裁机构标准进行修改，这既符合最高人民法院近期的司法实践，也与《示范法》的做法保持了一致。

在我国现行法律框架下，外国仲裁机构在我国仲裁，其裁决的国籍一度引起了业界的争论。最高人民法院2013年2月发布的“龙利得案”[2]以及2013年12月发布的“北仑利成案”[3]基本上确立了外国机构在我国仲裁的可行性。但对于裁决的国籍，仍然存在争论。[4]根据已有的案例，2009年4月，在德高钢铁公司申请承认与执行ICC第14006/MS/JB/JEM号仲裁裁决案中，宁波市中级人民法院裁认定国际商会仲裁院在北京作出的仲裁裁决构成《纽约公约》第1条第1款的非内国裁决。这似乎表明了我国法院对该裁决没有撤销权。笔者认为，在我国《仲裁法》关于仲裁裁决的确定标准与国际接轨后，对于此类裁决，我国法院应当享有撤销权。

关于协议排除权，笔者认为，由于法院对裁决的撤销必然夹杂对本国法律、政策及利益的考量，而对于纯外国纠纷在中国仲裁（当然这类案件目前

---

〔1〕 Gary B. Born, *International Arbitration: Law and Practice* 406 (2d ed., Wolters Kluwer 2012).

〔2〕 参见最高人民法院《关于申请人安徽省龙利得包装印刷有限公司与被申请人B P A gnatis. R. L申请确认仲裁协议效力案的请示的复函》[（2013）民四他字第13号]。

〔3〕 参见最高人民法院《关于宁波市北仑利成润滑油有限公司与法莫万驰公司买卖合同纠纷一案仲裁条款效力问题请示的复函》[（2013）民四他字第74号]。

〔4〕 在华南国际经济贸易仲裁委员会（深圳国际仲裁院）主办的华南企业法律论坛2015年年会暨“中国金融机构资产管理业务的发展与法律问题”研讨会上，高晓力法官表示“至于外界所说的是不是中国法院认可ICC可以到中国来进行仲裁，我个人认为这涉及仲裁服务市场准入问题，并非中国法院可以决定的事情，目前我们走到这一步仅仅是认定仲裁条款有效还是无效，但是在此之后，仲裁裁决作出之后是否能够在中国法院得到承认和执行，是需要继续讨论的。目前这个案子还没有来，我们会等到这个案子真正出现之后，可能才会把这个问题的讨论进一步提上日程”。

在中国几乎没有）的案件，由于其与国内的利益基本没有联系，因此，借鉴比利时、瑞典、瑞士等国家的做法赋予当事人明示的协议排除权（法院享有默示的排除权）较为合理，也符合商事仲裁自由化的发展趋势。

（三）被撤销仲裁裁决执行上的非当地化

1987年最高人民法院《关于执行我国加入的〈承认及执行外国仲裁裁决公约〉的通知》[1]、2005年《第二次全国涉外商事海事审判工作会议纪要》[2]，一脉相承地确认了对于已经被撤销的裁决，我国法院的态度是“应当”拒绝执行。

据笔者不完全统计，实践中，至今为止，没有出现过已被撤销的仲裁裁决向我国申请承认和执行的案例。笔者认为，承认和执行已撤销裁决并未在国际性法律文件中明确确立，而通过国内立法确认该制度的国家也属于少数，而且，我国法律中也没有更优惠权利条款的规定，因此，对于该问题，我国还是应当持谨慎的态度。[3]

结论

通过对非当地化理论起源、发展过程的考察，以及对非当地化理论与仲裁本座理论价值追求的比较，本文主张，非当地化理论与仲裁本座理论有着共同的价值追求，即尊重当事人意思自治、减少法院的干预。因此，二者之间并非不可调和的关系。

通过对域外立法和实践的考察，本文主张，非当地化理论主要包括三种形态，即仲裁程序适用法上的非当地化、仲裁裁决撤销上的非当地化、仲裁裁决承认与执行上的非当地化。对于第一种形态，可以认为已经形成非当地化趋势，只是各法域非当地化的程度有所不同。对于第二种形态和第三种形态，至今并未形成非当地化的趋势，仅有部分法域出现了相关的立法和实践。三种形态在非当地化程度和范围上依次递减。就我国而言，我国《仲裁法》

---

〔1〕 最高人民法院《关于执行我国加入的〈承认及执行外国仲裁裁决公约〉的通知》第4条：如果认定具有第5条第2项所列的情形之一的，或者根据被执行人提供的证据证明具有第5条第1项所列的情形之一的，应当裁定驳回申请，拒绝承认及执行。

〔2〕《第二次全国涉外商事海事审判工作会议纪要》第83条：经当事人提供证据证明外国仲裁裁决尚未生效、被撤销或者停止执行的，人民法院应当拒绝承认与执行。

〔3〕 有学者建议可以借鉴美国的做法，“当事人在仲裁协议中约定仲裁庭作出的裁决具有终局性、不可以对裁决再追诉，以及仲裁地法院撤销裁决的理由在我国仲裁法中尚不存在或违背我国社会公共利益时，以保护我国社会公共利益为出发点，法院可以考虑承认与执行该被外国法院撤销的裁决”。杜新丽：《国际商事仲裁理论与实践专题研究》，中国政法大学出版社2009年版，第386页。

并未对三种非当地化形态给予特别关注，且实践中也缺乏相关案例。

结合非当地化的域外立法和实践，并基于国际商事仲裁自由化的发展趋势，本文主张，在构建和完善我国商事仲裁制度的过程中，应当给予非当地化理论足够的关注。具体而言，在仲裁程序适用法上，允许在不违反仲裁强制性立法的前提下选择适用其他法律；在仲裁裁决撤销上，可效仿比利时、瑞士立法，在与本国无联系的案件中允许当事人协议排除撤销权；但在已撤销裁决执行的问题上，仍应持审慎的态势。

目前，关于非当地化与仲裁本座理论之间的争论大多都是站在各自理论的最深处来反驳对方，即这种争论的实质是完全本地化和完全非本地化的争论。而实质上，双方已经在潜移默化中以缓慢的速度相向而行。非当地化并非一个静止的形态而是一个动态的趋势和过程。无论是在国际性法律文件还是国内立法中，都在不同程度上体现了非当地化理论，这与当前国际商事仲裁自由化的发展趋势以及当事人意思自治原则的扩张是分不开的。本座理论和非当地化理论以缓慢的速度在革新自身的进程中相向而行。我们应当做的是考虑如何在此消彼长中维持二者的平衡，如何在保持本座理论优点的前提下吸收非当地化理论的优势，推动国际商事仲裁理论和实践的发展。

（初审人：吕点点）

欧盟跨境破产管辖权制度及其对中国的借鉴意义 *

刘敏敏 **

摘　要：欧盟的跨境破产立法成绩斐然，2000 年《欧盟破产程序条例》是其第一部具有约束力的调整其成员国间跨境破产问题的法律文件。该条例自 2002 年生效以来，历经十三年的实践验证，于 2015 年被修订。在跨境破产管辖权制度方面，2015 年《欧盟破产程序条例》对 2000 年《欧盟破产程序条例》中不符合实践需求的内容进行了改良。作为一个跨境破产立法非常薄弱的国家，中国应当从本国国情出发，借鉴欧盟在跨境破产管辖权制度方面的先进立法经验，构建一种既符合中国国情又能够与国际接轨的跨境破产管辖权制度，从而为中国大力实施"引进来"战略和"走出去"战略提供强有力的法制保障。

关键词：跨境破产　管辖权制度　主—次破产程序　债务人主要利益中心　债务人营业所

---

* 本文系国家留学基金管理委员会 2016 年度国家建设高水平大学公派研究生项目课题："欧盟跨境破产立法与司法实践中的价值考量与平衡"（留金发［2016］3100 号）的阶段性成果。

** 刘敏敏，中国政法大学国际法学院国际法学专业 2015 级博士研究生（100088）。

引言

随着 WTO 多边协议的具体落实，全球范围内的贸易和投资在全球经济一体化的大背景下将更加自由化和便利化，而作为跨境贸易和投资主体的企业和个人，其资产将因此散布于全球范围内的诸多国家和地区。一旦遭遇国际金融危机，作为跨境贸易和投资主体的企业和个人极易陷入经营不善、资不抵债的境况，跨境破产（Cross-Border Insolvency）〔1〕随即发生。为了保障散布于世界各地的破产债权人及破产债务人的合法权益，和谐高效地处理跨境破产案件，最理想的路径是建立国际统一的实体法律制度——国际公约。然而，鉴于破产的公共秩序性，各国破产法律制度迥异，要在跨境破产领域达成一项国际公约几乎是不可能实现的目标，那么退而求其次，在跨境破产领域达成区域性条约便成为解决跨境破产问题的最佳立法路径。〔2〕《欧盟破产程序条例》是跨境破产区域性立法的一个最成功的典范，它为欧盟境内的跨境破产提供了完备的法律依据。该条例于 2000 年 5 月 29 日由欧盟理事会通过，自 2002 年 5 月 31 日起生效；在实施了十三年后，于 2015 年 5 月 20 日由欧洲议会及欧盟理事会所修订，自 2015 年 6 月 25 日起生效，并自 2017 年 6 月 26 日起开始施行。为进行区分，本文将修订前的《欧盟破产程序条例》称为“2000 年《欧盟破产程序条例》”，将修订后的《欧盟破产程序条例》称为“2015 年《欧盟破产程序条例》”。鉴于《欧盟破产程序条例》中跨境破产管辖权制度的优越性，本文将分别对 2000 年《欧盟破产程序条例》和 2015 年《欧盟破产程序条例》中的跨境破产管辖权制度进行详细考察，深入分析欧盟跨境破产管辖权制度的嬗变，在此基础上，探讨其对中国跨境破产管辖权制度的借鉴意义。

一、2000 年《欧盟破产程序条例》的跨境破产管辖权制度

2000 年《欧盟破产程序条例》[Council Regulation（EC）No. 1346/2000 of 29 May 2000 on Insolvency Proceedings] 是欧盟就跨境破产问题所作出的第一部有法律拘束力的法律文件，以调整欧盟成员国间的跨境破产问题。该条例由欧盟理事会于 2000 年 5 月 29 日发布，并自 2002 年 5 月 31 日起生效。该条例在其第一章“一般规定”之下，以第 3 条“国际管辖权”对欧盟跨境破产

〔1〕 跨境破产是指在主体、客体和权利义务据以发生的法律事实等方面含有涉外因素的破产。

〔2〕 参见联合国国际贸易法委员会：《贸易法委员会跨国界破产合作实务指南》，联合国 2010 年版，第 10 页。

管辖权制度进行了规定。[1]

（一）欧盟跨境破产管辖权分配机制

2000年《欧盟破产程序条例》主要从跨境破产管辖权分配机制这一视角对欧盟跨境破产管辖权制度进行规定。根据该条例第3条第1款和第2款的规定，有权针对债务人启动破产程序的法院包括该债务人主要利益中心（center of a debtor's main interests）所属成员国法院和该债务人营业所（establishment）所属成员国法院。对于"债务人主要利益中心"，2000年《欧盟破产程序条例》第3条第1款只针对债务人是公司或法人的情况进行了推定：如果债务人是公司或法人，在没有相反证据的情况下，注册办事机构所在地应当被推定为该债务人的主要利益中心。对于"债务人营业所"，2000年《欧盟破产程序条例》第2条（"定义"）第h项进行了明确界定："营业所"是指债务人使用人力和资产实施非暂时性经济活动的任何经营场所。[2]其中，债务人主要利益中心所属成员国法院启动的破产程序，效力及于位于欧盟境内的全部债务人资产；债务人营业所所属成员国法院启动的破产程序，效力仅及于位于该成员国境内的债务人资产。[3]

至于债务人主要利益中心所属成员国法院和债务人营业所所属成员国法院所分别启动的两类破产程序之间的关系，2000年《欧盟破产程序条例》第3条第3款进行了如下设计：如果债务人主要利益中心所属成员国法院在先启动了破产程序，那么债务人营业所所属成员国法院随后所启动的任何破产程序，都属于次要破产程序（secondary insolvency proceedings），并且必须是清算程序（winding-up proceedings）。相应地，债务人主要利益中心所属成员国法院在先启动的破产程序，便属于主要破产程序（main insolvency proceedings）。此时，根据2000年《欧盟破产程序条例》第29条的规定，主要破产程序的清算人（liquidator），以及根据被请求启动次要破产程序的成员国的法律，有权请求启动破产程序的任何其他人或机构，都可以向债务人营业所所

---

〔1〕 See The Council of the European Union, "Council Regulation (EC) No. 1346/2000 of 29 May 2000 on Insolvency Proceedings", L160 *Official Journal of the European Communities* 1, 5 (2000).

〔2〕 See The Council of the European Union, "Council Regulation (EC) No. 1346/2000 of 29 May 2000 on Insolvency Proceedings", L160 *Official Journal of the European Communities* 1, 5 (2000), p. 5.

〔3〕 参见张玲：《欧盟跨界破产管辖权制度的创新与发展——"主要利益中心"标准在欧盟适用的判例研究》，载《政法论坛》2009年第2期，第113页。

属成员国法院请求启动次要破产程序。[1]

需要注意的是，根据2000年《欧盟破产程序条例》第3条第4款的规定，在债务人主要利益中心所属成员国法院针对债务人启动主要破产程序之前，债务人营业所所属成员国法院只有在以下两种情形下，才可以针对该债务人启动破产程序，且该等破产程序的效力仅及于位于其本国境内的债务人资产：①债务人主要利益中心所属成员国法院因其本国法律规定而不能针对该债务人启动主要破产程序；②基于债权人的请求，前提条件是该债权人在该债务人营业所所属成员国境内有住所（domicile）、惯常居所（habitual residence）或注册办事机构，或该债权人的债权产生于该债务人营业所的经营活动。在这两种情形下，因为没有主要破产程序的存在，因此，此类破产程序不再被称为次要破产程序，而是被称为属地破产程序（territorial insolvency proceedings）。

（二）优越性与不足

1. 2000年《欧盟破产程序条例》跨境破产管辖权制度的优越性

2000年《欧盟破产程序条例》第3条为欧盟成员国间的跨境破产案件提供了基本的管辖权分配依据，该条规定冲破了国际民商事领域传统的国际管辖权分配规则的樊篱和桎梏，在欧盟境内为欧盟成员国间的跨境破产构建了一套既具有理论创新性又具有现实可行性的管辖权分配机制：首先，在管辖权立法思维上，欧盟以全新的国际管辖权分配思维，对欧盟成员国间跨境破产案件的管辖权分配进行立法统筹——赋予一欧盟成员国全面管理整个跨境破产案件的“统领权力”，同时赋予其他相关欧盟成员国对跨境破产案件的相应的“分属权力”，在上述欧盟成员国之间实现欧盟境内跨境破产案件的区域内合作。其次，在管辖权分配模式上，欧盟以“主—次破产程序”这一复合管辖权分配模式，对欧盟成员国间跨境破产案件的管辖权分配进行制度设计——以对跨境破产案件的整体管理拥有“统领权力”的欧盟成员国所启动的破产程序为主要破产程序，以对跨境破产案件的管理没有“统领权力”但拥有“分属权力”的其他相关成员国所启动的破产程序为次要破产程序，两类破产程序之间相辅相成。最后，在管辖权确定标准上，欧盟以新兴的国际管辖权确定标准和传统的国际管辖权确定标准相结合，对欧盟成员国间跨境

---

〔1〕 See The Council of the European Union, “Council Regulation (EC) No. 1346/2000 of 29 May 2000 on Insolvency Proceedings”, L160 *Official Journal of the European Communities* 1, 5 (2000), p. 10.

破产案件的“主—次破产程序”的管辖权进行确定——采用“债务人主要利益中心”这一新兴的国际管辖权确定标准确定欧盟成员国间跨境破产案件的主要破产程序的启动国，采用“债务人营业所”这一传统的国际管辖权确定标准，确定欧盟成员国间跨境破产案件的次要破产程序（或属地破产程序）的启动国。

2000年《欧盟破产程序条例》第3条所构建的这套区域内跨境破产管辖权分配机制，既具有理论创新性又具有现实可行性，在欧盟境内的跨境破产实践中得到了全面的贯彻与执行，经历了欧盟境内十几年的跨境破产实践的考验，在跨境破产的区域性立法与司法实践领域，展现出相当的优越性。

2. 2000年《欧盟破产程序条例》跨境破产管辖权制度的不足

尽管2000年《欧盟破产程序条例》的跨境破产管辖权制度在立法之初展现出很大优越性，但是随着跨境破产领域许多新情况的出现，这一制度逐步面临一些新问题，其不足之处需要进行相应的补充与完善。具体而言，这些不足之处主要表现在以下两个方面：

其一，在跨境破产管辖权制度的立法框架上，2000年《欧盟破产程序条例》仅仅规定了欧盟跨境破产的管辖权分配机制，至于与欧盟跨境破产相关的其他管辖权问题，例如，欧盟跨境破产程序相关诉讼的管辖权分配机制、欧盟跨境破产的管辖权审查机制等，2000年《欧盟破产程序条例》并未规定，使得司法实践中相关问题的解决无法可依，不利于欧盟跨境破产问题的高效处理。其二，在跨境破产管辖权分配机制的制度设计上，对于“债务人主要利益中心”这一主要破产程序的管辖权确定标准，2000年《欧盟破产程序条例》的相关规定不够清晰明确，为法官确定“债务人主要利益中心”预留了过大的自由裁量空间，使得司法实践中跨境破产案件的相关法院依据各自的“自由心证”而认定“债务人主要利益中心”位于其本国境内，从而导致跨境破产案件主要破产程序的管辖权冲突，不利于跨境破产问题的高效解决。[1]

有鉴于此，2015年《欧盟破产程序条例》对2000年《欧盟破产程序条例》中的跨境破产管辖权制度进行了全面的修订。

二、2015年《欧盟破产程序条例》的跨境破产管辖权制度

2015年《欧盟破产程序条例》［Regulation（EU）2015/848 of the European

---

〔1〕参见张玲：《欧盟跨界破产管辖权制度的创新与发展——“主要利益中心”标准在欧盟适用的判例研究》，载《政法论坛》2009年第2期，第118页。

Parliament and of the Council of 20 May 2015 on Insolvency Proceedings］是对2000年《欧盟破产程序条例》的继承与发展。该条例由欧洲议会及欧盟理事会于2015年5月20日通过，同年6月25日起生效，并自2017年6月26日起正式施行，但第86条、第24条第1款以及第25条例外。[1]因此，对于欧盟成员国间的跨境破产案件，以2017年6月26日为时间分界点，在此之前启动的欧盟跨境破产程序，继续适用2000年《欧盟破产程序条例》，而在这个时间点之后启动的欧盟跨境破产程序，则适用2015年《欧盟破产程序条例》。在跨境破产管辖权方面，2015年《欧盟破产程序条例》以其第一章"一般规定"之下的第3－6条以及第三章"次要破产程序"之下的第39条，对欧盟跨境破产管辖权制度进行了更加全面且完善的规定。

（一）欧盟跨境破产管辖权分配机制

2015年《欧盟破产程序条例》第3条和第6条全面规定了欧盟跨境破产管辖权的分配机制，既包括欧盟跨境破产程序的管辖权分配机制，也包括欧盟跨境破产程序相关诉讼的管辖权分配机制。

1. 欧盟跨境破产程序的管辖权分配机制

2015年《欧盟破产程序条例》第3条（"国际管辖权"）规定了欧盟跨境破产程序的管辖权分配机制，本条规定共4款。[2]

根据本条第1款和第2款的规定，对于欧盟境内的跨境破产案件，有权针对债务人启动破产程序的法院有两类：一类是债务人主要利益中心所属欧盟成员国法院，另一类是债务人营业所所属欧盟成员国法院。根据第3条的制度设计，第一类法院针对债务人所启动的破产程序为对整个跨境破产案件具有"统领权力"的主要破产程序，该等破产程序的效力及于位于欧盟境内的全部债务人资产，第二类法院针对债务人所启动的破产程序为对整个跨境破产案件没有"统领权力"但具有"分属权力"的次要破产程序（或属地破产程序），该等破产程序的效力仅及于位于其本国境内的债务人资产。这些内容与2000年《欧盟破产程序条例》的规定是一致的。

---

〔1〕 根据2015年《欧盟破产程序条例》第92条的规定，其第86条应当自2016年6月26日起开始适用，第24条第1款应当自2018年6月26日起开始适用，第25条应当自2019年6月26日起开始适用。

〔2〕 See The European Parliament and the Council of the European Union, "Regulation (EU) 2015/848 of the European Parliament and of the Council of 20 May 2015 on Insolvency Proceedings", L141 *Official Journal of the European Union* 19, 31－32 (2015).

至于何为“债务人主要利益中心”，本条第 1 款采用了“原则性规定 + 分属性具体推定”的方式进行界定。本款首先就“债务人主要利益中心”作了原则性规定，指出“债务人主要利益中心应当是债务人经常性经营管理其利益并且可为第三方所查明的地方”。在此基础上，对不同的债务人按照法律属性进行划分，以没有相反证据为前提，对“债务人主要利益中心”进行如下推定：倘若遭遇跨境破产的债务人是公司或法人，并且在破产申请人申请启动破产程序之前的 3 个月内，该债务人的注册办事机构未被迁移至另一欧盟成员国，那么“债务人主要利益中心”是指该债务人的注册办事机构所在地；倘若遭遇跨境破产的债务人是从事独立业务活动的个人，并且在破产申请人申请启动破产程序之前的 3 个月内，该债务人的主要营业地未被迁移至另一欧盟成员国，那么“债务人主要利益中心”是指该债务人的主要营业地；倘若遭遇跨境破产的债务人是任何其他个人，并且在破产申请人申请启动破产程序之前的 6 个月内，该债务人的惯常居所未被迁移至另一欧盟成员国，那么“债务人主要利益中心”是指该债务人的惯常居所所在地。

对于何为“债务人营业所”，2015 年《欧盟破产程序条例》第 2 条（“定义”）第 10 项规定：“债务人营业所”是指“债务人使用人力和资产实施或在破产申请人申请启动主要破产程序之前 3 个月内已经实施非暂时性经济活动的任何经营场所”。

至于债务人主要利益中心所属成员国法院和债务人营业所所属成员国法院针对同一欧盟跨境破产案件所分别启动的两类破产程序之间的关系，2015 年《欧盟破产程序条例》第 3 条第 3 款规定：对于欧盟跨境破产案件，如果债务人主要利益中心所属成员国法院先启动了主要破产程序，那么债务人营业所所属成员国法院随后所启动的任何破产程序，都属于次要破产程序。此时，根据 2015 年《欧盟破产程序条例》第 37 条的规定，主要破产程序的破产管理人，以及债务人营业所所属成员国法律授权的任何其他人或机构，都可以针对该跨境破产案件请求启动次要破产程序。[1]

需要注意的是，根据 2015 年《欧盟破产程序条例》第 3 条第 4 款的规定，对于欧盟跨境破产案件，在债务人主要利益中心所属成员国法院启动主

〔1〕 See The European Parliament and the Council of the European Union, “Regulation (EU) 2015/848 of the European Parliament and of the Council of 20 May 2015 on Insolvency Proceedings”, L141 *Official Journal of the European Union* 19, 22 (2015).

要破产程序之前，债务人营业所所属成员国法院启动破产程序的权力将受到限制——只有在以下三种情况下，[1]债务人营业所所属成员国法院才可以针对该债务人启动破产程序，且该破产程序的效力仅及于位于其本国境内的债务人资产：①债务人主要利益中心所属成员国法院因其本国法律规定不能针对该债务人启动主要破产程序；②基于债权人的请求，前提条件是该债权人的债权产生于位于该成员国境内的债务人营业所的经营活动或与该债务人营业所的经营活动相关；③基于公共机构（public authority）[2]的请求，前提条件是根据该成员国法律，该公共机构有权请求启动破产程序。此时，因为没有主要破产程序的存在，此类破产程序不再被称为“次要破产程序”，而是称为“属地破产程序”。倘若在债务人营业所所属成员国法院启动属地破产程序以后，债务人主要利益中心所属成员国法院又启动了主要破产程序，那么上述属地破产程序应当转变为次要破产程序。

2. 欧盟跨境破产程序相关诉讼的管辖权分配机制

2015 年《欧盟破产程序条例》第 6 条规定了直接产生于欧盟跨境破产程序并且与该破产程序密切相关的诉讼（以下简称“欧盟跨境破产程序相关诉讼”）的管辖权分配机制，共 3 款。[3]

本条第 1 款规定了欧盟跨境破产程序相关诉讼的管辖权。根据本款规定，已经针对债务人启动破产程序的欧盟成员国法院——该债务人主要利益中心所属成员国法院和/或该债务人营业所所属成员国法院，有权管辖直接产生于该破产程序并且与该破产程序密切相关的任何诉讼，例如破产撤销权诉讼。具体而言，破产撤销权是指破产管理人拥有的对债务人临近破产程序开始的期间内实施的有害于债权人利益的行为，在破产程序开始后予以撤销并将撤销利益复归破产财团的权利，是民法领域的债权人撤销权制度在破产法领域的延伸。[4]

如果欧盟跨境破产程序相关诉讼与另一民商事诉讼相关，并且这两项诉

---

〔1〕 设定该限制的原因在于，属地破产程序在主要破产程序之前被请求启动的情形，需限于绝对必要的情形。See The European Parliament and the Council of the European Union, “Regulation (EU) 2015/848 of the European Parliament and of the Council of 20 May 2015 on Insolvency Proceedings”, L141 *Official Journal of the European Union* 19, 23 (2015).

〔2〕 公共机构是指由政府设立并由政府管理的机构，并非政府部门，如港口、电力部门等。

〔3〕 See The European Parliament and the Council of the European Union, “Regulation (EU) 2015/848 of the European Parliament and of the Council of 20 May 2015 on Insolvency Proceedings”, L141 *Official Journal of the European Union* 19, 22 (2015), p. 32.

〔4〕 参见韩长印：《破产法学》，中国政法大学出版社 2007 年版，第 120 页。

讼针对的是相同被告，那么，根据本条第 2 款的规定，破产程序中的破产管理人（insolvency practitioner）或根据本国国内法规定有权为了破产财产而提起诉讼的拥有控制权的债务人（debtor in possession），在只有一个被告的情况下，可以将这两项诉讼都向该被告住所地所属成员国法院提起，或者，在多个被告的情况下，可以将这两项诉讼都向任一被告的住所地所属成员国法院提起，前提是根据欧洲议会与欧盟理事会《关于民商事管辖权与判决承认与执行的第 1215/2012 号条例》[Regulation（EU）No. 1215/2012 of the European Parliament and of the Council of 12 December 2012 on Jurisdiction and the Recognition and Enforcement of Judgments in Civil and Commercial Matters]〔1〕，上述被告住所地所属成员国法院都拥有管辖权。〔2〕其中，“破产管理人”是指履行以下职能（包括临时性职能）之一的任何人（person，包括自然人和法人）或机构（body）：①审查和确认在破产程序中所提交的债权；②代表债权人的集体利益；③管理已经脱离债务人控制的全部或部分资产；④清算第③项中所规定的资产；⑤监督对债务人事务的管理。〔3〕“拥有控制权的债务人”是指符合以下条件的债务人：已经启动针对该债务人的破产程序，该破产程序并不必需任命破产管理人，或并不必需将管理债务人资产的权利和义务完全转移给破产管理人，并且，债务人因此仍完全保有或至少部分保有对其资产与事务的控制权。〔4〕

至于欧盟跨境破产程序相关诉讼与另一民商事诉讼之间的“相关性”的判断，本条第 3 款作了明确规定：如果诉讼之间联系如此紧密，以至于将它们一并审理和裁决将有利于避免各个分别进行的诉讼程序所各自产生的判决

〔1〕 2012 年 12 月 12 日，欧盟通过《关于民商事管辖权与判决承认与执行的 1215/2012 号条例》，对欧盟国际私法中最重要的《布鲁塞尔条例 I》进行全面修订，加速和简化欧盟成员国之间民商事判决的承认与执行。该条例已于 2013 年 1 月 9 日生效，除少数例外情形，该条例已于 2015 年 1 月 10 日起施行。

〔2〕 参见叶斌：《欧盟法制进程》，载周弘、江时学主编：《欧洲发展报告（2013－2014）：欧盟东扩 10 年》，社会科学文献出版社 2014 年版，第 142－155 页。

〔3〕 See The European Parliament and the Council of the European Union, “Regulation (EU) 2015/848 of the European Parliament and of the Council of 20 May 2015 on Insolvency Proceedings”, L141 *Official Journal of the European Union* 19, 30 (2015).

〔4〕 See The European Parliament and the Council of the European Union, “Regulation (EU) 2015/848 of the European Parliament and of the Council of 20 May 2015 on Insolvency Proceedings”, L141 *Official Journal of the European Union* 19, 30 (2015), p. 30.

之间相互矛盾的风险，那么这些诉讼即被认为是相关的。

（二）欧盟跨境破产管辖权审查机制

2015 年《欧盟破产程序条例》在第 4 条、第 5 条和第 39 条首次规定了欧盟跨境破产管辖权的审查机制，包括裁决启动破产程序之前对法院管辖权的审查（examination）和裁决启动破产程序之后对启动破产程序裁决的司法审查（judicial review）。

1. 裁决启动破产程序之前对法院管辖权的审查

在裁决启动破产程序之前，根据 2015 年《欧盟破产程序条例》第 4 条（“对管辖权的审查”）的规定，〔1〕受理破产程序启动请求的法院，应当自己主动审查其根据第 3 条是否拥有管辖权；如果未经法院裁决而直接根据国内法启动了破产程序，那么各相关成员国可以委托该破产程序的破产管理人对受理破产程序启动请求且尚未作出裁决的法院所属成员国是否拥有管辖权进行审查。如果最终认定该法院/该成员国拥有管辖权，那么启动破产程序的裁决应当详细说明该法院/该成员国拥有管辖权的依据，特别是要说明该管辖权是依据第 3 条第 1 款还是依据第 2 款而取得。

2. 裁决启动破产程序之后对启动破产程序裁决的司法审查

在裁决启动主要破产程序之后，根据 2015 年《欧盟破产程序条例》第 5 条（“对启动主要破产程序的裁决的司法审查”）的规定，〔2〕债务人或任何债权人，可以以缺乏国际管辖权为由，就启动主要破产程序的裁决向法院提出异议；如果国内法允许，启动主要破产程序的裁决，可以被除债务人和债权人之外的任何其他当事人提出异议，或者可以基于除缺乏国际管辖权之外的任何其他理由被提出异议。对于该异议的处理，由相关国内法进行调整。在裁决启动次要破产程序之后，根据第 39 条（“对启动次要破产程序的裁决的司法审查”）的规定，〔3〕主要破产程序中的破产管理人，可以以法院没有遵守

〔1〕 See The European Parliament and the Council of the European Union, “Regulation (EU) 2015/848 of the European Parliament and of the Council of 20 May 2015 on Insolvency Proceedings”, L141 *Official Journal of the European Union* 19, 30 (2015), p. 32.

〔2〕 See The European Parliament and the Council of the European Union, “Regulation (EU) 2015/848 of the European Parliament and of the Council of 20 May 2015 on Insolvency Proceedings”, L141 *Official Journal of the European Union* 19, 30 (2015), p. 32.

〔3〕 See The European Parliament and the Council of the European Union, “Regulation (EU) 2015/848 of the European Parliament and of the Council of 20 May 2015 on Insolvency Proceedings”, L141 *Official Journal of the European Union* 19, 30 (2015), p. 42.

第 38 条（“启动次要破产程序的裁决”）所规定的条件及要求为由，向已经启动次要破产程序的成员国法院，就启动次要破产程序的裁决提出异议。对于该异议的处理，由相关国内法进行调整。

综上所述，2015 年《欧盟破产程序条例》不但完善了欧盟跨境破产管辖权分配机制，而且还首次规定了欧盟跨境破产管辖权审查机制，在欧盟跨境破产领域，就管辖权问题形成了一套与 2000 年《欧盟破产程序条例》相比更为完整和成熟的制度。

三、欧盟跨境破产管辖权制度的嬗变

通过对欧盟跨境破产管辖权制度的新旧规定进行比较分析不难发现，2015 年《欧盟破产程序条例》对 2000 年《欧盟破产程序条例》关于跨境破产管辖权分配机制规定的不完善之处进行了修正，并对 2000 年《欧盟破产程序条例》中未规定的跨境破产管辖权审查机制进行了补充，建立了一套更加全面的欧盟跨境破产管辖权制度。

（一）完善对“债务人主要利益中心”的确定

对于“债务人主要利益中心”这一主要破产程序的管辖权确定标准，与 2000 年《欧盟破产程序条例》相比，2015 年《欧盟破产程序条例》不但将 2000 年《欧盟破产程序条例》序言第 13 段对“债务人主要利益中心”的基本界定纳入到其具体条文规定当中，而且还根据债务人的不同主体属性，分别对其主要利益中心进行推定，同时在序言中又进行了详细的说明，从而使得“债务人主要利益中心”的确定更加完善，更加科学合理。

2015 年《欧盟破产程序条例》第 3 条第 1 款第 1 段规定：“债务人主要利益中心应当是债务人经常性经营管理其利益并且可为第三方所查明的地方。”对“债务人主要利益中心”的这一界定，2000 年《欧盟破产程序条例》虽已有之，但并没有将之纳入到其具体条文当中，而只是在其序言第 13 段作了说明，用以指导具体条文的适用。2015 年《欧盟破产程序条例》则将这一概念界定直接纳入到其具体条文当中，赋予其法律约束力，从而使得对“债务人主要利益中心”的确定更加明确。在判定债务人主要利益中心是否“可为第三方所查明”时，根据 2015 年《欧盟破产程序条例》序言第 28 段的说明，应当特别考虑债权人对债务人经营管理其利益的场所的认知，基于此，倘若债务人主要利益中心发生了改变，那么债务人有义务将其改变后正常开展活动的新地点通过各种适当的方式及时地通知债权人，例如，提醒债权人注意商业往来信函中地址的变化，或者通过其他适当方式公开新地点。

在上述原则性规定之下，2015 年《欧盟破产程序条例》第 3 条第 1 款第 2、3、4 段对不同的债务人按照法律属性进行划分，以没有相反证据为前提，对“债务人主要利益中心”进行如下推定：倘若遭遇跨境破产的债务人是公司或法人，并且在破产申请人申请启动破产程序之前的 3 个月内，该债务人的注册办事机构未被迁移至另一欧盟成员国，那么“债务人主要利益中心”是指该债务人的注册办事机构所在地；倘若遭遇跨境破产的债务人是从事独立业务活动的个人，并且在破产申请人申请启动破产程序之前的 3 个月内，该债务人的主要营业地未被迁移至另一欧盟成员国，那么“债务人主要利益中心”是指该债务人的主要营业地；倘若遭遇跨境破产的债务人是任何其他个人，并且在破产申请人申请启动破产程序之前的 6 个月内，该债务人的惯常居所未被迁移至另一欧盟成员国，那么“债务人主要利益中心”是指该债务人的惯常居所所在地。综上可以看出，对于“债务人主要利益中心”的分属性法定推定，2015 年《欧盟破产程序条例》要求必须满足以下两个条件：①证据条件，即不存在相反证据；②时间条件，即截至破产申请人申请启动破产程序之前的一定期间内未发生迁移。上述证据条件与时间条件必须同时满足，缺一不可，否则会导致对“债务人主要利益中心”的法定推定被推翻。之所以如此规定，是为了防止欺诈或滥用“挑选法院”（forum shopping）。

（二）同时规定跨境破产管辖权的分配机制与审查机制

针对欧盟跨境破产管辖权问题，2000 年《欧盟破产程序条例》仅以“主—次破产程序”模式为核心对欧盟跨境破产管辖权分配机制进行了规定，而 2015 年《欧盟破产程序条例》不但对欧盟跨境破产管辖权分配机制进行了规定，而且还在第 4 条、第 5 条和第 39 条，从裁决启动破产程序之前和裁决启动破产程序之后两个层面，分别对欧盟跨境破产管辖权审查机制进行了规定，实现了管辖权分配机制与管辖权审查机制的并行，确保跨境破产程序的启动真正做到公平、公正及合理，进而切实维护债权人以及债务人的合法权益。

（三）补充规定跨境破产程序相关诉讼的管辖权分配

所谓跨境破产程序相关诉讼，是指直接产生于跨境破产程序并且与该破产程序密切相关的诉讼。对于这类诉讼的管辖权分配，2000 年《欧盟破产程序条例》并没有作出规定。2015 年《欧盟破产程序条例》则弥补了这一空白，在其第 6 条明确规定了这类诉讼的管辖权分配问题，主张跨境破产程序启动地所属成员国法院，对直接产生于该破产程序并且与该破产程序密切相关的诉讼有管辖权。这一规定使得跨境破产程序及其相关诉讼能够由同一个法院管辖，有利于跨境破产案件的全面、有序、高效处理。

根据2015年《欧盟破产程序条例》序言第35段，属于跨境破产程序的诉讼应当包括以下两种：①针对位于其他成员国（非跨境破产程序启动地所属成员国）境内的被告而提起的破产撤销权诉讼；②针对在该跨境破产程序进行过程中所产生的义务而提起的诉讼，例如破产费用的预付。

相比之下，针对债务人于破产程序启动之前所签订的合同义务的履行而提起的诉讼，并不属于直接产生于该破产程序的诉讼。如果这样的诉讼与以一般民商法为根据的另一诉讼相关，并且破产管理人认为在被告住所地法院提起该诉讼将会更加高效，那么该破产管理人可以在被告住所地法院同时提起这两个诉讼。例如，破产管理人可以将一个以破产法为根据的针对董事责任的诉讼，与一个以公司法或一般侵权法为根据的诉讼结合起来，同时向该董事住所地法院提起。

四、欧盟跨境破产管辖权制度对中国的借鉴意义

2000年《欧盟破产程序条例》自2002年5月31日生效以来，已经历经欧盟跨境破产实践十余年的检验，而2015年《欧盟破产程序条例》作为2000年《欧盟破产程序条例》的修订版本，承袭了2000年《欧盟破产程序条例》经受住实践考验的内容，同时又改良和补充了2000年《欧盟破产程序条例》中不符合实践需求或尚未规定的内容。由此可见，欧盟在跨境破产立法领域一直走在世界前列，其跨境破产管辖权立法实践，对我国跨境破产管辖权立法的构建和完善，具有重要的启示价值。

（一）中国现行的跨境破产管辖权立法

在国际上就跨境破产立法不断发展的背景下，中国的跨境破产立法，一直停滞不前：在国际立法方面，中国尚未与其他国家签订任何跨境破产方面的双边条约或多边条约；而在国内立法方面，中国虽然参与了旨在为各国跨境破产国内立法提供范本的《联合国国际贸易法委员会跨国界破产示范法》（以下简称“《示范法》”）[1]的立法谈判过程，但并未将其采纳为本国的跨境

〔1〕《示范法》于1997年5月30日通过，尽管不具有法律拘束力，但是截至2018年6月16日，已有44个国家共在46个法域通过了以《示范法》为基础的立法。参见联合国国际贸易法委员会官网，http://www.uncitral.org/uncitral/zh/uncitral_texts/insolvency/1997Model_status.html，最后访问日期：2018年6月16日。

破产立法基础，亦并未就跨境破产管辖权问题进行专门立法，而是笼统适用《企业破产法》第3条和第5条的规定。

与《欧盟跨境破产程序条例》相比，中国《企业破产法》对于跨境破产的规定显得“简单粗暴”：一方面，《企业破产法》并未专门规定跨境破产案件的管辖权，而是在第3条对破产案件的管辖权进行笼统规定，即破产案件统一由债务人住所地人民法院管辖。对于跨境破产案件，如果跨境破产的债务人住所地位于中国境内，那么中国法院对该跨境破产案件拥有管辖权，而如果跨境破产的债务人住所地并未位于中国境内，那么中国法院对该跨境破产案件便没有管辖权，不论该债务人在中国境内有没有营业所或资产。〔1〕另一方面，《企业破产法》第5条规定了跨境破产程序的域外效力问题，根据该条规定，依据《企业破产法》启动的中国破产程序，一律对中国境内外的全部债务人资产具有普遍效力，而对于外国破产程序，则有条件地承认其对债务人位于中国境内的资产具有普遍效力。

《企业破产法》对于破产案件管辖权的规定，明显跟跨境破产管辖权立法的国际主流趋势并不相符，亦与当前中国由资本输入大国逐步变为资本输出大国的实际国情并不相符。其一，倘若中国法院认为遭遇跨境破产的债务人的住所地并不位于中国境内，那么中国法院就会根据“破产案件由债务人住所地人民法院管辖”这一规定，“自动放弃”对该跨境破产案件的管辖权，即便中国与该跨境破产案件有密切联系或对该跨境破产案件具有实质性利益，例如，该遭遇跨境破产的债务人在中国境内有营业所或有资产等，鉴于上述规定，中国法院也会自动放弃“通过对位于本国境内的债务人资产启动属地破产程序而保护本地债权人利益的有效途径”〔2〕。其二，对于外国破产程序，因其管辖权的确定依据的是外国破产法所确立的管辖权标准，例如债务人营业所所在地，而不一定是中国破产法所规定的债务人住所地，故外国破产程序完全可以针对中国债务人展开，此时只要符合基本条件（如有条约或互惠，不违反中国公共秩序，不损害中国本地债权人的合法权益），便不加区分承认其域外效力，丝毫没有考虑中国债务人的立场，尤其是考虑需要通过破产重

---

〔1〕 参见郑维炜：《中国应对跨国破产法律问题的策略选择》，载《当代法学》2012年第1期，第129页。

〔2〕 刘敏敏：《中国跨界破产管辖权分配制度的重构》，载《大庆社会科学》2016年第2期，第43页。

整对中国债务人进行挽救的情况。上述两种情况，对于中国“引进来”战略和“走出去”战略的有效实施，都并非好事。

（二）中国跨境破产管辖权制度的构建

中国在跨境破产管辖权立法问题上，可以借鉴欧盟跨境破产管辖权制度，并将其与中国的实际国情相结合，既要考虑对中国本地债权人合法权益的保护，又要考虑对中国债务人立场的维护，构建一种既符合中国国情又能够与国际接轨的跨境破产管辖权制度，为中国大力实施“引进来”战略和“走出去”战略提供强有力的法制保障。具体而言，可以从以下三个视角对中国的跨境破产管辖权制度进行构建：

1. 针对跨境破产管辖权问题进行体系化的专门立法

跨境破产基于其涉外性，具有与国内破产完全不同的特质，因而需要将其与国内破产区分开来，对其进行符合其“涉外性”特质的专门性立法。纵观中国的立法体系，《中华人民共和国涉外民事关系法律适用法》和《中华人民共和国民事诉讼法》第四编“涉外民事诉讼程序的特别规定”均未涵盖跨境破产问题。因此，在国内立法层面，跨境破产管辖权问题的专门立法只能寄希望于我国专门调整破产问题的《企业破产法》的改革，可以考虑在该法中增设“跨境破产程序编”，在该编中以一个或几个条款对跨境破产管辖权问题进行专门性立法。至于《企业破产法》中“跨境破产程序编”的具体设置，则可以考虑借鉴《欧盟破产程序条例》的相关制度及内容。

基于中国是一个多法域国家，在针对跨境破产管辖权问题进行专门立法时，还应注意我国境内区际破产管辖权的分配问题。对此，可以参照欧盟的做法，在中国大陆、中国香港地区、中国澳门地区和中国台湾地区四法域之间，通过协商制定一个《中国区际破产统一安排》，对“一个中国”境内的区际破产管辖权进行统一分配，从而防止区际破产管辖权冲突的产生。当然，基于法律制度、历史遗留问题等种种原因，这个安排的达成会是一个相当漫长的过程，甚至可能在当前的形势下是行不通的，但这并不妨碍将此作为一个备选方案加以努力，毕竟《欧盟破产程序条例》的出台就经历了长达四十年的漫长过程。当前，中国大陆可以分别与中国香港地区、中国澳门地区、中国台湾地区，达成关于区际破产的双边安排，以解决迫在眉睫的区际破产问题。

在国际立法层面，随着 2015 年 12 月 25 日亚洲基础设施投资银行（Asian Infrastructure Investment Bank，以下简称“亚投行”）的正式成立，我国作为一个新兴的资本输出大国，在国际投资领域拥有越来越多的话语权，完全可以主导就跨境破产这一跨境资本退出机制谈判和缔结国际条约，尤其是区域性条约或双边条约，以通过开展跨境破产合作而保障跨境资本的有序高效退出，为跨境投资构筑最后一道防线。其间，作为跨境破产合作基础的跨境破产管辖权问题尤其需要给予特别关注，此时，亦可以参考《欧盟破产程序条例》的管辖权立法经验。

2. 采用复合破产模式，分配跨境破产案件的管辖权

鉴于采用“破产案件由债务人住所地人民法院管辖”这一《企业破产法》所设置的单一破产模式来确定跨境破产案件的管辖权，会导致我国法院对相关跨境破产案件管辖权的“自动放弃”，不利于保护本地破产当事人的合法利益，因此，我国国内立法在进行跨境破产模式的选择时，应当放弃继续采用这一单一的破产管辖权分配模式，而针对跨境破产构建新的管辖权分配模式。对此，可以考虑借鉴《欧盟破产程序条例》所确立并经司法实践检验的复合破产模式。

基于我国的基本国情和保护我国本地破产当事人合法利益的需求，我国跨境破产管辖权分配的复合破产模式可以进行如下设计：以债务人主要利益中心所在地启动的主要破产程序为主，辅之以债务人营业所所在地启动的非主要破产程序和债务人资产所在地启动的属地破产程序，同时赋予这些破产程序以不同的效力。例如，赋予主要破产程序和非主要破产程序以普及效力，效力及于位于中国境内外的全部债务人资产；而属地破产程序则仅有属地效力，效力仅及于位于中国境内的债务人资产。主要破产程序和非主要破产程序都能够得到债务人资产所在地法院的承认与协助，但在获得救济方面有所不同：主要破产程序能够获得自动救济，即对于主要破产程序，债务人资产所在地法院将自动发出禁令，禁止任何针对破产债务人及其资产的诉讼与执行，也即“自动中止”（automatic stay）救济；而非主要破产程序则无法获得该等自动救济。

基于上述管辖权分配模式，只要债务人主要利益中心、债务人营业所或债务人资产有一者位于我国境内，我国法院即拥有对该跨境破产案件中债务人位于全球的资产或位于我国境内的资产的管辖权，有效解决“破产案件由债务人住所地人民法院管辖”这一单一破产模式所导致的我国法院对跨境破产管辖权的“自动放弃”问题，进而以法律手段有效维护我国本地破产当事人的合法利益。

3. 引入“债务人主要利益中心”的概念，并明确其判定标准

基于上述复合破产模式的设置，我国跨境破产管辖权制度需要三个管辖

权确定标准：债务人主要利益中心所在地、债务人营业所所在地和债务人资产所在地。其中，债务人主要利益中心所在地是主要破产程序的管辖权确定标准，债务人营业所所在地是非主要破产程序的管辖权确定标准，债务人资产所在地是属地破产程序的管辖权确定标准。

对于复合破产模式的管辖权确定标准，我国跨境破产立法需就其具体的判定标准作出明确规定，以使跨境破产管辖权的分配更加清晰明确。鉴于“债务人资产所在地”就是债务人资产在物理上的地理存在空间，是一个事实空间概念，在司法实践中非常容易判定，因此，立法可以不用对其加以界定。“债务人营业所所在地”是我国立法体系中已有的一个概念，但是鉴于跨境破产的特殊性与复杂性，其判定不应再沿用我国国内的传统方法，而应考虑采用国际社会的新方法：“债务人营业所是债务人以某些方式实施非临时性经济活动的经营场所。”基于中国在全球劳动力市场上占据重要地位，“中国制造”体系下的来料加工服务和来件装配服务非常发达，因此，我国在进行跨境破产立法时，这里的“某些方式”应当包括人工、资产和服务三种方式。而基于当前资本和贸易的跨境流转加快，同时为了防止“挑选法院”现象，还需要对实施非临时性经营活动的时间加以限制，这个时间限制可以根据中国国情、参照欧盟的做法进行设计。

“债务人主要利益中心”对于中国立法体系而言，是一个全新的管辖权确定标准，鉴于其在欧盟跨境破产管辖权制度中所展现的理论优越性与现实可行性，中国在进行跨境破产管辖权制度的构建时，应考虑引入，并借鉴2015年《欧盟破产程序条例》中“原则性规定＋分属性具体推定”的方式，对“债务人主要利益中心”的判定进行体系化立法：首先对“债务人主要利益中心”作一个抽象的概念性法律界定，然后再以我国现有立法体系和法律术语为基础，根据我国跨境破产的司法实践，对“债务人主要利益中心”进行具体的立法推定〔1〕，从而将立法推定与法官自由裁量有机结合，以确定跨境破产案件的适格管辖法院，进而促进跨境破产领域的国际合作，高效且公平地保护破产当事人的合法利益。

（初审人：斐轶）

---

〔1〕 参见王雄飞：《论事实推定和法律推定》，载《河北法学》2008年第6期，第181－187页。

法庭之友参与国际投资仲裁制度研究

张 妍 *

摘 要：随着世界经济全球化的发展，为解决国际投资仲裁领域的正当性危机，法庭之友制度越来越多地被运用于国际投资争端的仲裁机制中。非政府组织已成为最重要的法庭之友的主体，且法庭之友的主体也日益呈多元化趋势。法庭之友参与仲裁，应具备明显的独立性。法庭之友参与仲裁的主要方式为递交法庭之友意见书，为防止其被滥用，需以有助仲裁庭解决争议、公共利益、关联性等为标准，严格审查法庭之友参与国际投资仲裁并递交法庭之友意见书的条件。法庭之友制度作为一把双刃剑，我国也应以积极的态度应对其在国际投资领域带来的机遇与挑战。

关键词：法庭之友 国际投资仲裁 透明度原则 公共利益 UNCITRAL NAFTA ICSID

引言

法庭之友（拉丁语 Amicus Curiae，英语 Friend of the Court）是普通法系中一项重要的程序法制度，其核心内容是法庭在审理案件过程中，允许当事人以外的个人或

---

* 张妍，中国政法大学国际法学院国际法学专业 2015 级博士研究生（100088）。

组织利用自己的专门知识，就与案件有关的事实或法律问题进行论证，并向法庭提出书面论证意见，以协助法庭作出公正的裁决。

随着世界经济全球化的发展，法庭之友制度越来越多地被运用到国际争端解决机制之中，尤其在过去的十余年内，法庭之友的身影频频出现于国际投资仲裁领域，并逐渐为仲裁实践所接受。[1]在当前实施“一带一路”战略的背景下，我国与周边国家的投资合作从深度和广度上都将进一步加强，对相关纠纷解决机制，尤其是国际投资领域广泛使用的投资仲裁制度进行研究的重要性也日益凸显。有鉴于此，对于法庭之友这一起源于普通法系国内法的重要程序法制度在国际投资仲裁领域的发展与运作进行研究与探讨，对实施“一带一路”战略背景下我国积极开展投资合作、维护对外投资时作为投资者的商业利益及作为东道国时的自身公共利益都意义深远。

一、概述

（一）法庭之友制度的国内法渊源

1. 法庭之友的制度起源

法庭之友制度最早可以追溯至罗马法，在当时法学专业书籍匮乏、知识与信息传播渠道有限的背景下，由知名法学家组成大顾问团作为法庭之友，为法庭提供超出其专业范围之外的专业知识，有利于弥补法官专业与经验的不足，防止司法擅断。17世纪，法庭之友被引入英国普通法，作为一项重要的程序法制度得以发展。19世纪初期，该制度被移植到美国法中并得以进一步繁荣，经过近二百年发展，法庭之友制度现已成为美国司法制度的重要组成部分。

法庭之友参与诉讼最主要的权利即通过提交法庭之友意见书向法庭陈述观点；经法院许可，法庭之友还可以参加口头辩论或者引入证据。从功能上看，法庭之友可以为法院提供不同于当事人的观点、意见、补充性的事实和论据，从不同角度影响法官，以帮助法院作出公正的判决，有利于司法的民主多元化。但其独在普通法系的环境中得以繁荣发展，主要根源于普通法系遵循先例的判例法传统以及对抗制的司法程序制度：一方面，在判例法的司法体制下，法官有很大的自由裁量权，但长期以来积累的先例浩如烟海，法官不可能全面掌握并灵活运用。另一方面，在对抗制的诉讼结构下，法院作

〔1〕 如无特别说明，本文所研究的国际投资仲裁，仅限于外国投资者与东道国之间就国际投资争议引发的仲裁，不涉及其他形式的国际投资争议仲裁。

为消极的审判者，不能主动调查取证，而当事人出于自身利益考虑，可能隐瞒对其不利的证据，或与对方当事人串通共同隐瞒证据而损害第三人或社会公共利益；同时，双方在庭审中的抗衡也通常取决于其在财力、智力等方面的差异。因此，允许知晓案情或掌握专业知识或中肯法律意见的法庭之友参与诉讼无疑可以弥补判例法体制与对抗制诉讼的某些缺陷，有助于法官作出更公正的判决。[1]

2. 法庭之友的制度价值

作为普通法系中一项成熟的司法制度，法庭之友的制度价值可从理论与实践两个层面进行分析：

（1）理论价值。一项完善而合理的司法制度须同时兼顾公平与正义的理念。法庭之友制度设计的初衷，一方面是让第三方得以参与诉讼程序以保障权利自由；另一方面是最大程度地保障在对抗中处于弱势地位一方的利益。通过法庭之友提出当事人的辩论中被忽略的案件事实和法律依据，使法官在作出判决时能够集思广益、汇集民意，能够最大限度地兼顾公平与正义的效果，以达到个案公正。

（2）实践价值。法庭之友对于司法实践的意义在于：法庭之友往往代表不同于当事双方的第三方意见，且其主体一般是具有丰富的专业技术知识、掌握大量信息技术资源的人员或组织，其对于法官无法解决的特定案件的特定问题，往往能发挥专业领域的智力资源优势进行事实分析和法律论证，有助于拓宽法官对案件的认识，最大限度地保障当事人的合法权益。再者，在美国这样的司法判例，尤其是联邦最高法院的司法判例具有政策制定意味的国家，“法庭之友”制度的存在有助于尽可能减少司法造法的政策失误。[2]

3. 法庭之友的制度弊端

同时也应指出的是，尤其从美国的司法实践来看，大量的法庭之友涌入法庭诉讼程序中发表意见并参加辩论，一方面可以实现法庭之友上述之理论与实践价值，另一方面也增加了诉讼当事人的诉讼成本，使得诉讼程序更加复杂和冗长，不利于司法效率的提高。

有鉴于此，美国也致力于以成文法的形式，即通过《美国最高法院规则》

---

〔1〕 张泽涛：《美国“法院之友”制度研究》，载《中国法学》2004 年第 1 期，第 179 页。

〔2〕 项焱、海静：《“法庭之友”：一种诉讼信息披露机制》，载《法制与社会发展》2017 年第 2 期，第 146 页。

和《联邦上诉程序规则》等程序性规定，从实体及程序上对法庭之友参与诉讼提出要求，以防止该制度之滥用。

（二）法庭之友参与国际投资仲裁的背景

国际投资仲裁机制脱胎和借鉴于传统的国际商事仲裁，亦秉承了其传统的不公开审理的秘密仲裁原则。但与国际商事争端不同的是，国际投资争端因涉及外国投资者与东道国之间的投资争议，往往带有一定的公共属性，涉及环境、资源、公共健康、人权、劳工等可能对东道国公共利益产生直接影响的多方面问题，仲裁结果也可能对东道国的国内政策或财政产生直接影响。相较而言，国际投资仲裁有着优于东道国司法系统的专业性与高效性，因此外国投资者也更倾向于将国际投资争端诉诸国际投资仲裁；但另外，传统秘密仲裁所致的透明度缺失也引发了国际投资仲裁的正当性危机。[1]为应对这种危机，国际投资仲裁确立并强化了透明度规则。“透明度”这一术语可以从消极角度加以界定，即不存在保密性的仲裁程序，也可以被理解为指代某种旨在捍卫公共利益或允许公众参与的特定方法。例如，将仲裁庭审程序对公众公开，或允许第三方——法庭之友提交法律意见。[2]

自 21 世纪初以来，以非政府组织为主体的法庭之友以递交法庭之友意见书的形式申请参与国际投资仲裁的案例在实践中大量出现，并逐渐为仲裁实践所接受。在所有同意法庭之友向仲裁庭提交书面意见的国际投资争端案件中，其法庭之友意见书大都从东道国公共利益的角度出发提出论证意见，以至于外国投资者几乎都对法庭之友提出了诸多的质疑与反对。[3]这无疑对于公共利益的维护是大有裨益的。然而从另外一个角度来看，非争端方以提交法庭之友意见书的形式申请参与仲裁，无论仲裁庭如何裁断，都会使仲裁程序更加复杂，增加仲裁成本，同时，法庭之友过多地介入仲裁也会使外国投资者的商业秘密等信息面临不适当披露的风险，这又与国际投资所追求的商事利益及效率相背离。引入透明度规则的初衷并非是摒弃秘密仲裁的原则、

〔1〕 所谓正当性危机，即国际投资仲裁自身的公共属性与其不允许第三方参与、不公开仲裁裁决的保密性之间的固有矛盾而引发的，使公众无法接触与其自身利益切实相关的信息，进而可能影响到公共利益的实现，还可能使投资仲裁制度本身在公共压力下受到威胁的危机。

〔2〕 参见张建：《国际投资条约仲裁的透明度问题探析》，载《保定学院学报》2017 年第 2 期，第 36 页。

〔3〕 刘京莲：《法庭之友参与国际投资仲裁体制研究》，载《太平洋学报》2008 年第 5 期，第 17 页。

背离商事利益而只一味强调公共利益和仲裁公开，公共利益与商事利益的平衡才应是制度设计所追求的核心价值。因此，国际投资仲裁应仍以秘密性为基础，同时辅以透明度规则作为合理例外。在此基础上，法庭之友参与仲裁并不宜盲目地扩大其适用范围，而应从主体、诉讼权利及书面意见的接受标准等方面严格界定和审查，以实现公共利益与商事利益的平衡。

基于此，以北美自由贸易协定（North American Free Trade Agreement，以下简称“NAFTA”）为代表的国际投资条约以及以国际投资争端解决中心（The International Center for Settlement of Investment Disputes，以下简称“ICSID”）仲裁规则与联合国国际贸易法委员会（United Nations Commission on International Trade Law，以下简称“UNCITRAL”）仲裁规则及其《投资人与国家间基于条约仲裁透明度规则》（以下简称“《透明度规则》”）为代表的仲裁规则，均适时调整并对法庭之友参与仲裁的相关内容进行了成文化的规定，此后的仲裁实践也进一步充实了法庭之友相关成文规则的内涵。但在实践中，法庭之友介入国际投资仲裁的程度主要还是取决于仲裁庭的态度，即法庭之友以第三人身份参与国际投资仲裁依旧取决于个案情况，[1]不同的仲裁庭对于是否接受法庭之友参与仲裁的审查标准和具体运作仍存在分离和差异。

二、国际投资仲裁中法庭之友的主体

（一）法庭之友的主体多元化趋势

大多数投资条约与仲裁规则对于可申请成为法庭之友的主体的描述均为“个人”或“实体（entity）”，总体而言，国家（尤指非争端缔约国）、国际政府间组织、非政府组织、个人和民间团体均有机会作为非争端第三方而充当法庭之友。实践中，在国际投资争端仲裁中以法庭之友身份参与仲裁程序最多的主体即非政府组织，也正是非政府组织开启了第三人以法庭之友身份参与国际投资仲裁的先河——Methanex Corporation v. United States of America 案[2]（以下简称“梅赛尼斯公司诉美国案”），即是国际投资仲裁领域首次接受非争端第三方参与仲裁的申请，由三个非政府组织作为法庭之友向仲裁庭提交法庭之友意见书的案例。本案也在一定程度上表明了非国家主体在国际

---

〔1〕 Artbur Watts，“Enhancing the Effectiveness of Procedures of International Dispute Settlement”，*Max Planck Yearbook of United Nations Law*，21（2001 Vol. 5）.

〔2〕 http://www.italaw.com/cases/683，最后访问日期：2018年2月5日。

投资争端解决中日益重要的作用。[1]

随着法庭之友认可度和接受度的增加，许多其他组织也开始效仿非政府组织参与仲裁；在 Apotex Inc. v. United States of America 案[2][适用 UNCITRAL 仲裁规则，以下简称"阿波特克斯诉美国案（UNCITRAL）"] 与 Apotex Holdings Inc. and Apotex Inc. v. United States of America 案[3][适用 ICSID 仲裁规则，以下简称"阿波特克斯诉美国案（ICSID）"] 中，同一家管理咨询公司向仲裁庭申请成为法庭之友；在 AES Summit Generation Limited and AES-Tisza Erömü Kft v. The Republic of Hungary 案[4]和 Electrabel S. A. v. Republic of Hungary 案[5]中，欧盟委员会向仲裁庭申请作为法庭之友参与仲裁。

除主体形态的多元化外，法庭之友各参与主体所代表的利益亦呈多元化态势：在最初的案件中，法庭之友所主张的是环境、人权等公共利益；此后如加拿大邮政工人联盟、加拿大通信、能源及造纸工人工会、钢铁工人联合会等代表团体利益的组织也曾以法庭之友的身份参与到仲裁之中，其代表的是本身紧密相关的经济利益；而前述欧盟委员会参与仲裁，则是为了维护欧盟法的秩序，防止仲裁结果与欧盟内部裁决结果的不一致，保障欧盟法被统一解释和适用。[6]

（二）法庭之友主体的独立性

作为国际争端解决下的第三方参与机制，法庭之友并非仲裁当事人，而是作为非争端第三方向仲裁庭递交意见书并陈述意见。因此，许多涉及法庭之友参与的投资条约或仲裁规则及相关案例均要求申请人对其自身独立性进行披露。如 UNCITRAL《透明度规则》即要求申请人在申请中披露申请人的基本情况（包括其成员身份和法律地位、宗旨、性质及对其进行直接或间接控制的上级组织），其与争议任何一方的直接或间接的关联，以及为其提供资

---

〔1〕 梁丹妮：《国际投资争端仲裁程序透明度研究》，载《国际经济法学刊》2010 年第 1 期，第 232 页。

〔2〕 http://www.state.gov/s/l/c27648.htm，最后访问日期：2018 年 2 月 5 日。

〔3〕 Apotex Holdings Inc. and Apotex Inc. v. United States of America, ICSID Case No. ARB（AF）/12/1.

〔4〕 AES Summit Generation Limited and AES-Tisza Erömü Kft v. The Republic of Hungary, ICSID Case No. ARB/07/22.

〔5〕 Electrabel S. A. v. Republic of Hungary, ICSID Case No. ARB/07/19.

〔6〕 参见张庆麟：《国际投资仲裁的第三方参与问题探究》，载《暨南学报（哲学社会科学版）》2014 年第 11 期，第 81 页。

金或其他援助的政府、个人或组织的信息。也有些仲裁案件中仲裁庭因申请人不具备明显的独立性而拒绝其参与仲裁。如 Bernhard von Pezold and Others v. Republic of Zimbabwe 案[1]（以下简称“佩佐尔德诉津巴布韦案”），投资者主张作为申请人的土著部落的受津巴布韦政治活动家萨科先生及其创立的非政府组织的帮助和指导，而萨科先生则致力于反对投资者对争议涉及土地的权利并积极支持东道国的土地改革政策，申请人与萨科先生的联系使得其缺乏独立性。而仲裁庭也采纳了这一主张，认为该申请人“明显缺乏独立性与中立性”，从而构成拒绝其成为法庭之友的充分理由。因为，如果允许一个大部分资金来源于东道国的非政府组织作为法庭之友参与仲裁，无疑会对投资者构成不合理的仲裁负担，而且鉴于其与东道国的密切关系，其所希望表达的观点完全可以通过作为争议当事方的东道国提出。

该等对于法庭之友独立性的要求，是对于普通法系法庭之友之“中立性”地位及其进一步发展的继承与发扬。国际投资仲裁中的法庭之友既有可能基于公共利益提出有利于东道国的主张，也有可能仅基于其宗旨和性质提出中立性的意见，但如其因与仲裁的任一方具有明显的关联关系而导致其不具备独立性而沦为当事一方的代言人，则将造成仲裁成本的增加以及效率的降低，因为其完全可以通过与其关系密切的仲裁一方来提出其主张。因此，法庭之友的独立性仲裁地位也是在国际投资仲裁中引入透明度规则以保障公共利益的前提下，基于节约仲裁成本与提高仲裁效率的平衡角度对法庭之友参与仲裁的必要限制。

三、法庭之友参与国际投资仲裁的仲裁权利

在国际投资仲裁领域，一般而言，无论何种性质的非争端第三方，其作为法庭之友参与国际投资仲裁一般是由该第三方向仲裁庭申请以法庭之友身份参与仲裁，并由仲裁庭对此进行审查和自由裁量。由此可知，第三方以法庭之友身份参与国际投资仲裁并不以仲裁当事方的同意为前提。但也有例外，在 Achmea B. V. v. The Slovak Republic 案[2]中，仲裁庭为确定其对本案是否有管辖权，在经过当事方同意后主动邀请了欧盟委员会和作为非争端缔约国的荷兰政府作为法庭之友递交意见书，这是已知的第一个仲裁庭主动请求第三人作为法庭之友的案件。

---

[1] Bernhard von Pezold and Others v. Republic of Zimbabwe, ICSID Case No. ARB/10/15.

[2] Achmea B. V. v. The Slovak Republic, PCA Case No. 2008 - 13.

同时，鉴于国际投资仲裁中法庭之友的独立性地位，其区别于争议的当事双方，因此其在仲裁程序中并无独立的权利请求，这与普通法系的法庭之友制度是一脉相承的。

除此之外，从规则来看，2006年修订后的ICSID仲裁规则明确规定仲裁庭可以允许第三方在争议范围内提交书面意见，并规定除非任一当事方反对，否则仲裁庭在与秘书长协商后，有权决定除当事方、其代理人、律师、证人和专家以及仲裁庭工作人员以外的其他人员依据程序参加全部或者部分听证会。但就实践而言，法庭之友目前参与国际投资仲裁权利通常仅限于提交书面意见。在Piero Foresti, Laura de Carli and others v. Republic of South Africa案〔1〕中，五个非政府组织请求成为法庭之友，以便提交书面意见、接触重要资料以及出席庭审并发表口头意见。仲裁庭认为其请求的前两项权利有助于仲裁庭明晰案件争议及当事人的角色，因此只批准了前两个请求，而拒绝其参加庭审。这是目前仅有的仲裁庭批准法庭之友参与仲裁并赋予其接触重要资料权利的案例，除此之外，在接受法庭之友参与仲裁的案件中，第三方提出的要求参与庭审、获取案件资料等要求通常被仲裁庭以基于仲裁的保密性、未获当事方同意、对于仲裁庭解决争议并无帮助为由拒绝批准其相关请求。

由此可见，虽然仲裁规则对于法庭之友参与听证的权利进行了规定，但实践中是否批准该等权利仍由仲裁庭自由裁量。同时，修订后的ICSID仲裁规则在明确法庭之友参与听证权利的同时，也要求应对当事人的所有权及其他商业利益予以保护。是否有必要在提交意见书的基础上赋予法庭之友参加庭审、获取案件资料的权利，应从对于解决仲裁争议的必要性、帮助性，以及对于当事方商业秘密等信息的保护角度出发进行综合判定。而该等权利的行使也将受到严格的限制，否则不仅会增加当时双方的诉讼成本和降低诉讼效力，严重损害商事利益，传统仲裁的机制也将会遭受破坏。

四、法庭之友参与国际投资仲裁的审查标准

如前所述，从东道国公共利益的实现与外国投资商事利益的保护之平衡的角度出发，需要严格界定和审查法庭之友参与国际投资仲裁并递交法庭之友意见书的标准与条件。在早期的国际投资仲裁案例中，如法庭之友参与仲裁的首例案件即梅赛尼斯公司诉美国案，及其后的Suez, Sociedad General de Aguas de

---

〔1〕 Piero Foresti, Laura de Carli and others v. Republic of South Africa, ICSID Case No. ARB (AF) /07/01.

Barcelona, S. A. and Vivendi Universal, S. A. v. Argentine Republic 案[1]及与其基本相似的 Suez, Sociedad General de Aguas de Barcelona S. A. , and InterAguas Servicios Integrales del Agua S. A. v. The Argentine Republic 案[2]（以下合称“苏伊士等公司诉阿根廷案”）这两起投资仲裁中，仲裁庭均对是否接受法庭之友参与仲裁提出了其各自的审查标准，并为以后的仲裁实践所借鉴。而随着国际投资领域的法庭之友制度的日益规则化，无论是以 NAFTA 为代表的投资条约，还是以 ISCID 和 UNCITRAL 为代表的仲裁规则，都对该等审查标准进行了制度化的探索与规定。但在国际投资仲裁实践中，仲裁庭对此问题仍有较大的自由裁量权。

从仲裁实践中来看，普遍为仲裁庭所接受和采纳的标准主要包括以下三个方面：

（一）有助于仲裁庭解决争议

这一标准的确立与法庭之友制度的普通法起源是分不开的。无论是法庭之友初始阶段的罗马法时期还是普通法系法庭之友制度蓬勃发展时期，法庭之友制度自产生之初，就强调其意见对于法院审判帮助的有效性，这也是法院是否准许其作为法庭之友参与诉讼程序的重要审查因素。

因此，在早期的仲裁实践中，有助仲裁庭解决争议这一标准被视为法庭之友意见书接受条件中的核心要求，而且基于投资仲裁的正当性危机，仲裁庭对此项标准大多采取了较为宽松的解释标准。如早期的梅赛尼斯公司诉美国案，仲裁庭对于这一标准的阐释为：仲裁庭须假定争议双方将提供仲裁裁决所需的一切必要帮助和材料，也应假定法庭之友意见可能对仲裁庭有帮助。在其后的仲裁实践中，相关程序性规则的出现使得此项标准的适用得以进一步细化，仲裁庭对此项要求的审查也从一定程度上依赖于申请人对于其自身资质的阐述，进而延伸到对仲裁庭解决争议的实质性帮助。

在阿波特克斯诉美国案（UNCITRAL）中，仲裁庭首先提出申请成为法庭之友的咨询管理公司未能在申请中阐明其自身在案件所涉及的相关专业方面以及 NAFTA 本身等特定方面的知识与经验，也未能证明其具有与争议双方不

---

〔1〕 Suez, Sociedad General de Aguas de Barcelona, S. A. and Vivendi Universal, S. A. v. Argentine Republic, ICSID Case No. ARB/03/19.

〔2〕 Suez, Sociedad General de Aguas de Barcelona S. A. , and InterAguas Servicios Integrales del Agua S. A. v. The Argentine Republic, ICSID Case No. ARB/03/17.

同的视角，因此，不能认定申请人能够为仲裁庭提供任何帮助；然而，仲裁庭进一步指出，申请人所希望递交的书面意见仅仅是对 NAFTA 项下相关条款及先前仲裁庭的相关裁决进行了梳理，并未包含特殊的背景或专业知识而使之对冲裁庭有更为实质的帮助。同样，在阿波特克斯诉美国案（ICSID）中，同一咨询管理公司基于与此前基本相同的意见向仲裁庭提出法庭之友申请，也被仲裁庭以基本相同的理由拒绝；与此同时，对于该案中以个人身份申请作为法庭之友参与仲裁的律师，仲裁庭表示并不否认其具有所声称的与本案争议相关的经验与专业知识，但其作为个人所具有的此种知识和视野难与争议当事双方人数众多的律师团队相匹敌，因此同样认为其未能满足此项标准而拒绝其参与仲裁。以上两个案例在有助于仲裁庭解决争议这一标准的审查上的新思路是：仲裁庭不仅应考察申请人的资质、经验和专业背景，还应从其提交的书面意见的实质内容中是否提供了有别于当事双方的有价值的信息的角度来考察其是否在事实上对仲裁庭有所帮助。如果申请人递交的意见或其阐述的视野与当事人的主张相差无几，则其参与诉讼不仅不会对仲裁有任何实质性的帮助，反而会造成争议双方仲裁成本的增加以及仲裁效率的降低。

故此，在适用“有助仲裁庭解决争议”这一标准时，不仅应参考申请人对于自身资质的阐述，以判定其是否具有协助解决争端的专业性，还应关注申请人所期望提交的法庭之友意见书本身是否在事实上提供了有别于争议双方的新信息，是否对于解决仲裁所涉争议具有实质性的帮助意义。

（二）公共利益标准

公共利益标准的提出与国际投资仲裁领域的正当性危机以及据此而引入法庭之友参与仲裁程序的初衷是密切相关的，因此无论是早期法庭之友参与国际投资仲裁的实践还是根据修订后的仲裁规则进一步发展的仲裁实践，对于公共利益的分析始终是仲裁庭决定是否接受法庭之友意见书的首要与核心部分。

梅赛尼斯公司诉美国案中，作为东道国的美国禁止加拿大梅赛尼斯公司继续生产对当地居民存在潜在危险的产品，因此梅赛尼斯公司提起仲裁要求美国政府进行赔偿，三个非政府组织向仲裁庭申请作为法庭之友参与仲裁程序，而仲裁庭在此对于公共利益的分析也数次为其后的案例所引用：“该实体问题远远超出商事主体之间的跨国仲裁所提出的问题，这不仅仅因为争议的一方是国家：一些涉及国家的争议并不比私人主体之间的争议包含更多的重大公共利益……本案中的公共利益来自于仲裁标的……仲裁过程还会得益于被认为更加的公开透明，相反，亦会受损于被视作过度保护。”

在其后的苏伊士等公司诉阿根廷案中，仲裁庭确立了基于以下三方面理由认定公共利益的标准：其一，仲裁庭将根据国际法而非国内法对政府某些措施的合法性进行裁决；其二，争议一方主体为国家，其国际责任与纯粹的私人主体在私法上的责任不同；其三，争议围绕城市区域的配水和排污系统，这些系统为成百上千人提供基础公共服务，因而可能影响这些系统的运行，从而对仲裁产生影响。仲裁庭还指出，前两项因素当然涉及公共利益，且事实上适用于 ICSID 管辖权范围内的一切案件，但使本案与特定公共利益相关的是第三项因素。这一案例提出的公共利益准则要求“本案与特定的公共利益相关”，并为此后的案例所继承。

然而，前述仲裁庭的分析均是对公共利益本身的含义所做的阐释，并未对公共利益的外延和内涵进行界定，而“公共利益”作为一个典型的不确定概念，其实体界定本身即存在诸多困难，尤其在国际投资领域，要求投资条约的缔约国对于公共利益进行界定显然不太现实。因此，笔者认为，在这种情况下，有必要借鉴缔约国所声明遵守的其他国际法律体系中的相关规则，即当一缔约国在某一国际法律体系下负有某项与公众生活相关的义务时，则该项义务所涉及的公共利益则应视为已被该缔约国确认存在，则同样可以在国际投资仲裁领域中被考虑和认定为该缔约国对该等公共利益负有特定的义务与责任。

（三）关联性标准

这一标准至少包含两方面的内涵：

第一，内容上的关联性。即作为法庭之友参与仲裁的主体需在当事双方争议事项的范围内发表意见。这一标准旨在要求法庭之友能在合理的范围内参与仲裁，避免就与仲裁争议无关的事项发表意见，进而避免不合理地增加当事双方的仲裁成本。

在早期的仲裁实践中，仲裁庭对这一审查标准较为宽松，极少就此展开论述，也未因申请人不符此项标准而拒绝其作为法庭之友参与仲裁。而佩佐尔德诉津巴布韦案对此项标准的解释却步趋严格，要求申请人应仅就争议双方提出的主张发表意见，而不得引入超越争议现有框架的新主张，因此仲裁庭认为该案的申请人援引国际人权法来判断土著居民或土著部落的认定或待遇问题在当事人争议中并未提及，不满足内容上的关联性，因此驳回申请人作为法庭之友参与仲裁的请求。

对此，笔者认为，对于申请人是否可以引入超越争议现有框架的新主张的问题，还应置于申请人的意见书与当事人的争议在内容上是否具有事实上的关联性这一问题中综合考量，过于宽松或者过于严格的解释标准都将不利于法庭之友制度发挥其预期效应。

第二，主体上的关联性。也称重大利害关系，即希望作为法庭之友参与争端具体解决程序的主体须与争端本身有某种重要的法律上的重大利害关系。在法庭之友制度尚未规则化之前，这一标准在早期法庭之友案件的审查中均有不同程度的体现，而此后 NAFTA 自由贸易委员会关于法庭之友参与仲裁程序的解释以及修改后的 ICSID 仲裁程序规则，都规定争端当事方必须对案件有重大或者特殊的利害关系。

尽管如此，在仲裁实践中，对于涉及重大利害关系要求的案件几乎均未对该项标准作出清晰的解释。如在 Biwater Gauff（Tanzania）Ltd. v. United Republic of Tanzania 案[1]中，仲裁庭根据ICSID 仲裁规则对申请人的法庭之友资格进行审查。ICSID 仲裁规则要求申请人证明其在仲裁程序中具有重大利害关系，但该案的仲裁庭仍引用此前梅赛尼斯公司诉美国案以及苏伊士等公司诉阿根廷案中仲裁庭对于公共利益的观点，基本沿袭了在先案例的解决思路，在此前案例中的公共利益标准的旧模式中循环论证，未能就重大利害关系本身提出明确的界定路径。

截至目前，实践中不同的仲裁机构对于何为利害关系基本不存在争议——非争议方的主体可能受到仲裁裁决直接或者间接的影响，则该主体对案件及存在利害关系；但对于如何解释和认定“重大”利害关系这一主体上的关联性仍然存在着争议。因所谓的“重大”性其并无具体和统一的量化标准且存在巨大不确定性，也容易与公共利益之标准相混淆。笔者认为，涉及公共属性之事项固然已达到“重大”之标准，但就“重大利害关系”项下之“重大”而言，仍需关注申请以法庭之友身份参与仲裁的主体应是该重大利害关系的适当代表：就非政府组织而言，即指仲裁所涉公共属性与其宗旨与目的应具有关联性；对于其他主体而言，尤其是私人团体、个人等，更需严格解释标准，即指仲裁的结果可能会对其生存发展利益有直接的影响。

五、对于我国的启示

在 UNCITRAL 开始着手拟定《透明度规则》时，我国曾以仲裁应具有保

---

〔1〕 Biwater Gauff（Tanzania）Ltd. v. United Republic of Tanzania，ICSID Case No. ARB/05/22.

密性之特点为由对在投资争议解决中增加公开和透明度条款表示明确反对。尽管2012年我国与加拿大签署的双边投资协定首次规定了法庭之友制度，但截至目前，我国对法庭之友制度仍报以谨慎的态度。这与我国作为发展中国家，可能同时在不同的投资条约中分别承担着投资者与东道国两种角色的特殊性，以及我国的非政府组织力量较为薄弱、公众在未来的仲裁实践中受益于法庭之友制度的程度较为有限等国情密切相关。

但从近十几年来国际投资仲裁的实践来看，进一步修订和完善的ICSID与UNCITRAL仲裁规则都默认适用于依据其修订后签订的投资条约进行的国际投资仲裁，且是否允许第三方作为法庭之友参与仲裁系基于仲裁庭的自由裁量权而非争议当时双方的意志，因此在国际投资条约中明显缺乏相关约定的情况下，仍存在仲裁庭允许法庭之友参与仲裁的可能性。我国也将面临在未来的国际争端中遇到法庭之友参与仲裁的情况。从这个角度来看，以拒绝接受或者过于谨慎的态度对待法庭之友制度将使我国在未来可能涉及的国际仲裁实践中处于较为被动甚至不利的状态。同时，在当前实施“一带一路”战略的背景下，我国与周边国家的投资合作将进一步加深，在国际投资活动中同时承担投资者与东道国两种角色的情况也会日益增加。鉴于此，唯有正面接受和积极应对并有效运用和发挥法庭之友制度的积极作用，才是在国际争议解决中维护自身利益的最优之选。

鉴于此，我国也应积极从以下两个方面着手：首先，在缔结国际条约的过程中，应明确约定仲裁庭接受法庭之友参与仲裁的审查标准并从严限制法庭之友参与争端仲裁的条件，以免法庭之友制度的滥用；其次，我国应积极发展国内公益团体和社会组织，并通过积极开展国际非政府组织间的交流与合作，以增强我国公益团体与社会组织对于国际投资仲裁的敏锐度与参与意识，提高其参与仲裁的专业水平与能力，以便在未来可能涉及的国际投资仲裁，尤其是可能涉及中国作为东道国的公共利益的国际投资仲裁中，以积极的姿态申请参加并应对仲裁，最大程度上维护国家与公共利益。

结论

在国际投资仲裁领域，法庭之友是一把双刃剑：在同意法庭之友向仲裁庭提交意见书的国际投资争端案件中，由于参与的主体主要为非政府组织，而其提交的法庭之友意见书也大都能从公共利益的角度出发提出更为专业的见解，因此法庭之友的参与对于公共利益的维护，以及仲裁透明度的提高都大有裨益；然而从另外一个角度来看，非争端方以提交法庭之友意见书的形式参与仲裁，一方面会使仲裁程序繁杂拖沓，另一方面也会使投资者的商业秘密等信息面临可能被不适当披露的风险。此外，法庭之友参与范围的扩大还有可能将仲裁庭变为“准法院”而丧失其高效、便捷、中立等优势。[1]

因此，在国际投资仲裁领域，透明度规则的适用需要适度，法庭之友的引入也不宜无差别地扩大适用范围，因而进一步明确并严格执行仲裁庭对于法庭之友参与仲裁的审查标准，使其在不增加诉讼的额外成本的基础上化解国际投资仲裁领域的正当性危机，将是在国际投资仲裁领域实现对外国投资者的商事利益的保护与东道国公共利益的平衡的最佳路径。而在实践中，仲裁庭在对待法庭之友参与问题上也都秉持谨慎的态度，这从此前已论述过的法庭之友的参与条件的审查较为严格、其介入仲裁后的获准许的权利较为有限中可见一斑。

（初审人：张珊珊）

〔1〕 周园：《国际投资仲裁中法庭之友制度的新发展》，载《东方法学》2015 年第 4 期，第 97 页。

影响《涉外民事关系法律适用法》实施的若干因素分析*

——基于司法大数据的实证研究

陈南睿**

摘　要：《涉外民事关系法律适用法》的颁布在我国国际私法立法史上具有里程碑式意义，其也成为我国第一部较为系统全面的国际私法单行法。但是由于一些主观及客观因素，如法律规定疏漏、错误理解与适用法律、推理失范及严重属地主义倾向，该单行法颁布之后的实施情况并非尽如人意。而通过对司法大数据的实证分析和涉及领域的理论探究可知，对我国相关法律进行完善、强化法官责任制度、出台涉外案件规范化审理细则、强化指导性案例指导作用及多渠道促进外国法查明均可减轻上述因素的影响作用并提升《涉外民事关系法律适用法》的实施效果。

关键词：《涉外民事关系法律适用法》　实施　影响因素　大数据分析　促进实施

---

* 本文系吉林大学法学院2016年“司法大数据与实证研究”三等奖项目“影响《涉外民事关系法律适用法》实施的若干因素分析——基于司法大数据的研究”的结项成果，受吉林大学司法数据应用研究中心资助。

** 陈南睿，武汉大学国际法研究所2018级博士研究生（430072）。

引言

《涉外民事关系法律适用法》（以下简称“《适用法》”）及其司法解释是我国关于国际私法较为集中、相对全面的法律规定，且已经成为法官审理涉外民事案件的重要依据。然而，其司法适用情况却不尽如人意，严重影响涉外民事案件的审判质量以及《适用法》的实施效果。笔者搜集整理《适用法》实施六年中的全部公开案例（共 3088 例）〔1〕，采用大数据分析的方法，分析影响《适用法》实施效果的主要因素，探寻解决路径，以期提升《适用法》的实施效果。

一、法律规定疏漏

在本文中，法律规定疏漏是指我国《适用法》相关领域立法缺失或法律规定模糊，其后果是法律适用混乱且法律适用错误率高，判决缺乏可预见性和一致性。在笔者搜集的案件中，法律规定疏漏主要体现在以下三个方面。

（一）确定最密切联系的具体法律规定缺失

最密切联系原则由于其法律适用的灵活性受到各国立法的青睐，但同时也由于其太过灵活导致司法可控性较差，因此，各国在引入该原则时，会通过地位确定、规则细化以及参考因素等方式保证该原则法律适用的确定性，从而使该原则赋予司法机关的自由裁量权也处于可控的范围之内。在我国，最密切联系原则的相关规定并不完善，在实践中引发了很多问题。笔者对涉及最密切联系原则的案例进行了统计整理，共计 969 例。最密切联系案件法律适用正误情况参见表 1，确定最密切联系的具体实践情况参见表 2。

表 1　最密切联系案件法律适用正误情况

	数量（例）	比例
正确	475	49.0%
错误	494	51.0%

表 2　确定最密切联系的具体实践

	数量（件）	所占比例
单独或复合援引“笼统化”法条〔2〕	897	92.6%

〔1〕　本文所统计案例来源于中国裁判文书网和北大法宝，最后访问日期：2016 年 12 月 31 日。

〔2〕　“笼统化”法条是指如《合同法》第 126 条、《民法通则》第 145 条以及《适用法》第 2 条、第 41 条之类措辞为“当事人没有选择的，适用与合同有最密切联系的国家的法律”而缺失细化规定的条文。

续表

	数量（件）	所占比例
援引失效《最高人民法院关于审理涉外民事或商事合同纠纷案件法律适用若干问题的规定》第5条	45	4.6%
未说明援引的具体法条	27	2.8%

由表1可知，最密切联系案件的法律适用正确率为49.0%，超过半数案件存在法律适用错误的情形。根据表2可知，92.6%的案件是由法官单独或复合援引“笼统化”法条进行审理的，没有细化规定参照，有45例案件法官在2007年颁布的《最高人民法院关于审理涉外民事或商事合同纠纷案件法律适用若干问题的规定》（以下简称“《07规定》”）已经废止的情况下仍旧援引其确定最密切联系，有27例案件没有说明具体援引的法条，仅以一句“依据最密切联系原则，应适用中国法”简单带过。

最密切联系原则的典型特征是灵活程度高而确定性不足，法官在适用该原则时具有较大的自由裁量空间，因此无论是英美法系还是大陆法系都会采取特定的方式对该原则进行细化，欧洲大陆在其国际私法立法中广泛采用特征性履行方法确定最密切联系地，[1]美国在其《第二次冲突法重述》中对选择最密切联系地的考量因素作出明确规定。[2]反观我国，也曾有过特征性履行规定，即《07规定》第5条，但该规定已于2013年废止。而目前的情况是《适用法》第2条及第41条都涵盖了最密切联系理论，但这两条规定得过于原则化，均笼统指向有“最密切联系”的法律。且第41条虽然规定了特征性履行，却并未列举具体方法。而综合表1、表2可知，除援引失效法律和未说明援引的具体法条这两种法律适用错误情况之外，适用“笼统化”法条的案件也有超过半数出现法律适用错误的情况。这种情况部分可能是由于法官用法不说理、不遵循审判规范造成的，但不能完全归咎于法官。在笔者统计的案例中，多数法官也单一或复合地列举了一些参考因素，譬如合同缔结地、合同履行地、住所地、侵权行为地、标的物所在地等，并非完全忽略说理的过程，只是这些因素的选择多是法官的自由裁量，重视参考因素“量”的堆

〔1〕 如1964年《捷克斯洛伐克国际私法与国际民事诉讼法》第10条、1987年《瑞士联邦国际私法法规》第117条等。

〔2〕 详见美国《第二次冲突法重述》第6条、第145条、第186条、第188条。

叠缺乏法律依据的支撑。笔者认为这才是错误案件占比过半的主要原因。并且援引失效法律的行为实质上是向特征性履行方法求助，两者结合更能证明《适用法》第2条及第41条规定得过于笼统，缺乏更为细化的、具有可操作性的具体规定，所以实践中法官才会寻求失效《07规定》的指引，或罗列一些并没有法律依据的参考因素，[1]以致该领域出现如此之多的法律适用错误案件。如果存在最密切原则的细化规定，法官在裁判时便具有明确的法律指引，参考因素的选择也将更具说服力。综上，笔者认为一味将这类法律适用错误归咎于法官明显是不合理的，缺失确定最密切联系的具体法律规定才是影响《适用法》实施的症结所在，根据"笼统化"规定选择的最密切联系地存在极有可能不是与案件有最密切联系的国家或地区，从而导致判决结果缺乏公正性，这会严重影响该领域案件的裁判质量，并进而影响《适用法》的实施效果。

（二）不动产合同法律适用的规定缺失

目前我国《适用法》仅明确了不动产纠纷及合同纠纷的法律适用，而对于如不动产转让这类不动产合同纠纷的法律适用却未作规定。反观其他各国，主要存在四种做法：①适用不动产所在地法，如斯洛文尼亚、波兰；②意思自治原则优先，最密切联系原则补缺，如美国、罗马尼亚；③意思自治原则优先，最密切联系原则补缺，但排除以位于法院地的不动产为标的之合同，如白俄罗斯；④适用不动产所在地法或当事人协议选择的法律，如瑞士。[2]虽然各国做法不一，但其相同点是在立法中明确该纠纷的法律适用，以应对这类有别于传统不动产纠纷的新型纠纷。

表3 不动产合同纠纷的法律适用情况

	数量（件）	所占比例
第36条	22	27.2%

〔1〕 参见田洪鋆：《最密切联系理论立法设计的缺陷及完善路径》，载《西北师大学报（社会科学版）》2016年第2期，第122页。

〔2〕 1999年斯洛文尼亚共和国《关于国际私法与诉讼的法律》第23条；1966年波兰《国际私法》第25条；美国《冲突法重述（第二次）》第189、190条；1992年罗马尼亚《国际私法》第73、77条；1999年白俄罗斯共和国《民法典》第1124、1125条；1987年瑞士《关于国际私法的联邦法》第119条。具体参见韩秀丽：《论涉外不动产合同的法律适用》，载《海峡法学》2012年第1期，第100-102页。

续表

	数量（件）	所占比例
第41条	52	64.2%
其他[1]	7	8.6%

我国司法部门在处理涉外不动产合同关系上主要有三种不同的做法：援引《适用法》第36条适用不动产所在地法、援引《适用法》第41条适用当事人合意选择的法律以及最密切联系地法律和援引其他法律。如表3所示，涉外不动产合同纠纷案件共有81例，其中适用《适用法》第36条进行审理的有22例，适用第41条的有52例，适用其他法律审理的有7例，适用实践之杂乱也导致案件结果不甚统一。以“李明章诉南宁市铁西达房地产有限公司商品房销售合同纠纷案”[2]与“俞嘉萍诉厦门普达房地产建设发展有限公司商品房预售合同纠纷案”[3]为例，同样是房屋买卖合同纠纷，前者法官援引第41条，依据当事人意思自治进行审判，后者则援引第36条，适用不动产所在地法律。相同类型纠纷却依据不同的法律条款进行裁判，判决结果也并不相同。根据我国《物权法》第2条第1款的规定，[4]物权法调整的是物权的归属利用。《适用法》对涉外不动产物权的规定亦主要是针对不动产物权关系的本体关系，而对于不动产物权的复合关系，譬如不动产物权与债权的相互交融情况，该法并未规定，而只能由债（权）调整或者需要另行规定。[5]

综上，笔者认为，《适用法》及其司法解释至今仍未明确涉外不动产合同的法律适用才是问题症结所在。法律规定的缺失必然导致法官自由裁量权扩大，所以实践中才出现上述法律适用混乱的现象。若法官因法律规定缺失而错误地选择准据法，则这一行为将会严重折损《适用法》的法律权威性，其条文合理性也将受到挑战，并直接影响《适用法》的实施。

---

〔1〕此处“其他”法律主要有《适用法》第3条、第14条以及《最高人民法院关于适用〈中华人民共和国涉外民事关系法律适用法〉若干问题的解释（一）》第8条。

〔2〕（2012）南市民三初字第138号。

〔3〕（2012）海民初字第3238号。

〔4〕因物的归属和利用而产生的民事关系，适用本法。

〔5〕杜焕芳：《中国涉外物权法律适用规则之适用与完善》，载《澳门法学》2013年第5期，第27页。

（三）公司纠纷法律适用的规定模糊

公司纠纷法律适用规定模糊在本文中是指《适用法》第 14 条规定过于笼统，兜底性条款涵盖范围不具体、不明确。传统公司纠纷的法律适用以属人法、设立地法以及行为地法为主。但随着国际经济贸易的飞速发展，商事领域的新型法律纠纷层出不穷，如跨国股权转让纠纷等。新型纠纷既具有传统公司纠纷的特征又涵盖合同、侵权等元素，其法律适用便出现争议。以跨国股权转让纠纷为例，实践中各国做法不一，主要有当事人意思自治、公司属人法、股份物之所在地法、交易行为地法、登记地法和相关中间人所在地法这六种做法。[1]在纷繁的公司纠纷中明确各自的法律适用是目前各国共同的做法，清晰的法律规定也是正确处理复杂商事纠纷的保证。

表 4　公司纠纷类型

	数量（件）	所占比例
股东资格确认	15	5.6%
损害股东利益纠纷	6	2.2%
股东出资纠纷	19	7.0%
股权转让纠纷	124	46.0%
公司解散纠纷	23	8.5%
公司盈余分配纠纷	5	1.9%
公司决议纠纷	16	5.9%
损害公司利益纠纷	18	6.7%
变更公司登记纠纷	6	2.2%
证照返还纠纷	17	6.3%
股东代表诉讼纠纷	2	0.7%
股东知情权纠纷	17	6.3%
清算责任纠纷	2	0.7%

〔1〕 董君勇：《跨国股权转让法律适用研究》，复旦大学 2009 年博士学位论文，第 37－43 页。

表5 股权转让纠纷的法律适用情况

	数量（件）	所占比例
第14条	10	8.1%
第41条	72	58.1%
第3条	16	12.9%
第4条	9	7.3%
第2条	3	2.4%
复合适用第14条和第41条	3	2.4%
复合适用第3条和第14条	2	1.6%
复合适用第3条和第41条	2	1.6%
其他〔1〕	7	5.6%

表6 股东出资纠纷的法律适用情况

	数量（件）	所占比例
第3条	1	5.3%
第14条	14	73.6%
第41条	2	10.5%
第44条	1	5.3%
复合适用第14条与第41条	1	5.3%

根据笔者统计，共有270例案件涉及公司关系纠纷，种类较为繁多，具体纠纷类型如表4所示。根据表5、表6可知，实践中部分涉外公司纠纷的法律适用混乱且不统一。

以股权转让纠纷为例，根据表5可知，关于股权转让纠纷的法律适用并不一致。实践中法官主要援引《适用法》第3条、第4条、第14条以及第41

〔1〕 此处"其他"法律主要有《适用法》第8条、第10条、第44条以及《最高人民法院关于适用〈中华人民共和国涉外民事关系法律适用法〉若干问题的解释（一）》第8条。

条处理，既有合同的法律适用，又有法人事项的法律适用，甚至有的法官援引原则性规定。如在“陈某某诉廖某某股权转让纠纷案”[1]中，法官依照当事人意思自治原则援引第41条进行审理。而在“张方来诉陈绍亮等股权转让纠纷案”[2]中，法官却援引第14条处理该案。同时也有9例案件援引第4条强制性规定处理股权转让纠纷，如“Oceanus Group Inc 诉 Angelo Morano 股权转让纠纷案”[3]。股东出资纠纷也存在法律适用不统一的情形。根据表6可知，仍有两成股东出资纠纷适用第41条及第44条。表5、表6也表明，对于案情类似的案件，不同法院的最终处理结果可能大相径庭。[4]

《适用法》第14条第1款规定，法人及其分支机构的民事权利能力、民事行为能力、组织机构、股东权利义务等事项，适用登记地法律。从具体措辞来看，并不能确定股权转让纠纷究竟属于第14条法人及其分支机构的股东权利义务事项还是属于第41条的合同事项，而实践中大量的股权转让都是以合同为载体，多数纠纷皆是围绕合同义务进行的，因此便会在定性方面出现理解不一的情况，法律适用也必然不一致。同理，股东出资纠纷多数情况下是因股东违反出资义务而引发，其能否归入合同事项或侵权事项亦莫衷一是。同时，“等事项”这一兜底性条款无形中扩大了该条的涵盖范围，加剧了公司纠纷法律适用规定的模糊性。

综上表明，《适用法》关于公司纠纷的法律适用规定模糊，尤其是股东权利义务事项缺乏清晰指向，且兜底性条款涵盖范围过于宽泛。模糊的规定与法官不同的主观思维相结合，便会致使相同或相似案件的裁判依据难以统一，案件缺乏裁判结果的一致性。“同案不同判”现象会极大地削弱《适用法》的法律权威性，法律适用的混乱状况也会直接影响涉外公司纠纷的裁判质量，这将极大阻碍我国商事活动的发展，进而影响《适用法》的实施。

产生法律规定疏漏的原因在于立法者在立法时缺乏前瞻性，没有考虑到不动产合同等新型法律问题，同时在问题出现之后，立法也未予以及时反应。

---

〔1〕（2011）沪一中民四（商）初字第S27号。

〔2〕（2011）浙温商外初字第16号。

〔3〕（2013）黄浦民二（商）初字第1088号。

〔4〕徐锦堂：《当事人合意选法实证研究——以我国涉外审判实践为中心》，人民出版社2010年版，第57页。

法律规定疏漏将会增加法律适用的不确定性和不可预见性。经由此类冲突规范确定的准据法并不能确保会公正地解决纠纷，这将极大折损涉外案件的裁判质量。针对这一问题，笔者建议分领域进行法律完善。就最密切联系原则而言，细化最密切联系原则是各国通行做法，而我国也曾经出台过类似大陆法系国家做法的法律规定，所以笔者认为可以在日后出台的新司法解释中借鉴《07 规定》确立的特征性履行方法，给予法官审判指引，同时为实现个案公正以及保证法官仍具有适度自由裁量权，可以考虑引入例外条款。就不动产合同的法律适用而言，考虑到其仍是以合同为载体，不动产只是合同标的，可以参照我国 2000 年《国际私法示范法》第 101 条的规定，该法第 101 条规定："当事人没有选择法律的，适用合同的最密切联系地法。在通常情况下，下列合同的最密切联系地法依如下规定确定：……（六）不动产合同，适用不动产所在地法。……"允许当事人意思自治，如果当事人没有选择的，适用不动产合同的最密切联系地法，即不动产所在地法律。一方面上述做法充分尊重了我国合同法律适用的基本原则——当事人意思自治；另一方面也考虑到我国关于不动产的特殊制度。而涉外公司纠纷的法律适用问题，笔者认为应在新出台司法解释中明晰"股东权利义务""等事项"等术语的范围，同时明确股东出资、公司解散、股权转让等涉外法律纠纷的法律适用，以应对日趋复杂、专业的商事问题。

二、错误理解与适用法律

错误理解与适用法律在本文中主要是指错误理解具体条文、援引失效法律、援引原则性规定、未指明适用条文以及合同关系过度涵盖。上述行为会导致法官适用法律错误，进而影响裁判结果的准确性与公正性，并最终可能致使判决归于无效。根据笔者统计，共 928 例案件适用法律错误，占样本总量的 30.1%。司法实践中错误理解与适用法律的具体情况如表 7、表 8、表 9 所示，将在下文分别进行讨论。

表 7 适用法律正误情况

	正确	错误
数量（件）	2160	928
所占比例	69.9%	30.1%

表 8 错误理解与适用法律的具体类型

	错误理解具体条文	未指明适用条文	援引失效法律[1]	单独援引原则性规定	合同关系过度涵盖
数量（件）	108	53	46	405	316
所占比例	11.6%	5.7%	5.0%	43.6%	34.1%

表 9 单独援引原则性规定的情况

	数量（件）	所占比例
单独援引第 2 条	71	17.5%
单独援引第 3 条	247	61.0%
单独援引一般性条款[2]	87	21.5%

（一）错误理解具体条文

正确理解法律条文的方式应是依照具体条款的文义、结构以及该法的立法宗旨等对其进行整体把握。回归至《适用法》层面，法官只有正确理解该法具体条款的含义，才能正确地适用准据法。根据表 7 可知，在 928 例法律适用错误的案件中，有 108 例错误理解具体条文的案件，具体表现为错误理解法律概念和错误理解条文具体内涵两种形式。

就错误理解法律概念而言，主要集中于对涉外知识产权纠纷中“被请求保护地”的理解。在“阿尔弗雷德·登喜路有限公司诉银河王朝大酒店侵害商标权纠纷案”[3]中，法官在判决中如此说道：“本案中原告基于被告侵害其注册商标专用权的行为向在中华人民共和国境内的四川省成都市中级人民法院提起诉讼请求保护，故本案应适用中华人民共和国法律。”可见该案法官认为被请求保护地等同于诉讼提请地，即法院地。但学界普遍认为，《适用法》第 50 条中的“被请求保护地”，就是被请求保护的权利地，其实就相当于“权利请求保护地”，只是界定的角度不同。[4]权利请求保护地并非完全等同

---

〔1〕 本文样本中的失效法律仅指已废止的《07 规定》。

〔2〕 如《适用法》第 44 条即为侵权责任一般性条款，而第 50 条属于侵权责任特殊条款。

〔3〕 (2011) 成民初字第 407 号。

〔4〕 黄进、连俊雅、杜焕芳：《2014 年中国国际私法司法实践述评》，载黄进、肖永平、刘仁山主编：《中国国际私法与比较法年刊（第 18 卷）》，法律出版社 2015 年版，第 318 页。

于法院地，而且《适用法》第 50 条将两者并列，那么就可以确定两者并不等同。[1]所以在上述案件中审理法官错误地理解了“被请求保护地”这一法律概念，即使最后法律适用结果相同，但依旧是在错误的指引下援引的准据法。

就错误理解条文具体内涵而言，主要出现在外国法查明领域。《适用法》第 10 条第 1 款规定：“涉外民事关系适用的外国法律，由人民法院、仲裁机构或者行政机关查明。当事人选择适用外国法律的，应当提供该国法律”。针对当事人选择，笔者认为应是合意选择，单方选择并不能构成该条的特殊情况。《最高人民法院关于适用〈中华人民共和国涉外民事关系法律适用法〉若干问题的解释（一）》（以下简称“《司法解释一》”）第 8 条第 2 款明确规定各方当事人援引相同国家法律且未提出异议的可认定为当事人已对法律适用作出了选择。因此，一方当事人单方面选择某一外国法律的行为不构成第 10 条的当事人选择。而在“邓剑华诉陈滨松等合同纠纷案”[2]中，法官认为邓剑华主张该案适用我国香港地区法律，但拒不提供也未进一步提供可供法院查明的香港地区法律的线索，因此该香港地区法律无法查明。审理法官错误理解了第 10 条具体内涵，因此才有上述推理。

综上，在《适用法》实施过程中，错误理解具体条文的情况时有发生，其会对法官的准据法选择产生误导，并导致后续推理的每一步都建立在错误的前提之下。经由此种推理作出的判决会严重影响案件的裁判质量，同时也会严重损害判决权威性以及司法公信力，进而影响《适用法》的进一步实施。

（二）条款竞合时援引原则性规定

根据法理学一般原理，在选用法律的时候应优先选择法律规则，除非适用法律规则会导致个案不公正，方能适用法律原则，否则禁止向一般条款逃逸。[3]根据表 8 可知，共有 405 例案件援引原则性规定。由表 9 可知，318 例案件援引一般法律原则（《适用法》第 2 条及第 3 条），占援引原则性规定样本总量的 78.5%。援引一般性条款案件共计 87 例，占样本总量 21.5%。

原则性规定与具体规定竞合的情况主要有两种，即一般法律原则与法律规则竞合及一般性条款与特殊条款竞合。第一种情况体现为《适用法》第 2

〔1〕 黄进、连俊雅、杜焕芳：《2014 年中国国际私法司法实践述评》，载黄进、肖永平、刘仁山主编：《中国国际私法与比较法年刊（第 18 卷）》，法律出版社 2015 年版，第 318 页。

〔2〕（2014）中中法民四终字第 6 号。

〔3〕 张文显主编：《法理学》，高等教育出版社、北京大学出版社 2011 年版，第 77 页。

条、第 3 条与第 41 条竞合，如“中国远东国际贸易总公司诉上海新华房地产发展公司等股东损害债权人利益责任纠纷案”[1]单独援引《适用法》第 2 条，“林英育诉李伟民民间借贷纠纷案”[2]单独援引《适用法》第 3 条。即使适用一般法律原则所指向的准据法与援引法律规则指向的准据法一致，这种行为仍旧违背了一般法理，属于法律适用错误。且第 2 条与第 3 条位于《适用法》“一般规定”章节，其作用不在于实践中的直接运用，而在于彰显尊重当事人意志、保护私人利益的理念，更多的是一种宣示性的规定。[3]所以盲目援引一般法律原则也是违背《适用法》立法宗旨的行为。违背立法宗旨且法律适用错误的判决不会是公正的，因为援引法律原则的行为已严重折损了相关案件的裁判质量，无论是推理演绎的逻辑性还是裁决的可信程度，都会受到质疑。

就一般性条款与特殊条款竞合而言，最突出的便是第 44 条与第 50 条的竞合。第 44 条为侵权法律适用的一般性条款，第 50 条是知识产权侵权这一特殊侵权的法律适用。广义侵权纠纷一般适用侵权行为地法律，而知识产权侵权纠纷一般则适用被请求保护地法律。侵权行为地并不等同于被请求保护地，这点从这两条的法律适用差异性规定便能看出。但实践中援引一般性条款的知识产权侵权案件不在少数，如“联合多梅克白酒和葡萄酒有限公司诉李翠红侵害商标权纠纷案”[4]便适用第 44 条。若特殊侵权纠纷适用一般性条款，则会造成法律适用依据不正确、影响判决的说服力、同法不同判的法律后果。[5]这些后果均会严重影响裁判质量，降低判决的可信度与可执行性，进而影响《适用法》的更好实施。

（三）不指明具体法条

《最高人民法院关于裁判文书引用法律、法规等规范性法律文件的规定》第 1 条规定，人民法院的裁判文书应当依法引用相关法律、法规等规范性法律文件作为裁判依据。引用时应当准确完整写明规范性法律文件的名称、条

---

〔1〕（2013）沪一中民四（商）初字第 S11 号。

〔2〕（2014）泉民初字第 1139 号。

〔3〕郭玉军、樊婧：《〈涉外民事关系法律适用法〉的适用及其反思》，载《社会科学辑刊》2013 年第 2 期，第 44 页。

〔4〕（2014）乌中民三初字第 228 号。

〔5〕郭玉军、樊婧：《〈涉外民事关系法律适用法〉的适用及其反思》，载《社会科学辑刊》2013 年第 2 期，第 44 页。

款序号，需要引用具体条文的，应当整条引用。根据表 8 所示，实践中共有 53 例案件在判决书中未指明具体适用条文。如在“南通市嘉宇斯纺织集团有限公司诉江苏莱欣国际货运代理有限公司通州分公司等公司公路运输及海运代理合同纠纷案”[1]中，法官如是说道：“庭审中双方当事人均未选择本案应适用的法律，本案双方当事人均为中国法人，依据《中华人民共和国涉外民事关系法律适用法》的规定，可认定与中国有最密切联系，应适用中国法律。”从该段陈述中并不能得知法官究竟是依据《适用法》第几条确定我国是该案的最密切联系地。因此，不指明具体适用条文的判决不仅欠缺说服力，也欠缺成为合格裁判文书的必要条件，案件的裁判质量自不会高。

（四）援引失效法律

司法机关在裁判时应当援引正确的、现行的法律解决纠纷，援引失效法律是错误援引法律规范的行为，且援引失效法律显然属于法律适用错误。而在笔者统计的案例样本中，共有 46 例案件在适用最密切联系原则时援引已失效的《07 规定》。上文曾提到，我国法官在判定最密切联系时缺乏参考依据，所以实践中许多法官在 2013 年 4 月 8 日《07 规定》被废止后仍旧援引，如 2014 年 4 月 1 日审结的“广州农村商业银行股份有限公司天河支行诉陈谚谊等借款合同纠纷案”[2]。援引失效法律作出的判决是无效的，且这类行为将大大影响司法公信力，也会进一步阻碍《适用法》在我国的实施。

（五）合同关系过度涵盖

合同关系过度涵盖，即非合同纠纷援引合同关系相关条文进行审理。根据表 8 可知，316 例案件存在合同关系过度涵盖的问题。例如“黄兴家等诉中国农业银行股份有限公司南宁新竹支行等侵权责任纠纷案”[3]属于侵权纠纷，应适用第 44 条或其他特殊侵权条文予以解决，但该判决却适用第 41 条，以最密切联系原则处理该纠纷。侵权纠纷一般应适用侵权行为地法律，且《适用法》并未规定侵权纠纷可以适用最密切联系原则。由该案可知，合同关系过度涵盖会导致法律适用错误的后果发生，且以合同纠纷解决方式处理非合

---

〔1〕（2013）武海法商字第 00967 号。

〔2〕（2013）穗天法民三初字第 19 号。在本案中，法官如是说道：“涉案当事人未选择合同争议应适用的法律，参照《中华人民共和国涉外民事关系法律适用法》第 41 条和最高人民法院《关于审理涉外民事商事合同纠纷案件法律适用若干问题的规定》第 5 条第 2 款第 7 项的规定，本案应适用贷款人住所地法。”

〔3〕（2012）海民初字第 2740 号。

同纠纷势必将严重削弱判决论证演绎的说服力，因为论证前提均是建立在错误的基础之上，结论自不必说。因此合同关系过度涵盖势必将严重折损判决的说理性及权威性，并进一步影响《适用法》在我国的实施。

笔者认为，错误理解具体条文不能完全归咎于法律疏漏。我国法官接触涉外案件的机会极不均衡，涉外纠纷多发生于北京市以及东部沿海城市，往往审理地也是这些城市，相比之下，内陆城市法官并不能经常接触涉外案件，大部分法官自身与有涉外因素的事情没有联系或联系较少，生活中也就没有这样的经验。〔1〕审判经验的缺乏致使法官对具体条文的理解出现偏差。而条款竞合时援引原则性规定，究其根本是法官未厘清竞合条款之间的适用关系。优先适用法律规则及特殊条款是法律适用的一般法理，而在这些援引原则性规定的案件中，法官却未能透彻理解该一般法理的具体内涵，而向一般性条款与法律原则逃逸。不指明具体适用条文的问题源于法官对裁判规范的忽视，同时也没有顾及判决阅读者的法律素养。针对援引失效法律的行为，不可否认法律规定缺失是原因之一，但并不能完全归咎于此，笔者认为，未严格遵守审判规范也是一重要原因。至于合同关系过度涵盖问题，根本原因是一些法官未能严谨地进行识别且一味模糊合同纠纷与非合同纠纷的界限。

就解决措施而言，笔者认为首先需要制定一份涉外案件规范化审理的具体细则，给予法官裁判以明确的指导，规范其审理过程。其次应该加强多方互动，一方面鼓励当事人以及代理律师积极提出判决错漏之处，以监督法官进行专业合格的审判；另一方面要重视大数据分析和实证研究，鼓励学者积极从事上述工作，以专业且深入的视角帮助完善司法活动。

三、推理失范

笔者归纳样本数据后发现，审判时法官推理失范也是影响《适用法》实施的另一重要因素。涉外案件符合规范的推理应该是以《适用法》为大前提，以案件事实为小前提，通过严谨说理得出结论的过程。实践中推理失范主要表现为对适用的具体法条说理不足和确定案件“涉外”的说理缺失。推理失范将会严重损害判决的说服力和准确性，影响案件的裁判质量，进而影响《适用法》的实施。

---

〔1〕 宋连斌、赵正华：《我国涉外民商事裁判文书现存问题探讨》，载《法学评论》2011年第1期，第117页。

（一）对适用的具体法条说理不足

表10　对适用的具体法条是否进行说理

	数量（件）	所占比例
有说理且具体	2111	68.4%
无说理	526	17.0%
说理错误	75	2.4%
有说理但不具体	376	12.2%

推理具有规范性的表现之一是对适用的具体法条进行说理。由表10可知，超过30%的案件对所适用条文说理不足。最密切联系领域是说理不足现象的多发区。以“泉州银行股份有限公司东海支行诉福建晋江良兴染织厂有限公司等金融借款合同纠纷案”[1]为例，该案判决如是说道：“根据《中华人民共和国涉外民事关系法律适用法》第41条的规定，本院依法适用与本案具有最密切联系的法律即中华人民共和国法律作为本案的准据法。”而对为何适用第41条以及为何确定我国为最密切联系地，却未言只字片语。涉外民商事案件不同于国内案件，对于适用的准据法必须说明选择的依据，否则便有武断司法之嫌。[2]且根据我国《法官职业道德基本准则》第12条规定，法官应在司法活动中贯彻司法公开原则，同时根据我国《法官职业规范》相关规定，判决中应当进行准确、客观、简练的说理。所以“用法不说理”的行为是论证推理缺乏规范性、逻辑性的表现，根据此种推理作出的裁判结果未必公正。

（二）确定案件“涉外”的说理缺失

表11　是否说明并解释“涉外”

	数量（件）	所占比例
提及但并未依据法条	1847	59.8%
提及并依据法条进行解释	69	2.2%

〔1〕（2014）泉民初字第1600号。

〔2〕郭文利：《我国涉外民商事审判存在问题实证分析——以757份裁判文书为依据》，载《时代法学》2010年第5期，第22页。

续表

	数量（件）	所占比例
未提及	1172	38.0%

案件“涉外”是援引《适用法》的首要条件。如果案件没有涉外因素，则法官只能直接援引国内法进行裁判。而现实情形却是只有69例案件注意到应先确定案件是否“涉外”并依据相关条款进行了解释说理。剩余的3019例案件或是意识到但并未依据法条解释或是直接忽视未曾提及。针对具体案件的推理过程，笔者在此列举三个典型案例予以说明。在“吴佳峰诉陈孟宏民间借贷纠纷案”[1]中，法官推理道：“原、被告产生民事关系的法律事实（即为赌博而借款行为）发生在澳门，根据《适用法》解释（一）第1条的规定民事关系具有下列情形之一的，人民法院可以认定为涉外民事关系：‘……（四）产生、变更或者消灭民事关系的法律事实发生在中华人民共和国领域外’与第19条的规定‘涉及香港特别行政区、澳门特别行政区的民事关系的法律适用问题，参照适用本规定’，故本案应参照涉外民事关系处理。”这是对案件“涉外”与否较为规范的推理阐释。而在“邓灿文诉中发投资担保有限公司等保证合同纠纷案”[2]中，法官直接援引《适用法》第41条，却并未对该保证合同纠纷是否“涉外”予以阐述。在“赖XX诉XX银行股份有限公司广州番禺石楼支行卡纠纷案”[3]中，法官仅以“赖XX为我国台湾地区居民，故本案为涉台商事纠纷，应比照涉外纠纷处理，本院对本案具有管辖权”一句带过并直接适用第41条进行审理，并未对为何案件涉台便代表“涉外”、哪一因素符合“涉外”条件、判定依据为何进行阐释，此类情况属于表格中提及却并未依据法条解释之类。

不解释案件是否“涉外”便直接援引《适用法》进行审理的后果有三：其一，管辖权正当性存疑。不具有涉外因素的纯国内民事案件并不存在国际民事裁判管辖权的确定问题，仅存在民事诉讼管辖权的确定问题，而涉外案件可能包含了上述两个问题，即首先，应该确定中国法院是否具有司法管辖权，其次，在确定中国法院具有司法管辖权后，确定国内具体哪一个法院的

[1] （2014）南法民二初字第329号。
[2] （2014）怀民初字第00746号。
[3] （2014）穗番法民四初字第46号

管辖权。[1]倘若一案件是国内案件却以“涉外”案件处理，则其管辖权的正当性便会被质疑。其二，法律适用错误。未依法律依据阐释案件是否具有“涉外”因素即援引《适用法》具体条文的案件极有可能不是“涉外”案件，若是国内案件却通过冲突规范适用某一国家（包括中国）的法律，便会造成法律适用错误的后果，即使最后指向的准据法与归为国内案件后直接适用的国内法相同，也并非是通过正确途径确定的准据法，亦属法律适用错误。其三，案件的裁判质量大打折扣。管辖权存疑，则案件的处理结果同样存疑，未经解释案件是否“涉外”而直接援引《适用法》的行为也会严重影响判决的公正性和权威性，案件裁判质量也会因此受到极大折损。

推理失范是多数判决中常见的问题，笔者认为，对适用的具体法条不进行说理的原因有三。其一，我国目前缺乏一套针对法官的系统明确的规范化审理具体细则。具体细则具有指引和监督作用，可以敦促法官进行规范推理、规范判决。其二，笔者认为，近70%的案件均具备有理有据的说理，这表明细则的缺失也并非唯一原因，另一重要原因在于法官未严格遵守法官行为规范。《法官行为规范》第52条规定“分析论证应当进行准确、客观、简练的说理”。虽该条规定得较为原则，但仍显示了说理的重要性，所以有些法官简化或省略说理过程的行为其实是未严格遵守该条行为规范的表现。其三，法官之所以忽视说理重要性的原因在于问责机制不完善。如果不对案件说理同样能作出裁判且不会受到追究，法官何必去冒险。[2]而关于如何确定案件是否“涉外”，我国早有明确规定。[3]既有明确详实的法律规定却不加以适用，究其原因在于部分法官认为只要案件在法院立案，该法院自然就取得案件的管辖权，无需通过进一步推理确定自己是否真正具有管辖权。对“涉外”的判定会影响案件管辖权的确定，这一点我国大多数法官都没有考虑到，所以实践中才会有如此之多未经解释便直接援引《适用法》的案例。

因此，该问题的解决方法可以从以下两点进行考虑：其一，强化指导性案例的示范作用。将案情典型、判决说理准确、裁判结果正确的高质量国际

---

〔1〕 李旺：《国际民事裁判管辖权制度析——兼论2012年修改的〈民事诉讼法〉关于涉外民事案件管辖权的规定》，载《国际法研究》2014年第1期，第90页。

〔2〕 宋连斌、赵正华：《我国涉外民商事裁判文书现存问题探讨》，载《法学评论》2011年第1期，第118页。

〔3〕 详见《司法解释一》第1条及《最高人民法院关于贯彻执行〈中华人民共和国民法通则〉若干问题的意见（试行）》第178条第1款。

私法判决以指导性案例的形式公布，以期指引各级法官处理具体的涉外案件。截至 2016 年 12 月 28 日，最高人民法院已经发布了 15 批共 77 个指导性案例。我国目前国际私法领域司法审判经验仍有欠缺，案例指导制度无疑会有效地指引法官进行规范化审理，从而提高审判质量。但这 77 个指导性案例无一涉及《适用法》，不得不说是一个遗憾。因此，最高人民法院应加强国际私法领域指导性案例的发布，强化该领域指导性案例的示范作用，指导法官进行规范裁判。其二，强化法官责任制度。因为推理失范将会涉及管辖权异议等问题，所以有必要加强对推理失范法官的责任追究，指导与规制并行，以督促法官进行规范审理。

四、严重属地主义倾向

严重属地主义倾向主要是指在法官审判案件及当事人选择准据法时倾向适用本国法律，而无论其是否最为合适正确。

表 12　法律适用的情况

	数量（件）	所占比例
单独适用外国法律	41	1.3%
复合适用外国法律与法院地法律	30	1.0%
单独适用法院地法律	2978	96.4%
单独适用港澳台法律	31	1.0%
复合适用港澳台法律与法院地法	8	0.3%

由表 12 可知，共有 97.7% 的案件单独或复合适用了法院地法律，占绝对比例。笔者并非不赞同适用法院地法，通过合理的方式适用法院地法是可行的，只是不能退回法律适用的属地主义，这应该是各国必要坚守的底线。[1]实现立法管辖权和司法的便利不是适用法院地法的理由，法院地法和法律关系之间的密切联系和当事人利益的特殊需要才是选择适用的标准。[2]实践中出现许多案例多数是以"主观排斥"的方式适用法院地法，显示出法官严重

〔1〕 沈涓：《法院地法的纵与限——兼论中国国际私法的态度》，载《清华法学》2013 年第 4 期，第 175 页。

〔2〕 宋连斌、赵正华：《我国涉外民商事裁判文书现存问题探讨》，载《法学评论》2011 年第 1 期，第 118 页。

的属地主义倾向。笔者关注的并非是数据本身，而是法院地法的压倒性适用是否与属地主义倾向复兴有重要关联。以“环球昌平实业有限公司与童磊不当得利纠纷上诉案”[1]为例，在本案中法官认为当事人没有合意选择适用法律，且没有共同经常居所地，根据《适用法》第47条应适用不当得利发生地法律，也就是尼日利亚法律。但判决最终却以“当事人未提供尼日利亚法律且原审法院无法查明”为由，适用了我国法律。首先，当事人并未合意选择适用法律，所以根据《适用法》第10条第1款规定，外国法查明责任依旧归属于人民法院等机构。其次，判决中并没有说明法官究竟采用了哪几种合理途径而查明未果，只是以一句“无法查明”带过，未免有些欲盖弥彰。最后，法院推诿查明责任的态度也表明其主观排斥适用外国法而倾向于本国法。过度依赖适用法院地法的弊端主要有三：其一，妨碍判决的承认与执行。其二，助长当事人“挑选法院”行为。[2]其三，仅适用法院地法也未必总能最好地保护法院国及其当事人利益。[3]过分强调法院地法的适用会引起其他国家的反感，并会阻碍判决在他国的承认与执行，这将不利于保障当事人的合法权益。“挑选法院”行为同时也会影响司法管辖权的合理分配，造成多重诉讼以及司法不公正等负面效果，[4]并进一步阻碍案件的公正裁决，有损害当事人利益之可能。综上，严重的属地主义倾向会导致判决不能保障当事人合法权益，并削弱《适用法》的法律权威，进而影响其实施。

针对法官的严重属地主义倾向，笔者认为，主权意识浓厚及对本国法熟悉程度高是主要原因。

受国家主权观念影响，自国际私法产生以来，各理论学说均重视法律的属地性，强调适用法院地法维护本国主权利益。[5]适用外国法的行为被认为是损害国家司法主权的行为。因此，法官在处理具体案件时会尽可能向法院地法逃逸，排除或限制外国法的适用，指向本地法处理案件，以求维护本国

---

〔1〕（2014）马民一终字第00303号。

〔2〕何其生、许威：《浅析我国涉外民事法律适用中“回家去的趋势”》，载《武汉大学学报（哲学社会科学版）》2011年第2期，第8页。

〔3〕李双元、邓杰、熊之才：《国际社会本位的理念与法院地法适用的合理限制》，载《武汉大学学报（哲学社会科学版）》2001年第5期，第524页。

〔4〕徐冬根：《国际私法》，北京大学出版社2013年版，第465页。

〔5〕［美］弗里德里希·K. 荣格：《法律选择与涉外司法》，霍政欣、徐妮娜译，北京大学出版社2007年版，第4－5页、第203页。

司法主权。这是法官主动倾向属地主义的表现。

不可否认的是，外国法无论是从查明难度还是正确理解与适用上均是对法官的巨大挑战。而他们适用自己国家的法律，轻车熟路，简便易行，并且大多可以做到不出现解释上的错误。[1]与绩效挂钩及适用简便等原因都将法官推向偏爱适用法院地法的阵营。这也是法官被动具有属地主义倾向的原因。

因此，一味喊口号似地过度强调适用外国法并不可取，外国法之所以遇冷，一方面，是其查明与理解适用具有难度，并且由此导致适用外国法的结果并不具有可控性。如何简便查明手续，并将外国法译成易于法官理解的文本，解决其后顾之忧才是学界与司法界应考虑的事项。目前各地法院已经积极地与高校合作建立外国法查明研究中心，学界与司法界的互助将极大提升外国法被查明的概率，这有利于打消法官的被动属地主义倾向。另一方面，针对法官因主观排斥而滥用外国法查明不能的情况，笔者认为规范法官的查明步骤及程序是当前必行之策。若外国法无法查明，法院首先须区分外国法查明的责任主体，是当事人还是人民法院等机构。在确定查明责任主体之后，法院须在判决中有针对性地对查明主体无法查明的原因进行详细说理。

结语

《适用法》已颁行实施六年有余，学界及司法界应着重对其适用实践进行梳理和反思。就影响《适用法》实施的主要因素而言，笔者共归纳出四项因素并对其进行分析，实践中一定还有其他影响《适用法》实施的因素笔者未涉及，需要应对的问题也无法以一篇文章予以穷尽，还需日后继续进行大量的研究加以完善。笔者主要意在通过本文分析影响因素的表现及成因并进一步思考应对之策，提出实际办法，以期促进涉外案件的高效及高质量裁判，减少各类因素对《适用法》实施的影响。

（初审人：吕点点）

---

〔1〕 李双元、邓杰、熊之才：《国际社会本位的理念与法院地法适用的合理限制》，载《武汉大学学报（哲学社会科学版）》2001年第5期，第519页。

诉讼论丛

论审前程序视角下强制答辩制度的构建与优化

吴君媛 *

摘　要：我国尚未建立独立的民事审前程序，司法实践中存在着功能认识不全面、实效性不足、当事人主体作用发挥程度不高等问题。同时，强制答辩制度的建立是构建独立的民事审前程序的必经路径，也是充分发挥民事审前程序功能的重要前提。我国应在批判性借鉴比较法中相关制度经验的基础上，构建起适应我国民事审前程序发展阶段的强制答辩制度，并在此基础上进一步优化，重在促进原被告之间的诉答互动，也应在明确被告答辩失权后果的同时，加强对法院裁量权的规范引导，以进一步发挥当事人双方的主体作用。此外，相关立法还应细化强制答辩的内容规定，进一步丰富答辩形式，逐步在我国建立起具有独立价值、能够发挥多元化功能的民事审前程序。

关键词：民事审前程序　强制答辩制度　诉答互动

引论

从当今世界大陆法系和英美法系各国民事诉讼的发展

* 吴君媛，中央财经大学法学院金融服务法专业 2017 级硕士研究生（100081）。

趋势来看，审前程序的功能得到了相当的重视，并不断发展完善。[1]随着民事审前程序在实体和程序上的功能日益显现，民事诉讼活动由偏重庭审转为审前程序与庭审并重乃大势所趋。我国现行《民事诉讼法》中并未见“审前程序”这一表述，而是将这一重要的诉讼阶段表述为“审理前的准备”。一直以来，关于审理前准备阶段的相关规定和司法实践中均存在着对程序重要性认识不足、当事人主体作用发挥程度不高、实效性有限等问题，在很大程度上影响了独立的民事审前程序在我国的构建及对其独立价值的充分认识。从我国现阶段司法改革进程来看，随着立案登记制和法官员额制改革的实施，各级法院系统面临着受理的民商事案件数量增长与拥有审判权限的法官人数相应减少的情况下应对并妥善解决大量民商事纠纷的严峻挑战，[2]这一变化必然反映到民事诉讼程序的优化调整之中，带来了构建独立的民事审前程序的契机和诉求。

民事审前程序的构建绝非一日之功。作为审前程序的必要制度之一，明确建立起强制答辩制度正是完善我国相关立法规定、突破司法实践中制约审前程序独立发挥辅助庭审、完成繁简分流、强化诉讼程序与非诉程序有效衔接等复合功能发挥瓶颈的关键前提，也是我国在现行相关规定基础上建立起独立的民事审前程序的必经路径。本文以我国民事诉讼立法语境中的审前程序为视角，通过对《民事诉讼法》相关规定的梳理以及对比较法经验的借鉴，论证建立和优化强制答辩制度的必要性、重要性及合理性，并对强制答辩制度的设计重点及实现路径进行阐述和探讨，以期对我国民事诉讼审理前准备阶段立法的发展历程及现状完成较为系统的总结与反思，并对我国民事审前程序的独立构建和现行答辩制度相关规定的可操作性及实效性的提升有微薄的助益。

---

〔1〕 审前程序在大陆法系和英美法系虽基于不同的诉讼构造在具体的制度构建上有所区别，但在主要代表国家如德国、法国、日本、美国、加拿大等地均普遍存在并受到了相当的重视，得以不断地发展和完善。有诸多先进经验和合理因素值得我国借鉴、吸收，本文亦将具体进行阐述。参见毕玉谦：《对我国民事诉讼审前程序与审理程序对接的功能性反思与建构——从比较法的视野看我国〈民事诉讼法〉的修改》，载《比较法研究》2012 年第 5 期，第 16－31 页；谭秋桂、林瑞成：《法、美、德、日四国民事诉讼准备程序比较》，载《求索》2000 年第 2 期，第 41－46 页；陈桂明、张锋：《审前准备程序比较研究》，载江伟主编：《诉讼法论丛》（第 1 卷），法律出版社 1998 年版，第 450－458 页。

〔2〕 参见王亚新：《“人案比”二元模型与民事审前程序的优化——基于对广东省九个基层法院的调研》，载《当代法学》2017 年第 3 期，第 3－4 页。

一、我国答辩制度的嬗变及反思

答辩制度与一国的民事诉讼模式、诉讼理念、诉讼目的与任务以及对答辩功能的定位有着天然不可分割的联系。受到职权主义诉讼模式和程序工具主义价值观的影响，答辩随时提出制度在我国长期存在，逾期未答辩不会产生相应的法律后果，这与强制答辩制度要求被告适时提出答辩主张否则可能触发失权后果存在根本区别。

（一）答辩制度在我国民事诉讼立法中的发展

我国民事诉讼中一直存在被告答辩制度，答辩制度在我国民事诉讼立法的发展经历了一个从不重视原被告互动到逐步具体、逐步重视原被告之间就答辩状互动交锋的变化过程。

1982 年《民事诉讼法》对追索“三费一金一酬”（赡养费、扶养费、抚育费、抚恤金和劳动报酬）的案件与其他案件中的答辩时限作出了区分。1991 年《民事诉讼法》将答辩制度置于“审理前的准备”一节中的第 113 条作出规定，使答辩制度成为审前阶段的重要组成部分，第 113 条第 1 款统一了民事诉讼案件的被告答辩时限，不再区别对待；在第 2 款中新增了“被告提出答辩状的，法院应当在收到之日起五日内将答辩状副本发送原告”的规定，使原告得以获取被告答辩意见以便开展相应准备工作。2012 年修订的《民事诉讼法》在第 125 条规定了答辩制度，在第 1 款中新增了关于答辩状具体内容的强制性规定。较为遗憾的是，2012 年修订的《民事诉讼法》在第 125 条第 1 款未深入对原告获取被告答辩意见后可否向法院提出异议或原告是否应对答辩状回复意见作出进一步的规定。

在立法实践的演变过程中，有一条规定从未被修改，即现行民事诉讼法第 125 条第 2 款规定的“被告不提出答辩状的，不影响人民法院审理”。很明显，我国《民事诉讼法》从未将答辩看作是被告的一项义务，而更接近于被告的一项诉讼权利，[1]即被告逾期未答辩也不会触发消极后果，不影响其后续的答辩权行使，法院的审理程序将按照《民事诉讼法》的规定进行。[2]

---

〔1〕 类似观点参见李伯安、胡充寒：《缺陷与克服：对答辩随时提出制度的反思》，载《河北法学》2004 年第 8 期，第 53 页。尽管另有学者认为答辩是被告诉讼权利和义务的统一，参见曹志勋：《论普通程序中的答辩失权》，载《中外法学》2014 年第 2 期，第 483 – 484 页。但笔者更认同将答辩看作是被告的诉讼权利的观点，因为义务对应责任，而很显然在我国《民事诉讼法》的立法语境中，并没有明确规定答辩失权制度，被告的诉权不会因逾期未答辩受到实质影响。

〔2〕 参见张卫平：《论民事诉讼中失权的正义性》，载《法学研究》1999 年第 6 期，第 40 页。

（二）现行答辩制度在我国司法实践中的缺陷

我国《民事诉讼法》一直以来实行的是答辩随时提出制度，目的在于确保被告能够对抗原告随时变更或增减诉讼请求，这在实质上赋予了被告更大的诉讼权利，造成了当事双方主体的诉讼权利不平等，在一定程度上相当于违背了民事诉讼法中“当事人平等地享有诉讼权利、履行诉讼义务”的基本原则。这是答辩随时提出制度的重要缺陷之一。在司法实践中，这一制度使原告难以在规定时限内完全地了解被告的诉讼主张，致使民事审前程序的固定诉讼请求和证据内容失去针对性和操作性，也难以确保原告一方能够在被告不按期提交答辩状的情况下还能够为开庭审理做好充分的准备，不利于均衡双方在庭审阶段的对抗力量，[1]导致了司法争端解决质量的下降和司法公信力的降低。[2]

答辩随时提出制度在司法实践中显现出的第二个明显缺陷是导致诉讼突袭的概率上升，不符合诉讼正义。诉讼正义要求诉讼当事人双方的攻击和防御机会是对等的，然而答辩随时提出制度实际上违背了程序设计的正义性要旨，使被告对于原告实施诉讼突袭的行为间接得以合法化，[3]虚化了被告诉讼义务的行使，亦造成了诉讼迟滞，使答辩期限的规定形如虚设，不符合诉讼的经济效益。

可以说，答辩制度的存在作为法院了解案情、发现证据的重要手段和线索之一，在法院负有还原案件事实真相并作出合理判决的职责和压力的情况下，允许被告逾期提交答辩状并且不规定消极后果是民事诉讼程序规定的必然。而我国长期以来倾向于将程序作为追求实质正义、保障公民实体权利实现的手段的诉讼理念、全社会对实质正义的强烈渴求也使得程序本身的固有价值被有意无意地忽视。这些都导致强制答辩制度难以在我国民事诉讼的立法土壤中生根发芽。

二、审前程序构建背景下的答辩制度改革

传统的“庭审中心主义”和强职权主义模式之下，法院几乎包揽了审前阶段的立案、取证、送达等所有权责，使强制答辩制度几无用武之地。随着

---

〔1〕 参见李伯安、胡充寒：《缺陷与克服：对答辩随时提出制度的反思》，载《河北法学》2004年第8期，第53页。

〔2〕 参见曹志勋：《论普通程序中的答辩失权》，载《中外法学》2014年第2期，第484页。

〔3〕 参见李伯安、胡充寒：《缺陷与克服：对答辩随时提出制度的反思》，载《河北法学》2004年第8期，第41页。

现有答辩制度的先天不足和现实弊端的日益凸显，答辩制度改革成为民事诉讼发展的必然，这与我国民事诉讼诉讼理念和诉讼构造的转向带来的民事审前程序的发展和诉讼构造的变化息息相关。当前，我国民事诉讼领域正在推进的举证责任改革、诉讼模式改良以及电子送达的推广等变化加速推进了当事人与法院之间的权责关系重构；加之司法体制改革的逐渐深入和立案登记制带来的案件数量增加，员额制法官相对减少的压力亟待通过各类纠纷解决机制之间的顺利衔接和高效运作得到纾解，进而解决法院人案比失衡的突出问题。凡此种种使我国构建独立的审前程序、促进诉讼程序分化的时机和条件日益成熟。因此，笔者将立足于民事审前程序发展的视角，探索强制答辩制度构建与优化的路径。

（一）我国立法语境中的民事审前程序

学界一般认为在我国基于原告起诉，法院对案件立案受理之后，自法院向被告送达诉状及其他材料，被告接受送达之日起计算答辩期至被告答辩期届满再到正式开庭审理之前的这一阶段中，双方当事人和法院进行的一系列准备活动及相关程序操作，构成了审理前准备阶段的内容，我国学界往往称之为“开庭前的准备程序”或“审理前的准备程序”。[1]

现行《民事诉讼法》将审前程序表述为“审理前的准备”规定于“第一审程序”一章中并对相关具体操作作出规定。由于我国在立法层面上尚未形成完整、系统而独立于审判程序的审前程序，也没有“审前程序”的明确表述，因此我国当前民事诉讼立法语境下的民事审前程序指的是“审理前的准备阶段”。为了准确起见，下文将我国当前的“民事审前程序”称为“审理前准备阶段”，独立的民事审前程序则是制度发展的目标。

我国民事诉讼审理前准备阶段的相关规定经历了一个不断调整、发展、力求完善的演进过程。在业已失效的1982年《民事诉讼法》中，审理前的准备阶段主要包括送达、被告答辩时限以及法院职权等内容。现行1991年《民事诉讼法》对被告答辩时限的规定进行了调整，新增了法院对当事人的告知义务。2012年修订的《民事诉讼法》细化规定了被告答辩状的内容（第125

---

〔1〕 参见王亚新、陈杭平、刘君博：《中国民事诉讼法重点讲义》，高等教育出版社2017年版，第206页；陈桂明、张锋：《审前准备程序比较研究》，载江伟主编：《诉讼法论丛》（第1卷），法律出版社1998年版，第450页；黄国新：《民事审前准备程序研究》，载《法制与社会发展》2003年第1期，第133－141页。

条），并新增了对当事人提出管辖权异议的规定（第 125 条）及审前程序与其他程序之间的衔接转换情形（第 133 条）。最高人民法院在法释［2015］5 号《最高人民法院关于适用〈中华人民共和国民事诉讼法〉的解释》（以下简称"《民诉法解释》"）中对包括确定当事人的举证期限（《民诉法解释》第 99 条）、组织证据交换、召集庭前会议及庭前会议内容等（《民诉法解释》第 224 条、第 225 条）作出了具体规定。这些规定的分布较为零散，未成体系，相互之间缺乏协调，衔接不够顺畅。可以说，我国民事诉讼审理前准备阶段的立法实践演进历程正是民事审前程序的功能不断被发现、逐渐被重视的过程。

（二）对我国民事诉讼审理前准备阶段的审视与反思

从相关规定的演进情况来看，我国民事诉讼审理前准备阶段反映出了职权主义、法院干预在我国民事诉讼领域的鲜明色彩；在功能方面强调的则是法官在庭审前对案情的初步调查和对双方提交的证据、诉答文书等诉讼材料的组织和审核等职权内容。[1]相关规定也基本围绕这一功能展开，"庭审中心主义"客观上将审理前准备阶段的价值囿于在第一审普通程序中完成从起诉受理到正式开庭前的程序衔接和过渡，为开庭的实体审理服务，并未真正成为一套独立于庭审阶段的诉讼程序，化解纠纷、繁简分流、强化诉调对接等功能难以得到有效发挥。[2]然而，即便是辅助庭审、提高庭审效率的程序价值，在我国当前司法实践中也并未充分实现。这一方面是由于法官工作压力过大，许多法院往往将审理前准备阶段的主持工作交由书记员完成，导致完成质量参差不齐；另一方面强制答辩制度与证据失权制度等配套制度的缺失也导致审理前准备阶段在明确争点、证据交换与固定等方面的实效性受到很大影响，诉讼效率较低。此外，由于我国现行《民事诉讼法》对法官与当事人在审理前准备阶段各自的权利义务配置缺乏明确规定，导致双方的主观能动性发挥均受到相当的限制，影响了民事诉讼的公正与庭审效率。

事实上，审前程序是民事诉讼中不容忽视的重要程序阶段。当今世界各主要国家的民事诉讼立法都有关于审前程序的规定，尽管其称谓、具体操作

---

〔1〕 参见张卫平：《民事诉讼法学（第 3 版）》，法律出版社 2013 年版，第 293 页。

〔2〕 参见毕玉谦：《对我国民事诉讼审前程序与审理程序对接的功能性反思与建构——从比较法的视野看我国〈民事诉讼法〉的修改》，载《比较法研究》2012 年第 5 期，第 16 页。

方法和功能侧重点不尽相同。[1]从世界各国民事诉讼制度的发展来看，审前程序的功能已经由单一的辅助庭审的准备功能发展为包括准备功能在内的化解纠纷、诉求过滤、繁简分流、彰显庭审前程序价值等复合型功能。[2]因此，理论界关于构建民事审前程序的问题呼声日久。[3]笔者认为，构建完整而独立的审前程序应从相关配套制度的确立入手，促使审理前准备阶段可发挥的多元化价值得到应有的重视和发挥。

（三）强制答辩制度是民事审前程序的重要支撑

民事审前程序在司法实践中能否真正发挥制度预期的辅助庭审、提高诉讼效率的程序价值以及化解纷争、实现程序分化、繁简分流等独立价值，在很大程度上取决于相应制度能否有力地保障和支持当事人主体作用得到充分发挥，双方在审前阶段能否实现积极交锋。如果被告拒不提出答辩状或提出答辩状后原告未作出回应、双方未形成互动联系，都将使当事人充分发挥主体作用无从谈起。如果在这种情况下反而要求当事人在审前程序中完成有意义的证据交换、要求法院做到固定证据、明确争点，无异于无的放矢、空中楼阁。[4]我国现行《民事诉讼法》实行答辩随时提出制度，[5]也未形成原被告围绕答辩意见展开互动的明确规定。在司法实践中突出表现为审理前准备阶段难以最大限度地明确争点、查明事实，诉讼突袭现象司空见惯且没有不利后果。可见，强制答辩制度的确立是审前程序功能得以完整而有效实现的

〔1〕 例如，法国《民事诉讼法》中规定的是“事前程序”；德国《民事诉讼法》中没有专门的“准备程序”的称谓，但在该法第二编“第一审程序”第一章中“判决前的程序”一节规定有审前准备的相关内容；美国《联邦地区民事诉讼法规则》在第六章“开庭审理”之前设置了“发现程序”。虽称谓不同，具体内容也有所区别，但都属于审前程序的规定。参见胡晓霞：《阶段细分视角下的民事庭审前程序之重构》，载《政治与法律》2012 年第 5 期，第 93 页；谭秋桂、林瑞成：《法、美、德、日四国民事诉讼准备程序比较》，载《求索》2000 年第 2 期，第 41 - 46 页。

〔2〕 参见胡晓霞、唐力：《论我国民事庭审前程序的功能》，载《法学杂志》2012 年第 8 期，第 102 - 106 页。

〔3〕 参见毕玉谦：《对我国民事诉讼审前程序与审理程序对接的功能性反思与建构——从比较法的视野看我国〈民事诉讼法〉的修改》，载《比较法研究》2012 年第 5 期，第 16 页；齐树洁：《构建我国民事审前程序的思考》，载《厦门大学学报（哲学社会科学版）》2003 年第 1 期，第 59 页；樊惠平、卢文安：《建立我国民事诉讼审前准备程序的必要与建议》，载《河北法学》2005 年第 10 期，第 89 - 90 页。

〔4〕 参见毕玉谦：《对我国民事诉讼审前程序与审理程序对接的功能性反思与建构——从比较法的视野看我国〈民事诉讼法〉的修改》，载《比较法研究》2012 年第 5 期，第 19 - 20 页。

〔5〕 参见李伯安、胡充寒：《缺陷与克服：对答辩随时提出制度的反思》，载《河北法学》2004 年第 8 期，第 53 页。

重要支撑。鉴于答辩制度中双方当事人的交锋对于充分明确事实争点、完成证据交换、了解彼此诉求具有重要意义，强制答辩制度的构建过程中应注重实现原被告之间的诉答互动并通过优化相关规定对其予以制度性地确立。

有学者认为，审前确定争点和交换证据是审前准备程序的核心，因此应建立证据失权制度以从根本上保证证据交换的效力。[1]诚然，证据随时提出主义已无法完全适应我国现阶段民事诉讼审理前准备阶段的发展现状。但笔者认为，现阶段我国《民事诉讼法》尚未到达全面构建证据失权制度的历史时期。原因有以下两点：一是证据失权制度在概念内涵、功能、构成要件、举证时限等方面均与答辩失权制度相去甚远，在比较法上也呈现出截然不同的经验规定。不同于答辩失权制度在世界范围内得到广泛肯定，证据失权制度虽然在大陆法系主要国家得以确立，但其适用却受到了严格的限制，关于其制度设计的研判也多还处于对制度设计的正义性的讨论过程中。二是证据交换功能虽然是审前阶段的重要功能，但发挥此项功能不宜与建立证据失权制度等同视之。反观当前我国司法现状，司法公正与司法效率之间的关系尚未完全理顺，法官与当事人之间剑拔弩张的司法不信任状态时常见诸报端，确立证据失权制度的时机较之确立答辩失权制度而言还远未成熟，证据失权制度还难以在我国民事诉讼领域得到全面、深入的有效推行，更遑论成为影响独立的审前程序建立的关键性制度设计。由于此两种制度之间的迥异，下文仅围绕强制答辩制度展开研究，对证据失权制度在本文中不做过多赘述。

三、比较法视野下的答辩制度镜鉴

我国《民事诉讼法》的历次修订均未能有效回应在审理前准备阶段中强制答辩制度缺失的问题，理论界可通过对比较法上的经验做法予以系统梳理和批判性吸取，就制度运作模式及法律后果两大部分内容进行归纳和分析，以期在我国下一步构建强制答辩制度过程中获得启发。[2]

（一）强制答辩制度的模式借鉴与评析

法院与当事人究竟哪一方应当在强制答辩制度中发挥主导作用，决定了强制答辩制度的运作模式及制度重心。在当前各主要国家的实践中，采取法

〔1〕 参见刘晴辉、陈红莹：《关于我国民事诉讼审前准备程序的思考》，载《四川大学学报（哲学社会科学版）》2000 年第 6 期，第 115 页。

〔2〕 在本部分写作中，笔者对于各国民事诉讼审前程序中的答辩制度进行了类型化归纳，对应的答辩制度设计模式名称为笔者在对具体制度的分析基础上给出的个人观点，谨此说明。

院主导的主要有德国的“法院主导，明确答辩失权后果”模式和日本的“当事人辩明，非当然失权”模式。而采取“当事人主导、法院监管”的主要是法国模式，由当事人双方完成具体工作，法官在其中扮演主持、监督和管理的角色。

具体而言，德国法在“书面诉讼准备”模式中规定被告应在答辩期限内提交答辩状，法院应当告知被告逾期答辩的后果〔1〕及遵守答辩时限的必要性；在“初步审理”模式中对当事人课以交换书状、在庭审前进行书面准备的义务，要求被告及其律师应从管辖权、诉讼时效、是否满足请求权要件及证据状况等方面审查原告的诉讼请求并初步确定所要采取的诉讼策略，在答辩状中作出一般性回应，应达到与原告既有的事实主张和证据申请相对应的程度。〔2〕法院可以要求原告在明确的时限内就被告的答辩作出答复。在这一过程中，双方确定争点、整理证据，法院力促双方达成和解，仍无法获得最终解决的才会进入庭审阶段。〔3〕法官在明确答辩失权后果的同时也在失权制度的具体适用上有所限制，必须结合逾期、延迟诉讼、因果关系、可归责性等构成要件来综合判定是否构成答辩失权。单纯在事实和证据层面上失权的被告不一定导致败诉结果，原告的主张还需要满足诉讼正当性的要求。〔4〕

与德国的民事诉讼审前程序模式较为接近，日本也为法官在具体案件中根据情况适用不同的程序模式提供了可选空间。日本民事诉讼法称审前程序为“准备程序”，其没有在准备程序中赋予当事人较大的发挥空间，而是更重视法官职权的发挥。在日本民事诉讼法的审前程序中设计了作为口头辩论准

---

〔1〕《德国民事诉讼法》第282条第2款规定，声明及攻击防御方法，如果对方当事人不预先了解，就需从对之有所陈述时，应该在辩论前，以准备书状通知对方当事人，使对方当事人能够得到必要的了解。第296条规定了对违反判决前程序的制裁：当事人不得逾时提出攻击防御方法，除非法院认为其逾时提出不至于延迟诉讼的终结或者当事人逾期提出并无过失，否则法院可以予以驳回。当事人未按规定及时将己方的攻击防御方法通知对方当事人，如果法院认为其逾时通知或未通知足以延迟诉讼的终结，且当事人有重大过失时，可以驳回其攻击防御方法。参见程兵：《论我国民事诉讼审前程序的完善》，载《法学杂志》2009年第4期，第108页；谭秋桂、林瑞成：《法、美、德、日四国民事诉讼准备程序比较》，载《求索》2000年第2期，第44页。

〔2〕参见曹志勋：《论普通程序中的答辩失权》，载《中外法学》2014年第2期，第487页。

〔3〕参见黄国新：《民事审前准备程序研究》，载《法制与社会发展》2003年第1期，第135页；毕玉谦：《对我国民事诉讼审前程序与审理程序对接的功能性反思与建构——从比较法的视野看我国〈民事诉讼法〉的修改》，载《比较法研究》2012年第5期，第17－18页；李邦军：《我国民事审前准备程序改革探析》，载《山东社会科学》2011年第7期，第130页。

〔4〕参见曹志勋：《论普通程序中的答辩失权》，载《中外法学》2014年第2期，第490页。

备的具体制度，即“准备书面”与“争点及证据的整理程序”，后者具体分为“准备的口头辩论”、“辩论准备程序”与“书面准备程序”。[1]法院可以要求原告在明确的时限内就被告的答辩作出答复。在这一过程中，双方确定争点、整理证据，法院力促双方达成和解，仍无法获得最终解决的才会进入庭审阶段。[2]其中，法院有权决定当事人提出书状的期间并采适时提出主义和驳回错过时机的攻击防御方法，但在程序终结后提出攻击防御方法的当事人，仍然存在再次进行程序之可能，对方当事人可以要求其说明理由。在“书面准备程序”中，法院可以让当事人提出书状，原则上不允许当事人在程序终结后再提出新的攻击防御方法，只有当对方当事人提出辩明之要求后说明理由时为例外。[3]

相较于德国法院可以根据不同案件的具体情形就两种模式择一适用的做法，日本的准备程序模式明显更加灵活，赋予了当事人更宽松自主的争议解决空间，这一点值得我国借鉴。笔者认为，我国的民事诉讼重心现阶段依然在各级法院，诉讼活动的推进也基本由各级法院主导，法院在我国强制答辩制度的构建过程中应当发挥更加积极的作用，体现为由法院主导强制答辩制度的运行，但在这一过程中应当注重吸收法国法上的当事人主导模式的优势，设计配套机制以确保当事人主体作用的充分发挥。立足我国的民事诉讼构造实际，融汇两种模式的优点，以求能够最大限度地兼顾强制答辩制度所要达到的诉讼效率目的，保证制度的公正权威。在具体的答辩制度中，明确规定被告逾期未答辩的答辩失权后果、要求原告限期答复的规定使答辩程度更具实际操作性，有利于提高审前程序在明确争点、固定证据方面发挥的实效性，能够最大程度地保证开庭集中审理的效率，有助于当事人双方达成审前和解。

（二）英美法系答辩失权规定对我国的启示

英美法系民事诉讼程序的典型特征是将审前程序与开庭审理程序明确界分，两个环节相对独立，侧重在审前程序解决有关诉讼的诸多问题，化解纠纷，以简化开庭审理的内容，实现集中审理，确保双方在庭审中处于平等对抗的地位。[4]

---

〔1〕 参见［日］新堂幸司：《新民事诉讼法》，林剑锋译，法律出版社 2008 年版，第 347 页。

〔2〕 参见［日］新堂幸司：《新民事诉讼法》，林剑锋译，法律出版社 2008 年版，第 348 页。

〔3〕 参见［日］新堂幸司：《新民事诉讼法》，林剑锋译，法律出版社 2008 年版，第 358 页。

〔4〕 参见陈桂明、张锋：《审前准备程序比较研究》，载江伟主编：《诉讼法论丛》（第 1 卷），法律出版社 1998 年版，第 450 页。

英国民事诉讼审前程序确立了明确的逾期答辩及未按法律规定内容答辩的失权后果，是较为严厉的，但也在实践中允许当事人申请延期提出答辩或撤销答辩状，给原则性规定留出了法官在具体个案适用过程中行使案件管理权许可其提出的裁量空间，给被告留下了救济渠道，确保制度设计得以兼顾个案公平。在英国的民事诉讼审前程序中的传票令状送达阶段，被告必须在法定期限内答辩并作出防御表示，否则法院可以基于原告的请求作出不应诉判决。

美国联邦法院进行民事诉讼的审理前准备和英国的当事人主义模式相同，当事人可以主动进行诉答活动，交换诉讼请求和证据，做好攻击防御准备。被告必须在规定期限内向原告送达答辩状，并且针对原告提出的事实主张在答辩状中逐条选择承认、反驳或不知，提出抗辩。否则法院可以应原告申请作出不应诉判决或制裁被告，具体分为不应诉登记和判决两个阶段，被告无权中间上诉。〔1〕美国联邦法院在诉答程序中也规定了被告逾期不答辩的不利后果。〔2〕但在作出不应诉判决的过程中，同英国模式相同，美国法院也将对程序及实体内容进行详细而充分的审查。若当事人提出上诉，那么上诉法院也将对原审法院进行全面审查，以避免不应诉判决本身和事后撤销程序中可能存在的裁量权滥用问题。〔3〕

笔者认为，英美法系在审前阶段的诉答程序有着严密的程序设置和明确的失权后果的规定，值得我国在确定强制答辩法律效力、规范法律责任认定等方面进行借鉴学习。强制答辩制度在明确严厉的失权后果的同时与举证责任挂钩，减轻了对方当事人的举证压力，有助于提高庭审效率、明确争点、集中审理。其根本目的还是在于使当事人双方在审前程序中就对彼此所持有的证据和诉讼请求做到充分的相互了解和交流，促使纠纷双方和解，节约庭审资源。

---

〔1〕 参见黄国新：《民事审前准备程序研究》，载《法制与社会发展》2003 年第 1 期，第 134 页；陈桂明、张锋：《审前准备程序比较研究》，载江伟主编：《诉讼法论丛》（第 1 卷），法律出版社 1998 年版，第 450－451 页。

〔2〕 美国《联邦民事诉讼规则》第 8 条第 2 款和第 13 条规定，“当事人应以简短明确的措词，就对方当事人提出的每一个请求作出抗辩，或承认或否认对方当事人的事实主张”“在收到送达的起诉状 20 天内应作出答复”。参见王越飞：《民事审前程序改革的理论与实践》，载《河北法学》2005 年第 6 期，第 97 页。

〔3〕 参见陈桂明、张锋：《审前准备程序比较研究》，载江伟主编：《诉讼法论丛》（第 1 卷），法律出版社 1998 年版，第 496－497 页。

（三）小结

总体来说，大陆法系主要国家的模式偏重于强调通过事中的利益衡量谨慎判定被告是否存在答辩失权，一旦认定即可予以明确适用。而英美法则更倾向于直接终结诉讼程序，作出不应诉判决等否定性评价，而对于个案中可能存在的错误通过事后的申请撤销程序和上诉审查制度予以纠偏。国际上各国建立起的强制答辩制度，对被告逾期不答辩或未按规定内容进行答辩的情况大多都规定有明确的制裁措施和消极后果。这印证了强制答辩制度对于民事诉讼审前程序的功能发挥确有支撑和保障的作用。但不足之处在于，各国大都更侧重于对被告的答辩失权后果作出规定，对于在被告提出答辩意见之后双方当事人如何进一步回复、驳斥，许多国家并未作出更深入的明确规定。这是值得我国在下一步深化推进民事诉讼审理前准备阶段程序改革的过程中更进一步明确之处。

此外，比较法上的各国经验体现出审前程序可以根据个案情况具备弹性适用的空间，并非绝对的“一刀切”。比如德国、日本均提供了多种可供法院选择的审前准备模式，更有利于实现个案公平、提高诉讼效率，可以更好地满足不同案件当事人之间解决争议、化解纠纷的个性化诉求。

四、强制答辩制度的构想与优化路径

比较法的梳理目的在于厘清在主要国家的立法和司法实践中相关研究对象的发展进程，并通过对比分析，立足于我国现行《民事诉讼法》及其司法解释等关于审前程序的程序性规定和司法实务中暴露出的现实弊端，选择对我国当前而言最为妥洽的完善进路。对此，笔者不揣浅陋，提出在我国民事诉讼审理前准备阶段建立强制答辩制度的构想及具体机制的设计与优化，即在强制答辩制度的基础上同时规定原被告进行诉答互动，以实现民事审前程序功能的充分发挥，希望能够对我国实现独立的民事审前程序建构有所帮助。基于这一考量，笔者认为强制答辩制度至少应明确体现以下四方面的内容：

（一）建立强制答辩制度，明确答辩失权后果

强制答辩制度是审前程序能够实现明确争点、证据固定的前提，也是当事人双方充分参与、相互了解的程序保障。没有强制答辩制度，就很难落实审前程序的价值目标。相较于国际上建立强制答辩制度的大势所趋，我国立法界依然固守窠臼，已经在司法实践中暴露出了诸多问题。因此，我国应当尽快建立起强制答辩制度。

我国的强制答辩制度必须符合我国的国情实际和法治发展现实水平，不

能盲目照搬英美国家的先进经验。根据我国的民事诉讼实践，较之法治深入人心、律师行业高度发达的英美国家来说，我国民事诉讼中被告无法按期提交答辩状的情形更为复杂，[1]因而不能一概因被告未按期答辩而视为承认原告事实主张。加之长期缺乏强制答辩制度的制约和争胜心理，被告缺乏按期提交答辩状的积极性，因此强制答辩制度必须规定有明确的法律后果才能起到震慑作用。

在判定答辩失权后果的适用方面，结合比较法上的经验来看，英美法国家以实体性判断为中心，更注重于对被告是否遭受了实体上的不利益进行考量；而以德国为代表的大陆法国家更重视程序性过错，关注诉讼迟延的结果能否归责于被告不按期履行答辩义务。[2]基于我国国情现实考虑，我国不适合直接吸收英美法上的直接终结程序的做法，其过于超前。笔者倾向于糅合德国、法国和日本的相关经验，从程序审查入手，设置明确的、分层次的答辩失权后果，敦促被告履行答辩义务，对于被告在答辩期限内不提交答辩状的，在明确规定答辩失权的同时，给法院留出例外情形的裁量空间。但应当对法官的裁量权进行相对明确的规定，并对法官的裁量权适用进行必要的释明以加强引导。

具体而言，我国《民事诉讼法》可明确规定，如果当事人未在法律规定的答辩期限内提交答辩状又未说明合理理由请求延长期限，法院可以对其采取制裁措施，例如限制当事人在开庭审理阶段提出答辩意见的空间；在答辩期届满至开庭审理日前设置答辩的最后期日，通知该当事人在该期日前提交答辩状，逾期将丧失答辩机会，即使该当事人在庭审阶段自行向法庭提出答辩意见也将排除适用，告知该当事人消极诉讼后果。在特殊情形下，除非法院认为逾时答辩的当事人并无过失，否则法院可以对逾期提出的答辩状予以驳回。

（二）在强制答辩制度的基础上实现诉答互动

前文已述，两大法系各主要国家大多侧重于完善答辩失权制度，强化对被告逾期未答辩的规制，但对于被告提出答辩意见之后原告如何回复、被告如何进一步驳斥，多未见深入探讨。事实上，起诉书和答辩状虽然载明了双方当事人各自的事实主张和证据，基本反映了争点，但由于缺乏强制约束力

---

〔1〕 参见张卫平：《论民事诉讼中失权的正义性》，载《法学研究》1999年第6期，第40－41页。

〔2〕 参见曹志勋：《论普通程序中的答辩失权》，载《中外法学》2014年第2期，第498页。

和对文书内容细节的明确要求，其表述很可能是模糊的、不准确的，特别是当缺乏律师指导或代拟的情况下更是如此。[1]

笔者认为强制答辩制度不能单纯围绕如何强化被告的答辩义务履行展开，确有必要对加强原被告之间的诉答互动施以更多关注，将原被告强制诉答互动作为强制答辩制度的有益补充。为此，我国可以借鉴美国的诉答文书交换制度，明确在强制答辩制度中规定原告应当针对被告提出的答辩状进行回复以及未及时回复的情况下原告将承担的不利后果，法院应将原告的回复再次送达被告，由被告视具体情况自行考虑是否提交第二轮答辩状。原被告双方之间必须完成至少一轮诉答互动，再根据进展情况或当事人的请求进入下一阶段。若因原告自身过失无法完成诉答文书交换，法院应及时告知原告可能承担的不利后果，目的在于督促原告认真对待被告答辩的相关内容并积极完成诉答交锋，帮助实现明确争点、查明事实的功能，提高审前程序的实效性，虽然原被告诉答互动的过程将拉长审前程序的时间，但其作用在于简化开庭审理、提高庭审效率，有利于促进双方在审前程序中化解纠纷。

（三）在职权主义模式的前提下发挥当事人主体作用

笔者认为，针对当前我国民事诉讼审理前准备阶段暴露出来的当事人参与程度不足、职权主义色彩过于浓厚的问题，结合比较法上的经验和历史教训，笔者认为应当以确立强制答辩制度为契机，探索在制度层面上加强当事人主体作用的发挥，适当弱化法官的绝对主导地位的可能性。

具体而言，笔者建议可以从制度的具体操作入手，比如明确规定法院及当事人在该制度中的角色定位：由法院承担诉答文书送达、组织双方当事人进行证据交换、争点交锋、督促被告按期答辩、指导双方当事人进行诉答互动、对不履行义务的当事人告知并落实规定的不利后果等职能；而在诉答互动、证据交换、争点交锋的具体过程中，由当事人主导进行，法院只起组织、整理、记录和特殊情形出现时的必要引导作用。基于此可以使当事人的主体作用得到相较于目前而言较大的发挥，提升当事人的自主性与参与积极性，促进审前纠纷解决机制的发展。从法治建设工作全局来看，亦将有利于全社会法治观念的进一步形成。

---

〔1〕 参见齐树洁：《构建我国民事审前程序的思考》，载《厦门大学学报（哲学社会科学版）》2003年第1期，第64页。

（四）细化强制答辩内容规定，丰富答辩形式

在建立强制答辩制度的过程中，笔者认为应注重具体规定的创新，进而可以赋予我国民事诉讼审理前准备阶段更强的操作性，增强其制度可行性。

考虑到我国民事诉讼中当事人的实际应诉和答辩水平，笔者建议在现行《民事诉讼法》相关规定的基础上继续放宽对答辩的形式限制，例如对于缺乏书面答辩能力而又没有律师代理的当事人，可变通规定其在规定时限内到法院完成口头答辩，由书记员记录在案、经当事人签名后视为其完成答辩；着重强调采取变通规定的一方当事人，如非有可推翻其口头答辩内容的客观有效证据则不可在之后随意推翻或更改其口头答辩内容，以防止此规定被滥用；应注重强化法院对当事人逾期不答辩或答辩能力欠缺时的引导角色作用的发挥，如果当事人不答辩的，可以由法官主动引导其答辩，法院可以探索更为灵活的引导方式，比如口头引导与书面引导结合。

笔者认为，我国《民事诉讼法》可规定，若经由法官两次书面引导后当事人仍无法提出有效答辩状时，经由法官提问、当事人确认后应视为当事人放弃答辩，法官应向当事人说明其可能遭受的不利审判结果，以期使另一方当事人的诉讼利益在此种极端情况下得到保障。与此同时，笔者认为在现行《民事诉讼法》第125条规定的基础上，立法机关应进一步对答辩制度进行深入研判，尽快出台具体规定，细化对被告答辩状实体部分的内容要求，规定答辩不及时、不清晰所带来的相应不利后果，例如答辩状必须细化至证据列举、事实主张和反驳说明等内容，完善对答辩状组成部分的细节性规定，以增强答辩状在审理前准备阶段中发挥出证据列明、明确争点和事实主张等应有的关键作用，提高当事人方面对答辩状的重视程度。

应当认识到，我国现行《民事诉讼法》虽然尚未真正形成独立的审前程序，但相关规定正处于动态的发展、完善过程中，现阶段的瓶颈在于欠缺强制答辩制度等关键的配套制度支撑，使得审前程序的价值与目标很有可能落空。弥合当前我国民事诉讼审理前准备阶段存在的诉讼效率低下、程序分化程度不高、争议解决机制衔接不畅等现实弊端，尽快建立强制答辩制度既是突破，也是发展的必然。在强制答辩制度的构建过程中应当立足于中国国情实际，坚持以促进辅助庭审功能这一审前程序的最主要功能的实现为现实导向和依托，在制度确立和运作的长期时间内追求化解纠纷、彰显程序价值等独立功能的实现，以提升民事诉讼的司法实践水平、完善民事诉讼法的规则体系为宗旨，有选择地吸收比较法上的合理规则并予以优化调整，构建适应

我国当前民事诉讼立法与实践发展的强制答辩制度，服务于我国民事诉讼法治的进步。

（初审人：王约然）

法官法律观点公开义务的理论探讨与实践运行[*]

刘思芹[**]

摘　要：法官法律观点公开与事实认定的心证公开共同构成司法实质公开的重要内容。法官通过发问、晓谕、讨论等方式公开法律观点是行使“实质性诉讼指挥”的途径之一，明确法官具有法律观点公开义务同时也反映了司法公开的权利保护基础从公民知情权向听审请求权的扩展。实践中，德国、奥地利、日本等大陆法系国家已在民事诉讼中确定了法官法律观点公开义务，我国相关理论研究起步较晚，立法至今尚未明确，实践中也操作不一。当前，对法官法律观点公开的性质、范围、方式、效力以及违反后果等问题的研究亟待深化，以推动立法明确法官法律观点公开义务，进而保障当事人陈述权、辩论权、意见受尊重权等听审请求权的运行。

关键词：司法公开　心证公开　法律观点公开　听审请求权

---

*　本文系国家社会科学基金项目《转型时期民事诉讼架构下的司法公开研究》（项目编号：14BFX060）的阶段性研究成果。

**　刘思芹，中国政法大学“2011”计划司法文明协同创新中心诉讼法专业2015级博士研究生（100088）。

引　言

我国自 1954 年《中华人民共和国宪法》确立司法公开制度至今，经历了 2004 年以前的庭审公开，2004 至 2008 年间的有限公开，再到 2009 年后全面公开一系列过程。[1]2013 年《最高人民法院关于推进司法公开三大平台建设的若干意见》出台并施行以来，以审判流程公开、裁判文书公开、执行信息公开为主要形式的司法公开成为司法改革的重要场域。至此，中国庭审公开网、中国审判流程信息公开网、中国裁判文书网、中国执行信息公开网已全面建立并展开运行，基本形成了我国司法公开的整体网络布局。

与司法形式公开如火如荼局面形成鲜明对比的是，司法实质公开并未得以相应深化发展。围绕上述司法公开主题所开展的立案公开、庭审公开、裁判文书公开、执行公开等均属形式意义上的司法公开，其象征性意义大于实质性功能。[2]尽管 2016 年在《最高人民法院关于深化司法公开、促进司法公正情况的报告》中已明确将司法实质公开作为司法公开基本理念之一。但该理念要转化为制度设计，涉及民事诉讼基础理论与构造的改革，关系到法官与当事人三者之间诉讼地位及相互关系的调整。形式上的司法公开较易推进，实质上的司法公开则非朝夕之事。

实质意义上的司法公开主要指法官的心证公开，包括事实认定与法律适用上的心证公开。受传统辩论主义影响，心证公开的对象仅包括事实问题，对证据问题、法律适用问题则不属于心证公开范畴，由此造成的证据上及法律适用上的突袭，不仅严重侵害了当事人的诉讼主体地位及利益，也伤及司法公正及公信。现代民事诉讼理念认为法官不仅在事实问题上应当公开心证，在证据与法的适用等问题上也应当公开自己的见解，以赋予当事人对法律观点表达意见的机会，即法官在诉讼中应当履行法律观点公开义务。[3]法官法律观点公开义务在德国、奥地利、日本等大陆法系国家早已写入法律并指导

〔1〕 沈定成、孙永军：《司法公开的权源、基础及形式——基于知情权的视角》，载《江西社会科学》2017 年第 2 期，第 1 页。

〔2〕 毕玉谦：《论庭审过程中法官的心证公开》，载《法律适用》2017 年第 7 期，第 1 页。

〔3〕 关于法官法律观点公开义务，还存在法律观点指出义务、法律问题指出义务、表明法律见解义务、法律观点指示义务以及法律观点开示义务等多种表达。参见熊跃敏：《民事诉讼中法院的法律观点指出义务：法理、规则与判例》，载《中国法学》2008 年第 4 期，第 2 页。

实践。而我国仅在相关司法解释中略有规定,[1]难以对实务形成有力指导，且理论上对于法官法律观点公开义务的性质、内涵、履行范围、效力及违反后果也存在较大争议，因此，当前对法官法律观点公开义务进行研究极具现实意义。

一、法官法律观点公开义务的内容概述

（一）历史流变：现代民事诉讼理念发展之产物

法官法律观点公开义务发轫于德国，在此之前，受“法院知法”（iura novit curia)[2]原则的影响，法院负有知悉法律的义务，由此形成了长期以来不言自明的诉讼定律——“当事人提供事实，法院适用法律”（da mihi factum, dabo tibiius)[3]。然而初衷在于免除当事人法律证明义务，减轻当事人举证困难的“法院知法”原则，却埋下了法官在诉讼中法律适用突袭的隐患。为此，1924 年德国修改了《民事诉讼法》，在第 139 条中明确规定法院在“法律层面”与当事人进行讨论的义务，自此法官在诉讼中独揽法律适用大权的局面被打破。20 世纪 60 年代，斯图加特模式的成功试验促使了 1976 年诉讼促进与简化改革法的修正，于《民事诉讼法》第 278 条规定了“法律观点公开义务”。按照该规定，法院未向当事人指出其忽略或误认的法律观点，导致当事人丧失表达法律见解的机会，不得引以为判决依据。法官法律观点公开义务开始与德国宪法上的听审请求权发生关联，即强调法官公开法律观点的目的在于给予当事人陈述其法律见解的机会，以达到对当事人听审请求权的保护。2001 年，新修正的德国《民事诉讼法》第 139 条，将原《民事诉讼法》第 139 条，第 273 条第 1 款第 2 句、第 2 款第 1 项，第 278 条第 3 款等规定进行整合，形成了法院“实质性诉讼指挥”[4]的重要内容，并具有“民事诉讼中

〔1〕 我国《最高人民法院关于民事诉讼证据的若干规定》第 35 条第 1 款规定：“诉讼过程中，当事人主张的法律关系的性质或者民事行为的效力与人民法院根据案件事实作出的认定不一致的，不受本规定第 34 条规定的限制，人民法院应当告知当事人可以变更诉讼请求。”

〔2〕 该句法律格言完整的说法是“iura novit curia; facta sunt probanda”，即法官只知法，事实须证明。参见黄风编：《罗马法词典》，法律出版社 2001 年版，第 137 页。转引自段文波：《德国法律适用突袭问题之对策与启示》，载《法律科学（西北政法大学学报）》2011 年第 6 期，第 1 页。

〔3〕 ［德］米夏埃尔·施蒂尔纳编：《德国民事诉讼法学文萃》，赵秀举译，中国政法大学出版社 2005 年版，第 427 页。

〔4〕 法院的诉讼指挥权，分为形式（有关程序形成的）诉讼指挥权及实质（有关实体形成的）诉讼指挥权。形式的诉讼指挥权，包括期日的指定、变更及延展、期间的裁定、伸长及缩短、辩论的开始、终结、分离、合并、限制，甚至于再开辩论等；实质的诉讼指挥权，包括阐明权、阐明处分及辩论准备处分。关于法官诉讼指挥权的详细内容参见骆永家等：《法院的诉讼指挥权和当事人的声明权、异议权》，载民事诉讼法研究基金会：《民事诉讼法之研讨（七）》，三民书局有限公司 2002 年版，第 349 -411 页。

的大宪章”之意涵。[1]其第2款规定了法官法律观点公开义务：“如果当事人一方对某一法律观点明知而忽略，或认为是无关紧要的，在该观点不是仅关系到附属请求时，法院应就该事实进行提示，并提供机会对该事实发表意见，否则不得以该法律观点为基础作出裁判。法院与双方当事人对观点有不同认识的，适用上述规定。”[2]

除德国以外，法国《民事诉讼法》第16条、第442条；奥地利《民事诉讼法》第182条；韩国《民事诉讼法》第126条；日本《民事诉讼法》第149条；我国台湾地区《民事诉讼法》第199条等分别对法官法律观点公开义务进行了规定。[3]尽管各国或者地区民事诉讼发展理念各有不同，该义务的规定在各国民事诉讼法中表述也不尽一致，但不可否认的是，传统辩论主义将事实提出与法律适用在当事人与法官之间进行严格配置的格局已被打破。现代民事诉讼理念所强调的当事人与法官协同发现案件真实与进行法律对话成为趋势。[4]

（二）涵义界说：法官法律观点公开义务的扩张及限度

法官法律观点公开的适用范围，存有狭义与广义之说。前者只包括法规的适用和与之相关的法律上的构成要件；后者除此之外，还涵盖实体法与程序法在内的所有对裁判重要的法律观点。[5]从各国相关立法沿革中可以窥探，法官法律观点公开义务的内涵并不局限于法官对于法律法规适用层面的观点公开，而是朝着有利于维护当事人诉讼主体地位及权利的广义角度进行理解与扩展。法官法律观点公开中的“法律”既包括实体法也包括程序法，实体法上的法律观点包括法官对当事人提出的诉讼请求、案件法律关系、具体法律规范构成要件在法律上的见解与评价，程序法上的法律观点主要指法官对

---

〔1〕［德］米夏埃尔·施蒂尔纳编：《德国民事诉讼法学文萃》，赵秀举译，中国政法大学出版社2005年版，第364页。

〔2〕丁启明译：《德国民事诉讼法》，厦门大学出版社2016年版，第36页。

〔3〕参见吕太郎：《民事诉讼阐明之理论及其趋向》，载《法官协会杂志》2002年第2期，第2页。

〔4〕［德］米夏埃尔·施蒂尔纳编：《德国民事诉讼法学文萃》，赵秀举译，中国政法大学出版社2005年版，第427页。

〔5〕参见［日］阿多麻子：《法律观点指出义务》，载《判例泰晤士》1999年第9期，转引自熊跃敏：《民事诉讼中法院的法律观点指出义务：法理、规则与判例》，载《中国法学》2008年第4期，第7页。

举证责任规范的见解与评价。[1]

法官法律观点公开的适用情形，亦存在狭义与广义之分。狭义上的适用情形仅指当事人提出的主张、请求及证据不明确、不完备或存在矛盾时，法官通过发问、晓谕等方式对其进行释明，以促使当事人进行明确、完善或修正。广义上的适用情形除了狭义内容之外，还包括法官认为当事人提出的主张、请求及证据不正确、不适当，或与当事人的法律观点不一致时，通过与当事人进行讨论的方式公开法律观点的情形。

由此可见，法官法律观点公开义务的实质内涵早已超出狭义范畴，本文认为法官法律观点公开义务是指在当事人提出的可能会被作为裁判基础的主张、请求及证据存在不明确、不完备、自相矛盾的情形，或认为当事人的法律观点存在不正确或不适当的情形等与当事人不一致的法律观点时，法官有通过发问、晓谕、讨论等方式公开法律见解的义务。该义务的广义内涵有利于保障当事人陈述权、辩论权、意见受尊重权等听审请求权，是现代民事诉讼理念的应有之意。但在理论上对法官法律观点公开义务采广义之说，并非意味要无限制地加重法官负担，其适用限度在于“可能被作为裁判基础的主张、请求及证据”，“存在不明确、不完备、自相矛盾，或不一致、不正确、不适当的情形”。法官无须对所有裁判理由及法律依据负有指出义务，对于当事人已经讨论过的不影响判决基础的法律观点则不负有指出的义务。

（三）性质界定：心证公开的合理范畴

学界对法官法律观点公开义务的性质定位尚未达成统一认识，主要形成以下两种观点：一种观点认为法官法律观点公开义务属于法官释明制度的范畴。[2]对法官释明是权利还是义务目前尚存争议，持权利义务统一说学者不在少数，但随着释明制度研究的深入，释明权与释明义务在适用范围、效力以及后果上已形成明显差异。释明既是权利又是义务的模糊式观点已无益于该项制度的发展，积极释明与消极释明的划分给法官法律观点的性质定位提供了有利指导。消极释明被作为辩论主义的补充，不履行消极释明义务可以

---

〔1〕 参见周伦军：《法官公开法律见解义务探析》，载《南京师大学报（社会科学版）》2003 年第 4 期，第 2 页。

〔2〕 参见吴杰：《辩论主义与协同主义的思辨——以德、日民事诉讼为中心》，载《法律科学（西北政法大学学报）》2008 年第 1 期，第 7 页。

作为当事人上诉理由。而积极释明则属于法官自由裁量权的范畴。[1]另外一种观点认为法官法律观点公开属于心证公开范畴，是法官自由心证主义与当事人辩论主义相结合的产物。[2]广义上的心证公开既包括事实认定上的心证公开，还应涵盖法律适用上的心证公开。这一立论依据不仅在于事实问题与法律问题本身牵连难分，更深层次的原因在于法官公开法律问题能够防止法的适用突袭及诉讼促进突袭，以保障当事人诉讼权利的运行。

形成上述定位分歧的根本原因在于心证公开与释明权、释明义务之间的关系问题。法官行使释明权是公开心证的一种方式，如“对争点的确定，对当事人逾期举证是否存在正当理由的确定等等”，[3]而释明义务是脱胎于释明权，[4]随着社会民事诉讼理念的发展以及协同主义的产生而得以加强，[5]目的在于防止突袭性裁判对当事人诉讼权利造成的损害。与释明权不同的是，法官不履行释明义务可以作为当事人提起上诉的理由。释明权的行使以及释明义务的履行都是法官公开心证最主要但并非唯一的方式。法官公开法律观点义务的内涵中，除了对当事人提出的不明确、不充分的主张、请求或证据进行释明外，法官就与当事人不一致的法律观点所进行的讨论，已经超出了释明义务的制度范畴。因此，将其性质定位为广义的法官心证公开更加符合当前的诉讼理论逻辑。

---

〔1〕 消极释明，是指当事人的主张和请求出现了矛盾与不明确的情形，通过发问进行释明；积极释明，是指当事人主张和请求不正确和不适当时，法院通过指出或提示当事人所进行的释明。在日本，不行使消极释明的情形下，当事人可根据日本《民事诉讼法》第 312 条第 3 款、第 318 条的规定提起上告。吴杰：《辩论主义与协同主义的思辨——以德、日民事诉讼为中心》，载《法律科学（西北政法大学学报）》2008 年第 1 期，第 6 页。

〔2〕 参见邱联恭：《心证公开论——着重于阐述心证公开之目的与方法》，载民事诉讼法研究基金会：《民事诉讼法之研讨（七）》，三民书局有限公司 2002 年版，第 193 - 248 页。

〔3〕 毕玉谦：《论庭审过程中法官的心证公开》，载《法律适用》2017 年第 7 期，第 7 页。

〔4〕 “从理论上可以将诉讼中是否适用释明的情形大体分为五种：一是应当实施释明，否则法院违法；二是希望法院能够予以释明，即使不释明，也不会构成违法；三是释明也好，不释明也好，对于当事人而言无所谓；四是希望法院不予释明；五是法院不应实施释明行为，如果实施释明即构成违法。”小林秀之：《判例讲义民事诉讼法》，悠悠社 2001 年版，第 164 页。转引自张卫平：《民事诉讼“释明”概念的展开》，载《中外法学》2006 年第 2 期，第 2 页。

〔5〕 对于法官阐明行为的定性，究竟应往阐明权还是阐明义务理解，其涉及对于法院阐明制度之期待强度及对于违法阐明的救济途径等问题，阐明义务之扩大化乃社会民事诉讼法思潮的特征之一。参见许士宦等：《新民事诉讼法实务研究（一）》，新学林出版股份有限公司 2010 年版，第 343 - 354 页。

二、法官法律观点公开义务的权利保护基础

（一）传统权利保护基础之价值局限

司法公开对象主要包括社会公众与诉讼当事人，司法对社会公众公开的权利保护基础是宪法赋予的公民知情权毋庸置疑，但司法对诉讼当事人公开的权利保护基础是否仅仅是公民知情权则值得商榷。尤其是解决私益纠纷的民事诉讼，当事人在诉讼中不仅享有知情权，还享有陈述权、辩论权、意见受尊重权等一系列听审请求权，法官公开心证的意图本身并不局限于当事人知情权的保障，更主要是通过公开事实上的心证以及法律观点，使当事人及时明确、补充或修正自己提出的主张、请求及证据，赋予当事人充分的表明自己观点的机会。〔1〕事实上，关于司法对当事人与社会公众公开的权利保护基础相混同的一元化倾向，已有学者提出批评，并认为司法对当事人公开的权源基础应来自于当事人听审请求权。〔2〕混淆权利保护基础，忽视当事人听审请求权保障的司法公开，存在至少两点痼疾与隐患：①当事人主体地位难以有效发挥，当事人知情权是宪法赋予的公民知情权在民事诉讼中的延伸，由于立法中当事人知情权范围边界存在笼统性、模糊性，在权利行使方面具有被动性等，实践中主要由法院来主导司法向当事人公开的范围及方式，由此形成了法院主导型司法公开模式，〔3〕也有学者称为权力型司法公开模式，〔4〕该种模式由于缺乏对当事人程序主体地位的关注，使得有些案件中即使法院按照司法公开的有关规定完成了相应的公开任务，形式上保障了当事人知情权，但更多是停留于审判流程的需要，当事人仍旧难以从公开的信息中获取支持其陈述权、辩论权以及意见受尊重权等有利信息。②当事人知情权的本源主要来自于当事人在诉讼中的信息获取需要，而当事人听审请求权不仅停留于信息获取需要层面，更在于通过信息获取从而保障陈述权、辩论权、意见受尊重权等听审请求权的行使。由此，基于不同权源保护的司法公开，在公开范围、

---

〔1〕 邱联恭：《心证公开论——着重于阐述心证公开之目的与方法》，载民事诉讼法研究基金会：《民事诉讼法之研究（七）》，三民书局有限公司 2002 年版，第 35 页。

〔2〕 参见高翔：《民事审判公开对象二元区分论》，载《法商研究》2015 年第 5 期，第 1 页。

〔3〕 当前主要有三种民事诉讼公开制度模式：审判者主导型、当事者主导型和诉讼主体共导型模式（即自愿对话型公开模式）。我国司法公开制度模式基本上属于审判者主导型。参见王小林：《民事诉讼公开法理研究》，法律出版社 2015 年版，第 203 页。

〔4〕 我国当下的司法公开模式是“权力型”司法公开。现阶段的司法公开“更多的体现了法院本位与主导的指导思想，未完全以满足当事人的司法主体性需求……”参见沈定成、孙永军：《司法公开的权源、基础及形式——基于知情权的视角》，载《江西社会科学》2017 年第 2 期，第 3 页。

程度、方式上都存在较大差异。

（二）权利保护基础向当事人听审请求权的转变

当事人听审请求权（the right to be heard），是法院在对当事人的权利、义务、责任进行判定的时候，当事人有就案件的事实、证据材料及法律问题向法院充分发表自己意见和主张并以此影响法院的审判程序及其结果的权利。[1]听审请求权被称为“民事诉讼中的大宪章”，主要包括受通知权、知悉权、到场权、陈述权、证明权、突袭性裁判禁止请求权、意见受尊重权。[2]从德国《民事诉讼法》第 139 条中，可以窥视法官公开法律观点义务对当事人听审请求权的保护思路：①法院须及时明确指出当事人诉讼上重要的观点，以保障当事人被告知诉讼状况或资讯的权利；②法官在指出观点之后，如不让当事人有陈述意见的机会，则指出观点不具有任何意义，因此，必须赋予当事人充分就该观点表达意见的机会，以保障其表达意见的权利；③当事人陈述意见之后，如果法院不理睬也没有任何意义，因此，当事人表达意见之后，就其意见的表达法院应于裁判中审酌与顾虑，由此保障当事人的意见受尊重权。

我国《宪法》目前尚未规定当事人听审请求权，民事诉讼中虽然有一些关于保障听审请求权的规定，但难以形成完整的立法思路与体系，更遑论在立法中明确以当事人听审请求权为权利保护基础的法官法律观点公开义务。未来只有加大对当事人听审请求权的立法保障力度，才能为法官法律观点公开义务的具体履行明确方向。

三、法官法律观点公开义务的制度价值

（一）防止突袭性裁判的制度保障

突袭性裁判，[3]是指法官违反事实上和法律上的释明义务，没有公开自己的心证，从而剥夺了受不利裁判之当事人就相关事实和法律适用表明自己意见

---

〔1〕“the right to be heard”是英美法系对当事人听审请求权的表述，在美国，听审请求权是由《美国宪法修正案》第 5 条和第 14 条的正当程序条款所确定的。参见刘敏：《论民事诉讼当事人听审请求权》，载《法律科学（西北政法大学学报）》2008 年第 6 期。

〔2〕参见任凡：《听审请求权研究》，法律出版社 2011 年版，第 26－69 页。

〔3〕“突袭性裁判”的中文译名由我国台湾地区学者邱联恭教授翻译并引入学界，邱联恭教授从 20 世纪 90 年代初即开始对突袭性裁判理论进行研究，随后成为学界关注的重大议题并纳入我国台湾地区民事诉讼立法中。参见刘明生等：《突袭性裁判防止之研究》，载民事诉讼法研究基金会：《民事诉讼法之研讨（十八）》，元照出版有限公司 2012 年版，第 229 页。

从而影响法官的机会，并在此基础上做出的超出当事人合理预期的裁判。[1]斯图加特模式之父罗尔夫·本德（Rolf Bender）曾称突袭性裁判系“司法之癌”。[2]通常认为突袭性裁判的种类及样态分为事实认定的突袭与法律适用的突袭，事实层面的突袭通过在事实及证据的提出上坚持辩论主义得以防止，而法律层面的突袭则深受“法官知法”传统观念的影响而长期存在并难以防范。在德、日、法等国学界及审判实务上，防止发生突袭性裁判，乃民事诉讼法上最基本的要求。特别在突袭性裁判理论发源地德国，立法屡次修改并增加关于突袭性裁判防止的规定，法官在法律层面的释明义务也在20世纪初就得以重视，并充实在其发达的释明制度中，为突袭性裁判的防止起到关键性作用。目前基本认为，民事诉讼中坚持辩论主义的合理内核，发挥法官释明作用以及适时的心证公开，是防止突袭性裁判的三大根本性保障。而法官法律观点公开义务则是三大保障中具体的制度体现，法官公开法律观点是对辩论主义的修正及补充，是释明义务在法律观点范围上的实现，同时是广义心证公开的重要内容。法官在诉讼中及时适当公开其法律观点，能够给予当事人明确、修正、补充其主张、请求及证据的机会，除此之外，针对当事人与法官看法不一致，但法官认为当事人所持法律观点可能会产生不正确或不适当的诉讼后果时，法官公开其法律观点，在很大程度上能够避免法官径行对当事人尚未认识到的法律观点进行裁断，从而防止突袭性裁判的发生。

我国民事审判实务中，发生突袭性裁判的情形不在少数，[3]传统上认为法官的专业素质与司法腐败是其中重要原因，但随着司法改革的进行，法官专业素质的提升以及司法环境的改善，让法官在诉讼中进行适当释明与合理的心证公开以防止突袭性裁判绝非是难以实现的愿望。法官在一些情形下之所以不愿意释明和公开心证有其更为复杂的原因及顾虑，无论是司法制度还是司法体制原因，在我国整体司法环境还在日益变更的当前，用法官履行义务的形式要求法官在诉讼中及时适当公开其法律观点是防止突袭性裁判最为

---

〔1〕 杨严炎：《论民事诉讼突袭性裁判的防止：以现代庭审理论的应用为中心》，载《中国法学》2016年第4期，第4页。

〔2〕 姜世明：《民事程序法之发展与宪法原则》，元照出版有限公司2003年版，第99页。

〔3〕 我国学者杨严炎针对我国生效法律文书突袭裁判情况作出调研，了解到我国大陆民商事案件突袭性裁判不仅所占比重很高，程度比较严重，而且突袭性裁判形成的原因和涉及的范围比境外要广泛得多。参见杨严炎：《论民事诉讼突袭性裁判的防止：以现代庭审理论的应用为中心》，载《中国法学》2016年第4期，第13页。

直接和现实的办法，只有通过公开法律观点上的心证，赋予当事人充分的表达意见的机会，才能避免突袭性裁判的发生，从而增加当事人对裁判的信服度，减少上诉及信访的发生。

（二）贯彻集中审理原则的制度依托

要求法院及时公开法律见解，除保障当事人听审请求权、防止突袭性裁判发生之外，还能使法律及事实资料的提出更加集中，反映了背后的一个重要的修法理念，即现今民事诉讼的一项重要原则及任务——集中审理。法官在诉讼早期及时公开法律观点，能够使当事人尽早明晰诉讼标的、请求以及证据的收集方向，减少当事人在盲目提出事实主张及证据中耗损的诉讼成本，使当事人能够将精力集中于对案件审理重要、关键的争点之中。通过法官对法律观点的释明及公开，当事人及时知晓自己诉讼策略所遭遇的困难及问题，进行明确、补充、修正或提出自己与法官不同的法律观点，由于法官对当事人的法律见解有尊重和进行讨论的义务，因此法官必须就当事人明显忽略或与裁判者不一致的法律观点进行充分对话，从而使案件的事实与法律资料在第一审获得充分评价，促使案件在初审即能够进行集中审理并获得终局以及实质解决。

四、法官法律观点公开义务的具体履行

（一）法官公开法律观点的履行情形

1. 关于诉讼标的及诉讼请求的法律观点公开义务

在处分权主义之下，提出并确定诉讼标的应由原告负责决定，不可由法院取而代之。但就当事人提出的诉讼标的不明确、不完备的情形，法官若完全处于消极被动地位而置之不理，径行对当事人提出的诉讼标的进行裁决的话，则易造成对当事人的突袭性裁判。实践中，因为当事人提出错误的诉讼标的而遭受败诉风险的案例并不少见，败诉后的当事人又因同一事实原因提出另一诉讼标的，而被法院以一事不再理为由驳回起诉的情形也时有发生。我国尚未实行律师强制代理制度，当事人并非全都是具备法律知识的人，将确定诉讼标的的后果与风险完全让当事人负担，并不符合民事诉讼解决纠纷与保护权利的目的，为此，法官在认为当事人提出的诉讼标的不明确或者存在不正确、不适当的情形时，公开对诉讼标的的法律见解，能使当事人明确并慎重决定诉讼标的的提出，避免因主张错误的诉讼标的而败诉，这既不违反处分权主义的要求，又使纠纷得以一次性解决。

我国台湾地区将上述法官对诉讼标的的法律观点公开义务，称为法官的法律关系晓谕义务。在立法中确立法律关系晓谕义务的理由是：便利当事人在同一诉讼中彻底解决纠纷，借以扩大民事诉讼纷争解决功能。不过，也有学者对法官法律关系晓谕义务提出质疑：一是此项阐明有碍私权行使的自由，将危及原告的程序主体地位；二是此项额外之阐明违反法官之中立性、公平性及诉讼经济原则；三是法官并非法律知识精确者，如阐明错误，可能反使当事人招致不利。[1] 为回应法官法律关系晓谕义务是否会动摇处分权主义与辩论主义的质疑，法律明确了法官的阐明仅仅是赋予当事人明确、修正或补充的机会，对诉讼标的的提出和决定最终只能由当事人来定夺。

我国《最高人民法院关于民事诉讼证据的若干规定》（以下简称"《证据规定》"）第35条第1款规定，诉讼过程中，当事人主张的法律关系的性质或者民事行为的效力与人民法院根据案件事实作出的认定不一致的，不受本规定第三十四条规定的限制，人民法院应当告知当事人可以变更诉讼请求。此条规定可以理解为法官关于诉讼标的的法律观点公开义务的一种体现，并在司法实践中起到一定指导作用。例如，在林某某诉刘某某不当得利纠纷案中[2]，上诉人刘某某（原审被告）称一审法院错误地行使了释明。一审中，被上诉人林某某（原审原告）以民间借贷为由起诉上诉人，上诉人以赠与关系进行抗辩。一审法院审理后认为双方提供的借贷或赠与的依据都不足，于是一审法院行使了释明权，被上诉人将本案诉讼请求部分变更为返还不当得利。上诉人认为一审法院错误地行使了释明权，于是提起上诉。经过审理，上诉审法院认为一审法院根据《证据规定》第35条第1款规定，对当事人主张的法律关系的性质或者民事行为的效力与人民法院根据案件事实做出的认定不一致的情形所进行的释明并无不当。最终，驳回上诉，维持原判。

上述规定及实践中反映的法官释明义务的加强值得肯定，但同时也暴露出一个不容忽视的理论问题，即未将诉讼标的与诉讼请求加以区别，诉讼标的是针对对方当事人的权利主张，而诉讼请求是针对法院的裁判请求。也就是说，诉讼标的是原告个人主观上向被告所主张的权利或者法律关系，在客观上未必已经确实存在。[3] 诉讼请求，则是基于诉讼标的的主张进而要求法

---

〔1〕 参见许士宦等：《新民事诉讼法实务研究（一）》，新学林出版股份有限公司2010年版，第372页。

〔2〕 本案案号：(2011) 浙金商外终字第3号，来源于《北大法宝》司法案例数据库。

〔3〕 李龙：《民事诉讼标的理论研究》，法律出版社2003年版，第5-6页。

院进行裁判的请求。[1]上述案例中当事人因法官释明所进行的诉讼请求的变更实际上是建立在诉讼标的变更的基础之上的，构成了诉的客观变更。事实上，我国司法实践中，像该案中法官愿意运用释明使当事人对诉讼标的得以重新考虑并进行变更的情况并不多见，法官往往受处分权主义的约束及影响，碍于公开与当事人就诉讼标的不一致的法律观点。因此，除了就当事人提出不明确、明显忽略或存在不正确、不适当的诉讼请求，法官应该公开其法律观点之外，无论是为解决传统诉讼标的理论与诉讼经济之间的冲突，还是为达纠纷一次性解决之目的，对当事人提出的不明确或与法官认识不一致的诉讼标的，也应明确纳入法官法律观点公开义务范畴。

2. 关于举证责任规范的法律观点公开义务

根据古典辩论主义的要求，法官作为裁判的依据只能是由当事人主张和提出的事实和证据，法院不能自行收集和探知。但随着社会诉讼观的产生，诉讼不再被纯粹视为当事人私人问题，发现案件事实并作出符合实体真实的妥当判决，被作为法院一项责任的观念逐渐形成，从而导致协同主义理念的产生。[2]在协同主义诉讼模式下，法官应当与当事人协同发现案件真实，以实现纠纷一次性妥当解决。具体在当事人提出证据以及举证证明责任分配等举证责任规范方面，法官公开法律观点义务主要体现为以下三种情形：①当事人提出的证据资料或方法，存在不明确、相互矛盾、不完备或与事实关系的解明没有关系的情形，法官应当予以释明，以赋予当事人及时修正、补充证据资料或方法的机会，避免盲目举证、重复举证、遗漏举证，同时使当事人将精力集中于对事案解明有意义的重要争点之中。②当事人之间不存在争执的事实或者依据法律无须举证证明的事实，但当事人已经或者可能要对此提出证据资料的情形，法官应当及时晓谕当事人，以避免不必要的举证而导致的诉讼资料无端耗损，节约诉讼成本和审理成本。③当事人理解的举证证明责任分配与法官观点不一致的情形，法官应当通过与当事人进行沟通与讨论的方式，公开其对举证证明责任的法律观点，以使当事人明了法律规范并及时提出证据，从而避免突袭性裁判的发生。

---

〔1〕 诉讼请求，法国称诉讼的目标，日本称诉讼旨意，我国台湾地区称诉的声明。程春华：《论民事诉讼中诉讼标的与诉讼请求之关系——兼论法官对诉讼请求变更及诉讼标的释明权之行使》，载《法律适用》2014年第5期，第5页。

〔2〕 唐力：《辩论主义的嬗变与协同主义的兴起》，载《现代法学》2005年第6期，第2页。

我国《证据规定》第3条第1款以及第33条，规定了人民法院对当事人举证责任规范方面应当履行的相关说明及送达义务。[1]但从其立法旨意来看，并不涵盖上述法官对当事人举证责任规范进行法律观点公开的意图，主要目的还是停留在从形式上对当事人举证事项进行事前告知；从时间节点来看，在送达举证通知书的同时告知相关法律要求，并不能有针对性地解决当事人在举证责任规范方面可能存在的问题。尽管法官对当事人在举证责任规范方面的法律观点公开可贯穿于诉讼全过程，但从有利于集中审理以及纠纷尽早解决的角度考虑，应尽可能在举证期限内的审前程序中有针对性地提出。

（二）法官法律观点公开义务的履行方式

在规定了法官法律观点公开义务的国家和地区，关于法官公开其法律观点的方式主要有：①发问，即在当事人陈述及提交的证据不明确、不充分的情形下，法官通过发问的方式促使当事人明确其主张或提出的证据。②晓谕，[2]即当事人对诉讼标的、诉讼请求、举证责任规范等法律观点理解错误、明显忽略或认为不重要的情形下，法官通过直接晓谕的方式告知当事人其法律观点存在的问题。③讨论，即法官在法律观点与当事人不一致的情形下，就法律观点的不同看法与当事人进行对话讨论的义务。

在传统“法官知法”原则的影响下，法官主要通过单方通知的方式将法律适用事项告知当事人，随着该原则逐渐瓦解并被法官法律观点公开义务所替代，法官单方通知的方式已不能适应现代民事诉讼理念的发展需要，法官心证公开的方式由“单方告知型”向“双方对话型”转变已成为趋势。对此，已有学者提出在民事诉讼中引入“讨论式”法律适用构造的措施，强调法官有义务与当事人进行法律上的讨论。[3]更有学者认为法官与当事人的讨论义务、释明义务以及当事人的真实义务，共同构成了协同主义的核心内容。

---

〔1〕 我国《证据规定》第3条第1款规定：“人民法院应当向当事人说明举证的要求及法律后果，促使当事人在合理期限内积极、全面、正确、诚实地完成举证。”第33条规定：“人民法院应当在送达案件受理通知书和应诉通知书的同时向当事人送达举证通知书。举证通知书应当载明举证责任的分配原则和要求、可以向人民法院申请调查取证的情形、人民法院根据案件情况指定的举证期限以及逾期提供证据的法律后果。”

〔2〕 “晓谕”一词在此的用法，来自于我国台湾地区民事诉讼中规定的法律关系晓谕义务，相较于“通知、告知”等词，“晓谕”更能表达该种情境下法官想让当事人明白其法律观点的一种心态。本文认为用“晓谕”来表述法官公开法律观点的该种方式比较确切。

〔3〕 段文波：《德国法律适用突袭问题之对策与启示》，载《法律科学（西北政法大学学报）》2011年第6期，第7页。

法官与当事人对诉讼资料及法律适用进行讨论，能够形成当事人与法院协同发现案件真实的格局，共同促进纠纷解决。[1]

（三）法官法律观点公开义务的履行效力

法官公开法律观点的效力，是指法官公开其法律观点对当事人所产生的影响及作用，以及当事人在不采纳法官法律观点的情况下所产生的后果。对此应根据不同情形分别对待：①法律有明确规定，但对当事人忽略或提出的不明确、不完备的诉讼主张、请求或证据，法官进行过发问及晓谕并赋予当事人充分陈述法律观点机会后，当事人仍未予以明确、修正或补充的，应承认法官已履行法律观点公开义务并按照其法律观点作出裁判，当事人自行承担其不采纳法院法律观点所造成的不利后果；②对于法官与当事人的观点不一致，或认为当事人提出的诉讼标的、请求或证据不正确、不适当的情形下，法官通过与当事人进行充分讨论后，当事人仍旧坚持己见的，法官不应将法律观点强加于当事人，应赋予当事人充分处分权，同时不利后果也由当事人自行承担。

（四）违反法官法律观点公开义务的法律后果

法官违反法律观点公开义务的法律后果，是指法官对应当公开的法律观点未予公开，或对不应当公开的法律观点而过度公开时，法律应当施加何种后果。对此，应针对不同违反情形以及不同违反程度进行讨论：首先，法官违反法律观点公开义务的情形有消极违反与积极违反之分。消极违反，是指法官对应当公开的法律观点未予以公开，由此损害的是当事人知情权、陈述权、辩论权，民事诉讼中当事人无论对诉讼标的、诉讼请求的确定还是对证据的提出，都是建立在一定法律观点基础上而展开，法官若不对该法律观点存在漏洞或瑕疵的情形进行公开，当事人则无从知晓陈述及辩论的正确方向，势必造成诉讼资料及证据资料的浪费，影响案件审理的效率与效果，更容易形成裁判突袭，对当事人听审请求权造成损害。积极违反，是指法官过度行使释明权，对不应该公开的法律观点进行公开，由此损害的是利益受损方当事人的实体权益及程序权益。实践中常见的主要是涉及当事人诉讼时效抗辩权的情形，一般情况下，如果权利人没有主张诉讼时效抗辩权，法院不能主动加以阐明，除非出现权利人本身已经有提出诉讼时效抗辩的意愿但表达不清的情况。对此类债权人私权的行使，法官若过度公开其法律观点，势必造

---

〔1〕 唐力：《辩论主义的嬗变与协同主义的兴起》，载《现代法学》2005 年第 6 期，第 8 页。

成对其中一方当事人的偏袒以及另一方当事人实体性的损害，有违程序公正。其次，针对上述不同违反情形，一般认为，对法官未尽法律观点公开义务而导致当事人败诉的，判决未生效的，当事人可以程序违法为由提起上诉，上诉审法院可以程序违法为由撤销原判，发回重审。判决生效的，当事人可以剥夺辩论权为由申请再审；对法官超出义务履行边界过度进行法律观点公开的，当事人可以法官丧失中立性为由申请其回避。[1]而事实上，由于法官超出界限进行的过度公开释明，很可能已经使诉讼结果发生了不可逆的结果，一方当事人因法官法律观点的过度公开而受益，另一方则相反。对此种情形，即使让该法官回避也已无济于事，只能赋予当事人以程序严重违法为由提起上诉或申请再审的权利。总之，上述就法律观点公开义务法律后果的设置越是深化完善，越对法官的专业素养即业务水平提出更高要求，短时期内可能对法官审判案件造成一定压力与负担。但法官通过适时适当公开其法律观点，使司法得以实质性公开，一方面保障了当事人实体权益及程序权益，另一方面促使当事人尽早明确其提出的事实主张及证据资料，促进案件集中审理，并减少证据突袭及裁判突袭发生的可能，长远来看，必定有益于司法实体公正与程序公正的实现。

（初审人：方俊）

---

〔1〕 参见熊跃敏：《民事诉讼中法院的法律观点指出义务：法理、规则与判例——以德国民事诉讼为中心的考察》，载《中国法学》2008 年第 4 期，第 9 页。

我国法院审限制度实证研究

——以某市两级法院为例

周浩仁 *

摘　要：在现有的司法环境下有必要设置审限，但应该进一步规范对审限的具体规定。对于一些特殊、疑难复杂、新类型案件可以先试行不规定审限。三大诉讼法对审限长短的规定基本合理。审限作为法官办案的红线，对法官和当事人都影响较大。当事人的行为影响审限的确定，应赋予当事人在审限上更多的权利，主要是参与权和知情权。审限的长短对诉讼公正影响不大，但审限对诉讼效率有一定的影响。建议将一二审审限进行合并规定，规定一个案件的最长审限；把审限作为诉讼费用确定和分配的一个参考因素；完善和细化对审限的规定，避免隐性超审限的出现。

关键词：审限　诉讼效率　诉讼公正　超审限

2012年3月全国人大对《刑事诉讼法》进行了修改，2014年11月全国人大常委会对《行政诉讼法》进行了修改，修改后的《刑事诉讼法》和《行政诉讼法》都对审限进行了延长，2015年2月开始实行的新的《民

---

* 周浩仁，中国政法大学证据科学研究院诉讼法专业2015级博士研究生（100088）。

诉法司法解释》也对简易程序的审限进行了修改。修改后的审限规定在实践中运行如何？存在哪些问题？三大诉讼的审限存在哪些共同的问题？在充分调研的情况下，笔者以我国南部某市两级法院为样本对审限进行整体的实证研究。

一、实证调研概况

（一）调研的地点及其审限数据

2017 年 7 月至 10 月，笔者在我国南部某市中级人民法院挂职锻炼，利用这次挂职锻炼的机会，在该中级人民法院及其所管辖的基层人民法院开展审限的调研活动。该市位于我国南部偏中地区，现辖 2 区 10 县 1 市，面积 2.53 万平方公里，人口 530.4 万，经济发展水平一般。该中级人民法院管辖 13 个基层法院，2016 年共受理案件 4034 件，旧存案件 806 件，其中民事 2617 件，刑事 419 件，行政 161 件，审结 4217 件。2017 年上半年共受理案件 2467 件，其中民事 1629 件，刑事 237 件，行政 121 件，延长审限案件 37 件，未出现超审限情况。[1]

该市中院 2016 年延长审限案件 246 件，超审限案件 147 件（其中执行案件为 142 件），扣除审限案件 332 件。2015 年延长审限案件 137 件，超审限案件 103 件（其中执行案件为 34 件），扣除审限案件 140 件。2014 年延长审限案件 133 件，超审限案件 40 件（其中执行案件为 5 件），扣除审限案件 85 件。[2]

从以上数据可知，从 2014 年到 2016 年，该院延长审限的案件、超审限案件和扣除审限案件的数量都在增长，对审限的规范程度越来越高，在审限内结案的数量不断增加，执行案件超审限的比例不断上升。

（二）调研的方式和内容

由于该中院采用全省统一的法院审判执行平台，因此能很便利地查询该院及各基层法院的数据，登录已有的账号就可以查找各种类别的数据及统计资料。笔者在该院了解各基层法院的基本情况后，设计了调查问卷，访谈了部分中级人民法院的法官。通过中级人民法院向下级法院发放通知的形式告知了调研的主要内容、方式和时间，并以附件的形式发放了调查问卷。笔者

---

〔1〕 以上数据均来源于某省法院审判执行平台，所统计数据含执行案件。

〔2〕 由于《刑事诉讼法》在 2012 年对审限进行了修改，《行政诉讼法》在 2014 年对审限进行了修改，因此笔者只统计了 2014 年以后三大诉讼的数据。

调研的方式主要是：①查阅中院的数据统计和电子案卷；②访谈员额制法官以及法官助理；③在基层法院进行座谈；④发放和回收调查问卷；⑤阅读和总结基层人民法院关于审限的调研报告。[1]由于该市所在省的所有法院都通过法讯通系统进行内部联系，[2]因此回收调查问卷和调研报告采取电子和纸质相结合的方式。

在开展此次调研前笔者进行了充分的文献检索和阅读，并有了主要的预设观点。此次调研主要围绕笔者的预设观点进行，笔者预设的观点有五个：①审限在现阶段需要保留但最终要废除；②发挥当事人的程序主体地位，让当事人在审限制度上发挥重要作用；③审限对诉讼公正的影响不大，对诉讼效率有一定的影响；④将审理期限与诉讼费用相结合；⑤一审审限与二审审限可以结合，加强一二审审限的关联。围绕这五个预设观点，笔者设计了审限的调查问卷和访谈、座谈提纲。围绕着预设观点，笔者调研想要了解的问题主要是：是否有必要设置审理期限、三大诉讼审理期限设置的必要性、如何科学合理地设置审理期限、审理期限在实践中存在的问题及解决方式、审理期限与其他诉讼制度的关系、诉讼效率与诉讼公正的关系以及审理期限的未来和完善。

（三）调查问卷的说明

1. 问卷设计的原则和思路

审理期限调研的问卷共设计题目30道，其中选择题29道，开放性问题1道。[3]开放性问题共设计了3个小问题，选择题都设置成单选，选项最少的是两项，最多的是六项，大部分题目为二选一。问卷按照三大诉讼分别设问，区分一审和二审，以简单直白为原则进行设计。按照案件数量的多少安排问题的顺序和答案项的顺序，避免倾向性。在题目设问比较相近时采用对不同词语加粗和下划线的方式进行区分，前后有呼应和试错验证题目，[4]还设置了关联题、排序题。问卷设计的思路是宏观性和微观性相结合、现实型和预

---

〔1〕 调研方式③到⑤是下发通知里写明的调研方式，也是对基层法院协助调研的要求，即以调研的主要内容为座谈做好准备，通知和协调座谈和访谈对象，通知被调查对象填写调查问卷，撰写一份调研报告。

〔2〕 类似于QQ，其将法院所有的工作人员按照部门分类，能发送信息和文件图片。

〔3〕 由于最初设想是都采用电子版形式收发问卷，填写问卷主要通过电脑打字进行，因为电子版可以自动加页，预留的答题空间也较小，所以主观题目设了三问但只设计一道。

〔4〕 主要目的是验证被调查对象的仔细程度和调查内容的可信度以及问卷的有效性。

测型相结合、必要性和合理性相结合、主观和客观相结合。在部分回收的情况下修改问卷再发放。

2. 问卷的发放和回收

由于是以中院下发通知的形式开展调研，[1]在调研通知中以附件形式发送了调研问卷。因此问卷的发放和回收主要是以电子版方式进行。但各基层法院的具体做法不一，有的法院是以电子版发给具体的被调研对象，有的法院则是以书面形式发放给被调研对象；回收的方式也不一致，有的法院是集中发放集中收回再寄回，有的法院是单个被调研对象通过电子版发回。本次问卷的调查对象主要是中级人民法院和各基层人民法院的员额制法官和法官助理。由于是基层法院自主发放问卷和通知被调查对象，因此发放的调查问卷数量无法统计，截至2017年9月11日共回收基层人民法院纸质版调查问卷58份，电子版调查问卷99份。其中纸质版有效问卷54份，电子版有效问卷95份。[2]中级人民法院都发送的是纸质版调查问卷，共发放问卷42份，回收问卷41份，有效问卷38份。

笔者所选的中级法院，根据其所在地级市的经济、人口、基层法院数量以及年均审理案件数量，相对于我国其他地级市具有较好的代表性。以客观性的调查问卷和主观性的座谈内容和审限报告作为样本进行对比分析具有较强的验证效果和说服力。采用的调研方式能较大程度保证问卷的填写主体、填写内容和座谈的真实性。

二、回收问卷的分析

（一）问卷的总体分析

本次调研共回收有效问卷187份，其中男性被调查对象127人，女性被调查对象60人，男女的比例差不多是2∶1；民事审判庭室93人，刑事审判庭40人，行政审判庭20人，其他庭室34人。[3]从事审判工作时间在三年以下的32人，三到七年的53人，八到十五年的49人，十五年以上的53人。中级人民法院被调查人数为38人，基层人民法院被调查人数为149人。

---

〔1〕 通知是以中级人民法院明传的形式发往十三个基层人民法院，主要内容是调研的时间、内容、方式和具体要求。

〔2〕 笔者评价有效问卷的标准是问卷选择题的漏填率和关联问题的填写正确与否，漏填两题则为无效问卷，关联题两组都答错的为无效问卷。

〔3〕 其他庭室主要是派出法庭的员额法官以及基层法院的院领导、立案庭、审监庭等庭室的员额法官，另外还有很少的基层法院审管办人员。

（二）开放性问题回答的总结与分析

开放性问答的题目是“您对审理期限的看法是？您认为审理期限存在哪些问题？您有什么建议？”回收的问卷绝大部分没有填写开放性问题，笔者对开放性问题回答的问卷总结如下：①小部分回答现有的规定合理或者遵守现有的法律规定；只有四个民事审判法官主张废除审限；大部分都是反映审限的规定基本合理，但对审限的一些具体规定要完善和改进，例如审限的延长和批准主体，审限的扣除，案多人少导致审限压力过大，存在隐性超审限问题，不能笼统规定审限，要根据案件的特殊性、疑难复杂程度分别规定审限等；②对送达问题提到较多，普遍反映送达影响审限并对送达与审限提出了一些建议；③对审限长短的看法不一，有主张三大诉讼审限普遍都要延长的，还有认为现有法律对审限的规定都较长，要进一步缩短；④还有一些回答主要从效率和当事人预期等角度列明了审限的意义或作用，主张保留审限；⑤一些法官还对审限的起止时间给出了建议，还有一些法官对审限与公正效率的关系表达了看法；⑥一些法官认为审限规定“一刀切”，太死板，对审限法官应该有自主权；⑦还有一些法官建议婚姻家事类案件审限要延长以及当事人可以协商审限。

由于90%的案件是民事案件，员额制和立案登记制后，由于法官数量的减少和案件数量的增加，一些民事审判法官对审限的意见和看法较多。各基层法院受理的民事案件相差很大，但员额制法官的数量却相差不大，因此案件较多的法官对审限的压力较大，希望取消审限以及简化审限延长的手续或者增加更多扣除审限的情形。从开放性回答的情况来看，对审限的认识与案件数量和各法院对审限的考核存在很大联系。大部分民事案件都是简易程序，3个月的审限还有较多富余，但刑事案件的简易程序只有20天，稍微有点紧迫。因此不同庭室的法官对审限的看法也不一致。时间起到自然治愈作用，一些法官认为对于一些案件拖一拖可以缓和矛盾，减少当事人不合理的高要求，由于结果的不确定性便于法官的调解和做工作。[1]

（三）选择性问题回答的总结与分析

1. 关于审限的必要性

以回收的187份有效问卷为样本，对审限必要性的调查主要是问卷的第7

〔1〕 比如原告当事人提出的要求很高，希望法院判决的数额很高或者主张的权利过多以及明显不合理；双方矛盾特别激烈的；一方提起诉讼是出于面子考虑等。

题至第11题，即对审限整体的必要性以及分别对三大诉讼审限必要性的看法。具体情况见表1。

表1 认为没有必要设置审限的数据统计

	中级法院（38）	基层法院（149）	合计（187）	占比
整体	1	11	12	6.41%
民事	3	21	24	12.83%
刑事	2	11	13	6.95%
行政	3	16	19	10.16%

从以上数据可知，认为没有必要设置刑事诉讼审限的比例接近认为没有必要设置审限的比例，认为没有必要设置民事审限的比例是认为没有必要设置审限比例的两倍。问卷反映了一些认为没有必要设置民事审理期限和行政审理期限的却认为有必要设置刑事审理期限。刑事诉讼被告人被关押比例较高，而且涉及被告人的人权，因此主张提高刑事诉讼审判效率、尽快结案的法官较多，认为刑事诉讼没有必要设置审理期限的比例较低。由于民事案件数量太多，民事法官来不及办理，案件的受理在一段时间内的数量不可控，所以民事法官认为没有必要设置审限的比例较高。接触行政审判的法官较少，行政案件的数量也很少，对行政审判审限的认识同于民事审判的审限。分析问卷发现一个矛盾的地方，[1]即认为没有必要设置审理期限的法官却对三大诉讼是否有必要设置审理期限的看法不一致，主要是认为刑事诉讼有必要设置审理期限。

2. 关于审限的合理性

对审限合理性调查的题目主要是问卷的第1题至第6题以及第18题，第1题至第6题是调查法官对三大诉讼法有关一二审审限规定的看法，具体情况见表2。

表2 对三大诉讼审限合理性的看法

	民事诉讼		刑事诉讼		行政诉讼	
	一审	二审	一审	二审	一审	二审
较长	16	40	2	13	9	14

〔1〕 问卷的第7题是对整体审限必要性的调查，第8题是对民事诉讼审限必要性的调查，第9题是对刑事诉讼审限必要性的调查，第10题是对行政诉讼审限必要性的调查。

续表

	民事诉讼		刑事诉讼		行政诉讼	
	一审	二审	一审	二审	一审	二审
适中	137	114	111	122	123	127
较短	25	29	67	45	49	41
太短	9	4	7	7	6	5

认为民事诉讼法对一审审限规定时间适中的比例是73.26%，认为民事诉讼法对二审审限规定时间适中的比例是60.96%。认为民事诉讼二审审限较长和较短的都较多。区分一审和二审法院的调查对象可以解释认为二审审限时间较长和较短的比例都较多的原因，问卷中认为民事二审审限较长的大部分是基层人民法院法官，认为二审审限较短的大部分是中级人民法院法官。由于中级人民法院主要办理的是二审民事诉讼，基层人民法院往往需要等待二审审判的结果去送达和执行，因此一审人民法院的法官希望二审法院尽快给出裁判结果。认为刑事诉讼法对一审审限规定时间适中的比例是59.35%，认为刑事诉讼法对二审审限规定时间适中的比例是65.24%；认为行政诉讼法对一审审限规定时间适中的比例是68.44%，认为行政诉讼法对二审审限规定时间适中的比例是67.91%。以上数据表明，大部分法官认为我国现有诉讼法对审限的规定是合理的。对于三大诉讼一二审审限的规定，只有认为刑事诉讼一审审限规定合理的比例稍低，主要是认为刑事诉讼一审审限规定的时间较短；认为民事诉讼一审审限规定合理的比例最高；行政诉讼一审审限合理的比例和二审审限合理的比例差不多。

第18题调查的是在不区分三大诉讼的情况下，法官认为办理一个案件需要多长时间是科学合理的。认为办理一个案件需要最短审理期限为1－3个月的有66份问卷，4－6个月的有86份问卷，7－9个月的有25份问卷，10－12个月的有6份问卷，1年以上的有4份问卷。笔者认为被调查对象选择的科学合理地办理案件需要的审限，实际上与三大诉讼法已经规定的审限长短有较大关联。由于刑事诉讼法规定的一审审限是3个月，二审审限是6个月；民事诉讼法和行政诉讼法规定的一审审限是6个月，二审审限是3个月，因此选择办理一个案件科学合理的时间是1－3个月和4－6个月的都较多。民事案件的比例较大，被调查对象的民庭法官及法官助理也较多，因此选择4－6

个月的比 1 -3 个月的问卷要多。

3. 审限与诉讼效率、诉讼公正的关系

对审限与诉讼效率、诉讼公正关系的调查主要是问卷的第 11 题、第 14 题、第 16 题。主要是调查审限是否影响诉讼效率与诉讼公正，以及诉讼效率和诉讼公正的关系。有 62 份调查问卷认为审限对诉讼效率没有影响，占有效问卷的比例是 33.15%；认为审限对诉讼公正没有影响的有 111 份问卷，占有效问卷的比例是 59.35%。认为诉讼效率优先于诉讼公正的有 3 份问卷；认为诉讼效率与诉讼公正同等重要的有 64 份问卷；认为诉讼公正优先于诉讼效率的是 130 份，认为诉讼公正优先于诉讼效率的比例是 69.51%。

从以上数据可看出，大部分法官认为审限与诉讼公正的关系不大，审限影响诉讼效率，这与笔者对审限与诉讼公正、诉讼效率关系的认识一致。由于我国没有实行集中审理制度，法官在一段时间内要办理许多案件，因此审限的长短决定了分配给每一个案件的时间长短；不考虑法官加班时间，法官的工作时间是有限的，审限的长短会影响一个法官在固定的一段时间内处理案件的数量，因此会影响诉讼的效率。[1]但也有观点认为审限与诉讼效率无关。[2]我国的诉讼法对法院主动调查取证有严格的限制，事实问题主要靠当事人的举证，裁判结果是建立在查明事实的基础上的，法律对举证责任也进行了分配，举证的时间是有规定的。由于举证责任以及证据的限制，审限越长不一定能保证案件裁判结果越公正，因此诉讼公正与审限的关系不大。在法官的心中还是更注重诉讼公正，案件的裁判结果公正与否涉及当事人的利益、法官的责任、人民法院的权威和司法的公信力，因此绝大多数法官都是在诉讼公正的前提下追求诉讼效率。

4. 关于审限的整体认知

对审限整体认知的调查主要是问卷的第 7 题、第 19 题、第 20 题、第 24 题、第 25 题、第 26 题。主要是调查审限的延长、三大诉讼审限的长短排列、超审限、一审的审限是否对二审审限有影响，以及一二审的审限如何规定。

对于整体审限如何设置，认为规定最短的审理期限的有 14 份，认为规定

---

〔1〕 参见向前：《从实证分析的角度论我国民事一审审限的改革》，载《社科纵横（新理论版）》2013 年第 3 期，第 100 页。

〔2〕 参见王福华、融天明：《民事诉讼审限制度的存与废》，载《法律科学（西北政法学院学报）》2007 年第 4 期，第 98 -100 页。

最长的审理期限的有100份，认为规定固定的一段时间的有61份。我国现有三大诉讼法对审限的规定可以理解为弹性的固定时间，可以延长和中止计算，但一个案件的最长办理时间是多久没有法律的明确规定，一个案件最少要办理的时间也没有规定。以上调查结果表明，大部分法官还是希望法律规定一个案件可以办理的最长时间而不是一段时间，但由于每个案件都有自己的特点，因此规定统一的一段时间是不合理的。规定统一的最长时间，由法官根据案情去办理，只要不超过最长时间就可以。

对当事人与审限的延长关系上，有25份问卷认为审限的延长与当事人没有关系；认为当事人可以申请延长的有66份；认为法官决定前征询当事人意见的有49份；认为法官决定后通知当事人的是47份。由于第20题设定为单选，而除了认为当事人与审限没有关系外，其他三个选项都可以选择，因此导致三种选择的比例大致相当。根据现有问卷回答情况本题拟修改为不定项选择。司法实践中，当事人对审限没有发挥作用，法官决定延长审限或扣除审限一般也不会通知当事人，在裁判文书中也很少写明。审限涉及当事人的程序性权利，应该让当事人参与并且享有知情权和异议权。[1]

在办理一个案件时，认为超审限可以避免的有63份问卷，占有效问卷的33.69%；2/3的法官或法官助理选择超审限无法避免。这与笔者的认知和司法实践中的做法不一致，通过座谈笔者也了解到司法实践中避免超审限的方法较多。笔者认为这种情况出现的原因可能是法官考虑到员额制改革以及立案登记制以后案件数量的增加以及法官人数的减少，案件数量超过了法官的承受量。此外还有一种可能是一些法官认为案件实际办理的期限超过法律规定的审限就是超审限，不考虑扣除和延长的时间。

三大诉讼的审限按照由长到短共有六种排序方法，认为审限由长到短是民事、刑事、行政的有23份问卷，民事、行政、刑事的有74份问卷，刑事、行政、民事的有18份，刑事、民事、行政的有21份，行政、刑事、民事的有17份，行政、民事、刑事的有34份。认为民事诉讼审限应该最长的共97份，认为刑事诉讼审限应该最长的共39份，认为行政诉讼审限应该最长的共34份；认为行政诉讼审限应该第二长的共92份，认为刑事诉讼审限应该第二长的共40份。由此可见，大部分法官认为三大诉讼审限的长短顺序是民事诉

〔1〕 参见陈昶屹：《司法改革背景下我国民事一审审限制度的修正与路径》，载《法律适用》2016年第9期，第63页。

讼、行政诉讼和刑事诉讼，此种排列与我国三大诉讼法对审限长短的规定是一致的。这些排列的选择也在一定程度反映了不同庭室法官对三大诉讼难易程度、重要程度的认识。

认为一审审理期限对二审审限有影响的有 44 份问卷，占样本总量的 23.5%；认为一审和二审审限规定为一个总的期间的只有 2 份问卷；绝大部分法官认为一审和二审的审限是没有关系的，在刑事诉讼中由于涉及羁押期限和刑期问题，一审的审限可能会影响二审的审限。笔者认为应该将一二审的审限进行关联和综合研究，对于一审超审限的二审案件可以在二审的审限上予以补救。由于我国没有实行上诉附理由制度，因此上诉案件较多，二审的审限是否可以考虑一审审限的长短而设定，以及能否构建一二审统一的审限制度；如何合理地设置一审和二审的审理期限，以及让二审审限来救济超审限需要司法实践不断地经验累积和诉讼法理论的不断完善和发展。

5. 审限的未来和完善

对审限未来和完善的调查主要是问卷的第 27 题、第 29 题，即调查法官及法官助理对审限将来是否会一直保留或废除的看法，以及审限是否可以和诉讼费用相关联。对审限的未来不清楚的问卷是 20 份；认为一直保留审限的问卷是 120 份，占样本总量的 67.91%；认为审限最终会废除的问卷有 47 份，占样本总量的 25.13%。大部分法官认为需要保留审限，选择最终废除审限的具体情况见表 3、图 1 和图 2。[1]

表 3 两级法院选择最终废除审限占比

	样本量	选择量	比例
中级法院	38	8	21.53%
基层法院	149	39	26.84%
合计	187	47	25.13%

认为审理期限越长诉讼费用越高的问卷有 31 份，认为审理期限越长诉讼

〔1〕 由于基层法院的一些调查问卷是院领导填写，以及司法改革后许多法院实行团队化，因此笔者调查问卷所列的庭室不能包含全部，一些员额制法官和法官助理属于综合团队或者其他团队。由于行政诉讼实行跨区域集中管辖，笔者所在市的十三个基层法院确定了四个集中管辖行政案件的基层法院，因此一些法院实际上行政庭法官就一个，其同时办理民事案件或其他案件。

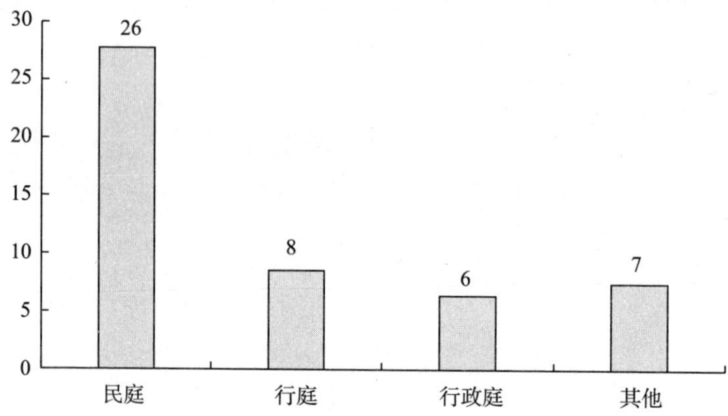

图 1　不同庭室选择最终废除审限占比

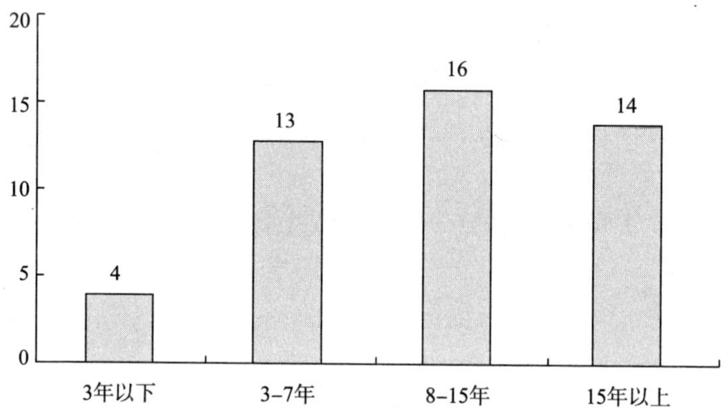

图 2　不同工作时间选择最终废除审限占比

费用越低的问卷只有 1 份，有 155 份问卷认为审限与诉讼费用没有关系。

由此可见，大部分被调查对象对审限的态度是认为有必要设置的，法官的工作量是可以和诉讼费用相结合的，但绝大部分法官认为审限与诉讼费用没有关系。民事审判庭法官主张废除审限的比例要高于其他庭室。基层法院的法官认为最终废除审限的比例略高于中级人民法院的法官。认为最终会废除审限与法官从事审判工作的时间关系不大。审限与诉讼费用的关系这道题是用来检验笔者预设观点的可行性的，但由于样本量太小，在本地区的调研结果中不能得到论证，需要更多的调查数据来验证和更深入的理论和实证研究。

三、座谈和审限报告的概况及分析

座谈和审限报告是来验证调查问卷结果真实性和说服力的，座谈能真实反映被调查对象的想法和观点。

（一）座谈的地点和形式

该被调研市共有13个基层人民法院，笔者按照东南西北方向各选择一所基层法院，同时按照案件受理数量以及经济发展水平选择了其他六所基层法院。笔者主要是选择了案件受理量最多的城区所在地的法院、离中心城区较近的一所案件受理量一般的法院以及经济发展最好的县所在法院，案件受理量最少的两所法院，一所全国优秀法院，一共选择了十所基层法院进行座谈。座谈的形式是由笔者所在中院的民一庭庭长事先电话通知基层法院，让其协调好座谈人员。然后庭长和一名法官陪同笔者前去各基层法院座谈。座谈主要采取座谈法官和法官助理自主发言为主，笔者提问为辅，适时地进行一下讨论。参加座谈的一般都是主管民事审判的副院长或者审判委员会专委、各业务庭室的法官以及法官助理、派出法庭的法官、审管办或立案庭人员。

（二）座谈的主要内容

围绕下发给基层法院通知中的主要调研内容和具体要求，笔者座谈的主要内容是：①了解法院的基本情况，该法院所在地的人口和经济发展水平、年收案数量、法官平均办案数量、员额制改革的情况、主要的案件类型、案件的律师代理比例等；②审限设置的必要性问题；③如何科学合理地设置审限；④审理期限在实践中存在的问题及解决方式；⑤审理期限与其他诉讼制度的关系，比如诉讼中止、延期审理、调解、诉讼费用、简易程序、速裁程序等；⑥诉讼效率与诉讼公正的关系；⑦审理期限的未来和完善。

（三）座谈中的观点总结及分析

围绕审理期限的讨论十分热烈，观点针锋相对，座谈者也提出了很多宝贵的建议，笔者按照比较一致的观点、有争议的观点、建议，以及讨论四部分进行阐述。

1. 比较一致的观点

在目前的现实情况下，审限有必要设置，审限起到对法官的约束作用，避免案件长期未结，满足当事人的预期。但要区别个案和疑难复杂案件设定审限，不能“一刀切”。对于婚姻家事类案件应该规定更长的审理期限或者可以延长更久，或者规定“冷静期”并把这段时间在审限中扣除。婚姻家事类案件不同于一般的民事案件，双方当事人的关系特殊，矛盾激烈，处理不好会造成严重的后果，法官希望给予更多的时间进行调解和做工作。[1]

审限给法官很大的压力，审限是对法官考核的一个重要指标。法官的工作时间有一部分要被党员活动、各种其他活动、接待当事人等占据，而审限是以自然日连续计算，因此法官的实际工作日时间较少。员额制后案多人少更成为问题，法官助理被闲置，其地位比不上人民陪审员，书记员基本上是聘任的，没有法律经验，流动性大。[2]

送达是个很大的难题，因为司法解释规定以裁判文书送达最后一名当事人的时间为结案时间，而当事人往往躲避接收裁判文书，导致送达严重影响审限。实际上当事人也是影响审限的重要因素，被告往往利用法律规定拖延诉讼，当事人的延期举证也影响审限。

刑事诉讼中除了精神病鉴定的其他鉴定时间也应该在审限中扣除，刑事案件经常附带民事，而民事案件被害人往往需要做伤情等鉴定。刑事诉讼技术性上诉和无理由上诉较多，导致中级人民法院二审的刑事案件增加，影响了刑事案件的审限。[3]行政诉讼一并处理民事争议如何计算审限尚待明确。

对于延长审限的批准主体三大诉讼应该统一，可以赋予法官更大的延长审限的权力。规避审限的方法较多，隐性超审限的情况也存在，法官为了不被追责以及绩效考评不得已而为之。

审限与诉讼公正关系不大，更长的时间不一定能保证案件的结果公正。要充分相信法官，法官都希望尽快结案，都会公正地裁判案件。

2. 有争议的观点

关于审限设置的必要性问题，在现阶段绝大部分法官都主张要设置，一些主张废除审限的主要是案件数量很多的民事审判法官，他们的理由是法官的良知和内心都是希望公正地尽快结案，审限不会影响诉讼效率和诉讼公正，法官一般会按照先易后难的方式处理案件，实践中存在的规避审限的方法实

---

〔1〕 也有个别法官反对延长婚姻家事类案件的审限，其认为婚姻类案件中有弱势的一方，其希望尽快得到裁判，比如家庭暴力等，我国的法院有个不成文的做法即第一次起诉离婚都不会判决离婚，这是不合理的。

〔2〕 参见唐力：《民事审限制度的异化及其矫正》，载《法制与社会发展》2017年第2期，第180－181页。

〔3〕 技术性上诉是指，被告人实际上是认可一审判决的，但其希望不去监狱服刑，利用上诉的时间造成所剩刑期低于三个月，从而待在看守所。

际上架空了审限的规定。[1]但是反对这种观点的法官认为审限影响诉讼效率，没有审限法官就会拖延，因为人基本上都是有惰性的，不排除一些法官慵懒散和利用审限谋取利益。

关于现有民事诉讼法规定的审限长短，一些法官认为都较长，主要是简易程序的时间较长，我国法律规定的审限是固定的一段时间，而没有规定最短的时间，实际上一些案件一个月内就能结案。而另外一些法官认为民事一审的审限较短，其主要是从案多人少和程序性事项占据时间较多等角度考虑。

关于审限是否影响诉讼效率。一些法官认为迟来的正义非正义，审限能保证当事人及时得到裁判结果，因此审限会影响诉讼效率。这是从当事人的角度来考虑审限的，但从法院同一段时间受理案件数量以及结案数量考虑，审限是否影响诉讼效率则有争议，法官一般都是按照收案时间的先后处理案件，适当先解决简易案件以便于统计结案数，因此审限对个案的效率没有影响。

关于民商事案件的审限是否需要区分以及商事案件应该规定较长的审限还是较短的审限，一些法官认为商事案件涉及交易秩序以及较大经济利益，因此应该尽快结案；另外一些法官则主张商事案件一般较复杂，证据和法律关系比较难把握，应该规定更长的审理期限。

3. 建议

公告送达的时间太长，建议缩短。对于追加当事人、增加新的诉讼请求、反诉等要延长审限。当事人可以协商共同申请诉讼中止，可以协商确定审限。审限变动的情况应当告知当事人。对于一些敏感、特殊时期的案件可以不设置审限或者可以多次延长审限。

诉讼费用低导致案件数量不断增加，一些当事人恶意提起诉讼，建议增加诉讼费用。简化审限延长的批准手续。庭外和解可以扣除审限，但对庭外和解的时间和次数，司法解释没有具体规定，应该细化，不然审限的规定将不起作用。对于审限的起算和截止时间应该重新规定，建议以将起诉书送达被告作为审限的开始计算时间，以裁判文书的签署作为审限的截止时间。[2]

---

〔1〕 民事诉讼中主要是调解和和解，关于调解是否计入审限的分析参见韩波：《审限制度："二十周岁"后的挑战》，载《当代法学》2011 年第 1 期，第 24 – 25 页。

〔2〕 由于二审的生效裁判经常委托一审法院送达，因此一审法院既承担自己做出的生效裁判的送达任务同时承担二审法院的送达任务。而送达是个很大的难题，败诉一方经常采取各种方法躲避收取裁判文书。笔者调研法院所在的省在试行将送达外包出去的办法，基本上成立了收转发 E 中心，以解决送达的难题。

4. 讨论的内容

讨论的部分主要是笔者提的两个问题：①能否把一审和二审审限规定为一个总的期间，在一审和二审之间进行分配，也就是一个案件得到生效裁判最长的时间；②诉讼费用的最后收取能否参考法官的办案时间，即审限的长短。将诉讼费用的数额和分配比例建立在多种因素之上，而不只是案件的标的额和双方当事人的过错。〔1〕

针对第一个问题，大部分法官不认同这种做法，认为要分开规定。一些法官认为如果统一规定审限可能导致一审法官消极办案，耗尽总的审限，或者留给二审的审限时间太短；审限分配的标准和主体是什么不明确；还有一些法官提出虽然二审法院对一审法院起到指导和监督作用，但二审法院能否可以占用一审法院的审限，以及对于发回重审案件如何分配审限的问题。

针对第二个问题，法官普遍认为诉讼费用收取比例降低后导致案件大量增加，一些虚假和恶意诉讼也随之而来，诉讼案件使得法官不堪重负。要提高诉讼费用的收取比例，但对于将审限与诉讼费用结合起来没有思考过。虽然对于非财产类案件是按固定费用收取的，但是反而可能比标的额较大的案件还难处理，法官的工作量大小和时间长短可以和诉讼费用相结合，这一定程度上也反映审限可以和诉讼费用相结合。一些法官还认为这会导致诉讼对经济状况不好的一方不公平，因为经济实力强的一方可以主张更长的审限和拖延诉讼。此外，各法院法官人数的多少和法院案件数量的多少也不同，因此办理一个案件的时间长短也不一致，不好建立一个统一的标准。如果将审限与诉讼费用挂钩，个别法官可能还会利用审限的长短和诉讼费用的收取比例在案件诉讼标的额较大时谋取利益。

（四）调研报告的主要内容及分析

在十三个基层法院中共收到审限报告五份，五份报告都是分为两部分，即存在的问题和解决办法。五份报告都认为审限有必要设置，但审限在司法实践中存在很多问题。〔2〕民事诉讼存在的主要问题是审限设计“一刀切”，导致简易程序和普通程序有的办理时间太短，有的办理时间不够；审限设置没有考虑到案件的疑难复杂和新类型案件的情况。延长审限和案件的中止在实

---

〔1〕 讨论的内容都是在参与座谈的人员阐述完对审限的看法后，笔者再提出这两个问题，在座谈人员发表看法后，笔者再追问。讨论参与发言的人员较少，以往对这两个问题没有思考过。

〔2〕 调研报告基本上是由民事审判庭的法官撰写，因此对于民事诉讼所提的问题和解决办法较多。

践中不规范，审限的变动情况没有告知当事人。刑事诉讼存在的主要问题是刑事附带民事诉讼的审限较短，附带民事中还经常涉及其他鉴定问题，而刑诉法规定只有精神病鉴定可以扣除审限，因此常常导致审限不够；此外，刑事诉讼中的职务犯罪案件以及涉及财税经济方面的案件需要的审判时间较长，因此常常导致审限不够。[1]由于行政诉讼法对审限进行了延长，且该市行政案件较少，因此对于行政诉讼审限的问题很少提及。

调研报告提出的审限存在问题的解决办法主要是：对一些特殊案件不规定审限或者延长对特殊案件的审限，细化审限的具体规定；赋予当事人在审限方面更多的权利，让审限在司法实践中操作更规范；审限作为审判管理的一种办法以及考核、评价法官的一种方法，需要更加科学地设置。调研报告的内容和笔者问卷调查的结果以及座谈的结果基本一致。

四、结论及建议

结合访谈的内容、问卷调查的结果、座谈的内容、审限报告的内容，笔者得出如下结论，以此验证笔者部分的预设观点：

（一）审限有必要设置，但要规定例外情况

从法官对三大诉讼法审限规定的合理性认识、对审限未来保留与废除的看法、审限对诉讼效率的影响、审限对法官的约束以及满足当事人的期待和预期作用，可以得出审限在现阶段是有必要设置的结论。对于婚姻家事类案件的审限是否有必要设置，对于一些新类型以及疑难复杂案件的审限是否可以试行不规定审限，可以规定例外情况。

（二）三大诉讼法对审限长短的规定基本合理，但刑事诉讼例外

修改后的刑事诉讼法和行政诉讼法都对审限进行了延长，部分解决了刑事诉讼和行政诉讼审限不够用的情况；民事诉讼法新的司法解释对简易程序审限可以延长也作出了规定，也一定程度上解决了简易程序转为普通程序的随意和利用程序转换规避审限的做法。从法官对三大诉讼审限长短合理性的回答以及对三大诉讼需要审限长短的排列来看，我国三大诉讼法对审限长短的规定基本合理。刑事诉讼的例外主要反映在刑事附带民事诉讼以及刑事诉讼中除精神病鉴定问题外的其他鉴定问题。

---

〔1〕 对基层法院刑事案件审限造成压力的原因分析可参见艾明：《实践中的刑事一审期限：期间耗费与功能探寻——以S省两个基层法院为主要样板》，载《现代法学》2012年第5期，第174页。

（三）法官更注重诉讼公正，但审限对诉讼公正的影响不大，且能够提高诉讼效率

各级法院对审限都越来越重视，有清理积案和长期未结案件的专项活动。审限对法官的压力也越来越大，不仅来自上级法院、本院，还有当事人的催促。审限对诉讼效率的影响体现在对当事人个案的效率以及对整个法院办案的效率。由于举证责任的限制、自由心证的事实认定规则以及每个法官对公正的理解不一致，因此审限越长不能保证越公正，继而表明审限对诉讼公正的影响不大。

（四）审限与当事人相互影响，当事人的行为影响审限的确定

审限对当事人的影响主要体现在督促尽快实现权利和义务。当事人对审限的正向影响体现在积极履行诉讼促进义务，积极举证和参与庭审，让法官尽快办结案件；同时还可以通过诉讼契约发挥当事人对审限的协商作用以及监督审限的变动。当事人对审限的反向影响体现在滥用诉讼权利拖延诉讼、不接收诉讼文书影响法院的送达等。当事人应该享有审限变动的告知权和异议权。发挥当事人对审限的作用，同时也要用审限约束当事人。

以上结论可以印证笔者预设的观点：①审限在现阶段需要保留；②发挥当事人的程序主体地位，让当事人在审限制度上发挥重要作用；③审限对诉讼公正的影响不大，对诉讼效率有一定的影响。

（五）建议

笔者对审限的完善建议是建立在协同主义诉讼模式下让当事人、法官三方都对诉讼事项起到作用，主要通过诉讼契约和协商的方式对审限进行确定以及将当事人主张的审限和法官办理案件的实际审限进行对比，进而影响诉讼费用的收取。

1. 将一二审审限进行合并规定，规定一个案件的最长审限

笔者主张将一二审审限相结合规定为一个总的期间，是想借审限制度推动我国审级制度的改革，使一审法院和二审法院审查的事项有所区别，用审限时间的长短来反推一审和二审制度的改革。我国的诉讼上诉率较高，可以在总的审限内分配给一审法院更多的时间，让事实得到充分查清，裁判结果得到认同，从而减少上诉。[1]由于上诉案件的减少，二审法院有更多的时间

〔1〕 随着对调解结案率要求的降低，我国法院的调解结案的比例也有所降低，我国诉讼法没有规定调解的时间可以扣除审限，因此一审法院的法官不会像原来那样非常注重调解，判决率的上升也造成了上诉率的提高。

处理疑难复杂问题以及法律适用问题。同时法官也可以和当事人商量一审的审限，商量其是尽快作出裁判结果让当事人上诉还是留给一审法院更多的时间去办理。当事人与法官通过诉讼契约协商确定审限，进而影响当事人的上诉以及一审、二审的功能发挥，同时也可以实现二审对一审审限的救济。

2. 把审限作为诉讼费用科学合理确定和分配的一个参考因素

笔者主张将诉讼费用和法官的办案时间相结合的原因是我国没有实行集中审理制度，因此法官在一段时间分配给每个案件的平均时间不一致，个案的特殊情况导致实际上办理时间不一样。现有的诉讼费用收取标准主要是依据诉讼标的额，这是不太合理的，因为标的额较大的案件不一定就疑难复杂，而没有标的额的案件可能非常疑难复杂。从当事人提交的证据和庭审情况能大致确定一个案件的审限，对此当事人可以进行约定和分别提出建议，法官实际上办理案件的时间可以参考当事人约定的时间，在最后确定诉讼费用收取时可以参考三方的时间长短。通过诉讼费用规制当事人滥用诉讼权利和拖延诉讼的同时也要考虑到诉讼契约协商确定审限以及将诉讼费用与审限结合后，经济实力对比对审限的影响。

3. 完善和细化对审限的规定，避免隐性超审限的出现

审限制度在司法实践中的实际操作主要依据《最高人民法院案件审限管理规定》，但该司法解释制定时间较早[1]，存在较多不完善和不合理的地方，且我国三大诉讼法都已经进行了修改，因此《最高人民法院案件审限管理规定》需要及时修改，对于可以诉讼中止的事项、审限延长的事由和主体、审限的起止时间标准、鉴定与审限、调解和和解与审限扣除、审限变动的告知程序以及审限的救济等都需要作出完善和具体规定。可以合理吸收笔者调查问卷中主观题的回答内容和座谈中法官给出的建议内容。让当事人监督审限，加强当事人对审限的参与度。

（初审人：方俊）

---

〔1〕《最高人民法院案件审限管理规定》于2001年11月5日由最高人民法院颁布，自2002年1月1日起执行。

法律监督无权实体处分的思辨

——检察权在刑事审前程序的限制与作为

张益南 *

摘　要： 基于对法律监督权的权力属性、实现方式、规范文本以及国际公约的四重考量，得以界定法律监督的内涵即是对处分权的监督，其本身并无代行实体处分的属性。因此，一方面，有必要在审判中心的视角下从权力属性的法理层面论证检察权在刑事审前程序中的实体处分领域需要适当的限缩；另一方面，在刑事诉讼审前程序中也应当充分考量检察机关法律监督的宪法地位，并针对搜查扣押等侦查行为引入检察监督权对侦查权的审查与控制。

关键词： 法律监督权　实体处分　诉讼构造　令状制度

引言：跳出文本解释的藩篱

多年来，学界对于检察机关的法律监督权在刑事诉讼审前程序中的角色定位进行了长期的探讨。一方面，检察机关在诉讼过程中的控诉地位与其法律监督职能不符，会体现出强烈的控诉倾向，从而不适宜行使批捕权；

---

* 张益南，中国政法大学司法文明协同创新中心诉讼法学专业 2016 级博士研究生（100088）。

但另一方面，检察机关作为法律监督机关本身应当具有客观公正的立场。于是“客观公正”与“控诉倾向”在文本与实践之间便有了无法调和的冲突。对此，应当强调指出：法律监督是限于两方主体之间不平等关系的监管与督促，是一种提出建议的权力，而不能越俎代庖，其本身是对实体处分权进行监督的权力，而不是“实行”的权力。同时羁押是对人身自由最大程度的处分，而对羁押的批准是对人身自由进行实体处分的表现。因而，这样的处分不能由法律监督权进行，只能由司法裁决处分。但是，在审判中心诉讼制度改革的浪潮下，检察监督权也不能完全在侦查构造中缺位。对于临时性的人身自由处分措施以及强制性侦查行为的审查应该充分利用检察机关的监督权限为之。

可以说，跳出法律文本的藩篱，在权力属性的视野下进行法理的思辨才更具有正本清源的意义。唯有如此，才能从根本上契合中国共产党十八届中央委员会第四次全体会议作出的《中共中央关于全面推进依法治国若干重大问题的决定》（以下简称“四中全会决定”）中提出的“侦查权、检察权、审判权、执行权互相配合、互相制约的体制机制”，同时“推进以审判为中心的诉讼制度改革”。

一、法律监督权的属性初探

检察机关的法律监督对实现法制、维护法律统一有重要作用。但是行使法律监督权是否就能够对人身自由进行实体处分，也就是对羁押进行审查、批准存在疑问。因此，有必要从语义和历史两方面对法律监督权作一个初步的界定。

（一）“法律监督”的文本解释

综合诸多学者的考究，对“监督”一词的语义理解可以分别探讨“监”与“督”的内在含义，而后归纳统一理解。首先，在字面意义上，“监”代表着：监视、察看、临下的意思。《说文》中曰：“监，临下也。”[1]其中的监视与察看之意并不难理解，而其“临下”的解释就清楚地表明了“监”的双方关系的不平等性，亦即察看一方在事实地位上高于被察看的一方。而监督的另一半之“督”，意味着督导、督促、纠正，也就是说“督”的内涵是在“监”的基础上发现了不法、不合规矩的行为，从而要求改正的意思。这里必须强调一点即“要求改正”绝非自行为之去从事该行为，其实质上是一种提

〔1〕（清）张玉书等编，王引之等校订：《康熙字典》，上海古籍出版社1996年版，第803页。

出建议、要求的行为。就“监”与“督”两者的字面意义而言，一般可以理解为先有察看的行为，而后方能发现问题从而要求纠正。[1]也就是说，“监”为“督”之前提与根据，而“督”为“监”之实现与追求。两者不可分离，并由两者共同组构而成的“法律监督权”即是以观察纠正权为内涵与本质的法律权力。在英文语境下，“监督”一词也是由“super”和“vision”两个部分合构而成的“supervision”。不得不说，这两个部分跟中文的语义也有异曲同工之处。其“super”的“超级的、上等的”正好表示地位上的不平等性，而“vision”的“视觉、视野”也表达出了察看的意思。综合来说，“supervision”在构词法意义上加以直译，即为居上方查看督导，与汉词同义表达了地位不平等的双方监视、察看的意思。

我国现行语境中对于检察机关的定位是“法律监督机关”，其权能是行使“法律监督权”。上文剖析了“监督”的书面语义，那么在语义上的“法律监督”如何理解？可以说，“法律监督”的概念是我国所独创的概念。[2]虽然我国检察机关的法律监督地位移植了苏联的体制安排，但是，在苏联的法律体系中也只是规定了检察机关的“一般监督职权”。虽然其在法律中通行惯用“监督”之语义，但并未将“法律”与“监督”连用，更无“法律监督”的概念。[3]而在我国现行语境内对于“法律监督”的概念也并不明晰，主要有“一般监督说”、“立法、执法、司法监督说”，以及“诉讼监督说”。[4]

（二）法律监督僭越实体处分的历史沿革

从历史的角度进行考量，我国古代设立监督者的角色定位，并行使司法

〔1〕 在文明国家的社会生活中，监督成为人们有意识、有目的的社会活动，监督之总目的，被解释为提示督促、防止差错、纠正错误、治理国事和保持秩序。如《周礼·地官·乡师》称，通过监察，“遂治之”，（汉）郑玄注“治，谓监督其事”；又如《诗·大雅·皇矣》：“监视四方，求民之莫。”《后汉书·荀彧传》中关于监督的记述更带有目的性：“古之遣将，上设监督之重，下建副二之任，所以尊严国命而鲜过者也。”参见汤唯、孙季萍：《法律监督论纲》，北京大学出版社 2001 年版，第 3 页。

〔2〕 在西方法律中，并不存在“法律监督”的概念。在《布莱克法律词典》（*Black's Law Dictionary*）、《牛津法律指南》、《元照英美法词典》、《布莱克维尔政治学百科全书》等大型法律辞典书中，都没有“法律监督”的词条。

〔3〕 张智辉：《检察权研究》，中国检察出版社 2007 年版，第 59 页。

〔4〕 但在探讨的刑事诉讼审前羁押性强制措施诉讼构造的角度下，本文暂且将检察机关对侦查活动行使的法律监督权限于对逮捕的审查与批准层面上进行探讨。

处分权限的历史源远流长。在中国，秦朝首创监督职权的设置。[1]其在中央创设的御史大夫司监察制度中的御史便掌握着法律监督的权能。由于在中国古代行政权与司法权并未实现分离，在刑事诉讼构架中控诉职能与审判职能也并未两分，在这样的前提下，御史制度中的监督权和司法处分权自然就合归于同一主体。从这个角度来说，我国法律监督权逾越行使实体处分权的传统也是自古有之。

在中华人民共和国初创社会主义法律体系时，对于检察机关的配置以及检察理论都是以苏联为蓝本，将其作为专门的监督机关。[2]同样，批捕权限的设置也移植了苏联的规定，赋予了其在刑事诉讼中批准逮捕的权限。肇始于1954年的《中华人民共和国逮捕拘留条例》中便设定了检察机关行使批捕权的规定。[3]随后，这样的职权设置在1979年、1996年以及现行的刑事诉讼立法中得以延续。同时，国家对于检察机关行使批捕权的设定更是通过根本大法而明确规定。[4]

由此可以得出，将检察机关定位为法律监督机关并行使批准逮捕羁押权限不仅在历史上源远流长，更直接源于新中国时期的历史条件与时代因素。因此，要探讨检察机关能否行使批捕权如果单从检察机关的诉讼地位、追诉倾向等诉讼格局方面而言略显无力。对此，仍然需要从根基方面进行探讨，去深刻剖析法律监督权的内涵、本质与行使的方式，这样方能厘清法律监督无权实体处分的立论。

二、法律监督无权实体处分的四重论证

从国家政治权力安排上来讲，赋予检察机关职权的同时就决定了检察机关的职能与宪法地位。因此，可以简单地理解为，正是宪法赋予的法律监督

---

〔1〕秦开帝制，在建设国家政权机关问题上，采取了“不袭上古、各行其职、分掌其责、互相制约的原则”。秦统一中国后，运用法律对各级机关和官吏制度实行了重大改革，在中央设立御史大夫司监察，负责察百官的失仪与违法，同时兼任审判长。御史制度中御史的职权兼有当今司法与监督的双重权能。中国封建时代的御史应该是最早明确行使法律监督权的主体。参见张晋藩主编：《中国法制史纲》，中国政法大学出版社1985年版，第72页。

〔2〕苏联检察制度中检察机关享有一般监督权、对刑事案件和民事案件法院审判的监督权、对侦查活动的监督权、对民警机关的监督权、对监所的监督权以及对在刑事案件中的检举公诉权。新中国对这些职权基本进行了移植。

〔3〕1954年《中华人民共和国逮捕拘留条例》第2条第3款规定：公安机关要求逮捕人犯的时候，由人民检察院批准。

〔4〕我国《宪法》将逮捕批准权授予人民检察院的规定同样是源自于苏联的做法。

职权决定了检察机关本身的性质不能为实体之处分。所以，法律监督权的属性界定应时刻与实体处分权限保持泾渭分明的立场。具体来说：

（一）规范权力的考量

在我国宏观的权力构架视野下，以依法治国方略为基点，可以大致地将监督权限定位为：为保障法律的统一与正确实施，国家和社会对立法权、行政权以及司法权运行过程中的监视，并且需要对其运行过程中存在的不合法的行为进行督促以及对其合法行为的鼓励、支持的总称。这样监督的方式典型的表现为对各权力主体发布的决定、命令的合法性进行监督，其目的在于维护法律的正确、统一的创制与实施。[1]法律监督权的内涵，即检察机关所负有的在法律实施过程中的监督责任，而其监督的对象就是对实体权利进行处分的各种法律行为的正确性。这一点具体到羁押性强制措施中来说，就是对于对人身自由进行处分的法律行为的监督：该行为是否合理行使、对于不合理行使的提出意见、该行为的法律实施者应当接受意见并作出纠正。国家设立监督权的意义就在于监督权在实质上是一种建议和提请的权力，因此监督权限的设立对于其他权力的行使不至于产生妨害或导致大包大揽以架空其他权力。

从如此大致粗略的界定中，我们可以发现：法律监督在两方的监督关系中虽然具有自上而下的权威性，但必须认识到这样的监督是一种事后评判，并且这种监督不能直接干涉具体的立法、司法、行政行为，而应当只是对其行为的合法性进行评判。[2]由此及彼，在审前的羁押性强制措施的实施过程中，检察机关行使的法律监督权也同样具有如此的属性。从本质上看，法律监督权的性质就是两个主体之间的监督者对被监督者所行使的权力的一种制衡。这种权力实质上就是对于被监督者的不合法行为通过监视发现并督促其予以纠正而并不能越俎代庖自行去行使该权力。所以，对于法律监督权的界定必须时刻抓住主线：法律监督权在内涵上必须刨除进行实体处分的权力，在外延上也必须限定为检察、督促有关机关和人员自行纠正违法行为。而对于被监督者而言，出于对权力的尊重，被监督者应当对监督者的意见予以重视，并对自身原行为予以重新审查。但是，在此必须进一步强调：如果被监督者拒不纠正，法律监督机关只能提请有权机关去追究被监督者的责任，而

---

〔1〕 洪浩：《检察权论》，武汉大学出版社2001年版，第110页。

〔2〕 洪浩：《检察权论》，武汉大学出版社2001年版，第130页、第134页。

始终不能超越权限自行为实体行为。

（二）实现方式的考量

法律监督的方式，从通常意义上来说，指监督者为了保障监督权能的正常运行，保证监督任务得以完成而在监督的过程中所采用的方式、方法。方式的应用应当符合目的的要求，而监督的基本目标具体来说就是了解被监督者的行为和活动，并对该行为作出是否符合法律规定的判断，并在此基础上对不合法行为予以督促建议改正。所以，法律监督的方式即监督主体对于被监督者的行为采取抗议、建议、控告等措施外，还可以将违法的命令、决定予以撤销，对违法人给予纪律及刑事处分等。一般而言，法律监督方式总归有以下三类：其一，为监督而进行的前提性工作，也就是为了进行监督所需的掌握被监督对象的行使权力的情况。通常有检查、询问、接受控告、接受信访等活动。其二，进行监督的过程性工作，也就是通过之前的调查等准备活动，在对被监督者行使权力的了解情况基础上，对其行为是否符合规定、法律进行判断与评价。这个过程中需要监督者的目光在“行为与法律规定之间来回流转”。其三，实现监督效果的评价性工作，这就是在评价效果的基础上进行的一定处理，即对于合法、合规行为予以支持，同时对于不合法行为就要督促其纠正，或提请有权处理机关要求其纠正、惩戒、处分。〔1〕

上述分析的视角同样可以应用于审前羁押性强制措施的实施过程中，检察机关行使的法律监督权并不是一个终极性的权力，在对人身自由进行处分的全过程中，法律监督的权能应当限于建议和启动程序的权力。具体来说，也就是对违法限制或剥夺人身自由的行为进行监督并建议其予以纠正，但这并非一种终局或实体的处理结果。在诉讼的进程中，如此情形是否能够得以纠正，其最终的实体处分权力仍然要由其他有权机关决定并予以处理。〔2〕

（三）法律文本的考量

正如上文指出的，从国家政治权力安排上来讲，赋予检察机关权力的同时就决定了检察机关的职能与宪法地位。我国《宪法》明确检察机关的监督者定位，所以正是宪法赋予的法律监督职权决定了其所行使之权力为法律监督权。而就具体的法律文本规定而言，在刑事司法领域，正如现行《刑事诉讼法》第95条规定检察机关进行监督的方式是“建议……”，以及对其他机

〔1〕 汤唯、孙季萍：《法律监督论纲》，北京大学出版社2001年版，第75页。

〔2〕 张智辉：《检察权研究》，中国检察出版社2007年版，第75页。

关的义务性规定为“将处理情况通知……”。对于检察机关所为之法律监督，《人民检察院刑事诉讼规则》也设置专章规定。如若单就文本规定而言，可以发现法律对监督的方式有明确而详细的规定：“审查”“移送”“核实”“要求说明理由”“调查核实”“告知”“通知”等不含实体处分的法律行为。这样的规定是符合法律监督权的内涵要求的，而不能自行作出实体处分的决定。由此可见，我国检察权的监督制约机制的内容表现为“监督制约”而非实体处分。

（四）国际公约的考量

诸多国际公约都明确指出在对人身自由权利等进行处分的过程中需要有一个中立的第三方进行裁判。[1]而检察机关承担的法律监督职权本身不能进行处分，而且不能保持中立。联合国对于检察官作用的相关公约也明确指出了检察官之职责应与司法职能严格分开，并将其职责限于公诉与监督之列。[2]这样的诉讼构造投射到刑事诉讼羁押性措施体系中就是在对于限制、剥夺人身自由的强制措施需要由不具有追诉倾向的裁判者行使，这是贯彻控审分离原则所要求的。而从法律监督权的本身内涵来看，法律监督行使的范围是在监督者和被监督者之间进行的，这个过程并不能形成三方的构造。所以以法律监督的双方性并不适宜在构造中为处分行为。

另外，法律监督权行使的单向性，是监督者对被监督者的监督与制约。这样单向性的权力运行模式自然无法能够形成构造格局以及权利保障的运行机制。而且，在我国语境中确实也存在这样的一个现实困境：审前阶段，所有强制性处分被追诉方权益的刑事司法措施都是由具有追诉倾向的机关作出的。很显然，这与诉讼化内在要求相去甚远。因此，在羁押性强制措施的司法审查中，法院作为三角构架的顶点一方仍然需要中立行使司法裁判权。

---

〔1〕 正如世界刑法学协会第十五届代表大会关于刑事诉讼中的人权问题的决议第5项规定：审前羁押必须根据法官命令才能实施。联合国《关于司法机关独立的基本原则》第2条规定：“司法机关应不偏不倚、以事实为根据并依法律规定来裁决其所受理的案件，而不应有任何约束，也不应为任何直接间接不当影响、怂恿、压力、威胁或干涉所左右，不论其来自何方或出于何种理由。”所有这些都包含着要求裁判者独立与中立的理念。

〔2〕 联合国《关于检察官作用的准则》规定了检察官在刑事诉讼中的职责是提起公诉、监督调查的合法性和监督法院判决的执行，同时，该准则第10条规定：“检察官的职责应与司法职能严格分开”。

三、剥夺人身自由的实体处分性论证

法律监督无权实体处分，但在对羁押进行审查批准的过程中，检察机关行使的并非是司法裁判性质的权能，以及羁押是对人身自由的一种实质处分。也就是说，虽然检察机关的法律定性为司法机关，但是其在这个过程中行使的是法律监督权而并非司法裁决，同时审前羁押是对人身自由的剥夺。如此，方能得出检察机关的法律监督权并无权为批准逮捕这一实体处分措施。

（一）实体处分的司法裁判性质

我国的检察机关在本质上还是被定位为司法机关。〔1〕但是检察机关是司法机关并不必然就能够得出其法律行为的性质就是司法裁判性质。国家机关的性质与该国家机关行使的权力的性质并不能是一种等同的关系。应该说，国家机关的性质不应由该机关行使权力的属性来决定，而应当是由该机关所行使的基本职权来决定，由其在国家权力安排体系中所处的位置来决定。这主要就是源于并不是所有国家都严格实行权力间的纯粹分立，也没有哪个国家机关仅行使一种性质的全部力量。因此法律监督权的属性既不是由检察机关的法律性质决定，也不能仅仅从其部分特征上进行简单类比。简而言之，在现行的刑事司法制度中，检察机关在羁押性强制措施的审查、批准过程中行使的仍然是法律监督职权，也就是通过审查、批准逮捕来监督侦查活动的合法性。所以，在这个过程中，检察机关的法律性质并未改变，但其所为之权仍是监督而非裁判。法律监督权的单向性、权威性、事后性等属性仍然与司法权的属性有着泾渭分明的界限。

大致而言，司法权的本质是一种判断，也就是对于双方争议的事实以及法律适用的争议进行判断裁决的权利。〔2〕而所谓裁决，可以进一步定义为一种处分权或者具有能够进行实体处分意义的权力。也即是裁判作为一种诉讼职能，其内涵是第三方对冲突双方不同意见的考量与裁决。羁押是对人身自由这一实体状态进行实体处分的法律措施，因此应当要由法院进行。对此，应当始终坚持在正确定位羁押的基础上，以权力正确划分为前提，从而构建

---

〔1〕 我国的《宪法》明确定位了全国人民代表大会是“权力机关”，国务院是“行政机关”。虽然宪法文本并未明确指出检察机关和人民法院为我国的司法机关，但是从基本的体系解释，也即是从体例安排来看——检察院和法院被一起规定在第七节，因此，我国的检察机关在本质上还是被定位为司法机关。这一点也在诸多的中央文件、政治报告中得以确认。

〔2〕 司法权的内涵向来是历久弥新的一个论题，不仅在宏观构架中的司法权难以有精确的定义，甚至就是在刑事司法领域也有各方观点。因此，本文取其核心大致做如此表达。

羁押性强制措施的诉讼构造。可以说，司法权介入对侦查权的控制、保障被追诉方的合法权利，以及平衡控辩双方的力量以此维系羁押性强制措施诉讼构造都具有重大的意义。〔1〕

（二）审前羁押实体处分性的文本分析

羁押制度的设置正是对人身自由的实体处分。〔2〕我国司法实践所采取的羁押不仅在程序上剥夺了被追诉人的人身自由，更在实体上剥夺了其行动自由。实质上，羁押往往作为获取证据的手段以及刑罚的提前执行。在我国《刑事诉讼法》的规范中，整个强制措施体系的运用几乎都偏离了程序性、诉讼性的轨道，彰显着极强烈的实体化倾向与惩罚性色彩。〔3〕拘留和逮捕之后的羁押状态更是压迫取证与刑罚执行之典型。这样不明晰的定位源自法律规定的偏差：我国《刑事诉讼法》第 106 条明确规定了“侦查”的定义。〔4〕其中，对于“强制性措施”的定位是划分强制措施与侦查行为的分水岭，也是两者概念在刑事诉讼领域内的本质属性不同的体现。〔5〕但现行的理论观点中，对于“强制性措施”、“强制措施”以及“侦查行为”三者无法截然地分开，这也导致“强制措施”的概念始终无法脱离“侦查行为”的范畴。其中唯一脱离“侦查行为”的范畴而探讨“强制性措施”内涵的观点认为，强制性措施是与任意性措施相对应的概念，但这种解读却没有实践行为的支撑。本文认为，任意性强制措施的任意性并不能简单地以被调查方的同意为基准，而更应当是被调查方是否有能力不认同。换句话说，国家要实施一项侦查行为，如果被调查方不同意则该调查行为就不再进行，这样方能体现出任意的特点。

---

〔1〕 概而言之，这就要求司法权对羁押性强制措施是否采用以及行使是否符合法律规定进行审查，同时要在一个中立的顶点位置对控辩双方的法律意见进行判断。具体来说，公安机关在侦查过程中，收集到充分的证据并认为是为了保障诉讼的顺利进行而需要予以羁押的，向检察机关提出提请批准羁押申请。检察机关对此申请先行予以审查，对于符合证据标准、法律标准且确有羁押必要的则向法院提出启动羁押审查的建议，由法院开庭审理并通知辩护人、被告人参与，并在这样一个诉讼构造中当庭裁判是否需要羁押。

〔2〕 在我国语境中，单就“羁押”而言并没有一个独立的法律地位、明确的法律定位以及严谨的裁判程序，只是一种所必然附随的法律状态。

〔3〕 拘传在文本解释上就是取证的一种手段，取保候审与监视居住常常是为了规避办案实现的替补性措施。

〔4〕 公安机关、人民检察院在办理案件过程中，依照法律进行的专门调查工作和有关的强制性措施。

〔5〕 学界主流观点有：其一，强制性措施即是强制措施；其二，强制性措施是包含强制措施及其他的侦查行为；其三，此处的强制性措施是与任意性措施相对应的概念。

但我国的刑事司法实践中亦不存在这样属性的侦查行为。在这样的语境下，我国刑事诉讼中“侦查行为”与“强制措施”的概念始终存在剪不断理还乱的关系，更导致了实践中将“强制措施”当作“侦查行为”而适用的不良倾向。

进一步来分析我国《刑事诉讼法》的立法宗旨亦可见此端倪。《刑事诉讼法》首条明确指出《刑事诉讼法》的制定是为了“保证刑法的正确实施，惩罚犯罪，保护人民……”可以说，刑事诉讼中要兼顾惩罚犯罪与保障人权两大理念，而惩罚犯罪在文本中体现出来的就是“保证刑法的正确实施”，即适用《刑法》的规定对被追诉人是否构成犯罪以及对构成犯罪的予以正确定罪量刑。而另外，在诉讼程序中，该条宗旨的表达却仍然是“惩罚犯罪以保护人民”。这样的措辞显然是有偏差的。因为在进行诉讼的过程中应当是贯彻“无罪推定”的理念，而不能彰显“惩罚犯罪”的倾向。

综上所述，源头上的偏差导致了“强制措施的侦查化”，致使我国刑事司法实践中整个强制措施体系的运用几乎都偏离了程序性、保障性的轨道。从这个角度而言，囿于羁押对人身自由的严厉处分性质，检察机关所扮演的控诉者地位，其法律监督权并不能对人身自由进行实体处分的审查和决定。

（三）羁押实体化的现实映射

1. 以看守所与监狱的比较为视角

大体说来，我国的看守所是羁押、执行刑罚以及保障诉讼集合的机关。[1]监狱则是国家的刑罚机关，用于将罪犯改造成为守法公民。[2]两者的职能定位是截然不同的：看守所主要承担的是在诉讼过程中为了保障诉讼顺利进行而对人身自由做出的暂时性的剥夺。但是如果在看守所中的羁押其现实环境相较于监狱更为恶劣且对人身权利的保障更为薄弱，那么一句简单的程序性措施就难免苍白。在司法实践中，囿于羁押的实体性异化，如惩罚威慑、压迫取证，从而导致看守所也承担了诸多保障诉讼进行之外的职能，而且对于被关押人员的人身权利保障、诉讼权利保障、生活条件保障以及看守管理方

---

〔1〕 全国人民代表大会常务委员会关于修改《中华人民共和国监狱法》的决定修改为：“罪犯在被交付执行刑罚前，剩余刑期在三个月以下的，由看守所代为执行。”同时，《中华人民共和国看守所条例》第2条、第3条规定了看守所的职能定位。

〔2〕 《中华人民共和国监狱法》第1条、第2条、第3条、第4条。

面都存在极为严重的不足。[1]我国的看守羁押并没有同监狱羁押两分，甚至存在着更恶化的形势。这意味着，我国的看守羁押并没有在诉讼意义的层面上进行定位，一旦羁押则享受的是刑罚执行的“待遇”。总而言之，我国的看守所制度已经严重滞后于司法实践，看守所管理已成为推进司法文明最为薄弱的环节。

2. 以看守羁押与逮捕必要性情形比较为视角

我国现行《刑事诉讼法》第81条规定了需要逮捕羁押的适用情形。对于逮捕羁押应当仅仅围绕法律规定的逮捕的五个必要性。看守所的羁押只要是能够防止以上五种危险性的发生就已经达到了羁押的目的。从理论上来说，羁押作为保障诉讼顺利进行的一种程序性手段，看守所对未决犯的羁押应该限于诉讼职能。但在实践中看守所囿于管理体制的安排，看守所承担了配合

---

〔1〕 关于被关押人员的人身权利保障。近年来，看守所在押人员非正常死亡案件屡屡见诸报端。笔者利用网络、报纸搜集并整理了2009年以来发生的在押人员非正常死亡案件共29起，其中有24起发生在看守所内，其中如“躲猫猫事件”、“做噩梦死事件”，以及“喝开水死事件”等。由此可见看守所对于在押人员的人身权利保障的落后。此外，在侦查过程中发生的刑讯逼供、超期羁押等也时有发生，而相比而言，监狱却并没有如此大的隐患。因为侦查过程获取证据的压力并不辐射于监狱之内。关于诉讼权利保障，同样是源于看守所受到的诉讼之外因素干扰，同侦查机关分担了部分的侦查压力，从而难以保证其诉讼职能的中立性地位。例如，就会见权而言，法律法规也规定了看守所在押的犯罪嫌疑人、被告人的亲属会见权，但是其没有对同意和批准设立条件，从而导致现实中一律都是不同意不批准。（参见《中华人民共和国看守所条例》第28条、《中华人民共和国看守所条例实施办法》第34条、第35条。）这不仅无法体现文明、人性，反而更是体现出一种惩罚的色彩。相比之下，监狱由于没有侦查利益、压力等外在因素，在这一方面则规范得多，在押人员与亲属的会见比较容易。（参见《中华人民共和国监狱法》第47条、第48条。）关于在押人员的生活条件，虽然法律也详细规定了看守所生活、卫生方面的条件。（参见《看守所条例》第五章专章规定了看守所生活、卫生方面的制度，公安部1991年颁布的《看守所条例实施办法》，以及《中华人民共和国看守所条例实施办法》第27条。中也对在押人员的生活、居住、卫生条件作了具体的规定）但在实践中却没有落实，主要是伙食标准差，活动空间狭小，卫生条件极差。对此，有学者指出，看守所的管理理念也始终停留在“关得住、逃不了、不死人”的状态。另外，看守所内商品的高物价也是为人所诟病的。在看守管理方面，在诉讼意义上的羁押只是剥夺被追诉人的人身自由以保障诉讼的顺利进行即可，那么在看守所内的强制劳动与保障诉讼顺利进行又有何关联？（参见《中华人民共和国看守所条例实施办法》第43条、第44条。）适当劳动量的标准又如何明细？应当说，看守所组织的强制劳动不仅与相关国际条约规定的“不得强迫劳动”的人权保障原则相悖，而且，把强制劳动视为“促进思想改造”的手段，本身也违《刑事诉讼法》的无罪推定原则。同时，在实践中存在着一种典型的“潜规则”：看守所对于一审判处死刑而等待判决生效的被告人要求24小时加戴脚镣等械具，并必须维持到判决生效的时候。也就是，被羁押人必须忍受二审上诉期、二审期间、死刑复核期间的漫漫时光。这样的要求不仅不人道，而且没有必要，完全超出了诉讼保障职能的要求。

侦查机关侦破案件，收集犯罪线索、证据，以及“挖余罪、揭同伙”等侦查任务，因此很难保证中立、超然地位。如此异化，也造成了羁押属性上的扭曲，在实践中沦为侦查手段的附属。这样自然就使得看守所的地位由保障诉讼顺利进行转变为促进侦查的顺利、案件的告破。

3. 以羁押时限为视角

我国羁押制度另外一个极大的弊端在于羁押期限与诉讼期限的合一。〔1〕根据现行法律规定，对于犯罪嫌疑人、被告人一旦被批准逮捕，那么对其羁押一般都要持续到判决生效。简而言之即是，一审的审限就是逮捕羁押在一审阶段能够存在的期限；二审审限就是逮捕羁押在二审阶段能够存在的期限。也就是说，在我国的法律文本中，没有规定逮捕期限，而是通过规定各阶段办案期限来限定逮捕期限。这样必然会导致逮捕与羁押无法分开、羁押与办案需要无法分开的问题。在实践中，羁押期限依附于诉讼期限使得羁押期间的延长完全服务于侦查破案、审查起诉甚至审判的需要，只要没有侦查到有罪的证据，侦查机关就可以利用刑事诉讼法条文界定不清的漏洞而“变通”，从而“变相”超期羁押犯罪嫌疑人、被告人，以至羁押期间成了侦查人员办案的工具。〔2〕在众多可以延展的情形中，本质上都可以归结为案情重大或者案情复杂。而所谓的案情复杂，实质上就是取证复杂困难。这就使得羁押时限的延展体现出了浓郁的取证色彩。〔3〕但是，反观现行《刑事诉讼法》第81条的规定，在逮捕的必要性情形中并没有案情复杂这一规定。因此，我国关于逮捕羁押和羁押期限延展的规定实质上是脱离的。逮捕与羁押不分开必然无法解决超范围羁

〔1〕 大陆法系国家一般明确规定审判前羁押期限，且期限的长短一般与犯罪的严重程度和可能判处的刑罚有直接关系。

〔2〕 李乐平主编：《现行刑事诉讼制度检讨与完善》，中国检察出版社2006年版，第217页。

〔3〕 因为刑事侦查的过程实质上就是围绕证据的搜集过程，而且羁押期限延展是规定在侦查终结这一节项下，如果证据搜集完成，就可以侦查终结了而无延展的必要。就反面论证而言，如果侦查终结还不结案，而继续延展羁押期限，那就沦为一种惩罚了。因此可以得出，《刑事诉讼法》规定的羁押期限的延展实质上就是将逮捕羁押定位为一种取证手段。纵观现行《刑事诉讼法》第156条至第160条，其中规定了羁押时限延展的具体情形和程序性要求。如，第158条规定的：①交通十分不便的边远地区的重大复杂案件——这自然就是取证的客观情形不便，需要更长的取证期限；②重大的犯罪集团案件——集团犯罪案件，往往因为涉及的人、区域较大、证据错综复杂造成了取证困难；③流窜作案的重大复杂案件——流窜作案往往涉及要在较大范围、较多区域的取证；④犯罪涉及面广，取证困难的重大复杂案件——这一项就直接以明示的表达阐明了以羁押为取证的功能定位。

押与超时羁押的问题，同时，必然违反比例原则。[1]

4. 以讯问时间规定及基本权利保障缺失为视角

法治发达国家一般都对讯问规则的建设极其重视，并视其为权利保障、程序正义的重要内容。例如，日本就讯问时间、讯问时间长度等作了详细规定；[2] 英国也详细规定了讯问时间、讯问地点等。[3] 而我国对于讯问规则的构建，向来是我国理论上面临的一个难题。[4] 讯问规则的缺失在本源上首先是由于羁押本身的定位出现的偏差，其次是侦查讯问的定位不当。一般而言，在实务中获得口供在侦查程序中具有重大的意义。因此，为了获得口供，审讯室中某种程度上的违法性就难以避免。另外，现实中存在的破案率、破案时限等考评机制对侦查人员进行侦查工作也有巨大的冲击。因此，在多方压力之下，侦查讯问过程中难以恪守标准，突破人权保障的底线压迫取证的现象时有发生。

综合上述分析，就羁押制度而言，其在文本与实践上都具有对人身自由实体处分的性质。同时，检察机关的法律监督权不可为实体处分，对人身自由的处分是司法裁判的权能。这样就周延地论证在刑事诉讼审前程序中，检察机关的法律监督权应当有所限制，不宜实施批准逮捕措施。

---

〔1〕 例如第 156 条所规定的“案情复杂”，被告人两次口供内容不统一是否可视为复杂；对于精神病鉴定和全国人大常委会批准的案件不计入审限也就是不计入羁押时限；第 160 条涉及的另有重大罪行重新计算羁押时限，其发现的标准是什么？是否需要证据证明且需要达到什么程度的证明标准？重大案件是包括什么类型的案件？一个案件可以另外发现几次新的罪名？新发现的罪行与原罪行不同则如何判断更重大？这些都共同指出了我国现行语境中对羁押期限延展的限定并不严格。

〔2〕 日本《犯罪侦查规范》第 165 条规定，除非在不得已的情况下，必须避免在深夜对犯罪嫌疑人进行讯问；限制单次讯问时间的长度，禁止长时间不间断地讯问犯罪嫌疑人，禁止“车轮战”，讯问原则上每隔 2 个小时应有短暂的休息，并保证普通的进餐时间；要对讯问的特定时间进行限制，禁止夜间讯问，禁止在犯罪嫌疑人神志不清、重病以及其他无法正常思维和交流的时间进行讯问。

〔3〕 在英国《警察工作规程 C》规定，除法律规定例外的情况外，每 24 小时必须允许犯罪嫌疑人享有连续 8 小时不受打扰的夜间休息时间。对于讯问的地点，必须满足一定的条件保证犯罪嫌疑人的基本尊严，避免其在生理上、心理上受到不应当的折磨和损害。英国《警察工作规程 C》还规定，决定逮捕某一犯罪嫌疑人后，不得在除警察局或其他授权拘留地之外的任何地方对犯罪嫌疑人进行讯问。可能的情况下，讯问应当在暖和通风的讯问室进行。

〔4〕 《刑事诉讼法》的多次修改都注意到了这个问题，但是不从根上正本清源，必然是始终无法攻克的。例如，现行《刑事诉讼法》仅规定了拘留逮捕后 24 小时送看守所的规定，却没有规定讯问时间的长短以及讯问地点的限制规定。这样，在人身被隔离的情形下必然要走上疲劳审讯的道路。而且在辩护权保障中只是规定看守所应当及时安排会见，至迟不超过 48 小时。那么在语义上就存在着疑意：是 48 小时一定要见到抑或是 48 小时只着手安排但并不必然见到？

四、检察监督在审前程序的作为分析

在司法改革的浪潮中，如何落实检察机关的法律监督权能是一个重大的时代命题。一方面，如上所述检察机关的法律监督权应当在刑事诉讼审前程序中适当收缩；但另一方面，在刑事诉讼审前程序中，对于临时性的人身自由处分措施以及强制性侦查行为的审查应该充分利用检察机关的监督权限为之，也就是针对不同的侦查行为设立双重令状制度。

（一）令状制度的现实反思与域外经验研析

1. 传统侦查模式的困局

我国侦查阶段的令状实践有三个明显的缺陷：其一，侦查阶段的封闭性特征明显。在侦查阶段，除了逮捕羁押措施需要由检察机关予以审查批准，其余的侦查行为与强制措施都缺失中立的第三者来对侦查权行使是否合法进行监控。[1]其控制来自于侦查机关内部的自觉性，自控型机制很难保证良性的权力运行。其二，监督体系实效不足。首先，监督主体职能的自相矛盾。检察机关自身负有司法监督与刑事追诉两种直接对立的诉讼职能，这使得检察监督的职能有效性值得怀疑。其次，监督的法律后果缺乏刚性。检察机关对公安机关的侦查所进行的监督就其违反诉讼程序的情况来看，监督手段仅限于提出纠正意见等方式。因此，这只是一种弹性监督，有效性从现实表明确实是十分有限的。其三，权利保障机制欠缺。人民法院的监督主要体现为审判阶段对侦查程序的审查，在整个审前程序中，法院既无权对涉及限制或剥夺公民人身自由的强制措施发布许可令，接受公民的申诉，也无权对涉及侵犯公民财产权、隐私权的侦查措施发布许可令。其四，批捕环节听审程序缺失。检察机关审查的对象是侦查机关移送的书面材料，其提供的证据多为不利于嫌疑人的控诉证据，而犯罪嫌疑人未能获取听审的机会，审查批捕未能为其提供对席式的听审，整个批捕程序不具有司法审查性质，不符合最低限度的司法保障要求。[2]

---

〔1〕 侦查机关在采取诸如数十天的拘留、取保候审、监视居住及搜查、扣押等刑事强制性措施时不受司法权的限制。这也违背了诉讼的经典格局即控辩双方对抗、第三者居中裁判的三角诉讼格局。这使得侦查成为控方依据国家赋予的职权与维护个人利益的辩方的强者愈强、弱者愈弱的不平等对抗活动。同时，缺少中立的第三者，要实现控辩双方的自主平衡是困难的，尤其控方获得了国家的授权，使对抗被赋予了个人与国家对抗的色彩，平衡就只能以牺牲辩方的利益为代价。

〔2〕 孙长永：《比较法视野中的刑事强制措施》，载《法学研究》2005 年第 1 期，第 113 页。

2. 监察委员会权力运行机制的考察

2018年3月20日全国人大在于宪有据的前提下审议通过了《中华人民共和国监察法》（以下简称“监察法”），从而将党的十八届六中全会确定、十九大进一步提出的反腐败体制改革的顶层设计与重大决策通过立法程序予以固定，保障反腐败工作在法治轨道上行稳致远。[1]监察委员会的成立集中了工作力量并与纪委合署办公，这是国家反腐败力量整合的结果，强力预防腐败必然赋予监察委员会一定的职务犯罪侦查权力。[2]《监察法》赋予监察委员会可以采取留置措施。[3]“留置”措施，一方面剥夺了当事人的人身自由，可以实现与外界隔绝的状态；另一方面留置的期限较长，甚至可能超过逮捕的羁押期限。但是在对强制性措施的监管方面，侦查阶段的逮捕必须经检察院批准，而留置就缺失了监管；逮捕后只能羁押于看守所，但留置的情形并不在看守所，这就规避了国家机关的监管、监控。这必然会导致对证据的合法性存在巨大的争议，且根本无法证明。具体来说：

其一，在现实情境下，监察机关对于执行地点、来往通信、布控环境甚至辩护权行使的限制都有决定性的地位，只要监察机关严格控制杜绝被调查人与外界的一切信息交流，完全将其置于自己的控制之下，那么对被调查人而言，身边无时不在的监察人员其实就是一堵流动的“监狱之墙”。这足以实现将个人完全剥离于社会之外，调查显露的物理强制无异于羁押。可以说，留置措施所具有的羁押性质使得被调查人在审前就受到了长期的羁押，而且在这个过程中几乎完全没有第三方参与的程序，完全在封闭的体系中完成。从羁押性的角度而言，无罪推定所要求的审前羁押的各项人权保障要求都难以实现。[4]而且，

---

〔1〕 参见《关于〈中华人民共和国监察法（草案）〉的说明》，载中国人大网，http://www.npc.gov.cn/npc/xinwen/2018-03/14/content_2048551.htm，最后访问日期：2018年3月27日。

〔2〕 根据《决定》，监察委员会“对本地区所有行使公权力的公职人员依法实施监察；履行监督、调查、处置职责”，对公职人员的“职务违法和职务犯罪行为并作出处置决定，对涉嫌职务犯罪的，移送检察机关依法提起公诉”。同时，《决定》赋予监察委员会可以“采取谈话、讯问、询问、查询、冻结、调取、查封、扣押、搜查、勘验检查、鉴定、留置等强制措施”。

〔3〕 “国家监察委员会的留置措施可能就会长一些，但最长可能不会超过三个月。留置措施是一种调查措施，和传统意义上的‘双规’‘双指’有本质的区别。”参见马怀德：《国家监察体制改革的重要意义和主要任务》，载《行政学院学报》2016年第6期，第20页。

〔4〕 贝卡利亚曾论述无罪推定的理念为“在法官判决之前，一个人是不能被称为罪犯的。只要还不能断定他已经侵犯了给予他公共保护的契约，社会就不能取消对他的公共保护”。参见［意］贝卡利亚：《犯罪与刑罚》，黄风译，中国大百科全书出版社1993年版，第31页。

被调查人在被留置期间基本的自我辩护的权利会因为无法实现会见、通信而根本无法实现，对其辩护保障的权利、控告申诉的权利等也难以落实。其二，在调查留置过程中，留置措施的决定机关和执行机关都是同一机关。那么执行留置的效果就直接与调查利益相关。这样难免导致监察机关想方设法地促进调查目的的实现，使得监察机关往往不经过逮捕程序，而得以行逮捕之实，留置沦为一种变相的羁押措施。其三，调查执行过程中并没有程序的制约，缺乏必要的监督制衡，也没有后续跟进的惩罚措施，更可能导致其滥用。在留置的情形下检察机关如何对调查的合法性进行监督并没有明确的规定，由于调查程序的封闭性，检察机关的监督必然滞后难以到位，几乎没有实现监督的现实可能性。辩护权保障缺位、职权行使不规范、法律监督缺失，这些更可能导致对被调查人基本权利的侵害，从而违反宪法的精神。[1]

3. 令状制度的域外经验概要

一般来说，英美法系国家审前程序中侦查方与犯罪嫌疑人之间的对抗性特征明显，从而强调在两者中间有中立的第三方主体，由此特别强调令状签发主体的中立性并对令状制度的严重依赖立场。大陆法系国家虽然强调法官对强制侦查行为的批准权，但是司法令状并非大陆法系国家唯一的控权方式，大陆法系国家的检察机关所享有的侦查监督权在一定程度上对犯罪嫌疑人的权利程序保障起到了补充作用。[2]

从深层权力属性来分析，两大法系在侦查阶段都体现以权控权的理念。英美法系专注于以司法裁判权制约刑事侦查权，英国确立了较为完善的针对侦查行为的司法审查机制，根据《1984 年警察与刑事证据法》第 8 条至第 18 条之规定，警察进入房屋搜查，应当向治安法官提出书面申请，[3]同时规定了一些例外情况。[4]关于逮捕，除少数特殊情况下法律允许采用“无证逮捕”或“无证搜查”外，警察对任何公民实施的逮捕都必须有令状的授权之后才能实施，即事先向治安法官提出申请，并说明实施逮捕的正当理由。同时针

---

〔1〕 根据《中华人民共和国宪法》第 37 条规定，只有逮捕所产生的羁押性才是得到宪法授权的。

〔2〕 其对搜查、扣押令状中实体要件和形式要件的限制不如英美法系国家严格。此外，在国家主义传统理念背景下，大陆法系国家的侦查机关获取了高度的信任，大陆法系国家的侦查人员被认为具有更高的职业能力，其执法环境相对于美国更为宽松。

〔3〕 《1984 年警察与刑事证据法》第 8 条至 18 条。

〔4〕 如，为保护他人免受严重伤害或者免受重大财产损失，可以无证进入并搜查房屋。

对逮捕行为法律还有时限和羁押庭审的程序限制。[1]美国《联邦宪法第4修正案》将特定性令状涉及公民人权和自由的诉讼行为的法律条文上升为宪法性条款，从而产生了现代意义上的刑事侦查令状制度。[2]同时美国也建立了针对逮捕、搜查、扣押、窃听等侦查行为的令状授权机制。[3]这些令状通常界定了警察行使逮捕权和搜查权的方式、程序和界限。同时，鉴于审前羁押的严重性，法律也规定了科学的救济程序。[4]

相较于英美法系国家对侦查权的司法控制，大陆法系国家在此基础上引入检察监督权，一方面是为了适应侦查紧迫性的需求，另一方面又是通过侦查权的运行以检察监督与司法判断权双层制约体系。如德国审前羁押的羁押令通常由检察院申请，只有在延迟有危险的情况下，检察院才可签发。[5]关于监听，一般只能由法官决定，但是检察官在延误有危险时也有权发布临时命令，但只具有短时效力。[6]关于扣押同样只允许由法官作出决定，但在迟

---

〔1〕警察对公民逮捕后的羁押最多是36个小时，如果要延长就必须得到法院的授权，但仍不得超过96小时。此后，警察必须将嫌疑人提交给治安法院，后者将就是否继续羁押做出裁决。此外，遭受不当侦查行为侵害或非法羁押的嫌疑人，还可以向高等法院王座庭申请人身保护令。这一法庭一旦接受这种申请，就羁押的合法性和正当性举行由控、辩双方同时参与的法庭审理活动，并作出裁决。

〔2〕美国《联邦宪法第4修正案》明确规定："人民的人身、住宅、文件和财产有不受无理搜查和扣押的权利，不得侵犯。除依据可能事由，以及宣誓或代誓宣言保证，并详细说明搜查地点和扣押的人或物，不得发出搜查和扣押令状。"由此特定性令状经过《联邦宪法第4修正案》的确认和改良，在保留了特定性令状的可能事由和特定性要件基础上，进一步赋予令状制度更多的司法审查性质，使令状成为一个独立的司法审查程序。

〔3〕即除了在法律规定的例外情况下外，警察对任何人实施逮捕、搜查都必须向一名中立的司法官提出申请，证明被逮捕者或被搜查者实施犯罪行为具有可成立的理由并且是必需的。法官经过审查，认为符合法律规定条件的，才发布许可令状。

〔4〕对于审判前的羁押，美国联邦系统规定了两种正常途径的救济渠道：一是申请复议，即对于治安法官签发的羁押令以及不是由本案有初审权的法院或联邦上诉法院签发的羁押令，被羁押人有权向对本案有初审权的法院申请撤销或变更，对该项申请，应当立即做出裁决。二是上诉，对于羁押令、驳回请求撤销或变更羁押令的申请的裁定，被羁押人可以依法提出上诉，由上诉法院对羁押再次审查。

〔5〕《德国刑事诉讼法》第125条规定：审前羁押的令状只能由法官签发，并且必须采用书面形式，应当载明嫌疑人被指控的罪行、原因及依据的事实。

〔6〕《德国刑事诉讼法》第100条第b款规定，对电讯往来是否监视、录制，只能由法官决定。检察官在延误有危险时也有权发布临时命令，但该扣押令如果在3日内没有得到法官的确认，将失去效力。

误有危险时，也可以由检察院和他的辅助官员作出决定。[1]法国在具体制度中，法律还设立了自由与羁押法官，取消了预审法官自身下令进行临时羁押的权力。先行羁押措施一般是在预审法官和自由与羁押法官均同意的情况下才能实施。[2]

需要强调指出的是，侦查阶段的检察监督权的效力是无法涵射实体处分的层次。因此，长时间的羁押措施仍然要由司法判断权予以保留。从形式要件分析，在涉及人身自由以及财产的强制性侦查行为两大法系国家都要求由第三方审查，但设置若干情形下的例外。同时，对被追诉方要予以救济的程序保障。

（二）检察监督权的引入与论证

以权力制约权力的首要条件是必须对权力进行结构性的分离，并进行相互的制衡。具体来说，就是强制侦查权的决定权与执行权应该分开，并相互牵制。侦查机关作为强制侦查的执行机关，必须得在向另外的机关申请令状后，才有权实施拘留、搜查等强制措施，这使得侦查权的运行不至于僭越程序的束缚。就我国实际情况而言，对侦查阶段的控权如果全部交由法院并不具有现实可行性。引入司法审查制度，由法院作为裁判者对侦查活动进行直接控制，这样的改革方案无疑需要“再造一个审判机构”，需要对现行的司法制度乃至国家整个政治制度作较大的调整。[3]而且，目前的审判机制及配套制度无法实现法官独立。如若贸然引进，那么法官不中立则将导致更为严重后果。因此在短期之内，实行全局性改革的条件有欠成熟。[4]因此，可以具

---

〔1〕《德国刑事诉讼法》第94条规定，对于可以作为证据，对侦查具有意义的物品可以作为证据被扣押。是否扣押，只允许由法官作出决定，但在迟误有危险时，也可以由检察院和他的辅助官员作出决定。如果未经法官决定就实施了扣押，并且实施扣押时无当事人和他的成年亲属成员在场，或者当事人不在场时他的成年亲属成员对扣押提出异议的，应当在3日内提请法官确认扣押。

〔2〕因为按照案件办理程序，预审法官首先必须同意才能向自由与羁押法官转送附有大审法院检察长先行羁押请求的案件材料，之后由自由与羁押法官通过说明理由的裁定将处理结果告知预审法官，因此，在预审法官和自由与羁押法官双重审查的体制下法国新的刑事诉讼法对先行羁押措施的审查更加严格。参见陈光中：《21世纪域外刑事诉讼立法最新发展》，中国政法大学出版社2005年版，第224页。

〔3〕而且客观地分析，目前的司法实践并未体现出进行这一改革的迫切需要，而且法院目前的司法环境、法院系统内部自身的法治化进程尚未完成，法官的法律素养与人格操守以及对此的调控机制均无法与法治国家的现存状况进行简单的对接。

〔4〕但伟、姜涛：《侦查监督制度研究——兼论检察引导侦查的基本理论问题》，载《中国法学》2003年第2期，第8页。

体分析侦查行为的强制属性，划分不同类别的侦查行为，从而建立一种双层审查机制的司法令状制度。

从检察院的角度而言，一方面，检察院在中国作为法律监督机关的宪法定位也不能全然抛弃。我国检察机关仍然具有相对的独立性，检察院多年来一直是审查批捕机关且担负着侦查监督的责任，这样的司法实践多年来积累的法律经验是值得加以利用的。中国检察机关的侦查监督权同样体现“以权限权”的理念，其所享有的侦查监督权可以为令状制度提供有益的补充。

另一方面，检察官具有中立性的命题在我国不仅具有深厚的理论基础和充分的法律根据，而且也符合我国的实际需求。一是中国法官还不具备较高的社会威信，以当前中国法官的地位和素质，能否有效地控制侦查权，对此民众尚有疑问。而且就事后的司法审查而言，非法证据排除规则不够完善以及司法救济的消极性和滞后性都不利于保障嫌疑人在侦查阶段的人权。而强化检察官的中立性，确保检察机关的侦查监督权，在很大程度上可以弥补这一不足。二是检察机关的强制处分权、侦查监督权与犯罪嫌疑人、被告人人权并非此消彼长的紧张关系。突出检察官的中立性地位，强化检察机关的侦查监督权的目的在于控制侦查权，这在很大程度上也是为了保证侦查权的有序运行，从而保障权利。

因此，建立符合国情的双层令状制度应有两个层次，一是检察院为主体的检察令状制度，[1] 二是以法院为主体的司法令状制度。一般来说，除对于侵犯性较为严重的长期未决羁押措施等严重限制人身自由的侦查行为由司法判断权保留外，其他的强制侦查行为则由检察机关进行事前审查，如短期的保障性羁押、搜查、监听、扣押、强制采样等。

（三）双重令状制度运行的若干思路

在侦查阶段中引入司法审查机制，由法院来决定强制侦查措施的采取，同时在厘清检察监督权属性基础上，引入检察令状制度与司法令状制度共同配合，加强与侦查工作同步的制约，并赋予违反法定程序的侦查工作以刚性的不利后果。一方面，就羁押措施而言，侦查机关在侦查过程中，收集到充

---

[1] 检察令状制度是指侦查机关在采取特定的强制性侦查措施之前，必须经检察机关批准，并签发令状，否则，不得采取特定的侦查措施。在紧急情况下，侦查机关也可以不经批准，采取特定的侦查措施，但事后必须立即提请检察机关进行确认，补签令状；如果没有获得确认，所采取的特定侦查措施必须立即解除。

分的证据并认为为了保障诉讼的顺利进行而需要予以羁押的，需要向检察机关提出提请批准羁押申请。检察机关对此申请先行予以审查，对于符合证据标准、法律标准且确有羁押必要的则向法院提出启动羁押审查的建议，由法院开庭审理羁押性强制措施是否采用以及是否符合法律规定。同时，法院应当通知辩护人、被告人参与，并在这样一个诉讼构造中当庭裁判是否需要羁押。

另一方面，加强警察的培训教育并实行严格的内部控制机制，加强检察机关对侦查行为的控制，以此方式弥补法官控制侦查权的不足。中国检察机关所享有的侦查监督权为令状制度提供了有益的补充。检察机关所享有的侦查监督权同样体现了“以权限权”的理念。

1. 令状制度的适用范围

在构建中国的司法令状制度时，结合具体的实践情况，应该坚持两个原则：一是不能将所有的强制侦查行为均作为令状制度的适用对象；二是令状制度的适用范围应当逐步扩大。因为，对侦查权力的规制则可能带来犯罪成本的降低，犯罪率高发，以致社会治安出现波动。而社会转型阶段属于社会矛盾的多发期，国家需要注意对社会秩序的维护，保持社会的稳定，而这又必须借助警察权力的行使。因此应当把对侵犯性较明显的、适用率较高的、实践中问题较多的强制侦查行为作为令状的适用对象。而那些理论上争议较大的强制侦查行为可以暂缓纳入令状制度的适用范围，待到条件成熟时，再逐个纳入。因此，必须事前获取司法令状授权的强制侦查行为应当是：逮捕、拘留、搜查、监听、强制采样、人身检查中的脱衣检查和体腔检查行为。而对于侵犯性相对较弱的查询存款、汇款、辨认等，可不予司法审查。

2. 令状的要件

一方面是实质要件。通过对德国的令状制度加以改造借鉴，并结合英美法系国家的有益经验，笔者认为令状的实质要件是指侦查机关在申请令状时所具备的采取强制措施的“可能事由”。当警察申请令状之后再实施侦查行为时，“可能事由”是否存在由令状批准主体在侦查行为实施前做出判断；如果警察没有申请令状就实施侦查行为，那么“可能事由”是否存在由警察作出最初的判断，但在侦查行为实施以后，可能因为利害关系人提出排除证据而受到法院的审查。[1]“可能事由”的判断标准：首先，“可能事由”不是一个

---

〔1〕 孙长永、高峰：《刑事侦查中的司法令状制度探析》，载《广东社会科学》2006 年第 2 期，第 2 页。

僵化标准，而是由一个理性的普通人根据常识所做出的判断。其次，“可能事由”不是一项主观标准而是客观标准，执行逮捕的官员只是主观上相信逮捕是有根据的，不足以证明逮捕符合“可能事由”的要求，必须有其他证据才能满足令状的实质性要件的要求。最后，“可能事由”实行的不是严格证明模式，而是自由证明模式。它对于证据的可采性并没有严格的要求，一些可靠的情报即便是将来在审判时不被法官采信，但在确定是否存在搜查和逮捕的可能事由时可以给予考虑，如传闻证据和以前的犯罪记录，品格证据都可作为“可能事由”的根据。[1]

另一方面是形式要件。令状的形式要件是指一个合法有效的令状在内容形式上应当具备的条件。特定性是令状形式要件的主要内容。令状的特定性就是要求所有的令状必须有具体的范围，需要搜查、扣押的人或物，执行搜查扣押的地点，还包括执行令状的理由以及令状的有效期限。不同的令状其特定性要求不尽相同。但要求逮捕令状必须对逮捕对象进行具体描述，而这种描述的详尽程度应当达到除了嫌疑人外，不可能适合于其他人的程度。此外，令状特定性要求存在例外情形。例如，根据“显而易见”规则，警察在执行搜查扣押令状时有权扣押令状记载之外的其他犯罪证据，只要该证据对警察而言是处于“显而易见”的状态。根据“善意”例外原则，即便是令状不符合特定性要求，但如果警察合理地相信了法官所签发的令状是有效的，那么将不适用非法证据排除规则。

3. 令状制度的执行程序与例外情形

令状一旦被批准，执行机关必须在有效期内执行，并向被执行人出示令状。执行完毕后，应当将执行记录以及扣押财物的副本迅速送达签发令状的司法主体，将被执行人羁押的处所告知。因特殊情况未能在规定时间内执行的，应将司法令状交回原签发机关。如果需要再次采取有关的侦查措施，则需重新申请。

在侦查行为的进行过程中，往往会有紧急情况，如果此时仍要求先申请令状，则直接的结果就是放纵犯罪。所以对于这种情况直接实施相应的强制措施，在采取措施后于法定期限内报由关机关审查，以明确其采取的措施是否合法。如果被确认为不合法，则应立即解除。关于紧急情况，可以参照我

---

〔1〕 陈瑞华：《问题与主义之间——刑事诉讼基本问题研究》，中国人民大学出版社2004年版，第225页。

国《刑事诉讼法》目前关于先行拘留的有关情形的基本规定执行，以后在司法实践中逐步加以完善。未申请司法令状，而又不属于法定的例外情形，侦查机关实施侦查活动的法律后果及所取得的证据材料，应否排除，需在非法证据排除规则中加以明确。[1]

4. 令状制度的救济程序

令状的救济主要是指对因为强制侦查违反了令状制度而致权利受到侵害的相对人提供适当的司法救济。司法救济程序是构建令状制度必不可少的内容，具体来说应该由三部分内容组成，即司法确认制度、人身保护令制度、非法证据排除规则，即：①司法确认属于强制侦查中的第一次司法审查，具有职权性质的强制性审查。司法确认制度主要针对搜查、扣押、监听等强制侦查行为。侦查人员在实施强制侦查行为的三日内，报有权的法官或检察官，尤其对犯罪要件、必要性要件和紧迫性要件进行审查。②人身保护令制度，即被拘留、逮捕、未决羁押者及其近亲属有权提起人身保护令。法院在收到人身保护令申请后，应在48小时内要求羁押当局将被羁押者提交到法院接受调查。法院应当举行听证，给予双方充分辩论的机会。听证中由被申请人承担举证责任。③非法证据排除规则，即对于性质恶劣的、对司法公正性影响较大的违法侦查行为，其获取的证据应当强行排除，而对于尚未严重侵犯相对人基本权利的证据仍可以采纳。但如果我们改革现行的《行政诉讼法》，将侦查行为纳入具体行政行为的范畴，对侦查行为相对人提供有效的行政救济手段，以此作为令状制度的救济程序，那么能从而有效弥补非法证据排除规则的不足。

（初审人：刘甜甜）

---

〔1〕 孙连钟：《刑事强制措施研究》，知识产权出版社2007年版，第113页。

论强制证人出庭条件与制裁

——基于对刑事被告人对质权保障的分析

卫　婷*

摘　要：刑事证人出庭制度在于保障被追诉人的对质权。强制证人出庭应满足客观通知、主观裁量等方面的要件，其中证人不出庭的正当理由可以借鉴美国判例法中的克劳德福标准。理论上，法院有权对证人采取无次数限制的拘留权，但在立法层面有必要设置上限限制；数次拘留后仍拒绝出庭作证的，其庭前书面证言仅具有有限的证明力。实践中，法院强制证人出庭的拘留措施常被虚置，导致强制证人出庭制度失灵，难以有效保障被追诉人的对质权，因而有必要进行法教义学上的准确解读。

关键词：证人证言　强制出庭　司法拘留　强制性制裁　对质权

一、问题缘起：规范与实践的断层冲突

十八届四中全会提出推进以审判为中心的刑事诉讼制度改革以来，无论理论界还是实务界都对证人出庭问题格外关注，庭审实践中书面证言泛滥造成的证人出庭率

---

* 卫婷，中国政法大学刑事司法学院刑事诉讼法学专业2016级硕士研究生（100088）。

低等问题亦饱受学界诟病，其中强制证人出庭作证制度的实施更是举步维艰，有学者对某市的调研研究表明，目前强制证人作证的概率几乎为零，[1]这既有法律制度上的原因，亦有司法实践运行中的不足，可以说，庭外证人证言笔录与庭上证言具有同等的证据能力和证明效果是导致这一现象的症结所在。然而，“当前理论中以笼统的证人出庭率为基础讨论证人出庭问题，实际上是个虚假的问题”，[2]因为证人出庭率受现有技术条件、司法资源、证人作证成本及证人保护等多种因素的综合影响，而刑事证人出庭的本质是保障被追诉人的对质权，证人出庭率高低虽不是衡量被告人对质权保障的唯一标准，因为当事人双方对书面证言无异议的，证人即可不必出庭，法庭在应然层面实质已经履行了对当事人对质权的保障，但是不得不说证人出庭率高低仍是被告人对质权保障的重要指标。

2017 年 2 月 18 日，最高人民法院发布的《关于全面推进以审判为中心的刑事诉讼制度改革的实施意见》（以下简称“《实施意见》”）第 14 条明确规定：“控辩双方对证人证言有异议，人民法院认为证人证言对案件定罪量刑有重大影响的，应当通知证人出庭作证。证人没有正当理由不出庭作证的，人民法院在必要时可以强制证人到庭。”[3]《刑事诉讼法》第 193 条第 1 款、第 2 款分别规定，经人民法院通知，证人没有正当理由不出庭作证的，可以强制其到庭，被告人的配偶、父母、子女除外。证人没有正当理由拒绝出庭或者出庭后拒绝作证的，予以训诫，情节严重的，经院长批准，处以十日以下的拘留。被处罚人对拘留决定不服的，可以向上一级人民法院申请复议。[4]

综上所述，本文除了需要对强制证人出庭的条件作具体解释之外，就上述条款的规定，笔者认为还有以下四个值得深入研究探讨的问题。其一，证人不出庭之“正当理由”的范围如何限定？法院自由裁量之权限是否具有可

〔1〕 余方晟、叶成国：《庭审中心视野下强制证人出庭作证研究》，载《北方法学》2016 年第 3 期，第 188 页。

〔2〕 易延友：《证人出庭与刑事被告人对质权的保障》，载《中国社会科学》2010 年第 2 期，第 160 页。

〔3〕 参见《最高法发布以审判为中心刑诉制度改革实施意见》，http://www.court.gov.cn/zixun-xiangqing-36362.html，最后访问日期：2018 年 5 月 14 日。

〔4〕 《刑事诉讼法》第 193 条：“经人民法院通知，证人没有正当理由不出庭作证的，人民法院可以强制其到庭，但是被告人的配偶、父母、子女除外。证人没有正当理由拒绝出庭或者出庭后拒绝作证的，予以训诫，情节严重的，经院长批准，处以十日以下的拘留。被处罚人对拘留决定不服的，可以向上一级人民法院申请复议。复议期间不停止执行。”

统一遵循的标准？其二，证人没有正当理由拒绝出庭或出庭后拒绝作证的，法院对证人的拘留有无次数限制？换言之，法院是否有权对拒绝作证的证人无限制地拘留？其三，证人被拘留数次后，其庭前书面证言可否当庭宣读？其书面证言是否具备证据效力？其四，如果对第三个问题得出肯定结论，强制证人出庭之规定是否还有必要？如果对第三个问题得出否定结论，则能否保障刑法得以准确实施？有学者认为现行法律规定以拘留方式处罚证人，并不能真正达到强制证人出庭的目的，[1]但亦并未提出关于完善以拘留方式强制证人出庭制度的具体建议，本文试图通过对以上问题的研究解决，尝试提出使以拘留方式强制证人出庭制度产生实效的具体建议和方案。

二、司法适用：强制证人出庭作证条件解读

2012年《刑事诉讼法》无形中剥夺了控辩双方有效行使诉权的机会，导致强制证人出庭问题难以根本解决。[2]与现行《刑事诉讼法》相比，《实施意见》第14条[3]对强制证人出庭的条件在立法语言的表达上有所不同，并在变化中对强制证人出庭的条件作了微调，其更加注重控辩双方的异议权，弱化了法院的决定权，强调当事人对庭前书面证言持有异议的情况下通常即可启动强制证人出庭程序，以此来缓解司法实践中长期存在的书面证言肆意、证人出庭制度落实不到位的尴尬局面。根据《实施意见》第14条，关于强制证人出庭的条件，主要可以分为客观通知、主观裁量和例外条款三个方面。

（一）客观通知

强制证人出庭的前提是要求法院已经对证人履行了客观的通知行为，确保证人的知情权。根据《实施意见》第14条："控辩双方对证人证言有异议，人民法院认为证人证言对案件定罪量刑有重大影响的，应当通知证人出庭作证。"由此，法院履行证人出庭通知义务必须同时满足以下两个基本要件：其一，控辩双方对证人证言有异议；其二，法院认为证人证言对案件定罪量刑有重大影响。鉴于上述要件存在一定的主观模糊性，《刑事诉讼法》及其他相

---

〔1〕 万毅：《新刑诉法证人出庭制度的若干法解释问题》，载《甘肃政法学院学报》2013年第6期，第4页。

〔2〕 参见陈瑞华：《论证人证言规则》，载《苏州大学学报（哲学社会科学版）》2012年第2期，第1－10页。

〔3〕 《实施意见》第14条规定："控辩双方对证人证言有异议，人民法院认为证人证言对案件定罪量刑有重大影响的，应当通知证人出庭作证。证人没有正当理由不出庭作证的，人民法院在必要时可以强制证人到庭。"

关解释亦未作出细化规定，因此有必要准确解释并加以适用。

1. “持有异议”标准

首先，根据《刑事诉讼法》第192条第1款之规定，[1]对证人证言持有异议主要是指公诉人、当事人或者辩护人、诉讼代理人对证人证言有异议，即对证人证言的客观性、关联性或合法性等提出了合理的质疑，比如针对证言本身与案件的实质联系、获取证言的程序合法性等问题向法院提出异议。证人出庭制度的根本初衷是保障当事人的对质权，作为一项程序性权利，控辩双方自然可以放弃对权利的行使。如果当事人对法庭外陈述没有异议，证人也就没有必要再出庭作证，则此书面证言可以作为证据在法庭上被准许使用。

刑事诉讼本身并不以真实查明为唯一目的，其价值目标具有多元性，各个诉讼目标之实现是一个综合价值平衡的结果。[2]刑事诉讼在保障公正价值的基础上，还必须注重追求效率，证人出庭作证的必要性即是公正与效率综合协调的结果。因此，如果控辩双方对某一书面证言没有异议，均同意证人庭前所作陈述，在这种情况下，由于当事人已经放弃了自己的对质权，法官自然没有必要要求证人出庭作证。相反，如果当事人对某一书面证言持有异议（通常为辩方所主张），当然可以积极行使这种“眼球对眼球”的权利，证人应当出庭作出合理解释，如果能够作出合理解释并有相关证据予以印证的，则其出庭证言可以采信。如果不能在法庭上作出合理解释，其庭前证言就应该另当别论了。

那么，是否只要控辩双方对庭前所作书面证言持有异议，就必然引起证人出庭接受质询的后果呢？如果是这样，是否存在当事人一方为获取、保全证据而故意申请证人出庭以此来拖延诉讼的情形？对此，《刑事诉讼法》还设置了另外一条标准，下文将予以详细阐述。

2. “重大影响”标准

当然，除了要满足“持有异议”标准之外，还需要法院认为证人证言对案件定罪量刑有重大影响，方可通知证人出庭，由此可以规制某些当事人滥

---

〔1〕《刑事诉讼法》第192条：“公诉人、当事人或者辩护人、诉讼代理人对证人证言有异议，且该证人证言对案件定罪量刑有重大影响，人民法院认为证人有必要出庭作证的，证人应当出庭作证。人民警察就其执行职务时目击的犯罪情况作为证人出庭作证，适用前款规定。”

〔2〕参见樊崇义主编：《证据法学》，法律出版社2012年版，第96页。

用对质权的情形。综观刑事诉讼关于证人出庭制度立法的历史流变，2012 年《刑事诉讼法》相比于 1996 年《刑事诉讼法》对证人出庭作证作出了更为详细的规定，[1]通过设置明确的证人出庭条件使法院传唤证人出庭变得具有实操执行性，但不得不指出由于各种制度因素和环境的交互作用，证人出庭制度并未在实践中得到很好的落实，书面证言被“默许”以证据效力使证人出庭制度逐渐演变为一纸具文，这不仅使庭审实质化改革的推行步履维艰，而且导致侦查中心主义盛行，难以契合司法改革之基本目标。在此背景下，《实施意见》进一步强调强制证人出庭的现实必要性，明确规定控辩双方对证人证言有异议，人民法院认为证人证言对案件定罪量刑有重大影响的，应当通知证人出庭作证。

同时，根据最高法对“重大影响”标准的解读，“尽管人民法院可以审查证人出庭的必要性，但这种审查应当侧重于形式审查，只要控辩双方对证人证言持有异议，原则上就应当通知证人出庭。”[2]笔者认为，“在各项解释可能性之间的选择应以这样的考虑为旨归，即这些不同的解释分别会产生哪些实际后果，以及这些后果当中哪些应合乎正义地得到优先考虑”。“将对各种相互竞争的解释论据的衡量和选择交给对正义的寻求这一目标去引导，也就是说，最终确定的解释论据应当能够使得裁定之案件获得公平的处理。”[3]看得见的程序正义和被程序表达出的实体正义是司法裁决的价值指引，将法院对“重大影响”标准的判断解释成形式审查，更加有利于证人出庭制度的具体落实，不仅可以加强裁判的公正性、正当性和可接受性，还可以避免因赋予法院过强的主观裁量权造成的法院通知证人出庭的动力不足现象。因此，在法院履行客观通知义务的两个标准中，相比较“重大影响”标准而言，控辩双方的异议权显然是法院积极作为的重要驱动力，这样方能防止司法实践中法院强制证人出庭的被动性。

（二）主观裁量

根据《实施意见》第 14 条：“证人没有正当理由不出庭作证的，人民法

---

〔1〕 1996 年《刑事诉讼法》没有直接规定证人的出庭义务，其中第 48 条规定的是证人的作证义务而非出庭义务，2012 年《刑事诉讼法》则明确规定了证人的出庭作证义务。

〔2〕 戴长林、刘静坤：《〈全面推进以审判为中心实施意见〉理解与适用（上）》，http://www.360doc.com/content/17/0426/08/30771618_648715576.shtml（2017 -4 -26），最后访问日期：2018 年 5 月 14 日。

〔3〕 ［德］齐佩利乌斯：《法学方法论》，金振豹译，法律出版社 2009 年版，第 82 -84 页。

院在必要时可以强制证人到庭。”也即，除了具备通知要件之外，证人没有正当理由不出庭且人民法院认为有必要的，可以强制证人到庭。但是由于该条规定属于法院的主观裁量范畴，具体界定相对粗疏，而过于模糊的标准又易被操纵，因此有必要加以准确解释。

1. “正当理由”的认定

根据现有规定，证人有正当理由的，可以申请不出庭作证。但是，何谓正当理由？正当理由的标准和范围该如何界定才能对抗当事人的对质权？根据《刑事诉讼法司法解释》第206条之规定，[1]证人可以被人民法院准许不出庭的情形主要有以下四种：其一，在庭审期间身患严重疾病或者行动极为不便的；其二，居所远离开庭地点且交通极为不便的；其三，身处国外短期无法回国的；其四，有其他客观原因，确实无法出庭的。就上述条款之规定，我们不难看出，当证人处于罹患重病、路途遥远，或者身处国外暂时无法回国状态时，就可以不必出庭作证，其庭前证言因此而具有证据效力。此处有三点疑问：其一，证据之所以被法庭采纳，是因为其可以证明案件事实真相。然而，根据此条规定，证人因为上述客观原因就可以使其庭前证言，即使被提出异议也可以被法庭采纳而因之具有证据效力，显然这是违背逻辑和常理的。其二，虽然第2款规定可以通过视频等方式作证，但立法也仅仅是规定“可以”而非“应当”，对于是否采用视频方式作证，法院具有最终的决定权，但是对于身处国外短期内无法回国的证人，笔者认为“应当”通过视频方式接受当事人的质询。其三，在解释列明的那几种情形下，为何证人不出庭作证具有正当性？因之种种客观原因而无法出庭接受质询能否据此就承认庭前证言的证据效力？

其实，《刑事诉讼法司法解释》中对于“正当理由”范围所作的泛泛的形式规定，并未真正触及证人不出庭作证问题的本质，而且赋予法院过宽的裁量权更易被曲解滥用。对于上述疑问，笔者认为：首先，这几种客观情形使庭前书面证言可采信的正当性尚存疑问。在美国，也并非所有案件的证人都要出庭作证，罗伯茨案确立了容许传闻规则例外的两个标准：其一，证明

---

〔1〕《最高人民法院关于适用〈中华人民共和国刑事诉讼法〉的解释》第206条：“证人具有下列情形之一，无法出庭作证的，人民法院可以准许其不出庭：①在庭审期间身患严重疾病或者行动极为不便的；②居所远离开庭地点且交通极为不便的；③身处国外短期无法回国的；④有其他客观原因，确实无法出庭的。具有前款规定情形的，可以通过视频等方式作证。”

该庭外证言属于“根深蒂固”的例外，即该庭外证言之所以可以不经过当事人双方“面对面”的质询而具有可采性必须具有十分牢固的基础，或者已经得到普遍的接受；其二，当事人必须证明该庭外陈述具备某些确切的真实性特征。[1]但是，由于这一标准在实践中也存在一定问题，因而美国联邦最高法院法官在2004 年的克劳德福案中对宪法意义上的对质条款进行了重新解读，进一步明确了“证言性传闻的可信性必须通过法庭上的交叉询问来确定”,[2]因为交叉询问是迄今为止人类所发明的发现事实真相的最伟大引擎。[3]由此，传闻陈述就被分为证言性陈述和非证言性陈述，对于证言性陈述，可采的条件是证人有未能出庭作证的情形且被告人已对其进行充分的反询问，倘因尚未进行充分的反询问，证言性陈述因之被排除。[4]因此，确立某一证人可以不出庭的标准至少是能够证明该证言具有一定的可靠性、不存在翻供的可能，这样方能确保书面证言的可信性，而非仅仅列举几种客观情况以供遵循，以此立法者便可以一劳永逸了。其次，不能简单根据上述客观原因就排除证人可能翻供或者庭前证言不真实的情况，换言之，证人罹患重病或者身在国外而不能出庭作证并不意味着其庭前书面证言可靠。只有证人出庭并在控辩双方进行细节追问的情况下，才有可能进一步通过观察证人的表情、神色、言语表达等鉴别证言的真实性，从而更好地保障当事人的基本权益。

相比国外关于证人不能出庭之理由的规定，我国立法规定的理由尚显宽松且过于宽泛，容易导致证人不出庭现象呈现泛化趋势，因而有必要加以严格限定，防止书面证言被无限滥用。笔者认为，衡量证人不出庭客观情况的标准可以借鉴英美证据法上允许证人不出庭的条件，即须同时满足可信性的情况保障和必要性标准——在书面证言具有高度可信性，不给予当事人交叉询问的机会也不至于损害其利益，同时无法找到具有同等证明的其他资料代替的情况下不得已而适用该书面证言。[5]这样既能保证该书面证言本身具有较高程度的真实性，同时还能最大限度地赋予被告人实现对质权的机会，从而实现证据法之探求真相、发现良善的本质。

---

〔1〕 See Ohio v. Roberts, 448 U. S. 56 (1980).

〔2〕 See Crawford, 541 U. S. , at 61.

〔3〕 参见［美］罗纳德等：《证据法：文本、问题和案例》，张保生等译，高等教育出版社 2006 年版，第 114 页。

〔4〕 See Crawford, 541 U. S. , at 68.

〔5〕 参见龙宗智：《刑事庭审制度研究》，中国政法大学出版社 2001 年版，第 264 页。

2.“必要时”的认定

根据现行《刑事诉讼法》的规定，是否具有出庭的必要需要法院裁量决定。对此，有学者认为，由法院决定是否强制证人出庭作证，无疑会在实质上剥夺控辩双方有效行使诉权的机会，导致证人出庭的问题实质上难以被解决。[1]笔者认为，正如前文所论述，法院对证人是否出庭的必要性审查应当被仅仅限于形式审查，这样才不至使证人出庭陷于形式化危机。如果把证人是否具有出庭必要的决定权交给法院，那么迫于“案多人少”的司法压力，法院通常不启动强制证人出庭程序也是符合“理性人”的基本思维理路的，目前司法实务中的证人出庭概率尚不足1%，法院主动强制证人出庭的可能性自然也就可想而知了。

笔者认为，为了提高法庭审理中的证人出庭率，有必要在立法和制度上进一步弱化法院的自由裁量权，强化对控辩双方异议权的保障，以当事人的异议权代替法院的裁量权，确保绝大多数案件一经当事人双方提起异议，并经法院的形式审查之后就能启动强制证人出庭程序，以此加强裁判的正当性和可接受性，并进一步落实这一制度的司法实效，防止当事人因法院的抵触性和被动性而产生提起异议的畏难情绪。由此，法院对“必要性”的认定应当仅作为一种形式审查，只需其审核当事人是否真正对某一书面证言存有异议，法院的“必要性”审查权应当作为防止当事人滥用异议权的一道关口和阀门。

（三）例外条款

为实现探求事实真相与其他价值利益之间的平衡，《刑事诉讼法》第193条第1款对强制证人作证的范围作了例外规定——被告人的配偶、父母、子女除外。根据立法机关的解读，该条“主要是考虑到强制配偶、父母、子女在法庭上对被告人进行指证，不利于家庭关系的维系和社会和谐的构建”[2]。要求证人出庭本是为最大限度地追求事实真相，但例外条款的设置非但不能加速案件真实之发现，有时还会使真相难以被发现，但因其背后蕴涵更重要的价值理念，即便例外条款有损失证据之风险，但仍有存在的必要。“作证特免权存在的一个基本理由，是要表明一种法律制度重视这些特殊关系胜过制

[1] 参见陈瑞华：《论证人证言规则》，载《苏州大学学报（哲学社会科学版）》2012年第2期，第4-6页。

[2] 朗胜：《中华人民共和国刑事诉讼法释义》，法律出版社2012年版，第406页。

裁犯罪的行为。这种证据制度认为，通过破坏这些特殊关系而获得查明事实真相的价值，不及牺牲查明事实真相而维护这些社会关系的价值。”〔1〕但是，综观我国刑事诉讼立法和相关司法解释，亲属拒证权在我国实际上并未真正建立，何况该款到底是免除了被告人近亲属的出庭作证义务还是其本身的作证义务尚不明确，因而导致被告人的近亲属在侦查阶段、审查起诉阶段仍然要接受询问。实际上，“本款规定并没有免除其作证的义务，只是规定在庭审阶段可以免予强制到庭”〔2〕。有学者认为“立法者在立法思想上疑虑重重，遂出现了这种既免予近亲属在庭审阶段强制出庭作证，又要求其在侦查阶段接受调查、询问这样不伦不类的立法”〔3〕。因此，现行立法中普遍存在的职权主义倾向实际彰显了立法机关对外宣称的和谐家庭关系保护的不彻底性，难以实现立法背后的真正目的。

如此看来，中国司法语境下的作证特免权只是免予强制出庭作证而非免除其向司法机关的作证义务。原因主要在于：其一，我国现行立法尚未明确规定被告近亲属的拒证权，即便可以免除其近亲属的作证义务，但也难以免除其出庭作证义务。其二，根据现行《刑事诉讼法》的规定，〔4〕对未到庭的证人的证言笔录、鉴定人的鉴定意见、勘验笔录和其他作为证据的文书，应当当庭宣读。由此，被告人的近亲属尽管不会被强制出庭作证，但其在侦查、审查起诉阶段所作书面证言仍可以当庭宣读而因之具有证据效力。西方的特免权制度体系主要包括配偶特免权、线人特免权、夫妻交流特免权、心理医生—患者特免权等，〔5〕而且对应的特免权保障体系也比较完善。当然，我国作证特免权是以公民的普遍作证义务为前提的，二者是“皮之不存，毛将焉附”的关系。

由于作证特免权条款本身争议颇多，但这不是本部分所要重点探讨的问

---

〔1〕［美］罗纳德·J. 艾伦等：《证据法：文本、问题和案例》，张保生等译，高等教育出版社 2006 年版，第 905 页。

〔2〕朗胜：《中华人民共和国刑事诉讼法修改与适用》，新华出版社 2012 年版，第 337 页。

〔3〕万毅：《新刑诉法证人出庭制度的若干法解释问题》，载《甘肃政法学院学报》2013 年第 6 期，第 5 页。

〔4〕《刑事诉讼法》第 195 条：“公诉人、辩护人应当向法庭出示物证，让当事人辨认，对未到庭的证人的证言笔录、鉴定人的鉴定意见、勘验笔录和其他作为证据的文书，应当当庭宣读。审判人员应当听取公诉人、当事人和辩护人、诉讼代理人的意见。”

〔5〕关于该特免权制度体系的详细内容，可参见易延友：《证据法的体系与精神》，北京大学出版社 2010 年版，第五章关于特免权规则的详细介绍。

题，本部分主要对强制证人出庭条件予以梳理和解读，以期方便司法适用。由此观之，强制证人出庭除了要具备客观通知和主观裁量两个要件之外，还必须满足强制证人出庭的例外条款，即免除被告人的配偶、父母及其子女的作证义务。如此，方能保障适格证人的证言性陈述在控辩双方的当庭对质中获得证据效力。

三、强制性制裁：法院拘留条款解读

经人民法院通知，证人未出庭或出庭后拒绝作证，情节严重的，法院有权对其处以拘留，这是《刑事诉讼法》对强制证人出庭作证之保障措施的规定，有利于对证人出庭作证形成一定威慑。但对于法院是否有权对未出庭的证人强制拘留、强制拘留是否有次数限制，以及对最后一次拘留的证人仍不出庭或出庭后拒绝作证的，其庭前书面证言的证据效力如何认定等诸多问题，现行立法并未详细规定，这就为司法实践带来一定执法、司法困惑，因而有必要予以进一步澄清和明确。

（一）理论根基：法院拘留的正当性基础

根据《刑事诉讼法》第193条之规定，证人没有正当理由拒绝出庭或者出庭后拒绝作证的，予以训诫，情节严重的，经院长批准，处10日以下拘留。由于司法实践中证人出庭后的翻供现象普遍存在，为法庭审理造成极大阻碍，法院通常怠于采取拘留的强制性措施，这已成为司法理论界和实务界的共识，对此笔者将不再赘述。本文想重点探讨的问题是：在法律之应然层面，法院是否有多次拘留证人的权力？具体来讲，证人不出庭作证，情节严重的被法院处以拘留，当拘留被解除后，证人仍然不积极配合，拒绝出庭作证，此等情况下法院是否还有权再次拘留证人？依此类推，法院是否有权无限制地拘留证人？在国家权力与个人权利的动态博弈权衡之下，立法是否应当赋予法院无限制地剥夺公民人身自由的权力？

由于刑事诉讼立法及其司法解释对此问题尚未明确规定，因此在理论和实践层面存在诸多质疑。德国《刑事诉讼法》第51条规定，“证人经依法传唤而不到场的，应当承担因此造成的费用。同时科处秩序罚款，不能缴纳罚款时易科秩序拘留”。第135条规定，证人再次应传不到的，可以再次科处秩序罚。英国《1965年刑事审判法》同样规定了刑事证人不出庭作证的处罚措施，如果控辩双方申请传唤的某一证人在法庭发出证人令之后，仍然未按时到刑事法院出庭的，法官就可以发布命令，要求他在指定时间出席法院审判。对于仍然不出庭的证人，法官可以直接发布拘传令，将其强制带到法庭。在他向法庭提供证据之前，他将受到羁押或者保释。证人这时如果仍然没有正当理由的情况下拒不提供证据，则法庭有权直接判处其犯有蔑视法庭罪，并对其判处最高达 3 个月的监禁刑。笔者认为，国外刑事诉讼法之所以容许法院可采取罚款、拘留等强制性措施，甚至直接判处藐视法庭罪，是因为其立法明文规定了提供证据的人员必须亲自接受法庭的询问，而且由于“法律强制的效力总是以社会共同体的默认为条件，否则任何的强制都不可能奏效”，[1]在美国，“国家有权力获得任何人的证据（the public has a right to everyone's evidence）”[2]已经被奉为一项公知的原则，“所有的人都作证是一个普遍的规则，尽管不能从任何书上找到这个规则，但它早已由上帝写在每个人的心里”。[3]由此可见，美国关于证人作证或者证人出庭作证的规则都有坚实的诉讼基础和法理基础，同时也获得了公众的普遍认同，这为美国的强制证人出庭制度提供了肥沃的制度土壤和有利的适用环境。那么，根据我国现行刑事诉讼立法及相关司法解释，通过采用拘留手段强制证人出庭是否具备相应的理论基础和正当性？笔者认为，虽然我国目前司法实践中的证人出庭率极低，证人出庭制度因此常常被架空而形同虚设，但是，法院以拘留方式强制证人出庭本身具有合法性，而且存在一定的正当性，主要理由在于：

第一，在立法层面，根据我国《刑事诉讼法》第 62 条：“凡是知道案件情况的人，都有作证的义务。生理上、精神上有缺陷或者年幼，不能辨别是非、不能表达的人，不能作为证人。”因此，除了立法明文规定那些明显不具备证人资格的，任何知道案件情况的人都有作证的义务，而此处证人作证的形式，笔者认为既包括审判前在侦查机关和检察机关面前接受询问作证，也应当包括审判阶段在控辩双方、两造对立的结构形态下出庭作证，即证人作证义务实际上是贯穿刑事诉讼始终的，而证人之法定作证义务是其能够以证人身份作证的合法性前提。由此，作为一项强制性义务规定，应当到庭作证的证人不出庭，因为违背法定的作证义务，法院有权依照法定程序对其处以拘留。而且，笔者认为有必要赋予法院对不出庭作证证人的数次拘留权，正如贝卡利亚所言，对人类心灵发生较大影响的是刑罚的延续性，最容易和最持久地触动我们感觉的，与其说是一种强烈而暂时的运动，不如说是一些细

---

〔1〕 何家弘主编：《证人制度研究》，人民法院出版社 2004 年版，第 88 页。

〔2〕 Branzburg v. Hayes, 408 US. 665, 688 (1972).

〔3〕 United States v. Nixon, 418 US. 683, 709 (1974).

小而反复的印象。[1] 至少根据立法文本的字面语义提示，“情节严重的，经院长批准，可以处10日以下拘留”显然以并未禁止对证人多次拘留的方式表现着刑罚的延续性特征，这种延续性有利于震慑司法实践中的证人拒证行为。另外，早在1935年的中华民国民事诉讼立法上，就存在关于证人不遵传到场，对其处以罚款并拘提的规定，因而此处刑事诉讼立法对证人拘留的规定并非无中生有，而是对原有法理的沿袭和继承。

第二，于法理层面，刑事证人出庭的本质在于保障被追诉人的对质权，对质条款的设立旨在通过面对面对庭前书面证言进行细枝末节的质询检验，更准确地发现案件真实。我国立法虽未明文规定被追诉人的对质权，但为发现案件真实、保证裁判的正当性，加之公民的作证义务规定，法院以拘留手段强制证人出庭作证自然无可厚非。如果说根据《刑事诉讼法》第62条之规定强制证人出庭作证是对形式法律的基本遵循，那么对被告对质权的保障则符合法理学理论上对实质性合法的一般阐释，即符合“事物的法则、原理以及被公众认可的价值观”。[2] 由于证人证言本身具有一定主观性和不稳定性，发生在客观世界的事实难免会经过证人大脑的美化加工，因而与客观事实发生一定偏差，同时，由于诉讼证明本身区别于科学证明，并受制于司法资源的有限性，根据现有证据根本难以还原客观真实，只能达到法定证明标准的法律真实。因此，强制证人出庭以增加证人证言可靠性的目的实际上往往难以实现，且并非立法者的根本初衷，而是为了保障当事人的对质权以增加裁判的权威性和可接受性。另外，如果由于强制证人出庭作证的程序繁琐且易造成司法资源的浪费，而不强制其出庭接受质证，待造成冤假错案后果后再因程序回流而重新取证，往往会承受更大的试错成本。综上所述，即使证人已经受到拘留之制裁，但由于已经受到制裁并不能因此而免除其法定作证义务，基于案件真实查明之需要，法院仍有权再次强制证人出庭作证。因此，倘若证人没有正当理由拒绝出庭作证而被强制拘留，由于其不仅没有履行证人的法定之强制性作证义务，还妨碍了刑事诉讼的正常进行，由此法院通过多次拘留强制证人出庭直至其愿意出庭作证，自然也具有该当性。

第三，在权力与权利的博弈方面。由上观之，强制证人作证是其履行国

---

〔1〕 参见［意］切萨雷·贝卡利亚：《论犯罪与刑罚》，黄风译，北京大学出版社2014年版，第78页。

〔2〕 参见周世中：《法的合理性研究》，山东人民出版社2004年版，第37－38页。

家强制性义务的体现。当然，在这里需要强调，为保证证人作证义务的充分、积极履行，证人权利如证人作证保护、作证补偿等权利，应该得到更大程度的关怀与保障，从而进一步强化作证义务履行之期待可能性。虽然证人无正当理由拒不到庭，国家有权采取一定强制手段保证其公法义务的履行，但是在立法和实践中，同时要注意把握探求事实真相与保障人权之间的价值平衡，在强制证人出庭作证方面，对证人保护、补偿等权利的保障价值应当远大于事实真相之查明价值。当然，证人作证是为国家而非为某个特定的当事人履行义务，证人义务的公法属性表明了证人权利的享有本质是以国家义务的履行为必要条件，因此，在国家已经履行了法定的出庭作证保护和补偿等义务后，国家通过法定之强制性措施，要求证人出庭作证以促进事实真相之查明也就具有一定正当性。

（二）边界与限度：法院拘留的次数限制

由上观之，首先，由于证人出庭作证不但具有促进案件真实发现的实体必要性，而且还具有保证证言可靠和控辩平等的程序正当性，因而有必要赋予法院应然层面的无限次拘留权。当然，虽然法院本应具有对特定证人的无限次拘留权，但笔者认为在实务操作中，仍然有必要设置一定上限，比如在立法中明确规定拘留次数最多不超过 3 次或者拘留时间最长不能超过 45 天等，因为毕竟司法资源十分有限，司法机关可以尝试通过其他形式的证据辅之佐证以探求案件真相，除非只有证人出庭接受质证方可证明案件真实的情况，才通过数次拘留作为强制的手段，否则无限制次数地拘留证人，甚至极端情况会造成对证人人身自由的终身限制，这样其实不利于案件真实的及时发现，难以实现公正与效率之间的价值平衡。

其次，证人不出庭作证的原因是多方面的，比如由于是熟人作案，证人通常碍于情面难于作证，或者证人担心出庭作证会招致被告人的打击报复，因而情愿被法院强制拘留数次而选择放弃出庭作证。有学者认为，“对于经采取制裁措施仍拒绝出庭的，更妥当的做法是，查明证人拒绝出庭作证的真实原因，然后区别情形采取相应措施，或是认定证人审前陈述具有证据能力，或是强化证人保护措施，而不是一味地通过再次裁制强制其出庭作证”[1]。无限次对证人拘留是否有必要本身值得探讨，而区别证人的拒证情形采取不同的制裁措

---

〔1〕 吴光升：《论强制证人出庭作证制度的风险控制》，载《证据科学》2012 年第 6 期，第 687 页。

施不失为一种可选择的做法，比如证人是为维系正常的社会关系或者担心被伺机报复难以出庭作证，而其证言在诉讼中被认定具有很高的证明价值，加之庭前证言本身又具有高度的真实、可靠性，那此时就可以采纳其庭前证言，同时辅以其他书证、物证、鉴定意见等综合衡量来作出公正裁判，在诉讼中如何证明该庭前证言是真实可靠的还需要法官的审慎判断。

综上所述，笔者认为，无次数限制地拘留应当出庭而未出庭的证人在保障证人出庭效果方面仍然具有一定作用，试想无论证人多么碍于情面或者害怕被打击报复，至少不至于置自己的长期人身自由于不顾，从而造成其家庭关系及个人正常生活和社会关系的破坏，何况我国刑事诉讼立法对证人出庭已经采取了必要的保护措施。当然，对于不出庭证人采取的拘留次数问题，有必要遵循比例原则的理论基础，即“对证人采取何种措施，不仅应当与其拒绝出庭作证造成的后果相适应，也应当与其义务违反之主观恶性程度相适应”[1]。对于疑难、复杂或者有重大影响的案件，一般证人拒绝出庭作证可能造成的不利后果往往比较严重；证人拒绝出庭的次数越多，越能说明证人对义务违反的主观态度越恶劣。[2]此时，对证人采取多次拘留的措施，就不仅仅在于查明案件真实，还是对证人违反出庭作证义务的制裁，以此彰显法律之权威。

另外，目前我国法律尚未规定未出庭证人的刑事责任追究问题，对此可以借鉴英美国家的立法经验，如果证人经传唤拒不出庭作证的，可以追究其藐视法庭罪的刑事责任。笔者认为，立足于我国立法，对于违反出庭作证义务的证人经过三次以上拘留之后，仍然不出庭作证或者出庭后拒绝作证的，有必要以藐视法庭罪追究其刑事责任。于此，不仅是因为证人拒证妨碍诉讼真实的查明，还在于不出庭作证会严重影响刑事诉讼秩序的正常运行。所以，如果没有法律后果的义务性规范，证人出庭作证制度注定会沦为教条性口号，[3]如果不采取一定强有力措施实难遏制司法实践中证人普遍不出庭的乱象。但是，考虑到我国的文化传统、公民出庭作证意识和证人出庭作证的现状等情况，2012年的《刑事诉讼法》草案并没有规定对不出庭证人的刑事责任，而只规定了

---

〔1〕 易延友：《证人出庭与刑事被告人对质权的保障》，载《中国社会科学》2010年第2期，第165－167页。

〔2〕 参见易延友：《证人出庭与刑事被告人对质权的保障》，载《中国社会科学》2010年第2期，第161页。

〔3〕 何家弘：《证人制度研究》，人民法院出版社2004年版，第105页。

强制到庭、训诫和拘留处罚。[1]在美国，由于宪法上对质条款的约束，对证人不出庭作证的情形，法院即可以数次拘留或者判处证人藐视法庭罪的方式剥夺其人身自由，直到证人愿意出庭作证方才解除惩罚。赋予法院判处证人藐视法庭罪的权力能够确保法庭的权威和证人对其强制性义务的服从。[2]公民出庭作证意识的提高不应仅仅依靠现有的、较为缓和的证人不出庭的保障措施来实现，因而，笔者主张在现有训诫、拘留等证人出庭保障措施的基础上，有必要再通过增加罚款以及增设藐视法庭罪以追究证人刑事责任的方式，进一步提高公民出庭作证意识并加强证人出庭作证的强制性。当然，上述措施可以单独科处，也可以区别情形多重并用，以此来构建我国分梯度、多阶层的证人出庭保障体系，从而助力审判中心主义的进一步实现。

（三）书面证言的证据效力

我国《刑事诉讼法》第192条第3款明确规定了鉴定人无正当理由拒不出庭，其鉴定意见不得作为定案根据。但是，对证人无正当理由拒不出庭的书面证言效力却一直避而不谈，由此为庭审实质化改革增加了又一道障碍，亦为审判中心主义的实现蒙上了一层神秘面纱。由于立法者对必要证人不出庭的书面证言效力未作出“是否可以作为定案根据”的明确规定，导致审判实践中出现任意默许其庭前书面证言之证据效力的司法乱象，造成庭审虚化的危机。实现审判中心的关键在庭审，而庭审的核心在于控辩双方对关键证据的质证。只有控辩双方在“两造对立”之庭审模式之下，对存有争议的每一种、每一份证据都进行充分质证，保证质证的全面性，并通过质证程序对法官心证形成有力的影响，以确保质证的有效性，才有可能破除“庭审在刑事诉讼过程中没有起到实质性作用，法院不经庭审程序也可以照样作出判决”[3]的司法怪象。由此，对已经采取制裁措施但仍拒绝出庭作证的证人之庭前证言的证据效力问题亟待予以进一步明确。

虽然在应然层面法院可以采取以多次拘留的方式强制证人出庭，但为避免案件证据失真、确保事实真相被及时还原和《刑法》得到有效实施，数次拘留后的书面证言效力问题尚值得进一步探讨并给出解决方案，以明确法院

---

〔1〕 黄太云：《刑事诉讼法修改释义》，载《人民检察》2012年第8期，第18页。

〔2〕 “Jury Trial for Criminal Contempts: Restoring Criminal Contempt Power and Protecting Defendents' Rights”, *Yale Law Journal*, May 1956, 65 Yale L. J. 846.

〔3〕 何家弘：《从“庭审虚化”走向“审判中心”》，载《法制日报》2014年11月5日，第10版。

在司法实践中的具体操作，并实现刑事诉讼中的多元价值平衡。现有法律规定上的冲突和矛盾造成了一系列司法顽疾：一方面，证人被多次拘留后仍拒绝出庭作证的，其庭前书面证言可当庭宣读作为证据使用，如此，强制证人出庭之规定则空有立法规定之“外壳”，虚掩的表象背后实为形同虚设；另一方面，倘若规定多次拘留后证人仍拒绝作证之庭前书面证言就一律因此而失去证据效力，则因为排除了大量证据案件可能会因事实不清、证据不足而难以使《刑法》得以准确实施。因此，笔者认为，根据我国《刑事诉讼法》的实施现状，如果完全剥夺数次拘留后庭前书面证言的证据效力，有可能极大阻碍案件真实的查明，不利于保障《刑法》的实施，有学者认为，对于拘留后庭前书面证言的证据效力问题，应当区别情形作不同规定。[1]不得不说，通过区分不同情形对其书面证言之证据效力进行综合认定，更有利于实现案件审理的实质公平。

然而，由于司法实践中证人不出庭的原因复杂，难以对现有情形进行准确归类，如果进行概括立法又可能对法院的裁量权形成无端扩张，因此，在完全排除可能导致难以有效追究犯罪和完全采用导致强制证人出庭制度可能被虚置和陷入形式化危机的两个极端之间，笔者认为，可以参考借鉴《欧洲人权公约》中关于赋予缺席证人庭外证词的有限证据价值的做法，即证人不出庭会造成证据效力的减损和证明力的降低，除非有其他形式证据进行佐证和强化。本方案与“区别情形对待”的方法相比，差异主要在于：基于证人主观故意的恶性不作为行为，前者对不出庭的书面证言效力一律折损，以低证明力或无证明力的后果作为对其先行行为的惩罚；而后者还有承认其庭前书面证言全部证明力的可能，这难免为证人故意规避此规则留下可乘之机。由此，折损证明力的方法似乎威慑力更强且更为有效。另外，衡量书面证言之证据效力的标准应该是当事人双方对此证据均无异议，已经达成合意，且能够与案件的其他证据相互印证，即该证人虽未出庭经过控辩双方当庭“面对面”的质证程序，但有确实充分的其他证据能够表明该证言本身的真实性、关联性、合法性等本质特性，则法庭即可采纳。

结语

本文通过对强制证人出庭的条件以及证人不出庭的拘留条款解读，进一

---

〔1〕 吴光升：《论强制证人出庭作证制度的风险控制》，载《证据科学》2012 年第 6 期，第 687 页。

步明确了证人出庭应具备的三个要件，厘清了立法概念上的模糊性，以期增强司法实践中的适用性，并对证人不出庭的保障措施之拘留条款提出了自己的主张。笔者认为，理论上，法院对证人采取无次数限制的拘留权具有正当性基础，但在立法层面考虑到司法资源的有限性可以设置上限限制。实践中，强制证人出庭制度失灵，难以有效保障被追诉人的对质权，为进一步羁束法院行为，激活对强制证人出庭条款的适用，对于数次拘留后证人仍拒绝出庭作证的，其庭前书面证言的证明力将被减损。同时，关于证人不出庭之正当理由，还有必要作进一步研究和界定。

基于庭审方式改革与证人出庭作证之间的因果关系，可以说我国庭审方式改革的继续与深入，在一定程度上取决于证人出庭作证制度的改革与完善。[1]强制证人出庭作为确保被告人对质权的一项重要制度保障，对审判中心主义的深入贯彻和书面证言泛滥现象之遏制具有重要的作用。但是，刑事诉讼立法及相关司法解释对此规定还尚显粗疏，随着认罪认罚从宽制度的深入推进，真正通过普通程序审理的案件必然会大大减少，法官将有更多的时间和精力应对证人不出庭而强制其出庭的案件，由此，基于这些制度保障，在进一步推进强制证人出庭制度的细化落实方面将大有可为。

（初审人：刘甜甜）

---

〔1〕 参见汪海燕、胡常龙：《刑事证据基本问题研究》，法律出版社2002年版，第233页。

公诉案件撤回起诉中的救济困境研究*

魏　炜**

摘　要：在检察机关撤回公诉案件中，虽然被告人在形式上被赋予上诉权，但法院在对其进行实际救济时却陷入严重困境。分析国内外撤回公诉程序立法例可知，司法经济性与刑罚谦抑性是撤回起诉最根本的制度价值，但我国可撤诉件范围的恣意扩张已让该制度偏离了最初的价值取向。价值取向的偏离致使撤回起诉的规则性质发生重大改变，进而造成准许撤诉裁定演变为一个饱含实体处分意味的司法裁决。对上诉救济问题的改良可以作为完善撤回公诉制度的突破口，即基于“价值偏离”导致“性质变异”的基本事实，本文分别提出“被告人参与＋必要实体审查”模式与“裁定＋判决”模式两种疏导方案，为解决撤回公诉案件救济困境提供了可行的路径选择。

关键词：撤回起诉　上诉救济　实体权利　刑事程序倒流

---

* 本研究得到“中国政法大学交叉学科培育与建设计划——法证心理学”的资助。

** 魏炜，中国政法大学刑事司法学院刑法学专业2016级博士研究生（100088）。

一、撤诉案件上诉中的救济无能

公诉案件撤回起诉，是指由于存在某些特殊事由，检察机关在提起公诉后、法院作出裁判前，将已经提起公诉的案件予以撤回，从而终结刑事诉讼进程的诉讼制度。公诉机关撤回业已提起的诉讼，进而终结刑事诉讼程序，从表面上看是一种有利于被追诉人的制度。然而，实践中越来越多的撤诉案件出现被告人因不满撤诉结果而提起上诉，给司法机关带来了很大的困扰。

原审被告人不满一审裁决提起上诉，这本是刑事诉讼中极为常见的现象，而这种情况让司法机关困扰的原因就在于，在原本作为上诉人救济渠道的二审程序中，法官却只能选择以维持原裁定的方式应对原审被告人的上诉——准许撤诉案件陷入了救济困境。

（一）撤诉案件上诉权之争

在准许撤回公诉案件救济问题上，原审被告人是否拥有对准许撤诉裁定的上诉权成为了学界最先热议的话题〔1〕。对于能否对准许撤诉裁定上诉，一方面，有研究认为，根据诉权完整性原则，检察机关可以自主决定放弃、中止、变更对被告人的控告，不应该受到审判机关的阻却，尤其是在检察机关撤销对被告人指控的情况下，法院无须再进行司法审判，也符合诉讼经济原则和司法谦抑原则。〔2〕另外，检察机关撤回起诉能够保障无罪人不受刑事追究，贯彻了“疑罪从无”原则，是另一种处理疑罪的有效方式。〔3〕另一方面，更多的研究认为，应赋予被告人对法院准许检察机关撤诉的裁定提出上诉的权利。〔4〕“被告人认为第一审法院准许公诉机关撤诉的裁定侵犯了其合法权益，或者准许撤诉将会对其产生不利后果，如丧失可能被判决无罪的时机等，被告人都可以提出上诉，引起二审重新审理的法定程序。”〔5〕面对实务界和理论界的长期争议，最高人民法院（以下简称“最高法”）曾就该问题请示全国人民代表大会常务委员会法制工作委员会（以下简称“全国人大法工委”）。对

---

〔1〕 参见臧德胜、付想兵：《对准许撤回起诉的裁定可以上诉》，载《人民司法（案例）》2017 年第 5 期，第 31 页。

〔2〕 参见柴军：《司法实践离不开刑事撤回起诉》，载《中国检察官》2006 年第 7 期，第 42 页。

〔3〕 参见邢永杰、侯晓炎：《撤回公诉问题评析》，载《国家检察官学院学报》2013 年第 2 期，第 112 页。

〔4〕 顾静薇：《论撤回起诉的规范化》，载《中国刑事法杂志》2010 年第 11 期，第 76 页。

〔5〕 朱凤翔、许冬生：《刑事公诉案件撤回起诉的实证分析与制度完善》，载《人民检察》2009 年第 7 期，第 61 页。

此，全国人大法工委答复称，我国《刑事诉讼法》对该问题没有明确规定，建议个案处理，不做一般性答复。后经过长期调研总结，最高法认为还是应当赋予撤回公诉案件当事人以上诉权，以保护当事人权益，维护“以审判为中心”的审判权威。

（二）实际上诉救济的落空

在承认被告人拥有上诉权之后，司法机关接下来就需要处理如何对原审被告人进行实际救济的问题。根据我国《刑事诉讼法》的规定，二审法院存在三种处理上诉的方式，一是一审裁决事实清楚，证据确实、充分，二审予以维持；二是一审裁决事实不清、证据不足，或查明事实以改判或发回重审；三是上诉人申请撤回上诉，法院经审查以准许撤诉。然而，以上这三种方式是应然层面上的，在实然层面中，二审法院却大多只能选择维持一审裁定。

第一，上诉人基本无撤诉可能。实践当中，要求启动二审程序的主体均为原审被告人，且上诉理由大多为“一审法院在未实质审查撤诉理由的情况下，准许公诉机关撤回起诉，因此请求二审撤销原裁定”。同时，许多上诉人明确请求二审法院对其作出无罪判决。可见，在准许撤诉的公诉案件中，如果被告人认为以撤诉方式结案有利于自身摆脱诉累、重获自由，就无提出上诉之必要。因此，原审被告人基于请求二审法院以判决方式结案的上诉理由，已无撤诉可能。

第二，准许撤诉裁定难以被改判。在实务界，公诉案件撤回起诉制度被理解为一种刑事诉讼过滤机制和诉讼程序补救机制，撤诉的申请与准许归根结底都是程序问题，因而应适用裁定方式处理一审准许撤诉问题。既然准许撤诉裁定处理的是程序性问题，那么二审法院也只能用处理程序性问题的裁定书进行应对（裁定维持或裁定撤销原裁定），而不能适用判决直接判处被告人有罪或无罪，否则就违背了二审终审制的宗旨。易言之，准许撤诉案件并未经过一审法院的实体审查，如果二审直接宣告被告人无罪，即意味着案件的实体问题在二审阶段初次被裁判，这将导致被告人上诉权、检察院抗诉权的丧失。因此，在实务中，若二审法院拟以判决方式处理准许撤诉裁定，则被认为既不合法也不合理。

第三，准许撤诉案件难以被发回重审。公诉机关在提起公诉后、一审审理过程中撤回起诉，说明其对该案件的在案证据、定罪概率等因素已有周全考虑，衡量利弊后才决定撤诉。如二审法院裁定发回重审，基于趋利避害的目的，检察机关仍可申请撤回起诉，一审法院仍可准许；更有甚者，检察机关于重审中拒绝出庭支持公诉，人民法院只能按检察院撤诉处理〔1〕。如此这般，一份新的准许撤诉裁定又会出现，诉讼则会陷入救济“死循环”。

第四，上级法院难以通过提审或指令再审的方式改判。有法官提出，可根据《刑事诉讼法》第 254 条第 2 款之规定，通过由上级法院提审或者指令下级法院再审的方式解决撤诉案件救济困境，然而这种处理方式在实践中也难以奏效。原因在于：其一，上级法院裁定维持一审准许撤诉裁定后，一审裁定即发生法律效力。即使上级法院有权通过法律监督程序提审该案件，公诉机关撤回起诉的行为也已经生效，这也就意味着法院无法启动一个没有控方的诉讼。因此，上级检察机关必然以下级机关已经撤诉为由不出庭支持公诉。其二，基于“控审分离”原则，即使上级法院指令下级法院再审，其也无权指令下级检察院必须出庭支持公诉，同样不能解决一审检察院主动撤回起诉或者拒绝出庭的境况。以上种种情况，迫使二审法院只能选择维持一审准许撤诉裁定。

根据上述分析，我们可以得到这样一个结论：在撤回公诉案件中，尽管被告人在形式上获得上诉权，拥有了扭转诉讼局面、获得无罪判决的可能性，但事实上二审程序中并不存在让上诉人获得无罪判决的空间。易言之，撤回公诉案件中二审程序在一定程度上被虚置，导致了上诉救济的困境。而实现上诉救济的最大障碍，莫过于各级法院将公诉案件撤回起诉定性为程序性规则，因此，无论是检察机关申请撤诉还是人民法院准许撤诉，都被认为是一种程序性的处理方式，不会涉及当事人的实体权利。然而，正是这种对公诉案件撤回起诉性质的认定让撤回公诉案件的救济变得异常艰难。

二、公诉案件撤回起诉制度的价值探析

仅通过承认上诉权来疏通撤诉案件救济渠道的方式已经屡屡碰壁，这一问题引起了学界和事务界的诸多关注。近年来，对撤回起诉问题的研究成果不可谓不多，各界都在思考撤回起诉制度的完善路径，但不少研究却陷入了“以立法依赖为导向”的思维误区中，而忽略了从源头上探明撤回起诉制度价值的重要性。

（一）本土撤回公诉制度的价值溯源

我国研究公诉案件撤回起诉的文献在对我国相关立法沿革进行梳理时，

〔1〕 参见万云松：《论撤回起诉的实践难题与理论破解》，载《中国刑事法杂志》2014 年第 5 期，第 74 页。

通常会提到两点：其一，我国《刑事诉讼法》层面上有关撤回起诉的规定于1996年被删除；其二，1998年后撤回起诉制度陆续以司法解释形式被加以规定。部分研究以第一点为论据说明官方对撤回起诉的态度，从而否定撤回起诉的实践价值；另一部分研究则以第二点为论据说明司法现实离不开撤回起诉。然而，如果仔细阅读被废除之前《刑事诉讼法》中关于撤回起诉内容的规定，就会发现这两种观点略显草率。

总体来说，公诉案件撤回起诉制度在我国刑事诉讼法制发展中大致经历了三个阶段，分别为1979年立法确认阶段、1996年修法废除阶段和1998年后司法解释重拾阶段。1979年《刑事诉讼法》对撤回起诉的规定主要体现在第108条："人民法院对提起公诉的案件进行审查后，对于犯罪事实清楚、证据充分的，应当决定开庭审判；对于主要事实不清、证据不足的，可以退回人民检察院补充侦查；对于不需要判刑的，可以要求人民检察院撤回起诉。"而当时的《刑法》第32条规定："对于犯罪情节轻微不需要判处刑罚的，可以免予刑事处分，但可以根据案件的不同情况，予以训诫或者责令具结悔过、赔礼道歉、赔偿损失，或者由主管部门予以行政处分。"结合这两条规定，可知《刑事诉讼法》第108条表述中的"不需要判刑的"案件，即《刑法》第32条所指的"犯罪情节轻微不需要判处刑罚的"案件。这类案件的特点是：被告人行为构成犯罪，存在被判处刑罚的必要条件，但由于情节轻微，可依法官之自由裁量权不被判刑，故可免予刑事处分。可见，这两条规定互为表里，限制了撤回起诉适用的案件范围。易言之，人民法院可以要求人民检察院撤回起诉的，只能是"不需要判刑的"案件，而"不需要判刑的"案件，以构成犯罪为前提。[1]

1979年《刑事诉讼法》第108条所规定虽然字数不多，但内涵却较为丰富，它包括三大维度：一是撤回起诉的时间在法院立案后、庭前审查过程中，二是可撤回起诉的案件类型须是构成犯罪但不需要判刑的刑事案件，三是撤回起诉的提出方式是法院主动要求、检察院被动接受。但是，这条规定在当时受到了不少质疑，而质疑焦点则集中在上述第一点与第三点。一方面，不少观点认为，不开庭先审查是对诉讼阶段的超越，属于"先判后审"，是法院审查权的滥用。[2]另一方面，法院主动要求公诉机关撤回起诉的方式，也被

---

〔1〕 张传汉：《无罪案件不应作撤诉处理》，载《法学》1987年第10期，第31页。

〔2〕 参见樊崇义：《论对公诉案件的审查》，载《法学研究》1986年第3期，第49页。

认为是审判权对公诉权的过度干预。实践中可能会出现法院不愿承担无罪判决致检察机关抗诉、上级法院改判的风险，或者为处理好“检法”关系，而主动建议检察机关撤回公诉的情况。〔1〕基于“防止审判人员先入为主、先定后审，防止使开庭流于形式”并进一步“明确控、辩、审三方职能”〔2〕的改革目的，1996年《刑事诉讼法》修正时取消了“对于不需要判刑的，可以要求人民检察院撤回起诉”的这一规定。

通过梳理1979年《刑事诉讼法》第108条，可以让我们更加冷静和辩证地看待这条规定的废除缘由。虽然第108条被删除了，但其删除是出于当时对“庭前审查”和“主动要求撤诉”这两点的否定；其中关于可以撤诉案件范围应限定在“不需要判刑的案件”的规定，不仅在当时没有受到各界的抨击，反而值得后来人肯定与坚持。第108条根据证据和事实情况将刑事案件划分为三类，从而将“不需要判刑案件”与“无罪案件”严格区别开来。无罪案件包括确定无罪与证据不足无罪，涉及当事人的人身权、名誉权、财产权等实体权力，有着相当的严肃性与神圣性。不需要判刑案件与无罪案件之间存在罪与非罪的根本区别，无罪案件不存在需不需要判刑的问题，因此第108条明确规定，人民法院可以要求检察院撤回起诉的是不需要判刑的案件，这其中并不包括无罪案件。换言之，人民法院经过审判认为无罪的案件，不应由人民检察院撤回起诉，而应交付审判，通过法庭审判作出判决。只有这样，才能在刑事诉讼程序中，体现互相配合和制约的法律关系。〔3〕

综上，1996年《刑事诉讼法》删除包含撤回起诉内容的第108条之举，是对刑事立法中某些技术层面问题的批判。基于某些刑事政策因素或立法技术原因，《刑事诉讼法》至今没有重新对其进行规定，但这并不意味着撤回起诉制度在我国刑事司法领域中的体系价值被彻底否定。

（二）域外撤回公诉制度的价值分析

笔者虽然不认同“以立法为导向”的考察方法，但绝不认为撤回起诉的研究不能涉及立法梳理。立法层面上，相较于撤回起诉制度的其他方面内容，关于案件范围的规定更能体现该制度在刑事诉讼中的体系价值。世界上不少

---

〔1〕 参见王唐飞、蒋义红：《刑事撤回公诉辨析》，载《中国刑事法杂志》2010年第7期，第68页。

〔2〕 劳东燕：《论言词、直接原则》，载《法学》1998年第2期，第26页。

〔3〕 参见张传汉：《无罪案件不应作撤诉处理》，载《法学》1987年第10期，第31页。

国家都在立法层面保留了撤回起诉制度，而将国外的普遍立法或严格限制看作某种价值取向的观点虽然存在一定合理性，但笔者更愿意从可撤诉案件范围入手去分析撤回起诉的体系价值。

第一，部分国家没有赋予检察机关撤回起诉权，这也就无所谓案件范围问题。其中一类国家直接规定公诉一经提起则不得撤回。以法国为例，《法国刑事诉讼法典》规定了某些因素可以导致公诉消失、重新提起、中止，这些因素包括被告人的死亡、时效、大赦、刑事法律的废除、既决案件、判决或裁定错误、告诉撤回等，但"公诉一经发动，在刑事追诉进行过程中，这一规则便不再发生作用，共和国检察官不得再以'追诉适当'为理由，提出旨在'不予起诉'或宣告无罪的意见书"[1]。另一类国家则间接规定，对于在审判过程中出现不适合继续审理的情况时，法官应以判决形式进行处理。意大利《刑事诉讼法》第469条规定："除第129条第2款的规定外，如果刑事诉讼不应当提起，不应当继续进行，或者犯罪已经消灭并且为查明犯罪不需要进行法庭审理，在听取公诉人和被告人的意见之后并且在他们不表示反对的情况下，法官宣告不可上诉的不应追诉判决，并在判决的决定部分说明有关的理由。"[2]

第二，部分国家允许公诉案件撤回起诉，但对案件范围进行了较为严格的规定。例如，德国要求检察机关在证据充足的情况下必须对犯罪行为进行追究，原则上不允许检察机关撤回公诉，只有处理程序轻罪或因政治原因等而不予追诉的案件时，可以允许检察院撤诉。[3]德国《刑事诉讼法》第153条规定："程序处理轻罪的时候，如果行为人责任轻微，不存在追究责任的公共利益的，经负责开始审判程序的法院同意，检察院可以不予追究。对于尚未受到最低刑罚威胁，行为所造成后果显著轻微的罪决定不予追究时无需法院同意。"[4]

第三，在其他允许撤回起诉的国家，立法对可撤回起诉案件范围的限定

---

〔1〕［法］卡斯东·斯特法尼：《法国刑事诉讼法精义（下）》，罗结珍译，中国政法大学出版社2009年版，第69页。

〔2〕 意大利《刑事诉讼法》第129条第2款的规定内容，指的是对被告人无罪或缺乏追诉条件的案件，法官应当作出无罪判决或不追诉判决，与第469条的规定精神是一致的。——转引自顾永忠、刘莹：《论撤回公诉的司法误区与立法重构》，载《法律科学（西北政法学院学报）》2007年第2期，第156页。

〔3〕 张小玲：《论我国撤回公诉的功能定位》，载《中国刑事法杂志》2015年第1期，第98页。

〔4〕［德］托马斯·魏根特：《德国刑事诉讼程序》，岳礼玲、温小洁译，中国政法大学出版社2004年版，第117页。

同样严格。允许撤诉的刑事案件一般属于在程序上不宜继续审理的案件，而并非是事实上或证据上无罪的案件。当然，也存在部分没有对案件类型进行具体限定的国家，比如美国，但是作为起诉便宜主义的代表国，其检察官拥有较大的自由裁量权，在大部分情况下，检察官撤回起诉是为了再次起诉。由于检察官掌握强大的诉讼资源，撤回起诉又往往与再次起诉相联系，这就使得被告人可能面临两次被控诉而身陷囹圄的可能。因此，美国在立法上通过《联邦宪法第 5 修正案》的形式规定了“禁止双重危险原则”〔1〕，在司法上要求法院应严格审查撤回起诉是否是基于“善良目的”〔2〕，甚至在被告人同意检方撤回起诉的情况下，法院仍可以基于检察官行为明显违背公共利益而否决其动议。〔3〕

反思域外经验，可以得到以下结论：

第一，起诉便宜主义国家由于赋予了检察官更多的自由裁量权，因而其可撤回起诉的案件范围更为宽泛，但立法在赋权的同时也进行严格限权。通过给予当事人权益以极大尊重等方式，立法极力避免撤回起诉侵害实体权益。起诉法定主义国家在立法总体上趋于保守，要么不允许撤回起诉，要么将撤回起诉当作刑事诉讼程序中的“例外”来对待，将检察权的恣意性压缩到最低。

第二，无论是大陆法国家还是普通法国家，撤回起诉都是诉讼经济理念和刑法谦抑主义的体现。一方面，可撤回起诉案件范围主要集中在被告人死亡、时效等在程序上不适宜继续审理案件上，而这些导致不宜继续审理的原因往往来自外部，而并非案件本身。继续审理这些案件是对诉讼资源的极大浪费。另一方面，可撤回起诉案件范围也包括轻罪案件。检察官对轻罪案件的撤回起诉体现了刑法的谦抑性，有助于让有限的司法资源集中在危害更为严重的案件上。

第三，由于撤回起诉涉及如何平衡起诉便宜与当事人权益之间的矛盾，它往往演变为控辩双方的冲突，因而，重要的是立法层面是否有相应的制约机制可供倚靠。对“被告人同意”的要求使对被撤回起诉案件中仍期待继续

---

〔1〕 美国《联邦宪法第 5 修正案》规定：“就同一犯罪不得置任何人之生命或身体受双重危险。”易言之，当某人作为被告人身处诉讼之中，就面临着被判刑的可能，这就使得其生命或身体处于危险之中。如果同一人因同一犯罪受到两次审判，就意味着受到双重危险。参见吴常青：《美国刑事诉讼中撤回起诉及其借鉴意义》，载《中国刑事法杂志》2010 年第 4 期，第 121 页。

〔2〕 参见王兆鹏：《一事不再理》，元照出版公司 2008 年版，第 113 - 114 页。

〔3〕 U.S. v. Hamm, 659 F.2d 624, 629 (5th Cir. 1981).

诉讼的被告人进行救济成为可能。[1]被告人实体权益的保障是立法的关键部分之一，也是保障检察机关的恣意不会吞噬程序正义的基石。

（三）撤回起诉制度的体系价值与运行机制

当前各国在公诉案件撤回起诉立法中所呈现出来的共同特点，无疑值得国内学者深思。这当然不是基于国外如何我国也该如何的简单逻辑，而是我们无法回避这样的追问：撤回起诉制度的正当性基础究竟为何？域外撤回起诉立法中繁复的制度设计背后隐藏着什么样的价值追求？而怎样的运行机制才是符合其价值追求的？倘若如我国部分学者所言，检察机关行使撤回公诉的权利，是为了避免法院出现错误的判决，是为了履行法律监督权的神圣职责[2]，或者是为了深入贯彻"疑罪从无"原则[3]，那么，为什么国外众多的立法例与我国1979年《刑事诉讼法》要对可申请撤诉的时间、案件范围等进行严格限定？很遗憾，"法律监督"或"疑罪从无"并不是撤回起诉所能承担得起的任务。

从形式上看，撤回起诉在顺序性方面有别于一般的刑事诉讼程序。马克斯·韦伯认为，形式主义是一切现代法律的重要特征。[4]刑事诉讼是由按照一定顺序相互衔接的一系列诉讼行为构成的。在一般情况下，当一个诉讼阶段结束，程序的主导者会根据证据所认定的事实和法律的规定，或者将案件移交到下一个事实阶段，或者终结程序。[5]这样的诉讼流程有其独立的程序价值。然而，撤回起诉是刑事案件程序倒流的一种形式，相对于一般的刑事诉讼程序则是反其道而行之。刑事诉讼过程为什么会允许出现程序倒流？很显然，这是由刑事诉讼程序价值目标的多重性决定的。

公平与效率是司法证明活动中的一个古老话题。西方一位学者说过，在很多情况下，人们往往把公平看作法律的同义语。[6]这说明，公平或者说正义、公正、公道，这是法律的根本价值。现代的刑事诉讼制度，从启蒙思想

---

〔1〕 洪浩、程光：《撤回公诉问题研究》，载《山东警察学院学报》2017年第6期，第14页。

〔2〕 参见王唐飞、蒋义红：《刑事撤回公诉辨析》，载《中国刑事法杂志》2010年第7期，第68页。

〔3〕 柴军：《司法实践离不开刑事撤回起诉》，载《中国检察官》2006年第7期，第41页。

〔4〕 参见［德］马克斯·韦伯：《儒教与道教》，王容芬译，商务印书馆1995年版，第154页。

〔5〕 汪海燕：《论刑事程序倒流》，载《法学研究》2008年第5期，第138页。

〔6〕 ［英］彼得·斯坦、约翰·香德：《西方社会的法律价值》，王献平译，中国人民公安大学出版社1990年版，第74页。

和人权理论中汲取了丰富的营养，强调通过限制公权力的行使来保障个体权利，为刑事诉讼的每一阶段提供正当化根据。然而，公平并非是司法的唯一目标，关注效率也应是法律题中的应有之义。〔1〕正所谓，正义也需要考虑成本。对于某些在程序上不适宜继续审理的案件或无需判刑的轻罪案件，及时终止诉讼显然能够更好地节约司法成本。无论是在大陆法语境中，还是在普通法语境中，现代撤回起诉制度都建立在诉讼经济性的价值根基之上。在学理上，由于能够有效地节约司法资源，进而实现刑法谦抑的价值取向，撤回起诉在赋权与限制的缝隙中得以生存。在实践中，建立在节约司法资源基础上的撤回起诉制度，正是由于符合刑事诉讼中的利益衡量，才能在存在损害当事人权益风险的情况下，仍被不少国家的刑事程序立法所采纳。可以说，撤回起诉的价值取向就在于提高诉讼的经济性和彰显刑法的谦抑性。

然而，不能忽视的是，诉讼经济性与程序正义、实体正义之间存在着天然的内在紧张。在承认撤回起诉制度对节约司法成本的独立价值的同时，立法者并不能忽略或者抹杀该制度的工具价值，即程序的设置对实体公正之作用。如果对所有不能被法院判处有罪的案件都以撤回起诉的方式进行处理，不仅不现实，而且弊端亦非常明显，被告人的实体权益将受到极大损害。所以，立法者或者司法者必须考虑撤回起诉对实体结果的影响。因而，在撤回起诉制度的运行机制方面，很多国家设计出严格程序要求和限定要件来防止公权力的恣意行使，从而在效率、程序正义、实体正义之间取得基本的、动态的平衡。

正是基于这样的价值取向，我国 1979 年《刑事诉讼法》第 108 条设计了撤回起诉的运行机制，将可撤诉案件类型限定在“犯罪情节轻微不需要判处刑罚的”案件范围内；不仅如此，甚至将撤诉时间限制在了“在法院立案后、庭前审查过程中”，不允许对进入开庭审理阶段的案件撤回起诉。可见，第 108 条所体现的撤回起诉运行制度的某些方面遵循了撤回起诉制度本身的价值要求，也与国外特别是起诉法定主义国家的相关规定不谋而合，即在承认撤回起诉独立程序性价值的同时，严格预防公权力对当事人实体权益的损害。

三、我国撤回公诉制度的价值偏离与性质变异

（一）撤回起诉实践对其原始价值的偏离

1. 公诉案件撤回起诉司法解释的扩张化和随意化

1996 年《刑事诉讼法》删除第 108 条规定后，为了司法实践的需要，1998

〔1〕 何家弘、刘品新：《证据法学》，法律出版社 2013 年版，第 66 页。

年、1999 年，最高法、最高检先后出台司法解释，对撤回起诉相关实践加以规范。后最高检于 2007 年出台《关于公诉案件撤回起诉若干问题的指导意见》，又一次对该问题作出详细规定。2012 年修改后的《刑事诉讼法》仍未对检察机关撤回起诉加以规定，只是在最高法出台的《关于适用〈中华人民共和国刑事诉讼法〉的解释》第 242 条有所提及，而最高检出台的《人民检察院刑事诉讼规则（试行)》（以下简称“《诉讼规则》”）第 459 条明确规定了七种[1]可以撤回起诉的情形。具体而言，《诉讼规则》规定的七种情形中，情形一、二、三、五均属于《刑事诉讼法》第 200 条第 2 款规定依法应当宣告无罪的情形；情形四既可能属于《刑事诉讼法》第 200 条第 3 款规定疑罪从无的情形，也可能属于需要检察机关变更起诉的情形；情形六属于法律的临时变更所致，与检察机关审查证据、提起公诉无关。然而，基于这七种原因而撤回起诉势必对当事人的权利造成影响。另外，兜底条款七中“其他”一词更是扩大了可以撤回起诉案件范围，使得这个原本就存在超越立法之嫌的司法解释出现了更大随意性和不确定性。至此，司法解释所划定的可撤诉案件类型已远超 1979 年《刑事诉讼法》所规定的范围，这使得实践中撤回起诉权的扩张和滥用成为一种常态。

2. 实践中撤回公诉演变为无罪判决的替代措施

笔者通过对我国北方 A 直辖市 2012－2016 年各级人民检察院撤回起诉的现状进行调研[2]，发现：2012 年至 2016 年间，从数量上看，A 市各级检察院撤回起诉的案件共计 135 件，2016 年撤回起诉率相对数较 2012 年上升了 83.9%；从诉讼阶段上看，撤回起诉不仅发生在一审过程中，在二审和重审过程中，撤回起诉的申请与准许也充斥着随意性；而从撤诉原因上看，135 起案件中因“证据不足或证据发生变化”而撤诉的占 49.6%。换言之，有近半数撤回起诉案件是因检察机关未有效把握证据而被撤回的。另外，“犯罪情节显著轻微、危害不大、不认为是犯罪”属于《刑事诉讼法》第 16 条规定的

---

〔1〕《诉讼规则》第 459 条所规定的检察机关可以要求撤回起诉的七种情形包括：①不存在犯罪事实的；②犯罪事实并非被告人所为的；③情节显著轻微、危害不大，不认为是犯罪的；④证据不足或证据发生变化，不符合起诉条件的；⑤被告人因未达到刑事责任年龄，不负刑事责任的；⑥法律、司法解释发生变化导致不应当追究被告人刑事责任的；⑦其他不应当追究被告人刑事责任的。

〔2〕以下统计数据来自中国裁判文书网、2013－2017 年 A 直辖市高级人民法院年度工作报告。当前我国缺少检察机关撤回起诉相关情况的官方数据，笔者通过查阅已公开之法院裁判文书等，收集、提取相关数据。

"法定不起诉"情形，而五年间有 7 起案件以此为由被撤诉。综上，五年间有过半数的被撤回起诉的案件都隐含着宣告无罪的可能性。

其他的相关调研成果与笔者的统计情况类似。有学者对我国北方 L 省 2011－2015 年撤回起诉现状进行了实证调研，发现 2011－2015 年，L 省检察机关共撤回起诉 296 件，489 人次。在撤回起诉的原因中，排名第一是"证据不足"。经过法庭审理，公诉人发现指控犯罪的证据不足或证据发生变化，不符合定罪的"排除合理怀疑"之证明标准，如果不撤诉，法院应当作出存疑无罪判决。以此种事由撤诉的案件占所有撤诉案件的 61.7%，是最多见的一种撤诉。〔1〕

我国南部省份撤回起诉的现状也引人担忧。有学者对 2012－2016 年重庆市九个基层检察院撤回起诉情况进行统计，共计撤回起诉 15 件；同期无罪判决案件共计 4 件；撤回起诉案件数为无罪判决案件数的近 4 倍。15 件撤回起诉案件中，有 8 件系因法检两家对案件罪与非罪存在认识分歧，最终导致检察院为规避无罪判决而撤回起诉。甚至有的案件一审判决有罪，被告人不服提出上诉，二审法院认为不构成犯罪或证据不足，并不会直接判决无罪，而是找理由发回重审，在发回重审后公诉机关再撤回起诉。在 15 件案件中有 3 件系二审发回重审后撤回起诉，进一步说明法检两家对于运用撤回起诉规避无罪判决已经形成相当程度的共识。〔2〕

以上三项调研结果在地域上跨越南北，其数据具有一定的代表性。这些数据共同传递出一个信息，即当撤回起诉的触角向纵深延伸，可撤回起诉的时间和案件范围边界变得越来越不确定。这种不确定性在赋予公诉权巨大弹性空间的同时，也为成功回避撤回起诉制度价值所构建的内在制约提供了可能。这也就是检察机关在各个诉讼阶段恣意撤回起诉却从未真正面临正当性挑战的根源之所在。撤回起诉在脱离最初的价值取向的同时，也丧失了它应有的规范维度，逐渐成为无罪判决的替代措施。疑罪从无原则是我国司法机关处理疑罪应当遵守的原则。我国《刑事诉讼法》第 195 条第 3 项规定，"证据不足，不能认定被告人有罪的，应当作出证据不足、指控的犯罪不能成立的无罪判决"。然而，疑罪从无原则在实践中的实行却举步维艰。最高人民法

〔1〕 杨明：《公诉案件撤诉问题实证研究》，载《北方法学》2018 年第 1 期，第 125 页。

〔2〕 杨帆、戴宏：《公诉案件撤回起诉的现状检视及完善路径——以重庆辖区近五年的运行实践为视角》，载《法制博览》2017 年第 18 期，第 4 页。

院工作报告显示，历年的无罪判决数随着刑事案件总量的上升，被告人数的增多，却以惊人的速度下降。[1]越来越多的人意识到，不少可能作出无罪判决的案件在我国撤回起诉程序中被人为消解掉。更为严重的是，撤回起诉不仅在一审、二审程序中畅通无阻，甚至在发回重审、抗诉程序中也大行其道。[2]在司法解释"诸侯割据"的局面之下，各机关突破法律界限自我授权、变相限制权利[3]，让撤回起诉的中国实践与其原有的制度价值渐行渐远。

（二）价值偏离趋势下的性质变异

裁定书原本主要是法院针对诉讼过程中出现的程序性问题而作出的文书，这些问题一般不会影响被告人"罪与非罪"的认定，不影响当事人的实体权利。以管辖权异议裁定为例，其是审查受理案件的人民法院是否拥有对案件的管辖权的裁定，不论管辖权异议是否成立都不会影响案件最终的实体审理。即使管辖权异议成立，案件被移送到有管辖权的法院审理，也不会影响被告人的实体权利。又如补正判决书中笔误的裁定，其只是针对人民法院已经发出的判决或裁定中的文字性错误进行的补正，与当事人实体权利义务无涉。然而，将可能宣告无罪案件纳入准许撤回公诉范围，会使得公诉案件撤回起诉制度的性质从程序转为实体。在当前司法解释指导下，检察机关将"证据不足"或者"证据发生变化"作为撤回起诉的首要原因，足见我国实践中可撤诉的刑事案件类别已经完全不是"程序上不适宜继续审判"或"可不判刑的轻罪"这两个概念所能够涵盖的了。而抛弃了案件类别限制这个大前提，我国公诉案件撤回起诉的性质也随之发生了根本性的变化。价值取向的偏离与规范维度的丧失，让撤回起诉不再只是一个"实体无涉"的程序性问题，相反地，它将许多应该或可能被判处无罪（包括确定的无罪和证据不足的无罪）的案件纳入到自身的运行轨道之内，对案件被告人的实体权益产生了极大的影响。

---

〔1〕 杨雯清：《论我国无罪判决率低现状的困境——基于1996－2015年无罪判决情况统计的分析》，载《兵团党校学报》2016年第4期，第70页。

〔2〕 如《刑诉法解释》第307条规定："人民检察院在抗诉期限内撤回抗诉的，第一审人民法院不再向上一级人民法院移送案件；在抗诉期满后第二审人民法院宣告裁判前撤回抗诉的，第二审人民法院可以裁定准许，并通知第一审人民法院和当事人。"《最高人民法院关于审理人民检察院按照审判监督程序提出的刑事抗诉案件若干问题的规定》第6条规定："在开庭审理前，人民检察院撤回抗诉的，人民法院应当裁定准许。"

〔3〕 韩旭：《限制权利抑或扩张权力——对新〈刑事诉讼法〉"两高"司法解释若干规定之质疑》，载《法学论坛》2014年第1期，第38页。

我国撤回起诉制度对被告人实体权利的影响不可谓不深刻。对于那些本应被宣告无罪的被告人而言，启动刑事诉讼程序意味着其不仅要承受刑罚制裁带来的恐惧，还要承受刑事诉讼程序本身带来的实体权利受损，具体而言：

一是人身权受损。大多数被告人在刑事程序当中会受到羁押，因而被告人的人身自由势必受到限制或剥夺。二是名誉权受损。被逮捕、被起诉后，被告人在社会上会被贴上“标签”，甚至被“污名化”，使得他们的品德与人格受到社会公众、邻里街坊的质疑，无罪判决可以去除这种“污名”，但撤诉裁定却难以达到这种效果。三是财产权受损。一方面，被告人在诉讼过程中会失去工作岗位和收入来源。虽然根据《国家赔偿法》等法律的规定，被裁定准许撤诉的公诉案件被告人有权申请并获得国家赔偿[1]，但国家不能强制要求其原有工作单位恢复其职位，也不能赔偿其间接的经济损失。这种损失在贪污渎职类案件被告人身上体现得尤为明显，实践中这类被害人在检察院撤诉后往往难以恢复公职。四是民事相关权利受损。如果被告人在证据确实、充分的情况下被宣告无罪，其民事部分往往无需承担赔偿责任，无论被害方在刑事附带民事诉讼中还是在民事诉讼中向其索偿，其都能够掌握过硬证据予以对抗。这是因为刑事案件的证据标准一般严于民事侵权案件的证据标准，且在刑事程序中法院有权启动公权力调取证据（包括证明被告人有罪和无罪的证据），比被告人本人在取证方面更有优势。易言之，被告人可以借“刑事诉讼之手”厘清民事责任。然而，如果检察院将原本可能宣告无罪之案件轻易撤回起诉，撤诉后法院自然会停止深入挖掘相关证据。可见，在被害方另行提起民事诉讼的情况下，被告人如果自身无力取得优势证据则需要承担民事赔偿责任。

未经被告人允许，检察机关就因为证据等问题单方面申请撤回起诉，并轻易获得准许，这使得公诉案件撤回起诉制度成为兼具程序和实体处分的作用，而绝非一个纯程序性的制度。在我国撤回起诉制度从“程序性操控”向“实体性操控”的变化过程中，公权力的力量被放大，被告人利益被忽视甚至

---

〔1〕 关于被裁定准许撤诉的公诉案件被告人是否有权获得国家赔偿的问题，曾经在实务界产生过争议。根据《国家赔偿法》第三章“刑事赔偿”第一节，裁定准许撤回公诉的案件没有被明确规定在“赔偿范围”之中，但其也不属于第 19 条所规定的“国家不承担赔偿责任”的几种情形，可见立法并将撤回起诉案件排除于国家赔偿之外。同时，根据笔者在北京市某中级人民法院国家赔偿办公室了解到的情况，在实务中，被裁定准许撤诉的公诉案件被告人有权申请并获得国家赔偿。参见韩平静：《刑事撤诉的效力思考》，载《中国检察官》2017 年第 14 期，第 44 页。

被侵犯，形势不容乐观。可以说，准许撤诉裁定已经演变为一种饱含实体处分意味的司法裁决。虽然司法机关在形式上仍然按照原有观念适用裁定书来处理准许撤回公诉申请，但撤回起诉在其制度价值的变化过程中早已突破了“程序性问题”的范畴。因此，我国的准许撤诉裁定虽然在形式上有着“裁定书”的外表，但在实质上已拥有了“判决书”的内核。

四、撤回公诉案件救济方案设计

（一）解决撤诉案件救济问题的可行性路径

笔者认为，以解决公诉案件撤回起诉救济困境为突破点来完善撤回起诉制度，具有充分的合理性和必要性，其原因有三：其一，当前我国撤回起诉所面临的根本问题不在于是否将相关规定上升到法律层面，也不在于是否“有法可依”，而在于大部分司法工作者不能厘清撤回起诉制度价值之所在以及当前实践对该价值的偏离。如果我们不能触及问题本质而一味地呼吁尽快立法、全面立法，即使将申请撤诉的时间、程序等事无巨细地规定在《刑事诉讼法》中，也不能彻底改变撤回起诉变异的现状。其二，在某种意义上，上诉救济问题对公诉案件撤回起诉制度的完善具有“牵一发而动全身”的作用。如果救济问题能够得到科学合理的解决，不仅对保护被告人权益、体现实体和程序正义有积极影响，还能够起到倒逼检察机关审慎行使公诉权、不让“事实不清、证据不足的案件进入审判程序”的作用。其三，我国改革开放以来的法治进程证明，几乎所有颁布后被证明运行良好的法律法规，都是对现实需求与司法实践的科学总结。既往不少关于撤回起诉的研究既未考虑到我国撤回起诉价值取向的变异，也未考虑到救济现状的瓶颈，如无视这两个因素而去讨论如何完善撤回起诉制度，实为一种隔靴搔痒的做法。一旦将上述两个因素考虑进去，便不难发现这样的事实：在通过修改《刑事诉讼法》以对撤回起诉制度进行全面规范之前，宜首先从司法层面入手对撤回起诉案件被告人给予实体性的救济关怀。

在寻求解决公诉案件撤回起诉的救济路径时，司法者有必要先回顾我国撤诉救济难题的演变过程，即公诉案件撤回起诉实务偏离了其原有的制度价值，从而致使撤回公诉的实践性质发生变异，改变了法院准许撤诉裁定的性质，进而使其具备了浓厚的实体处分意味。在实务中，价值偏离和性质改变这两个因素还在不断地相互影响，导致撤回公诉制度的中国实践在异化的道路上渐行渐远。据此，可以从价值偏离和性质改变这两个路径入手来解决公诉案件撤回起诉救济困境。

（二）基于价值偏离的救济方案设计

1. 法官审查权的行使对价值纠偏中的重要影响

由于价值偏离是导致撤诉救济困境的重要原因，因此司法者可以价值纠偏作为突破口，通过使撤回公诉的实践回归原有价值轨道的方式缓解撤诉困境。

价值纠偏需要法院审慎行使准许撤诉审查权。公诉案件撤回起诉变异为无罪判决的替代措施的重要原因是《诉讼规则》对检察机关可撤诉范围的肆意扩大，但公诉机关的撤诉申请权在性质上属于请求权而非决定权。对于撤诉申请，法院有权根据《最高人民法院关于执行〈中华人民共和国刑事诉讼法〉的司法解释》第 242 条规定对撤回起诉申请进行审查，但实务中法院对于公诉机关的撤诉申请几乎是来者不拒。更加值得注意的是，准许撤诉裁定书对检察机关撤回起诉的理由、内容以及准许撤诉的理由均语焉不详。法院面对撤回公诉申请所表现出的闪烁其词，原因在于法律对人民法院就撤回起诉实体审查的表述模糊，致使人民法院缺乏具体、准确的规范对撤诉申请进行范围或时间的限定，同时，检法两家现实中存在的依赖关系也使得法官缺乏必要实体审查的魄力和决心。因此，在纠正撤回起诉实践中的价值偏离时，进一步明确人民法院进行必要实体审查的责任，确定实体审查的对象及权限范围，对维护程序正义意义重大。

2. “被告人参与 + 必要实体审查”的撤诉申请审查机制

为了纠正撤回起诉实践中的价值偏离，人民法院有必要构建“被告人参与 + 必要实体审查”的撤诉申请审查机制。具体而言，包括以下三个维度：

第一，应有限度地将被告人意愿纳入是否准许公诉机关撤回起诉的决策程序中。“指控和起诉迫使一个人走向一条法律之路，即使是无罪的人，他的命运也很难确定。”[1]检察机关提起公诉后，被告人的命运即处于有待判定的状态，需要人民法院经过审判予以确定。而未经审判检察机关撤回起诉，进一步加剧被告人的不确定状态，从而影响其合法权益。另外，国外多国立法例承认被告人意愿在撤回起诉决策机制中的重要作用，因此，被告人参与其中，在程序上对检察机关撤回起诉加以牵制，有其现实合理性。

第二，针对一审检察机关要求撤回起诉的案件，人民法院应当区别对待。

---

〔1〕［美］阿希尔·里德·阿马：《宪法与刑事诉讼：基本原理》，房保国译，中国政法大学出版社 2006 年版，第 199 页。

对于法庭调查结束以前，检察机关要求撤回起诉的，人民法院在征求被告人书面同意的情况下，基于诉讼效益和节约司法资源的考虑，人民法院可以准许检察院撤诉。与此同时，法院应当告知被告人检察机关撤诉后可能再行起诉，此风险应由被告人承担。法庭调查结束后，检察机关针对前文所述的七种情形要求撤回起诉，除因证据发生变化导致检察机关需要变更起诉的，以及法律、司法解释发生变化导致不应当追究被告人刑事责任的，人民法院可以准许外，其余要求撤回起诉的，被告人同意不是必要条件，人民法院均依职权裁定不予准许撤诉，应继续审理并依法作出裁判。在发现没有必要追究犯罪嫌疑人或者被告人刑事责任的情形下，

第三，二审、再审以及发回重审之后的诉讼程序中，法院不应再允许检察机关申请撤回起诉。原因在于：一方面，公诉机关在作出起诉决定，证明其已经对案件是否符合起诉条件时作出了判断，而这种判断权的行使是有时效性的，而不应在整个审判环节都始终赋予检察机关就是否证据达到起诉条件的判断决定权，否则将有损审判权威。因此，在二审程序（包括因被告人上诉和因检察机关抗诉而启动的二审程序）中，法院在之前经过的一审程序中已经对案件作出了实体判决，若在此时仍允许检察机关将公诉撤回，则造成了公诉权对审判权的不当干预，也违背了“控审分离”的诉讼原则；同理，发回重审的案件，亦不能作出准许撤诉的裁定。另一方面，在再审程序中，其审理对象为已经生效但可能错误的裁判，此时如果法院准许公诉机关撤回起诉，则相当于用牺牲被告人的合法权益为代价掩饰司法机关的错误，丧失了刑事诉讼所追求的最根本的公正价值。因此，对于二审、再审以及发回重审的案件，相关人民法院都应当进行必要实体审查，依法作出裁判。

综上，在审判阶段，最经济、最有效率的做法是作出宣告被告人无罪的判决。将案件倒流的处理方式无疑浪费了宝贵的司法资源。[1]如前文所述，公诉案件撤回起诉制度的价值取向就在于提高诉讼的经济性和彰显刑法的谦抑性。为了实现这样的程序价值，同时也为了保护实体正义，在运行撤回起诉程序时司法机关有必要严格把控审查权，对申请撤诉时间、案件类别、撤诉理由等种种因素进行审查。通过严格的程序要求和限定要件来防止公权力的恣意行使，从而在效率、程序正义、实体正义之间取得基本的、动态的平衡，进而促使公诉案件撤回起诉制度的价值回归。如果司法机关不严格履行

〔1〕 汪海燕：《论刑事程序倒流》，载《法学研究》2008年第5期，第138页。

自身的审查义务而怠于行使裁判权，不仅是对“审判中心主义”的无视，其结果也将背离了诉讼经济性和刑法谦抑性的初衷。

（三）基于性质改变的救济方案设计

在当前法律框架下，公诉案件中准许撤诉裁定性质的改变直接导致了相应的救济困境，因此，除了价值纠偏导向下的救济方案，司法机关也可以基于准许撤诉裁定性质改变的事实，提出相应的救济策略。

1. 赋予被告人当然的上诉权

由于撤回起诉逐渐衍化为无罪判决的替代措施，提起上诉的被告人数日渐增加。[1]笔者调研发现，撤诉案件中不少被告人都希望看到法院对案件做出实体判决。对当事人而言，涉案本身就会对他们的人身自由权、财产权、名誉权造成重大影响，即使获得无罪判决都未必能让受损的权益完全恢复原状，更不要说是一纸准许撤诉裁定了。易言之，不管最终是否能够被判决无罪，他们都希望能“有个说法”，而不是以这种不明不白的方式结案。这种期待在职务犯罪案件被告人身上尤为明显。贪污渎职类案件中的国家公职人员一般在侦查阶段就会被暂停公职，而到了审理过程中，即使被宣告无罪也有可能根据具体情况受到纪律处分，而案件被撤诉则会留下一个更大的污点，很难被继续任用。同时，实践中很多公诉案件撤回起诉后，检察机关都是采取将被告人取保候审的方式不了了之。

域外不少允许撤回起诉的立法例都规定撤诉案件被告人不可上诉，而这种规定的合理性在于：其一，撤回起诉案件范围受到严格限定，可能判处无罪的案件一般不会被允许撤诉；其二，立法者将“被告人同意”作为准许撤诉的条件之一，被告人意愿已被先期纳入法庭决策之中；其三，法庭对案件进行实体审查，以判决而非裁定形式对“不适宜继续审理”进行了终局处理。由于种种制度保障，域外“禁止上诉”才符合司法公正的要求。然而，我国撤回起诉实践由“程序”到“实体”的转变背离了该制度的设计初衷和价值取向，造成了被告人对救济程序或终局判决的期待强烈。可见，我国撤回起诉实践与国外的类似制度已然不可同日而语，“禁止上诉”规则因而无法适用于我国，这也从侧面解释了为何我国会出现撤诉案件“上诉权之争”。

赋予被告人当然的上诉权是完善准许撤诉的救济体系的首要步骤。法庭

〔1〕 参见周长军：《撤回公诉的理论阐释与制度重构——基于实证调研的展开》，载《法学》2016 年第 3 期，第 150 页。

调查结束前，经被告人书面同意准许检察机关撤回起诉的案件，由于较之检察机关的强势地位，被告人对撤回起诉的具体原因和可能再被公诉的不利风险没有完整的心理预期，导致其处于相对弱势地位。因此，在程序上不能剥夺被告人的上诉权。法庭调查结束后，因证据发生变化导致检察机关变更起诉的[1]，以及法律、司法解释发生变化导致不应当追究被告人刑事责任的，人民法院准许撤诉的案件，被告人拥有当然的上诉权。总之，对于人民法院准许检察机关撤诉的案件，被告人拥有上诉权。

2. 二审采纳“裁定+判决”的救济模式

二审法院无法适用判决处理一审准许撤诉案件，形成了一个我国特有的刑事司法悖论：一方面，检察机关部分人员宣称，撤回起诉与无罪判决有着相似的效果，都是贯彻“疑罪从无”原则的体现。这种观点无疑使得撤回起诉蒙上了“实体处分”的色彩。另一方面，在面对被告人上诉时，公、检两家又都一致认为撤回起诉只属于程序性问题，并以“一审法院未进行实体审查”为由拒绝适用判决处理上诉。这种前后不一的理解，将被告人的实体权益推向一种尴尬的境地。为了扭转撤回起诉性质改变的不良趋势，被告人就准许撤回起诉裁定上诉的，二审法院应当进行全面审查，既要对原审检察机关要求撤回起诉的理由进行审查，也要对一审法院准许撤诉的原因、一审法院对实体的认定、法律的适用等进行审查。对此，笔者为二审救济途径设计了“裁定+判决”的救济模式，充分发挥二审纠错功能，保障被告人的合法权益。

“裁定+判决”模式，也可以理解为“原则+例外”模式。具体而言：

一方面，处理公诉案件准许撤诉裁定，法院原则上适用裁定书方式结案。撤回起诉一般被理解为程序性问题，《刑事诉讼法》第240条规定，第二审人民法院对不服第一审裁定的上诉或者抗诉，经过审查后，应当参照本法第236条、第238条和第239条的规定，分别情形用裁定驳回上诉、抗诉或者撤销、变更原裁定。可见，根据《刑事诉讼法》，对于裁定书的上诉或抗诉，二审法院应当同样适用裁定进行处理。因此，如果一审法院严格按照前述方案审查、处理检察机关要求撤回起诉的案件，在大多数情况下，二审法院宜用裁定“驳回上诉，维持原裁定”的方式予以终结案件。

[1] 参见龙宗智：《论新刑事诉讼法实施后的公诉变更问题》，载《当代法学》2014年第5期，第16页。

另一方面，面对公诉案件准许撤诉裁定，二审程序应当允许出现例外——允许法官用判决的方式直接改判。《刑事诉讼法》第 240 条限定二审法院只能适用裁定方式审结一审准许撤回公诉的案件，但从今天公诉案件撤回起诉的异化现状来看，这项规定存在过于绝对化之嫌。是否需要对第 240 条进行部分修改，值得思考。

第一，如前文所述，目前二审法院适用裁定处理准许撤诉裁定已经造成了较为严重的救济困境。在现有法律框架内，审理一审准许撤回公诉案件往往面临以下四种情况：一是上诉人自愿撤诉的可能性极小，二是准许撤诉案件难以被发回重审后会陷入“死循环”，三是上级法院难以通过提审或指令再审的方式改判，四是现实中无变更原裁定的情况。基于现状，二审法院只有裁定驳回上诉，维持原判，从而造成二审程序虚置，被告人利益得不到有效保障。

第二，需要着重审视准许撤诉裁定的实体性质。一审法院适用裁定书结案的情况，比如不予受理的裁定、对管辖权有异议的裁定以及驳回起诉的裁定，都属于对程序性问题所进行的处理。这类裁定往往在开庭审理前就已经作出，例如不予受理裁定作出于立案审查阶段，可以说，作出这类不影响当事人实体权利义务的裁定不需要法官对案件进行实体审查。于这类裁定而言，二审法院可以按照《刑事诉讼法》第 240 条适用裁定书结案。然而，在公诉案件中，异化后的准许撤诉裁定在性质上与不予受理裁定或驳回起诉裁定产生了本质性差异，其原因在于饱含实体性质的准许撤诉裁定实质上已具备了判决书的作用，演变为了无罪判决的替代措施。基于公诉案件中准许撤诉裁定的实体属性，基于其对当事人实体权利的重大影响，如果坚持认为二审法院不能以判决方式结案，事实上是人为回避了二审程序的纠错功能。

第三，二审允许法官适用判决直接改判，能够最大程度节约诉讼资源，契合撤回起诉制度诉讼经济性的价值取向。《刑事诉讼法》第 236 条第 1 款第 3 项规定，原判事实不清楚或者证据不足的，可以在查清事实后改判；也可以裁定撤销原判，发挥原审法院重新审理。实践中，一审公诉机关撤回起诉主要是基于“证据不足”等证据方面的原因，因此，如果二审法院能够收集到相关证据，或者运用证据裁判规则查明了案件事实，说明国家司法机关已耗费大量司法资源去收集、审查证据和认定事实，并且已经形成了相对成熟的处理意见。此时二审法院如迫于种种原因发回重审，就会造成以下情况：虽然二审的维持裁定在表面上写明因事实不清、证据不足而发回重审，但基于法院内部的沟通渠道，一审法院对二审期间的裁判情况以及获得的新证据必然会有所了解[1]，因此，即使一审法院另行组成合议庭重审该案件，也往往会“借鉴”二审法院此前所运用的裁判思路，甚至会再去调取二审法院调取过的重要证据，大量重复二审法院已经做过的工作，造成司法资源的极大浪费。

第四，适用判决不影响二审终审制的基础。二审法官最大的顾虑是使用判决会破坏二审终审制的基础，使原公诉机关失去抗诉权、被告人失去上诉权。对此，就需要厘清“诉的利益”问题。只有当诉求具有特定的利益属性时，才能获得以国家公权力为后盾、具有判决意义的司法裁判。上诉权也不例外。上诉利益是诉的利益在上诉阶段的体现，又称当事人不服之利益。对于二审终审制或上诉权不能进行机械的理解，而应分析诉讼各方是否对该上诉具有诉的利益。就一审准许撤回起诉的案件而言，如二审使用判决宣告被告人无罪，因为这是被告人的诉求，结果对其并无不利影响，显然就没有不服之利益；原审检察机关也不存在不服之利益，因为检察机关在一审期间要求撤回已提起的公诉，已经认为该诉不利于己方。因此，从“诉的利益”角度看，二审法院若适用判决宣告被告人无罪，被告人和检察机关均没有提起上诉或抗诉的利益需求。

可见，“裁定＋判决”模式是二审期间对准许撤诉裁定的良好的补救方式，可以在不破坏当事人上诉利益的情况下，有效节约诉讼资源、保护被告人合法权益。因此，笔者建议对《刑事诉讼法》第240条进行部分修改，将其修改为“第二审人民法院对不服第一审裁定的上诉或者抗诉，经过审查后，应当参照本法第236条、第238条和第239条的规定，根据具体情形分别处理”。据此，面对公诉案件准许撤诉裁定，二审法院可依具体案情选择以下处理方式：其一，经过审查，发现一审检察机关要求撤回起诉符合法律的各项规定，且一审法院对撤诉申请的审查详尽而完备，可裁定驳回上诉，维持原判。其二，经过审查，发现检察机关要求撤回起诉不完全符合法律规定，而一审法院未能够尽到审慎的审查义务，二审法院可以裁定撤销原裁定，发回重审，也可以裁定撤销原裁定，适用判决宣告被告人无罪。

---

〔1〕 许多时候，正是基于上下级法院之间的“协调”和“情面”才导致将原本二审可以直接改判无罪的案件发回重审，因此，一审法院对二审期间的证据情况和裁判过程均十分了解，易言之，发回重审往往就是二审法院将宣告无罪的职责“转让”给了一审法院。

结语

自 1998 年修法已 20 年之久，撤回起诉领域的乱象仿佛是刑事诉讼田野上的一株野草，但部分立法者和司法者不仅不急于除草，还任其杂乱而又蓬勃地生发壮大。“刑事诉讼制度改革的动力与其说是促进自由，不如说是改变旧制度的效率低下——它无法有效处理案件从而造成大量积案。涉及效率的改革屡屡横空出世，而涉及维权的举措总是举步维艰。”[1]在追求用最少的司法资源解决最多的诉讼纠纷案件的导向下，撤回起诉实践的现状——撤诉权的随意行使和审查权的漠然虚置，在客观上却起到了快速结案、减少积案的效果。同时，撤回起诉还牵涉到政法系统内部各机关之间的利益博弈。因此，这种“高效”与“和谐”使得立法者和司法者都缺乏强大动力去改进现状，从而使撤回起诉这一关涉当事人重大实体权益的司法制度长期暧昧地运行。希望我们能够怀着敬畏的心情和长远的目光，挽救我国撤回起诉实践那正在沉沦的命运。

（初审人：黄珣）

---

〔1〕 参见劳东燕：《自由的危机：德国“法治国”的内在机理与运作逻辑——兼论与普通法法治的差异》，载《北大法律评论》2005 年第 1 期，第 562 页。

刑事缺席审判特殊保护与救济制度研究

苏　煜*

摘　要：刑事缺席审判是在对实体真实、程序正义、诉讼效率等多种诉讼价值权衡后，设计的有别于传统对席审判的新型刑事诉讼程序类型。在对刑事缺席审判特征讨论的基础上，提出了缺席审判特殊保护与救济制度的体系：启动程序中的特殊保护制度、审理程序中的特殊保护制度、判决后的特殊救济制度、单位犯罪案件缺席审判特殊保护与救济制度。

关键词：刑事缺席审判　特殊保护制度　特殊救济制度

引言

2018年10月26日，第十三届全国人大常委会第六次会议通过了《关于修改〈中华人民共和国刑事诉讼法〉的决定》，以基本法律的形式确定了刑事缺席审判制度。这7个条文填补了国际追赃追逃领域的法律空白，为以法治手段推进反腐败斗争奠定了坚实基础，意义重大。

---

* 苏煜，中国政法大学刑事司法学院诉讼法学专业2017级博士研究生（100088）。

传统的刑事诉讼理论以被告人出庭接受审判且不认罪为假设前提，设计了一套以无罪推定原则为基石，包括直接言辞审理、辩护、非法证据排除、上诉与申诉等制度在内的刑事对席审判制度。“由于缺席审判制度是一个处于多种价值紧张关系下的诉讼制度，如何通过程序设计保障其在公正与效率、在程序公正与实体公正之间取得平衡至关重要。”〔1〕

一、刑事缺席审判特殊保护与救济制度概述

根据《刑事诉讼法》第 291 条至第 297 条的规定，刑事缺席审判是在被告人潜逃境外、患有严重疾病、死亡等特定案件中，经司法机关审查决定，在被告人不出庭的情况下，根据到庭公诉方和被告人近亲属、辩护人的陈述、辩论及出示的证据对案件进行审理并作出判决的刑事诉讼制度。可以分为被告人潜逃类缺席审判、被告人疾病类缺席审判、被告人死亡类缺席审判。

缺席审判具有如下特征：其一，缺席审判属于刑事特别程序，仅适用于特定案件。非经法律规定，不得任意扩大适用范围。即使在特定案件范围内，也应当严格限制缺席审判的适用数量。其二，缺席审判是在被告人一方缺席的情况下进行的审判，仍需要遵循刑事审判的一般原则和基本制度。因被告人缺席而不能行使的基本诉讼权利，由其近亲属、辩护人代为行使，最大限度地“模拟”对席审判。其三，缺席审判有着不同于对席审判的特殊保护与救济制度，以弥补被告人缺席的不足。“刑事缺席审判制度建立的前提是没有突破控辩平等之底线，即被告人的诉讼权利和地位没有因缺席而丧失。相反，因其缺席所可能带来的权利丧失的风险，还增加了多层次的程序保护。”〔2〕其四，“缺席裁决程序不带有制裁的性质和惩罚的性质。……缺席这一事实与不利判决之间没有必然的因果关系”〔3〕。同时，被告人也不得因逃避缺席审判而获得较接受缺席审判更多的利益。

缺席审判动摇了传统对席审判制度的设计基础，因此需要为缺席审判设计一套不同于传统对席审判的特殊保护与救济制度。笔者认为，应当以保护被告人权利原则、维护程序安定原则、保障诉讼效率原则、恢复诉讼平衡原则、司法审查与限制适用原则为指引，对刑事缺席审判的保护与救济制度进

〔1〕 谢小剑：《刑事缺席审判：价值平衡中的制度建构》，载《中国刑事法杂志》2007 年第 1 期，第 83 页。

〔2〕 马贵翔、谢琼：《刑事缺席审判制度的本质透视与程序设计》，载《浙江工商大学学报》2006 年第 5 期，第 26－27 页。

〔3〕 万毅：《刑事缺席判决制度引论》，载《当代法学》2004 年第 1 期，第 43 页。

行构建，以弥补因被告人缺席而带来的不利影响。

二、刑事缺席审判启动程序中的特殊保护制度

“由于缺席审判是在被告人不在场的情况下进行审判，被告人的许多诉讼权利也相应受到影响，所以必须对缺席审判程序进行规范、限制，予以正当化，防止恣意而为。”[1]应当从管辖、核准、通知与同意等方面规范缺席审判的启动程序。

（一）缺席审判应当由犯罪地或者被告人居住地的中级以上法院管辖

一方面，缺席审判的级别管辖。根据《刑事诉讼法》第 291 条的规定，对于被告人潜逃类缺席审判案件，由中级法院管辖；被告人疾病类和被告人死亡类缺席审判案件，可以由包括基层法院在内的任何一级法院管辖。笔者认为，首先，被告人潜逃类缺席审判案件，应当由中级以上法院管辖。“《刑事诉讼法》划分级别管辖的主要依据是案件的性质、罪行的轻重程度和可能判处的刑罚；案件的涉及面和社会影响大小，以及各级法院在审判体系中的地位和职责等。”[2]如陈希同贪污、玩忽职守案（1998 年），因属于“全省（自治区、直辖市）性的重大刑事案件”，由北京市高级人民法院一审。假设该案被告人潜逃境外，需要适用缺席审判程序，就不应由中级法院管辖。其次，被告人疾病类和被告人死亡类缺席审判案件，参考《刑事诉讼法》第 299 条关于犯罪嫌疑人、被告人逃匿、死亡案件违法所得没收程序由中级法院管辖的规定[3]，也应当由中级以上法院管辖。对于基层法院管辖的案件，在审判过程中，被告人患有严重疾病或死亡、符合缺席审判条件的，属于“新类型的疑难案件”，根据最高人民法院《关于适用〈中华人民共和国刑事诉讼法〉的解释》（以下简称“《关于适用刑事诉讼法的解释》”）第 15 条第 2 款的规定，基层法院可以请求移送中级以上法院管辖，进行缺席审判。

另一方面，缺席审判的地域管辖。根据《刑事诉讼法》第 291 条的规定，对于被告人潜逃类案件，由犯罪地、被告人离境前居住地或者最高人民法院

---

〔1〕 谢小剑：《刑事缺席审判：价值平衡中的制度建构》，载《中国刑事法杂志》2007 年第 1 期，第 83 页。

〔2〕 陈光中主编：《〈中华人民共和国刑事诉讼法〉修改条文释义与点评》，人民法院出版社 2012 年版，第 431 页。

〔3〕 “考虑到违法所得的没收程序是这次修改新增加的特别程序，实践经验不足，且又是在被告人不归案的情况下进行的审理程序，为了慎重起见，规定由中级人民法院组成合议庭进行审理。”参见郎胜主编：《中华人民共和国刑事诉讼法释义（最新修正版）》，法律出版社 2012 年版，第 619 页。

指定的中级法院管辖。首先，由犯罪地或者被告人离境前居住地法院管辖的规定不同于《刑事诉讼法》第 25 条关于地域管辖的一般规定[1]；与《刑事诉讼法》第 299 条关于犯罪嫌疑人、被告人逃匿、死亡案件违法所得没收程序的地域管辖规定相类似[2]，体现了相同的价值取向。在缺席审判中，将被告人离境前居住地与犯罪地并列，便于司法机关收集证据，查明案情；便于及时掌握被告人行踪，决定是否适用缺席审判程序；便于被告人近亲属委托辩护人及时参加缺席审判；便于判决后对被告人犯罪所得财产的执行。其次，由最高人民法院指定管辖的规定不同于《刑事诉讼法》第 27 条关于由上级法院指定管辖内的一般规定。这是考虑到，实践中情况比较复杂，对这类案件有时由犯罪地法院管辖不适宜，如犯罪地有多个，犯罪地不明确，或者被告人离境前的居住地不能确定等，规定由最高人民法院根据案件具体情况和审判需要，指定中级法院管辖，有利于合理确定案件管辖法院。

（二）应当由最高司法机关核准适用缺席审判程序

第一，决定适用缺席审判程序设置不当。一是被告人潜逃类案件。根据《刑事诉讼法》第 291 条的规定，监察机关、公安机关移送起诉的，设区的市的检察院认为犯罪事实清楚，证据确实充分，依法应当追究刑事责任的，可以向中级法院提起公诉。中级法院审查后，对于起诉书中有明确的指控犯罪事实的，应当决定开庭审判。如此设计，存在以下问题：首先，难以形成侦查、起诉、审判机关之间对是否适用缺席审判程序的横向有效制约。监察机关、公安机关移送起诉的，检察机关审查主要集中于对犯罪事实的审查，而非对缺席审判必要性的审查。虽然规定“可以”向法院提起公诉，但很容易受到来自监察机关、公安机关起诉意见的影响。而法院的审查仅属于形式审查，对于起诉书中有明确的指控犯罪事实的，“应当”决定适用缺席审判程序。因此，应当赋予司法机关，特别是法院对于适用缺席审判程序的审查决定权。其次，由侦诉机关启动缺席审判程序的设置不利于保护被告人的基本

---

〔1〕“刑事案件原则上由犯罪地法院管辖，但如果被告人在居住地民愤大或者影响大，或者可能判处缓刑，需要由居住地监督改造的等特殊情况，由被告人居住地的人民法院审判，更有利于震慑犯罪分子，有利于进行法制宣传教育，更便于诉讼时，可以交由被告人居住地的人民法院审判。”参见郎胜主编：《中华人民共和国刑事诉讼法释义（最新修正版）》，法律出版社 2012 年版，第 40 页。

〔2〕“这样规定，有利于及时收集证据，查明案情，也有利于利害关系人就近参加诉讼，便于群众旁听案件的审理。”参见郎胜主编：《中华人民共和国刑事诉讼法释义（最新修正版）》，法律出版社 2012 年版，第 619 页。

诉讼权利和实体权利。侦诉机关出于自身利益的考量，存在扩大适用缺席审判程序的动机，因此难以限制缺席审判的适用数量。最后，难以形成上下级检察院之间、上下级法院之间的纵向有效制约。核准适用缺席审判与实际适用缺席审判的不应为同一个司法机关，类似的例子如《刑法》第63条、第83条规定的在法定刑以下判处刑罚和适用特殊假释应当由最高法院核准。[1]二是被告人疾病类案件和死亡类案件，可以由包括基层法院在内的各级法院决定适用缺席审判程序。审判机关出于自身利益的考量，存在扩大适用缺席审判程序的动机，不利于保护被告人基本权利。

第二，应当由最高检察院、最高法院核准适用缺席审判程序。主要原因如下：一是在缺席审判中，由最高司法机关核准适用可以限制缺席审判的适用数量。“人民法院进行缺席审判，应当经过人民检察院建议或者同意，并且报请最高人民法院批准。”“之所以规定最高人民法院批准，目的是严格把关，使这类程序的适用限制在最小范围。”[2]这与2007年死刑复核权收归最高法院后，死刑适用数量得到控制有异曲同工之妙。二是被告人潜逃类案件多数需要通过最高司法机关进行刑事司法协助，由最高司法机关核准适用缺席审判程序，便于对二者统筹协调。三是上述三类案件数量有限[3]，即使由最高司法机关核准，也不会造成案件积压。类似的例子如，刑事一审审理期限，“因特殊情况需要延长的，报请最高人民法院批准”[4]。四是《刑事诉讼法》第291条的规定，对于需要及时进行审判的严重危害国家安全犯罪、恐怖活动犯罪案件，经最高检察院核准可以提起公诉。“对贪污贿赂犯罪之外的其他案件，还是应当严格限制范围并规定严格的核准程序，根据国内国际大局和

〔1〕 理由分别是：“主要是为了防止实践中扩大适用范围或滥用减轻处罚的规定，造成不良后果”；“可以防止司法机关执法不严，滥用假释情况的发生”。参见郎胜主编：《中华人民共和国刑法释义（第6版）》，法律出版社2015年版，第65页、第93页。

〔2〕 《中华人民共和国刑事诉讼法再修改专家建议稿》第347条及其论证部分。陈光中主编：《中华人民共和国刑事诉讼法再修改专家建议稿与论证》，中国法制出版社2006年版，第598页。

〔3〕 如“自2013年1月1日实施至2017年11月11日四年多来，全国适用该程序的裁判案件屈指可数，全国总计只有10件，且只有7个省适用，其余24个省市自治区适用情况均是0”。参见陈小平：《违法所得没收程序实证分析》，载《山西省政法管理干部学院学报》2018年第2期，第9页。

〔4〕 “主要是考虑到这种案件的数量极少，实践中的情况比较复杂，交最高人民法院依具体情况予以处理更为妥当。”郎胜主编：《中华人民共和国刑事诉讼法释义（最新修正版）》，法律出版社2012年版，第439页。

个案实际情况灵活掌握，稳妥实施。”[1]

（三）应当对缺席审判的被告人及其近亲属有效送达或取得其同意

第一，被告人潜逃类案件缺席审判的有效通知与送达。根据《刑事诉讼法》第 292 条的规定，法院应当通过有关国际条约中规定的司法协助方式或者受送达人所在地法律允许的其他方式，将传票和检察院的起诉书副本送达被告人。缺席审判中，被告人无法行使基本诉讼权利。因此，应当对被告人进行有效通知与送达，使其知晓并决定是否接受审判。“根据《联合国公民权利和政治权利国际公约》的法定解释和检测机构——联合国人权事务委员会在‘审理’有关‘案件’中所发表的‘意见’，在被告人已经被给予一切必要的通知，包括审判时间和地点等，以及被要求出席法庭审判，但被告人自己却决定不出席审判的情况下，进行缺席审判并不违背《联合国公民权利和政治权利国际公约》第 14 条第 3 款（丁）项关于出席法庭审判权的规定。”[2]此外，在具体送达方式方面，“意大利 2014 年（刑事缺席审判）改革特别强调向被告人亲手送达的方式，因为普遍认为这一方式是确保当事人知晓诉讼程序的最佳形式。”[3]根据《关于适用刑事诉讼法的解释》第 412 条的规定，缺席审判一般不应当适用《刑事诉讼法》第 299 条规定的违法所得没收程序中的公告送达方式。

第二，被告人疾病类缺席审判以被告人及其法定代理人申请或者同意继续审理为前提。根据《刑事诉讼法》第 296 条规定，由于被告人患有严重疾病，无法出庭的原因中止审理超过六个月，被告人仍无法出庭，被告人及其法定代理人申请或者同意继续审理的，法院可以在被告人不出庭的情况下缺席审理，依法作出判决。

第三，被告人死亡类缺席审判一般应当以被告人近亲属同意继续审理为前提。根据《刑事诉讼法》第 297 条的规定，被告人死亡的，法院应当裁定终止审理；但有证据证明被告人无罪，法院经缺席审理确认无罪的，依法作出判决。该条承袭了《关于适用刑事诉讼法的解释》第 241 条的规定，没有

---

〔1〕 全国人大法工委《关于〈中华人民共和国刑事诉讼法（修正草案）〉修改情况的汇报》第 5 条。

〔2〕 Mbenge v. Zaire，16/1997。参见张毅：《论〈打击跨国有组织犯罪公约〉和〈反腐败公约〉与我国刑事诉讼制度改革》，载陈光中主编：《21 世纪域外刑事诉讼立法最新发展》，中国政法大学出版社 2004 年版，第 77 页。

〔3〕 吴沈括：《意大利刑事缺席审判制度可资借鉴》，载《检察日报》2015 年 10 月 29 日。

设置征求被告人近亲属同意的程序。但笔者认为，被告人死亡类缺席审判，一般应当经被告人近亲属同意。原因在于：一是“被告人死亡”可能发生在审判的任何阶段，如被告人未行使全部诉讼权利的，应当允许被告人近亲属参加缺席审判。二是应当尊重被告人近亲属对于是否继续缺席审判的程序选择权。三是与前两类案件在程序设计上保持平衡，防止被告人死亡类缺席审判被滥用。此外，在被告人没有近亲属的情况下，法院经缺席审判确认被告人无罪的，依法作出无罪判决。

三、刑事缺席审判审理程序中的特殊保护制度

“听讯权是正当程序的所有保障中最为根本性的保障。……实际上，这一条凝结着人类智慧的最古老格言，正如阿里斯托芬在 24 个世纪前指出，在‘双方当事人的主张被听取之前不得做出判决’。”[1]缺席审判阶段是被告人诉讼权利保护的重点阶段，应当从强制辩护、庭前会议及证据开示、证明标准等多方面加以规制。此处“审理程序中”是相对于前述“启动程序中”而言，包括开庭审理前的委托或指定辩护、庭前会议和证据开示、证明标准等内容。

（一）设置有区别的缺席审判强制辩护制度

根据《刑事诉讼法》第 293 条的规定，被告人有权委托辩护人，被告人的近亲属可以代为委托辩护人。被告人及其近亲属没有委托辩护人的，法院应当通知法律援助机构指派律师为其提供辩护。即，缺席审判成为了强制辩护的情形之一。但笔者认为，应当区分情形决定是否适用强制辩护制度。

在被告人逃避审判、自杀、故意或重大过失造成丧失诉讼行为能力，且被告人及其近亲属没有委托辩护人的案件情形下，法院应当通知法律援助机构指派律师为被告人提供辩护，但被告人及其近亲属应当支付辩护费。首先，因被告人主观原因导致缺席审判的，是被告人有意识选择的结果，其违背了接受审判的庭审义务，应当承担相应的程序权利的减损及实体方面的不利后果。其次，《刑事诉讼法》的上述规定违背了法律援助“为了保障经济困难的公民获得必要的法律服务”的宗旨。正如全国人大常委会副秘书长信春鹰所说：“涉及追逃追赃的刑事犯罪嫌疑人，他不出席审判不是因为没钱、没有能力，而是为了逃避管辖。无论如何都不应是法律援助的对象，这是社会公平

---

〔1〕［意］莫诺·卡佩莱蒂：《比较法视野中的司法程序》，徐昕、王奕译，清华大学出版社 2005 年版，第 415－416 页。

的底线。”〔1〕最后，法律援助机构指派律师提供辩护的费用由国家支付，因被告人主观原因导致缺席审判的，应当自行负担辩护费，而不应由纳税人“买单”。否则，可能导致被告人及其近亲属在不具备“经济困难”的条件下，不委托辩护人，从而获得免费法律援助。

在因被告人意志以外的原因缺席审判，且被告人及其近亲属没有委托辩护人的情形下，法院应当通知法律援助机构指派律师为被告人提供辩护。其中，被告人意志以外的原因包括被告人死亡、患有严重疾病、人身自由被限制或其他意志以外的原因。此外，在不具备“经济困难”条件的前提下，如果被告人或其近亲属自愿缴纳辩护费的，应当准许。

在被告人或其近亲属拒绝辩护的情形下，缺席审判的被告人或近亲属拒绝法律援助机构指派的律师为其辩护的，法院应当查明原因。理由正当的，应当准许，但须另行委托辩护人；被告人或其近亲属未另行委托辩护人的，法院应当在三日内书面通知法律援助机构另行指派律师为被告人提供辩护。重新开庭后，缺席被告人或其近亲属再次拒绝辩护人辩护的，不予准许。

（二）完善缺席审判的庭前程序

第一，缺席审判应当以庭前会议为必经程序。在开庭以前，审判人员应当召集公诉人、当事人、缺席被告人的近亲属和辩护人、诉讼代理人等诉讼参与人，对回避、出庭证人名单、非法证据排除等与审判相关的问题，了解情况，听取意见。将庭前会议设置为缺席审判的必经程序，一是可以有效解决回避、证人出庭、非法证据排除等与缺席审判相关的问题；二是可以通过会见公诉人、当事人、辩护人、诉讼代理人、被告人近亲属等了解被告人缺席的原因、行踪等重要信息，便于审判顺利进行；三是如果发现被告人主动归案、准确行踪等情况，可以及时变更缺席审判程序为对席审判程序。

第二，完善缺席审判的证据开示制度。应由公诉方承担证据开示的主要责任，“提供所有其在侦查和起诉过程中以及在庭审之前掌握的证据，包括拟在法庭上使用的和被告人定罪量刑相关的对被告人不利的证据，也包括不想

〔1〕 朱宁宁：《常委委员分组审议刑诉法修正草案时建议通盘研究刑事缺席审判制度》，载《法制日报》2018年4月28日，第2版。

在法庭上使用的和被告人定罪量刑相关的对被告人有利的证据”〔1〕。具体到缺席审判程序中，还应当包括被告人潜逃境外逃避审判、患有严重疾病、死亡和现有行踪、财产等方面的证据。辩方也应当承担证据开示的责任，有义务展示其准备在法庭上出示的有关被告人无罪、罪轻、从轻处罚、因客观原因不能出庭受审等证据。

（三）缺席审判应当坚持排除合理怀疑的证明标准，并在非法财产的认定等问题上引入高度盖然性标准

第一，缺席审判应当坚持排除合理怀疑的证明标准。有研究者认为：“刑事缺席审判应适用高度盖然性证明标准。在违法所得没收程序中，适用于对违法所得的认定、对有证据证明有犯罪事实的认定、对符合通缉条件的认定。”〔2〕笔者认为，缺席审判应当坚持排除合理怀疑的证明标准。一是缺席审判主要解决被告人的定罪量刑问题，应当坚持排除合理怀疑的证明标准。若引入高度盖然性证明标准，在被告人不出庭的情况下，可能导致错案的发生。二是“犯罪嫌疑人、被告人逃匿、死亡案件违法所得的没收程序的实质是不经定罪的刑事没收，不是严格意义上的定罪量刑活动。”〔3〕与缺席审判程序相比较，二者在适用范围、适用阶段、设置目的等方面存在诸多差异。不能将独立没收程序的证明标准推广到缺席审判程序。

第二，在非法财产的认定等问题上引入高度盖然性证明标准。根据“两高”《关于适用犯罪嫌疑人、被告人逃匿、死亡案件违法所得没收程序若干问题的规定》（以下简称“《关于违法所得没收程序的规定》”）第 17 条的规定，申请没收的财产具有高度可能属于违法所得及其他涉案财产的，应当认定为属于违法所得及其他涉案财产。“这一规定明确了高度盖然性标准，借鉴了优势证据证明标准的表述。”〔4〕同时也应当注意到，“没收违法所得申请的案件既不同于普通的刑事案件，也不同于一般的民事财产关系确权案件，它是一个特别程序，

---

〔1〕 王洋：《我国刑事庭前证据展示制度研究》，载《郑州航空工业管理学院学报（社会科学版）》2016 年第 6 期，第 91 页。

〔2〕 胡志风：《刑事缺席审判中的证明标准》，载《国家检察官学院学报》2018 年第 3 期，第 123 页、第 126 页。

〔3〕 樊崇义：《腐败犯罪缺席审判程序的立法观察》，载《人民法治》2018 年第 13 期，第 45 页。

〔4〕 裴显鼎、王晓东、刘晓虎：《〈关于犯罪嫌疑人、被告人逃匿、死亡案件适用违法所得没收程序若干问题的规定〉的理解与适用》，载《人民司法（应用）》2017 年第 16 期，第 42 页。

兼具两者的特点。……提高了没收违法所得申请案件的立案门槛。这种门槛的提高，正是出于对庭审过程中财产所有权确权采用高度盖然性证据证明标准的必要补充，也是针对该类案件特征进行的专门制度设计"[1]。考虑到潜逃类缺席审判的被告人及其财产多位于境外等特殊性，对缺席审判中定罪量刑之外的非法财产的认定等问题，在提高立案标准的前提下，可以采用高度盖然性的证明标准。

四、刑事缺席审判判决后的特殊救济制度

"无救济则无权利。"《刑事诉讼法》第 294、295 条采取了双重救济模式，即被告人不仅享有程序异议权，还享有上诉权。对于被告人特别是逃避审判的被告人给予了相当的保护。但此种模式如同一把双刃剑，在保护当事人的同时却对诉讼效率造成了一定的消极影响。

（一）保护缺席审判被告人及其近亲属、辩护人的上诉权

根据《刑事诉讼法》第 294 条的规定，法院应当将缺席审判判决书送达被告人及其近亲属、辩护人。这三类诉讼参与人享有不同程度的上诉权。

第一，被告人享有完全的上诉权。被告人不服缺席判决的，有权向上一级法院上诉。首先，被告人潜逃类缺席审判案件。不论被告人是否归案及归案是否出于自愿，在一审上诉期内均应当享有上诉权。其次，被告人疾病类（且被告人未恢复诉讼能力的）缺席审判案件。被告人不能提出上诉。上诉期内恢复诉讼能力的，享有上诉权。

第二，被告人的近亲属享有独立的上诉权。根据《刑事诉讼法》第 294 条的规定，在被告人潜逃境外的案件中，被告人近亲属不服判决的，有权向上一级法院上诉。分以下三种情况：一是不应当包括与被告人一起潜逃境外的近亲属，其无法有效行使委托辩护人等诉讼权利。二是"如果被告人本人作为精神正常的成年人已经明确表示服判，那么就应当尊重其意愿，不得允许其近亲属享有独立的上诉权"[2]。是否提起上诉应当以被告人的意见为准；如果被告人未表明是否上诉，其近亲属提出上诉的，应当启动二审程序。三是如果被告人的多名近亲属对是否上诉意见不一致的，每一位近亲属均享有独立的上诉权。有一人提出上诉，即启动二审程序。

---

〔1〕 裴显鼎、王晓东、刘晓虎：《违法所得没收程序重点疑难问题解读》，载《法律适用》2017 年第 13 期，第 10 页。

〔2〕 肖沛权：《价值平衡下刑事缺席审判制度的适用》，载《法学杂志》2018 年第 8 期，第 59 页。

第三，被告人的辩护人经被告人或者其近亲属同意，可以提出上诉。关于“近亲属同意”，如果被告人已经归案，被告人的近亲属就失去了享有独立上诉权的基础，辩护人不能再以经近亲属同意为由提出上诉；如果被告人没有归案，被告人及其近亲属中有一方同意或者多名近亲属中有一人同意辩护人提出上诉的，辩护人就可以提出上诉，并启动二审程序。

第四，延长潜逃类缺席审判案件被告人的上诉期。在被告人潜逃类缺席审判中，将判决书送达被告人后，上诉期开始计算。上诉期为十天。如果潜逃境外的被告人提起上诉，上诉期相对不足，不利于保护被告人上诉权。建议参照《民事诉讼法》第 269 条关于在中国没有住所的当事人上诉期的有关规定，将刑事缺席审判被告人的上诉期规定为 30 天。此外，在辩护人经被告人同意上诉的情况下，上诉期也应当相应延长至 30 天。被告人不能在法定期间内提起上诉或者同意辩护人上诉，申请延期的，是否准许，由法院决定。此外，被告人的近亲属上诉或者同意辩护人上诉的上诉期仍为 10 天。

（二）设置有区别的缺席审判裁判异议制度

第一，应当区分缺席审判的原因设置不同的异议制度。根据《刑事诉讼法》第 295 条的规定，在审理过程中，被告人自动投案或者被抓获的，法院应当重新审理。罪犯在判决、裁定发生法律效力后归案的，法院应当将罪犯交付执行刑罚。交付执行刑罚前，法院应当告知罪犯有权对判决、裁定提出异议。罪犯对判决、裁定提出异议的，法院应当重新审理。上述规定极易造成诉讼程序的倒流。首先，直接重新审理或者给予被告人裁判异议权，将导致已经进行的缺席审判程序无效或者缺席审判作出的裁判失去法律效力，对程序安定原则造成严重冲击。其次，可能被当事人恶意利用。当事人出于转移财产等目的，通过提出异议而使刑事诉讼恢复到缺席审判以前的状态，司法实践中容易被恶意当事人利用。笔者认为，应当区分被告人罪行的轻重和缺席审判的原因，设置不同的异议制度。

首先，就（可能）判决无罪或者判处较轻刑罚的被告人逃避审判、自杀、故意或重大过失缺席审判的案件而言。在审理过程中及上诉期内，被告人归案的，应当继续审理，并变更为对席审判程序；罪犯在判决、裁定发生法律效力后归案的，法院应当将罪犯交付执行刑罚。而不应当直接重新审理或给予被告人裁判异议权。根据《刑法》第 383 条有关贪污罪的规定，参考外国有关刑事缺席审判的立法例[1]，“较轻刑罚”可以限定为十年以下有期徒刑。主要原因如下：一是因被告人主观方面的原因导致缺席审判的，被告人应当承担相应的程序权利减损及实体方面的不利后果，不应当直接重新审理或享有裁判异议权。“如果一种争端解决程序总是因同一事项而被反复启动，它是不能成为程序的。”[2]二是缺席审判已经设立了较为完备的被告人权利的特殊保护制度和上诉程序，没有必要再给予主动缺席审判的被告人获得重新审理权和对裁判异议权。三是如果将启动重新审理权或者裁判异议权完全交给被告人，可能导致该项权利被滥用，并造成刑事司法资源的浪费。四是如果被告人（可能）被缺席判决无罪，不应当直接重新审理或给予裁判异议权；如果被告人（可能）被缺席判处较轻刑罚，也没有必要直接重新审理或给予裁判异议权。五是缺席审判过程中被告人归案一律重新审理，可能违背被告人的意愿[3]，更与一事不再理及禁止双重危险的国际刑事诉讼准则精神相违背。

其次，就（可能）判处较重刑罚或者非因被告人故意或重大过失缺席审判的案件而言。在审理过程中、上诉期内或在判决、裁定发生法律效力后，被告人（罪犯）归案的，应当继续审理，并变更为对席审判程序；被告人（罪犯）可以提出裁判异议、提出上诉、申请再审，而不应当直接重新审理。其中，“较重刑罚”可以限定为十年以上有期徒刑。部分借鉴了《关于违法所得没收程序的规定》第18条的规定。根据被告人的归案时间，可以分为：一

---

〔1〕 如《法国刑事诉讼法典》：①“重罪案件的缺席审判”。第379－4条（2005年12月12日第2005－1549号法律第39条）第1款规定：“如果按照第379－3条规定的条件被判刑的被告人自行投监，或者被告人在其被判处的刑罚尚未因时效消灭之前被逮捕，重罪法庭判决的所有处分视为不曾作出；法庭按照第269条至第379－1条的规定对该被告人的案件进行重新审查。”②“轻罪案件缺席判决及对缺席判决提出异议”。第492条规定，轻罪案件缺席审判中，被告人只有在缺席判决没有送达本人或者有罪判决没有依法送达的情况下，才有权提出异议。参见《世界各国刑事诉讼法·欧洲卷（上）》，中国检察出版社2016年版，第636页、第653页。此外，“按照（法国）新《刑法典》的规定，判处重罪‘有期徒刑或有期拘押刑的刑期不得低于10年’，而轻罪监禁刑的最高刑也是10年。在这个交叉点上，由重罪法院宣告的刑期为10年的刑罚必定是重罪刑罚而不是轻罪刑罚。”参见《译者导言》，载［法］贝尔纳·布洛克：《法国刑事诉讼法》，罗结珍译，中国政法大学出版社2009年版，第Ⅱ页。

〔2〕 陈瑞华：《通过法律实现程序正义——萨墨斯“程序价值”理论评析》，载《北大法律评论》第1卷第1辑，法律出版社1998年版，第181页。

〔3〕“在庭审中被告人必须站在被告席上，在社会公众面前展示自己‘可能’不光彩的一面，这将给被告人造成巨大的心理压力，也可能有损被告人的人格尊严。”参见任学强：《腐败犯罪特殊诉讼程序研究》，上海交通大学2010年博士学位论文，第110页。

是在缺席审判过程中归案的，被告人应当接受变更后的对席审判，也可以对已经经过的缺席审判程序提出异议，经法院审核异议成立的，应当重新审理。二是在一审缺席判决上诉期内归案的，被告人可以对一审缺席判决提出上诉，启动二审程序。三是在一审缺席判决生效后、交付执行刑罚前归案的，罪犯可以对一审缺席判决提出异议，经法院审核异议成立的，应当重新审理。“若被告人能够证明其未回国参加审判具有合理的理由，并要求接受审判的，有罪判决应当撤销，审判程序重新启动。”[1]四是在一审缺席判决交付执行刑罚后，罪犯认为缺席判决确有错误或者缺席审判严重违反法定诉讼程序可能影响公正审判的，可以对一审缺席判决申请再审。

此外，根据《刑事诉讼法》第253条，参考《民事诉讼法》第170条的规定，违法缺席审判构成达到“违反法律规定的诉讼程序，可能影响公正审判的”，即使被告人（罪犯）没有提出上诉、裁判异议或者再审申请，检察院也应当提起抗诉，法院也应当依据二审或者再审程序裁定撤销原判决，发回原审法院重审。在刑事缺席审判中，“违反法律规定的诉讼程序，可能影响公正审判的”情形应当包括送达起诉书、开庭通知，未经被告人确认或者没有其他证据证明被告人已经收到的，法院缺席审判；违反强制辩护规定，没有辩护人参加缺席审判；送达裁判文书，未经被告人确认或者没有其他证据证明被告人已经收到的没有告知被告人有权对缺席裁判提出异议、上诉等情况。

第二，应当采取适当措施保证被告人（罪犯）随时到庭接受审判。《联合国反腐败公约》第30条第4款规定：“就根据本公约确立的犯罪（腐败犯罪）而言，各缔约国均应当根据本国法律并在适当尊重被告人权利的情况下采取适当措施，力求确保就判决或者上诉期间释放的裁决所规定的条件已经考虑到确保被告人在其后的刑事诉讼中出庭的需要。”根据最高人民法院《关于刑事再审案件开庭审理程序的具体规定》第2条的规定，在再审程序中，按照抗诉书提供的原审被告人（原审上诉人）住址无法找到原审被告人（原审上诉人）的，法院应当要求提出抗诉的检察院协助查找；经协助查找仍无法找到的，决定退回检察院，不能缺席审判。而“腐败人员一般均具备上述两个条件（社会关系网复杂、资金充足），动不动就逃到境外，存在极大的逃避审

[1] 陈光中、胡铭：《〈联合国反腐败公约〉与刑事诉讼法再修改》，载《陈光中法学文选（第2卷）》中国政法大学出版社2010年版，第1230－1231页。

判的可能性”。[1]因此，还要预防一审缺席审判的被告人归案后利用提出异议、提出上诉、申请再审的机会再次潜逃境外，逃避审判。

第三，重新（对席）审判不受缺席审判量刑的限制。被告人（罪犯）行使裁判异议权将导致原缺席判决失去法律效力，法院重新审理案件时不受原缺席判决的约束，可以做出与原判决相同或不同的判决，可以减轻或加重处罚。原因在于，提出裁判异议不同于上诉，不必然启动二审程序。因此，不受上诉不加刑原则的限制。此外，“在引渡合作中，中华人民共和国向被请求国作出有关（重新审判）承诺的，人民法院也应当对被引渡人重新进行审判”[2]，重新进行对席审判不受缺席审判量刑的限制。如果我国根据《引渡法》第50条的规定作出量刑承诺的，法院量刑应当受所作出承诺的约束。

（三）一审缺席审判的案件二审、再审一般应当开庭审理

第一，一审缺席审判的案件二审一般应当开庭审理。“旨在追究逃避审判的被告人的刑事责任的缺席审判是具有天然缺陷的审判制度，被告人在普通审判中的权利因缺席而缺失且难以完全弥补，这对公正审判将造成现实的威胁。”[3]根据《刑事诉讼法》第234条的规定，第二审法院决定不开庭审理的，应当讯问被告人，听取其他当事人、辩护人、诉讼代理人的意见。在一审缺席审判案件的二审中，被告人没有归案的，不可能接受讯问；被告人归案的，因其没有参加第一审庭审，从有利于查明案件事实、保障被告人权利角度出发，二审一般应当开庭审理。参考《关于违法所得没收程序的规定》第20条的规定，如果检察院、被告人、近亲属、辩护人对第一审缺席裁判认定事实、证据没有争议的，第二审判法院可以不开庭审理。

第二，缺席审判案件的再审一般应当开庭审理。在缺席审判案件的再审中，如果原来是第一审案件，应当按照第一审程序进行审判，所作判决、裁定，可以上诉、抗诉；如果原来是第二审案件或者上级法院提审的案件，应当按照第二审程序进行审判，所作判决、裁定，是终审的判决、裁定。《关于适用刑事诉讼法的解释》第384条规定：“对原审被告人、原审自诉人已经死亡或者丧失行为能力的再审案件，可以不开庭审理。”“本条规定的原审被告

---

〔1〕 杨宇冠、吴高庆主编：《〈联合国反腐败公约〉解读》，中国人民公安大学出版社2004年版，第258页。

〔2〕 黄风：《对外逃人员缺席审判需注意的问题》，载《法治研究》2018年第8期，第66页。

〔3〕 王敏远：《刑事缺席审判制度探讨》，载《法学杂志》2018年第8期，第48页。

人、自诉人死亡，既包括因伤病死亡，也包括因被执行死刑而死亡。本条规定的可以不开庭审理，就是原则上不开庭审理。如果开庭审理，必须具有开庭审理的特别理由。”〔1〕笔者认为，原审案件为缺席审判案件构成“特别理由”之一。通过再审开庭审理，以尽量弥补原审缺席审判被告人权利行使的不足。但考虑到司法实践中再审案件的复杂性，不宜规定缺席审判案件的再审一律开庭审理。〔2〕

五、单位犯罪案件缺席审判特殊保护与救济制度

“对于单位犯罪缺席审判可以作理论上的探讨，但是，在刑事诉讼中建立缺席审判制度应当尤为慎重，需要作进一步探讨和相关制度与之配套。”〔3〕《刑事诉讼法》以自然人犯罪为基础设计，没有规定单位犯罪案件的缺席审判程序。笔者认为，出于打击犯罪的目的，对被告单位实施贿赂犯罪、严重恐怖活动犯罪的案件应当适用缺席审判程序，并设置配套的特殊保护与救济制度。

（一）对单位犯罪案件适用缺席审判程序的可行性及必要性

第一，对单位犯罪案件适用缺席审判程序的可行性。首先，单位可能成为贿赂犯罪和严重恐怖活动犯罪的主体。单位可能涉及的贿赂犯罪罪名包括单位受贿罪、（单位）对有影响力的人行贿罪、（单位）对单位行贿罪、单位行贿罪；可能涉及的恐怖活动犯罪罪名包括（单位）帮助恐怖活动罪。符合被告人潜逃境外类缺席审判的案件类型要求。其次，被撤销、注销的被告单位可能成为缺席审判的诉讼主体。对单位犯罪直接负责的主管人员和其他直接责任人员应当继续审理；但有证据证明被告单位无罪，法院经缺席审理确认无罪的，应当依法作出判决。一是有证据证明被告单位无罪的。应当参照自然人死亡后的处理，规定法院经缺席审理确认被告单位无罪的，依法作出判决。理由如下：这是《刑事诉讼法》“未经人民法院依法判决不得确定任何人有罪”基本原则的要求，“任何人”不应当限于自然人，还应当包括被告单

〔1〕 胡云腾：《聂树斌案再审：由来、问题与意义》，载《中国法学》2017年第4期，第254页。

〔2〕 如在呼格吉勒图再审案（2014年）中，原审被告人呼格吉勒图于1996年已经被执行死刑，再审为缺席审判。内蒙古自治区高级人民法院新闻发言人李晨生表示：“关于审理方式，根据法律规定，法院经研究决定不开庭审理。虽然是书面审理，但代理律师可以通过阅卷，提交代理意见等方式履职。”

〔3〕 江必新主编，胡云腾执行主编：《最高人民法院关于适用〈中华人民共和国刑事诉讼法〉的解释理解与适用》，中国法制出版社2013年版，第266页。

位；被告单位即使被撤销、注销，仍有潜在的商业价值，无罪判决有利于维护股东等相对人的合法权益。二是没有证据证明被告单位无罪的。最高法院给出了相互矛盾的说明："应当根据《刑法》关于单位犯罪的相关规定，对实施犯罪行为的该单位直接负责的主管人员和其他直接责任人员追究刑事责任，对该单位不再追究。……但其仍然有条件承担刑事责任的（仍然有财产可以执行罚金刑），仍然应当对被告单位判处罚金，以防止被告单位在审判期间通过上述方式逃脱承担刑事责任。"〔1〕如果"对该单位不再追究"，就意味着终止对被告单位的审理，无法"对被告单位判处罚金"。笔者认为，如果被告单位被撤销、注销后仍然有条件承担刑事责任的（仍然有财产可以执行罚金刑），应当缺席审理；如果没有条件承担刑事责任的（没有财产可以执行罚金刑），应当终止审理。

第二，对单位犯罪案件适用缺席审判程序的必要性。单位犯罪案件缺席审判对于打击贿赂犯罪、严重恐怖活动犯罪具有重要意义。被告单位被撤销、注销，法定代表人或者主要负责人被指控为单位犯罪直接负责的主管人员、潜逃境外、患有严重疾病或者死亡的，应当由被告单位委托的其他负责人或者职工作为诉讼代表人。"在证据确实充分的情况下，即使被告单位的诉讼代表人不出庭参加诉讼，法院也可以认定单位有罪和处以刑罚，出庭参加诉讼是诉讼权利而不是诉讼义务，权利是可以被放弃的，单位诉讼代表人不出庭参加诉讼，就意味着对诉讼权利的放弃，而法院则可以依法继续进行诉讼活动。"〔2〕"在这种情况下，由于被告人是单位，完全可以考虑缺席判决，由被告单位的代理人出庭即可，不会对诉讼的进展乃至被告单位的诉讼权利带来消极影响。"〔3〕此外，《关于违法所得没收程序的规定》第 24 条已将单位犯罪案件纳入独立刑事没收程序。

（二）单位犯罪案件缺席审判的特殊保护及救济制度

单位犯罪案件缺席审判特殊保护及救济制度主要包括如下内容：一是缺席被告单位有权委托辩护人。根据《关于适用刑事诉讼法的解释》第 38 条的规定，一名辩护人不得为两名以上的同案被告人，或者为同案处理但犯罪事

---

〔1〕 江必新主编，胡云腾执行主编：《最高人民法院关于适用〈中华人民共和国刑事诉讼法〉的解释理解与适用》，中国法制出版社 2013 年版，第 269 页。

〔2〕 刘柏纯：《构建刑事诉讼缺席审判制度的思考》，载《政法学刊》2003 年第 6 期，第 27 页。

〔3〕 谢进杰：《刑事缺席审判制度在中国的建构》，载《福建公安高等专科学校学报》2006 年第 4 期，第 47 页。

实存在关联的被告人辩护。因此，在缺席审判中，被告单位不能与被指控为单位犯罪直接负责的主管人员、其他直接责任人员委托同一名辩护人。二是缺席被告单位及其辩护人享有上诉权。在缺席审判中，被告单位享有完全的上诉权，辩护人经被告单位同意可以上诉。三是缺席被告单位享有裁判异议权。在（可能）判处较重刑罚或者非因被告单位故意或重大过失缺席审判的案件中，被告单位享有与自然人被告人相似的对缺席审判裁判提出异议权。

此外，未经起诉对单位不得定罪处刑。根据《关于适用刑事诉讼法的解释》规定，法院对应当认定为单位犯罪的案件，检察院只作为自然人犯罪起诉的，法院应当建议检察院对犯罪单位补充起诉。检察院仍以自然人犯罪起诉的，法院应当依法审理，按照单位犯罪中的直接负责的主管人员或者其他直接责任人员追究刑事责任，并援引刑法分则关于追究单位犯罪中直接负责的主管人员和其他直接责任人员刑事责任的条款。“根据不告不理的刑事诉讼原理，……不能在判决结果中认定单位构成犯罪并判处罚金。……（否则）剥夺了被告单位的辩护权等诉讼权利。”〔1〕

结语

“中国的刑事特别程序应当是一种具有（多重内涵）开放性特征的刑事诉讼制度。国家和社会对于特殊群体或者特殊事项给予更多关照，以符合具体正义，在刑事司法领域则表现为赋予更多的（诉讼）权力和利益。”〔2〕反观我国的刑事缺席审判制度，其正面临着向犯罪控制与人权保障兼顾型模式的转变。应切实确保特殊保护与救济制度贯穿缺席审判程序的始终，并与其他保护与救济制度构成完整的体系。也正是这一制度体系的存在，使缺席审判中被告人（罪犯）的基本诉讼权利得以最大限度地被“替代行使”，缺席审判的适用也得以限定在最小范围之内，并得到有效监督，从而使缺席审判达到刑事诉讼程序正义的基本要求，完成其正当化的过程。

（初审人：刘甜甜）

---

〔1〕 江必新主编，胡云腾执行主编：《最高人民法院关于适用〈中华人民共和国刑事诉讼法〉的解释理解与适用》，中国法制出版社2013年版，第268页。

〔2〕 蒋志如：《刑事特别程序研究》，法律出版社2016年版，第417页。

刑事申诉制度的三重检讨与完善进路

兰　哲*

摘　要：冤案的发生是对司法公正最大的否定。刑事申诉制度作为及时纠正冤错案件的一道法律屏障以及权利保障的最后底线应当在程序正当方面有更大的作用。因而要实现“申诉权的制度保障，健全及时纠正机制”，就需要对我国刑事申诉制度从立法疏漏、程序形式化与权利保障无力三重方面进行规范检讨。同时基于法理的基础，归纳疏通三者间关系，以权力、权利与程序之视角深入分析从立法到司法实践、从申诉审查到再审启动阶段的申诉样态。从而，在深化改革背景下对申诉制度进行全面与深入的思考，并构建体系化的申诉机制以达到纠正冤错案件之目的。

关键词：刑事申诉　三重检讨　完善进路　程序正义

引言

中国共产党第十八届中央委员会第四次全体会议审议通过了《中共中央关于全面推进依法治国若干重大问题的决定》（以下简称为“《四中全会决定》”）提出：公

---

* 兰哲，中国政法大学刑事司法学院刑事诉讼法学专业2016级博士研究生（100088）。

正是法治的生命线……努力让人民群众在每一个司法案件中感受到公平正义。而实践中发生的每一起冤假错案都是对司法公正巨大的冲击。从“杜培武”案、“佘祥林”案，再到近来的“赵作海”案、“聂树斌”案，典型的冤案不仅对司法机关具有警示意义，对于法治的发展也应当有反省的价值。固然，对于冤假错案的预防以及对非法取证的警醒是一个重要方面，但是在纠正冤假错案中暴露出的申诉无门的司法窘态也应当引起足够的重视，更应对当前冤错案件的发现、纠正机制进行深入探讨。[1]我们应该意识到，刑事案件的申诉渠道不畅通以及“申诉—审查—再审”机制的不完善往往使得冤案中大部分蒙冤者都无辜在牢里虚度多年光阴，甚至失去生命。[2]而得以平反的冤错案件往往出于“亡者归来”“真凶落网”这样的偶然因素或者新闻媒体的报道和舆论压力这类非程序化的事由。[3]

正义从不缺席，只是迟到的正义是否依旧能够“正义”？冤错案件牵动每个法律人的神经，也对我国的刑事申诉制度敲响警钟。对此，《四中全会决定》明确提出：加强人权司法保障。强化申诉权的制度保障。……保障当事

---

〔1〕 理论界和实务界对冤错案件产生的原因以及防范提出许多建设性、富有启发性的意见和建议。除了从正面研究冤错案件外，刑事申诉作为发现及纠正冤假错案的重要材料来源，一直是学界研究的重点内容。如陈卫东：《刑事申诉制度改革研究》，载《法学家》1999 年第 4 期；何家弘、刘译矾：《刑事错案申诉再审制度实证研究》，载《国家检察官学院学报》2015 年第 6 期等。近年来我国对申诉的研究不乏，但多是对问题进行宏观层面的剖析而缺乏对现有制度微观层面的解读和探索。

〔2〕 典型如聂树斌案件，1995 年 4 月 25 日，聂树斌因故意杀人、强奸妇女被判处死刑，剥夺政治权利终身，同年 4 月 27 日被执行死刑。2014 年 12 月 12 日，最高人民法院指令山东省高级人民法院复查，直到 2016 年 12 月 2 日，最高人民法院第二巡回法庭对原审被告人聂树斌故意杀人、强奸妇女再审案公开宣判，宣告撤销原审判决，改判聂树斌无罪。应该说，根据聂案的证据和事实，经过长时间的复查应当有所定论，而法院无限期的拖延审查，审查结果一拖再拖，再审程序的启动却举步维艰。无独有偶，2016 年 2 月 2 日，四川人陈满坐了 23 年冤狱后终于回家。2014 年，内蒙古人呼格吉勒图在被枪决 18 年后，终于沉冤得雪。“佘祥林案”和“赵作海案”，两人至被无罪释放时都已在狱中渡过十余年光阴。

〔3〕 当前受到媒体大众和司法机关关注并得到及时纠正的冤错案件背后，受害人及其亲属往往经历过几年甚至十几年的不断上访、申诉，才能最终申诉成功，获得司法救助，沐浴司法公正的阳光。例如，山东省张志超案，从 2011 年起向法院多次申诉，直到 2015 年，此案引起媒体的注意，《中国青年报》、《南方周末》、凤凰卫视《社会能见度》栏目、《民主与法制》杂志相继报道张志超案，该案的申诉才真正迎来转机，由山东省检察院对张志超强奸杀人案立案复查。参见李蒙：《〈平冤与追凶〉系列报道之四——山东张志超案复查再次延期》，载《民主与法制》2016 年第 31 期，第 24 页。此外，如浙江省张氏叔侄案，自 2003 年入狱后，张氏叔侄及其代理律师在借助新闻媒体等的帮助下，经过十年申诉，终得平反。

人依法行使申诉权利，从而明确了刑事申诉制度改革的方向。在新形势下，刑事申诉制度的改革除了通过个案推动，从制度层面对申诉规范化的构建具有根本价值。从长远来看，这就要求我们要立足于立法规定和司法实践对申诉案件的处理，回归制度本身并反思问题出现的关键环节，从宏观层面诉讼程序正当化进程的推进到微观刑事个案的纠偏，都应当遵循体系化的思路，在受理刑事申诉案件到启动再审程序这两者之间构筑桥梁，并最终实现刑事申诉制度的规范化、科学化。

一、申诉障碍的三重检讨：规范、程序与权利三个维度的分析

申诉，是指申诉权人对人民法院的生效裁判不服，以书状或口头形式向人民法院或者人民检察院提出该裁判在认定事实或适用法律上的错误并要求重新审判的行为。[1]刑事错案作为刑事审判必然的风险，申诉制度设立的初衷就是由权利的模式来更正审判的错误。但纵而观之，申诉制度在规范层面而言很明显存在法条规范粗糙、权利保障不足以及程序形式化和衔接不顺畅三个方面的缺陷。具体来说：

（一）立法文本的低精细化

目前公开的关于刑事申诉的法律规范很少，[2]关于刑事申诉制度的规定零星分布在我国《刑事诉讼法》及其司法解释中，其中对刑事申诉理由、时效和申诉程序进行了相应的规定，但并没有形成完整有效的立法规范，2012 年《刑事诉讼法》修改对申诉制度并没有改动，虽然第 242 条规定法院对满足法定条件的申诉应当启动再审程序，但前述两个条款并未针对刑事申诉案件的受理审查、申诉审查过程、期限以及立案审查衔接制度进行规定。[3]目前人民法院对刑事申诉案件审查现行有效的法律依据主要是 1987 年颁布的《最高人民法院关于各级人民法院处理刑事案件申诉的暂行规定》，并且几乎未涉及刑事申诉的具体审查方式。限于立法文本的缺漏，实践中司法机关对待刑事申诉的态度也不一而足，有的人民法院、人民检察院在接到申诉后迟

〔1〕 陈光中主编：《刑事诉讼法（第 6 版）》，北京大学出版社、高等教育出版社 2016 年版，第 398 页。

〔2〕 根据笔者在北大法宝上以刑事申诉为关键词搜索，关联的仅有 2 条法律规范，其中包括《刑事诉讼法》《最高法司法解释》，并未见关于刑事申诉的专门规定。

〔3〕 参见周新：《刑事申诉规范化研究》，载《政法论坛》2017 年第 2 期。

迟不予回复，申诉人的权利得不到保障，导致申诉案件陷入恶性循环。[1]此外，对于申诉机关是否应当听取辩护律师意见，以及如何听取，检察院、法院审查申诉案件的进展情况是否应当通知代理律师以及律师如何向申诉机关发表意见等都缺乏明确的规定。

现行《刑事诉讼法》及其相关司法解释对人民法院如何受理、审查、处理刑事申诉案件的规定过于原则、抽象，在实践中缺乏指导意义，受理机关在具体处理案件过程中，没有具体操作标准，受人为因素影响，相同案件可能处理结果千差万别。申诉案件在被提起重新审判之前，对案件的审查标准不统一、不透明，申诉人不能充分地参与其中，使申诉人对复查结果难以信服。这种不透明的审查程序既不利于申诉主体申诉权的行使，也不利于对司法机关活动的监督。尽管各省市法院、检察院在申诉审查方面有内部的实施细则与操作规程，但囿于无法在更大范围内形成影响力进而推行全国范围形成普遍的规范指引，致使各地复查程序各异，大大影响了申诉案件的办理质量和司法机关的权威性与公信力。

（二）程序的形式化与公开不足

1. 申诉复查过程的形式化严重

根据笔者对某法院法官的访谈，复查的刑事申诉案件大部分都维持了原来的决定或者裁定，真正能够启动再审程序的非常少。尽管就原因方面，滥诉、无理缠诉的现象普遍存在，法院经过审查后确认原审判决无误，事实认定与证据审查并未出现明显错误，大多数申诉案件被排斥在诉讼程序之外，但申诉复查过程非公开化导致对案件审查的形式化问题尚存。目前对刑事申诉案件的复查主要采用书面审查的方式，即法官仅根据案卷材料及申诉材料和意见进行审查，无须传唤原案当事人，无须进行当面的讯问与调查，通过对卷宗的事实和证据对案件是否需要重审做出判断，最后经合议庭讨论评议后作出决定。

---

〔1〕 申诉的审查，《刑事诉讼法》对于各级人民法院、人民检察院如何审查申诉没有做出明确的规定。第258条规定：人民法院受理申诉后，应该在3个月内做出决定，至迟不得超过6个月。第253条规定：申诉符合以下理由的，人民法院应当启动审判监督程序重新审判：①有新的证据证明原判决、裁定认定的事实确有错误，可能影响定罪量刑的；②据以定罪量刑的证据不确实、不充分、依法应当予以排除，或者证明案件事实的主要证据之间存在矛盾的；③原判决、裁定适用法律确有错误的；④违反法律规定的诉讼程序，可能影响公正审判的；⑤审判人员在审理该案件的时候，有贪污受贿，徇私舞弊，枉法裁判行为的。

法院系统内部对刑事申诉受理和审查一般经过形式审查与实质审查双重模式，根据笔者对某地区法院审监庭法官的访谈，一般法院审查分为三个步骤：其一，由立案庭接收申诉材料后进行初步的筛选，对于明显无理的申诉请求，书面予以驳回，对于符合形式条件的申诉案卷会移送审监庭，由审监庭对申诉材料进行全面的复查，决定是否达到启动再审的标准。其二，审监庭在审查中发现原裁判存在问题的，由合议庭评议后交院长批准，最后由审判委员会决定是否启动再审。其三，对于启动再审的，由审监庭重新审理案件。此外，服判息诉工作由立案庭承担，在此过程中发现可能存在冤假错案的，可能会引起再审程序的，经立案庭庭长批准，按照内部程序再次移送审监庭进行复查，审监庭认为申诉明显无理的，经合议庭评议，向其发送驳回通知书；如果经复查发现原判确有错误，需依法纠正的，依法提出再审程序。

检察系统内部对刑事申诉的审查，根据笔者了解实践中少有细致深入地进行，并与侦监、公诉等原部门充分地沟通交流，更无法对原审案件的被告人进行询问。基层检察院控审部门并非检察院工作的核心业务部门，人员配备相对不足，甚至有地方检察机关将控申部门视为边缘部门，维护稳定成为首要任务。反映在人员分配上，往往只有 2 到 3 人，而检察院内部行政化实务繁重，包括各种内部数据统计、案件评查、信息报送、材料撰写以及会议等常规性工作，申诉复查工作反而被弱化，加之办案骨干稀少，而刑事申诉案件设计的问题复杂多样、内容广泛，对复查人员的专业理论素养和办案经验都有较高的要求，因此在办理疑难复杂的刑事申诉案件时往往捉襟见肘、力不从心。

由此可见，目前法院、检察院对刑事申诉的复查经过受理、立案、审查和审查终结四个阶段，“书面化”与“单方审查”成为两个最为明显的因素。无论何种精致的流程与苛刻严谨的审查也无法避免行政审批的色彩，在此过程中伴随“庭长同意”“审委会讨论”“院长批准”等内容，在申诉规范尚未完全明细化的情境下，如何保证这样“自判自纠”的模式的外部监督？如何确定审查是基于事实与证据的不偏不倚？

2. 申诉复查公开性不足

申诉过程中对律师和当事人而言，申诉的不公开性是面临的巨大阻碍之一，当事人提交申诉的案卷材料往往找不到对应的法官，申诉通道并不畅通。法院在接收案卷材料后，审查过程带有浓厚的行政化色彩，审查过程秘密进行，当事人无法了解审查的过程和程序，只能等待。[1]而经过漫长等待的申诉案件可能得不到法院的回应，案件久拖不决，“很多时候，申诉状递交之后就如石沉大海，谁在办理你的案件，办理到什么程度，承办人究竟是什么看法，可以说音讯全无。大多数申诉案件都是在申诉状递交后就只能被动地等消息，而且左盼右盼等来最终决定绝大多数还都是坏消息。”[2] 检察院、法院对申诉案件的审查，由于缺乏明确的判断标准，受理机关掌握过大的自由裁量权，导致亟待纠正的冤假错案被积压、久拖不决，被关押的无辜被告人的人身权利长期处于被侵犯的状态。

全国法院2012年－2015年申诉及受理情况统计表[3]

年份	申诉	再审收案	再审结案	结案率	再审收案率
2012年	122 401	2816	2853	101.3%	2.3%
2013年	106 917	2826	2785	98.5%	2.6%
2014年	125 702	2972	2906	97.7%	2.3%
2015年	126 794	2787	2844	102.05%	2.6%
平均	120 453.5	2850.25	2847	99.89%	2.45%

如上表所示，每年申诉的案件多达十几万件，经过案件的审查过滤后，再审收案的比例不到3%，结案数与收案数持平，可见每年大量的申诉案件最终进入再审程序数量极少，这些案件是由司法机关以何种标准、程序进行审查判断，当事人无从知晓，更无法参与。基数量大是申诉现象突出的重要基础，然而非公开化的处理机制则是激化矛盾的催化剂，行政式的流程也是导致反复申诉、滥诉现象的原因之一，因此刑事申诉筛选机制的透明度和公开化以及优化申诉审查程序是遏制刑事申诉异化的必经之路。

---

〔1〕 如某代理申诉案件的律师所言：“申诉分成两个阶段，一个是接收材料，另一个就是审查材料，比如程序、事实、证据等方面。目前福建高院已经收下他们申诉的材料，但至于到底受不受理还要看福建高院的审查结果，如果审查通过，那么这个案子才可能启动再审，但这个可能需要一个比较长的时间，以前我代理过的一个类似的案子就等了两三年。”

〔2〕 易延友：《陈满伸冤记》，http://www.360doc.com/content/15/1127/18/22741532_516335939.shtml，最后访问日期：2017年9月30日。

〔3〕 数据来源：《中国法律年鉴（2012）》《中国法律年鉴（2013）》《中国法律年鉴（2014）》《中国法律年鉴（2015）》。

（三）辩护律师的介入受阻

申诉案件往往是当事人对案件处理结果不满，且案件具有复杂性，这类案件中尤为需要律师发挥相应的作用。实践中大量滥诉缠诉得不到合理疏解，不仅徒增法院负担，同时容易导致矛盾激化，而合理的应当由法院受理的申诉，长期得不到法院受理使其进入再审程序获得重新裁判。辩护律师在申诉环节的参与，能够最大程度地代表申诉人利益，从申诉人的角度出发为其提供相应的法律咨询和引导，使申诉人对申诉结果有合理的心理预期，对于无休止的缠诉，律师作为第三方，可以更好地说服申诉人服判息诉；同时对于可期待范围的申诉案件，律师能够提供更好的指引，帮助申诉人理性表达诉求，实现其正当权益。

然而当前申诉制度下律师参与仍面临重重阻碍。首先，律师在申诉阶段享有何种权利并没有明确，正常行使权利被拒绝的情况屡见不鲜。〔1〕即使是笔者采访的某些法官，他们也认为律师在申诉复查过程中发挥不了太多作用，并且在未决定启动再审之前对案件的复查无需律师过多介入，申诉阶段律师也很难行使阅卷权查阅卷宗，享有调查取证权以及调查取证的程度和权限，申诉阶段律师参与缺少法律的明确规定和救济途径。其次，对保障律师参与申诉的运行机制不够完善。申诉律师代理大多来自申诉人私人聘请，检察院、法院对申诉律师代理机制的引入并不充分，我国刑事诉讼法对法律援助的规定范围过窄。〔2〕最后，律师意见效力不明。根据《刑事诉讼法》的规定，听取律师意见，但实践中律师意见仅具有参考价值，在申诉过程中律师除提供法律咨询外，还帮助申诉人递交申诉材料、调查取证。有地方法院试行值班律师制度，为当事人提供法律援助，但就目前来看，值班律师制度运行并不理想。〔3〕

---

〔1〕 从当年10月起，四位律师开始了每隔三四个月到河北高院的申请阅卷之旅。2014年3月24日，陈光武等律师打印了两张“聂树斌案　要求阅卷”的横幅，站在河北高院门口。最终结果，仍然是“请耐心等待”。据媒体统计，在“聂树斌案”申诉阶段，多位律师向河北高院发出至少94次阅卷申请，但都被拒绝或以各种方式驳回，http://www.china.com.cn/shehui/2016-12/22/content_39961016_2.htm，中国网，最后访问日期：2017年9月30日。

〔2〕 根据《刑事诉讼法》规定，犯罪嫌疑人，被告人是盲聋哑人，或者是尚未完全丧失辨认或者控制自己行为能力的精神病人，没有委托辩护人的，应当通过法律援助机构指派律师为其提供辩护；犯罪嫌疑人、被告人、被害人因经济困难或者其他原因没有委托辩护人的，经本人及其近亲属申请，也可以获得法律援助。

〔3〕 值班律师制度自设立以来，对于完善法律援助体系、保障认罪认罚从宽制度的顺利进行有重要意义，但同时也面临如适用率低下、帮助效果堪忧与服务流于形式等问题，具体参见吴小军：《我国值班律师制度的功能及其展开——以认罪认罚从宽制度为视角》，载《法律适用》2017年第11期。

二、申诉机制的完善进路："权力—权利"模式的变革论证

在国家权力向公民权利分流的过程中，因国家权力而生并受法律义务所保障的公民的法律权利的行使，可以反过来制约国家权力的扩张，这就是以权利制约权力模式。刑事案件的申诉制度的设立在一定程度上便是为了发挥权利对可能出错的定罪权的纠正能力。就上述对刑事申诉制度的分析而言，立法规范的低精细化、程序的不通畅以及辩护律师介入的受阻，从表象来看是规范层面上规定的疏漏。更进一步推及分析而言，则是在纠错过程中国家过于偏重检察监督、法院自我纠错的权力运行模式而忽视由权利到权力的制约、监督模式。权利功能的式微，造成了申诉权难以有效运行的现状。

从法理基础角度出发，对于申诉权的变革不可以"头痛医头脚痛医脚"的方式来解决，申诉立案登记便是如此。换句话说，对于申诉权的合理保障应当有一个系统论的思路，涉及由理念到体系再到机制的优化升级：一方面，以申诉程序民主化为基准点，扩大诉讼民主与当事人参与的深度，同时加强当事人合法合理申诉的法律能力，扩大律师帮助的幅度与范围。另一方面，适当抑制权力的控制属性，容许听证程序的建设并适度尊重当事人的处分权能，允许一定程度的申诉和解空间。具体分析而言：

（一）申诉程序民主化的推进

"诉讼的民主性是英美法系国家诉讼程序的重要特点，刑事错案救济程序也不例外。"[1]而包括申诉制度在内的整个刑事司法系统都似乎走向更加专业化同时封闭的改革，形成"局内人"与"局外人"的博弈。局内人制定程序决定诉讼规则，通过秘密的或可见性很低的自由裁量的操作而实现，局外人在这一体制中缺乏话语权，缺少利益相关性，甚至缺失了对刑事司法的参与感。[2]如此之缺陷也很可能导致刑事司法体制合法性和有效性的损害。而刑事司法体制的构建应当是透明式、公开化的，这样可以消解社会矛盾以及吸收诉讼参与主体的不安、不满情绪。因此，在我国申诉这一尤其涉及切身利益、非诉讼化的运作模式中，应当加入更多民主因素，激活社会力量，以有助于错案的发现与纠正，同时对救济程序进行监督，进而推进程序正义的实现。

---

〔1〕 詹建红：《刑事错案救济机制的西方经验及其借鉴——以两大法系主要国家为参照》，载《法学评论》2015 年第 2 期。

〔2〕 参见［美］斯蒂芬诺斯·毕贝斯：《刑事司法机器》，姜敏译，北京大学出版社 2015 年版，第 95 页。

具体而言，可以发挥民间团体在申诉案件筛查中的作用，目前已经有许多律师和学者自发形成针对冤错案件的民间团体，这些民间团体的兴起来自我国近十年来冤假错案发现与纠正浪潮，同时又助推刑事冤案的平反，有些团体在社会上形成了一定的影响力。如洗冤者计划、蒙冤者计划等，这些团队借助微信推送、微博等自媒体的广泛影响力，已经帮助多名无辜入狱的被告人重获自由。[1]根据笔者了解，这样的公益团队，一方面客观上分解了法院在受理申诉案件的部分压力，对申诉案件起到一定程度的筛选和把关作用，另一方面，这些团体都是由有经验的律师和专家学者组成，使确实存在冤错可能的案件申诉主体能够获得较高质量法律援助，并且在这些团队的推动下，可以督促司法权力更高效、透明地运行。当然从目前来看，民间团体在推动申诉制度化建设以及纠正冤假错案的影响，同时也不能忽视其在公权力缺乏活力的状态下，使得刑事错案的救济参与主体呈现多元化趋势，对调和矛盾解决争议方面的积极作用。

（二）权力构架适当削减的论证

有学者提出在申诉程序中构建立案登记制度的设想，主张“凡是向人民法院提出再审申请的，均应先进行登记，然后进行程序性审查，对符合再审申请形式要件的，应当立案；否则不予立案，并通知申请人”[2]，试图从程序中解决申诉难，以保障申诉主体的诉权，将位于诉讼外的申诉纳入诉讼体制中，通过司法程序消化迫在眉睫的申诉问题。笔者对此观点有所保留。

立案登记本身的制度价值在于解决诉讼中立案难的问题，通过对刑事申诉的先登记后审查，然而，在申诉中适用立案登记与国家司法资源配置之间似乎永远存在着“纳什平衡”[3]：一方面需要通过正当程序确保申诉主体的申诉权，保障其申诉意见渠道得以畅通；另一方面国家资源总是呈现有限性，必须节约权力运行成本，以提高权力行使收益。申诉无门、申诉过多的泛滥

---

〔1〕 如律师张青松和学者吴宏耀共同发起的“蒙冤者援助计划”，律师李金星发起的“拯救无辜者洗冤行动”，学者徐昕发起的“无辜者计划”和律师杨金柱发起的“冤弱法律援助中心”，援助的案件包括四川陈满杀人放火案、福建陈夏影绑架杀人案、福建念斌投毒案、河北聂树斌案、江西乐平案、贵州杨明案等案。

〔2〕 参见陈卫东、赵恒：《刑事申诉听证制度研究》，载《法学杂志》2016 年第 1 期。

〔3〕 天才数学家纳什（John Nash）于 1950 年发表的两篇关于非合作博弈的重要论文，用严谨的数学方法证明了“纳什均衡”的存在，并因此揭示了在“非零和博弈”中“合作优于非合作”的原理。其经典故事有囚徒困境。参见孙双琦、曾娇艳：《减刑假释审理：从“纳什均衡”走向“利益最大”》，载《法律适用》2012 年第 11 期。

与司法资源的稀缺状态相互博弈，造成“申诉难”和“申诉滥”两对矛盾难以平衡，理性化的刑事诉讼程序的构建与运作应当具备经济合理性。

第一，再审程序相对普通一、二审程序而言，兼具救济和监督的功能，维护司法裁判的稳定性，应当保持适当的谦抑性，而立案登记制在审判监督程序中嵌入将导致程序本身价值贬损，使得本应由一、二审程序处理的案件继续流转到再审，削减司法权威。实际上，该项制度本身就存在激化案多人少矛盾的风险。申诉案件相对普通刑事案件而言有其自身的特殊性，对申诉材料的审查原本不能进入再审审查环节的案件可以“轻松”进入司法救济程序，审判监督作为一审、二审的救济程序，并不是法院工作的常态，过于强调对申诉权的保护容易忽略判决既判效力，导致申诉不加甄别地涌入，法院不得不消耗更多的司法资源过滤筛选不适格的申诉。虽然表面看解决了“申诉难”的问题，但实际会加剧“申诉滥”的局面，客观上导致矛盾的进一步激化。

第二，针对司法实践中存在“立案难”问题，由立案由之前的立案审查转变为立案登记也未能够解决，并且立案登记制于民事诉讼之中，尚有以立案登记制之名行立案审查之实的嫌疑，而在更为繁杂、敏感的刑事申诉案件更甚。将申诉案件大量引入司法体统后，不符合申诉审查条件的案件仍然被驳回，部分又将继续转化为信访上访，如同饮鸩止渴难达预想之实效。进一步说，这并不是由于申诉审查制度本身的缺陷，而是申诉案件本身所具有的特殊性、敏感性和复杂性，即使对申诉采用立案登记也难以摆脱法院对政治因素和社会因素的考量。据笔者了解，我国当前申诉难的关键不是立案难，而是司法机关在接受申诉材料后拖延审查、无理拒绝的问题，立案登记的实质是首先对案件进行形式审查，符合形式要件的申诉案件进行实质审查，当前法院、检察院对申诉案件的审查环节从立法到司法实践实际上已经行立案登记之实，因此在作用上采用立案登记是隔靴搔痒，不能解决根本问题。立案不等于受理，登记之后仍需对申诉材料加以审查，立案的前置对法院受理申诉模式而言没有产生实质变化。

第三，当前“申诉难”已成为社会公认的现象，而申诉的泛滥也是司法实践下不可规避的现实。当前刑事申诉的审查制度对大量申诉案件进行过滤筛选，将不属于法院主管范围以及实体与程序事实无争议的案件排除在外，而立案登记制在刑事申诉制度中的适用直接将法院推向了社会矛盾的最前端，一旦对激增的纳入立案范围的申诉案件处理不当，不仅会引起人民对法院的不满，更会导致人们对法律信仰的危机。

因此，基于启动再审与既判力的平衡、司法资源的有限性以及立案登记制实效性的考量，对当前申诉的立案审查制应当实行程序审查和实体审查相结合，加强审查的公开化和审查规范的构建与完善不妨为择优的路径。

（三）权利保障的思辨：律师代理的畅通

申诉阶段律师代理规范和研析的缺位成为制约改革的瓶颈。申诉代理律师在申诉过程中能助力申诉人权益的保障，消弭社会不安定因素，引导司法资源合理配置。建立律师代理申诉制度有利于推动再审程序的规范化运行，包括申诉制度的诉讼化改造，在全面推进依法治国的新形势下，律师参与融入涉法涉诉信访改革的成败与公民基本权利的保障将是必然趋势。

2017 年 4 月 1 日，最高人民法院、最高人民检察院、司法部联合制定文件《关于逐步实行律师代理申诉制度的意见》（以下简称“《意见》”），该《意见》从申诉的法律援助范围和条件、律师代理申诉法律援助程序等十七个方面对辩护律师代理申诉案件、如何更好保障申诉人权益以及对申诉代理程序进行了较为全面的论述，针对目前我国刑事诉讼领域内申诉程序欠规范化、申诉法律援助缺位等现实问题进行了提纲挈领式的规定，这也是涉法涉诉信访改革的又一里程碑，为律师代理制度体系的完善添砖加瓦。该《意见》虽然对代理制度的各方面有所涉及，但颇有浅尝辄止的意味，对各项机制的完善仍然需要细化明确以避免运用的偏差和流于形式。律师参与申诉案件涉及申诉制度乃至整个再审程序诉讼化改造的关键，结合目前司法实践的需要，申诉案件中律师代理仍需从以下三个方面作出努力：其一，转变律师参与被动性，发挥律师意见在申诉程序中的重要作用。尽管法律对申诉程序有相关规定，但申诉机关是否应当当面听取申诉律师的意见，并没有明确。《意见》初步提出“尊重代理律师意见”，下一步可以细化规定为在何种阶段听取律师意见，申诉的进展是否应当及时通知代理律师，律师如何进一步向受理申诉的机关发表意见等，详尽的规定将有助于搭建律师与检察院、法院的良性沟通渠道，打破长期以来申诉的“隐形壁垒”，助推申诉案件的顺利进行。其二，建立申诉人及其代理人权利保障机制，建立有效的权利救济渠道。刑事申诉作为刑事诉讼领域的重要组成，应当适用辩护和代理制度的一般原理，同时考虑申诉案件的特殊性，对于阅卷权、会见权行使节点需要明确，在法院立案后，申诉就进入法律程序中来，之后的案件办理应当具有诉讼性质，满足诉讼的规定，因此辩护律师在此节点后就享有《刑事诉讼法》规定的权利，包括阅卷权、会见权和调查取证权，同时申诉案件中代理律师的权利应当由立法机关以立法方式加以明确。要使申诉律师权利真正得以落实，还需要相应的权利救济途径。申诉过程中律师各项权利受到侵害时，可以向上级法院或检察院申请救济，由上级法院审委会或者检察院检委会对申请进行审查并提出纠正意见。其三，对实行听证程序的申诉案件，法院、检察院不接受代理律师的意见，代理律师可以向律协提出申请，由律师协会向检察院提出相关意见和建议，法院、检察院应当及时审查办理。[1]目前申诉听证制度仍处于试点推广阶段，仍需理论界和实务部门进一步探究。只有成熟和完善的法律援助制度，有效和高素质的法律援助服务才能够充分保障犯罪嫌疑人、被告人的正当权益。

（四）申诉听证机制的形成

自2002年以来，刑事申诉听证程序在检察机关中已经开始实行。[2]公开听证制度在检察系统的扎根和发展，对提高案件结案率和息诉率，保障人民群众合法权益等方面发挥了重要作用。通过公开听证、质证，能够帮助司法机关客观真实地了解案件事实，核实证据，特别是对重大、疑难、复杂的刑事申诉案件，听取当事人、专家学者等的意见将有助于保障人民群众的知情权、参与权和表达权，排除办案的阻力，同时对司法机关权力运行起到监督作用，提升司法权威。

尽管刑事申诉的听证制度理论上具有众多优势，但从十年间运行的状况来看，实施效果并不理想。就检察院而言，2011年12月最高人民检察院颁布《人民检察院刑事申诉案件公开审查程序规定》。2012年1月至2013年7月，全国检察机关通过公开审查方式办理刑事申诉案件755件，其中2013年1月至7月开展公开审查486件，占结案数的比例达到20%。[3]从笔者对检察机关申诉公开的实际调查结果看，申诉制度中听证程序的嵌入存在以下方面的问题：

---

〔1〕关于公开听证适用范围的探索已经有相关的规范文件，如湖南省检察院与省司法厅、省律师协会联合出台《关于律师代理申诉制度的实施办法（试行）》。

〔2〕实际上早在1999年，四川省检察机关率先在进行申诉听证方面的实践：1999年3月，四川省制定《四川省检察机关实行刑事申诉复查公开听证的规定（试行）》。随后，四川省检察机关在一年多的时间中，召开刑事申诉案件听证会163次，取得了当事人及代理人满意，党委、人大、政府及有关部门满意，检察机关自己满意的良好效果。最高人民检察院对四川省检察机关的做法予以了充分肯定，并及时向全国推广。参见苟兴和：《四川省在全省检察机关实行刑事申诉复查公开听证制度》，载《检察日报》2000年9月5日。

〔3〕最高人民检察院刑事申诉检察厅夏道虎厅长在“刑事被害人救助与刑事申诉案件公开审查工作推进会”上的讲话。

第一，程序设置不够科学。首先，根据《人民检察院刑事申诉案件公开审查程序规定》，听证程序的启动可以由申诉人及其代理人申请或者人民检察院征得申诉人同意后主动提起，但并未规定告知程序，办案人员没有告知义务，多数申诉人申请听证的知情权得不到保障，听证程序的启动和适用便无从谈起。〔1〕其次，在公开审查的人员组成上，并未规定回避制度，检察机关对参与人员的选择具有决定权，听证会的主持人、参与听证的专家学者等人员由检察机关决定，申诉人及其代理人没有选择的权利。尽管在《规定》中明确了申诉人及其代理人享有申请回避的权利，但最终是否回避仍由检察长决定，难以保持中立性和独立性，听证的基本构造是客观中立的第三方参与并进行判断，回避制度的架空导致程序流于形式，该项程序实质价值大打折扣。

第二，执行力度不够，公开审查形式单一。由于听证程序启动和进行需要时间耗费和成本投入，使得单纯行政式的审查程序变得更为繁琐，实践中的适用并不多。〔2〕检察机关更多选择公开答复的方式（选择公开答复的方式主要原因在于程序简单、方便快捷，成本低），依据《人民检察院规定》第24条“人民检察院采取除公开听证以外的公开示证、公开论证和公开答复等形式公开审查刑事申诉案件的，可以参照公开听证的程序”，并未规定在几种公开审查方式并存时如何选择，导致实践中存在避重就轻的现象。

第三，听证结果的效力不明。《人民检察院刑事申诉案件公开审查程序规定》第23条规定，复查案件承办人应当根据已经查明的案件事实和证据，结合听证评议意见，依法提出对案件的处理意见。经部门集体讨论，负责人审核后，报分管检察长决定。案件的处理意见与听证评议意见不一致时，应当提交检察委员会讨论。从《规定》来看，经过听证会形成的听证意见，只是复查案件承办人对案件形成定论的一个参考依据，没有明确实质的效力，最终是否采纳听证评议意见，采纳到何种程度没有明确的标准，最终听证结果对案件的影响程度由负责案件复查的检察院掌握。并且对申诉主体不服检察院对申诉评议意见处理如何获得救济没有相应的规定。

---

〔1〕参见李凯、周蕾：《刑事申诉公开审查制度研究——以湖北省检察机关刑事申诉公开审查工作为视角》，载最高人民检察院刑事申诉检察厅主编：《刑事申诉检察理论与实务研究》，法律出版社2014年版，第212页。

〔2〕以某省检察机关为例，根据笔者收集到的数据，2013年该机关共进行公开审查的申诉案件24件，该省除5个地级市外，其余14个地级市没有开展此项工作。在开展公开审查的案件中，采用公开听证程序的案件较低，只占公开审查案件的8.8%。

听证制度在刑事司法尤其是申诉制度中的运用，符合程序正义的内在价值追求，而刑事申诉的公开听证作为由检察机关发端的重要经验，针对申诉审查公开性不足、行政色彩浓厚的问题，检察院已经在刑事申诉听证方面有长足的进步和经验，法院承担着大量的申诉案件，每年法院难以结案的涉诉信访案件很多，矛盾很大。但听证程序并未在法院得到普遍的适用，建议法院在申诉审查过程中也推广适用听证程序。结合听证程序目前实践缺陷，可以从以下三个方面试图修复刑事申诉听证理论与实践脱离的裂痕：

第一，改变由司法机关指定听证人员的方式，建立听证人员库以规范听证人员的选任。为避免自选自查导致听证程序有失公允，听证人员的选任可由地方人大常务委员会负责，选择当地的律师、法学学者等有一定声望和专业素养的人士加入，经检察院、法院审查认为符合公开听证条件的申诉案件可以从该人才库中随机选取一到两名作为听证人员，申诉人及其辩护律师有申请其回避的权利。对听证程序和听证人员的管理制定相应的办法，规定听证人员的权利和义务。如此避免对听证人员中立性的质疑，使听证人员能够超然于案件之外，打消申诉人的顾虑，更有利于其接纳申诉的处理结果，减少实践中缠诉、滥诉的现象发生。

第二，明确公开听证程序的法律效力。公开听证没有约束力，最终决定与听证结果不一致，都将导致申诉人无法信服复查结果，由此也难以达到公开听证的预期目的。因此，必须明确公开听证的法律效力，即刑事申诉案件的处理决定要依照公开听证意见作出，如案件处理结果与公开听证意见不一致时，应当由上级机关批准。对于已经经过公开听证的申诉案件，申诉人没有新的证据再次提起申诉的，司法机关不予受理。

第三，释法说理工作应当贯穿公开听证程序的全过程。清晰的解释与说理是处理申诉案件有利润滑剂，“在申诉案件中，法律文书说理应当通过展示理由、公开驳回或者受理申诉的合法性及合理性，达到息诉息访的效果”[1]。在听证程序中，检察官、法官应当运用专业知识、工作经验将法条与具体的案件事实结合起来，准确地运用法律规范将法理上的正当性论证解答疑难的申诉案件，听证决定的做出也应当是精细化、充分地论证说理，逐一对有争议的事实与证据进行阐释，通过对听证书面结果品质的强化，搭建起公权力机关与申诉主体沟通认知的桥梁，对司法权威的树立也起到良好的作用。

---

〔1〕 周新：《刑事申诉制度规范化研究》，载《政法论坛》2017 年第 2 期，第 80 页。

（五）刑事申诉和解制度

我国当前的刑事和解制度主要适用于审判阶段，而在针对较为复杂、疑难的再审程序时，似乎难有发展空间。而从合目的论和价值论角度出发，和解制度在申诉案件中有较大的利用价值。人民法院和人民检察院对申诉案件的审查，相较于直接决定驳回或受理申请和迟迟拖延审查时间导致民怨沸腾这两种方式外，采用和解制度更有利于申诉的良性循环。刑事申诉案件的和解没有明确的法律规定，但根据《人民检察院复查刑事申诉案件的规定》和《最高人民法院关于各级人民法院处理刑事申诉的暂行规定》的内容，在对申诉进行审查过程中，应当听取申诉人的诉求和意见。因此如果申诉人和被申诉人有和解的需求，就应当尊重当事人的意愿，以达到彻底息诉的效果。刑事和解与刑事申诉和解均是恢复性司法理念在刑事诉讼框架下的具体制度体现，二者通过当事人双方的自愿协商，达成和解赔偿协议，一方面修复弥合受损的社会关系，另一方面也减少了反复申诉、无理缠诉现象发生。

和解制度的实质能够适用于诉讼的各阶段，“被害人与加害人（即被告人或者犯罪嫌疑人）以认罪、赔偿、道歉等方式达成谅解以后，国家专门机关不再追究加害人刑事责任或者对其从轻处罚的一种案件处理方式”[1]。与刑事和解相同，刑事申诉和解只是对案件的民事部分达成和解协议，但和解的结果将对案件的处理结果产生直接的影响，刑事和解制度是被告人得到从宽处罚，刑事申诉和解后则由司法机关依法终结对案件审查程序。刑事申诉和解主要适用于侵犯公民人身、财产权利的犯罪，对于法院已经生效的判决以及检察院作出不起诉决定的案件，经审查认为原判决或决定正确，证据不足但又无法补证的情况下，可以由司法机关协助搭建和解平台，以促使双方达成和解。相较于直接驳回申请或审查时间过长导致民怨沸腾，在申诉过程中采用和解制度是化解冲突、实现双方和谐的方式，为解决目前申诉难问题提供了又一便利的途径。对于一些符合和解条件的申诉案件，若进入诉讼程序将耗费大量的司法资源，通过和解可以在灵活、快速处理案件的同时达到从根本上化解纠纷的目的。

需要说明的是，以上的五点思路是对现行制度框架下权力—权利结构的调整与优化，目的在于对制度内部因素的部分改造，推动资源配置符合正当程序的基本逻辑。但可以预见的是，上述改革方略仅是权宜之计，从长远角度看，如此改革思路仍非解决当前申诉审查机制内生性权力固化难题的治本

---

〔1〕 陈光中：《刑事和解的理论基础与司法适用》，载《人民检察》2006年第10期。

之策，而权力的剥离与分立，架构独立申诉复查机构，或许是刑事申诉制度在未来寻求自身功能突破的适宜路径。

三、跳出制度的藩篱：申诉复查机构的蓝图

国家权力就是控制和分配社会有限资源的强制力，如何合理地分配社会资源是任何一个社会必须解决的问题。[1]当集中的权力缺少控制、约束与监督，将极易走向滥用与扩张的方向。社会运行和秩序需要良好的制度、规则作为前提，尽管上述方案为法院或检察院内部的权力运行提供了暂时的解决方案，但无法破解申诉审查结构的重大弊端，即以“自查自纠”的方式进行权力整合，在该制度之下仍难以从根本上改变国家权力所附属的消极特性。因此，权利的资源分配亟待一种新的程序思路——建立申诉复查机构，即以组织分立的形式将申诉审查的权力剥离，形成更为中立的复查机构。事实上，这样的方案已经在英美法治发达国家成为纠正冤假错案的重要方式，尚可为我国未来刑事司法改革镜鉴。

（一）主动发现模式：英美法系错案救济机制的引入

尽管以英国、美国为代表的英美法系国家强调审判的既判力，认为“既判的事实，应视为真理”，禁止双重危险原则在司法制度中占据不可撼动的地位，但对错案的发现与纠正仍然有一套完善的正当程序机制作为基础。

1. 美国北卡州无辜者委员会

北卡州无辜者委员会（Actual Innocence Commission）是由美国北卡罗来纳州的罗纳德·科顿案[2]催生而来。委员会于2006年成立并独立于州司法系统，其首要目标就是为减少或者消除对无辜者错误定罪的可能性向司法系统提出改革建议，找出改革的潜力点，并试图通过达到这一目标，实现公众对美国司法的信任、降低起诉、审判和申诉程序的诉讼成本。[3]在目标的指

---

〔1〕 胡锦光：《新时代党员干部的法治思维》，中国人民大学出版社2018年版，第233页。

〔2〕 1995年，北卡罗来纳州的罗纳德·科顿案是继约瑟夫·阿比特、基思·布朗、德韦恩·戴尔（Dwayne Dail）、戴瑞·亨特、莱斯利·吉恩和利奥·沃特斯（leo Waters）之后被DNA免罪的又一人。

〔3〕 该委员会除设立首要目标之外，还订立了七个具体目标：①确定国内和北卡州被错误定罪最常见的原因；②为与每种成因相关的人员提供教育；③为委员会成员之间就成因提供公开和富有成效的对话提供论坛；④确定目前北卡罗来纳州每一种成因所涉及的程序；⑤通过研究，专家和讨论确定以程序或过程变化或教育机会形式消除每一种成因的潜在解决方案；⑥考虑潜在的实施计划、成本影响以及对每个潜在解决方案的认罪的信念的影响；⑦发布临时报告，为确定的每个因果关系问题提出建议，包括建议的实施计划、费用影响和对定罪的潜在影响。Christine C. Mumma，“The North Carolina Actual Innocence Commission：Unkown Perspectives Joined by a Common Cause”，52 *Drake L. Rev.* 647（2004）.

引下，为弥补审查方法的缺失，委员会又借鉴英国和加拿大的做法，成立无辜者调查委员会并通过州立法确定下来。调查委员会由 8 名成员组成，其中包括法官、检察官、律师、郡治安官、受害人的法律顾问和公众代表。委员会主任协助制定案件受理规则，并协调开展调查。如果 5 名小组成员同意被告人应当得到司法审查，州最高法院的首席大法官将指派 3 名法官。如果这 3 名法官一致认为有“清晰而令人信服的证据”表明被告是无辜的，熟悉大法官可以推翻原有的判决。这个调查委员会已经对数百起案件进行了筛选，并将其中一些移交司法审查。[1]

在此目标之下，委员会以建立审查无罪申告可靠性的客观机制为工作重点，推动州立法机关通过了几项具有里程碑式的法案，如证人辨认改革法案（Eyewitness Identification Reform Act）以及关于防止虚假供述的法案。此外，北卡州首次建立无辜者调查委员会的模式对美国其他州也形成了映射，其他州也开始建立或者筹划无辜者委员会，并且在借鉴的基础之上还采取了新的改革措施。

2. 英国刑事案件审查委员会

英国刑事案件审查委员会（CCRC）并不与刑事司法系统架构初步确立相伴随，而是在重大错案发现后，出现在公众视野，并摆在司法机关面前时所产生的程序化应对路径。在经历一系列重大的司法改革之后，出现独立于法院、检察院系统外中立的专门负责受理冤错案件申诉的官方机构——刑事案件复查委员会。委员会有政府财政保障，中立性意味着能够相当程度地排斥案外因素对个案审查所带来的影响和干扰，审查人员组成的多元化又能保证审查案件的质量。

3. 加拿大对争议案件的经常性复查机制

加拿大司法部会依法在社会上聘请一些具有丰富司法经验的退休司法部官员、检察官或律师作为专家，经常性地对已经审理完结但仍存争议的案件进行复查，司法部则在听取意见后，确定是否将复查案件推荐给法院重新审理。[2]该机制也在一定程度上减少了刑事错案的发生。

---

〔1〕［美］布兰登·L. 加勒特：《误判：刑事指控错在哪了》，李奋飞等译，中国政法大学出版社 2015 年版，第 205－206 页。

〔2〕李振林：《加拿大：“亨利案”构建防错五机制》，载《法制日报》2013 年 5 月 14 日。

（二）关于设立申诉复查专门机构的设想

总结域外错案发现及纠正机制，可以发现从机构设立来看，英国刑事审判委员会，专门受理申诉，达到真实推翻原判的可能性。除上述主要的英美法系国家外，大陆法系国家同样有对申诉进行审查的隔离机制。法国有罪判决审查委员会，由中立机构进行审查；在德国，一般情况下，由原审法院外有同样管辖权的法院进行申诉审查。从各国的做法来看，申诉审查通通是要与原审法院剥离开来，从而规避原审法院对程序启动的阻挠。从程序的完善来看，审查机构有相对完备的配套细则附随，如 CCRC 审查工作有分段计划、讨论制度、相关信息的公开规则以及特别设立的法律援助规则等。

反观我国刑事申诉制度，长期以来受职权主义影响，我国在错案的发现与纠正上实行单一性、集权化的模式，具体表现为由司法机关发现为主、由法院启动，错案发现的主要来源为检察院、法院系统内部的监督审查与各机关、申诉主体的申诉请求，在决定是否启动再审审查方面司法机关有绝对的主动权。但受到业绩考评机制与司法机关的公信力等因素影响，检、法主动发现与受理申诉的动力不足。法院作为审判机关，对自己审判的案件难以有启动再审的动力，在审查最终能够通过重审纠正的冤假错案凤毛麟角。自己法院裁判案件由自己进行申诉审查，申诉往往没有效力，除了非常充分的证据才可能撬动再审程序。冤错案件难以避免，但每一起冤案的发生都是对受害人以及社会的伤害，我国刑事司法有必要对已经生效案件的复查机制进行相应的改革以弥补缺陷。

因此，借鉴域外再审审查之经验，设置刑事申诉案件的专门审查机构成为我国申诉制度以及整个再审程序改革的新思路，未来可以考虑设立独立机构对申诉进行审查。摆脱原来再审体制的局限，避免审查过程融入法官的偏见，由独立部门进行判断，可以有效解决我国刑事案件申诉难、受理难的顽疾。对于受理的申诉案件中当事人无法获取的信息，审查机构可以调取，如此可以形成对司法机关的监督，以利于错案的发现与救济。

尽管近几年来，国外申诉审查委员会面临着挑战[1]，但新的独立组织加

---

〔1〕 如英国 CCRC 在 1995 年《刑事上诉法案》正式颁布后，依然遭遇了评论者的怀疑和批判，如这一法案没有详细说明任何选择所谓错案的标准、CCRC 将不可能独立于政府，最为严厉的批评认为“设立 CCRC 背后真正的动机不是努力根除无辜者被关押的发生，而是转移人们的视线，不再继续声讨内政部在补救刑事错判方面的失败”。参见冯春霖：《英国刑事错案及其改革》，载《人民法院报》2013 年 5 月 24 日。

入将激活申诉审查机制的活力，同时也能分担国家司法机关审查的负担，增加对申诉审查的透明程度，使得申诉案件的审查得以在更为公开的环境中进行，并接受公众的监督。

结语

我国目前刑事司法领域冤错案件难以得到纠正的关键在于无法启动司法程序救济。而作为重要信息来源的申诉却往往难以得到应有的重视，缺乏可操作性、封闭式行政化的申诉审查机制的缺陷明显，从规范、程序、权利三个维度都形成申诉难的壁垒。因此，除了弥补立法的疏漏外，还需要着眼于从“权力到权利”的立体化、全方位的申诉体制改革，立足于司法实际，重视民间力量的参与，完善申诉听证程序并尝试建立独立的申诉审查机构，形成多元化的刑事错案救济途径。

（初审人：黄琦）

政治学研究

政治传播视域下的国务院《政府工作报告》（1979－2013）文本分析

刘　金*

摘　要：作为一种重要的政治传播内容的政治话语，是政治传播行为过程中最核心的部分，是作为政治信息传播的中介和载体而存在的，而政治文本是政治话语的主要呈现形式。基于拉斯韦尔政治传播的“5W”分析框架，在大数据自动文本分析方法基础上，运用ROST CM 6.0数字人文辅助研究平台，通过对1979－2013年国务院《政府工作报告》进行分析后发现，在这35篇《政府工作报告》中，“以经济建设为中心”是核心议题，涉及“社会建设”“文化建设”“生态文明建设”的议题逐年增加，且越来越细化和可操作化。人民、群众、农民、干部等群体是《政府工作报告》重点关注的人群，港澳台地区、经济发达的京沪地区及欠发达的边疆地区则是被重点关注的地域。

关键词：政治传播　《政府工作报告》政治文本　政治话语　大数据分析方法

* 刘金，中国政法大学政治与公共管理学院全球学专业2017级博士研究生（100088）。

引言

国务院《政府工作报告》是政府决策机制的集中体现，经由党中央布置决策、国务院起草和完善，最后经全国人民代表大会审议通过，是全党、全国以及全社会共同意志的集中体现，是一份具有施政纲领性质的政府决策性文本，其主要内容既包括对过去一年或一段时间内的工作成绩与问题的总结，也包括对未来一年或一段时间内政府的预期目标的设定。我国《宪法》明确规定："国务院对全国人民代表大会负责并报告工作；在全国人民代表大会闭会期间，对全国人民代表大会常务委员会负责并报告工作。"本文基于1979－2013年国务院《政府工作报告》的文本，从政治传播学的视角出发，探究现代中国政治话语的时代变迁，通过对话语与文本的解读与分析，挖掘现当代中国政治社会史中的政策话语与政治文本对整个时代变迁的影响。

一、相关研究综述

（一）政治传播研究

尽管作为一种政治现象而存在的政治传播行为在传统社会早已有之，但是作为一种社会科学理论的政治传播却是十分晚近的事情。作为早期传播学和政治科学奠基人之一的哈罗德·拉斯韦尔（Harold Lasswell）在《政治学》一书中言简意赅地道明了政治学研究的主旨和要义，即谁得到什么？何时和如何得到?[1]在《社会传播的结构与功能》一书中，他同样概括了传播学的研究框架，即谁通过什么渠道对谁说了什么，取得了什么效果。[2]这分别对应传播学研究中的控制分析、媒介分析、受众分析、内容分析和传播效果分析，而这也开启了传播研究中经典的"5W"分析框架。此后，基于不同的学术志趣、学理取向以及方法工具，不同的学者对政治传播的概念有着不同的界定。莫顿·多伊奇（Morton Deutsch）在早年就十分强调政府主体在政治传播过程中所承担的角色和地位，认为政治传播作为政治决策的必要环节有着重要意义。但当代却更加注重涉及大众传播的研究，因此对于政治传播的界定也更加倾向于强调涉及政治的信息传播内容。而布赖恩·麦克奈尔（Brain Macnair）则将政治传播定义为"关于政治的有目的的传播"，"这包括了：①所有政客及政治行动者为求达到目的而进行的传播活动；②所有非政治行

---

〔1〕［美］哈罗德·D. 拉斯韦尔：《政治学》，杨昌裕译，商务印书馆1992年版，第1页。

〔2〕［美］哈罗德·D. 拉斯韦尔：《社会传播的结构与功能》，何道宽译，中国传媒大学出版社2013年版，第1页。

动者对政治行动者做出的传播活动，例如选民及报纸评论员；③所有在媒介中涉及以上政治行动者的新闻报道、评论及政治讨论。而这几乎包括了所有的政治话语”。[1]

从严格意义上说，我国的政治传播研究还处于起步阶段，主要从政治学视角和传播学视角对政治传播进行界定：从政治学角度切入的学者把政治传播视为一种政治现象和政治行为[2]；而从传播学角度切入的学者则把政治传播理解为传播现象在政治过程中所扮演的角色[3]。有学者认为，正是这样一种强烈的政治学本位或传播学本位的研究现状，给中国当前的政治传播研究造成了“学科偏狭”的弊端。[4]因此，有学者提出，基于政治学和传播学“视界融合”的角度来界定政治传播内涵的观点。他们认为，所谓“政治传播”是指特定政治共同体中政治信息扩散和被接受的过程，“政治信息”是从“政治”中解构出的本质因素，而“扩散和被接受”则是从“传播”中解构出的本质要素。[5]

在当前的政治传播研究中，大多数研究都以规范研究和理论梳理为主，经验研究并不多见，但仍有不少学者为此做出了努力。如卢春龙和严挺通过考察传统媒体和新媒体对中国农民政治信任的影响，发现传统媒体在一定程度上促进了农村居民对各级政府的政治信任，而网络新媒体则对这种政治信任有一定程度的弱化，而且新旧媒体对政治信任的影响呈现出明显的差序格局。[6]刘小燕等通过对中国中西部五个省份基层政府和农村地区政治信息获取的情况进行调查，发现农村社区的传播基础架构对乡村居民的政治信任、政治参与都有着显著影响。[7]

---

〔1〕［英］布赖恩·麦克奈尔：《政治传播学引论》，殷祺译，新华出版社2005年版，第4页。

〔2〕边静：《政治传播视角下的中国政府新闻发布》，吉林大学2012年硕士学位论文，第30页。

〔3〕荆学民、苏颖：《中国政治传播研究的学术路径与现实维度》，载《中国社会科学》2014年第2期，第79页。

〔4〕荆学民、苏颖：《中国政治传播研究的学术路径与现实维度》，载《中国社会科学》2014年第2期，第80页。

〔5〕荆学民、施惠玲：《政治与传播的视界融合：政治传播研究五个基本理论问题辨析》，载《现代传播（中国传媒大学学报）》2009年第4期，第18页。

〔6〕卢春龙、严挺：《政治传播与政治信任的关系——以中国农民的政治信任为考察对象》，载《学习与探索》2015年第12期，第48页。

〔7〕刘小燕等：《乡村传播基础结构、政治信任与政治参与的实证研究——“政府与乡村居民间的距离”研究报告之二》，载《国际新闻界》2014年第7期，第130页。

（二）《政府工作报告》文本的经验研究

作为一种重要的政治传播内容的政治话语，政治话语为政治传播主体和受众所关注和重视，作为政治信息传播的媒介和载体而存在。政治文本是政治话语的主要呈现形式，也是当前国内学术界有关政治话语经验研究的主要研究对象。不同类型的政治文本传达着不同的政治信息，对于难以进入中国政治决策过程的研究者而言，各种不同类型的政治文本成为少数可供获取的研究素材。而《政府工作报告》正是学者常常用作政治分析的文本。目前，国内学者对《政府工作报告》文本的研究主要包括：对国务院《政府工作报告》与中国社会经济发展互动的研究、对国务院《政府工作报告》中特定内容的分析、对地方《政府工作报告》的研究。

在对国务院《政府工作报告》与中国社会经济发展互动的研究方面，邓雪琳通过对1978－2015年国务院《政府工作报告》文本的研究，发现改革开放以来中国政府的职能重心是经济建设职能，进入21世纪后开始逐渐重视政治建设职能、文化建设职能、社会建设职能和生态建设职能，并且逐渐强调五者的协调发展，但协调程度仍处于较低水平。[1]钱毓芳、田海龙以1999－2008年两届政府的国务院《政府工作报告》为分析对象，发现国务院《政府工作报告》中关注的重点会形成新的话语并对话语接受者的行为产生影响，从而引导新的社会变革。[2]

在对国务院《政府工作报告》中特定内容的分析方面，尤泽顺等以1993－2007年国务院《政府工作报告》中对外政策部分的文本为分析对象，发现高频词和与中国对外政策基本原则相关的词汇充当了"话语秩序"，限定了话语构建的边界；与世界重大事件及中国对外政策调整相关的词汇构成了"新话语"；新老话语之间的竞争和互动最终形成了《政府工作报告》的对外政策话语。[3]黄晓赟以2010－2014年国务院《政府工作报告》中关于新生代农民工的内容为分析对象，发现政府在公共政策文本中越来越关注新生代农民工的现状和需求，国务院《政府工作报告》也从不同方面的政策逐渐去满

---

〔1〕 邓雪琳：《改革开放以来中国政府职能转变的测量——基于国务院政府工作报告（1978－2015）的文本分析》，载《中国行政管理》2015年第8期，第30页。

〔2〕 钱毓芳、田海龙：《话语与中国社会变迁：以政府工作报告为例》，载《外语与外语教学》2011年第3期，第40页。

〔3〕 尤泽顺、陈建平：《话语秩序与对外政策构建：对〈政府工作报告〉的词汇变化分析》，载《广东外语外贸大学学报》2009年第2期，第44页。

足新生代农民工的这些需求。〔1〕

在对地方《政府工作报告》的研究方面，文宏等通过对2007－2012年中部六省的《政府工作报告》进行研究后发现，政府公共服务注意力配置与公共财政资源投入方向之间呈正相关关系。〔2〕杨君等以15个副省级城市2001－2009年的政府年度工作报告为分析对象，发现晋升预期、城市特征、官员个人特质等多重因素均与政策承诺可信度存在关联。〔3〕朱光喜等以2006－2010年间31个省级政府的工作报告产生过程和基本内容为分析对象，发现省级政府工作报告承担“政治仪式”功能的同时，还是省级政府的工作绩效的一种自我评估办法。〔4〕

回顾这些关于《政府工作报告》文本的经验研究，我们可以发现，国内学者不仅在方法上做出了多种尝试，运用了计量方法、语篇分析方法、定量研究方法等多种研究方法；在理论视域上，也从多学科的视角切入到政治文本中，提供了来自话语分析理论、政治传播理论等不同理论基础上的分析。这些学者的努力都为笔者后期的研究和分析提供了方法论、理论视域以及政治文本选择上的借鉴。

二、分析框架、数据来源与研究方法

(一) 分析框架

国务院《政府工作报告》的完成过程是政府决策机制的集中体现，其形成经历了三个步骤。以2014年国务院《政府工作报告》为例，第一步是党中央决策，即2013年12月10日－13日召开的中央经济工作会议与12月23日－24日召开的中央农村工作会议。第二步是国务院决策。12月13日，国务院成立《政府工作报告》起草组，正式开始起草工作；此后经过多次座谈会讨论，分别听取有关专家学者等各方面意见和建议，对其进行修改补充完善，并在2014年2月24日由习近平总书记主持召开的中共中央政治局上进行

---

〔1〕 黄晓赟：《新生代农民工社会地位变迁的政策研究——基于近五年（2010－2014）政府工作报告的分析》，载《职教论坛》2014年第22期，第18页。

〔2〕 文宏、赵晓伟：《政府公共服务注意力配置与公共财政资源的投入方向选择——基于中部六省政府工作报告（2007－2012年）的文本分析》，载《软科学》2015年第6期，第5页。

〔3〕 杨君、倪星：《晋升预期、政治责任感与地方官员政策承诺可信度：基于副省级城市2001－2009年政府年度工作报告的分析》，载《中国行政管理》2013年第5期，第96页。

〔4〕 朱光喜、金东日：《政府工作报告中的绩效自评估——基于2006－2010年省级政府工作报告的分析》，载《公共行政评论》2012年第3期，第113页。

讨论。第三步是全国人大决策。国务院总理李克强在 2014 年 3 月 5 日召开的十二届全国人大第一次会议上进行汇报，“两会”期间由全国人大代表进行审议，全国政协委员也积极参与讨论，最终于 3 月 13 日通过最终决议。至此，国务院《政府工作报告》也就成为全党、全国以及全社会的最大公约数和最大共识。[1]

政治文本是拉斯韦尔“5W”分析框架中“说什么”的重要构成部分，也是内容分析研究的主要研究对象。政治文本作为一种重要的政治传播内容，在国内的政治传播研究中对之进行深度挖掘和讨论的内容分析并不多，本文从“国务院《政府工作报告》在说什么”这个核心问题出发，挖掘国务院《政府工作报告》在传播内容、传播功能、传播风格等方面表现出的特征，希望以此来丰富国内政治传播研究的广度和深度。

（二）数据来源

为了确保国务院《政府工作报告》文本内容的全面、真实与准确，在对比了人民出版社出版的历年国务院《政府工作报告》与政府门户网站公布的历年国务院《政府工作报告》汇编之后，发现二者在文字内容上并无差异。为了文本信息处理与统计的方便，笔者直接从政府门户网站上搜集了 1979 - 2013 年间 35 篇国务院《政府工作报告》的文本数据。

（三）研究方法

本文运用由原武汉大学信息管理学院、计算机学院沈阳教授设计编码的 ROST CM 6.0 系统[2]，对文本进行关键词的词频统计、话题语义网络建构，再由人工干预构建的方式剔除其中无用或者无意义的词组，以此来确立分析需要的核心框架和关键概念，并据此通过制作词云、语义网络图等可视化的表现形式，从而更加生动、直观、形象地展示国务院《政府工作报告》的文本内容结构、话语特征与话语风格。

词频统计和词频分析是通过对文本中反复出现的词汇频数的统计和分析，代表了文本对某一事件或概念的强调和突出，通常作为提取文本核心概念的

---

〔1〕 胡鞍钢：《中国经济决策机制的民主化、科学化、制度化——以 2014 年〈政府工作报告〉为例》，载《行政管理改革》2014 年第 7 期，第 14 页。

〔2〕 ROST CM 6.0 系统是一个基于内容挖掘的人文社会科学数字化研究平台，是一组功能联系紧密、可相互智能协作、无缝互操作的软件及插件包，最终形成能够依据一定范式进行人文社科智能化学术研究的数字化研究平台。ROST CM 系统目前的下载量超过 7000 次，使用者遍布国内外一百多个高校。

方法使用。而词云则是对文本中的高频词及其出现频次作的可视化处理，在词云中词汇形状的大小反映了它在文本中出现频次的多少。关键词语义网络图是一种运用有向弧线和诸多核心概念组成网状图的知识表达方式，词汇节点表示客体和概念，而弧线表示这些客体和概念之间的语义关系，从而形成一个由节点和弧线组成的有向语义网络图。关键的核心概念通常位于语义网络中央区域，并与其他许多核心概念通过有向弧线连接。

此外，本文还对核心高频词的相关性以及文本情感进行了分析。文本核心高频词的相关性分析，是指通过对高频词进行重要性的人工筛选，选取内涵和外延比较清楚的概念以确定核心高频词词库，再通过计算这些词汇的相关系数，探索这些核心高频词之间的相关性，并通过设定阈值的方法找到在标准以上所有与该词汇相关的词汇，相关系数表征着这些词汇之间相关性的大小。文本的情感分析，是对带有情感性倾向的文本进行描述、归纳和推断的方法。本文使用操作上相对简单的词典法，使用的词典是来自大连理工大学信息检索研究室整理的情感词汇。这份情感词典由人工标注，主要包括词语词性种类、情感类别、情感强度及极性等信息，共包括 27 467 条词汇，下属乐、好、怒、哀、惧、恶、惊七种情感分类，每个大分类下还包括更详细的情感分类，涵盖了中文中大部分的情感词汇。

在研究方法上，本文既对以往有关政治文本研究中词频统计的计量方法、话题语义网络的大数据自动文本分析方法以及可视化词云的展示等有所继承，又开创性地将核心高频词的相关性分析和文本情感分析运用到国务院《政府工作报告》文本的分析当中，希望通过对研究方法进行新的尝试和探索，来弥补国内政治传播研究特别是政治文本分析中因为研究方法偏差带来的研究偏误。

三、国务院《政府工作报告》的政治传播功能分析

改革开放以来的国务院《政府工作报告》，大致内容可以概括为三个部分：第一部分是对过去一年或一个时期政府工作的总结和回顾；第二部分是对未来一年或一个时期政府工作的总体部署；第三部分是未来一年或一个时期政府工作的主要任务规划。1979－2013 年的国务院《政府工作报告》也大体延续了这样的内容结构框架。这 35 篇国务院《政府工作报告》的篇幅字数均值为 20 422，除个别特殊年份外，也都在 20 000 字左右，各年份变化幅度不大，且呈现逐渐稳定平缓的趋势，详细的篇幅字数变化趋势如图 1 所示。在报告人方面，除 1980 年和 1991 年外，均由国务院总理向全国人民代表大

会做报告。而在会议召开时间方面，从 1985 年开始，基本确定在每年的三月份，1995 年之后更是固定在了每年的 3 月 5 日。《政府工作报告》的结构框架、篇幅字数、报告人以及报告时间的相对稳定，在一定程度上表明，在社会主义市场经济体制基本确立后，政府工作重心基本明确，国家政策相对稳定，社会主义现代化建设正稳步向前推进。

将 1979 – 2013 年的国务院《政府工作报告》文本视为特定的政治传播文本，对其进行词频分析，制作如图 2 的可视化词云，能够让我们对这一时期的国务院《政府工作报告》的文本内容结构和语词要素有更加清晰直观的了解。拉斯韦尔指出，有着重点的内容分析应该包括要旨分析和风格分析。要旨指的是信息本身，风格指的是信息要素的配置。[1]这一章将把国务院《政府工作报告》的政治传播功能作为要旨分析的主要视角。

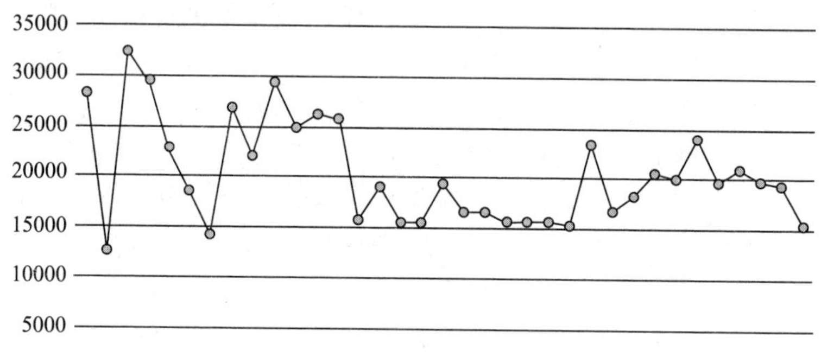

图 1　1979 – 2013 年历年国务院《政府工作报告》字数统计

（一）国务院《政府工作报告》的内容分析

根据图 2 的关键词词云，我们可以清晰发现，1979 – 2013 年间国务院《政府工作报告》重点关注的内容分别是“发展”“经济”“社会”“建设”“改革”“企业”“加强”“工作”“人民”“我们”“国家”“提高”“生产”“主义”“继续”“积极”“技术”“增长”“政府”“我国”等（见表 1）。从语义上分析，“发展”“经济”“建设”“提高”“技术”“增长”等与我国自改革开放以来确立的“将党的全部工作重心转移到经济建设上来”的社会主

〔1〕［美］哈罗德·D. 拉斯韦尔：《社会传播的结构与功能》，何道宽译，中国传媒大学出版社 2013 年版，第 36 页。

义初级阶段基本路线十分吻合；“加强”“继续”“积极”等则说明我国“以经济建设为中心”在国家战略和政策方面一直保持在十分稳定的状态；“我们”“国家”“政府”“我国”等词汇正是政治话语对主体的彰显，国务院总理以党和政府“代言人”的身份，向受众报告国家目前的运行状态以及未来的政策规划；“社会”“人民”“企业”等则体现出政治话语对客体和受众的重视，并积极应对受众的日益多元化；而“主义”则体现了政治话语的意识形态指向，其中当然既包括对“社会主义”“爱国主义”“集体主义”等的倡导，也包括对“官僚主义”“霸权主义”等的反对。

表1　1979－2013年国务院《政府工作报告》频数最高的词汇

词汇	发展	经济	社会	建设	改革	企业	加强	工作	人民	我们
频数	4340	4115	3083	3007	2548	2182	2078	1922	1672	1646

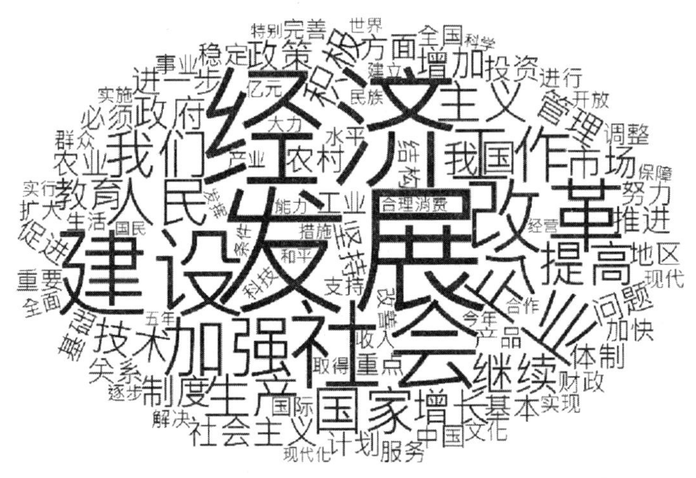

图2　1979－2013年国务院《政府工作报告》高频关键词（前100）词云

在得到了主要的词汇之后，我们可以通过计算出所有词汇的相关系数进行关联分析，并通过设定一个阈值，找到在标准以上所有与该词汇相关的词汇（见表2）。

表2　1979－2013年国务院《政府工作报告》关联性分析主要词汇

词汇	发展	改革	工作	国家	加强	建设	经济	企业	社会	提高

将阈值设定在 0.4 这个标准上，如表 3 所示，在 1979 - 2013 年间国务院《政府工作报告》文本中，与高频词动词如“发展”“改革”“加强”“提高”等高度相关的往往是需要重点完成的内容，如与“发展”相关系数高达 0.68 的“社会”，与“改革”相关系数高达 0.72 的“体制”，“加强”相关系数高达 0.78 的“规范”，与“提高”相关系数高达 0.77 的“水平”，等等。与“工作”相关系数最高的是“官僚主义”，说明中央政府在工作中十分强调避免“官僚主义”。与“国家”相关系数较高的词汇中，“美国”的相关系数高度 0.83，说明中央政府十分重视中美之间的双边关系。与“经济”相关系数最高的词汇是“对外经济”，系数高达 0.86，与我国的改革开放国策相吻合。

表 3　1979 - 2013 年国务院《政府工作报告》高频词与相关词汇

发展	相关词汇	增强	社会	能力	建设	方式	形成	基本	协调	处理	出发点
	相关系数	0.71	0.68	0.66	0.64	0.62	0.61	0.59	0.58	0.58	0.57
改革	相关词汇	体制	初级	增强	探索	职能	对外开放	入手	励精图治	扰乱	撤销
	相关系数	0.72	0.68	0.68	0.68	0.68	0.62	0.61	0.61	0.61	0.61
工作	词汇	官僚主义	解决	各级	专家	国务院	管理	全国	条例	诚意	依赖
	相关系数	0.66	0.65	0.64	0.62	0.62	0.62	0.6	0.58	0.66	0.65
国家	词汇	至今	美国	之间	关系	原则	证明	友好	应当	我国	本身
	相关系数	0.84	0.83	0.82	0.82	0.81	0.8	0.78	0.77	0.77	0.77
加强	词汇	规范	完善	胡锦涛	预防	社会	体系	军队	农村	义务教育	土地
	相关系数	0.78	0.76	0.76	0.75	0.74	0.73	0.73	0.73	0.72	0.72
建设	词汇	重大	发展	加强	社会	妥善	解决	农村	行政管理	体制	工作
	相关系数	0.65	0.64	0.63	0.62	0.61	0.6	0.59	0.58	0.57	0.57
经济	词汇	对外经济	合理	过去	利于	相当	经济效益	侵蚀	生活	轮廓	一百二十七亿元
	相关系数	0.86	0.79	0.77	0.76	0.76	0.76	0.75	0.75	0.75	0.74

续表

企业	相关词汇	违反	这种	下来	收支	文章	步骤	浪费	形式	整个	主管部门
	相关系数	0.81	0.79	0.77	0.77	0.77	0.77	0.77	0.75	0.75	0.74
社会	词汇	完善	方式	制度	义务教育	体系	健全	中长期	农村	加强	资源
	相关系数	0.85	0.84	0.8	0.78	0.78	0.78	0.75	0.74	0.74	0.74
提高	词汇	水平	技术	显著	程度	能源	专业	扩展	福利	能力	一倍
	相关系数	0.77	0.63	0.63	0.63	0.63	0.61	0.61	0.61	0.61	0.6

（二）国务院《政府工作报告》的要旨分析

根据拉斯韦尔的传播学理论，政治传播分析涉及的具体功能中能够明确辨析的有三个：守望环境；协调社会各部分以回应环境；使社会遗产代代相传。[1]国务院《政府工作报告》作为社会各界广为阅读和分析的政治传播文本，其政治性是毫无疑义的，其中包含着一整套“国家”视角叙事的内容。

自党的十一届三中全会以来，党和政府的工作重心经历了几个关键阶段的转变：1978 年确立将党和国家的工作重心从“阶级斗争”转移到经济建设上来；1981 年《政府工作报告》提出，社会主义现代化建设不仅要建设高度的物质文明，而且要建设高度的精神文明；1986 年通过的《中共中央关于社会主义精神文明建设指导方针的决议》中明确指出，我国社会主义现代化建设的总体布局是：以经济建设为中心，坚定不移地进行经济体制改革，坚定不移地进行政治体制改革，坚定不移地加强精神文明建设，从而逐渐形成了工作重心的经济体制改革、政治体制改革、精神文明建设三位一体的总体布局；2006 年《政府工作报告》中指出，全面加强社会主义经济建设、政治建设、文化建设与和谐社会建设的“四位一体”的总体布局；而 2009 年《政府工作报告》提出了全面推进社会主义经济建设、政治建设、文化建设、社会建设以及生态文明建设“五位一体”的政府工作总体布局。至此，这一社会主义现代化建设的框架基本成型。

---

〔1〕［美］哈罗德·D. 拉斯韦尔：《社会传播的结构与功能》，何道宽译，中国传媒大学出版社 2013 年版，第 37 页。

为了全面系统地考察国务院《政府工作报告》的政治传播功能，下文将社会主义经济建设、政治建设、文化建设、社会建设以及生态文明建设“五位一体”的政府工作总体布局作为测量框架，探讨其在 1979－2013 年间所经历的变化。为了测量方便，笔者将 1979－2013 年划分为七个阶段，分别是：1979－1983，1984－1988，1989－1993，1994－1998，1999－2003，2004－2008，2009－2013。通过分别统计“经济建设”“政治建设”“文化建设”“社会建设”“环境保护”在七个阶段的《政府工作报告》中的词频数来测量七届中央政府的职能侧重。

表 4 基于关键词词频的七届中央政府职能测量

	经济建设	政治建设	文化建设	社会建设	环境保护
1979－1983	49	1	9	0	4
1984－1988	46	0	1	0	6
1989－1993	48	5	2	0	13
1994－1998	27	1	7	0	14
1999－2003	6	5	1	0	19
2004－2008	8	12	16	12	24
2009－2013	8	8	13	9	16
合计	192	32	49	21	96

观察表 4 和图 3 可以看到，通过关键词词频对七届中央政府职能侧重进行测量发现，“经济建设”一词的词频在国务院《政府工作报告》文本中呈现出逐年下降的趋势，在 1999 年和 2002 年的国务院《政府工作报告》中甚至一次都没有出现，这似乎与我们前面得出的我国改革开放以来“以经济建设为中心”的观点不同。但是通过制作并观察 1999－2003、2004－2008、2009－2013 的国务院《政府工作报告》的高频词和词云可以发现，这三个阶段与 35 篇《政府工作报告》高频词和词云十分相似，与“经济建设”相关的词汇仍然频数很高，如表 5、表 6、表 7 及图 4、图 5、图 6 所示。通过深入了解这三个时期的文本笔者发现，其中关于“经济建设”的内容并未减少。以从未出现“经济建设”一词的 1999 年为例，这一年国务院《政府工作报告》所有的十个章节标题中有五个是关于“经济建设”的内容，也就是说，整篇

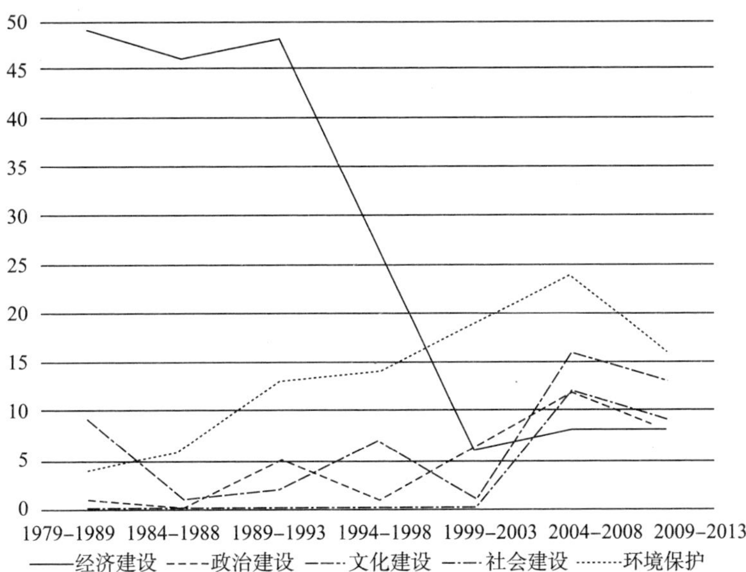

图 3　目标关键词的词频分布

《政府工作报告》有一半的内容是关于“经济建设”的。在改革开放的初期，党中央刚刚确立党的工作重心由“以阶级斗争为纲”转移到“以经济建设为中心”，需要国务院以《政府工作报告》的形式传递这样一种国家战略和政府职能的转变，通过政治话语内容的转变带动日常生活话语的转变，以类似“口号式”的政治动员宣传方式向广大人民群众传播这种转变。而在改革开放深入开展二十多年，当“经济建设”已经成为一种普遍共识后，“口号式”的政治话语动员宣传方式就变得不再必要，此后需要的是关于“经济建设”更进一步的细致安排与公共决策，而这也在后期的国务院《政府工作报告》中得到体现。

表 5　1999－2003 年国务院《政府工作报告》频数最高的词汇

词汇	发展	经济	建设	企业	改革	社会	加强	工作	继续	市场
频数	512	435	399	357	340	340	337	275	216	205

表 6　2004－2008 年国务院《政府工作报告》频数最高的词汇

词汇	发展	建设	社会	加强	经济	改革	工作	农村	推进	制度
频数	686	579	525	457	421	408	349	296	296	251

表 7　2009 - 2013 年国务院《政府工作报告》频数最高的词汇

词汇	发展	经济	社会	建设	加强	改革	推进	提高	政策	加快
频数	790	479	427	413	346	343	326	267	259	231

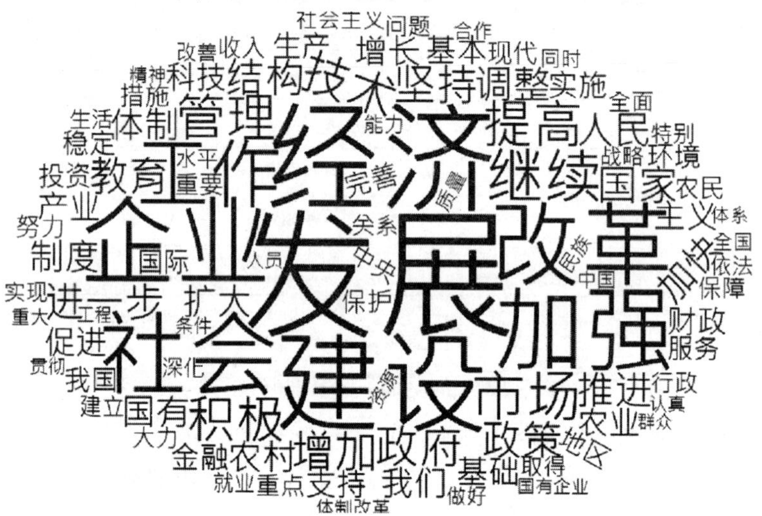

图 4　1999 - 2003 年国务院《政府工作报告》高频词（前 100）词云

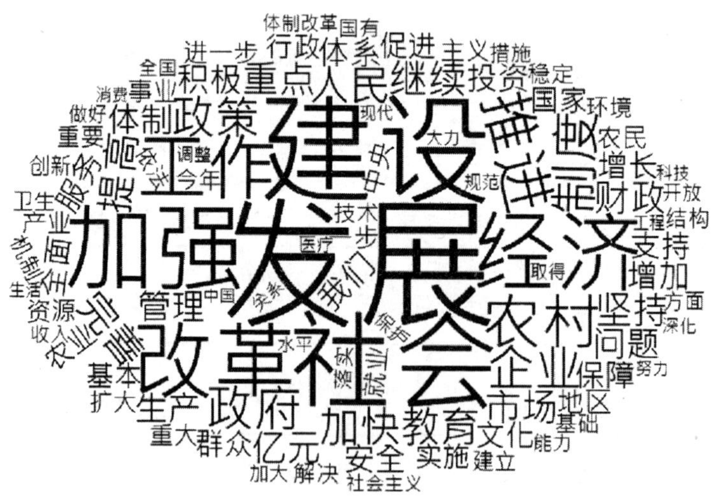

图 5　2004 - 2008 年国务院《政府工作报告》高频词（前 100）词云

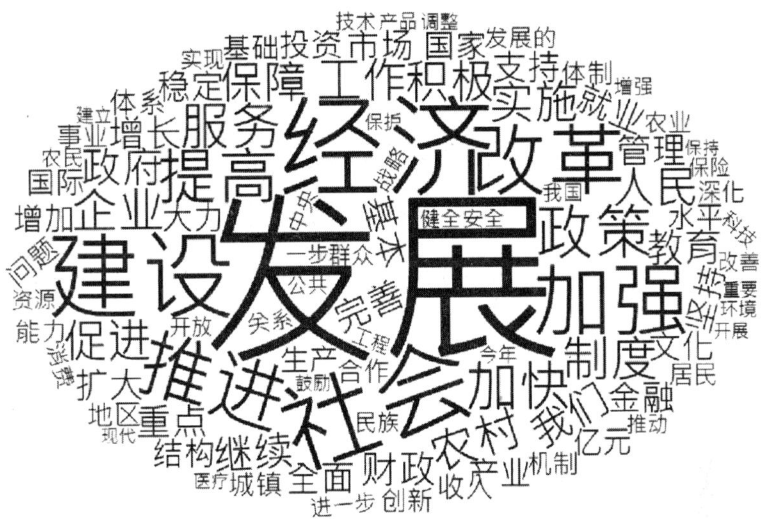

图6　2009－2013年国务院《政府工作报告》高频词（前100）词云

而“政治建设”、“文化建设”、“社会建设”以及“环境保护”这四个关键词的词频呈现一种逐年递增的趋势，但总体数量仍然较少，其中“社会建设”更是在2006年才被首次提出。例如，在“文化建设”、“社会建设”和“生态文明建设”方面，近年的国务院《政府工作报告》中逐渐出现了一些可以落实到具体操作层面的政策安排，如文化建设方面的“覆盖城乡的公共文化设施网络体系建设”，社会建设方面的“城乡居民最低生活保障制度建设”，生态文明建设方面的“重点流域区域环境治理及城镇污水垃圾处理、农业面源污染治理、重金属污染综合整治等工作”，等等。

在图7中，我们可以清晰地看到几个核心的话题群：发展、经济、建设、提高、改革、加强、社会，这些话题凸显了经济发展和改革等议题。话题语义网络中居于最复杂核心的是发展和经济，这再次印证了前面关于“以经济建设为中心”的观点，而企业、社会和人民则是经济发展和改革的主要指向目标，这些主体承担了经济发展和改革的主要任务，说明国务院《政府工作报告》中对这些群体赋予更多对于经济建设和改革方面的责任和政策。

四、国务院《政府工作报告》的政治传播风格分析

政治传播的风格分析主要考察的是各种信息要素和语词要素在文本中的比重与篇幅。这一章主要从政治文本出发，通过考察1979－2013年间国务院《政府工作报告》文本的话语应用、宣传主体、地域关注、情感取向等维度，

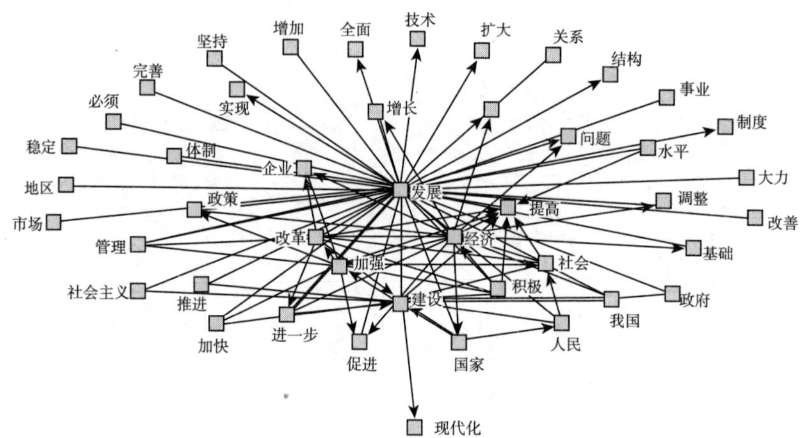

图7　1979－2013年国务院《政府工作报告》话题语义网络

来具体透视和测量其政治传播风格，从政治传播风格出发来对国务院《政府工作报告》进行解读和分析。

（一）话语应用

文本信息的要素配置的关注重点之一就是关注如何使用话语，即对话语运用的分析。为了研究国务院《政府工作报告》的话语应用规律，本文先将词频数在前100的关键词按照词性分为名词、动词、形容词、副词、数量词，并按照词汇频率和所占比例进行统计，所得结构如表8所示：

表8　1979－2013年国务院《政府工作报告》关键词词性频率分析

词性	词汇频率	所占比例
名词	65 231	66.44%
动词	37 236	37.92%
形容词	4656	4.74%
副词	4281	4.36%
数量词	1087	1.11%
合计	112 491	114.57%〔1〕

〔1〕 结果大于100%是因为有些词汇包含两种词性，故分别统计。

根据表8的结果我们可以发现，从词频数量来看，名词所占的比例高达66.44%，占据支配地位；其次是动词，比例占到37.92%；形容词、副词、数量词所占比例较低。国务院《政府工作报告》作为一种公共政策文本，名词所占比重高说明其指向性明确，无论是主体还是客体，都是由名词构成的；动词所占比例也较高，这说明《政府工作报告》十分强调公共政策的执行性和可操作性；形容词通常用来表达情感程度而作修饰名词之用，在国务院《政府工作报告》中占比较少，仅占4.74%，这与公共政策文本的严肃性、客观性和真实性相符合；副词一般用作限制和修饰动词，表示程度、范围、时间等意义，副词出现的频率也很少，仅占4.36%。

（二）重点关注人群

对不同人群的不同关注程度反映着政治传播的目标，如表9所示，1979－2013年国务院《政府工作报告》重点关注的人群中排名前十的分别是人民、群众、农民、干部、学生、共产党、教师、邓小平、知识分子、工人。“人民”在国务院《政府工作报告》被多次提到，因为“人民”一直以来在中国共产党的话语体系中占据核心地位。中华人民共和国成立之后，“人民”话语被直接嵌入新的政权建设当中，成为进行政治动员和政治合法性建构的有力话语。“人民”生产的是一种现代性的政治身份，这种身份塑造了现当代中国人的自我理解。“人民共和国”“人民当家做主”之类的表述，都是这种现代性身份最直接的政治内涵。[1]国务院《政府工作报告》中不断出现对“人民”概念和话语的强调，是不断建构“人民”主体性以及主人翁意识的努力，也是强调社会主义现代化建设应该由“人民”自己扛起重任，人民是主体的角色。而“群众”“农民”“学生”“教师”“知识分子”“工人”等也多次被提及，体现出政府的公共政策对这些群体的关注和重视。在1979－2013年的《政府工作报告》中，“人民群众”一词出现的频数高达184次。这一群体可以是公共政策的对象，体现出《政府工作报告》对政策受众的重视。“农民”这一群体受到重视，不仅因为其群体数量庞大，更因为在党和国家的官方意识形态中，“农民阶级是无产阶级最可靠的同盟军”，因此，在改革开放之后，农民群体发展问题的重要性就凸显出来了。

---

〔1〕 袁光锋：《“人民”概念与政治现代性》，载《党史研究与教学》2015年第2期，第100页。

表 9　1979 – 2013 年国务院《政府工作报告》重点关注人群

词汇	人民	群众	农民	干部	学生	共产党	教师	邓小平	知识分子	工人
频数	1672	669	496	258	124	106	90	79	70	59

图 8　1979 – 2013 年国务院《政府工作报告》重点关注人群词云

（三）重点关注地域

国务院《政府工作报告》对不同地域的关注也值得注意，反映了中央政府对地方发展的考量和安排。观察表 10 可以看到，1979 – 2013 年 35 篇国务院《政府工作报告》重点关注的国内地域排名前十分别是：香港、澳门、台湾、上海、北京、西藏、天津、山西、内蒙古、新疆。由于香港、澳门和台湾的特殊性，其一直以来都备受关注。北京、上海、天津分别是我国的政治中心、金融中心和重要的港口城市，受到相当程度的关注符合这三座城市在全国的地位与影响力；而西藏、山西、内蒙古、新疆受到关注则是因为公共政策对中西部和欠发达地区的倾斜，与“西部大开发”战略和“中部崛起”战略相吻合。

表 10　1979 – 2013 年国务院《政府工作报告》国内重点关注地域

词汇	香港	澳门	台湾	上海	北京	西藏	天津	山西	内蒙古	新疆
频数	247	182	169	52	26	16	14	13	13	10

在国际地域方面，根据表 11 我们可以看到，1979 – 2013 年间的国务院《政府工作报告》重点关注的国际地域排名前十分别是：联合国、朝鲜、美国、非洲、日本、欧洲、印度、英国、拉丁美洲、俄罗斯。这也符合我国国

际政治、对外交往以及双边关系的现状。国务院《政府工作报告》作为主要关注国内建设和发展的政策性文本，其中涉及国际关系方面的议题和篇幅一直比较少，对比表10和表11也能清楚地看到这种比重上的差别。随着国家职能和分工越来越趋于专业化，国务院《政府工作报告》中涉及国际关系的议题越来越少。21世纪以来，通常只在报告的结尾处提及我国独立自主的和平外交政策。

表11 1979－2013年国务院《政府工作报告》国际重点关注地域

词汇	联合国	朝鲜	美国	非洲	日本	欧洲	印度	英国	拉丁美洲	俄罗斯
频数	47	33	32	29	19	18	16	10	9	7

（四）情感分析

如前文所述，文本的情感分析是对带有情感性倾向的文本进行描述、归纳和推断的方法。本文在情感分析方面的研究思路是，首先读取词典获取词的词性、情感分类、强度、极性等，然后将语料读入，以句子为单位，得到语句的情感得分，在这一步中，如何判断连词或者情感倾向词前缀对情感含义的影响是比较重要的环节，要分别对程度前缀和反转前缀赋予不同的权重。最后计算出整篇文档的情感得分，结合每篇文章的时间标签，得到1979－2013年间国务院《政府工作报告》文本中不同类型情绪的数值和变化：

从图9和图10中我们可以发现，从整体来看，35篇国务院《政府工作报告》在乐、好、怒、哀、惧、恶、惊七种情感分类的分布中，无论是在绝对数量上还是在相对比重上，情感偏好上“好”和“乐”的部分是最多的。情感偏好上“好”所占的比重一直保持在70%以上，并且逐渐稳定在75%左右，情感偏好上“乐”的比重也一直稳定在15%左右。这符合我们对一份公共政策文本的整体感知，通过积极正面的情感表达来推动公共政策的实施，以此促进国家经济、社会等诸多方面的建设，并且通过这种自上而下的政治动员式的积极情感表达，在全国范围内形成一种全民热火朝天参与社会主义现代化建设的氛围，激励和引导人们积极地投到社会主义现代化建设的事业中去。而情感偏好上“怒”“哀”“恶”“惧”“惊”的部分在绝对数量和相对比例上一直都很少，因为负面情感在公共政策文本中的表达是不利于公共政策的实施与运行的，因此，这些负面情感偏向的部分在35篇国务院《政府工作报告》中所占比重不大，恰恰符合我们对于公共政策文本情感偏向的整体感知。而且就发展趋势而言，情感偏好上“好”和“乐”的部分呈现出逐年递增的趋势，并且在 2011 年和 2013 年一度突破 90%，与此相对的则是情感偏好“怒”“哀”“恶”“惧”“惊”等消极部分的不断减少，这说明中央政府越来越多地在国务院《政府工作报告》中表达积极情绪，以期促进和推动公共政策的实施和运行。值得注意的是，情感偏向上“怒”的部分一直属于缺失值的状态，这表明在 35 篇国务院《政府工作报告》中，从未表达过“怒”的情感，而在以理性和审慎为标准的公共政策文本中，“怒”的情感是不恰当，也是不应该存在的，这也符合我们对于公共政策文本情感偏向的预期。

具体到不同时期的不同情感表达方面，尽管在绝对数量上情感表达上“好”的部分似乎变化幅度比较大，但这是因为在 35 篇国务院《政府工作报告》中，不同年份报告的篇幅也存在一定程度的浮动，因此，当我们将之换算成所占整体的比重时，变化幅度就显得稳定了许多。而情感表达上“乐”的部分则无论是绝对数量还是所占比重都保持相对稳定。情感表达上“哀”和“惊”长期保持在非常低的比重和数量，这与情感表达“怒”的原因相类似，公共政策文本通常都是比较理性和审慎的，对于这些情感的表达比较有限且克制。需要指出的是，在 35 篇国务院《政府工作报告》中，“恶”的情感表达在 1979 年是所有年份中数量和比重都最高的，此后呈现出不断减少的趋势。

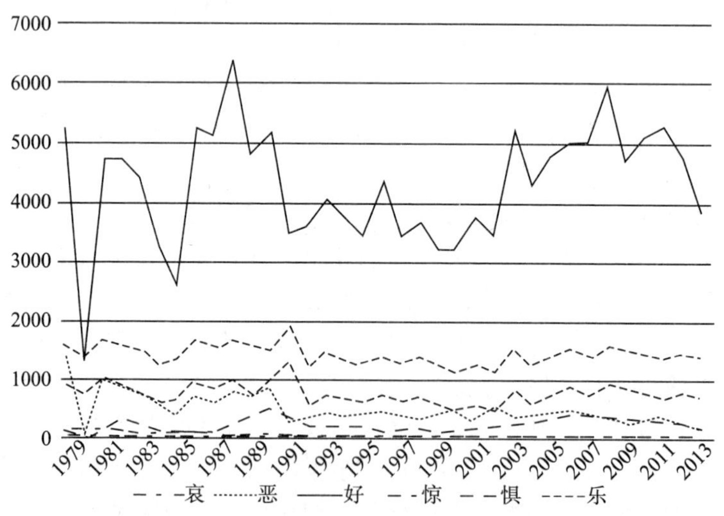

图 9　1979 - 2013 年国务院《政府工作报告》情感分布

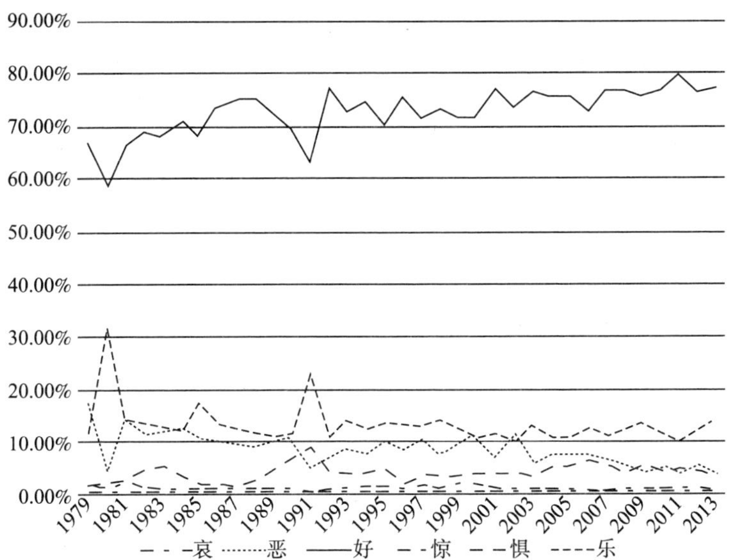

图 10　1979－2013 年国务院《政府工作报告》情感分布百分比

结论

本文通过运用大数据的自动文本分析方法，对 1979－2013 年间国务院《政府工作报告》文本进行系统分析，探究了国务院《政府工作报告》的主要内容、政治传播功能、宣传风格特征以及其变迁趋势。研究发现，1979－2013 年间，国务院《政府工作报告》在内容结构框架、篇幅字数、报告人以及报告时间上逐渐趋于稳定；重点关注与“以经济建设为中心”相关的议题，但意识形态建设也有所体现；同时，涉及“文化建设”“社会建设”“生态文明建设”等方面的政府职能的内容在逐年增多，而且不断细化和深入到了可操作层面。

在政治传播的宣传风格方面，国务院《政府工作报告》也呈现出了一系列特征：注重对名词和动词的使用；重点关注人民、群众、农民、干部等群体；重点关注港澳台地区、经济发达的京沪地区以及欠发达的边疆边远地区，对于国际地域的关注逐渐减少；情感分布上以积极正面的“好”“乐”为主，消极情感所占比重逐年减少。

早在 1994 年，由加里·金（Gary King）、罗伯特·基欧汉（Robert O. Keohane）、悉尼·维巴（Sidney Verb）三人合著的《社会科学中的研究设计》一书有一个一以贯之的观点——定性方法和定量方法的研究设计背后的基本逻辑是相似的。以此为基点，也就延伸出他们关于科学研究必须满足的四个条件：一是以推论为目的；二是采用公开的研究程序；三是结论是不确定的；四是科学研究的内容是关于方法的。[1]“科学研究的内容是关于方法的”，“大数据研究方法与数据无关”，因此，对于社会科学研究从业人员来说，研究方法才是最重要的，而研究对象居于次要地位。因此，不管是基于定量方法、定性方法还是大数据研究方法，又或者是基于混合方法论而此三者兼而有之，不管是基于实证主义、后实证主义还是建构论，这些关于研究方法的问题才是真正需要去思考的。因此，很大程度上而言，本文只是丰富了解读国务院《政府工作报告》的方法，为今后的政治文本分析做出了研究方法上的尝试，而后来者仍然可以通过运用其他的研究方法，对国务院《政府工作报告》以及其他政治文本展开其他形式的解读和分析。

（初审人：王瑶）

〔1〕［美］加里·金、罗伯特·基欧汉、悉尼·维巴：《社会科学中的研究设计》，陈硕译，格致出版社 2014 年版，第 1 -7 页。

解决领土问题的“上合经验”：内涵、挑战与前景

王会鹏 *

摘　要：解决领土边界问题是上海合作组织成立发展的“初心”。“上合经验”是上海合作组织在其多年发展中积累的一系列解决领土边界问题的有效做法和宝贵经验的综合与提炼，具有独特的时代价值和重要的现实启迪。在上海合作组织扩员发展面临重要拐点、美日印澳“印太战略”快速推进的背景下，领土边界问题对上海合作组织内部团结稳定的消极影响显著提升，对中国周边安全环境的潜在挑战不断增强，借鉴并运用“上合经验”的现实意义重大。但要注意到，新形势下“上合经验”的适用性和有效性面临着诸多现实考验。要坚持以上海合作组织建设发展为依托，积极完善并发展“上合经验”，将其与上海合作组织行稳致远发展紧密结合、与中国周边外交战略深入融合。推进上海合作组织内部现存领土边界问题及早解决，助力中国周边其他领土争端有效化解，塑造和平稳定的地区安全格局。

关键词：上海合作组织　领土问题　“上合经验”　周边外交　“上海精神”

---

* 王会鹏，中国政法大学政治与公共管理学院国际关系专业2015级博士研究生（100088）。

引言

领土边界争端是世界范围内普遍存在的问题，是影响国际关系的重大课题。长期以来，中国周边陆地和海上存在着诸多悬而未决的领土边界争议，制约着中国周边外交战略的开展与地区和平安全格局的塑造。作为以解决领土边界问题为初心成立的国际组织，上海合作组织（以下简称“上合”）积累了解决此类问题的丰富经验和智慧。众所周知，上合组织由其前身“上海五国”发展而来，“上海五国”正是基于解决边界问题而成立的机制。在“上海五国”框架下，先后顺利解决了中哈、中吉、中塔和中俄之间的边界争端问题。之后，五国间的合作又进一步扩展至政治、经济和文化等各个领域，从最初的边界谈判会晤机制逐步发展为一种多边合作体制。2001年6月，随着乌兹别克斯坦的加入，六国在“上海五国”基础上正式成立上海合作组织。近年来，上合组织的安全功能呈现出更多元化的发展态势，在其建立初期形成的解决边界问题的“上合经验”已经内化为新形势下“上海精神”的重要内涵。

随着国际地位和影响力的不断提升，上合组织的发展受到各方的广泛关注和重视。近年来，在中国周边领土争端形势严峻、地区局势波诡云谲背景下，越来越多的目光投向上合组织，尝试从其解决领土边界问题的发展脉络中探寻有益经验，以为现实提供镜鉴和启示。作为以解决边界争端为初心发展壮大的组织，上合组织在边界问题解决实践中积累形成的“上合经验”无疑是理解“上海五国”成功解决领土问题的关键，是对新形势下上合组织“不忘初心，与时俱进”的内在逻辑阐释。时至今日，在中印边界争端时有升温和上合组织未来发展面临重要拐点的情况下，“上合经验”对于上合组织的行稳致远和中国周边和平稳定局面的塑造具有重要的现实意义。

迄今，学界对于“上合经验”的内涵定义尚未完全明确，笔者尝试通过对上合组织发展进程中解决领土边界问题的一系列有效做法和宝贵经验进行梳理与提炼，以期给予“上合经验”规范的界定和内涵，并结合形势发展讨论“上合经验”可能存在的不足，从而为新形势下“上合经验”的发展提供思路和建议。

一、“上合经验”的逻辑进路及当代意蕴

中国与俄、哈、吉、塔四国之间的边界问题纷繁复杂，从帕米尔高原到白山黑水，边界线蔓延七千余千米，陆地与河流问题共存，历史与现实成因同在。“几个世纪以来导致动乱不宁乃至爆发战争的边界争端，居然在短短几

年里获得了解决，这在国际关系史上也是不多见的。”[1]究其原因，正是因为上合组织积累了有效解决边界问题的成功经验，这一过程中所展现的聚合、划界和致远三个递进步骤，构成了“上合经验”的核心内涵。

（一）睦邻互信、平等互利的聚合经验

聚合意味着政治道路不同、经济体量各异、文化背景多元的两国或多国自愿汇聚一起，就彼此间的领土边界问题进行友好磋商。苏联解体以后，中苏两国间的边界问题演变为中国与俄、哈、吉、塔四国的边界问题，“五国国家有大小，国力有强弱，社会制度和意识形态也有差异”。[2]如何及早开启边界谈判进程至关重要。中亚各国作为新生的独立国家，安全防御能力普遍较弱，构筑安全、稳固的边界成为这些国家首要解决的关键问题。对中俄两个大国而言，苏联解体造成中亚地区出现巨大的权力真空，一时成为国际上各种势力争夺的焦点，从维护良好的周边环境出发，中俄也迫切需要解决彼此间的边界问题。“历史进程中的机遇与欧亚各民族发展的要求，使中国与苏联的俄、哈、吉、塔四国之间在国家利益上出现重要的重合。”[3]

边界谈判进程的开启，既有以上客观形势要求，更是源于“冷战”结束后五国对世界和平与发展大势的正确把握，并在此基础上形成的对“睦邻互信、平等互利”理念的共识和认同。从“上海五国”的具体实践看，构建互信是实现不同国家有效聚合的关键前提。在“上海五国”框架下，五国本着平等互利的原则先后签署《关于在边境地区加强军事领域信任的协定》《在边境地区相互裁减军事力量的协定》等多份重要文件。这些协定“使七千多公里的边境在历史上第一次成为信任和透明、军事活动可预测和可监控的区域”[4]。更向外界展示了一种超越冷战思维的新型安全合作模式，显著提升了中国与四国的整体互信氛围，“建立了一种独特的‘信任地带’”[5]，有效缓解了五国在边界地区的军事压力。由此形成的强大聚合力量，将五国在边界问题上紧

---

〔1〕 潘光主编：《稳步前进的上海合作组织》，时事出版社2014年版，第1页。

〔2〕 于志达：《“上海五国”合作机制论析》，载《南开学报》2000年第6期，第83－91页。

〔3〕 岳爱武、牛天秀：《从“上海五国”机制到“上海合作组织”进程：非传统安全视角分析》，载《金陵科技学院学报（社会科学版）》2005年第3期，第12－19页。

〔4〕 郭兴朝：《“上海五国”合作机制的现状与前景》，载《亚非纵横》2001年第2期，第1－9页。

〔5〕 阎英华：《携手合作　共同迈向新世纪——“上海五国”机制的回顾与展望》，载《当代世界》2000年第8期，第8－17页。

密联系在一起，奠定了和平解决边界问题、发展睦邻友好关系的基石，推动边界问题解决步入历史快车道。

（二）互谅互让、循序渐进的划界经验

以构建合作安全机制为基础，在多边规则指导下通过双边谈判解决边界问题，是“上海五国”边界谈判的重要经验和显著特征。在“上海五国”多边机制框架下，“信任协定”和“裁军协定”确立了五国解决边界问题的原则和方向，随即争端当事方以双边形式开始进行划界谈判。和平谈判解决领土边界问题，核心要义是互谅互让，双方最终达成的结果往往是在最初立场上相互妥协实现的。在边界谈判的具体过程中，务实灵活的策略和技巧尤为重要。

中国与四国的边界问题源于中苏边界问题。苏联解体后，四国的国土面积、国家实力和内政情况差异明显，尤其是对吉、塔国土面积较小的两国来说，部分争议领土在其国家版图中占据了较大比例，谈判结果对国内民情和政局影响较大。基于这一新变化，中国在谈判中的态度和底线目标相应进行了调适，坚持将“互谅互让”方针贯穿于谈判总过程，致力于以最大的诚意和灵活解决边界问题。“区别开与大国谈判和与小国谈判的方式和策略，灵活地运用谈判技巧和权衡谈判结果的实质利益，是谈判能够取得成功的关键因素。”[1]在中俄边界问题上，对历史条约的认知差异曾长期成为中苏边界问题解决的重要障碍，“双方都能找到历史上的和国际法上的根据，来论证它们是‘不平等的’或‘平等的’，来论证边界的走向是‘不合理的’或‘合理的’”[2]。务实灵活的态度为中俄边界问题的解决带来了重大转机，双方都选择淡化历史，更加着眼现实和两国关系长远发展，充分照顾彼此关切，最终在“互谅互让”基础上循序渐进、圆满地解决了这一问题。

（三）团结协作、共同发展的致远经验

纵观世界各国领土边界问题解决的诸多案例，在边界划分确定之后，或多或少地会产生“后遗症”或“不适症”影响着两国关系，甚至导致原来的谈判成果功亏一篑。这是因为，边境地区的稳定既取决于边界问题的解决结

---

〔1〕 何羽：《中哈、中吉、中塔边界问题圆满解决的历史过程及其启示》，载《党史研究与教学》2012年第1期，第28－37页。

〔2〕 孔寒冰：《历史的一面镜子——中俄边界问题的产生及其解决过程》，载《国际政治研究》1997年第1期，第19－25页。

果，更与边境地区的整体经济社会发展息息相关。“边界问题解决了，但如果边界地区依旧贫穷落后，围绕资源问题你争我夺，那么这些经济纷争一旦处理不当极易演变为政治冲突。”〔1〕边境地区的繁荣发展是巩固划界成果、维护边界稳定的重要保障。“‘上海五国’领导人意识到，仅仅解决各国之间的军事安全信任问题，并不意味着解决了国家和地区安全形势所面临的主要难题。”〔2〕在中国与四国的边界问题顺利解决后，全面深化合作成为“上海五国”破解这一问题的共同选择。五国一致决定将合作进一步推向深入，在内容上逐步深化到政治、经贸、文化等多领域，在层次上同时加强政府间合作和民间往来，致力于增进了解、加深友谊，促进“上海五国”机制全面稳步发展。

边界问题的解决为五国更好集中精力专注国内发展创造了契机。“五国都面临着振兴经济、追赶科技发展浪潮、应对经济全球化挑战的艰巨任务，都渴望有一个长期稳定的和平建设环境。”〔3〕上海合作组织在“上海五国”基础上成立之后，地区合作和国家间睦邻友好关系发展进一步得以提升。时至今日，中国与四国的边界已成为发展双边关系的重要桥梁与合作窗口，边境地区的和平、安宁与稳定得到了有力保障，两国人民友好交往成为常态，上合组织的凝聚力和影响力得到极大提升，成为举足轻重的国际组织。事实证明，充分调动国内外资源，全方位、宽领域、多层次地开展外交互动，是上合组织成员国间合作共赢的保障和动力，也是推进上合组织行稳致远发展的有益经验。

二、当前借鉴运用“上合经验”面临的现实挑战

进入新时代，“上合经验”蕴含的理念和模式历久弥新。在复杂多变的国际形势下，这一安全合作的创举依然具有强大的生命力和感召力。但“上合经验”无疑面临着新的考验，这些考验集中体现在“能否适用”与“是否采用”两个方面。其中既有客观因素，也有主观成分，既有历史原因，也有现实考量，这些考验深刻影响着“上合经验”的时代传承与未来发展，需要认真审视，积极对待。“上合经验”能否取得新的突破和发展，最终取决于上合

〔1〕 潘光主编：《稳步前进的上海合作组织》，时事出版社2014年版，第60页。

〔2〕 岳爱武、牛天秀：《从“上海五国”机制到“上海合作组织”进程：非传统安全视角分析》，载《金陵科技学院学报（社会科学版）》2005年第3期，第11－19页。

〔3〕 江泽民：《携手共进，继续推动“上海五国”进程向前发展》，载《人民日报》2000年7月6日，第1版。

组织能否实现的发展壮大与自我完善。

（一）边界争端新形势考验“上合经验”适用性

近年来，“上合经验”得到的关注和重视与日俱增。在中国周边的陆地领土划界和海洋权益争端中，已有不少学者提议借鉴“上合经验”来推进问题解决。“上海合作组织创造的以相互信任、裁军与合作安全为内涵的新型睦邻安全模式，不但解决了中国与中亚国家、俄罗斯之间的边界问题，而且也为世界各国解决类似问题提供了成功典范。”[1]但需要认识到，新形势下领土边界争端呈现出诸多新动向、新特征，加之各自不同的历史成因和演变进程，这些因素都深刻考验着“上合经验”的适用性。因此，借鉴“上合经验”首先面临着“能否适用”的问题。不能简单照搬照用，务必做到具体问题具体分析，深刻研判把握“上合经验”的精髓和面临问题的实质。

上合组织的历史实践表明，只有在当事人双方充分互信的前提下，有效排除外部势力干扰，这种经验才能发挥高效力。反之，若争端双方无法建立起起码的互信基础，边界局势长期复杂动荡，对“上合经验”的借鉴则无从谈起。以印巴之间的克什米尔问题为例，该地区局势长期以来呈现着高烈度的对抗性，彼此间的猜疑和敌视成为常态，和平前景遥遥无期。再如南海问题，近年来国际化、复杂化趋势明显，外部势力介入干扰力度不断加强，这在所谓“南海仲裁案”中表现突出，菲律宾坚持主张采取司法仲裁途径，拒绝谈判协商解决矛盾纠纷，单方面向临时组建的仲裁庭提起仲裁申请。这虽与真正解决问题的精神和目的背道而驰，也与东亚地区和平谈判解决边界争端的传统做法相去甚远，但其最终所谓的“裁决结果”确实一度在国际上给中国制造了不少困扰，更使南海局势进一步复杂化。以上因素都无助于边界问题的顺利解决，更影响制约着“上合经验”在该地区的有效适用。只有在构建对话渠道和信任机制条件成熟的基础上，“上合经验”的适用方能迈出实质性步伐。正如“上合经验”在其最初实践中所展现的聚合、划界和致远三个递进步骤，边界问题的和平解决向来是一个循序渐进的发展过程，需要各方展现足够的智慧和定力。

（二）大国因素制约“上合经验”有效性

即使在上合组织内部，“上合经验”的再度运用也面临着诸多束缚。多年以来，大国影响一直是左右中亚局势的重要因素，大国尤其是俄罗斯因素制

[1] 潘光主编：《稳步前进的上海合作组织》，时事出版社2014年版，第3页。

约着上合组织在中亚的参与度和“上合经验”的运用。对上合组织而言，中亚地区是其发展的核心区域和关键依托，如何协调好中俄关系及其在上合内部的角色定位至关重要。至今，上合组织的三个中亚成员国吉尔吉斯斯坦、乌兹别克斯坦和塔吉克斯坦彼此之间仍存在着复杂的边界争端问题，〔1〕这些争端源自苏联时期并在苏联解体以后长期存在，成为影响中亚地区局势的重要安全隐患。

但审视上合组织发展史，无论是初始的“上海五国”机制，还是后来的上合组织，这些国家之间的边界争端从未成为过主要议题。这很大程度上是因为俄罗斯一向视中亚地区为自己的“后院”，十分排斥其他力量进入，力图通过自己在该地区的传统影响力，对中亚局势进行调解和塑造。正是这些历史原因和主观认知，导致了上合组织在中亚地区的参与程度有限。对话机制的缺少和交流渠道的局限，进一步加大了边界问题的复杂性和处理难度，滞缓了边界问题的解决进程，频发的边界危机长期困扰着中亚国家。在上合组织致力于团结协作和行稳致远的背景下，“成员国间的矛盾如果不能有效缓和与化解，不仅将严重影响地区稳定，而且将削弱上合组织的凝聚力和行动能力”〔2〕。

（三）制度短板削弱“上合经验”管控争端效力

现阶段，上合组织自身争端管控机制建设存在短板，不利于“上合经验”充分发挥效用。近年来，中亚成员国间边界冲突接连不断。2012 年 9 月，塔吉克斯坦和乌兹别克斯坦在一个月内两度爆发边界武装冲突；2014 年 1 月，吉尔吉斯斯坦和塔吉克斯坦爆发领土冲突导致双方关系交恶，两国边境一度关闭；2016 年 3 月，吉尔吉斯斯坦和乌兹别克斯坦之间发生边界冲突，吉方一度声称拒绝参加当年 6 月在塔什干举行的上合组织元首峰会，并提出需要独联体集安组织出面协调解决边界纠纷，引发外界高度关注。尽管之后吉乌关系缓和，上合峰会如期顺利举行，但这些问题对上合组织凝聚力产生了明显的消极影响，不能不视为倒逼上合组织强化关注自身成员国间边界争端的重要警示。2018 年 2 月 8 日，吉尔吉斯斯坦和塔吉克斯坦因为边界争议区域

〔1〕 三国彼此间的边界问题主要集中在有“中亚火药桶”之称的费尔干纳盆地。截至 2015 年底，乌吉还有 300 多公里约 50 - 60 个地段未划界；乌塔 1500 公里边界中 15% - 20% 的地段未划定；吉塔 971 公里边界中约 471 公里未划定。

〔2〕 王海运：《上海合作组织与中国》，上海大学出版社 2015 年版，第 202 页。

的一座浮桥的修建，再次发生对峙并导致两国边境关闭。

在这一系列边界冲突事件中上合组织鲜有发声，这既有顾及地区传统大国影响的考量，更明显反映出上合组织自身争端管控机制建设的滞后与薄弱。上合组织机制建设存在的这个突出短板，使其再次面对边界争端采取措施时往往显得捉襟见肘。这也直观表现在2017年6月上合组织初次扩员后随即发生在中印之间的“洞朗事件”上。事实上，“仅仅依托《上海合作组织宪章》中规定的磋商和协商的方式解决争端是难以满足实际需要的”〔1〕，现有的体制机制无法有效支撑起“上合经验”的再度运用。

三、新形势下“上合经验”的发展前景

作为唯一一个由中国发起成立并以中国城市命名的国际组织，上合组织在中国外交布局中地位重大。“上合经验”已成为中国周边外交方略的重要财富，展现着中国致力于睦邻友好、和平发展的国际形象，传达着解决领土争端的中国理念和中国主张。新形势下，要高度重视“上合经验”在中国经略周边中的作用及意义。一方面，要及时关注近两年中亚成员国间边界问题的新进展，总结新思路、凝练新经验，充实丰富“上合经验”的内涵与实践；另一方面，应进一步提升“上合经验”在中国经略周边中的地位和效力，探索将其纳入中国外交软实力的重要内容。从长远看，更要致力于通过上合组织建设推动“上合经验”发展，不断增强其国际影响力和感召力。

（一）及时总结凝练中亚成员国间边界争端解决的最新成果

“未来一段时间，中亚地区的种种安全威胁不会减弱，反而可能因周边环境的恶化而出现更多的挑战。”〔2〕在这其中，中亚国家间的边界问题无疑是影响上合组织成员国间关系的重要楔子，也是制约上合组织凝心聚力发展的关键隐患。随着自身的发展壮大，上合组织对中亚国家的影响力和协调力不断增强，推动“上合经验”再度发力解决边界问题得到中亚国家的逐步认同和重视。早在2014年上合组织杜尚别峰会上，哈萨克斯坦总统纳扎尔巴耶夫就曾指出：“解决上合组织成员国之间的边界问题是组织的优先任务之一，建立关于解决领土和地区冲突合作机制的及时性和必要性非常明显。”

近两年来，上合组织中亚成员国间的领土边界问题解决进程出现积极动

〔1〕 薛志华：《权力转移与中等大国：印度加入上海合作组织评析》，载《南亚研究季刊》2016年第2期，第39-48页。

〔2〕 刘军主编：《上海合作组织发展报告（2015）》，时事出版社2016年版，第15页。

向。2016年岁末，随着米尔济约耶夫就任乌兹别克斯坦总统，以乌方全面开启周边边界谈判为带动，吉乌、塔吉和吉哈彼此之间的边界谈判先后取得重要进展。吉哈两国更是在2017年12月正式签署划界协议，实现了两国边界问题的全面解决。2018年3月，塔乌两国正式签署边界条约和睦邻友好联合声明，标志着两国关系的显著改善，塔总统拉赫蒙更是表示两国已解决“所有悬而未决问题”。尽管在这一过程中上合组织保持了一贯的低调，但这些边界问题解决实践中展现的理念、原则和方法与“上合经验”一脉相承，是“上合经验”在新形势下得到传承与运用的重要呈现，其实施策略及成效展现值得各方深入研究和跟进观察。“纵观围绕边界问题的交涉与谈判，一条重要的经验就是要处理好历史与现实、历史与未来的关系。”[1]随着上合组织的进一步发展，中亚国家间关系的致远发展必将迈上新台阶，已有的边界问题解决成果将从根本上得到巩固和加强。

（二）推进“上合经验”在中国经略周边中落地发力

领土边界争端是影响国际关系的重要主题，中国是世界上边界情况最复杂的国家之一。近代历史让中国对领土问题有切肤之痛，至今中国周边安全仍受到一系列领土边界问题的困扰。作为中国西部陆上安全的重要战略依托，上合组织在中国外交布局中地位突出。“上合经验”在世纪之交的成功实践，树立了和平解决领土争端的良好典范，充分展示了中国负责任的大国形象，为中国走出20世纪90年代的外交困局、开创周边外交新局面做出了重大贡献。“信任协定”和“裁军协定”延续至今的成功履行，已成为中国周边外交中“亲诚惠容”理念的集中体现。如今，对中国而言，应进一步强化自身边界问题解决的决心和力度，努力创造条件推进“上合经验”在中国周边领土边界问题解决中落地发力。

2017年6月发生的“洞朗事件”是“1987年以来中印两国首次出现的相互对抗的大规模军事集结”[2]，成为中印两国之间近年来最严重的边界危机。尽管事态最终以和平方式收场，但联想到2013年中印之间发生的“帐篷对峙”事件和2014年的边境摩擦，结合“洞朗事件”两月有余的边界对峙和外

---

〔1〕孔寒冰：《历史的一面镜子：中俄边界问题的产生及其解决过程》，载《国际政治研究》1997年第1期，第19-25页。

〔2〕胡仕胜：《洞朗对峙危机与中印关系的未来》，载《现代国际关系》2017年第11期，第28-39页。

交交锋，足以为我们提供深刻教益。中印边界危机近年来的程度和影响呈现易发和升级之势，需要继续予以高度警觉和戒备。在海上争端中，虽然当前总体态势相对趋于平缓，但由于海洋划界及岛礁归属等一系列核心问题仍悬而未决，加之南海周边地区国际形势的波诡云谲和域外势力的持续介入，“南海局势发展的不可预测性仍在加强”〔1〕。当前，在美日印澳积极推行强化“印太战略”的背景下，中国周边地缘政治变数将持续存在，领土边界争端潜在的陆海联动隐患不断加强。

面对新形势、新考验，中国应坚持从战略高度出发，积极做好应对矛盾激化升级的各种准备，强化进一步解决陆海边界争端的决心和能力。要全面深化对边界争端形势的研究和预判，升级完善应对相关边界争端的战略指导方针和危机处置预案，适时发起新一轮解决边界问题的外交努力，持续加强对“上合经验”的重视、凝练与推广，统筹研究考虑将其纳入中国和平解决边界争端外交软实力的内涵体系。同时，积极研究总结不同时期中国解决陆海边界问题的成功经验和案例，及时关注国际上最新的领土边界问题解决动态，将之与“上合经验”有机整合，力争形成中国应对边界问题的话语体系和组合方案。以此为基础，因时、因事而定，全力稳控当前周边陆海争议区域的局势，尽早推进领土边界问题的妥善解决。

（三）以上合组织建设助力“上合经验”升级发展

新形势下，“上合经验”的作用倍加凸显。“如果一个由边界合作发展而来的国际组织因边界问题而影响团结，则该组织的国际形象和地位必将遭受重大损害。”〔2〕面对新考验、新挑战，要坚持以上合组织发展为根本依托，积极推进“上合经验”的历史传承与时代发展。

第一，以上合组织的全面发展巩固已有成果，这是“上合经验”中致远发展的精要所在。近年来，上合组织不断致力于向更高层次发展实现全方位合作，在 2012 年和 2015 年，上合组织先后制定通过了《上海合作组织中期发展战略规划》与《上海合作组织至 2025 年发展战略》两份纲领性文件，为未来发展明确了方向，也为实现成员国的边界和平安定与边境繁荣稳定增添

〔1〕 吴士存：《南海局势发展的不可预测性仍在增强》，载《世界知识》2017 年第 1 期，第 11－12 页。

〔2〕 张宁：《关于上海合作组织扩员的战略方向的分析》，载《辽宁大学学报（哲学社会科学版）》2016 年第 4 期，第 147－153 页。

了新活力。同时，要立足于上合组织层面认真审视梳理成员国边界问题解决的历史与现实，尤其要加强对近年来中亚成员国间边界问题解决实践的研究力度，从中发掘新成果，凝练新要义，不断充实丰富“上合经验”的时代内涵。

第二，通过完善机制建设为“上合经验”的适用性创造条件，推进未尽边界事宜及早解决。尽管解决边界问题如今已非上合组织的突出使命，但上合组织成员国依然不时受到边界问题的困扰。随着域外势力的不断介入和印太战略的快速推进，上合组织成员国面临的边界问题挑战严峻复杂。因此，时刻牢记成立初心，紧密契合形势发展，加强对上合组织成员国边界问题的关注，推动未尽边界问题早日解决十分必要。当前，中亚成员国间依然存在着或多或少的边界问题，中印、印巴之间更存在着显著的矛盾甚至冲突，上合组织的争端和危机管控机制建设尤为迫切。为适应扩员后的新情况、新环境，上合组织应积极“改进组织现有的决策机制，保持扩员后组织决策效率不降低，解决好现有成员国与新成员国的边界等矛盾和问题协调工作”〔1〕。力争以每一次改革发展为契机，适时丰富和完善争端管控与解决机制，补齐“上合经验”再度运用的内部机制短板。

第三，不断提升“上合经验”的传播力和影响力。上合组织起步于边界问题的协商机制，到今天已发展成为具有重要影响力的地区性国际组织。未来发展中，上合组织要继续扩大对外交往，拓展公共外交领域和层次，密切同联合国、独联体、东盟等国际和地区组织的联系和合作。在国际交流中积极推介与分享“上合经验”，传递上合理念和主张，不断扩大“上合经验”的国际传播渠道和力度，构建符合上合组织特征与地区传统的争端解决理念体系。同时，上合组织还需要进一步强化解决领土边界问题的身份特质，努力将其塑造成为公共外交的重要名片，为扩员后上合组织的行稳致远发展贡献力量。以其自身不凡的发展成就和实践经验为示范和引导，更好地助力周边地区乃至于其他地区边界矛盾的缓和与化解，推进“上合经验”的时代创新与发展。

结语

“上合经验”的成功实践表明，和平对话、公平合理、平等协商是解决国家间复杂敏感边界问题的正确和有效途径。2016 年 4 月，上合组织及成员国

〔1〕 李进峰主编：《上海合作组织发展报告（2017）》，社会科学文献出版社 2017 年版，第 29 页。

间举行系列活动纪念“信任协定”签署 20 周年，并多次对其给予高度评价和积极期待。[1]时隔数年，一项争端的解决机制和模式仍被反复提及和格外珍视，充分凸显出“上合经验”宝贵的时代价值和现实意义。诚然，任何一项经验和模式都不可能对症解决所有问题，但“上合经验”蕴含的理念模式，既呼应着上合组织倡导构建新型国际关系的努力，也与中国奉行的“亲诚惠容”周边外交理念和实践导向高度契合。这都赋予了“上合经验”跨越时空的强大生命力和感召力，使其在国际上领土边界争端解决的理论和实践中始终占有重要的一席之地。

“维护地区安全稳定和促进成员国共同发展，过去、现在乃至将来相当长时期内都是上海合作组织的首要任务和目标。”[2]积极应对边界问题是上合组织稳定发展的应有之义，2017 年 6 月，上合组织完成首次正式扩员，成为世界上面积最广、人口最多的地区性国际组织，迎来了新的历史发展时期；2018 年 6 月，上合组织再次回到诞生地中国举行元首峰会，“增强凝聚力、提高行动力、扩大影响力”[3]成为本次峰会推动实现的三大目标。尤为值得关注的是，本次峰会批准通过了《上海合作组织成员国长期睦邻友好合作条约》未来五年实施纲要等一系列文件，这都将成为“上合经验”传承发展的重要保障和战略依托。未来，随着上合组织的日益发展壮大，“上合经验”的价值和意义将进一步得到提升，其蕴含的“正能量”将越来越多地被国际社会和周边地区感知与认同。有高水平的政治互信作为保障，有多元互补的经贸合作作为基础，有与时俱进的机制改革作为引导，“上合经验”在新时代一定会结出丰硕成果，为应对国际和地区边界问题奉献更加积极有效的“上合智慧”。

（初审人：王瑶）

---

〔1〕 张光政、赵成、吴琼：《“上海五国”模式具有示范意义》，载《人民日报》2016 年 4 月 16 日，第 3 版。

〔2〕《习近平接受土、俄、哈、乌、吉五国媒体联合采访》，载《人民日报》2013 年 9 月 4 日，第 2 版。

〔3〕《王毅在十三届全国人大一次会议举行的记者会上就中国外交政策和对外关系答中外记者问》，载《人民日报海外版》2018 年 3 月 9 日，第 3 版。

交叉学科

法经济学视野下信息不存在案件举证责任之厘清与重构

李季红　秦　赛*

摘　要：信息不存在类案件的举证责任分配问题存在“行政诉讼中由被告来承担举证责任的一般原则和当事人无需对不存在的事实进行举证”之间的矛盾，司法实践层面未有统一做法、规范层面也尚无明确规定。文章在分析现有案件存在问题的基础上，运用经济学原理及成本函数理论给该类案件的举证责任分配提供了经济学方法论，在将信息不存在类案件进行分类之后用动态博弈的扩展式表述计算出在不同类型案件中，各举证环节不同的举证责任分配方案下原被告双方的举证成本分别是多少，从而得出行政审判中一般情况下将信息不存在的主要举证责任分配给被告、在某些情形下将信息存在的初步举证责任分配给原告、在事实不清的情况下强调法院的调查取证是配置举证责任的最佳方案。

关键词：政府信息不存在　实证分析　举证成本　动态博弈

---

*　李季红，中国政法大学2016级法学院法学博士研究生（100088）；秦赛，天津市第二中级人民法院法官助理（300210）。

引言

依申请公开是信息公开工作中的一种重要方式。近年来因信息公开引发的行政诉讼大量存在，在中国裁判文书网以“信息公开”为关键词搜索行政案由得到 51 181 个结果，在此项下继续以“信息不存在”为关键词搜索得到 12 961 个结果。[1]可见，信息公开类案件中被告答复“政府信息不存在”的情况占到相当比例。“信息不存在类”案件在审理中如何进行举证责任的分配司法实践中尚未有统一定论，笔者试图通过分析该类案件现实中的运行样态从经济学的视角提出解决方案。

一、证明之困：信息不存在案件举证责任运行失范的现实表现

政府信息产生于行政机关履行职责的过程中，如果行政机关在履职过程中并未制作或保存某类信息，则行政机关一般答复为信息不存在。答复中的“政府信息不存在”，指向的是申请人申请的政府信息没有相关的记录[2]，而不论其是否属于政府信息抑或行政机关是否具有制作该政府信息的职权。申请人对行政机关的该类答复多为不服从而提起诉讼。对于这类案件，在审理过程中当事人双方争议的焦点往往集中在信息是否存在这一事实。当事人包括原告被告双方在举证上都存在举证困难的现象，作为行政机关，被告要举证证明信息不存在往往存在种种抱怨，既然信息不存在该如何举证？而作为原告，在举证上通常处于劣势，本身并不掌握所申请信息的内容，让其完成信息存在的证明同样十分困难。举证责任究竟如何分配，才能既符合现有法律规定又兼顾公平，实践中的做法并不统一，法律规定也不尽完善，法官往往陷入两难的境地。

（一）问题的提出——“不存在”的困境

信息不存在类案件在审理过程中，在查明原告所申请信息是否存在的事实调查中，举证责任究竟应当在原被告之间如何分配，法院做法不尽相同。在罗某诉重庆彭水县地方海事处一案中，原告罗某向被告重庆彭水县地方海事处申请公开彭水县地方海事处的内设机构名称、海事调查报告等涉及兴运 2 号船所有事故材料等信息，被告作出信息公开告知书，对其申请的第一项内

---

〔1〕 数据来源于中国裁判文书网，http://wenshu.court.gov.cn/，最后访问日期：2018 年 5 月 19 日。

〔2〕 江必新：《〈最高人民法院关于审理政府信息公开行政案件若干问题的规定〉理解与适用》，中国法制出版社 2011 年版，第 84 页。

容予以公开，第二项内容不存在。在审理过程中原告作为证据提交了彭水县水上交通事故汇总表用以证明海事调查报告等涉案的事故材料是存在的并由被告制作或保存，但法院认为该证据的证明力不足以达到该证明目的，该案中被告已经履行了法定告知义务，因此原告的诉讼请求不成立。在这里一审法院认为信息是否存在的证明应当由原告来完成，如果原告不能举证证明其所申请的信息存在，应当承担败诉的后果。该案二审中法院认为，被告作出的《政府信息告知书》仅有其自述，没有提供证据证明其尽到了查询、翻阅和搜索的义务，故其应当承担行政行为被撤销的后果。显然与一审相反，二审法院将信息不存在的举证责任分配给了被告，被告提供的证据不足以证明其对信息不存在的主张，故其要承担行政行为被撤销的后果。[1]两审法院在举证责任上存在不同的认识，导致了案件结果的截然不同。之所以出现上述判决结果，正是举证责任分配的一般做法和行政诉讼法举证责任的冲突，导致了法院在案件审理中的举证责任分配标准不一，也使得判决结果存在差异性。

根据《中华人民共和国行政诉讼法》第34条关于举证责任的规定，行政诉讼中将举证责任分配给被告是一般原则，被诉行政行为作出的证据以及其所依据的规范性文件应当由被告来提供。因此，在行政诉讼中被诉行政行为合法性的证明责任是由被告承担的。然而当事人无须对不存在的事实进行举证是举证责任分配的一般做法，这就造成了一个悖论，对于不存在的信息行政机关如何自证？法院在审理过程中应如何进行举证责任的合理分配来审查事实进行判决？

另外，在举证特点上，信息不存在类案件中被告一般都能够向法庭提交证明信息不存在的证据，根据案件具体情况不同分为查询检索类（被告经过内部系统或向其他机关查询，未找到申请的信息）、不属于职权范围、不是制作或保存机关（被告是原告申请公开信息的审批机关，但法律规定并未要求审批机关保存该类信息）、没有发生申请公开的信息内容（如原告要求被告公开送达处罚决定时的录音录像，被告主张送达时并未录音录像，所以信息不存在）等，以上证据种类存在交叉，即同一个案件可能同时提交多类证据证明信息不存在。由于行政诉讼被告先行举证的特点，这些证据类型和答辩理

〔1〕 案例摘自重庆法院网，http://cqfy.chinacourt.org/article/detail/2016/05/id/1863414.shtml，访问日期：2017年7月8日。

由是进一步研究该类案件举证责任如何配置的类型化基础。

针对被告的答辩和举证，原告一般情况下进行反证提供的证据材料包括证明原因事实曾发生过（如证人证言、音频视频等视听资料）、证明被告保存过涉案信息（载有涉案信息的公开发行的报纸、书籍等书证）等，但是原告提供的证据材料极少被法庭采纳而达到其证明目的，该类案件中原告的举证能力和效率较低，如果把该类案件的主要举证责任附加给原告将给原告带来极大的困难，大部分案件的原告也难以负担高昂的举证成本。

（二）现行法律规定中信息不存在案件举证责任的缺失

行政诉讼中一般以被诉行政行为的合法性为审查对象，根据现行法律及司法解释的相关规定，一般由行政机关来承担举证责任，由被告提供行政行为合法性的证据和所依据的规范性文件来证明其行为合法。原告通常仅对其起诉是否符合法定条件承担举证责任即可。按照以上规定在信息公开诉讼中，行政机关有义务对信息公开答复的合法性进行举证，即行政机关若不能就信息是否存在进行举证则承担败诉的风险。申请人在信息公开诉讼中仍仅需就其起诉是否符合法定起诉条件举证而已。但是从举证的可能性来看，证明信息存在很容易，而证明信息不存在，即便是作为行政机关来讲都是相当困难的一件事。如果将信息不存在类案件的举证责任全部附加给行政机关，显然也不符合举证的一般原则。

《最高人民法院关于审理政府信息公开行政案件若干问题的规定》第5条规定了信息公开类案件的举证责任。按照该条规定，关于行政机关主张信息不存在的，若被告未向原告提供其申请的政府信息，则应当提供拒绝的根据并对其已经履行了法定告知和说明理由义务的情况进行举证。该条还规定了原告申请法院调查取证的权利：若被告主张信息不存在，原告能够提供相关线索证明被告对信息进行过制作或保存的，可以申请人民法院调取证据。该条对信息不存在案件的举证责任有了初步的规定。但是被告如何举证证明“拒绝的根据”，证明到何种程度，以及被告无法举证的法律后果，无论是行政诉讼法还是相关司法解释，对于信息不存在类案件的举证责任，仍然并没有一个清晰或明确的规定。

如果行政机关没有必要对信息不存在进行举证，但是信息公开申请人在得到政府信息之前，一般并不知道文件的内容以及存在的地点和形式，因此由申请人承担信息存在的举证责任也不合理。举证责任的分配容易陷入两难的境地。在实践中，各个法院的审理方式也不尽相同。为了统一信息不存在类案件的裁判标准，应进一步明确该类案件的举证责任分配。

二、抽丝剥茧："不存在"之举证责任分配的经济学解构

对于裁判者来说，面对向左走还是向右走的选择题时，应当用经济学的视野和"向后看"的思维方式来分析问题，用具体可计算的成本与收益衡量观念式的公平正义价值，将经济学设为理性的思维起点，以此来实现司法效率和社会效益的最大化。按照经济学理论，受到资源有限性约束的人类行为，在条件许可范围内进行理性选择的结果是实现净收益的最优化。在证据搜寻这个问题上，停止搜寻的临界点应当是在证据搜寻产生的边际成本与边际收益恰好相等时。从成本与收益的角度来讲，信息不存在类案件举证责任配置要解决的根本问题是如何用最低的成本来查明信息是否存在的事实，不论由原被告谁来负担这个成本都是要达到一个成本最小而收益最大的最优方案。

（一）信息不存在类案件举证总成本构成分析

传统法学理论认为行政法是"控权法"，行政诉讼的制度功能是为了制约公权力、防止权力的恣意妄为〔1〕，所以行政诉讼一般将大部分的举证责任配置给被告来负担的设置是合理的，但这其中隐含的经济学原理在于在市场活动中总是把义务附加给能够用更小的成本促成交易的一方。乔治·阿克洛夫（George A. Akerlof）于1970年提出的信息非对称理论首次提出了"信息不对称"的概念。所谓信息不对称是指信息的分布是不均匀的，交易双方所获知的信息不对称是普遍且绝对的状态，也即交易中为组织和个体所依赖的、作出决策的信息其在各方之间的分布处于一种不均匀、不对称的状态，总有一方获取的信息在数量和质量上优于另一方。〔2〕

信息成本主要包括三个方面的内容：一是信息生产的成本费用，二是信息传播的成本费用，三是市场交易过程中获得信息的成本费用。信息不存在类案件中原被告双方举证成本构成的各个方面都蕴含着信息成本的因素，举证责任分配内在的逻辑就是由信息成本较低的一方承担举证责任来达到总成本最低的目的。原被告双方的举证过程实际上是为了达成证明目的而搜集信息的过程，这个过程中产生的费用均属于信息费用，而且显然在信息不存在类案件中原被告双方之间信息不对称的现象十分明显，该类案件的举证成本

〔1〕 姜明安：《行政法与行政诉讼法（第6版）》，高等教育出版社2015年版，第52页。

〔2〕 蒋涛、任志中：《"政府信息不存在"案件司法审查若干问题的探讨——以信息不对称为视角》，载《法律适用》2013年第4期，第61页。

中信息成本占据重要地位。

信息不存在类案件举证成本（C）包括原告举证成本（P）〔1〕，被告举证成本（D），以及举证责任配置产生的外部性成本（E）。〔2〕行政诉讼对举证责任配置的安排必然会传导到行政领域，对原被告双方在具体行政行为实施过程中的选择产生不同的激励，从而对行政过程和整个社会运行成本产生影响，构成其外部性成本。信息不存在类案件的举证责任配置会对社会运行成本产生影响。其中原告的举证成本（P）包括直接支出的诉讼费、收集信息存在和检索来源的费用、证明被告具有法定职责的费用、本人出庭或者聘请律师的费用。被告的举证成本（D）包括被告建立一个可供查询的信息系统〔3〕，利用信息系统进行检索的成本，就案件涉及的信息向其他机关或者机构调查、咨询等收集和整理证据的费用，工作人员及聘请律师出庭应诉的费用。除外部成本外，原被告双方的举证成本——P、D均属于信息成本。

同时，不可忽视的一点是，信息不存在类案件除了举证本身产生的成本，在计算诉讼产生的成本时必须把外部性费用（E）计算在内。信息不存在类案件举证责任的不同配置势必会带来不同的社会效应，对潜在的原告产生不同的激励，从而产生不同的外部性费用。如果在这类诉讼中把被告的举证责任无限度地加重而对原告几乎不附加举证义务，那么原告近乎零成本的举证付出将会激励更多的人提起该类诉讼，当事人几乎不会考虑是否有足够的证据和胜算，可能引发滥诉以至造成行政机关的讼累和司法资源的浪费，产生负的外部性（negative externality），导致该类诉讼费用的增加。且从公共角度来讲，政府资源的消耗本质上是整个社会公共财富的减少，对每个社会成员都是不利的；而若是对原告附加超过合理限度的举证责任，导致原告胜算过低，将会对潜在原告产生反向激励，使得该类诉讼较少被提起，抑制司法对行政监督功能的发挥，继而引起公权力的恣意、侵犯公民的知情权，对整个社会产生负效应。因此，出于限制公权力、保护公民基本权利的目的，单纯

〔1〕 诉讼过程中原告有申请法院调查取证的权力，这是行政诉讼法赋予原告举证困难的司法救济方式，因此法院调查取得的证据相当于原告一方的证据，这里将法院调查取证的成本归入原告的举证成本中。

〔2〕 如果一个人的行为对他人的福利产生了影响，就可以说是制造了外部性。［美］斯蒂文·萨维尔：《法律的经济分析》，何庆华译，中国政法大学出版社2009年版，第18页。

〔3〕 信息系统的完成和建设并非在信息公开诉讼中独用，在行政机关日常提供公共服务时同样使用，该成本属于部分成本。

强调公权力占据资源优势而赋予其过重的举证责任抑或恪守“谁主张不存在，谁举证”的原则而让原告承担超过必要限度的举证责任都是不经济的，对原被告双方举证责任的配置必须要在双方成本消耗之间达到平衡，以实现整个社会财富的最大化。

信息不存在类案件的举证总成本如下：

诉讼成本 C = 原告举证成本 P + 被告举证成本 D + 外部性成本 E

信息公开诉讼中，原告的目的是为了获取他认为被告已制作或者保存的政府信息，在这场交易中，原被告双方感知和获取信息的能力显然处于严重不对称的地位。对于信息是否存在于被告处的事实，原告举证的信息成本要远高于被告。[1]由被告来证明是否“生产”了信息、通过何种途径传播了信息等的费用明显低于原告，因此从法庭查明事实产生的信息费用角度来讲，该类诉讼中被告承担主要举证责任的方案是符合成本化原理的。在这个前提下，原告是否应当承担举证责任、应当承担何种程度的举证责任能实现诉讼总成本 C 最小取决于被告举证负担的程度，原被告双方举证成本都是被告举证负担程度这个自变量的因变量。

（二）信息不存在类案件举证责任配置的成本变动分析

这里可以利用函数模型来表示原被告举证的成本，横轴表示信息不存在类案件中对被告举证程度的要求，纵轴表示举证成本的变化，举证成本［f（x）］是被告举证责任强度（x）的函数，f（x）是随着附加给被告的举证责任强度的变化而变化的。[2]对于原告而言，假设在诉讼中把全部举证责任均附加给原告，在原被告双方信息成本差异悬殊的情况下，被告的举证责任每减少一分都会导致原告的举证成本剧增。而且公民知情权受到的侵害会使得外部性成本畸高，使得整个诉讼成本趋向于正无穷大，且附加给被告的举证强度越小，原告的举证成本就越大。原告一方举证成本变动的快慢也受到被告一方举证能力和效率的影响：如果作为被告的政府能够建设相对完备的公共信息查询系统，拥有强大的公共服务能力以及具备其他条件能够在诉讼中相对快捷和高效率地完成信息不存在的举证，那么随着被告举证责任的增加，原告举证成本的增长会趋向缓慢，反之增速将会加快。所以政府提供信息和举证

---

〔1〕 陈瑞华：《信息经济学》，南开大学出版社 2003 年版，第 367 页。

〔2〕 Ines Macho-Stadler and J. David Perez-Castrillo, *An Introduction to the Economics of Information: Incentives & Contracts* 65, (Oxford University Press1997).

的能力对原告一方举证成本变动快慢的影响，可以用正系数 a 来代表：在被告的举证责任既定的条件下，a 越大，原告的举证成本越低，反之就越高。

另外，原告缴纳的诉讼费及其他参加诉讼支出的必要成本趋向于固定值 t，这个固定值也是诉讼总成本的组成部分，t 值的变化同样会引起举证总成本的变化，例如提高诉讼费的缴纳标准必然增加当事人的固定支出，整个法律服务行业的发展使得聘请律师的费用增加也会使举证总成本上升。所以原告承担举证责任的举证成本模型类似于一个指数函数，也即 $f_1(x)=1/(ax)+t\ (a>0)$。

对于被告来说，被附加的举证强度越大其成本越高，在被告信息成本占优的情况下，一定限度之内由被告来举证的总成本是低廉的，在该限度之内被告举证责任的增加不会引起举证成本的激增，但是如果无限度地加重被告的举证责任，一旦超过必要的限度，会导致被告举证成本的急剧增加，函数曲线的变化速度会加快，且随着附加的举证责任强度的增大，其举证成本趋向于无穷大。另外，政府工作人员的工作能力、政府内部工作的运转效率与被告举证能力都存在关联关系，会影响对政府附加不同程度的举证责任强度时函数增长的速率，政府提供公共服务的能力越强、自身工作效率越高，举证能力也就越强，随着举证负担程度的提高，举证总成本曲线增加趋势是相对缓慢的；反之，随着附加给被告的举证责任加大，函数增长趋势加快。综上，政府的工作效率和能力是被告举证责任负担程度的系数 b。

被告参加诉讼活动的必要支出也类似于一个常数，因此举证责任赋予被告的情况下，举证成本类似于二次函数 $f_2(x)=x^2/b+u\ (b>0)$。

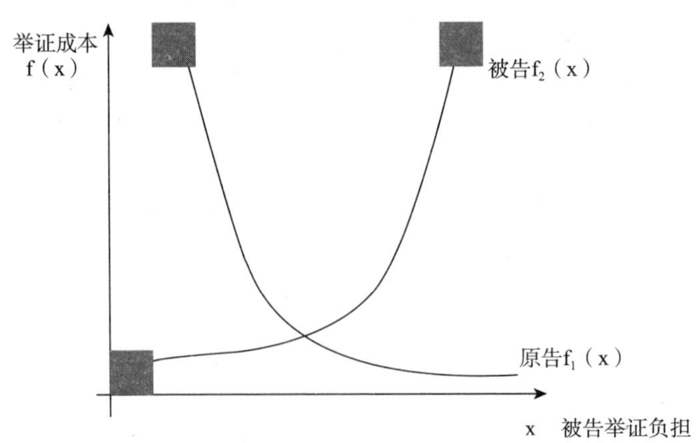

图 1 举证成本函数曲线图

在信息不存在类案件中，举证责任分配的最优方案应当是 f（x）最小时，也即（$1/ax+t$）+（bx^2+u）的极小值。当 f_1（x）与 f_2（x）相加求导数 f'（x）=0 时的 x 值为举证责任配置的最优方案，也即存在一个能够使得举证成本最小的 x 值，举证责任分配的最优方案是可以通过经济学分析获得的。

$$f'(x) = -1/(ax^2) + 2bx$$

$$f'(x) = 0 \quad 解应该为\ x = (1/2ab)^{1/3}$$

（a 和 b 越大，x 越小，即政府服务社会能力越强，自身工作效率越高，举证要求就越少。）

运用以上成本模型能够通过给原被告分别附加不同的举证责任程度，再将举证责任量化为不同的 x 值后，从而求解出不同情形下举证成本的值，同时根据给 x 赋值能够观察出不同举证责任配置下被告举证成本和被告举证成本的变化情况。举证总成本 f（x）= f_1（x）+ f_2（x），即原被告举证成本之和，上文所构建的函数模型是被告举证责任不同负担程度下信息不存在类案件举证总成本的变动模型，在这个模型下，信息不存在类案件中对一个事实的具体证明责任不论分配给哪一方，两方的举证责任成本都会相应发生变化，而最终的目的都是为了使得总成本最低。通过对 f（x）求导，发现理论上是存在一个可以使得 f'（x）=0 的 X 值，也即 $x=(1/2ab)^{1/3}$ 时，此时 f_1（x）与 f_2（x）相交，这个交点对应的举证总成本最低，对信息不存在类案件举证责任分配的探寻本质上就是要寻找这样一个交点的 X 值，从而获得举证责任分配的最佳方案。

三、拨云见日："不存在"之举证责任分配的经济学进路

（一）原被告双方举证的动态博弈分析

在信息不存在类案件中，审理的主线是花费最小的成本、以最经济的方式查清案件事实。双方举证责任的配置，应当是在质证过程中根据证据的针对性及证明对象的变更动态转换，而非一成不变。

按照司法实践中被告答辩信息不存在的具体原因是否有法定职责，可以将"信息不存在"划分成两大类。第一类是被告答辩认为其没有制作、获取、保存原告申请公开的信息的法定职权，即不属于其职权范围，因而政府信息不存在。二类是被告有相应的法定职权，制作、获取、保存申请公开的信息属于被告的职权范围，而政府信息不存在是以下四种原因导致的：其一，政府信息应当制作或获取，但政府部门未履行相应法定职责而导致信息不存在；其二，申请公开的政府信息未发生能够引起制作信息的原因事实，例如原告

要求公开某地征地拆迁政策，而未发生征地拆迁规划的事实，信息没有制作或获取，确实不存在；其三，申请公开的政府信息形成或获取过，但由于政府部门的过错未妥善保存导致信息不存在；其四，按照政府内部管理规定等申请公开的信息已不在被告处保存，例如移交档案馆，故而信息不存在。[1]在以上已经论述过被告负担主要举证责任的经济学合理性之后，结合司法实践中的一般做法可以构建信息不存在类案件中这五种类型一般的举证过程。该类案件的质证环节首先应当由被告提供是否具有制作或保存原告申请公开的信息的法定职责，第一类情形中若被告举证无法定职责，那么此时举证责任转移至原告，原告若能举证证明被告具有该法定职责，则进入下一回合的质证，若原告不能举证则原告败诉。第二类情形中，若被告具有制作、保存、获取该信息的法定职责，但是被告举证因其自身未履行法定职责而未制作或保存导致信息不存在，此时原告若能举证证明被告已经制作、保存、获取了该信息，原告胜诉，否则原告的诉讼请求不能得到支持；对于原因事实未发生的情况，被告对法定职责进行举证后，若进一步主张引起原告所申请的信息的原因事实未发生，那么此时原告则需证明该事实已经发生，否则原告败诉；对于政府信息灭失的情况，被告认可其具有法定职责后，主张该信息已经丢失或者遗失，原告若是不能提供信息存在的线索或者举证证实信息仍然存在则承担败诉的风险；对于政府信息已不在被告处保存的情况，被告提供信息等材料移交清单后，如果原告不能举证说明信息移交存在虚假或者不符合法定移交时间规定将承担败诉风险。原被告双方质证过程如图 2 所示：

在非合作博弈中，按照参与者行动的先后顺序可以分为静态博弈和动态博弈。如果参与者的行动和决策有先后顺序，那么这种博弈类型为动态博弈，在动态博弈中，参与者在博弈中先后进行决策选择，行动之前可以根据其他参与者的行动选择自己的策略。后参与的行动者观察到先行动的参与者选择不同行动的情况后，在不同情况下进行选择。[2]信息不存在类案件中原被告双方的举证过程是典型的动态博弈，质证过程先由被告就其是否具有制作、保存、获取该政府信息的法定职责进行举证后，接下来的质证环节就是双方动态博弈的过程，原告根据被告的举证行动决定下一步的举证策略和行动：

---

〔1〕 周勇：《"政府信息不存在"案件中证明困境的解决路径探析》，载《行政法学研究》2010 年第 3 期，第 60 页。

〔2〕 陈瑞华：《信息经济学》，南开大学出版社 2003 年版，第 367 页。

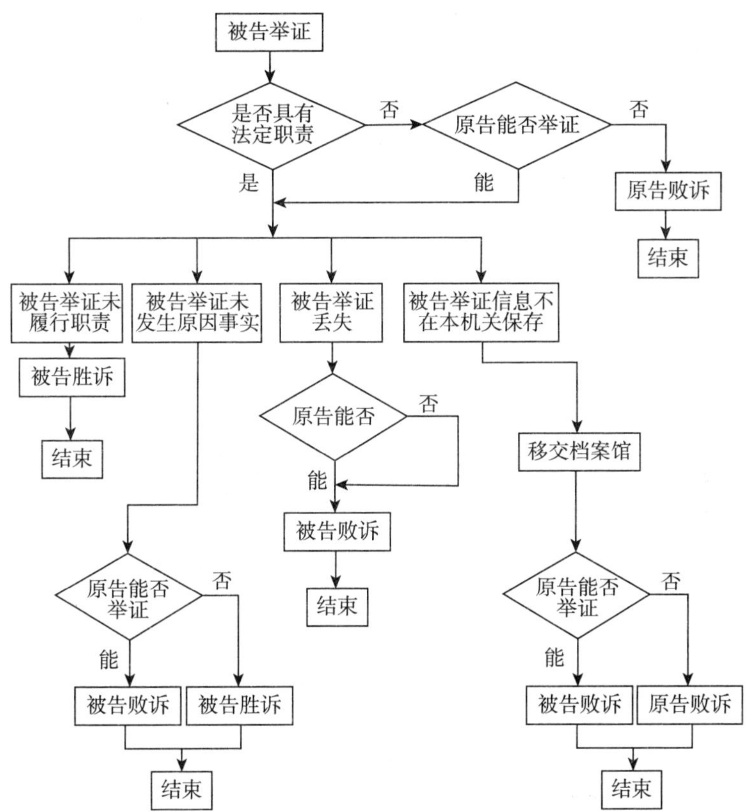

图 2　原被告双方质证过程

例如当被告主张原告申请公开某地区关于征地拆迁款的分配情况，虽然被告具有制作该信息的法定职权，但是并没有相关征地拆迁行为的发生，此时原告根据被告的举证行为会进一步提供证据证实被告在该地区曾经实施过拆迁行为，可能包括被告发布的关于拆迁的相关文件或者与该地区房屋所有人签订的拆迁补偿协议等来反驳被告的观点；若是被告主张其本身并不具有征地拆迁的法定职责，那么原告的选择将会是收集相关法律法规和文件中对政府及其各部门法定职责划分的相关规定。

（二）举证责任配置动态博弈的扩展式表述

信息不存在类案件质证过程可以分为两大环节，第一个环节是关于被告是否具有制作、保存、获取原告所申请信息的法定职责，第二个环节是对“信息不存在”是否真实这一事实的质证，也即被告对原告的政府信息公开申请答复是否尽到了审慎审查、合理关注和全面搜索的义务。[1]在将信息不存在类案件进行分类之后，可以用动态博弈的扩展式表述来计算出在不同类型案件的不同举证环节、不同的举证责任分配方案下原被告双方的举证成本分别是多少，从而得出举证责任配置的最佳方案。

如上文所述，信息不存在类案件的举证总成本为原告举证成本、被告举证成本以及外部性成本的总和。下文采取博弈树的方式来表示举证责任配置动态博弈的扩展式，通过给每个环节的成本赋值来具体计算诉讼中每个环节的不同安排下诉讼总成本的数值。[2]在行政诉讼中通常情况下被告总是掌握比原告更丰富的举证资源，因此每个环节被告的举证成本一般是低于原告的，尤其是在证明对象较为简单的情况下这种优势会更加凸显，被告的举证成本会明显低于原告。在分析过程中对各环节成本的赋值是基于现实中各主体对不同证明对象举证责任负担的抽象，各成本负担之间差值较大而且模型本身对数据并不敏感，对各成本的赋值能够保证结论的正确性。在行政诉讼中原告起诉行政主体承担的社会风险、社会舆论压力和败诉的风险都较高，这些都构成原告潜在的诉讼成本，在诉讼的启动阶段尚未进行举证时原告的潜在成本就已经产生，对其赋值为100。同时被告在行政诉讼中的行为选择和各个环节的应诉表现会产生不同的外部性成本，产生正外部性时整个诉讼成本会降低，产生负外部性时整个诉讼成本会增加。

第一，在质证的第一个环节，就被告是否具有法定职责进行质证的过程中，如果被告能够充分而明确地证明其具有或者不具有制作、保存、获取该政府信息的法定职责那么该环节结束。被告对自身是否具有法定职责的举证应当是比较容易的，在法律法规对此都有明确规定的情况下，通常其证明成本是极低的，赋值为5，在被告相对容易地完成法定职责举证的情况下降低了潜在的原告再次就该问题进行诉讼的可能性，同时减少了在该问题上双方反复争议和举证产生的对司法资源的浪费，产生相对较高的正外部性，赋值为20。正外部性抵消后再加上潜在原告的诉讼成本，这种情况下原被告举证总成本为85。

若被告未能明确证明其是否具有法定职责，那么法庭可以依职权查清事实，这种情况下被告仍付出了5的成本，但在这种相对复杂的情况下法院依

〔1〕 李广宇：《政府信息公开判例百选》，人民法院出版社2013年版，第191页。

〔2〕 [美] 斯蒂文·萨维尔：《法律的经济分析》，柯华庆译，中国政法大学出版社2009年版，第119-129页。

职权查清其法定职责付出的成本会偏高，设定为15。此种情形下，由于被告未能明确证明其自身的法定职责情况，一定程度上减损了行政机关依法行政的社会形象，此种情形下未产生正外部性成本，由于目前仍处在第一环节对于法定职责的证明阶段，暂且认为在第一个回合不产生负外部性，潜在原告的举证成本为100，总成本为120。若原告在事实不明的情形下能够明确证明被告具有法定职责，因为原告举证的难度和资源获取能力相较于法院和被告来讲显然处于弱势，此时原告付出的成本要高于被告和法院，其成本为20。加上原告潜在诉讼成本，总成本为125。

如果原告举证也未能达到事实清楚的程度，那么法院将依职权查明，这种情况下举证总成本包括原告此轮举证成本20、被告举证成本5、法院成本15，加上原告潜在诉讼成本后，共为140。

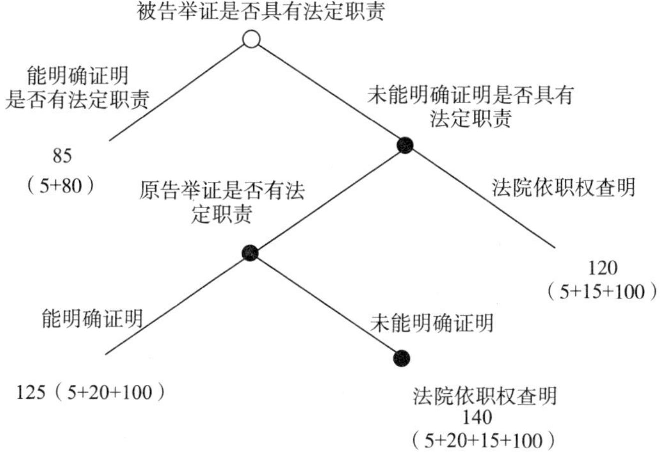

图3　被告是否具有法定职责的质证过程

由以上成本值可以看出，当被告对法定职责的证明未能达到事实清楚的程度时，如果原告能够较为容易地推翻被告的证据，那么将举证责任附加给原告和由法院来查明事实的成本都是较高的，且如果原告不能证明，那么给原告附加举证责任是不经济的，因此在这一环节的质证中令被告来承担全部的举证责任是成本最低的选择。

第二，第二环节的质证博弈中，第一种情况是被告能够充分而明确地证明信息不存在。该种情形下行政机关较高的依法行政素养，一方面树立了公权力机关较好的社会形象，另一方面影响潜在的原告提起诉讼的概率，能够减少一些不必要的诉讼。这种较高的正外部性设定值为 20。抵消后加上原告潜在的诉讼成本 100、被告的举证成本 10，总成本为 90。

第二种情况即被告未能充分而明确证明信息不存在，此时把举证责任动态转移给原告，先给原告设置相对低的举证要求，要求其就信息存在的事实进行初步举证，如果原告能够有效举证，被告也无有效反证，设定被告的举证成本是 10，由于原告的举证难度明显大于被告，原告的举证成本应该倍数于被告的成本，设定为 20。同时由于被告第一轮举证未能完成诉讼中有关事实举证，从而产生了较高的负外部性，设定为 20，加上原告潜在的诉讼成本 100，总成本为 150；如果被告能够提供有效反证，原告无举证能力的情况下，被告胜诉，举证成本包括被告两轮举证成本 10 + 20，原告的成本 20，虽然经过两轮质证但由于被告最终明确证明了信息不存在的事实，其产生正外部性成本赋值为 5，原告潜在诉讼成本 100，总和为 145。

若被告不能提供有效反证，那么诉讼结束，原告胜诉，被告成本为 10，原告成本为 20，由于被告在诉讼中未能体现依法行政的要求且举证不能对潜在的原告产生诉讼激励，导致负外部性成本为 20，加上原告潜在的诉讼成本，总成本为 150。如果原告对于信息存在的初步证据不能举证，那么诉讼结束，被告举证成本为 10，外部性成本为正 20，加上原告潜在诉讼成本 100，总成本为 90。

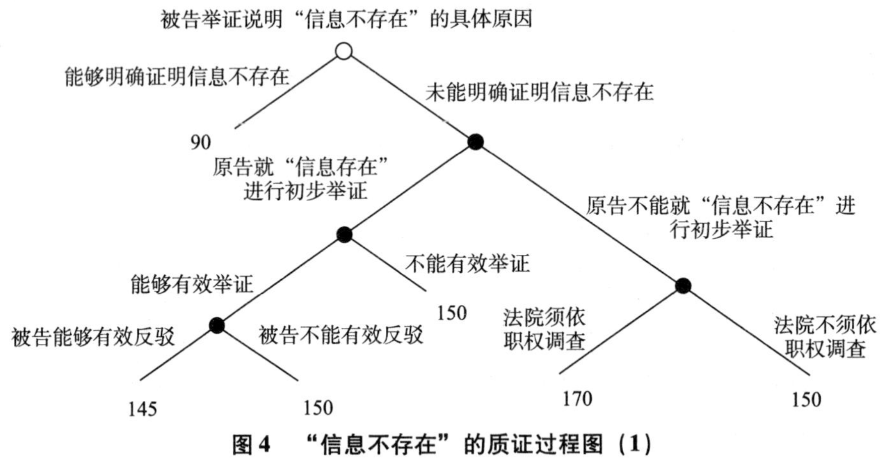

图 4 “信息不存在”的质证过程图（1）

另外，在原告不能就信息存在进行初步举证而申请法院调查取证的情况下，如果符合法定申请条件，法院对此予以准许，在这种情况较为复杂的情形下，法院调查取证的成本也偏高，设定为 20。同时由于原被告双方都未能对信息是否存在的事实进行有效举证，举证难度的增加导致案件的负外部性继续增加，设定为40，那么该阶段的成本再加上被告成本10、法院调查取证成本20、原告潜在诉讼成本100，总和为170；如果申请不被准许，那么被告成本为10，加上外部性成本和原告潜在诉讼成本为140，总和为150。在该阶段，通常被告不具有制作、获取、保存政府信息的法定职责或有未履行法定职责这两种情况证明对象相对简单，一般原告只需承担初步的举证责任后事实就较易查清，这两种案件类型的扩展式不需要原告再承担进一步的举证责任。综上，在该阶段由被告承担信息不存在的主要举证责任、原告对于信息存在承担初步的证明责任是成本较为低廉的做法。

第三，在引起制作政府信息的原因事实未发生和被告主张政府信息已经遗失这两种证明难度相对较大的类型中，在原告进行了信息存在的初步举证后，被告举出反证的情况下有时案件事实仍处于事实不清的状态，如果此时把举证责任分配给原告，那么由于信息成本的大幅增加，原告举证将十分困难，导致其举证成本将趋向于正无穷，总成本同样趋向于正无穷；如果此时由法院调查取证，成本仍在可控范围内，那么由于案件事实较为复杂，法院调查取证的成本也比上一种情形有所增加，设定为50，总成本需加上法院调查成本50，总和为160。

若被告举出有效反证后，在事实清楚的情况下，附加被告在该小节的举证成本20后，总成本为145。由此看来，在原告已经承担了初步证明责任后再给原告附加过多的举证责任将会导致总成本不可控，因此只将信息存在的初步举证责任分配给原告，排除其进一步的举证责任负担，在事实不清的情况下强调法院的调查取证是最经济的配置方案。

第四，被告主张政府信息已不在本机关保存的这种情形中，一般提供移交其他机关保存的相关内部手续即可完成信息不存在的证明，被告在该环节的举证成本相对低廉为10。接下来原告若再进行举证的过程和成本与以上两种情形类似。在这种情形中举证责任的配置依然应当主要由被告来承担，原告反证后仍然事实不清的情况下由法院来调查取证。

结语

波斯纳法官说："对于公平正义的追求，不能无视代价。"[1]裁判中法官

〔1〕［美］理查德·A. 波斯纳：《法律的经济分析》，蒋兆康译，中国大百科全书出版社 1997 年版，第 87 页。

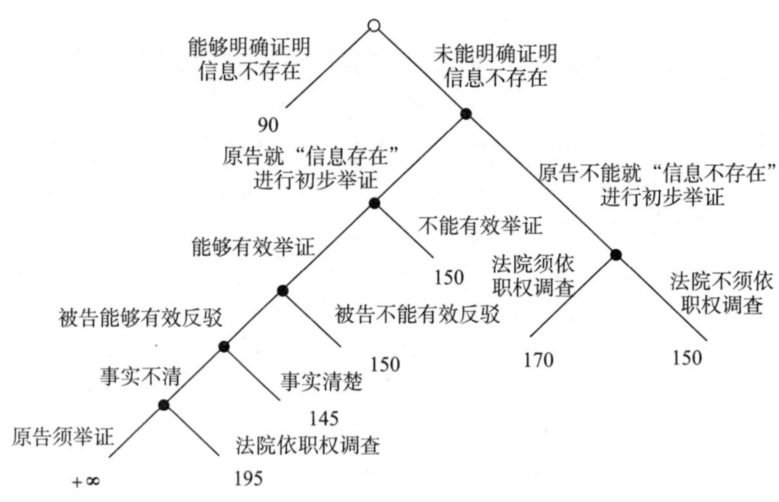

图5 “信息不存在”的质证过程图（2）

仅仅抽象地从公平正义这种规范式内涵的角度出发考虑问题难免陷入取舍困境，只有用经济学分析方式以最小的成本明察秋毫，才能拨开迷雾、理性经济地实现明镜高悬。通过对信息不存在类案件举证责任配置双方成本变动的动态博弈扩展式表述发现，在该类案件中最经济的配置方式是由被告完成法定职责的举证过程，之后按照答复种类的不同，在不同的举证环节区分原被告的举证责任，一般由被告承担主要的举证责任，原告承担初步举证责任并强调法院调查取证是最经济的方式。

（初审人：宋鸽）

自动驾驶交通事故的法律责任问题研究

南连伟 *

摘　要：自动驾驶技术的人工智能本质，决定了它在客观上能够让驾驶员不断降低自己的注意义务。但现行的法定注意义务标准是根据传统人工驾驶的技术特点和安全需要而制定的，并未适应自动驾驶的技术特点进行调整。因此驾驶员在车辆行驶过程中使用自动驾驶功能，部分乃至全部放弃车辆控制权，违反了现行的法定注意义务标准，构成主观上的过错。对于由此导致的交通事故和损失，机动车所有人和管理人要承担相应的民事、行政乃至刑事责任，这是自动驾驶与现行法律责任制度的冲突所在。适应自动驾驶技术特点和发展趋势，必须对道路交通法规及相关民事、行政、刑事责任的认定与归结制度进行合理调整。过渡性的措施是赋予自动驾驶在路测等特定情形下的法规豁免权，降低现行的法定注意义务标准。最终目标是逐步建立面向未来的道路交通事故法律责任制度，为智能交通和智能社会的到来营造良好的法律环境。

关键词：自动驾驶　人工智能　交通事故

---

* 南连伟，中国政法大学法学院宪法与行政法学专业 2014 级博士研究生（100088）。

引言

自动驾驶从概念逐步走进现实是近几年的事情，技术上的突破要部分归功于最近十年再度兴起的人工智能热潮，特别是建立在大数据和云计算基础上的深度学习原理。眼下业界关于自动驾驶的讨论比较热烈，话题涉及技术、产业、市场、标准、伦理乃至法律法规等多个层面。其中自动驾驶事故的法律责任问题，是产业部门关注的焦点之一。法律具有滞后性，面对渐进式的技术演进，这种滞后性尚可适应。但面对自动驾驶这种革命性的技术进步，法律层面必须作出预先的制度安排。法律责任问题得不到预先的合理安排，自动驾驶即使攻克了技术上的安全瓶颈，也无法跨越测试场地和社会现实之间的制度鸿沟。因此，眼下除了技术层面的安全性问题，交通事故法律责任的认定和归结，是摆在自动驾驶面前亟待破解的制度难题。鉴于自动驾驶问题实践性极强，而且其技术路线尚存在一定的不确定性，研究自动驾驶事故的法律责任，需要重点关注其技术本质和技术分级，而不是围绕定义展开讨论，这一点不同于传统概念法学的研究范式。关于自动驾驶的技术分级，目前社会上流传较广、业界使用较多的是美国国家公路交通安全管理局（NHTSA）和国际汽车工程师协会（SAE International）按照自动化程度提出的分级标准，两者的区别主要是 SAE 的标准对完全自动化进行了细分。

表 1 NHTSA 和 SAE 制定的自动驾驶技术分级标准[1]

<table>
<tr><th colspan="2">自动驾驶分级</th><th rowspan="2">称呼（SAE）</th><th rowspan="2">定义（SAE）</th><th colspan="4">主体</th></tr>
<tr><th>NHTSA</th><th>SAE</th><th>驾驶操作</th><th>周边监控</th><th>支援</th><th>系统作用域</th></tr>
<tr><td>0</td><td>0</td><td>非自动化</td><td>驾驶员全权操作汽车，行驶过程中可以得到警告和保护系统的辅助</td><td rowspan="2">驾驶员</td><td rowspan="3">驾驶员</td><td rowspan="3">驾驶员</td><td rowspan="3">驾驶员</td></tr>
<tr><td>1</td><td>1</td><td>驾驶辅助</td><td>系统对方向盘和加减速的一项操作提供辅助，其他驾驶操作都由驾驶员完成</td></tr>
<tr><td>2</td><td>2</td><td>部分自动化</td><td>系统对方向盘和加减速中的多项操作提供辅助，其他驾驶操作由驾驶员完成</td><td>系统</td></tr>
</table>

〔1〕 参见伦一：《自动驾驶产业发展现状及趋势》，载《电信网技术》2017 年第 6 期，第 33 页。

续表

<table>
<tr><th colspan="2">自动驾驶分级</th><th rowspan="2">称呼（SAE）</th><th rowspan="2">定义（SAE）</th><th colspan="4">主体</th></tr>
<tr><th>NHTSA</th><th>SAE</th><th>驾驶操作</th><th>周边监控</th><th>支援</th><th>系统作用域</th></tr>
<tr><td>3</td><td>3</td><td>有条件自动化</td><td>系统完成所有的驾驶操作，根据系统请求，驾驶员提供适当的应答</td><td>系统</td><td>系统</td><td>驾驶员</td><td rowspan="2">驾驶员</td></tr>
<tr><td rowspan="2">4</td><td>4</td><td>高度自动化</td><td>限定的道路和环境条件下，系统完成所有的驾驶操作，不需要驾驶员对系统请求提供应答</td><td>系统</td><td>系统</td><td>系统</td></tr>
<tr><td>5</td><td>完全自动化</td><td>所有的道路和环境条件下，系统完成所有的驾驶操作，不需要驾驶员对系统请求提供应答，驾驶员可在必要时接管</td><td>系统</td><td>系统</td><td>系统</td><td>系统</td></tr>
</table>

按照 NHTSA 和 SAE 的分级标准，从 L0 至 L5 意味着驾驶自动化程度不断提高。L0 级是参照系，可以认为是传统人工驾驶。L1 和 L2 级也不属于业内理解的严格意义上的自动驾驶，而是驾驶辅助系统（DA），其中 L2 级被称为先进驾驶辅助系统（ADAS），L3 级以上才被认为是自动驾驶（AD）。先进驾驶辅助系统（ADAS）与自动驾驶（AD）区分的技术临界点在于，是否需要驾驶员监控路况和环境，前者需要驾驶员进行周边环境监控，而后者由系统进行周边环境监控。L3 级被称为有条件自动化，它与 L4 级以上自动驾驶的核心区别在于是否需要驾驶员干预。L3 级需要驾驶员对系统请求提供应答，这意味着驾驶员仍然需要应系统请求提供驾驶支援。L4 级以上不再需要驾驶员干预驾驶活动，车辆控制权全部交由系统掌握。NHTSA 标准中 L4 级以上都被认为是完全自动驾驶，SAE 则根据是否适用于所有道路和环境条件区分了 L4 高度自动驾驶和 L5 级完全自动驾驶，前者适用于限定路况，后者适用于所有道路和环境条件，技术水平近似于人们通常所说的“无人驾驶”。

明确自动驾驶的技术分级，对于分类研究自动驾驶事故的法律责任问题至关重要。从应用层面来看，目前市场上的量产车型能够实现的自动驾驶功能基本都属于 L2 级，奥迪最近宣称其第五代奥迪 A8 车型已经能够实现 L3 级自动驾驶，而 L4 级以上完全自动驾驶，包括人们通常讲的“无人驾驶”，目前在市场上尚未出现。[1]但法学领域目前关于自动驾驶问题为数不多的研究，大多关注的是所谓“无人驾驶”问题，比如“本文不讨论在驾驶员辅助和部分自动这两种模式下，驾驶员和汽车制造商之间的责任分配，仅讨论当人类使用者完全不参与驾驶时的责任承担”[2]。“问题在于技术的进步和影响均不是一蹴而就的。根据国际通行的标准，自动驾驶技术可以区分为多个阶段，只有在技术的最高阶段才能彻底实现无人驾驶，排除人的因素。而在较低阶段，仍有驾驶人存在。不同阶段的自动驾驶技术会对目前的责任体系造成何种程度的影响，需要进一步考量。”[3]而事实上，完全自动驾驶在法律上面临的困境，同样适用于驾驶辅助系统和 L3 级自动驾驶。考虑到后者已经开始上市和上路，解决这个难题更具现实意义。本文探讨的自动驾驶交通事故法律责任问题，是指因自动驾驶系统原因所导致的交通事故涉及的民事、行政和刑事法律责任，这里的自动驾驶涵盖了 L1 至 L5 级，重点解决的实际上是 L1 至 L3 级自动驾驶面临的现实难题。基于研究需要，在使用自动驾驶范畴时，除明确标明技术级别或使用驾驶辅助系统、先进驾驶辅助系统、完全自动驾驶等特定称谓之外，均包括 L1 至 L5 级自动驾驶。

一、讨论前提：关于自动驾驶的三个基本认识

探讨自动驾驶事故的法律责任，应当建立在三个基本认识基础上，包括技术必然性、现实紧迫性和研究必要性。在上述三个方面形成共识，法学领域关于自动驾驶的探讨才能更加集中、深入和系统。

（一）未来必然性：自动驾驶是未来道路交通运输的必然趋势

首先，减少道路交通事故造成的人员伤亡和财产损失是自动驾驶技术发展的根本动因。据世界卫生组织发布的统计数据，现在全世界每年约有 125 万

---

〔1〕 尽管特斯拉宣称其增强版自动驾驶辅助系统（AutoPilot2.0）已具备完全自动驾驶能力，但指的是硬件搭载能力而不是软件系统，目前市场上包括 Modle S、Modle X、Modle 3 在内的特斯拉车型能够使用的自动驾驶功能基本属于 L2 至 L3 级水平。

〔2〕 司晓、曹建峰：《论人工智能的民事责任：以自动驾驶汽车和智能机器人为切入点》，载《法律科学（西北政法大学学报）》2017 年第 5 期，第 167 页。

〔3〕 冯洁语：《人工智能技术与责任法的变迁——以自动驾驶技术为考察》，载《比较法研究》2018 年第 2 期，第 143 页。

人死于道路交通事故，道路交通事故成为15至29岁人群死亡的首要原因。[1]据国家统计局发布的统计数据，2016年道路交通事故万车死亡人数2.1人，死亡人数居于各类生产安全事故之首。[2]而大部分交通事故都是由疲劳驾驶、超载超速等人为因素导致。自动驾驶技术的应用，将从根本上减少人为因素导致的交通事故，毕竟人工智能不会因疲劳、饮酒、分心和寻求刺激等原因而违规违章驾驶。其次，自动驾驶在道路交通、资源利用、环境保护、社会生活等领域都具有革命性意义。自动驾驶特别是完全自动驾驶将有力地促进智能交通发展，从根本上改善道路通行状况，缓解道路交通压力。自动驾驶汽车与共享经济结合，将有效地提高车辆利用率、减少汽车尾气排放、便利社会生活，并有可能从根本上改变传统的城市规划和布局。2017年7月国务院印发的《新一代人工智能发展规划》已经明确提出探索自动驾驶汽车共享模式。最后，以深度学习原理为基础的新一轮人工智能浪潮为自动驾驶的实现创造了现实可能性。自动驾驶技术的三个核心环节——信息感知、决策预警和智能控制，都依赖于数据、算法和运算能力。近年来人工智能在语音识别、图像识别、智能算法、智能控制等领域的技术突破，为自动驾驶提供了有力的支撑。尽管目前在技术和制度层面还存在障碍，但从长远来看，自动驾驶的发展前景是毋庸置疑的，这是未来道路交通运输的必然趋势。

（二）现实紧迫性：自动驾驶应用推广的速度远比人们想象的快

技术演进的路线不是渐进的，而是指数式的。尽管有观点认为摩尔定律正在经受挑战，但实践证明技术发展的速度总是快于人们的普遍预期。就自动驾驶而言，三个方面的驱动力量不容忽视。一是科技公司全力以赴。谷歌从2009年就开始介入自动驾驶领域，如今包括英特尔、苹果、百度、腾讯、阿里等科技巨头都在自动驾驶方面持续发力。2017年，英特尔即以153亿美元收购了以色列的Mobileye公司，而同类型的细分领域公司和创业公司仍在不断涌现。二是主流车企加快步伐。奔驰、宝马、沃尔沃、通用、福特、特斯拉、丰田、日产等国外主流车企都已经实现了L2级先进驾驶辅助系统（ADAS），国内一汽、长安、广汽、吉利等汽车品牌也已经开始装备先进辅助

〔1〕参见世界卫生组织：《道路安全全球现状报告（2015）》。

〔2〕参见国家统计局：《2016年国民经济和社会发展统计公报》。按照2016年全国民用汽车保有量计算，本年度交通事故死亡人数超过4万人，占所有生产安全事故致死人数的94%。而世界卫生组织公布的中国每年交通事故死亡人数远高于国内发布的统计数据。

驾驶系统。许多车企都把 2020 年作为自动驾驶汽车研发应用的重要时间节点，特斯拉甚至宣称今年年底就要实现完全自动驾驶。三是政府部门积极扶持。自动驾驶是各国抢占人工智能制高点的重要战场。美国从 20 世纪 90 年代就开始通过实施“智能交通系统（ITS）”项目支持智能网联汽车发展，如今在标准和法规方面也走在世界前列。德国 2015 年已允许在连接慕尼黑和柏林的 A9 高速公路上开展自动驾驶汽车测试。欧盟 2015 年发布了 GEAR 2030 战略，其中重点关注高度自动化和网联化驾驶领域等推进及合作。日本 2014 年发布了《战略性创新创造项目（SIP）》，将自动驾驶作为十大战略领域之一。中国 2015 年印发《中国制造 2025》，提出统筹布局和推动智能交通工具研发和产业化；2017 年印发《新一代人工智能发展规划》，提出大力发展自动驾驶汽车等智能运载工具；工信部和国家标准委正在研究制定自动驾驶相关标准。总之，从技术、产业、政策趋势来看，自动驾驶应用推广的速度可能会超出人们的预期——未来已来，并且正在流行。

（三）研究必要性：法律责任问题是自动驾驶应用推广的重要制约

自动驾驶存在两种不同的技术路线。一是以谷歌为代表的“革命性”路线，在技术上完全实现 L4 乃至 L5 级自动驾驶之前，不急于进入产业和市场阶段。二是以特斯拉为代表的“渐进式”路线，主张从驾驶辅助系统开始，逐步升级车辆的自动驾驶功能，最终实现完全自动驾驶。[1]但无论哪种技术路线，其技术应用的前提是相同的——自动驾驶技术在安全性上必须可靠，底线是优于人工驾驶。谷歌之所以主张一步到位，在技术完全成熟之前不进入市场，最重要的考虑因素之一就是确保自动驾驶技术的安全性。未来随着数据、算法和设备不断完善，安全性问题的攻克在技术层面是可预期的。事实上，制约自动驾驶技术应用推广的因素并不仅仅是技术安全性，即使以当前的自动驾驶系统完全替代所有人工驾驶，相信事故发生率也会大大降低，仅避免人为违章这一项就可以减少巨大的人员财产损失。从目前来看，制约自动驾驶技术应用推广的另外一个重要因素，是自动驾驶技术与现行道路交通安全法规及其相应的法律责任制度之间存在的冲突。换言之，现行道路交通安全法规及其相应的法律责任制度不能适应自动驾驶的技术特点和发展需要。此前网络上关于李彦宏乘坐百度无人车上五环是否违法的热议，就是这

---

〔1〕 参见伦一：《自动驾驶产业发展现状及趋势》，载《电信网技术》2017 年第 6 期，第 33－36 页。

种冲突的典型案例。当然，冲突的出现并非由于现行法律规定不科学，而是法律跟不上技术脚步所产生的必然结果。但无论如何，自动驾驶交通事故的法律责任问题必须得到预先的制度安排，否则自动驾驶汽车就无法实现大规模上路，而这反过来又会导致路测数据不足，影响算法的完善和技术的进步。"法律将成为自动驾驶汽车上路测试与市场准入的必经门槛，也是规定驾驶人相关驾驶行为、义务，对违反法律的行为作出处罚的监督者，这又直接或间接规范和限制了该技术与产品的技术标准、产品功能——只有标准统一，并且在社会和法律能够进行有效管理、监督的范围内，才能允许其上路测试、制造成品并出售。"〔1〕可以说，自动驾驶事故的法律责任问题研究与技术研究同样重要，甚至比后者更具紧迫性。

二、过错认定：自动驾驶与现行法律责任制度的根本冲突

自动驾驶与现行道路交通事故法律责任制度之间的冲突，使得自动驾驶在当前的法律环境下，面临着违反现行道路交通安全法规，并承担相应的民事、行政乃至刑事法律责任的风险。这种冲突从根本上源于人工智能与现行法律制度之间的不兼容。正如学者所言："当高度自主、脱离人类控制且独立运作并作出判断的智能机器人造成人身或者财产损害，如何分配并承担法律责任？当前以人类行为者为中心的侵权责任和以产品生产者为中心的产品责任，在应对这一问题时，暴露出局限性。"〔2〕准确地说，是人工智能不断降低驾驶员注意义务的客观事实，与尚未调整的法定注意义务标准之间存在矛盾，这种矛盾直接关系到主观过错的认定，进而影响法律责任的归结。

（一）降低注意义务：自动驾驶技术的人工智能本质

如果从1956年达特茅斯会议起算，人工智能已经有六十余年历史，其间先后经历过几波高潮与低谷。最近十年左右，伴随着大数据、云计算和深度学习的完美结合，人工智能再次迎来爆发，并在技术、应用、产业、市场等层面都展现出广阔的发展前景，而自动驾驶被认为是人工智能最有可能在近期取得突破的细分领域之一。关于什么是人工智能的讨论，就像关于什么是

〔1〕 杨剑锋：《论自动驾驶事故的法律责任归属》，载《河北科技大学学报（社会科学版）》2018年第1期，第58页。

〔2〕 司晓、曹建峰：《论人工智能的民事责任：以自动驾驶汽车和智能机器人为切入点》，载《法律科学》2017年第5期，第167页。

聪明人的讨论一样众说纷纭并且不断发展。[1]从法学研究的角度，需要关注的重点不是人工智能的定义，而是人工智能在社会伦理层面产生的影响。事实上，国内哲学领域从 20 世纪 70 年代就已经开始讨论人工智能问题，并一直持续至今。讨论的原因在于大家关注到人工智能在某种程度上模糊了主体与客体、物质与意识、主观与客观之间的界限，挑战了哲学的二元论基础。讨论的主要问题包括机器能不能思维、机器有没有意识、机器能否成为“第二认识主体”等。[2]哲学领域对人工智能的关注和讨论，反映出人们已经注意到这样一种客观现象：人工智能正在部分替代人类思维活动，未来这种替

---

〔1〕 李开复列举了人工智能的几种定义：AI 就是让人觉得不可思议的计算机程序；AI 就是与人类思考方式相似的计算机程序；AI 就是与人类行为相似的计算机程序；AI 就是会学习的计算机程序；AI 就是根据对环境的感知，做出合理的行动，并获得最大收益的计算机程序。（参见李开复、王咏刚：《人工智能》，文化发展出版社 2017 年版，第 25 - 37 页。）通过上述几种定义可以发现，不同时期、不同技术路线和不同学科领域对于人工智能的定义都是不同的。鉴于本文讨论的重点是自动驾驶，关于人工智能的定义等问题不再展开。关于人工智能的理解可参阅其他几部著作：［美］雷·库兹韦尔：《人工智能的未来》，盛杨燕译，浙江人民出版社 2016 年版，第 191 - 238 页；［美］杰瑞·卡普兰：《人工智能时代》，李盼译，浙江人民出版社 2016 年版，第 1 - 15 页；［美］卢克·多梅尔：《人工智能：改变世界，重建未来》，赛迪研究院专家组译，中信出版社 2017 年版，第 7 - 29 页；［意］卢西亚诺·弗洛里迪：《第四次革命：人工智能如何重塑人类现实》，王文革译，中信出版社 2017 年版，第 2 - 26 页；［美］佩德罗·多明戈斯：《终极算法：机器学习和人工智能如何重塑世界》，黄芳萍译，中信出版社 2013 年版，第 4 - 20 页。以及几部国内著作：李彦宏等：《智能革命：迎接人工智能时代的社会、经济与文化变革》，中信出版社 2017 年版，第 1 - 34 页；吴军：《智能时代：大数据与智能革命重新定义未来》，中信出版社 2017 年版，第 40 - 74 页；李智勇：《终级复制：人工智能将如何推动社会巨变》，机械工业出版社 2017 年版，第 4 - 27 页。

〔2〕 20 世纪七八十年代国内关于人工智能的哲学探讨参见陈步：《人工智能问题的哲学探讨》，载《哲学研究》1978 年第 11 期，第 22 - 31 页；丁玲珠：《人工智能和人类智能》，载《哲学研究》1980 年第 10 期，第 10 - 14 页；刘伸：《苏联对人工智能的社会哲学问题的讨论》，载《国外社会科学》1980 年第 12 期，第 63 - 67 页；张守刚、刘海波：《机器进化与人工智能——机器进化论初探》，载《社会科学战线》1980 年第 3 期，第 26 - 35 页；孙林：《人工智能哲学问题座谈会部分发言摘要（续）》，载《国内哲学动态》1982 年第 2 期，第 36 - 37 页；王继荣：《人工智能能代替人的思维吗？——学习辩证唯物主义有关基本原理的一点体会》，载《理论学习》1984 年第 5 期，第 33 - 36 页；钱俊生：《人工智能问题的哲学分析》，载《理论月刊》1985 年第 4 期，第 56 - 59 页；赵曼昭、龙佳解：《人工智能为哲学认识论范畴之可能》，载《国内哲学动态》1985 年第 9 期，第 28 - 29 页。这种哲学探讨一直持续到今天，比如，路卫华：《跨学科视域下的机器智能与人——“人工智能与哲学的对话：从 AlphaGo 谈起”会议综述》，载《科学技术哲学研究》2017 年第 3 期，第 126 - 18 页；高良、朱亚宗：《关于人工智能的形而上学批判》，载《湖南社会科学》2017 年第 3 期，第 37 - 43 页；杜森：《人工智能对人类思维方式的影响及哲学反思》，载《渤海大学学报（哲学社会科学版）》2016 年第 2 期，第 134 - 138 页。

代水平还会不断提高，并有可能在某些特定情形下完全替代人类思维活动，将人从脑力劳动中彻底解放出来。计算机不仅可以代替人去执行任务，而且能够代替人进行分析和决策。原本需要人类进行分析决策并由机器执行的任务，如今可以全部交由机器来完成。人工智能的替代效应所产生的深远影响，可以从哲学、心理学、社会学、经济学等多个学科视角，用多种话语体系进行阐释和解读。仅从法学的视角，也可以广泛涉及法哲学、知识产权法、诉讼法、司法制度等多个领域。[1]本文研究的是法律责任问题，而从法律责任认定的角度，我们关注的焦点是这种替代效应对于行为人的注意义务和主观过错认定的影响。

就自动驾驶而言，随着自动化程度的提高，客观上使得驾驶员能够不断降低自己在从事驾驶活动时的注意义务，从解放手脚到解放眼睛再到解放大脑。从 L1 到 L2 级，驾驶员可以逐步放弃部分乃至全部驾驶操作，包括转向、制动、加减速等。从 L2 到 L3 级，驾驶员不仅可以放弃所有驾驶操作，并且可以不再监控路况和行驶环境，而只需要对系统请求作出适当回应。从先进驾驶辅助系统（ADAS）到自动驾驶（AD）不仅是技术上的跨越，同时也意味着车辆控制权基本上从驾驶员转移给了系统，驾驶员注意义务的降低实现了从量变到质变的飞跃。这也是为什么工信部和国家标准委制定的分级标准将 L1 和 L2 级称为“辅助控制类”，而将 L3 级以上称为“自动控制类”。从 L3 到 L4 乃至 L5 级，驾驶员甚至可以不再对系统请求作出回应，车辆控制权完全转移给系统，驾驶员可以不再履行注意义务。如果用百分制来表示，随着自动驾驶从 L0 到 L5，意味着自动化水平从 0 提高到 100，同时也意味着驾驶员的注意义务可以从 100 降低至 0。

但问题在于，前面讲的驾驶员注意义务的降低，只是技术上或者说客观上能够实现。从法律上来讲，现行法律规定的驾驶员的注意义务标准是根据

---

〔1〕 2017 年以来，人工智能逐渐在法学领域引起关注，《法律科学》《中国法律评论》等杂志创设了专栏，并相继出现了一些研究人工智能相关法律问题的论文，主要涉及知识产权领域，也包括法哲学、诉讼法、司法制度等方面。比如吴汉东：《人工智能时代的制度安排与法律规制》，载《法律科学（西北政法大学学报）》2017 年第 5 期，第 128－136 页；熊琦：《人工智能生成内容的著作权认定》，载《知识产权》2017 年第 3 期，第 3－8 页；冯杰：《人工智能对司法裁判理论的挑战：回应及其限度》，载《华东政法大学学报》2018 年第 2 期，第 21－31 页；左卫民：《如何通过人工智能实现类案审判》，载《中国法律评论》2018 年第 2 期，第 26－32 页；吴旭阳：《法律与人工智能的法哲学思考——以大数据深度学习为考察重点》，载《东方法学》2018 年第 3 期，第 18－26 页。

传统人工驾驶的技术特点和安全需要而制定的，并没有因为人工智能和自动驾驶的出现而降低。《道路交通安全法》第 22 条规定："机动车驾驶人应当遵守道路交通安全法律、法规的规定，按照操作规范安全驾驶、文明驾驶。"《道路交通安全法实施条例》第 62 条规定，驾驶机动车不得有下列行为：拨打接听手持电话、观看电视等妨碍安全驾驶的行为；连续驾驶机动车超过 4 小时未停车休息或者停车休息时间少于 20 分钟。公安部出台的部门规章《机动车驾驶证申领和使用规定》附件 3 规定的道路交通违法行为及其记分分值，其中有拨打、接听手持电话等妨碍安全驾驶行为的，一次记 2 分。道路交通安全法规之所以禁止疲劳驾驶，禁止接听手持电话、观看电视，禁止酒后驾驶机动车，旨在要求机动车驾驶人对路况和周围环境保持注意力，对机动车转向系统等保持控制力，尽到相应的注意义务。

显然，上述法定注意义务标准是以传统人工驾驶为模板而制定的，是传统人工驾驶模式下安全驾驶的基本要求。但它与自动驾驶的技术特点和发展趋势显然不匹配，甚至可以说背道而驰——自动驾驶的技术目标正是逐步让驾驶员解放手脚、眼睛和大脑，不再需要进行驾驶操作和环境监控，从而可以在车辆行驶过程中将注意力放在更有价值和兴趣的事情上，比如工作、娱乐和休息。而按照现行道路交通安全法规，驾驶员在车辆行驶过程中使用自动驾驶功能，部分乃至全部放弃车辆控制权，比如双手离开方向盘、放弃对制动系统的控制等，显然违反了法定的注意义务标准。尽管目前市面上的自动驾驶系统，比如特斯拉的"增强版自动驾驶辅助系统"（AutoPilot 2.0），都要求驾驶员"时刻保持对车辆的控制"。但事实上，驾驶员不可能在使用自动驾驶功能的同时又"时刻对车辆保持控制"。驾驶员一旦使用自动驾驶功能，就意味着对车辆的控制力发生了不同程度的降低。这种控制力的降低表现为放弃了部分乃至全部驾驶操作（L1 至 L2），放弃了监控路况和行驶环境（L3），甚至不再回应自动驾驶系统的请求（L4 至 L5）。尽管车辆生产商宣称，并且我们也相信，随着自动驾驶技术的成熟，这种部分乃至全部放弃车辆控制权的行为，在技术层面是可以实现的，在安全上也是可以保障的，这正是自动驾驶技术的发展目标。但问题在于，基于当前的法律环境，这些都不符合现行道路交通安全法规关于安全文明驾驶的规定，违反了法定注意义务，这正是本文致力于解决的技术与法律之间的矛盾。自动驾驶带来的驾驶员注意义务的降低与法定注意义务标准之间的关系如图 1 所示：

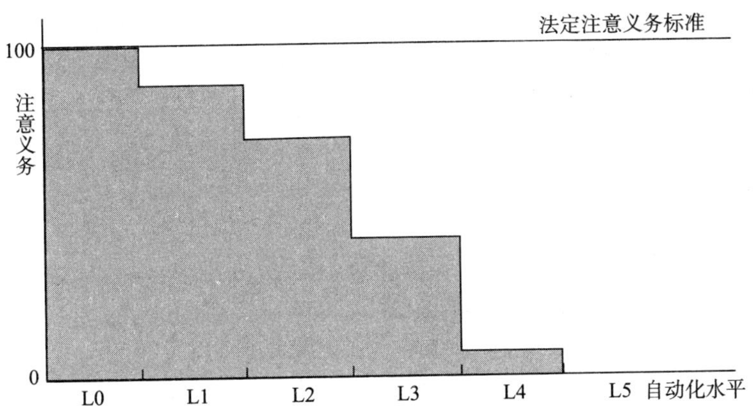

图1 自动驾驶带来的驾驶员注意义务的降低与法定注意义务标准的关系

（二）法律责任认定：自动驾驶面临的法律责任风险

现代法律制度在认定是否构成民事侵权、行政处罚和刑事犯罪，以及是否需要承担相应法律责任时，基本都坚持主客观相一致的原则，将主观过错作为违法行为和法律责任的主要构成要件之一。[1]而法律上判断是否存在主观过错的标准，是有没有违反法定、约定以及善良管理人或一般人应尽的注意义务。“这就是说，在判断过失时，要按照法律、法规等规范所确立的注意义务和一个合理的、谨慎的人所应当具有的注意义务，来确定行为人应当达到的行为标准。”[2]因此，按照现行道路交通安全法规，驾驶员在车辆行驶过程中使用自动驾驶功能，部分乃至全部放弃车辆控制权，显然违反了法定注意义务，构成主观上的过错。由此导致交通事故，可能承担相应的法律责任。

自动驾驶可能涉及的民事法律责任，主要是《侵权责任法》和《道路交通安全法》规定的机动车交通事故责任。《侵权责任法》第48条规定：“机动

〔1〕 张文显教授指出，法律责任对过错的重视，是责任人道化、文明化的一个重要表现，也是责任制度在现代社会中能充分发挥其功能作用的重要原因之一。尽管民事责任认定中存在过错推定、严格责任和公平责任，但过错责任仍然是侵权法的主要归责原则。王利明教授指出，从《侵权责任法》的条文表述来看，也明确了过错责任原则所具有的基础性地位，是一般的归责原则，而过错推定责任原则和严格责任原则是特殊的规则原则；至于公平责任，则仅仅是辅助性的规则原则。行政处罚同样以主观过错为构成要件。应松年教授指出，行政处罚需以过错为要件，只有行为人具有过错的情况下，才能给予行政处罚。至于刑事责任的认定，则严格遵循主客观相一致原则，主观方面的故意或过失是犯罪构成四要件之一。

〔2〕 王利明：《侵权责任法》，中国人民大学出版社2016年版，第91页。

车发生交通事故造成损害的，依照道路交通安全法的有关规定承担赔偿责任。”而根据《道路交通安全法》第 76 条的规定，机动车发生交通事故造成人身伤亡、财产损失的，由保险公司在机动车第三者责任强制保险责任限额范围内予以赔偿，不足的部分，按照不同情形适用不同的归责原则。机动车之间发生交通事故的，适用过错责任原则，由有过错的一方承担赔偿责任；双方都有过错的，按照各自过错的比例分担责任。机动车与非机动车驾驶人、行人之间发生交通事故，适用过错推定原则，非机动车驾驶人、行人没有过错的，由机动车一方承担赔偿责任；有证据证明非机动车驾驶人、行人有过错的，根据过错程度适当减轻机动车一方的赔偿责任；机动车一方没有过错的，承担不超过百分之十的赔偿责任。交通事故的损失是由非机动车驾驶人、行人故意碰撞机动车造成的，机动车一方不承担赔偿责任。按照《侵权责任法》和《道路交通安全法》的上述规定，驾驶员在车辆行驶过程中使用自动驾驶功能，因自动驾驶系统原因导致交通事故并造成损失，首先应当由保险公司在交强险责任限额内予以赔偿，但对于交强险赔偿不足的部分，则适用过错责任和过错推定责任的规定。而根据上文的论述，驾驶员在车辆行驶过程中使用自动驾驶功能，部分乃至全部放弃车辆控制权，显然违反了道路交通安全法规规定的注意义务标准，存在主观上的过错，因此机动车所有人和管理人要对交强险赔偿不足的部分承担赔偿责任。

自动驾驶可能涉及的行政法律责任，主要是因《道路交通安全法》及配套法规规定的道路交通安全违法行为而受到行政处罚。《道路交通安全法》第 87 条规定：公安机关交通管理部门及其交通警察对道路交通安全违法行为，应当及时纠正；公安机关交通管理部门及其交通警察应当依据事实和本法的有关规定对道路交通安全违法行为予以处罚；对于情节轻微，未影响道路通行的，指出违法行为，给予口头警告后放行。就自动驾驶而言，道路交通安全违法行为主要包括两方面。一方面，驾驶员在车辆行驶过程中，使用自动驾驶功能，部分乃至全部放弃车辆控制权，这种行为本身就已经违反了《道路交通安全法》等法律法规关于安全驾驶、文明驾驶的规定。另一方面，驾驶员在使用自动驾驶功能的过程中，因为自动驾驶系统原因而违反了《道路交通安全法》及配套法规中的机动车通行规定，包括不得超速、应当与前车保持安全距离、按照交通信号灯通行、避让行人、不得超载等，也要受到行政处罚。在这种情形下，驾驶员无法将责任归咎于自动驾驶系统，并以自己不存在主观过错为由主张免责。

自动驾驶可能涉及的刑事责任，主要是涉嫌《刑法》中的交通肇事罪。《刑法》第133条规定：违反交通运输管理法规，因而发生重大事故，致人重伤、死亡或者使公私财产遭受重大损失的，处三年以下有期徒刑或者拘役；交通运输肇事后逃逸或者有其他特别恶劣情节的，处三年以上七年以下有期徒刑；因逃逸致人死亡的，处七年以上有期徒刑。交通肇事罪在客观方面表现为行为人违反交通运输管理法规，因而发生重大交通事故，致人重伤、死亡或者使公私财产遭受重大损失的行为。这里的交通运输管理法规，“是指国家有关交通运输管理的法律、法规和国家有关主管部门制定的交通运输安全规章”〔1〕。该罪主观方面要求过失，亦即行为人应当预见自己的行为有可能造成重大交通事故发生的危险，但由于疏忽大意没有预见，或者虽然已经预见但轻信能够避免，以致造成了严重后果。就自动驾驶而言，从客观方面来看，驾驶员在车辆行驶过程中使用自动驾驶功能，部分乃至全部放弃了车辆控制权，已经违反了《道路交通安全法》关于安全、文明驾驶的规定。由此造成重大交通事故，致人重伤、死亡或者使公私财产遭受重大损失，就已经符合了交通肇事罪客观方面的构成要件。从主观方面来看，驾驶员使用自动驾驶功能，部分乃至全部放弃了车辆控制权，显然违反了法定的注意义务，构成《刑法》上的过失。〔2〕因此，按照《刑法》有关规定，驾驶员在车辆行驶过程中使用自动驾驶功能，部分乃至全部放弃车辆控制权，因系统原因导致重大交通事故，致人重伤、死亡或者使公私财产遭受重大损失，可能涉嫌交通肇事罪，并承担相应的刑事责任。

当然，分析自动驾驶的法律责任风险，并不是主张对自动驾驶事故按照现行法律规定的民事侵权、行政违法和刑事犯罪来处理。倘若如此，无异于给正在蓄势待发的自动驾驶技术和产业判了死刑。之所以作此分析，是因为上述法律责任风险是客观存在的，是摆在自动驾驶发展道路上的现实困境和难题，必须正视和解决。只有找准自动驾驶与现行法律责任制度的根本冲突，才能从制度上进行合理应对。

三、制度应对：自动驾驶事故的法律责任认定与归结

现行道路交通事故法律责任制度，显然已经不适应自动驾驶的技术特点

〔1〕 曲新久主编：《刑法学》，中国政法大学出版社2011年版，第298页。

〔2〕 大部分情形下应当属于过于自信的过失，亦即已经预见到自己的行为有可能造成重大交通事故发生的危险，但轻信能够避免，以致造成了严重后果。

和发展需要。面对蓄势待发的自动驾驶浪潮，必须进行合理的制度调整。近年来，主要发达国家都在积极调整本国的法律法规和技术标准，以顺应自动驾驶发展趋势，抢占技术和产业制高点。[1]从有关国家的做法来看，眼下的立法调整主要是针对自动驾驶汽车的路测问题，解决的方式主要是有条件的法规豁免，而对于自动驾驶系统原因导致事故的法律责任，基本都倾向于由车辆制造商担责，除非驾驶员存在过错。我们同样也要加快制度调整步伐，首要的是要调整道路交通安全法规关于安全文明驾驶的规定，进而是要修改法律法规关于道路交通事故相关民事、行政和刑事法律责任的规定。

（一）调整法定注意义务标准：制定适应自动驾驶技术特点的安全文明驾驶规范

驾驶员在车辆行驶过程中使用自动驾驶功能，部分乃至全部放弃车辆控制权，是否违反安全文明驾驶规范，决定了驾驶员是否违反法定注意义务，是否构成主观上的过错并承担相应的民事、行政、刑事法律责任，可以说是自动驾驶事故法律责任问题的症结所在。现行道路交通安全法规规定的安全文明驾驶规范，是根据传统人工驾驶的技术特点和安全需要而制定的，考虑到自动驾驶的技术路线与传统人工驾驶存在革命性差异，上述规范显然不能适应自动驾驶的发展需要，应当进行调整。从目前来看，至少在路测等特定情形下，应当赋予自动驾驶相应的法规豁免权，允许驾驶员在合理使用自动驾驶功能的前提下，不遵循现行法律规定的有些安全文明驾驶规范，比如允许驾驶员双手离开方向盘、放弃制动和加减速操作、不监控路况和行驶环境等。并且，随着将来自动驾驶技术的不断成熟，要逐步制定完善适应自动驾

---

〔1〕 美国内华达州 2011 年就出台了允许自动驾驶汽车路测的法案，近年来各州陆续出台了类似法案，2018 年 9 月份美国众议院一致表决通过了一项加快自动驾驶汽车测试和部署的立法提案《自动驾驶法案》，开始从联邦立法层面为自动驾驶创造条件。德国 2018 年 5 月份通过了《道路交通法》修正案，修改现行的道路交通法规，允许高度或全自动驾驶系统代替人类自主驾驶。英国 2018 年 2 月份通过了《汽车技术和航空法案》，为自动驾驶汽车引入了新的保险规定，明确了不同情形下的理赔规则。日本、韩国、澳大利亚等国家也都在加快进行制度调整。2016 年 4 月，联合国欧洲经济委员会宣布，《国际道路交通公约（维也纳）》［Vienna Convention for Road Traffic（Geneva）］中对于自动驾驶汽车的修正案正式生效，意味着大部分包括欧美地区的 72 个签约国可以从此实施这项法规，允许配有相关功能的汽车在特定期间自动驾驶。（参见江溯：《自动驾驶汽车对法律的挑战》，载《中国法律评论》2018 年第 2 期，第 180 – 189 页；陶盈：《自动驾驶车辆交通事故损害赔偿责任探析》，载《湖南大学学报（社会科学版）》2018 年第 3 期，第 136 – 141 页；曹建峰：《多国出台政策法规：为自动驾驶创新发展保驾护航》，载《机器人产业》2018 年第 2 期，第 101 – 108 页。）

驶特点的安全文明驾驶规范。法定注意义务标准调整之后，驾驶员在车辆行驶过程中合理使用车辆自动驾驶功能，由于自动驾驶系统原因导致交通事故，机动车所有人和管理人就不再因违反法定注意义务而构成主观上的过错并承担法律责任。但随之而来的问题是，如果机动车所有人和管理人不承担过错责任，交通事故造成的损失如何得到补偿？这就要求建立适应自动驾驶特点的法律责任制度。

（二）民事法律责任：合理划分自动驾驶事故的风险和损害赔偿责任

"从我国现行法的角度，在自动驾驶汽车造成人身伤亡或者财产损失的情况下，有两种可能的民事归责路径：一是以未尽到合理注意义务为由追究使用者的侵权责任；二是以产品具有缺陷为由追究生产者的产品缺陷责任。"[1]也有学者按照最终的责任承担主体，将目前学界关于自动驾驶事故民事归责问题的主张归结为四类："第一类是由消费者一方承担责任，例如'交通事故侵权责任说''参照雇主替代责任说''参照动物侵权责任说'；第二类是由制造商一方承担责任，例如'产品责任说''一般过失侵权责任说''参照电梯侵权责任说'；第三类是引入责任保险制度，采纳社会化的救济方法，'参照疫苗事故侵权规则说''参照核事故侵权规则说'即属此类；第四类是由自动驾驶汽车独自承担责任。"[2]从目前的研究成果来看，认同度比较高的主张与国外立法趋势是一致的，亦即通过产品责任和保险制度来构建综合解决方案。

在此基础上，本文认为民事责任重在补偿而非惩罚，主要应当通过保险来解决，对于交强险赔偿不足的部分，应当区分自动驾驶的不同级别分别讨论。在 L1 至 L2 级驾驶辅助系统技术水平下，车辆控制权由驾驶员和系统分享，如果在人工驾驶过程中发生事故，自然适用现行《道路交通安全法》关于过错责任和过错推定责任的规定；如果驾驶员合理使用自动驾驶功能，由于自动驾驶系统原因导致事故，则应当适用产品责任规定，由汽车生产商、销售商承担损害赔偿责任，机动车所有人和管理人不因使用自动驾驶功能而承担过错侵权责任。在 L3 级以上自动驾驶特别是 L4 至 L5 级完全自动驾驶技术水平下，车辆控制权已基本或完全移交给系统。"不论从何种角度看，系统使用人并无监督的义务，也无监督的可能。在这个阶段，车内所有的人员均

〔1〕 江溯：《自动驾驶汽车对法律的挑战》，载《中国法律评论》2018 年第 2 期，第 184 页。

〔2〕 郑志峰：《自动驾驶汽车的交通事故侵权责任》，载《法学》2018 年第 4 期，第 22 页。

被认为是乘客。”〔1〕那么，由于自动驾驶系统原因导致事故，应当适用产品责任的规定，由汽车生产商、销售商承担损害赔偿责任。〔2〕但需要强调的是，不管在何种技术水平下，如果驾驶员在使用自动驾驶功能过程中存在不当行为，比如恶意破解软件、干扰系统运行、不进行软件更新、拒绝提供应答、超出系统应用范围使用等，由此导致事故，则应当由机动车所有人和管理人承担过错侵权责任。

从表面来看，这种责任划分似乎加重了汽车生产商、销售商的责任。但事实上，按照风险与收益相匹配的原则，这种责任划分是合理的。目前市面上主流车型搭载的自动驾驶系统，在技术上并不能保证 100% 的安全性，这也是为何谷歌等“革命派”并不急于上马，以及立法部门不敢轻易全面修改道路交通安全法规，允许自动驾驶技术大规模推广应用的根本原因。从某种程度上来说，以特斯拉为代表的“渐进派”实质上是把消费者购买和使用的自动驾驶汽车当作了路测试验品，驾驶员使用自动驾驶功能的同时，也在源源不断地为特斯拉提供路测数据，帮助其完善算法和技术。在这种情况下，要求机动车所有人和管理人承担所有的自动驾驶风险，而特斯拉作为获益者仅凭履行所谓告知义务就对所有风险免责并不合理。更何况，一边宣传自动驾驶的安全性，鼓励和诱导购买和使用，一边又要求驾驶员“时刻保持对车辆的控制”，这种相互矛盾的行为，要么是不负责任的虚假宣传，要么是转嫁风险的“流氓条款”，不应当成为免责抗辩理由。

要推动自动驾驶技术实现大规模应用，促进自动驾驶汽车的产业化，汽车生产商就必须承担起相应的风险。如果汽车生产商对自动驾驶技术的安全性和自动驾驶汽车的应用前景有基本的信心，那么这种责任划分就是可行的。

---

〔1〕 冯洁语：《人工智能技术与责任法的变迁——以自动驾驶技术为考察》，载《比较法研究》2018 年第 2 期，第 147 页。

〔2〕 当然，通过产品责任来解决损害赔偿的问题，更多是出于保护被侵权人的角度考量。但从技术层面还需要解决产品责任的举证和归责难题。一方面，证明缺陷尤其是人工智能系统层面的缺陷将变得异常困难；另一方面，事故的发生可能无法合理归因于智能机器人的设计或者制造缺陷；此外，汽车生产商可否以《产品质量法》第 41 条第 2 款规定的“将产品投入流通时的科学技术水平尚不能发现缺陷的存在”而主张免责？当自动驾驶汽车等智能机器人发生事故、造成损害，而事故本身又难以解释或者不能合理追溯到设计缺陷或者制造缺陷，或者损害是因人工智能系统难以为设计者所预测到的特殊经历造成的，此时，让设计者承担责任将会导致不公平和非正义，但这样却会导致被侵权人难以获得赔偿。（参见司晓、曹建峰：《论人工智能的民事责任：以自动驾驶汽车和智能机器人为切入点》，载《法律科学（西北政法大学学报）》2017 年第 5 期，第 170 页。）

毕竟，随着自动驾驶汽车的大规模推广，路测数据不断增加，算法和设备日趋完善，自动驾驶系统导致交通事故的风险是可控的，损害赔偿责任也是有限的，而自动驾驶技术推广应用所带来的收益却是巨大的。因此，不管是从公平正义的角度还是从发展策略的角度，汽车生产商都没有理由逃避应当承担的风险和责任。

当然，正如前文所说，民事责任重在补偿而非惩罚，无论是从保障损害赔偿及时性还是从促进技术进步和产业发展的角度来讲，自动驾驶事故造成的民事损害赔偿问题，都应当通过明确的法律责任制度和完善的保险制度来协同解决。从法律层面，立法者可以对汽车生产商和销售商秉持相对严苛的立场，通过产品责任避免被侵权人因举证难题而得不到补偿。但从社会层面，应当通过完善的保险制度，为汽车生产商和销售商分散风险、保持技术创新和应用的积极性提供制度选择。[1]

（三）行政法律责任：调整道路交通安全违法行为的认定规则

行政法律责任认定要分两个层面探讨。第一个层面是驾驶员在车辆行驶过程中使用自动驾驶功能本身是否违反道路交通安全法规，这个问题已经在前面得到了回答。第二个层面是自动驾驶过程中，因为系统原因出现违反机动车通行规定等道路交通安全法规的行为，比如超速、不按照交通信号灯通行等，是否应当按照现行道路交通安全法规对驾驶员进行行政处罚。在第一个层面的问题得到解决的前提下，驾驶员在这种情形中并不存在主观上的过错，按照主客观相一致的原则，不构成道路交通违法行为，不应当给予驾驶员行政处罚。当然，不进行行政处罚并不意味着不承担任何责任。如果由此

---

〔1〕 正如学者所分析：对于自动驾驶汽车这一高风险的新兴产业来说，尽管产品责任具有很强的调整适应性，但仍有必要引入责任保险制度。首先，依据产品责任制度原理，受害人如欲获得赔偿，必须证明产品存在缺陷以及缺陷与损害之间存在因果关系，这无疑十分困难。其次，自动驾驶汽车引发的交通事故大多数可能都是小事故，但与此相对的是，产品责任诉讼往往非常复杂且成本高昂。在诉讼中，受害人可能需要翻译成千上万份技术文件，邀请各种专家证人。在此种背景下，通过产品责任救济受害人可谓是费时费力。再次，考虑到自动驾驶技术带来的巨大社会价值，让制造商和消费者对具体的交通事故承担全部责任是不道德的。对此，引入责任保险这一救济途径符合社会的一般伦理观念。最后，大量的诉讼对制造商而言也是一个沉重的负担，其往往疲于应对，难以集中精力进行技术创新。基于此，引入责任保险制度可以弥补产品责任制度的不足，平衡制造商、消费者与受害人之间的利益，既能及时高效地救济受害人，又可让制造商免于诉累，专注于提升自动驾驶技术的安全性能，从而造福整个社会。（参见郑志峰：《自动驾驶汽车的交通事故侵权责任》，载《法学》2018 年第 4 期，第 23 页。）

导致交通事故以及人员财产损失，应当适用民事责任的规定进行损害赔偿。行政责任不同于民事责任之处是其惩罚性，因此民事责任的归责原则中存在过错推定、严格责任、公平责任，但行政处罚应当坚持主客观相一致的法治原则。

（四）刑事法律责任：调整交通肇事等刑事犯罪主观方面的认定标准

民事赔偿和行政处罚问题得到妥善解决，那么自动驾驶事故的刑事责任认定就比较清楚了。驾驶人在车辆行驶过程中合理使用自动驾驶功能，并不违反道路交通安全法规关于安全文明驾驶的规定，也就不构成主观上的过失。那么，由于系统原因导致交通事故，即使造成了巨大的人员和财产损失，驾驶人也不构成交通肇事罪。“在使用者严格遵循操作规程，生产者、设计者严格遵照国家标准或行业标准的情况下，就无法认定其违反注意义务，从而不能追究他们的过失责任。今后，随着无人驾驶汽车的广泛运用，由于其所带来的社会利益巨大，因此其对社会造成的危险完全可能转化为一种‘允许的风险’（日常生活的风险），从而不能将其所造成的损害归责于使用者、生产者或设计者。”〔1〕当然，不承担刑事责任并不意味着免除相应的民事赔偿责任。刑事责任作为最严厉的法律责任，必须严格遵循主客观相一致的法治原则，这一点并不因自动驾驶而改变。或许有人会担心出现利用自动驾驶系统故意制造交通事故等现象，但这种行为已经不属于交通肇事这类过失犯罪的范畴，而已经涉嫌故意杀人、以危险方法危害公共安全等故意犯罪，与传统犯罪方式的区别只是增加了侦查难度，并不意味着这类行为可以逃脱刑事制裁的法网。

总之，要解决自动驾驶技术与现行法律责任制度之间的冲突，关键是处理好过错的认定问题。只有适应自动驾驶技术特点和发展趋势，逐步降低现行道路交通安全法规规定的驾驶员法定注意义务标准，才能避免驾驶员因为使用自动驾驶功能而构成法律上的主观过错。解决了过错认定问题，就能够顺理成章地化解眼下自动驾驶面临的民事、行政乃至刑事法律责任风险。当然，这并不意味着自动驾驶汽车不会因为系统原因而导致交通事故和人员财产损失，赋予驾驶员法规豁免权的前提是合理划分损害赔偿责任，汽车生产商和销售商必须对自动驾驶系统原因导致的事故损失承担相应的赔偿责任。只有法律责任特别是民事损害赔偿责任得到合理划分和承担，才能从法律上

〔1〕 江溯：《自动驾驶汽车对法律的挑战》，载《中国法律评论》2018 年第 2 期，第 186 页。

消除自动驾驶汽车上路和大规模推广的后顾之忧。

四、结语：建立面向未来的道路交通事故法律责任制度

关于自动驾驶事故的法律责任问题，上文提出的这些制度应对实际上都是过渡性的，更多的是要解决眼下先进自动驾驶辅助系统（ADAS）以及L3级自动驾驶面临的上路难题。从长远来看，应当适应自动驾驶技术的发展趋势，逐步建立面向未来的道路交通事故法律责任制度。可以预见，未来道路交通运输的主体将不再是私人车辆而是运营车辆，车辆类型将不再是人工驾驶而是自动驾驶，并且主要是完全自动驾驶。传统人工驾驶以驾驶员为核心，由驾驶员控制车辆，完全自动驾驶以系统为核心，由系统控制车辆。这种革命性的转变也会反映到法律责任制度上，比如，未来道路交通事故法律责任的主要主体将由驾驶员转变为汽车生产厂商、运营商、乘车人和行人；未来道路交通安全违法行为将主要表现为干扰、损坏自动驾驶系统的正常运行，现在的道路交通安全法规将作为预设程序嵌入自动驾驶系统，而不再作为规制人类驾驶员的法律依据；未来道路交通事故法律责任的主要类型将是民事责任，特别是产品责任，损害赔偿将主要通过完善的保险制度来解决。总而言之，自动驾驶不仅是一场技术革命，它会在社会层面产生广泛而深远的影响。只有顺应技术发展趋势，并在制度层面进行科学预判与合理应对，才能尽可能地降低技术革命引发的社会摩擦成本，为即将到来的智能交通和智能社会营造良好的法律环境。

（初审人：宋鸽）